Anonymus

Verhandlungen der kaiserlich-königlichen geologischen Reichsanstalt

Anonymus

Verhandlungen der kaiserlich-königlichen geologischen Reichsanstalt

ISBN/EAN: 9783741166426

Hergestellt in Europa, USA, Kanada, Australien, Japan

Cover: Foto ©ninafisch / pixelio.de

Manufactured and distributed by brebook publishing software (www.brebook.com)

Anonymus

Verhandlungen der kaiserlich-königlichen geologischen Reichsanstalt

VERHANDLUNGEN

DER

KAISERLICH-KÖNIGLICHEN

GEOLOGISCHEN REICHSANSTALT.

Jahrgang 1869.

Nr. 1 — Nr. 18.

WIEN.
DRUCK DER K. K. HOF- UND STAATSDRUCKEREI.

IN COMMISSION
BEI WILHELM BRAUMÜLLER, BUCHHÄNDLER DES K. K. HOFES, FÜR DAS INLAND. —
BEI F. A. BROCKHAUS IN LEIPZIG FÜR DAS AUSLAND.

№ 1.  1869.

Verhandlungen der k. k. geologischen Reichsanstalt.

Sitzung am 5. Jänner 1869.

Inhalt: Vorgänge an der Anstalt. Eingesendete Mittheilungen: M. v. Hochen. Herausgabe geologischer Karten. A M. Rössler. Kupfererze u. s. w. in Texas. K. Jaross. Steinwerkzeuge von Perug. id. k. Ständigk. Korallenriffe Kreide in Prag. A. Peters. Untersuchungen einiger Exporte aus dem Gebiete der Meerschaft Ildinagy im Zaránder Comitate. A Pallausch. Die Kreideformation westlich von Prag. Vorträge: J. Kuchlon. Bemerkungen an den Vorträgen des Herrn F. Posturits (über Wieliczka) und k. b... (über bergmännische Unterricht). Prof. Aich. Ueber das Vorkommen von Phosphorgestein in ünserten Pendeln. K. v. Hauer. Chemische Beschaffenheit einiger Hauptquellen aus Ungarn. D. Stur. Resultate einer geologischen Excursion nach St. Imelia. Einsendungen für das Museum: F. v. Mojsisovics. Dr. M Neumayr's Geschenk von Cephalopoden aus den Halstätter Schichten Judicariens. A. Hofinach's Sendung von Petrefakten aus dem Salzburghans von Hallstatt. Einsendungen für die Bibliothek und Literaturnotizen: Benecke, Geinitz, Stolisska, Schoul, Karrer, v. Kobell, Heidinger. Bücher-Verzeichniss.

Vorgänge an der Anstalt.

Mit dem Schlusse des Jahres 1868 endigte die Zeit, während welcher die von dem k. k. Ministerium der Finanzen und für Ackerbau im Winter 1866—67 einberufenen Herren Montan-Ingenieure an unserer Anstalt sich zu verwenden hatten. Bereits in unserer Sitzung am 17. November wurde von der Abberufung der Herren k. k. Berggeschworenen Al. Pallausch und B. Pfeiffer Nachricht gegeben. Mit Erlass des k. k. Finanzministeriums vom 22. December wurden nun des Weiteren Herr k. k. Exspectant Rudolph Meier zur Dienstleistung nach Wieliczka, wohin er unmittelbar abzureisen hatte, und Herr Josef Hofmann zu jener nach Joachimsthal bestimmt, während Herr Hans Höfer den Ruf zur Professur an der neu errichteten Bergschule in Klagenfurt annahm.

Indem wir somit den aus dem engeren Verbande unserer Anstalt Scheidenden ein herzliches Glückauf nachrufen, dürfen wir ihnen das Zeugniss nicht versagen, dass sie die Zeit ihres Aufenthaltes in unserem Kreise ihrer Aufgabe entsprechend auf das Trefflichste benützten. Wir dürfen uns der sicheren Erwartung hingeben, dass die Kenntnisse und Erfahrungen, welche sie sowohl inmitten der wissenschaftlichen Schätze der Residenz, als bei den geologischen Aufnahmen und Instructionsreisen zu sammeln in der Lage waren, auf ihrer weiteren Lebensbahn zu ihrem eigenen sowohl, als zum Nutzen des Allgemeinen vielfache Verwendung finden werden.

Mit hoher Befriedigung muss es uns aber erfüllen, dass das k. k. Finanzministerium gleichzeitig, „um den bei der k. k. geologischen Reichsanstalt mit Erfolg bestehenden Cursus für höhere Ausbildung von jüngeren Staats-Bergbaubeamten fortzusetzen", die Herren Victor Mayer aus Pribram und Adolph Hampel aus Joachimsthal an unsere Anstalt einberief.

Eingesendete Mittheilungen.

Hr. H. Dechen. Herausgabe geologischer Karten. (Aus einem Schreiben an Herrn Director v. Hauer, ddo. Bonn, 30. Dec.)

Die geologische Karte von Deutschland wird nun gewiss im Laufe des nächsten Jahres herauskommen, und mag eigentlich als eine Uebersicht des Zusammenhanges zu betrachten sein, in welcher das Gebiet Ihrer Karte mit den westeuropäischen Ländern steht, so gross ist der Antheil, der Ihnen auf derselben zufällt. Ebenso wird ziemlich zu derselben Zeit eine zweite Auflage der geologischen Karte von Mittel-Europa (Deutschland, Frankreich, England) erscheinen, die ich vor gerade 30 Jahren herausgegeben habe. Dieselbe hat zwar seit jener Zeit viele Concurrenten erhalten, indessen hatte sich doch noch immer eine gewisse Nachfrage darnach erhalten, welche den Verleger zu dieser neuen Herausgabe veranlasst hat. Eine Vergleichung beider Karten, 1. und 2. Ausgabe, zeigt die wesentlichen Fortschritte, welche die geologische Untersuchung dieser Länder in den letzten 30 Jahren gemacht, in schnellster Uebersicht, und darin mag für die 2. Ausgabe einiges Interesse liegen.

J. H. Kössler. Kupfererze u. s. w. in Texas. (Schreiben an den San Antonio Express, ddo. 16. October 1868.)

Seit meiner letzten Mittheilung habe ich mehrere Exemplare von Kupfererzen, Felsarten, Fossilien u. s. w. aus den Archer- und Wichita-Counties erhalten. Die Kupfererze sind von besonderem Interesse. Sie sind alle Pseudomorphosen in der Form von Holz und pflanzlichen Substanzen, das erste derartige Vorkommen in den Vereinigten Staaten. Wie ich schon früher erwähnte, findet sich dies interessante Kupfererz in unerschöpflichen Mengen und hat einen mittleren Gehalt von 50 bis 60 Perc. Kupfer. Es lässt sich leicht verschmelzen, und die Schichten, in welchen es gefunden wird, können leichter ausgebeutet werden als irgend welche, in denen Kupfererze vorkommen. Sie gehören der Permischen Formation an, während man sie bisher irrig der Trias, von der sie im Südosten überlagert werden, zugezählt hatte.

Rupert Jones. Beinwerkzeuge von Perigord. (Aus einem Schreiben an Herrn J. A. Graf Marschall, ddo. London, 19. December uns freundlichst mitgetheilt.)

Ich habe an einigen der Beinwerkzeuge aus den Höhlen von Perigord, Zeichen (Marks) ähnlich jenen der Beinharpunen der Eskimo's, welche den Eigenthümer bezeichnen („private marks"), auch Kerben oder Einschnitte, welche auf die Zeitereignisse, das Jagen u. s. w. Bezug haben, entdeckt; in einigen Fällen scheinen diese Kerben in der That dasselbe zu bedeuten wie die Marken, welche die nordamerikanischen Indianer und Andere bei ihren Glücks- oder Geschicklichkeitsspielen, bei ihren Jagden, Arbeiten u. s. w. machen.

K. Staudigl. Erratische Blöcke in Prag. (Aus einem **Schreiben** an Herrn A. Senoner, d.do. 22. December.)

Erst kurz vor meiner Abreise fanden sich erratische Blöcke in dem Fundament des Prager Kettensteges etwa 500 Schritte unterhalb der alten steinernen Brücke, 10 Fuss unterhalb der Sohle des Flussbettes.

Die Richtung, in welcher dieselben lagen, wies auf eine Linie, welche den Stromstrich senkrecht schneidend mit der Linie des Kettensteges übereintraf.

Diese Lagerung, verbunden mit den bereits in meiner Abhandlung [1]) besprochenen Erfahrungen, dass die Wehren des Mincio auf der natürlichen Basis jener Geröllstreifen ruhen, wie sie sich im Ablationsgebiete des Gletschers bilden, welche Erfahrung auch zu Prag sich zu bestätigen scheint, veranlasste mich, die Hoffnung auszusprechen, dass man auch bei Fundirung der Landpfeiler des Kettensteges auf Granitblöcke treffen werde, und verabsäumte auch nicht, in einem „Eingesendet" des „Tagesboten" die Gelehrtenwelt Prags auf diese Anzeichen der „Eiszeit" aufmerksam zu machen.

Zwei Tage vor meiner Abreise hatte ich das Eintreffen meiner Prophezeiung zu registriren, indem sich wirklich auch am Landpfeiler jene reihenweise geordneten Granitkugeln fanden, deren Ursprungsort eine weit oberhalb Prag gelegene Gegend des Moldangebietes sein muss.

Adolph Patera. Untersuchungen einiger Erzsorten aus dem Gebiete der Herrschaft Halmágy im Záránder Comitate.

1. **Kupferkies von der Franzisca Grube Nr. 1 in Kazanyesd.**

Die Probe wurde am Sichertroge auf metallisches Gold geprüft, es konnte jedoch solches nicht nachgewiesen werden.

Fünfzig Probier-Centner Erz wurden mit Blei eingetränkt, die Bleie concentrirt und abgetrieben; ich erhielt ein Korn von goldischem Silber im Gewichte von 0·1 Münzpfund, was einem Gehalte an goldischem Silber von 0·002 Münzpfund per Centner Erz entspricht. Das goldhaltige Silber in verdünnter Salpetersäure gelöst, zeigte einen Goldhalt per Münzpfund von 0·045 Münzpfund. Es wäre sonach im Centner Erze 0·00009 Münzpfund Gold enthalten. Der Goldwerth per Centner Erz beträgt demnach, abgesehen von allen Manipulationskosten, nur 6 kr. Oe. W.

2. **Kupferkies mit Bleiglanz von Valje Bajesk am Fusse der Csora.**

Das Erz enthält Bleiglanz, Schwefelkies etwas Kupferkies, wenig Blende und Gangart. Das in dem Erze enthaltene goldische Silber hatte per Münzpfund einen Goldgehalt von 0·05 Münzpfd. Bei dem Halte des Erzes von 0,025 Münzpfd. goldischem Silbers beträge daher der Goldgehalt eines Centners Erz 0·00125 Münzpfd., der Goldwerth eines Centners Erz würde ohne Berücksichtigung der Manipulationskosten 84 kr. Oe. W. ausmachen.

3. **Bleiglanz vom unteren Bergbau im Seitenthale von Lazur.**

Enthält Bleiglanz, Blende, Gangart, wenig Schwefelkies. Ich hatte bei meiner früheren Untersuchung den Bleihalt mit 38·5 Proc., den Halt an goldischem Silber mit 0·09 Münzpfd. bestimmt. Nach der neueren Untersuchung beträgt der Goldhalt per Münzpfund goldischen Silbers 0·06 Münzpfund; es wäre somit per Centner Erz ein Goldhalt von 0·0054 Münzpfd. Ein Centner Erz hätte daher abgesehen von den Manipulationskosten einen Goldwerth von 3 fl. 64·5 kr. Oe. W.

---

[1]) Jahrbuch d. geol. R. A. 1866, XVI, p. 479 ff.

4. **Arsenkies vom oberen Stollen des oberen Bergbaues im Lazur-Thale, auf Kobalt und Nickel untersucht.**

Es wurden grössere Quantitäten sowohl durch Schmelzen, als auch am Sicherttege concentrirt. Die Concentrations-Producte wurden auf Kobalt und Nickel geprüft, ohne dieselben nachweisen zu können.

Der nicht unbedeutende Goldhalt der beiden bleiglanzhältigen Erze Nr. 2 u. Nr. 3 lässt hoffen, dass sich dieselben, wenn sie in grösseren Mengen einbrechen, mit wahrhaftem Gewinn zu Gute bringen lassen, da dieselben ihrer Zusammensetzung zu Folge leicht durch Aufbereitung concentrirt werden können. Was den Kupferkies von der Franziska Grube Nr. 1 anbelangt, so ist der Goldhalt des Erzes wohl nicht bedeutend, noch dürfte sich bei Anwendung eines Kupferprocesses auf nassem Wege durch sorgfältiges Schlämmen des entkupferten Rückstandes der Goldhalt dauerhaft concentriren lassen.

A. Fallauex. Die Kreide-Formation im Prager Kreise, westlich von der Moldau. (Generalstabskarte, Blatt Nr. XIII.)

Von den für den Sommer 1868 der 4. Section der k. k. geol. Reichsanstalt zufallenden Arbeiten zum Zweck einer Revision des böhmischen Kreidegebietes wurden mir speciell die Untersuchungen im Bereich des Blattes Nr. XIII. der Generalstabskarte übertragen.

In dieses Gebiet fällt der südwestliche Theil der ausgedehnten böhmischen Kreide-Ablagerungen, welche entweder unmittelbar auf den silurischen Gesteinen, oder auf der Steinkohlenformation, oder aber auf dem Rothliegenden ruhen, wie dies im nördlichen Theil des Terrains der Fall ist.

Die durchweg fast horizontale Lagerung hat zur Folge, dass die tieferen Kreide-Schichten nur an den Rändern des Terrains und an den durch Erosion gebildeten Lehnen und Thal-Einschnitten zu Tage treten.

Der landschaftliche Charakter ist auf diese Weise der von zahlreichen Plateaux, welche durch mehr oder weniger tiefe, nach allen Richtungen hin verlaufende, zum Theil ziemlich breite, die unterliegenden Formationen entblössende Thäler von einander getrennt sind.

Die Kreideformation ist in diesem Gebiete nur durch die tieferen in Böhmen vorkommenden Glieder vertreten, und zwar jene, die zur Cenoman- und zur Turon-Stufe gehören; es sind dies insbesondere die von Dr. Schlönbach als Zone der *Trigonia sulcataria* und des *Catopygus carinatus*, Zone des *Inoceramus labiatus* und Zone des *Ammonites Woollgari* und des *Inoceramus Brongniarti* bezeichneten Schichten.

Die Basis der Cenoman-Schichten bildet hier Süsswasser-Ablagerungen, nämlich Sandsteine mit darin eingelagerten Schieferthonen. Die Sandsteine haben eine gelbliche bis rostbraune Farbe und sind meist grobkörnig, an manchen Stellen sogar conglomeratartig, so in dem westlichen Ausläufer des Scharka-Thales nördlich von Liboc. Die Mächtigkeit dieses Quader-Sandsteines, welcher meist versteinerungsleer ist, erreicht selten 6 Klafter.

Die darin eingelagerten Schieferthone haben eine bläulichgraue bis schwarzgraue Farbe, sind meist mürbe und übergehen durch Verwitterung in Letten. Ihre Mächtigkeit beträgt wenige Fuss bis 3 Klafter. Ausgezeichnet sind diese Schiefer-Thone durch die an manchen Puncten darin vorkommenden zahlreichen Pflanzenabdrücke und Kohlentrümmerchen sowie ein wenige Zoll mächtiges Flötz von Glanzkohle. Der grösste Reichthum an

Pflanzenpetrefacten ist bei Hrdlin (südlich v. Schlan), bei Sternberg, zwischen Radlic und Jinonic und bei Rynholec anzutreffen. Ausser zahlreichen Abdrücken von Dicotyledonen-Blättern kommen auch Coniferen-Zweige Farrenreste und Palmenstämme vor; so bei Rynholec die Species *Fasciculites varians Unger*.

Das Kohlenflötzchen ist bei Trpoměch und Kralowitz, zwischen Iltedl und Kroučow und bei Klein-Paletseb zu finden.

Ueber dem Pflanzenquader lagert die marine Stufe, welche als sandige und kalkige Facies entwickelt ist. Die erstere ist vorwiegend und besteht aus dickbänkigem, meist feinkörnigem, weisslich bis gelblich braunem Sandstein, der selten über 4 Klafter mächtig ist und nur an einzelnen Stellen zahlreiche Petrefacten führt.

In dem bezeichneten Terrain befinden sich bei Kralup, Klein-Herrndorf und Tuchoměřitz solche petrefactenreichere Stellen. Am häufigsten wird hier angetroffen:

Protocardia Hillana Sow. sp.   *Natica vulgaris Reuss.*
Trigonia micataria Lam.   *Turritella granulata Sow.*
Exogyra columba Lam.   *Nerinea longissima Reuss.*
Cucullaea Ligeriensis d'Orb.

Die kalkige Facies dieser Cenoman-Bildung ist besonders in der Nähe der Ortschaften Dehrno, Holubitz, Wotwowitz, Hole und Okoř entwickelt.

Der gelbliche, oft graublaue Kalk ist dicht, zuweilen auch körnig, besteht aus mehreren Bänken und hat eine Mächtigkeit von kaum 2 Klft. Die darin vorhandenen Petrefacte sind nicht so zahlreich und mannigfaltig, wie dies in den Koryčaner Kalkschichten der Fall ist. Ausser Exogyren, welche besonders in einer Bank häufig und in grossen Exemplaren vorkommen, sind nur wenige Arten von Bivalven, Gastropoden, Brachiopoden und Ammoniten hier anzutreffen. Von den beiden letzteren sind anzuführen:

Rhynchonella dimidiata Sow. sp.
Terebratula phaseolina Lam.
Ammonites cenomanus d'Arch.

Bemerkenswerth sind die Sandstein-Schichten bei Klein-Herrndorf, weil in denselben Kalk-Concretionen auftreten, die sich manchmal zu einer zusammenhängenden Kalk-Schichte vereinigen und hiedurch einen Uebergang der sandigen Facies in die kalkige darstellen.

Das oberste Glied der Cenoman-Stufe bildet ein grobkörniger, grünlicher, glaukonitischer Sandstein von geringer Mächtigkeit. Diese mürbe Schichte ist meist arm an Versteinerungen, wegen ihres petrographischen Charakters jedoch leicht erkennbar. In den Thal-Einschnitten am Nordrande des Weissenberger Plateau's liegt über dem grünen Sandstein eine schwache Bank von festem, durch Eisenoxydate bräunlich gefärbtem Sandstein.

Die Turon-Bildungen bestehen vorwiegend aus einem Schichten-Complex von sandigen Mergeln und kalkreichen Sandsteinen. Diese oft an 10 Klft. mächtigen Gesteine haben eine gelbliche oder gelblichgraue Farbe, sind selten mürbe, gewöhnlich fest und dicht. Die kalkreicheren Lagen sind dünn geschichtet, die mehr sandigen Lagen bilden starke Bänke und haben oft eine quaderförmige Absonderung. Häufig kommen in diesen Kalkmergeln Schwefelkies-Concretionen vor.

Nach petrographischen Merkmalen lassen sich diese Plänergesteine kaum scheiden, obwohl durch die vorgefundenen Petrefacte sichergestellt scheint, dass die tieferen Schichten der Zone des *Inoceramus labiatus*, die höheren der Zone des *Ammonites Woollgari* und des *Inoceramus Brongniarti* angehören. Die tieferen Schichten sind arm an Petrefacten nur der *Inoceramus labiatus* (oder *mytiloides*) ist öfter anzutreffen. Die gewöhnlichen Versteinerungen der höheren Zone sind:

Clytia Leachi Mant. sp.
Nautilus sublaevigatus d'Orb.
Ammonites Woollgari Mant.
    „   *peramplus* Sow.
Pinna decussata Goldf.
Avicula anomala Sow.

Exogyra columba Lam.
Lima pseudocardium Reuss.
    „   *elongata* Sow.
    „   *Hoperi* Sow.
Ostrea lateralis Nils.
Rhynchonella bohemica Schloenb.

Auch Fischreste, so von *Beryx Zippei* etc., werden in diesen Schichten nicht selten gefunden.

Zur Erläuterung und als Beleg des Gesagten folgen zum Schlusse die Profile der wichtigeren, gut aufgeschlossenen Punkte.

I. Steinbruch nordwestlich von Kralup.
 a) Humusdecke;
 b) Quadersandstein in dünnen Bänken abgelagert, 1 1/2 Klafter mächtig;
 c) blaugrauer Mergel 1 Schuh;
 d) Quadersandstein in starken Bänken, 1 1/2 Klafter;
 e) Mergeliger Quader mit marinen Petrefacten, 3 Schuh;
 f) feinkörniger Sandstein mit Pflanzenresten, 1 1/2 Klafter;
 g) kaolinreicher Sandstein der Steinkohlenformation.

II. Lehne hinter der Čermak Mühle bei Klein-Herrndorf.
 a) Schwache Decke von Humus und Plänerschutt;
 b) grobkörniger grünlicher Sandstein mit *Exogyra columba* und Schwämmen, 1 1/2 Schuh mächtig;
 c) Grünsand-Mergel, 1 Schuh;
 d) gelber bis rostbrauner Sandstein mit zahlreichen weissschaligen *Exogyra columba*, 1 bis 1 1/2 Schuh;
 e) mehrere Bänke Quadersandstein mit kalkreicheren, petrefactenführenden Partien; zu tiefst eine mürbe Sandsteinbank, zusammen 1 1/2 Klafter mächtig.

III. Steinbruch nordwestlich von Holubic.
 a) Humusdecke;
 b) Pläner in dünnen Platten, kalkreich, zu oberst verwittert, 5 Schuh mächtig;
 c) gelber, fester Pläner, 1 1/2 Schuh;
 d) mürber, gelblicher und bläulicher Mergel, 2 1/2 Schuh;
 e) blaugrauer, fester körniger Kalk in vier Bänken, 1 Klafter 1 Schuh;
 f) conglomeratartiger, grauer Kalk mit Petrefacten, 1 Schuh;
 g) sandreiche feste Bank mit vielen Exogyren, 2 Schuh.

IV. Gehänge bei dem Ziegelofen östlich von Tuchoměřic.
 a) lichtgelber, dünngeschichteter Pläner, 1 Klafter;
 b) gelber Pläner in knollige Stücke zerfallend, 1 1/2—2 Schuh;

c) mürber grünlicher Sandstein 4 Fuss mächtig, die Liegendbank an 1½ Schuh ist fester und führt Petrefacte;
d) Sandstein lichtgelb, mürbe, petrefactenleer, 2 Klafter 2 Schuh;
e) gelber bis rostbrauner Sandstein mit kalkigen Concretionen, worin zahlreiche marine Petrefacten vorkommen. Die tieferen Lagen sind petrefactenleer, und es kommen darin bohnengrosse abgerundete Kieselschieferstücke von dunkler Farbe vor;
f) grauer Mergel mit Pflanzenresten, 1½ Klafter;
g) eine Lage eckiger Kieselschieferstücke, ½ Schuh mächtig;
h) das Silurgestein.

V. Südliches Gehänge des Zbanberges zwischen Ufedl und Kroucow.

a) gelblicher, sehr kalkreicher und leichter Pläner, petrefactenführend 5—6 Klafter mächtig;
b) bläulich grauer Mergel, 5—6 Schuh m., darin wenige Petrefacten;
c) Sandstein, 5 Klafter m., die oberen Lagen sind weisslich, leicht zerreiblich, die tieferen gelblich braun;
d) dunkler Schieferthon, 3—4 Schuh mächtig, darin ein schwaches Kohlenflötzchen;
e) Sandstein von geringer Mächtigkeit;
f) Rothliegend.

Vorträge.

J. Nachten: Bemerkungen über die Vorträge des Herrn Professor Suess und Herrn Bergrath Foetterle gehalten am 15. December 1868 in der k. k. geologischen Reichsanstalt.

Wenn ich hier Gegenstände berühre, die bereits mehrfach von Autoritäten besprochen wurden, so stelle ich mich ganz speciell auf den Standpunkt des praktischen Bergmannes.

Durch Herrn Professor Suess wurde die schon öfter erörterte Frage in Anregung gebracht, die Berg-Akademien, gleichwie in Frankreich, England, Preussen und Russland, in die Hauptstadt zu verlegen, um hier die wissenschaftliche Anregung der Hörer mehr zu fördern. Herr Professor Suess geht weiter über auf den Unglücksfall von Wieliczka, mit der Andeutung, dass durch eine höhere wissenschaftliche Bildung der Bergleute dieses Unglück hätte verhütet werden können, und dass demnach überhaupt eine höhere wissenschaftliche Bildung des Bergmannes als nothwendig erachtet werden müsse.

Ich finde, der Herr Professor ist zu weit gegangen, indem er den ganzen Bergmannstand herabsetzt, und den jetzigen Bildungsanstalten der Berglente so gerade und entschieden entgegentritt; denn es ist ein grosser Unterschied zwischen den Berg-Akademien von einst und jetzt. Tüchtige und berühmte Männer sind aus unseren Berg-Akademien bereits hervorgegangen, und selbst viele Ausländer suchten an denselben ihre Ausbildung und Bereicherung ihrer Kenntnisse. Wer etwas Tüchtiges lernen will und Talent dazu hat, dem ist auch jetzt noch Gelegenheit genug geboten.

Wenn ich jedoch ein Votum abzugeben hätte, so würde ich unter den gegenwärtigen Umständen gleichfalls für Vereinigung der Berg-Akademien in Wien stimmen. Die Strömung ist einmal in dieser Richtung, und es wird dieselbe schwerlich mehr geheimnis werden.

Ein Bedenken steigt mir jedoch auf, dass nämlich der bergmännische Geist nicht so rege wach erhalten wird, der so nothwendig ist, um die physischen Beschwerden des Bergmannsstandes mit Lust und Liebe zu überwinden.

Kömmt die Berg-Akademie nach Wien, so würde ich nach zurückgelegten Vorstudien vor Eintritt in die Fachkurse, mindestens ein Jahr praktische Verwendung auf mehreren grösseren Bergwerken vorausgehen lassen.

Wenn man den Bergzögling auch mit allen Wissenschaften ausrüstet, die in das Bergmannsfach schlagen, und er ein ganzer Gelehrter ist, so wird er später nicht zu brauchen sein, wenn man ihn nach seinen Studien nicht in der Art geeignet verwendet, dass er das Erlernte praktisch verwerthen lernt, wenn man dem Talente und Fleisse keine offene Gasse lässt, und den Bergbeamten sowie bisher zum Schreiber verurtheilt.

Es ist nicht lange über ein Decennium, dass der absolvirte Berg-Akademiker ärarischer Speck- und Schmalzwieger oder Postschreiber wurde, wo er wöchentlich einen Eilwagen, monatlich 20—30 Briefe und jährlich 1—2 Extra-Posten zu expediren hatte. Schreiber ist er jetzt immer noch, verdammt bei einem Oberamte oder einer Direction Berichte abzuschreiben und nichtssagende Ausweise zu machen, deren Zweck und Kern er nicht kennt.

Viele ärarische Gruben sind in den Händen der untergeordneten Organe. Das Befahren der Gruben ist in den meisten Fällen täglich nothwendig, aber das unmittelbare Eingreifen in die Gruben-Manipulation durch die Beamten ist eine Seltenheit. Der Beamte wurde nicht angeleitet den Grubenbetrieb in seine Hand und Grubenarbeiten und Arbeiter in directe Aufsicht zu nehmen, denn er muss schreiben, schreiben, viel schreiben!

Welche Aneiferung hat ferner der ärarische Bergbeamte? Seine obersten Behörden kennen ihn meist nur aus Berichten, und wird er alt genug, muss er vorwärts kommen. Nur sporadisch fand Wissenschaft, Talent und Fleiss Anerkennung, und nur selten bricht ein ausgezeichneter Mann sich Bahn.

Ein ebenso grosser Uebelstand ist, dass man die Bergbeamten zu Universal-Genies ausbilden will. Ein jeder soll Bergmann für alle Fächer, Maschinenbauer, Aufbereiter, Salinen oder Eisenhüttenmann, kurz Alles in Allem sein. Es wurde auch in früheren Jahren der Erzbergmann auf ein Kohlenwerk oder zu einer Saline oder Hütte übersetzt, wie es eben die offene Stelle darbot, auf die er bezüglich seiner Dienstjahre Anspruch hatte.

Dass der Bergmann alle diese Wissenschaften erlernen muss, ist richtig, aber vollkommen praktische Ausbildung kann er doch nur in einigen haben.

Es scheint auch in dieser Richtung Tag geworden zu sein, indem die jetzigen Leiter des Staats-Montanwesens mit richtiger zeitgemässer Anordnung zum Gedeihen der Staats-Bergwerke so ziemlich aufgeräumt haben. Die meisten Directionen und Oberämter sind seelig gesprochen, und der direkte Verkehr der Manipulations-Beamten mit der obersten Leitung tritt ein.

Ich ziehe nun den Schluss, dass der Bergbeamte zwar die höchste mögliche wissenschaftliche Ausbildung erhalten, nach Beendigung seiner Studien aber eine zweckmässige praktische Verwendung bei der Manipulation finden möge, damit er das Erlernte practisch verwerthen kann; ferner sollte das alte System der Vorrückung nach dem Alter fallen, und der Wissenschaft, dem Talent und Fleiss eine Bevorzugung in Aussicht stehen.

Ein Wissen möchte ich zum Gedeihen sowohl der ärarischen als Privat-Montanwerke bestens cultivirt wissen und das ist das commercielle. Ohne richtige Calculation, ohne prompte richtige Rechnung, Cassa- und Buchführung auf einfachster Basis gibt es kein Gedeihen eines industriellen Geschäftes; so z. B. wären mit nur geringem kaufmännischen Geist die Salzabfälle in Wieliczka schon längst verwerthet worden.

Wie Herr Professor Suess gehe ich von dem Gesagten auf den Unglücksfall von Wieliczka über, und beziehe mich dabei in Sonderheit auf den diesbezüglichen Vortrag des Herrn Bergrath Foetterle und die Beschreibung in der letzten Nummer der berg- und hüttenmännischen Zeitung.

Ich kann nicht glauben, dass der Kloski-Schlag ohne irgend eine auf Erfahrung basirte Begründung betrieben sein sollte, nachdem von der Verwaltung vorgeschlagen und von den obersten Behörden gut geheissen wurde. Auch das sogenannte Anritzen des Sandes musste einen Zweck haben, der noch nicht aufgeklärt ist, ebenso wie die ursprüngliche Angabe, dass der Schlag südlich, effektive aber nördlich getrieben ist.

Uebrigens musste man doch auch der Geologie Rechnung getragen haben, weil man das Anfahren des Sandes voraussetzte.

Ich würde statt einer so kostspieligen und gefährlichen Untersuchung, Bohrungen vom Tage aus vorgezogen haben.

Dass das im Kloski-Schlag eingebrochene Wasser nicht gleich bewältiget und eingedämmt wurde, daran trägt weniger die Verwaltung als das System die Schuld.

Würde die Grube fleissig befahren und stünden die Gruben-Manipulation und die Arbeiter unter der unmittelbaren Leitung der Beamten, anstatt dass Letztere in den Kanzleien mit Schreibereien überhäuft sind, so wäre auch der Kloski-Schlag unter directer Aufsicht der Beamten gewesen. Man hätte bei Anfahrung des Wassers augenblicklich Vorkehrungen getroffen, die geringen Zuflüsse zu verstopfen, und im salzfreien Thon die Verdämmung gemacht. Bei dem Kampfe mit den Elementen muss, wie in der Schlacht der Offizier, der Bergbeamte an der Spitze seiner Arbeiter sein, und ebenso als man spät genug die Dämme machte, hätten dieselben bei Muth und Ausdauer anstatt einige Klafter vom Schachte schon früher im salzfreien Thon gemacht werden können, denn nichts übertrifft den Muth und die Ausdauer des Bergarbeiters bei gehöriger Anleitung.

Ausser dem früher Gesagten würde ein wissenschaftlich practisch gebildeter Beamter, als der Wassereinbruch sich vermehrte, augenblicklich Rinnen gelegt haben, damit das Wasser einen ungehinderten Abfluss finde, die Sohle nicht anflüse und das Gezimmer nicht unterwasche; er würde zur grösseren Sicherheit die Zimmer abgesperrt und mitsammen verankert haben.

Ueberdies hätte man die Pumpensätze vor Verschlämmung schützen, und die Schächte, so weit man abwärts konnte, besser versichern, die Kränze mit eisernen Klammern zusammenhängen, und die Schächte vielleicht zur selbstständigen Festigkeit aufhängen sollen, um gesichert zu sein, falls die Verschalung hinter dem Gezimmer unterwaschen würde.

Herr Bergrath Foetterle spricht in seinem Vortrage die Hoffnung aus, dass der Wassereinbruch in Wieliczka keine weiteren zerstörenden Folgen haben würde. Diese Hoffnung kann ich nach dem bisher Geschehenen nicht nähren, ich besorge vielmehr einige Nachweben.

Nach den neuesten Nachrichten hat der Wasserzufluss sehr bedeutend nachgelassen, und es ist erfreulich zu constatiren, dass der Sand mit keinem Flusse oder sonstigen Quellen in Verbindung steht, dass man es vielmehr nur mit dem vom Sande aufgenommenen Wasser zu thun habe.

Die Hauptgefahr ist jedenfalls beseitigt, allein wenn durch die neuen Wasserhebmaschinen die tieferen Horizonte wieder vom Wasser befreit werden, so werden Einbrüche geschehen, die den oberen Bauten möglicher Weise Schaden bringen. Am meisten fürchte ich für jenen Theil der Schächte, welcher unter dem Horizonte des Kloski-Schlages gelegen, daher unter Wasser ist. Ich würde daher in gleicher Zeit mit dem Abteufen der Wässer die Schächte repariren, wie voran gesagt, die Schacht-Kränze mit eisernen Klammern verbinden und das ganze Gezimmer aufhängen, damit es selbstständig Halt hätte, wenn die Wandungen unterwaschen würden und keinen Halt mehr bieten könnten.

Ueberhaupt wird der ganze jetzt unter Wasser gesetzte und später entleerte Theil des Bergbaues einer tüchtigen Reparatur bedürfen.

Zum Schlusse erlaube ich mir noch zu bemerken, dass ich der Ansicht des Herrn Prof. Suess nicht beipflichten kann, dass nämlich für die Katastrophe in Wieliczka keine ausreichenden Maschinen vorhanden waren. — Durch lange Jahre kannte man den normalen Wasserzufluss, und für diesen und noch mehr sind ausreichende Maschinen aufgestellt, die Grube ist durch den überlagernden salzfreien Thon von grösserem Wasserzufluss geschützt — zu was also unnöthige Auslagen machen? Man müsste nur muthwillig für den jetzigen Wassereinbruch im Betriebsplane vorgedacht haben.

Professor Alth aus Krakau knüpfte an diesen Vortrag einige weitere Bemerkungen über den Stand der Dinge in Wieliczka, während der ersten 3 Tage, in welchen man wegen der verhältnissmässig geringen Menge des Wasserzuflusses so wenig an die Möglichkeit einer Gefahr gedacht zu haben scheint, dass man die gewöhnlichen Schutz- und Sicherheitsvorkehrungen rechtzeitig anzuordnen verabsäumte.

Professor Alth: Ueber Phosphoritkugeln aus Kreide-Schichten in Russisch-Podolien.

Dieser für unsere Verhandlungen etwas zu ausführliche Vortrag ist für die Publication in dem 1. Hefte 1869 unseres Jahrbuches bestimmt.

Karl v. Hauer. Ueber einige ungarische Eruptivgesteine.

Nachdem in vorhergehenden Mittheilungen die Zusammensetzung der Rhyolithe, Dacite und Grünsteintrachyte besprochen ist, habe ich nunmehr auch eine Untersuchung jener Gruppe von eruptiven Gesteinen begonnen, welche v. Richthofen unter dem Namen: „graue Trachyte" von den letzteren (den älteren Andesiten) getrennt hat.

Bezüglich der Untersuchung selbst ist nur anzuführen, dass alle Aufschlüsse für die Bestimmung der Alkalien mit Fluor-Ammonium geschahen, und überhaupt die Feststellung des quantitativen Verhältnisses dieser Bestandtheile mit möglichster Genauigkeit angestrebt wurde.

Nr. 1. Grauer Trachyt von Ober-Fernezely. Dieses Gestein, Nr. 18, in den von der k. k. geologischen Reichsanstalt hinausgegebenen Trachyt-Sammlungen (von G. Tschermak als Sanidinit bezeichnet) wurde wegen der grossen Feldspathkrystalle, die es ausgeschieden enthält, von Herrn Wolf nächst der Schmelzhütte von Ober Fernezely 1½ Meilen nördlich von Nagy-Bánya aufgesammelt. Es befindet sich daselbst zwar nur auf secundärer Lagerstätte, kommt aber in grossen Massen vor, indem es eine Terrasse erfüllt, welche an die östliche Seite des Thalgehänges anstösst. Der Ursprungsort dieser Blöcke, „der anstehende Fels," wurde auch nach wiederholten Nachforschungen des Herrn Wolf in den verschiedenen Seitengräben des Hauptthales von Fernezely nicht aufgefunden.

Dieses Gestein bietet aber nun vermöge seiner Zusammensetzung ein ganz besonderes Interesse, da die schönen grossen Feldspathkrystalle, welche es ausgeschieden enthält, Anorthit und nicht Sanidin sind, wie die analytische Untersuchung zeigte. Es ist porös und sieht theilweise ziemlich zersetzt aus. Der sechsseitige schwarze Glimmer, der in den Andesiten stets gefunden wird, fehlt. Von ausgeschiedenen Mineralien zeigen sich noch Kryställchen, von denen es unentschieden ist, ob sie Augit oder Hornblende sind. Der nicht unbeträchtliche Magnesiagehalt des Gesteines macht es wahrscheinlich, dass es Olivin enthalte. In diesen letzteren Beziehungen wird eine mikroskopische Untersuchung Aufschluss geben, die Herr Krentz auf mein Ersuchen vorbereitet.

Die Analyse des Gesteines ergab für 100 Theile folgende Zusammensetzung:

Kieselsäure	57·48	Dichte = 2·604.	
Thonerde	17·61	Die Analyse des Feldspathes	
Eisenoxydul	7·81	ergab für 100 Theile:	
Kalkerde	7·22	Kieselsäure	45·06
Magnesia	2·41	Thonerde	35·57
Kali	2·50	Kalkerde	18·31
Natron	3·35	Magnesia und Alkalien	Spur
Glühverlust	2·18	Glühverlust	0·67
	100·56		99·61

Auffällig ist der hohe Kieselsäuregehalt dieses Gesteines, welches den an Kieselsäure ärmsten Feldspath in reichlicher Menge ausgeschieden enthält. In der That wurde bisher noch kein Anorthitgestein mit so hohem Kieselsäuregehalt untersucht. Die in den Tabellen von Rath aufgeführten Analysen von Anorthitgesteinen weisen einen Gehalt von 44·40 bis 49·60 Percent Kieselsäure nach, während die im verflossenen Jahre von mir untersuchte Enkreit-Lava von der Mai-Insel einen Gehalt von 51·62 Percent Kieselsäure ergab.

Nr. 2. Grauer Trachyt vom Taria Vreh im Schemnitzer Gebiete, nördlich von Illia.

Nr. 3. Grauer Trachyt von Dubnik, N. Czervenicza, SO. Eperies, im Sároser Comitat. Dieses Gestein ist die Nummer 59 der von der geologischen Reichsanstalt hinausgegebenen Trachytsammlungen.

Beide Gesteine enthalten viel ausgeschiedenen weissen, zum Theil angegriffen aussehenden Feldspath, ferner schwarzen Glimmer und grössere Krystalle von Hornblende. Die Analyse ergab für je 100 Theile:

	Vom Taris Vrch.	Von Dubnik.
Kieselerde	60·26	62·18
Thonerde	18·11	17·19
Eisenoxydul	6·74	6·41
Kalkerde	5·00	4·43
Magnesia	0·88	1·68
Kali	2·79	1·45
Natron	3·49	5·37
Glühverlust	3·90	2·68
	101·17	101·20
Dichte	2·498	2·523

Die Analyse der in diesen Gesteinen ausgeschiedenen Feldspathkrystalle ergab für 100 Theile folgende Zusammensetzung:

	Von Taris Vrch.	Von Dubnik.
Kieselsäure	57·38	55·61
Thonerde	28·31	28·64
Kalkerde	8·13	7·00
Kali	1·28	1·55
Natron	4·25	5·59
Glühverlust	1·60	3·24
	100·95	101·63

Es sind dies also basische Kalk-Natron-Feldspathe, wie sie in den meisten der bisher von mir untersuchten Eruptivgesteine dieser Gebiete nachgewiesen worden. Ein Feldspath von ähnlicher Zusammensetzung dürfte in dem erst angeführten Gesteine von Ober-Fernezely neben dem Anorthit enthalten sein, wie sich aus dem Gehalte desselben an Alkalien schliessen lässt.

Interessant ist bei Vergleich der so wenig differirenden Zusammensetzung des ersten mit den beiden zuletzt angeführten Gesteinen die Wahrnehmung, dass die Mineraldifferenzirung gleichwohl eine so wesentlich verschiedene ist.

Einsendungen für das Museum.

Dr. E. v. M. Dr. M. Neumayr. Cephalopoden aus Halobien-Schichten Judicariens.

Unser Museum verdankt Herrn Dr. Neumayr eine werthvolle Suite von Cephalopoden, zumeist Ammoneen aus den Gruppen des *Ammonites Aon* und *Arcestes*, welche derselbe im Jahre 1867 aus der Val Daone bei Prezzo in Judicarien[1] erhielt. Die Bearbeitung dieses Mate-

---

[1] Benecke, Trias und Jura in den Süd-Alpen, Seite 33.

riales — die Schichten aus denen dasselbe stammt, entsprechen offenbar dem sogenannten „S. Cassiano" der lombardischen Geologen, da nach Benecke unter ihnen allenthalben Muschelkalk (Wellenkalk) folgt — verspricht um so interessantere Resultate, als keine der vorliegenden Arten mit aus S. Cassian oder Aussee bekannten Arten übereinzustimmen scheint. Für unser Museum bildet diese Suite eine wahre Bereicherung, da aus dem gleichen Horizonte bisher nur sehr wenige Petrefacte in demselben vorhanden waren.

Dr. E. v. M. Anton Hofinek, k. k. Oberbergschaffer in Hallstatt, Petrefacte aus dem Salzbergbau von Hallstatt.

Dem Eifer meines Reisegefährten während des verflossenen Sommers ist es gelungen, in mehreren Schichtengliedern der im Salzberge von Hallstatt aufgeschlossenen Zlambach-Schichten Petrefacte aufzufinden, so dass gegenwärtig sämmtliche Salzberghaue der Alpen, mit alleiniger Ausnahme von Hall in Tirol, welches hoffentlich bald den übrigen sich anschliessen wird, Versteinerungen der oberen Trias geliefert haben. Ich hebe diesen Umstand deshalb besonders hervor, weil bis vor kurzer Zeit bei unseren Salzbergen die Meinung ganz allgemein verbreitet war, dass die im unmittelbaren Contact mit dem Salzgebirge stehenden Schichten überhaupt fossilfrei seien. Die Wichtigkeit der in letzter Zeit gemachten Petrefacten-Erfunde, gerade vom bergmännisch-praktischen Standpunkte, bedarf wohl keiner weiteren Beweisführung, als des einfachen Hinweises auf die nunmehr constatirte Thatsache, dass gegenwärtig auf dem rückwärtigen Theile der Strecken überall nur dieselben salzleeren oder „tauben" Gesteine angefahren sind, wie in den vorderen, dem Stollenmundloche zunächst liegenden Partien unmittelbar vor dem salzführenden Gebirge aufgeschlossen sind.

Ausserdem liegt der Sendung eine werthvolle Suite von kleinen Gastropoden und Cephalopoden aus den Gastropoden-Schichten des Somerau-Kogels bei.

Einsendungen für die Bibliothek und Literaturnotizen.

E. v. M. Dr. E. W. Benecke. Ueber einige Muschelkalk-Ablagerungen der Alpen. (67 Seiten Text, 4 Tafeln, Abbild. 8° Sep. Geogn. paläont. Beitr. von Benecke, Schlönbach und Waagen. Bd. II, Heft I, München, 1868.)

In dieser an werthvollen Detailbeobachtungen aus mehreren Districten der unteren Trias reichen Abhandlung nimmt wohl das Profil des Muschelkalkes von Recoaro entschieden das meiste Interesse in Anspruch. Ueber dem „Böthdolomit", — unter welcher Bezeichnung die Seisser und Campiler Schichten oder die Schichten der *Posidonomya Clarai* und *Holopella gracilior* einerseits und der *Naticella costata* und des *Turbo rectecostatus* andererseits zusammengefasst werden, — folgt zunächst ein Schichten-Complex, der nach dem hier fast ausschliesslich und in ausserordentlicher Menge vorkommenden *Encrinus gracilis* Buch als Schichtenreihe des *Encrinus gracilis* bezeichnet wird. Die organischen Einschlüsse desselben sind: *Acroura granulata* Ben. n. sp., *Encrinus gracilis* Buch, *Ostrea Montis* Ben. n. sp., *Ostrea ostracina* Schl. sp., *Pecten discites* Schl. sp., *Lima lineata* Schl., *Lima striata* Schl., *Gervillia costata* Schl., *Gervillia socialis* Schl., *Gervillia mytiloides* Schl. sp., *Modiola triquetra* Seeb., *Myophoria laevigata* Alb., *Myophoria curvirostris* Schl. sp., *Myophoria vulgaris* Schl., *Pleuromya Fassaensis* Wissm. sp., *Myoconcha gastrochaena* Dunkr., *Myacites musculoides* Sch., cf. *Thracia martvoides* Schl. sp., *Natica gregaria* Schl., *Holopella gracilior* Schaur. sp., *Chemnitzia* sp., *Holopella Schlotheimi* Qu. sp., *Serpula Recubariensis* Ben. n. sp. Es folgen nun bunte, so weit bekannt, petrefactenleere Mergel und über diesen erst erheben sich die in steilen Wänden aufstrebenden Brachiopodenkalke, deren Fauna die folgende ist: *Scyphia* sp., Korallen, *Chaetetes Recubariensis* Schaur., *Encr. Cornalii* Beyr., *Encr. div. sp.*, *Entrochus sp. cf. Encr. filiformis* (bildet mehrere Fuss mächtige Bänke, in denen *Retzia trigonella* und *Rhynch. decurtata* häufig sind), *Entrochus Silesiacus* Beyr., *Radiolus cf. Cidaris grandaeva* Gldf., *Cid. sp. cf. Cid. lancealata* Schaur., *Ostrea ostracina* Schl., *Pecten Albertii* Gldf., *Pect. discites* Schl., *Himites comtus* Gldf., *Lima lineata* Schl., *Lima striata* Schl., *Gerv. mytilis* Schl., *Gerv. costata* Schl., *Myoph. vulgaris* Schl., ? *Myoph. orbicularis* Br., *Modiola subatrata* Schaur., ? *Myoc. gastrocheana* Dukr. sp., *Retzia trigonella* Schl. sp., *Spiriferina Mentzeli* Dukr., *Spiriferina hirsuta* Alb., *Terebr. vulgaris* Schl., *Terebratula angusta* Mnst., *Rhynch. decurtata* Gir., *Natica Gaillardoti* Lefr., *Natica dichroa* Ben. n. sp., *Chemnitzia scalata* Schl. sp., *Pleurot. Albertina* Zict., *Bairdia triasina* Schaur. Bemerkenswerth für diese obere Abtheilung des Muschelkalkes von Recoaro ist das häufige Auftreten von Pflanzenresten. Bereits in den unteren kieselreichen Bänken finden sich bis 1" dicke verkohlte Aeste mitten zwischen den Brachiopoden. Höher oben, wo die Thierfossilien seltener werden, stellen sich dünne mergelige Zwischen-Schichten ein, welche ganz erfüllt sind mit Zweigen und Fruchtständen. Die Beschreibung dieser Pflanzenreste liefert Hofrath Schenk in demselben Hefte der geogn. pal. Beiträge. *Equisetum Cornelii*, ausserhalb der Alpen im Schaumkalk heimisch, findet sich in einer besonderen Bank über der Hauptmasse der Brachiopoden. Da jedoch Pflanzen und Brachiopoden über diese Bank hinaufragen, will Verfasser keine weiteren Folgerungen an dieselbe knüpfen. Auf etwa 20 Meter mächtige fossilfreie Kalke folgen rothe fast petrefactenleere Sandsteine, welche Schauroth als Keuper gedeutet hatte. Ueber diesen lagern Dolomite und Kalke, welche sicher bereits der oberen Trias angehören.

Es ist ein sonderbarer, aber sehr lehrreicher Zufall, dass der Muschelkalk von Recoaro, der doch den Alpen angehört, dem Muschelkalke, respective Wellenkalke Oberschlesiens weit näher steht, als dem Muschelkalk aller anderen Districte der Alpen. In dieser Beziehung ist der von Benecke geführte Nachweis zweier Hauptglieder zu Recoaro, welche paläontologisch genau den Hauptabtheilungen des schlesischen Wellenkalkes entsprechen, von hohem Interesse: bei Recoaro, bei einer Bildung aus der Nähe eines flachen Küstenstriches, mannigfaltige Differenzirung in den Sedimenten und den organischen Einschlüssen, anderwärts in den Alpen verhältnissmässige Einförmigkeit des Sedimentes und weitere verticale Verbreitung der Fossilie.

Bei Besprechung einiger lombardischer Localitäten wird der Schwierigkeit gedacht, einen besonderen Cephalopoden-Horizont im alpinen Muschelkalk auszuscheiden. Die bereits von Stur unterschiedene *Halobia* von Schilpario erhält als neue Art die Bezeichnung *Halobia Sturi*.

Von Interesse sind ferner die Profile aus Vorarlberg. Wir erfahren daraus unter anderem, dass die Brachiopoden (*Retzia trigonella, Rhynch. decurtata*) zusammen mit *Encr. gracilis* unter den petrographisch als solchen charakterisirten echten Virgloriakalken liegen, welche letztere leider keine Petrefacten geliefert haben. Den allmählichen Uebergang des Virgloriakalkes in die Partnach-Schichten, welchen ich in Nordtirol ebenfalls allenthalben beobachten konnte, bestätigt Verfasser und hebt die daraus resultirende Schwierigkeit der Begrenzung und Deutung des alpinen Muschelkalkes hervor. Aus typischem mit Parnach-Mergeln bereits wechsellagerndem Virgloriakalk von St. Peter stammt eine *Modiola*, welche sehr an *Mod. gracilis* Klipst. erinnert.

Wenn wir noch erwähnen, dass aus dem „Röth-Dolomite" der Südalpen eine reiche Fauna beschrieben wird, so dürfte damit die Reichhaltigkeit der vorliegenden Abhandlung an Beobachtungen und der Werth derselben für die Stratigraphie der alpinen Trias genügend nachgewiesen sein.

Dr. U. Schl. **Dr. H. B. Geinitz.** Die fossilen Fischschuppen aus dem Pläner-Kalke von Strehlen. 16 Seiten 4°, 4 Tafeln. (In der Denkschrift der Gesellschaft für Natur- und Heilkunde in Dresden, zur Feier ihres fünfzigjährigen Bestehens. Dresden 1868.) Geschenk des Herrn Professor Dr. Geinitz.

Unter den reichen und schönen Sammlungen sächsischer Kreide-Petrefacten, welche das Dresdener mineralogische Museum umschliesst, befindet sich auch eine ausserordentlich vollständige Suite von Fischresten, namentlich Schuppen, aus dem Pläner-Kalk von Strehlen bei Dresden, welche aus dem Nachlasse des berühmten

Kupferstechers M. Steinla stammen. Diese Fischschuppen nun, von denen schon der frühere Besitzer theils selbst sehr sorgfältige vergrösserte Abbildungen angefertigt hatte, theils unter seiner Anleitung hatte anfertigen lassen, hat Professor Geinitz zum Gegenstande einer monographischen Bearbeitung gemacht. Den genannen, durch 4 Stahlstichtafeln unterstützten Beschreibungen der einzelnen unterschiedenen Arten schickt der Verfasser einen einleitenden Abschnitt „über die geologische Stellung des Pläner-Kalkes", also über ihre Lagerstätte voraus, worin er die Ansicht vertritt, dass dieser Pläner-Kalk, als oberstes Glied der sächsischen Pläner-Bildungen, zwischen dem „Copitzer Grünsandstein" Gümbel's und dem „oberen Quader" der sächsischen Schweiz (z. B. den Königsteins) sein Lager habe, welcher letztere das jüngste Glied der sächsischen Kreide darstelle. Meine Bedenken gegen diese Anfassung habe ich bereits bei einer früheren Gelegenheit, wo ich über den Quader des hohen Schneeberges bei Tetschen sprach (Verhandl. der geol. R. A. 1868, Nr. 14, p. 342), angedeutet und werde später noch ausführlicher darauf zurückzukommen Veranlassung haben. Noch weniger möchte ich des Herrn Verfassers Ansicht beipflichten, wenn er in neuester Zeit an einer anderen Stelle (Neues Jahrb. für Mineral. 1868, 6. Heft, p. 767) annimmt, dass der Pläner-Kalk von Strehlen die in Norddeutschland als „Brongniarti-, Scaphiten- und Cuvieri-Schichten" unterschiedenen Glieder des Pläners zusammen repräsentire. Ich erlaube mir in dieser Beziehung auf meine im Sommer 1868 in diesen Verhandlungen veröffentlichten Berichte über die Revisionsarbeiten im böhmischen Kreidegebiete zu verweisen, wo ich nachzuweisen versucht habe, dass die Stufe des „Strehlener Pläners" ebenso wie der norddeutsche „Scaphiten-Pläner" von den Aequivalenten des „Brongniarti-Pläners" unterteuft und von denen des „Cuvieri-Pläners" überlagert wird.

Die von Herrn Prof. Geinitz unterschiedenen Fischschuppen-Arten sind: *Cyclolepis Agassizii* Gein., *Aspidolepis Steinlai* Gein., *Oemersides Lewesiensis* Mant. sp., *dicurvatus* Gein., *Cladocyclus Strehlensis* Gein., *Hemicyclus Strehlensis* Gein., *Hypsodon Lewesiensis* Ag., *Beryx ornatus* Ag., *Acrogrammatolepis Steinlai* Gein., *Macropoma Mantelli* Ag., *Beryxisempromisus Steinlai* Gein. Das Fehlen vollständigerer Fischreste in diesen Schichten erklärt Prof. Geinitz als muthmassliche Folge des Mitvorkommens zahlreicher Haie und anderer Raubfische.

Dr. U. Schl. Dr. F. Stoliczka. 1. Additional observations regarding the Cephalopodous Fauna of the South Indian Cretaceous Deposits. (Sep. aus d. Records of the Geol. Surv. of India, 1868, Nr. 2, p. 32—37.) 2. General Results obtained from an examination of the Gastropodous Fauna of the South Indian Cretaceous Deposits. (Ebenda Nr. 3, p. 55—59). Geschenk des Herrn Verfassers.

In dem ersten dieser kleinen Aufsätze gibt der Verfasser eine Anzahl nicht unwichtiger Nachträge und Zusätze oder Berichtigungen zu seiner Monographie der indischen Kreide-Cephalopoden, wonach sich jetzt die Zahl der Arten um einige vermindert. Stoliczka identificirt nämlich seinen *Amm. Beudanti (van Brongn.)* mit *Amm. Yama Forb.* und die früher unter letzterem Namen angeführte Art mit *Amm. diphylloides*; ferner hat er gefunden, dass *Amm. Nera Forb.* nicht verschieden ist von *Amm. Geuces Forb., Amm. Garuda Forb.* nicht von *Amm. Indra Forb., Amm. Nera Forb.* nicht von *Amm. Velledae Mich.* und *Anisoceras subcompressum Forb.* nicht von *Anis. rugatum Forb.* Zum Schlusse hebt er hervor, dass er seine *Hamulina sublaevis* auch unter den Petrefacten aus den Cenoman-Schichten von Koryčan (Böhmen) im böhmischen Landesmuseum erkannt habe. Ich selbst hatte ebenfalls Gelegenheit, das betreffende Stück nebst noch einem anderen an derselben Localität gefundenen zu untersuchen, und mich zu überzeugen, dass dieselben einem *Scaphites* angehören und ziemlich sicher mit dem von Orbigny im Prodrome beschriebenen *Sc. Rochatianus* identificirt werden können; ob dasselbe in Bezug auf die holde Art der Fall ist, wage ich, nach Stoliczka's Abbildung, nicht zu entscheiden. Näheres vergleiche man in der demnächst zu publicirenden, von mir in Gemeinschaft mit Dr. A. Fritsch bearbeiteten Monographie der böhmischen Kreidecephalopoden.

In der zweiten Schrift zieht Dr. Stoliczka kurz die allgemeineren Resultate seiner Untersuchung der indischen Kreidegastropoden. Von den vorkommenden 237 Arten gehören 113 der Arrialoor-, 59 der Trichinopoly- und 26 der Ootatoor-Gruppe eigenthümlich an; 20 Arten sind den beiden ersteren, 4 den beiden hinteren gemeinsam, 5 allen dreien. Alle diese Schichten repräsentiren nur die Kreide über dem Gault, und die Ootatoor-Gruppe würde nach Stoliczka vielleicht dem Cenoman, die Trichinopoly-Gruppe dem Turon, die Arrialoor-Gruppe dem Senon entsprechen. Diese letzteren Vermuthungen gründen sich, ausser der Untersuchung der Cephalopoden, besonders auf 50 Gastropoden-Arten, welche Indien mit bekannten ausserindischen Kreidegebieten gemeinsam hat; aus den alpinen Gosaubildungen sind darunter *Neptunea rhomboidalis*, *Nerinea incavata*, *Ampullina bulbiformis*, aus der böhmischen Kreide namentlich *Turritella multistriata* und *Zizyphinus Geinitzianus* hervorgehoben. Die Faunen sind rein marine; die darin vertretenen Genera deuten darauf hin, dass sich die Ablagerungen der Arrialoor-Gruppe aus seichtem Wasser von 2—10 Faden Tiefe niedergeschlagen haben, während die Ootatoor-Bildungen an felsiger Küste, oder an Korallenriffen entstanden sein dürften.

D. St. Dr. A. Schenk. Ueber die Pflanzenreste des Muschelkalkes von Recoaro. Aus Dr. E. W. Benecke's geogn. paläont. Beiträgen. Band II, Heft 1, München 1868.

Hofrath Schenk hielt es für zweckmässig, sich nicht allein auf die von Dr. Benecke bei Recoaro gesammelten fossilen Pflanzen zu beschränken, sondern auch jene fossilen Pflanzen, welche von andern Forschern in der Trias von Recoaro gesammelt wurden, zu berücksichtigen, und dabei auch auf alle bisher aus der Muschelkalkformation bekannt gewordenen Pflanzenreste Rücksicht zu nehmen.

Der Flora des Buntsandsteins von Recoaro angehörig, werden folgende Arten aufgezählt:

Equisetites Brongniarti Unger? *Araucarites pachyphyllus Zigno.*
Caulopteris? Massalonguma Massal. *Voltzia heterophylla Brongn.*
„ *? Laeliana Massal.* *Albertia (Haidingera) Schaurothiana Massal.*
„ *Kentariana Massal.* *Taxites Massalongi Zigno.*
Aethophyllum Foertertianum Massal. „ *vicentinus Zigno.*

Die Abbildungen und Beschreibungen dieser Arten hat de Zigno in seiner Abhandlung: *Sulle piante fossili del Trias di Recoaro* gegeben.

Weiterhin werden die bisher aus dem Umfange des Muschelkalkes durch Brongniart, Catullo, Göppert, Schauroth, Schleiden und Zigno beschriebenen und erwähnten Arten kritisch beleuchtet, und folgendes Verzeichniss der Flora des Muschelkalkes enthält das Resultat dieser Untersuchung. Die der Abhandlung beigefügten Tafeln V—XII enthalten theils Copien der bisherigen, theils neue Abbildungen fast sämmtlicher hier aufgeführten Arten.

(1) Algae.
(?) *Sphaerococcites Blandovskianus Goeppert.* Taf. V. F. 1. von Tarnowitz.
(?) *Sphaerococcites distans Sandberger.* Taf. V. F. 2. von Durlach.
Equisetaceae.
Equisetites Mougeoti (teste Sandberger) aus dem Wellen-Dolomit von Durlach.
Filices.
Neuropteris Gaillardoti Brongn. Taf. V., **F. 3.**, Taf. VI., **F. 3.** aus dem obersten Muschelkalk von Lunéville.
Coniferae.
Taxodites Saxolympiae Zigno. Taf. VI., F. 4. aus dem Muschelkalk von Recoaro, doch fraglich, ob aus demselben Niveau wie *Voltzia recubariensis*.
Pinites Goeppertianus Schleiden. Taf. V. F. 4—7. aus dem untersten Wellenkalk den Rauthaken bei Jena.
Endolepis elegans Schleiden. Taf. VI. F. 1.
Endolepis vulgaris Schleiden. Taf. VI. F. 2. Beide Endolepis-Arten aus dem Saurier-Kalk.

Voltzia recubariensis Mass. sp. Taf. VI. F. 5—6, Taf. VII—XII. Syn. *Araucarites recubariensis Mass.* de Zigno in: *Sulle piante fossili del Trias di Recoaro*. — *Araucarites Massalongi Zigno, ibidem.* — *Araucarites Catullo Mass.* in Neues Jahrb. 1857, p. 178. — *Brachyphyllum sp. Massal. ibidem.* — *Aethophyllum speciosum Massal. ibidem.* — *Calamites Meriani Schauroth.* — *Equisetites Meriani Schauroth.* Verzeichn. des Nat. zu Coburg Nr. XVII. — *Cyclopteris putans Catullo* in: nuovi saggi d. scienc. nat. Bologna 1844, T. IV F. 6. — *Voltzia heterophylla Schauroth et Massal.* — *Echinostachys Massalongi Zigno* in: sulle piante fossili del Trias di Recoaro. — Aus den Brachiopodenbänken von Recoaro, Roveglana und des Monte Rotolone.

Das Vorkommen von Algen bleibt vorläufig zweifelhaft. Da ausser diesen nur noch eine Farn-Art und eine Equisetacee als sichergestellt angenommen werden darf, besteht demnach die Flora des Muschelkalks beinahe nur aus Coniferen. Darunter gehören zur *Taxodites Saxolympiae Zigno* und *Voltzia recubariensis Mass. sp.* dem alpinen Wollenkalk zu.

G. St. v. Karrer. Die miocene Foraminiferen-Fauna von Kostej im Banat. Monographische Schilderung. Sep.-Abdr. aus dem LVIII. Bde. d. Sitzb. d. k. Akad. d. Wissensch. I. Abth. Juli-Heft 1868. Gesch. d. Verf.

Der Verfasser verdankt das reiche Material zu der vorliegenden schönen Arbeit den Bemühungen des Herrn v. Schröckinger, welcher im Ganzen 6 Sendungen des dem Thon von Lapugy sehr ähnlichen, sandigen, kalkhältigen Thones der Umgebung von Kostej (Porth Unguriaj und Fundus hotrina) an das Hof-Mineralien-Kabinet gelangen liess. Es wurden aus dem geschlämmten Material im Ganzen 260 Arten gewonnen, unter welchen der Verfasser 50 Arten als neu beschreibt, darunter eine nicht geringe Anzahl von äusserst zierlich gebauten und durch elegante Verzierung auffallenden Formen. Wir heben als solche hervor: *Spiroloculina speciosa* und *ornata*, *Quinqueloculina vermicularis*, *ornatissima* und *falcifera*, *Peneroplis Laubei* und *aspergilla*, *Polymorphina ornata*, *Truncatulina flos* und *lariniana*. *Discorbina semiorbis*, *Pulvinulina erinacea*, *Nonionina leo*.

In Bezug auf den relativen Antheil, den die Hauptfamilien an der Zusammensetzung dieser Fauna nehmen, ist Folgendes zu bemerken: Die kieseligen Uvellididen sowie die Cornuspiriden zeigen nur wenig Vertreter, darunter häufiger nur das auch im tieferen marinen Tegel des Wiener Beckens häufige *Plecanium abbreviatum*. Sowohl an Arten als durch Individuenzahl prädominirend (etwa den 5. Theil der ganzen Fauna einnehmend), sind die Milioliden genuina mit Formen, die in tieferen marinen Tegel, in der höheren Zone der Gainfahrner Mergel sowohl als im Leythakalk des Wiener Beckens auftreten.

Die Peneropliden und Orbitulideen zeigen eine starke Vertretung durch wenige schon bekannte Arten. Die Dactyloporideen Seferies nur eine, und zwar neue Art (*Dact. miocenica Karr.*) Die im unteren marinen Tegel des Wiener Beckens sehr heimische, grosse Familie der Rhabdoideen zeigt in der Fauna nur sparsame Repräsentanten. Die Nodosarideen erscheinen in zahlreichen, aber an Individuen ärmeren Arten mit Ausnahme der *Nodosaria elegans*, *scalaris* und *subspinosa*, welche häufig sind. Unter den im tiefern marinen Tegel sonst gewöhnlich sehr reich entwickelten Cristellarideen ist nur *Cr. calcar* (var. *cairoa* und var. *cultrata*) und *Cr. inornata* häufig, die anderen Arten sind an Individuum arm. Die sowohl im marinen Tegel als im Leythakalk häufigen Polymorphinideen haben auch hier einen reichlichen Antheil an der Zusammensetzung der Fauna besonders durch *P. digitalis*, *problema*, *gibba* und *Bul. pyrula*. Von Textilarideen kommt selbst *T. carinata* nur äusserst sparsam vor. Die Globigerinideen weisen zahlreiche Vertreter der Tegel holden Gattungen *Orbulina*, *Globigerina*, sowie einige Arten von *Truncatulina* und *Pulvinulina* auf. Unter den wenigen Arten, welche die Rotalideen vertreten, sind nur *R. Boueryi* und *aculeata*, sowie *R. Girardana* (aus dem Septarienthon) häufiger. Unter den für den Leythakalk so bezeichnenden Polystomellideen sind alle Formen, mit Ausnahme der *Nonionina communis* sehr selten. Unter den Nummulideen ist *Amphistegina Hauerina* eine sehr häufige, *Heterostegina costata* eine durch massenhaftes Auftreten geradezu herrschende Form.

Die Fauna entbehrt nach dem Angeführten eines selbstständigen Charakters, denn sie zeigt einestheils unter den wenigen herrschenden Formen typische Arten aus dem höher gelegenen Leythakalke zugleich mit typischen Arten der tieferen Abtheilung des marinen Tegels, anderntheils stellt aber auch der grosse Rest von individuenarmen Arten ein Gemenge von Formen aus den beiden genannten Schichten dar. Der Verfasser hebt demnach als allgemeines Resultat hervor, „dass die Foraminiferen-Fauna von Kostej mit derjenigen von Lapugy übereinstimmt, und den Typus einer Zone repräsentirt, welche man als die der Gainfahrner Mergel oder die der höheren marinen Tegel (Grinzing, Vöslau) der Mediterranstufe des Wiener Beckens bezeichnet".

G. St. v. Kobell. Ueber die krystallisirten Spessartin von Aschaffenburg und über eine dichte Varietät von Pitsch. (Sitzb. d. kgl. bayer. Ak. d. Wies. 1868. II. Heft. II., Seite 292).

Das dichte Mineral von Pfitsch, welches der Verfasser mit dem von ihm analysirten Spessartin von Aschaffenburg, mit einem von Rammelsberg analysirten Granat von Haddam in Connecticut und einem von Seybert untersuchten Granat aus Nordamerika in Vergleich stellt, kommt in derben Massen von flachmuschligem Bruch vor; die Farbe ist fleischroth ins bräunliche, es ist an den Kanten durchscheinend, schwach-wachsglänzend; das spec. Gew. l, 3. Vor dem Löthrohr verhält es sich wie der Spessartin von Aschaffenburg, färbt aber das Boraxglas schneller und stärker von Mangan; auf nassem Wege verhält es sich ebenfalls gleich jenem und gelatinirt nach dem Schmelzen.

Die Analyse ergab:

Kieselerde	37·60	19·99		Manganoxydul	34·00	7·66
Thonerde	18·90	8·84	9·43	Eisenoxydul	6·37	1·41	9·64
Eisenoxyd	3·03	0·61		Kalkerde	2·00	0·57
					100·00	

Dieser Granat kommt demnach der Normalmischung eines Spessartin = Mn³ Si + Äl Si von allen bekannten Mangangranaten am nächsten.

G. St. W. R. v. Haidinger. Licht, Wärme und Schall bei Meteoritenfällen. Vorgelegt in der Sitzung am 8. October 1868. Aus d. LVIII. Bde. d. Sitzb. d. k. Akad. d. Wissensch. II. Abth. Oct.-Heft. Jahrg. 1868. Sep.-Abd. Gesch. d. Verf.

Der Reichthum des zu Ende gegangenen Jahres an Meteorsteinfällen und die Reihe von literarischen Arbeiten, welche anknüpfend an einzelne dieser anregenden Naturerscheinungen über Wesen und Ursache der Meteoriten Licht zu verbreiten suchten, boten unserem Nestor in diesem Felde der Forschung die Gelegenheit zu einer kritischen Vergleichung der dargelegten Ansichten mit jenen Resultaten, zu denen er selbst gekommen war. Es werden in besonderen Kapiteln die Arbeiten von Stanislaus Meunier, A. Daubrée, der Professoren von Cassel (Goiran, Zannetti, Bertollo und Musso), von Leymerie, F. C. Calle, G. vom Rath, G. V. Schiaparelli, E. Weiss, R. P. Grey und A. S. Herschel, J. J. d'Omalius d'Halloy in einer die gerechteste Anerkennung zollenden Weise besprochen.

Specielleren Anlass auf die Verschiedenheit in den Ansichten einzugehen und seine eigenen, über die Erscheinung der Meteoriten besonders in dem Bericht vom 14. März 1861 in kurz und scharf gefassten Hauptpunkten veröffentlichten Resultate wiederholt zu betonen, gaben die Publicationen von Herrn A. Daubrée, für welchen die bisher in der Literatur vorliegenden Bestrebungen, die Licht- und Schallerscheinungen bei dem Falle der Meteoriten zu erklären, also insbesondere die wichtigen Arbeiten Haidinger's, nicht zu existiren scheinen. Da Herr Daubrée es ausser Acht gelassen, seinen mehrfach gänzlich abweichenden Ansichten zugleich die schon früher gegebenen Erklärungen vergleichungsweise gegenüberzustellen oder diese letzteren zu widerlegen, so ist der Schritt v. Haidinger's, in der Sache selbst das Wort zu ergreifen, um die Gegensätze schärfer herauszuheben und das Unhaltbare zu bekämpfen, wohl hinreichend gerechtfertigt.

Ausserdem wurde die Bibliothek durch folgende Werke bereichert.

a) Einzelwerke und Separatabdrücke:

Delesse. Distribution de la pluie en France. (Extr. d. Bull. de la Société de Géographie. Août 1868).

Dorna A. Catologo delle Leonoidi o stelle meteoriche del periodo di Novembre, osservate nel 1867 al regio osservatorio di Torino.

Forchhammer. Dr. F. W. Die Gründung Roms. (Mit einer Karte). Kiel. 1868.

Krapf. Dr. F. K. k. Consul in Cardiff. Die Kohlenproduction in Glamorganshire. (Aus dem Informationsberichte).

Lartet. E. and **Christy H.** Reliquiae Aquitanicae. (being contributions to the archaeology and palaeontology of Périgord). Part VII. September 1868. London.

Richter Dr. R. Noch Älter. (Zu einer Weihnachtsgabe für arme Schulkinder unserer Stadt). Saalfeld 1868.

Nr. 1.   Sitzung am 5. Jänner. Bücher-Verzeichnisse.   19

b) Zeit- und Gesellschafts-Schriften:

Bologna. Memorie dell' accademia delle scienze dell' Istituto di Bologna. Serie II. Tomo VII. Fasc. 4 und Tomo VIII. Fasc. 1. 1868.

Bruxelles. Bulletins de l'academie royale des sciences, des lettres et des beaux-arts de Belgique. 36ᵐᵉ Année 2ᵐᵉ Sér. T. XXIV. 1867.

— Mémoires couronnés et autres mémoires publiés par l'academie royale des sciences, des lettres et des beaux-arts de Belgique. Collection in 8ᵒ — Tome XIX. 1867 und Tome XX. 1868.

— Mémoires couronnés et Mémoires des savants étrangers publiés par l'academie royale etc. Tome XXXIII. 1865—1867.

— Annuaire de l'academie royale des sciences, des lettres et des beaux-arts de Belgique. Trente-Quatrième année, 1868.

Cambridge. Annual Reports of the President and treasurer of Harvard College. 1866—1867.

— A Catalogue of the Officers and students of Harvard University for the academical Year 1867—1868 (First Term.) 1867.

— First annual report of the trustees of the Peabody Museum of American Archeology and Ethnology. 1868.

Darmstadt. Notizblatt des Vereins für Erdkunde und verwandte Wissenschaften zu Darmstadt und des mittelrheinischen geolog. Vereins. Nebst Mitth. aus der Grossh. Hessischen Centralstelle für die Landesstatistik. Herausgegeben von L. Ewald. III Folge, VI. Heft. Nr. 61—72. 1867.

Dresden. Tageblatt der 42. Versammlung deutscher Naturforscher und Aerzte vom 18. bis 24. September 1868.

— Denkschrift der Gesellschaft für Natur- und Heilkunde zur Feier ihres fünfzigjährigen Bestehens. 1868.

Einsiedeln. Protokoll der geologisch-mineralogischen Section an der Versammlung der schweizerischen naturforschenden Gesellschaft, den 25. August 1868.

Graz. Erster Jahresbericht des akademischen Leservereines, a. d. k. k. Universität und steierm. landisch. technischen Hochschule im Vereinsjahre 1868.

Helsingfors. Öfversigt af Finska Vetenskaps-Societetens Förhandlingar X. 1867—1868. (und 1 planche).

— Bidrag till Kännedom af Finlands Natur och Folk utgifna af Finska Vetenskaps-Societeten. Tolfte Häftet. 1868.

Hermannstadt. Verhandlungen und Mittheilungen des siebenbürgischen Vereins für Naturwissenschaften. Jahrgang XVIII. 1866.

London. Royal Institution of Great Britain 1868. (List of the members officers, and Professors, with the report of the Visitors, statement of accounts and Lists of Lectures and Donations in 1867).

Lund. Acta Universitatis Lundensis. Lunds Universitets Årsskrift för År 1867. I. Afdelningen för Philosophi, Språkvetenskap och Historia. II. Afdelningen för Mathematik och Naturvetenskap.

Neubrandenburg. Archiv des Vereins der Naturgesch. in Mehlenburg. 21. Jahrg. (herausgegeben von Dr. E. M. Wiekmann). 1868.

Nürnberg. Abhandlungen der naturforschenden Gesellschaft. IV. Band. (mit 5 lit. Tafeln.) 1868.

Philadelphia. Proceedings of the american philosophical society. (holden Philadelphia for promoting useful Knowledge. Vol. X. 1867. Nr. 77.

Torino. Memorie della reale accademia delle scienze. Serie secunda T. XXIV.

— Atti della R. accademia delle scienze di Torino publicati dagli accademici Segretari delle due Classi. Vol. III. disp. 2a. Dicembre 1867. 3a, 4a, 5a, 6a, 7a, 8a. (Gennajo—Giugno 1868. (7 Hefte.) à disp. 1a. Novembre 1867.

Upsala. Nova Acta regiae societatis scientiarum Upsaliensis. Seriei tertiae Vol. VI. Fasc. II. 1868.

Utrecht. Nederlandsch meteorologisch Jaarboek voor 1867. Negentiende Jaargang. Tweede Deel. (Afwijkingen van Temperatuur en Barometerstand op Vele Plaatsen in Europa met Waarnemingen van Regen en Wind. 1868.

Venezia. Atti del reale Istituto Veneto di scienze, lettere ed arti dal Novembre 1867 all' Ottobre 1868. Tomo decimoterzo, serie terza. Dispens. decima. 1867—1868.

Gegen portofreie Einsendung von 3 fl. Ö. W. (2 Thl. Preuss. Cour.) an die Direction der k. k. geol. Reichsanstalt, Wien Bez. III., Rasumoffskigasse Nr. 3, erfolgt die Zusendung des Jahrganges 1869 der Verhandlungen postfrei unter Kreuzband in einzelnen Nummern unmittelbar nach dem Erscheinen.

Neu eintretende Pränumeranten erhalten die beiden ersten Jahrgänge 1867 und 1868 für den ermässigten Preis von je 2fl. Ö. W. (1 Thl. 1 Sgr. Preuss. Cour.)

Unsere geehrten Abonnenten, welche die Pränumeration auf den Jahrg. 1869 noch nicht angezeigt haben, werden ersucht, dieselbe möglichst bald zu erneuern, damit die Versendung der folgenden Nummern der Verhandlungen ihren regelmässigen Fortgang nehmen könne.

№2. 1869.

Verhandlungen der k. k. geologischen Reichsanstalt.

Sitzungen am 12. und 19. Jänner 1869.

Inhalt: Vorgänge an der Anstalt. Eingesendete Mittheilungen: F. Sandberger, Ueber Skleroklas von Hall in Tirol. Th. Petersen, Mineralogische Untersuchungen (Phosphorsaurer Kalk, Pirotit, Epigenit). Vorträge am 12. Jänner: K. Sauer, Ueber bergmännischen Unterricht Nr. II. F. Foetterle, Die Lagerungsverhältnisse der Tertiärschichten zwischen Wirböcz und Rochola. H. Wolf, Vorlage der geologischen Karte der Gegend von Tokaj u. s. A. Ujhely. Karl Griesbach, Ueber die geologischen Verhältnisse im Gebiete des k. k. Thiergartens. J. Hofmann, Ueber das Steinkhlenvorkommen bei Karvin. Vorträge am 19. Jänner. F. Foetterle, Stand der Wasserversorgungs-Arbeiten in Wieliczka. C. M. Paul, Ueber die Gliederung der Karpathen-Sandsteine. E. v. Mojsisovics, Ueber die Schrazerstätten der Alpen. Nr. II. Schlönbach. I. Ueber Brachiopoden aus den Ecca-Schichten des Bakonyer Waldes. 2. Ueber eine neue Sepinnert aus dem neogenen Tegel von Baden. Einsendungen für das Museum. F. v. Vivenot. Mineralien-Schmaltthe, eingesendet durch die k. k. Bergwerks-Direction zu Příbram. E. v. Mojsisovics. G. Mayer's Petrefactensamlung aus der Umgebung von Melchenthal. Einsendungen für die Bibliothek und Literaturnotizen: O. Dewalque, J. Barrande, A. Schneider, F. Herbas. Jahrbuch der k. k. geol. Reichsanstalt I. Heft. 1866. Verhandlungen der k. k. geol. Reichsanstalt Jahrgang 1868. Bücher-Verzeichnis.

Vorgänge an der Anstalt.

Mit hohem Erlasse vom 13. Jänner hat Se. Excellenz der k. k. Ackerbau-Minister Herr St. Graf Potocki „überzeugt, dass der Besitz gründlicher geologischer Kenntnisse auch für die Beamten der k. k. Berghauptmannschaften sehr wünschenswerth sei" den k. k. Berggeschwornen Herrn Rudolph Hayd aus Ellbogen zur Anhörung des neuen geologischen Curses an der k. k. geologischen Reichsanstalt bestimmt.

Eingesendete Mittheilungen.

Dr. F. Sandberger. Ueber Skleroklas von Hall in Tirol.

Bekanntlich sind bis jetzt Dufrenoysit (regulär), Skleroklas, Arsenomelan und Jordanit (rhombisch) lediglich in dem weissen zuckerkörnigen Dolomite des Binnenthales im Wallis in Begleitung von Realgar-Eisenkies, gelber Zinkblende, Hyalophan und Baryteölestin gefunden und in Poggendorff's Annalen CXXII, p. 371 ff. von v. Rath erschöpfend mineralogisch beschrieben worden. Später hat nur Herr Dr. Petersen noch einige Analysen hinzugefügt.

Zufällig kam bei der Durchsicht der Sammlung des verstorbenen königl. bayr. General-Bergwerks-Directors v. Schenk ein Stück von Hall in Tirol in meine Hände, welches mir eine nähere Untersuchung zu verdienen schien, und an welchem ich den Skleroklas entdeckte. Das Stück besteht zum grössten Theile aus körnigem, grünlichweissem Gypse, hie und da mit Resten von härterer Substanz bedeckt, die ich als Anhydrit erkannte und stellenweise mit Bitumen imprägnirt.

Darin erscheinen an mehreren Stellen Schwefelmetalle eingewachsen. An einer tritt eine wallnussgrosse Masse von Auripigment auf, welche nach aussen zunächst von einer schmalen Hülle von Realgar, dann von einem breiten, etwa schwärzlich bleigrauen Schwefelmetall umgeben ist. Das letztere kommt ausserdem neben gelber Blende an mehreren Stellen in derben Massen und in dem Gypse zerstreut in sehr kleinen platten rhombischen Tafeln vor, welche deutlich Spaltbarkeit in einer Richtung (o P) bemerken lassen. Streifung ist an denselben nicht sichtbar.

Die Härte fand ich = 3. Strich röthlichbraun. Vor dem Löthrohre gibt das sehr leicht schmelzbare Mineral arsenige und schwefelige Säure und einen Bleioxyd-Beschlag, mit Soda Bleikörner. In der Glühröhre decrepitirt es nicht und gibt ein Sublimat von Schwefelarsen und sehr wenig Schwefel. Auf nassem Wege wurde lediglich Blei, Arsen und Schwefel in demselben gefunden.

Alle diese Versuche ergeben, dass das Mineral Sklerokla s ist, nicht Arsenomelan, welcher in der Glühröhre sehr stark decrepitirt, wie ich mich selbst überzeugte. Es ist daher eines der merkwürdigen Binnenthal-Mineralien mit zweien seiner Begleiter, der gelben Blende und dem Realgar, an einem zweiten Fundorte in den Alpen nachgewiesen. Offenbar bezieht sich auf dieses Mineral die Angabe des Vorkommens von Antimonglanz bei Hall in v. Senger's Oryktognosie, welche auch in v. Zepharovich's Lexikon und Kremer's Arbeit über den Antimonglanz wiederholt wird. Man sieht, dass sie irrthümlich war, und es wäre sehr zu wünschen, dass sich in österreichischen Sammlungen Material zu krystallographischen Bestimmungen und quantitativen Analysen finden liesse. Vielleicht kommen auch noch die übrigen Mineralien des Binnenthals am Rücken von Hall zum Vorschein.

Dr. Theodor Petersen in Frankfurt a. M. Mineralogische Untersuchungen.

Im Anschluss an die in Nr. 14 der Verhandlungen von 1868 gemachten Mittheilungen über phosphorsauren Kalk habe ich heute nachzutragen, dass ich inzwischen in zwei nassauischen Gesteinen, welche für die Staffelitvorkommen von Bedeutung sind, die Phosphorsäure ermittelt habe und zwar im

Diabas vom Odenbacher Weg bei Weilburg zu
0·64 Perc. = ... 1·57 Perc. Apatit.
Hyperit aus dem Lahntunnel bei Weilburg zu
0·36 Perc. = ... 0·88 "

Einige andere Sachen werden Sie demnächst mit dem 9. Bericht des Offenbacher Vereins für Naturkunde erhalten, namentlich die Untersuchung eines Neuseeländer Picotites, welcher sich gegenüber den von Damour und Hilger untersuchten, thonerdereichen Picotiten als sehr chromoxydreich herausgestellt hat, so dass man die beiden Typen „Thonerdepicotit" und „Chrompicotit" anzunehmen berechtigt ist. In demselben Picotit konnten auch Nickel und Kobalt entdeckt werden, welche beide ausser Chrom dem Bereiche des Olivines überhaupt anzugehören scheinen.

Demnächst wird auch die Untersuchung der überaus interessanten Erze des badischen Kinzigthal-Gebietes zum vorläufigen Abschluss gelangen. Das Bemerkenswertheste, was sich dabei neuerdings ergeben hat, ist ein dem Enargit (Cu As) sich anschliessendes zweites Arsenpentasulfid, R^3 As (R = Cu Fe), welches rhombische, nur auf Klüften der Grube

Neuglück zu Wittichen von Herrn Sandberger aufgefundene Mineral (früher vorläufig „Arsenkupfer, Wismuthurz" genannt) von demselben nunmehr mit dem Namen „Epigenit" bezeichnet ist.

Vorträge am 12. Jänner.

E. Suess: Ueber bergmännischen Unterricht. Nr. II.

Seitdem ich vor drei Wochen (vergl. Nr. 17. S. 428 der Verhdl. 1868) an dieser Stelle, von einer Kritik der letzten Vorgänge in Wieliczka ausgehend, das alte Verlangen nach einer Reform unseres bergmännischen Unterrichtes neu zu begründen versucht habe, sind nach zwei Richtungen hin erfreuliche Massnahmen von Seite der kaiserlichen Regierung getroffen worden, welche hier nicht übersehen werden dürfen. Zunächst ist ein energischer Mann an die Spitze der Geschäfte in Wieliczka gestellt, ist die Demolirung der vielbesprochenen Dämme im Salzthon angeordnet und mit aller Kraft an die Gewältigung des Klowki-Querschlages gegangen worden, um das Uebel an der Wurzel zu fassen; man hat also hier den Weg eingeschlagen, welcher von verneherein geboten war. Es ist ferner seit jener Zeit die Verlegung der landwirthschaftlichen Akademie vom Lande nach Wien zur Thatsache geworden und dadurch von Seite der kais. Regierung der Grundsatz als richtig anerkannt worden, nach welchem wir auch die Verlegung des höheren Montanunterrichtes in das Centrum geistiger Thätigkeit für rathsam halten.

Die Frage, um die es sich hier handelt, ist von nicht geringer wirthschaftlicher Bedeutung. Es handelt sich darum, bei der Ausbeutung der Mineralschätze eines Reiches, welches an Mannigfaltigkeit der Structur seiner Gebirge von keinem andern Culturstaate übertroffen wird, die Erfahrung der Naturforschung in einem höheren Maasse als bisher dem Wohle der Gesammtheit dienstbar zu machen. Bergbau und Hüttenkunde sind in der That ihrem Wesen nach zwei Zweige angewandter Naturforschung; ihre beiden Ausgangspunkte heissen Geologie und Chemie. Uns handelt es sich jetzt darum, eine innigere Verbindung zwischen Forschung und Anwendung, zwischen Theorie und Praxis herzustellen, eine breite und solide Brücke, auf welcher neuer Wohlstand einziehen mag in das Reich.

Wer dieses Ziel ernstlich anstrebt, muss wünschen, dass die Erregung der streitenden Parteien, von welcher unsere Tagesblätter in den letzten Tagen so vielfach Zeugniss gaben, möglichst bald sich mässige. Allerdings vollzieht sich eine Besserung in öffentlichen Dingen selten ohne Kampf, aber es ist auf beiden Seiten die Aufgabe der Wohlmeinenden, diesen Kampf auf die Sache und auf das nöthige Maass zu beschränken. Ich selbst will dem vielfältigen Echo, welches die auf den bergmännischen Unterricht abzielenden Vorschläge fanden, für jetzt nur die moralische Verpflichtung entnehmen, in positiven Vorschlägen um einen Schritt weiter zu gehen, um so einer ruhigen und nutzbringenden Discussion eine weitere Grundlage zu bieten. Ich füge bei, dass mir ein weiterer Anlass hiezu durch den Umstand geboten wurde, dass die seit dem Frühjahre 1863 von Seite der kais. Regierung periodisch zu ihrer weiteren Ausbildung nach Wien einberufenen Akademiker dem

Besuche meiner Curse an der hiesigen Universität verhalten werden, und dass auf diese Weise durch eine Reihe von Jahren meine Aufmerksamkeit auf diese Frage gelenkt worden ist.

Die Billigkeit der sich täglich vermehrenden und bis an die äussersten Enden der Monarchie reichenden Verkehrsmittel, der Glanz der öffentlichen Institute Wiens, die Hoffnung des Unbemittelten in der belebten Hauptstadt leichter durch Privatunterricht sein zeitweiliges Fortkommen zu finden, die leidigen nationalen Reibungen in den Provinzen und viele andere Umstände bringen in Wien fortwährend eine Vermehrung der Tausend von Hörern an den Hochschulen und zugleich mit oder ohne den Wunsch der Regierung eine Centralisation des höheren Unterrichtes mit sich, welche in manchen Fällen von Vortheil, in anderen von entschiedenem Nachtheile sind. Wo es sich, z. B. in den staatswissenschaftlichen Doctrinen, lediglich um das lebendige Wort des Lehrers, oder dort, wo es sich um den Unterricht in den allgemeinen Prinzipien eines Wissenszweiges handelt, soweit derselbe zur Aneignung der sogenannten „allgemeinen Bildung" gehört, bleibt die Begabung des Lehrers und der Reichthum der ihm zu Gebote stehenden Sammlungen massgebend. Wo es sich aber um die Möglichkeit eines persönlichen Verkehres, um die specielle Unterweisung des einzelnen Schülers durch den Lehrer, wie z. B. des angehenden Hüttenmannes in den Arbeiten des chemischen Laboratoriums handelt, muss die Ueberzahl der Hörer der Intensität des Unterrichtes offenbar nachtheilig sein. Hieraus folgt keineswegs, dass man diesem Zuströmen der Jugend zur Hauptstadt entgegenwirken sollte, in welcher die grossartige Entfaltung des öffentlichen Lebens und die Lebhaftigkeit und Mannigfaltigkeit des geistigen Verkehres eben die kräftigsten Mittel sind, um neben dem Wissen auch dauernde Anregung und Empfänglichkeit und die Lust und den Sporn zur Nacheiferung emporkeimen zu lassen. Wohl aber erwächst der Regierung aus diesen Umständen die Aufgabe, in der einen Richtung für die Heranziehung der ausgezeichnetsten Lehrkräfte und die reichere Dotirung der Lehrmittel-Sammlungen, in der anderen für die Errichtung selbstständiger Fachschulen Sorge zu tragen. Durch die Errichtung solcher Fachschulen werden aber auch zwei andere grosse Vortheile erreicht. Es wird nämlich einerseits der encyclopaedische Charakter vermieden werden können, den sonst bei der Divergenz der späteren Lebensrichtungen der Hörer der Unterricht in einzelnen Doctrinen anzunehmen gezwungen ist, und es wird zugleich durch die Vermehrung der thätigen und von einander selbstständigen Lehrkräfte die Concurrenz der Geister vermehrt, welche auf solchen Gebieten das wahre Geheimniss des Fortschrittes ist.

Abgesehen von diesen allgemeinen Gründen sprechen noch mehrere sehr wichtige Argumente für die Selbstständigkeit der Montan-Akademie in Wien und gegen die öfters vorgeschlagene Vereinigung mit dem polytechnischen Institute. Zumeist sind es die Lehrmittel. Eine Anstalt, welche jetzt keine Lehranstalt ist, nämlich die geologische Reichsanstalt, umfasst für den angehenden Bergmann eine ausserordentlich belehrende Fülle an Sammlungen, Bibliotheken und Karten, sie umfasst ein hüttenmännisches Laboratorium, sie ist zugleich anerkanntermassen ein immer warmer Herd geistiger Anregung. Jeder Unbetheiligte muss zugeben, dass wie es in London und Paris längst anerkannt wurde, der Mittelpunkt der geologischen Landesaufnahme die Stelle ist, an welcher bergmännischer Unterricht den meisten Erfolg verspricht. Dann sind es die Lehrkräfte. Bergbau, Bergmaschinenlehre, specielle Hüttenkunde u. A. sind Hauptfächer, welche auch am polytechnischen Institute die Errichtung neuer Lehrkanzeln nöthig machen würden, so dass auch der ökonomische Vortheil sich auf ein gar bescheidenes Maass reduziren würde.

Man hört die gegenwärtige geringe Zahl der Hörer der Bergakademien als einen Grund gegen die Selbstständigkeit einer neuen Anstalt anführen. Allerdings ist in diesem Augenblicke die Zahl der ordentlichen Hörer des ersten Jahrganges in Pribram nur drei, in Leoben gar Null und soll in Schemnitz die Zahl der neuen Inscribirten nur sieben betragen.

Nichtsdestoweniger hat noch vor nicht zu langer Zeit die Zahl der Hörer in einem Jahrgange in Schemnitz über Hundert betragen. Unsere Bergproduction ist gestiegen, und der Besuch unserer Berg-Akademien hat fortwährend abgenommen. Wir stehen hier vor einer Erscheinung, welche sich nicht aus der Lage dieser Unterrichtsanstalten in entlegenen Bergorten allein oder aus Abänderungen in der Organisation und Situirung der Vorcurse erklärt, sondern welche zum Theil einen viel tieferen in dem Charakter eines grossen Theiles unserer Bevölkerung und mittelbar in den früheren Staatseinrichtungen gelegenen Grund hat. Je unumschränkter sich die Macht des Staates ausdehnt, um so weniger kömmt die Individualität des Einzelnen zur Geltung, um so mehr sinkt der Unternehmungsgeist, sinkt, wenn ich mich so ausdrücken darf, das mittlere Maass der persönlichen Initiative herab. Nicht nur in der eigenen Handelsweise, wenigstens ebenso sehr in der Art, wie der Vater für sein Kind am besten zu sorgen glaubte, spiegelte sich auch in den innersten Familienangelegenheiten noch vor nicht vielen Jahren der abgeschlossene Charakter unseres Staatslebens. Wie selten dachte ein Vater aus dem bürgerlichen Mittelstande daran, Söhne heranzubilden, die durch eigenes Talent und eigenes Wissen sich Bahn brechen sollten? Staatsdienst, ärarischer Dienst, das sogenannte „sichere Brot", das war es, was gerade an diesen Fachschulen wohl in den meisten Fällen von dem vorsorgenden Vater vor Allem dem Sohne als Endziel der Studien hingestellt war. Jetzt ändert sich die Sachlage. Die ärarischen Werke gehen allmählich in die Hände von Privaten über, und die jährliche Verminderung der kais. Montanbeamten nimmt gewiss auf die Abnahme der Schüler an den Berg-Akademien einen wesentlichen Einfluss. Sinkt darum der Bedarf an solchen Personen? Etwas vielleicht, aber gewiss nicht ganz in solchem Maasse, und ganz gewiss ist die jetzige Zahl der Besucher der Beweis eines abnormen Zustandes.

Schon vor den letzten politischen Ereignissen zählte die Berg-Akademie in ihrem einzigen Jahrgange durchschnittlich 30—40 ordentliche, zusammen bis 70 Hörer; eine grössere Anzahl ist für einen Fachcurs im Interesse des Unterrichtes nicht einmal wünschenswerth. Wenn man daher in Wien eine solche Akademie, in Verbindung mit den grossen Lehrmitteln der geologischen Reichsanstalt gründen, und sie in die Hand von Lehrern geben wollte, welche von der Wichtigkeit ihrer Aufgabe durchdrungen, sich den Erfolg ihrer Wirksamkeit zur Lebensaufgabe machen würden, so würde man in wenigen Jahren viele talentvolle junge Leute sich diesen anziehenden Studien zuwenden geben, und würde bald dem Reiche aus demselben der erwünschte wirthschaftliche Vortheil erwachsen. Diesem wirthschaftlichen Vortheile aber und den Millionen gegenüber, welche den jährlichen Ertrag des Reiches an nutzbaren Mineralien darstellen, kommen die geringen Auslagen für die neue Anstalt um so weniger in Betracht, als dieselben durch den Wegfall der beiden bestehenden Akademien zum grössten Theile, ja vielleicht ganz gedeckt sein dürften.

Es ergibt sich mir aus dem Vorstehenden:

1. Dass für den Fall der Errichtung einer Berg-Akademie in Wien, diese Anstalt weder mit der Universität noch mit dem Polytechnikum vereinigt, sondern als selbstständige Lehranstalt in's Leben gerufen werden sollte.

2. Dass dieselbe in irgend eine solche Verbindung mit der geologischen Reichsanstalt gebracht werden sollte, dass die volle Benützung der an der geologischen Reichsanstalt vorhandenen Lehrmittel möglich wäre.

3. Dass von vorne herein in allen Hauptfächern eine Cumulirung mit anderweitiger Lehrthätigkeit mit aller Kraft zu vermeiden sei. —

Wenden wir uns nun dem Lehrplane zu.

Wer sich heute in Oesterreich dem normalmässigen Studium des Bergwesens widmen will, hat nach vollendeter vierklassiger Elementarschule und sechs — nach den neuesten Vorschlägen siebenklassiger Realschule oder achtklassigem Gymnasium, noch durch drei Jahre einen montanistischen Vorcurs an einer polytechnischen Anstalt, dann zwei Jahre in Přibram oder Leoben zuzubringen. Das Fachstudium beträgt also fünf Jahre. In Berlin, wo die Berg-Akademie die meisten ihrer Schüler von der Universität bezieht, hat man ein einziges Jahr für hinreichend gehalten, um den höheren Specialunterricht sowohl für Berg- als auch für Hüttenwesen zu geben, so dass selbst bei ganz vollendetem akademischen Triennium der Schüler schon in vier Jahren fertig und im Besitze des Universitäts-Studiums dem Oesterreicher noch um ein Jahr voraus ist, vorausgesetzt, dass beide in gleichem Alter die Mittelschulen verlassen haben.

Ohne nun hier die preussische Einrichtung im geringsten billigen zu wollen, muss man doch zugeben, dass gerade diese Frage von grosser Bedeutung ist. Bei jeder solchen Feststellung der Zahl der obligaten Schuljahre handelt es sich ja bei einem Jahre mehr oder weniger um nichts geringeres als darum, ob man jedem einzelnen Mitgliede einer productiven Schichte des Volkes ein volles Jahr der Thätigkeit mehr im Leben geben will oder nicht, und zwar in Zeitläuften, in welchen jeder von uns wünschen muss, dass die volle Kraft der Jugend noch ein gutes Stück über die Grenze dieser Schule in die härtere Schule des Lebens hinausreiche, und dass es doch öfter und öfter dem Manne gelinge, eine Stellung zu erringen und eine Familie zu gründen, bevor auch die letzten Regungen der schöneren Lebensäfte erloschen sind, und wie es ja so oft geschieht mit dem Körper auch das Gemüth niedergebeugt worden ist unter der Last der täglichen Mühen.

Der lange dreijährige Vorcurs umfasst aber Gegenstände, welche in einer montanistischen Fachschule gar nicht, oder doch lange nicht in diesem Umfange nöthig sind. So trifft man unter Anderem im ersten Jahrgauze dieses Vorcurses einen vierstündigen Curs über Botanik, zwei fünfstündige Curse über algebraische Analysis und Differential-Rechnung, zwei vierstündige Curse über analytische Geometrie, und zwei dreistündige über darstellende Geometrie. Bei Abfassung dieses Lehrplanes ist offenbar weniger die Rücksicht auf das thatsächliche Erforderniss des Montanistikers, als der Wunsch massgebend gewesen, mit den an unserem Polytechnikum ohnehin vorhandenen Kräften auch in dieser Richtung irgend etwas zu bieten. Es lässt sich aber gar nicht leugnen, dass der nur zweijährige Vorcurs, wie er in Schemnitz bestand, wenn auch vielleicht nicht in seiner Ausführung, so doch in Bezug auf die Auswahl der Fächer seiner Aufgabe viel näher kam.

Man wird nach dem eben Gesagten nicht erstaunt sein, zu hören, dass der Zuspruch zu dem Vorcurse am Wiener Polytechnicum nur ein gar geringer ist, indem von den vielen zur Unterstützung dieser Studien bestehenden Montanstipendien im vergangenen Jahre nur eines hier vergeben wurde und in diesem Jahre, nachdem die Vacanz dieser Stipendien bekannt gegeben war, sich nur fünf Bewerber meldeten, welche, um sich solche Stipendien zu sichern, ihre Studien dem montanistischen Vorcurse anpassen wollten. Dies dürften nach einer mir zu Theil gewordenen Auskunft so ziemlich alle jetzt an unserem Polytechnicum sich vorbereitenden Montanisten sein, und der Zuwachs, welchen die Berg-Akademien von dieser Seite zu erwarten haben, hängt also hauptsächlich davon ab, ob sich etwa aus der sogenannten allgemeinen Abtheilung eine Anzahl von Hörern nachträglich diesem Fache widmet.

Die Akademien in Přibram und Leoben umfassen je zwei Jahrgänge, von welchen der erste vorzüglich dem Studium des Bergbaues, der zweite jenem der Hüttenkunde gewidmet ist. Diese Einrichtung ist in so ferne ganz löblich, als sie die besondere Ausbildung zum Bergmanne oder zum Hüttenmanne möglich macht; da man aber bisher gewohnt war, das Absolutorium der ganzen Academie zum Zwecke des Eintrittes in Staatsdienste zu fordern, hätte man wohl besser die Sache so geordnet, dass Bergbau und Hüttenkunde in dem normalen Curse durch zwei Jahre parallel gelaufen wären, und das gesonderte Studium der beiden einzelnen Fächer Sache der Studien-Eintheilung für die ausserordentlichen Hörer geblieben wäre. Dabei hätte man die grossen Vortheile erreicht, dass bei der grösseren Mannigfaltigkeit des Gegenstandes geringere Ermüdung des Schülers eingetreten wäre, dass man alle Hauptfächer bis zu einer einheitlichen Staatsprüfung am Schlusse des letzten Jahres hätte fortführen können, und dass nicht der Schüler, welcher nun als Bergmann die Akademie verlässt, sich eben durch ein ganzes Jahr mit einem ziemlich fernliegenden Gegenstande beschäftigt hat.

Uebrigens will ich auf alle diese Umstände weniger Gewicht legen, weil meine Ansichten über diesen Unterrichtszweig sich überhaupt in einem allzutiefen principiellen Widerspruche mit der gegenwärtigen Gepflogenheit befinden.

An der School of Mines gibt es drei Jahrgänge, zwei gemeinschaftliche und einen dreifachen dritten, je nachdem sich der Schüler zum Bergmanne, zum Hüttenmanne oder zum Geologen ausbilden will.

In Freiburg ist es noch besser; dort gibt es gar keinen Unterschied zwischen wirklichen Akademikern und auswärtigen Hörern; es steht Jedermann frei, ganz und gar frei, welche Vorlesungen und in welcher Reihenfolge er sie hören will, und es finden viererlei gesonderte Staatsexamina, nämlich für Bergbau, für Markscheiderei, für Bergmechanik und für Hüttenkunde statt, so dass Jedermann im Stande ist, sich seinen künftigen Beruf genau abzugrenzen und seine Studien darnach einzurichten. Aehnlich sollte es auch in Wien sein. Es sollte eine Anzahl von ordentlichen Professoren für die Hauptfächer, von ausserordentlichen für die Nebenfächer, natürlicher Weise mit Berücksichtigung der besten an den jetzigen Berg-Akademien wirkenden Kräfte, ernannt werden. Den Hörern sollte die Wahl der Fächer ganz frei stehen und nur von dem Lehrkörper selbst eine solche Anordnung der Stunden getroffen werden, dass es möglich sei, in jeder der beiden Hauptrichtungen, der Bergbaukunde und der Hüttenkunde, die Haupt-Collegien ohne Collision der Stunden binnen zwei oder längstens drei Jahren zu hören. Jede weitere Bevormundung wäre nach Möglichkeit zu vermeiden. Wer mindestens 12 wöchentliche Lehrstunden frequentirt, sollte den Behörden gegenüber als ordentlicher Hörer gelten, innerhalb der Anstalt aber sollte kein Unterschied der Hörer stattfinden.

Das Princip der absoluten Lernfreiheit ist bei einer in Wien bestehenden Anstalt um so mehr geboten, als ohne Zweifel ein nicht geringer Theil der Schüler weitere Ausbildung, sei es an der Universität oder an dem polytechnischen Institute suchen wird. Es bedingt dasselbe die Staatsprüfung am Schlusse des Unterrichtes, und ich meine, dass man mindestens zweierlei Absolutorien, nämlich für Bergbau und für Hüttenkunde ertheilen sollte. Für diese Trennung spricht schon das täglich mehr hervortretende Bestreben, die Hütten von den Gruben in die Nähe der Kohlenfelder zu verlegen. Natürlich würde es Jedermann freistehen, sich beide zu erwerben, und würde die Dauer seiner Studien nur von seiner individuellen Begabung, seinem Fleisse und von der Ausdehnung, welche den Studien gegeben würde, abhängen.

Demnach glaube ich, den früher aufgestellten Sätzen die folgenden beifügen zu sollen:

4. Der Schulkörper sollte aus ordentlichen und ausserordentlichen Professoren bestehen, welche alle Zweige der Bergbau- und Hüttenkunde vertreten.

5. Jedem jungen Manne, der eine vollständige Mittelschule (Ober-Gymnasium, Ober Realschule) mit Erfolg zurückgelegt hat, sollte der Eintritt in dieselbe offen stehen, und wäre es seine Sache die ihm etwa fehlenden Vorkenntnisse, auf welchem Wege immer sich zu eigen zu machen.

6. Jedem Hörer soll die Wahl der Collegien ganz frei stehen.

7. Es sollten zweierlei getrennte Staatsprüfungen, nämlich für Bergleute und für Hüttenleute eingeführt werden.

Die gegenwärtige Ausbildung der Verkehrsmittel würde dabei den Professoren der Geologie, der Bergbaukunde und der Hüttenkunde die Gelegenheit bieten, während der Ferialzeiten durch Ausflüge ihre Hörer mit den wunderbaren Mannigfaltigkeiten des österreichischen Montanwesens vertraut zu machen.

Wenn in eine vielerprobte Armee eine Anzahl junger Officiere eingeschaltet wird, welche eine tüchtigere theoretische Erziehung genossen, aber noch kein Pulver gerochen haben, wenn in den grossen Körper der

Volksschule junge Lehrer eintreten, welche in allen Zweigen der Pädagogik trefflich geschult aber noch ohne die nöthige Erfahrung in der Schule selbst sind. Wenn eine Regierung es für nöthig hält, alten und geschäftskundigen Beamten junge Leute von mehr vorgeschrittenen Anschauungen an die Seite zu stellen, kann eine solche Aenderung niemals ohne Reibungen durchgeführt werden, und es geschieht wohl, dass durch übel angebrachte Selbstüberhebung des Jüngeren ein guter Theil des beabsichtigten Vortheils verloren geht. Ich sehe in der That eine wahre Gefahr für eine solche neue Anstalt darin, dass die jungen Leute aus derselben möglicher Weise mit einem unberechtigten Dünkel gegenüber älteren Fachgenossen auftreten könnten. Hiergegen gibt es nur ein sicheres Correctiv und dieses liegt darin, dass ein ernster Geist in der Anstalt wehe, dass die Staatsprüfungen streng seien, selbst auf die Gefahr hin in den ersten Jahren nur eine geringe Anzahl von Abiturienten zu zählen, und dass auf diese Weise trotz aller Lernfreiheit die Hörer an stetige und gewissenhafte Arbeit, an selbstthätiges Denken und Forschen gewöhnt werden. Die Schüler müssten fortwährend daran erinnert bleiben, dass die Schule nur berufen sei, ihnen die Vorkenntnisse zu geben, dass sie die Anwendung erst ausserhalb derselben zu erlernen hätten, und die Lehrer dürften niemals vergessen, dass der wahre Erfolg ihrer Bemühungen wesentlich von dem Vertrauen der Gewerke abhängig sei.

So wiederhole ich denn am Schlusse dieser Bemerkungen noch einmal die vor mir schon so oft und seit so vielen Decennien urgirte Bitte an die kais. Regierung um Errichtung einer Berg-Akademie in Wien. Ich berufe mich auf die nicht mehr zu läugnende Unhaltbarkeit der gegenwärtigen Zustände, insbesondere auf die durch den gänzlichen Mangel an Hörern veranlasste Schliessung des ersten Jahrganges an einer der beiden Akademien, ich berufe mich ferner auf die vielen Autoritäten, welche in dieser Sache bereits das Wort genommen haben, und auf das Beispiel Englands, Frankreichs, Preussens und Russlands. Die Mehrkosten des neuen Institutes würden gering, wenigstens im Anfange vielleicht gar keine sein, der Nutzen aber würde derselbe sein, welcher sich überall kundgibt, wo man die Fortschritte der Naturwissenschaften zu schätzen und zu verwerthen weiss. Selten wird einer Staatsregierung die Gelegenheit gegeben, mit so unbedeutenden Opfern sich den Ruhm zu schaffen, ein neues Centrum geistiger Thätigkeit ins Leben gerufen zu haben, und zugleich der Productionskraft des Landes einen so wichtigen Dienst zu leisten. Wenn man dabei die Principien der Selbstständigkeit, der unbeschränkten Lernfreiheit und der getheilten Staatsprüfungen festhält, wird auch das herzliche Glückauf nicht vergeblich verhallen, das ich dem neuen Institute je eher je lieber an dem Tage seiner Gründung zurufen möchte.

F. Foetterle. Die Lagerungsverhältnisse der Tertiärschichten zwischen Wieliczka und Bochnia.

In der Sitzung am 15. v. M. hatte ich bei Gelegenheit der Mittheilung über den Wassereinbruch in Wieliczka eine kurze Skizze der allgemeinen Lagerungsverhältnisse gegeben, wie sie durch diesen Salzbergbau aufgeschlossen worden sind (Verhdl. 1868, Nr. 17, S. 421). Die Malaführung der Tertiärschichten ist hier auf eine streichende Länge von nahezu

2000 Klafter aufgeschlossen, ohne dass eine Abnahme derselben sich gezeigt hätte, nur senkt sie sich in der westlichen Streichungsrichtung mehr in die Tiefe, in der östlichen hingegen steigt sie auf; in der ersteren Richtung scheinen die salzführenden Schichten nicht sehr weit fortzusetzen, denn man findet in den bis nach Schlesien und Mähren ohne Unterbrechung zusammenhängenden Tertiärschichten, namentlich in dem Gebiete der Steinkohlenformation, wo die ersteren durch tiefe und zahlreiche Schächte durchfahren wurden, noch schwache Salzsoolen, allein keinen eigentlichen Salzthon mit irgend welchen Einlagerungen von Salz; nur in der Gegend von Troppau bei Kathrein ist ein mächtigeres Gypslager bekannt geworden, welches denselben marinen Tertiärschichten angehört. In östlicher Richtung von Wieliczka hingegen sind die salzführenden Schichten durch ganz Galizien, Bukowina, bis in die Moldau und Walachei bekannt geworden, sowie sie auch in der Breite auf eine sehr bedeutende Ausdehnung aufgeschlossen wurden.

Die Lagerungsverhältnisse dieser Schichten sind bisher nur an wenigen Punkten, und zwar nur zum Theile bekannt geworden, wo man durch Bergbau gezwungen war dieselben auszurichten. Ausser Wieliczka sind nur noch in Bochnia nicht unbedeutende Aufschlüsse über die Lagerung dieses Gebildes gemacht worden. Nach der von Herrn A. Hauch im Jahrbuch der k. k. geolog. Reichsanst. im 2. Jahrg., 3. Heft, Seite 30 veröffentlichten Mittheilung über „die Lagerungsverhältnisse und den Abbau des Steinsalzlagers zu Bochnia in Galizien" sind auf diesem Punkte, der etwa 10.000 Klafter gerade östlich von Wieliczka liegt, diese Lagerungsverhältnisse wesentlich verschieden von denen in Wieliczka. Die salzführenden Schichten haben dort eine durchschnittliche Mächtigkeit von 40—50 Klafter, werden gegen die Tiefe zu jedoch bedeutend mächtiger, und fallen unter einem sehr steilen Winkel von 70—75 Graden gegen Süden ein; dieser steile Winkel wird jedoch gegen die Tiefe zu flacher. Der Aufschluss ist hier auf eine Tiefe von 220 Klafter und auf eine westöstliche Länge von etwa 2000 Klafter und eine Breite von etwa 220 Klafter erfolgt. Die salzführenden Schichten bilden ein Gemenge von braunem und grauem Salzthon, Kalk- und Gypsmergel, Gyps und Anhydrit; das Salz in denselben ist nicht in der Weise darin vertheilt wie in Wieliczka, wo die Grün-, Spiess- und Szybiker Salzlagen in grosser Mächtigkeit und in mehreren Gruppen übereinander scharf gesondert sind, sondern das Salz tritt hier in zahllosen Lagen von sehr verschiedener Ausdehnung bis zu 70 Klafter dem Streichen und 60 Klafter dem Verflächen nach, und ebenso in verschiedener Mächtigkeit bis zu 4·15' auf. Bei dieser geringen Mächtigkeit und der grossen Steilheit der Lagen erscheint demnach auch der Abbau in Bochnia viel schwieriger und kostspieliger (und beim Formalsalz bis auf 45 kr. steigend) als in Wieliczka. Gegen die Südseite also, gleichsam im Hangenden, tritt sehr viel Anhydrit auf, und wird hier das eigentliche Salzgebirge von einem lederbraunen, nach allen Richtungen mit glänzenden Absonderungsflächen zerklüfteten Salzthon bedeckt, der von Sandsteinen und Schieferthonen des Karpathensandsteines begrenzt wird. Gegen Norden, also gegen das scheinbar Liegende, tritt plattenförmiger Gyps mit Salzthon und Mergeln auf, dasselbe selbst besteht aus geschichtetem grauem Schieferthone, welcher leicht zerbröckelt und sehr wasserreich ist.

Betrachten wir diese Lagerungsverhältnisse in Bochnia etwas genauer, so sehen wir die Salzformation an der Grenze des Karpathensandsteines nicht nur sehr stark aufgerichtet, sondern sogar überhängend, umgekippt, so dass sie unter einem sehr steilen Winkel unter denselben zu fallen scheint, gegen die Tiefe zu jedoch wird sie flacher, und ausgebreiteter und nimmt eine schwache Wendung nach Nord, so dass wir eine sehr scharfe Umbiegung der Schichten vor uns haben. Hiedurch erscheint der als Hangendes betrachtete, braunrothe Salzthon als das eigentliche Liegende der Salzformation, während der auf der Nordseite befindliche, graue Schieferthon als das wahre Hangende desselben zu betrachten ist. Dies stimmt auch mehr mit den Lagerungsverhältnissen von Wieliczka überein, nachdem auch bei Bochnia über Tags die Salzformation von dem Tertiärsande überlagert wird, in welchem bei Lapczyce ebenfalls dieselben Fossilien gefunden werden. In diesem Falle würde der graue Schieferthon mit dem tauben Hangendtegel von Wieliczka übereinstimmen.

Nachdem diese Salzformation auf zwei im Ganzen nicht sehr weit von einander entfernten Punkten (bei 10.000 bis 12.000 Klafter) auftritt, so ist es wohl mit ziemlich grosser Sicherheit anzunehmen, dass dieselbe auch in dem zwischen diesen beiden Punkten liegenden Gebiete und zwar noch mit einer bedeutenderen Salzführung als in Bochnia, vorhanden sein wird, da dieses Zwischengebiet näher gegen Wieliczka liegt, wo das Salz noch viel mächtiger auftritt als in Bochnia. In diesem ganzen Zwischengebiete geben die das Hangende bildenden Tertiärsande sehr gute leitende Schichten ab, da sie auf der ganzen Strecke überall in den Vorhügeln anstreten und durch ihre Fossilienführung gut charakterisirt sind. Namentlich bei Kossovice, Krzyszkowice, Bogocice, Buczyn und Lapczyce sind aus diesem Sande Venus, Pectunculus, Cardien, Ostreen u. s. w. bekannt geworden.

Sowohl in wissenschaftlicher wie in nationalöconomischer Beziehung wäre es schon längst angezeigt gewesen, wenn von Seite des Salinen-Aerars dieses Gebiet durch grössere Tiefbohrungen näher untersucht worden wäre. Wahrscheinlich hätte man die Bewältigung der über Wieliczka hereingebrochenen Wassergefahr mit etwas mehr Ruhe unternommen, wenn man sich früher die Ueberzeugung verschafft hätte, dass in dem zwischen Wieliczka und Bochnia liegenden Gebiete noch eine ausgedehnte und mächtige Salzablagerung vorhanden sei, welche einen regelmässigeren, den neuesten Principien der Bergbautechnik entsprechenderen Bergbau innerhalb kurzer Zeit gestatten würde. Hoffentlich wird nun eine solche Untersuchung nicht lange mehr auf sich warten lassen, und dürfte dann doch noch über das ostgalizische Salinengebiet ausgedehnt werden, wo die Lagerungsverhältnisse der dortigen ausgedehnten Salzformation wo möglich noch weniger bekannt sind als in Wieliczka und Bochnia.

Heinrich Wolf. Vorlage der geologischen Karten des Aufnahmsgebietes der Gegend von Tokaj und S.-A.-Ujhely.

Das Terrain reicht von Tokaj bis eine Meile nördlich von Telkibánya und Sátoralja Ujhely, und repräsentirt die südliche Hälfte des ganzen Trachytzuges von Tokaj-Eperies. Umschlossen ist dieser Trachytzug von drei Ebenen, welche aus Quartär- und Alluvialbildungen zusammengesetzt sind; im Westen von der Hernádebene, welche denselben bis

Kaschau begrenzt, östlich von der Bodrogebene, und südlich von der Theissebene.

Der scharf nach Süden streichende Zug bezeichnet nach den bisherigen Annahmen eine Bruchlinie in den karpathischen Formationsgliedern, von den krystallinischen Schiefern bis zu den eocenen Sandsteinen. Von Westen her streichen diese Glieder bis an den Meridian von Kaschau, hier aber brechen sie wie die Mittelzone der Alpen bei Wien, plötzlich ab und setzen gegen Osten nicht weiter mehr fort. Desshalb hatte die Bezeichnung „Kaschauer oder Hernádbruchlinie" wohl einige Berechtigung.

Die diessjährigen Aufnahmen jedoch zeigen, dass Gesteinszonen von jenen östlich des Hernád versunken geglaubten Formationsgliedern innerhalb der Eruptionsgebiete des Trachytes liegen, und in ihrer Streichungsrichtung als eine Fortsetzung jener Formationsgruppen erscheinen, welche Herr Bergrath Stur bei seiner diessjährigen Aufnahme zwischen Krompach, Jeckelsdorf und Kaschau auffand und beschrieb.

In meinem Reiseberichte (Verh. 1868, p. 321) hatte ich schon Nachricht gegeben von der von trachytischen Eruptionen umgebenen Zempliner Gebirgsinsel. Die Formationsglieder, welche hauptsächlich nach petrographischen und stratigraphischen Merkmalen auf der Karte ausgeschieden wurden, sind: Gneiss- und Glimmerschiefer bei Vitány und Mátyásháza, grünlich graue Thonschiefer mit Quarziteinlagerungen bei Kozmér und Mihályi, und graue, feinkörnige Sandsteine mit Hornstein-Einlagerungen. In diesen Letztern wurden am Szőlőkegy bei Kis-Toronya, nach Bestimmungen von Stur, Reste von *Cyathetites arborescens* Schloth. sp. und *Cordaites borassifolia* aufgefunden. Diese Sandsteine gehören demnach der Steinkohlenformation an. Sie setzen die Hauptmasse der Zempliner Gebirgsinsel zwischen Velejte und Ladmócz zusammen. Auf denselben ruhen vermeenoartige Conglomerate, dann folgen Quarzite und glimmerreiche rothe oder grüne Sandsteine, die unter die dunklen Kalke von Ladmócz einfallen, welche der unteren Trias beigezählt werden. Die letztgenannten Quarzite, Conglomerate und Sandsteine, sind in den Karpathen bekannte Erscheinungen, und wurden stets als zur Dyas gehörig betrachtet, obgleich man bisher keine directen palaeontologischen Beweise für diese Auffassung anführen kann.

Diese Insel älterer Gesteine verliert sich endlich unter Löss und Tuffablagerungen in der Nähe vom Bade Biste. Fortsetzungen derselben in der Richtung gegen Kaschau dürften mit grosser Wahrscheinlichkeit des Erfolges in der Umgegend von Szalánez gesucht werden können.

Im Trachytzuge wurden die erzführenden Grünsteintrachyte (Andesite) bei Telkibánya, und Ujhely sowie die des Aranyosthales (Erdőbénye-Szántó) von den mit Laven, Perliten, Lithoiditen etc. auftretenden Sanidin-Trachyten getrennt, obgleich scharfe Grenzen niemals zwischen beiden Gesteinsvarietäten zu bestimmen sein werden. Die Sanidin-Trachyte herrschen im Gebiete südlich von Telkibánya vor, namentlich erfüllen die denselben zugehörigen Perlite mehr als eine Quadratmeile zwischen dem Osvathale und dem Kemenczepatak bei Nagy Bozva.

Der ganze Trachytzug ist durch mehrfache Tiefenfurchen gequert und in einzelne Glieder zerlegt, welche die Verbindung zwischen der Hernád- und der Bodrogebene herstellen. Diese Querfurchen sind mit sedimentären, tertiären und quartären Bildungen erfüllt.

Sitzung am 12. Jänner. H. Wolf. K. Griesbach.

Von den Sedimentär-Bildungen wurden unterschieden und in die marine Neogen-Stufe gestellt: die braunen, dem Sotzkamergel ähnlichen Pflanzen und Fischschuppen führenden Mergel an der Strasse von Telkibánya nach Boava und im Graben unter dem Kis-Királyhegy, — ferner die Conglomerate am Cserepletö und im Wasserriss unter dem Várhegy westlich bei Ujhely, endlich das theils brecciënartige, theils tuffartige Gestein, welches in aufgeschichteten Massen, föblst zunächst die Trachyte begrenzt. Nach Professor Szabó¹) führt dieses Gestein, *Cerithium lignitarum*, und unter älteren Einsendungen an unser Museum von Herrn Prof. Hazslinszky ²) findet sich ein Stück, welches ein nicht näher bestimmbares *Cardium* einschliesst. Szabó führt auch noch andere Petrefacte jedoch ohne nähere Bestimmung an, weil sie meist nur als Steinkerne vorkommen.

Zur Cerithienstufe gezogen wurden die Pflanzenlager von Erdöbenye mit *Cardium plicatum Eichwald.*, die geschichteten Tuffe und Polirschiefer von Csékeháza bei Szántó, die Tuffe von Cirókavölgy bei Tolcsva mit *Cerithium rubiginosum*, die Tuffe von Czinegeltegy bei Sárospatak, endlich die Schichten von Zaujtár an der Pukunczmühle. Man findet daselbst in einem kalkfreien, Bimsteinfragmente enthaltenden Sande zahlreiche *Cerithium pictum Eichw.*

Darüber ruht ein kalkfreier, pflanzenführender Thon und darauf eine Tuffschichte mit zahlreichen Exemplaren von *Tapes gregaria Partsch*, *Cardium plicatum Eichw.* und *Cardium obsoletum Eichw.*

Weiter aufwärts folgt blauer Tegel und Sand, von denen es noch zweifelhaft bleibt, ob sie noch zur Cerithienstufe oder schon zur Congerienstufe zu zählen sind.

Diese oberen Schichten treten überall längs des Hernádthales an der äusseren Umrandung der Hügel über den Tuffen und unter quartären Schotter- und Conglomeratlagen auf. Die Planorben führenden Tegelschichten von Korlat und die Reste aus dem Monakgraben bei Monaj, zwei Stunden westlich von Forro, welche Herr Hofmann von der diessjährigen Aufnahme mitbrachte und in denen sich Bruchstücke von *Congeria subglobosa Partsch* befanden, geben einige Gewähr dafür, dass die in meinem Gebiet über den Tuffen vorkommenden Sande und Tegel sicherer der Congerienstufe zuzuzählen sind.

In dieses Glied der Schichtenreihe stellte ich noch die Sedimente, welche die Hügel am rechten Hernád-Ufer zwischen Pereny und Garadna, sowie die Hügelreihe nördlich und nordwestlich von Velejte, Lantócz, Magyar-Iszép, Kozma, Danz-Patak, und Kolbasa im Osten des Trachytzuges zusammensetzen.

Diesen Ablagerungen schliessen sich zunächst die Limnoquarzite von Alpár mit *Glyptostrobus europaeus Brong. sp.*, jene vom Kecskebegy bei Telkibánya mit *Typha Ungeri Stur.* sowie jene von Fony etc. an.

Die quartären und jüngsten Bildungen des Gebietes sollen in einem besonderen, specielleren Vortrag besprochen werden.

Karl Griesbach. Ueber die geologischen Verhältnisse im Gebiete des k. k. Thiergartens.

---

¹) Jahrbuch d. geol. R. A. 1866, p. 91.
²) Jahrb. d. geol. Reichsanst. 1868. 2. Heft. p. 145.

Das Gebiet, welches der Vortragende im vergangenen Sommer geologisch aufgenommen hatte, umfasst das Stück des Sandsteingebietes, welches von den Orten Pressbaum im Westen, Kalksburg im Süden und Hütteldorf im Osten eingeschlossen wird. Derselbe gelangte bei seiner Untersuchung zu der Ansicht, dass, wie das untersuchte Sandsteingebiet, so auch die ganze Sandsteinzone nördlich der Alpen dem Oligocän (Obereocen) angehöre und dem Flysch der Schweizer Geologen entspräche; als eine Bestätigung dieser Meinung erscheinen ihm nicht nur einige von ihm selbst gemachte Nummulitenfunde, sondern auch verschiedene an anderen Punkten gemachte frühere Beobachtungen. Schliesslich erwähnt er noch, dass die theils rhätischen, theils jurassischen Schichten angehörenden Kalkinseln des Gebietes, nach Art der Klippen und in mehreren zu dem Rande der Kalkalpen parallelen Reihen aus dem Sandstein hervorragen. Die specielleren Resultate seiner Aufnahmsarbeiten sollen den Inhalt einer Abhandlung bilden, welche in einem der nächsten Hefte des Jahrbuches erscheinen wird.

J. Hofmann. Ueber das Steinkohlenvorkommen bei Karvin. Bereits in einem ausführlichen, in der Sitzung am 4. Februar 1868 beendeten Vortrage von Herrn Bergrath F. Fötterle wurde auch dieser Theil, welcher den östlichsten Ausläufer des gesammten Ostrauer Steinkohlenreviers bildet, behandelt.

Nach der darin getroffenen geologischen Altersbestimmung sämmtlicher daselbst auftretenden Flötze, wurden die Steinkohlenflötze von Karvin der ersten oder tiefsten Flötzgruppe der unterschiedenen drei Bildungsperioden beigezählt.

Ob sämmtliche hier aufgeschlossenen Flötze in Bezug auf ihr geologisches Alter nur einer dieser Bildungsperioden angehören oder nicht, lässt sich bei den bis jetzt noch verhältnissmässig geringen Aufschlüssen nicht constatiren. In dieser Richtung sind weitere Aufschlüsse erst von dem hoffentlich bald zu erfolgenden Aufschwung dieser Kohlenproduction nach dem erfolgten Ausbau der Kaschau-Oderberger-Bahn und der Zweigeisenbahn von der Kaiser Ferdinands-Nordbahn zu erwarten.

Der Bergbaubetrieb bei Karvin datirt vom Jahre 1790, in welchem auf einen circa 700° nördlich vom Dorfe gelegenen Berge, dem sogenannten Plaschnik, die erste Kohlenmuthung genommen wurde. Gegenwärtig ist Graf Larisch M. hier Besitzer von 85 einfachen Grubenmassen und 82 Freischürfen, einen Complexes, welcher sich nördlich vom Dorfe Karvin, südlich von Dombrau, östlich von Orlau und Laszy ausbreitet und im Osten bis zu dem die Steinkohlenformationsgrenze bildenden Olzafluss reicht.

Dieser Grubencomplex ist durch eine natürliche Scheidewand, einen von NO.–SW. sich hinziehenden Gebirgsrücken in zwei Abtheilungen geschieden, von denen jede einen vom anderen unabhängigen und getrennten Grubenbetrieb führt.

In der östlichen dieser beiden Abtheilungen sind gegenwärtig acht abbauwürdige Flötze mit einer Gesammtmächtigkeit von vier Klafter bekannt, und es beträgt das zum Abbau auf 4 Flötzen vorgerichtete reine Kohlenquantum bei 6 Millionen W. Ct.

Die westliche Abtheilung, in welcher bis jetzt 16 abbauwürdige Flötze mit einer Gesammtmächtigkeit von 7 Klftr. bekannt sind, hat auf

5 Flötzen ebenfalls ein Quantum von 6 Mill. Ct. reiner Kohle zum Abbau vorgerichtet.

Sämmtliche Flötze beider Abtheilungen haben mit Ausnahme von lokalen Störungen und Verschiebungen eine constante Streichungsrichtung von O.—W., mit einem sehr flachen nördlichen Einfallen von 6—8 Grad. Als unmittelbarer Begleiter der Kohlenflötze tritt meistentheils der Kohlenschiefer auf, welcher durch Aufnahme von bituminösen Bestandtheilen in eigentlichen Brandschiefer übergeht, während der mit ihm wechsellagernde Kohlen-Sandstein selten die unmittelbare Begrenzung eines Flötzes bildet.

Die Gestehungskosten der Kohle loco Grube belaufen sich inclusive Baukosten und Verzinsung des Anlagekapitals in der östlichen Abtheilung auf 18 $^1/_2$ kr., in der westlichen auf 15·5 kr. per W. Ct.

Die für das Jahr 1869 erhöhten Verkaufspreise betragen für Steinkohle 32 $^1/_2$ kr., Mittelkohle 28 kr., Grieskohle 23 $^1/_2$ und Kleinkohle 17 kr. per Ct. loco Grube; es entfallen von dem bereits seit mehreren Jahren in jeder Grubenabtheilung constant eingehaltenen Förderquantum von 712.000 W. Ct. (welches jedoch bereits dieses Jahr wenigstens 1 Million W. Ct. erreichen soll) auf die einzelnen Kohlengattungen: auf Stückkohle 12·2 Perc., Mittelkohle 9·6 Perc., Grieskohle 21·3 Perc. und Kleinkohle 56·9 Perc. Die nicht consumirte oder verkaufte Kleinkohle wird in englischen Mantel- und Erdöfen mit 100 Ct. Einsatz und 65 Perc. Ausbringen vercokt. Es stellen sich dabei die Gestehungskosten eines Centners Cokes auf 25·4 kr., und da der Verkaufspreis für Stückcokes 38 kr., für Kleincokes 12 kr. und für Lösche 5 kr. per Ct. beträgt, so resultirt, da der Percentgehalt von Kleincokes und Lösche ein geringer ist, hiernach die Verwerthung eines Centners Kleinkohle mit 11·57 kr.

Vorträge am 19. Jänner.

F. Foetterle. Gegenwärtiger Stand der Wassergewältigungs-Arbeiten in Wieliczka. (Aus einem Schreiben des Herrn Rudolph Meier vom 17. Jänner 1869.)

Wie aus den Tagesblättern und namentlich aus den Nummern 51 und 52 von 1868 und 1 und 2 von 1869 der Oesterreichischen Zeitschrift für Berg- und Hüttenwesen von O. Freih. v. Hingenau, so wie aus dem Vortrage des Herrn Ministerialrathes P. v. Rittinger in der Versammlung des Ingenieur-Vereines am 2. Jänner bekannt ist, hatten sich trotz des nahezu constant gebliebenen Zuflusses des Wassers aus dem Kloskischlage die noch vorhandenen leeren Räume unter dem Horizonte Hans Oesterreich viel langsamer gefüllt als man erwartet hatte. In Folge dessen hat man nicht nur mit der in Aussicht genommenen Aufstellung der Maschinen fortgefahren, sondern sich auch entschlossen die nutzlos aufgerichteten Dämme zu durchbrechen und den ganzen Kloskischlag zu gewältigen, um im salzleeren Hangendkegel etwa abermals neue, erfolgreichere Dämme zu errichten. Man hatte in der Weihnachtszeit mit dieser Gewältigung begonnen und war am 29. December v. J. bereits 38 Klafter weit vorgedrungen; ein Beweis, dass der Querschlag trotz des grossen Wasserandranges, der plötzlichen Stauung des Wassers und der grossen Versandung weder vor noch nach der Errichtung und Schliessung der Dämme viel Schaden erlitten haben konnte. Diese Gewältigung musste einige Tage unterbrochen werden, und wir entnehmen dem Schreiben des Herrn Rudolph Meier, der bei diesen Gewältigungsarbeiten selbst beschäftigt ist, folgendes:

„Vom 6. bis inclusive 10. d. M. wurde die zweite Pumpentour im Franz Joseph-Schacht eingebaut; nach vielfachen Reparaturen befinden sich seit 14. beide Touren in ungestörtem Betrieb. Durch den obigen Stillstand stieg das Wasser rasch bis auf 2½ Fuss unter die Sohle des Klonkinschlages; im Horizonte Haus Oesterreich zeigte sich ein trichterförmiges Loch, durch welches man bis auf den Wasserspiegel sehen konnte; da der Zugang zum Klonkinschlage über dieses Loch führt, wurde aus Besorgniss eines etwaigen Einsturzes die Gewältigung auf drei Tage unterbrochen, während dieser Zeit eine Brücke geschlagen, und dann die Arbeit weiter fortgesetzt.

Gegenwärtig beträgt die gewältigte Länge 62·7 Klafter. Gestern kam man in die alte Zimmerung; dieselbe ist ganz gut erhalten, besteht aus Thürstücken ohne Grundsohle, First und Ulme sind jedoch sorgfältig verladen. Die neue Zimmerung steht um beinahe 3 Fuss höher, so dass die Streckenhöhe nun nur 4 Fuss betragen wird, weil man die alte Zimmerung nach meiner Angabe benützen wird. Dadurch kommt man am schnellsten vorwärts, da die Versandung nur bis auf 1 Fuss unter die Kupfen reicht. — Das jetzt anstehende Gestein ist ein blauer Thon, welcher Salz nur in Rücksicht fein vertheilten Zustand enthält. Wenn man diesen Thon in's Wasser wirft, so wird dasselbe schwach salzig, der Thon zerfällt ziemlich langsam in kleine eckige und scharfkantige Stückchen. Wenn der Thon in dieser Beschaffenheit bis auf 15—20 Klafter anhält, so halte ich darin einen Damm für vollkommen gesichert. Ueber die Construction des Dammes ist noch keine Entscheidung getroffen. Dass der Damm jetzt nicht wird geschlagen werden können, ist ganz sicher; das Wasser steht 1½ Fuss unter Kloski. Die Höhe des Wassers wird an verschiedenen Punkten gemessen; die einzelnen Messungen geben aber auffallend verschiedene Resultate; während das Wasser an einigen Punkten bedeutend steigt, fällt es an anderen und umgekehrt. Diese Schwankungen sind nur dadurch erklärlich, dass das süsse Wasser verschiedene Richtungen einschlägt und durch die Differenz des specifischen Gewichtes plötzliche, jedoch nur momentan starke Steigungen eintreten. Der Zufluss beträgt 35 Kubikfuss per Minute."

Aus diesem Schreiben ist zu ersehen, dass durch das erste Andringen des Wassers im Klonkinschlage die Zimmerung nicht so gänzlich unterwaschen und zerstört wurde, dass der Aufenthalt dadurch in dem Querschlage unmöglich gemacht war. Es erschien demnach nicht unbedingt nothwendig, mit der Anlage der Dämme bis zum Eingange des Querschlages zurückzugehen; vielmehr wäre viel günstiger und wahrscheinlich erfolgreicher gewesen, die Dämme in der 60. bis 70. Klafter zu errichten. Ferner ist hieraus ersichtlich, dass die Versandung in dem Querschlag, wie dies vorauszusehen war, eine sehr bedeutende ist, und der Sand zum Schutze der Wände und der Zimmerung des Querschlages beiträgt. Endlich ist aus dem Schreiben zu entnehmen, dass man sowohl früher wie selbst später verabsäumte, sich eine genaue Kenntniss der bis zum Horizonte Haus Oesterreich zur Aufnahme des zufliessenden Wassers verfügbaren Hohlräume zu verschaffen. Man hätte die Ueberzeugung von der Möglichkeit gewinnen können, die Gewältigung des Klonkischlages früher zu beginnen und eine neue Verdämmung auszuführen, noch ehe das Wasser das Niveau der Sohle von Haus Oesterreich erreichen konnte. Sehr zu bedauern bleibt der Umstand, dass die Aufstellung der zweiten Pumpentour auf Franz Josef-Schacht anstatt höchstens drei Wochen nahezu sechs Wochen in Anspruch nahm, und die Anfertigung grösserer Wasserkästen für den Elisabeth-Schacht ebenfalls sehr zurückblieb. Mit Hilfe der vorhandenen beiden Maschinen war das Heben von etwa 30 bis 32 Kubikfuss Wasser per Minute präliminirt und es würde gegenwärtig nahezu der ganze Wasserzufluss gehoben werden können. Das Ansteigen des Wassers würde in noch geringerem Grade erfolgen, als dies in der letzten Zeit der Fall war. Demnach wäre die Möglichkeit geboten gewesen, trotzdem dass nur mehr bei 1', Fuss bis auf den Horizont Haus Oesterreich fehlen, dennoch den ganzen Klonki-Querschlag zu gewältigen, und eine neue Verdämmung, mit der Aussicht auf Erfolg und ohne Gefahr vor dem ansteigenden Wasser vor der Zeit verdrängt zu werden, auszuführen.

C. M. Paul. Ueber die Gliederung der Karpathensandsteine.

Der Vortragende besprach die Gliederung der neben und zwischen den Klippen der ungarischen Karpathen auftretenden, und dieselben im Norden begrenzenden Sandsteinbildungen, in denen Schichten vom untersten Lias bis zum Oligocen nachgewiesen sind, und vertrat schliesslich unter Hinweisung auf paläontologische Funde früherer Jahre am Kahlenberge bei Wien, im Schweizer Flysch und im Macigno die Anschauung, dass ebenso wie im Karpathensandsteine, so auch im Wiener Sandsteine des österreichischen Alpenrandes cretacische Bildungen neben den eocenen nachzuweisen sein werden.

Dr. Edm. von Mojsisovics. Ueber die Salzlagerstätten der Alpen.

Der Vortragende gab ein allgemeines Bild der alpinen Salzlagerstätten und erläuterte an Durchschnitten vom Augstbache bei Aussee über den Aussee'r Salzberg, Sandling, Reschberg bis zum Traunflusse bei Gosern und von Hall im Innthale über den Zunderberg, Haller Salzberg, Lafatschspitzen bis in das Lavatschthal die normalen Verhältnisse der Aufeinanderfolge der triadischen, die Salzstöcke umschliessenden Schichtenglieder, sowie die Lagerung derselben. Der vorläufige, von Dr. v. Mojsisovics über die Ergebnisse der Untersuchung der alpinen Salzlagerstätten verfasste Bericht, aus welchem die wichtigsten Thatsachen in dem Vortrage hervorgehoben wurden, beschränkt sich vorzugsweise auf die bergmännisch praktischen Resultate und wird vollinhaltlich im ersten Hefte des Jahrbuches für das Jahr 1869 abgedruckt werden.

Dr. C. Schloenbach. 1. Ueber Brachiopoden aus den Eocenschichten des Bakonyer Waldes. — 2. Ueber eine neue Sepienart aus dem neogenen Tegel von Baden bei Wien.

Der Vortragende theilt kurz die Resultate der von ihm durchgeführten Untersuchung einer Reihe von Bergrath Dr. Stache gesammelten Brachiopoden aus den Eocen-Schichten des Bakonyer Waldes mit, und wies auf deren Beziehungen zu den Brachiopoden-Arten hin, welche im vicentinischen Eocen vorkommen. Hierauf legte er eine ausgezeichnet schön erhaltene Sepienschulpe aus dem neogenen Tegel von Baden bei Wien vor, bespracb deren Verhältniss zu den wenigen bisher bekannten fossilen sowie zu den lebenden Arten derselben Gattung, und kam zu dem Resultate, dass das vorliegende Fossil eine neue Art darstelle. Eine diese Gegenstände genauer erörternde, von Abbildungen begleitete Abhandlung wird als 4. Folge der „kleinen paläontologischen Mittheilungen" in unserem Jahrbuche erscheinen.

Einsendungen für das Museum.

F. v. Vivenot, **Bergwerks-Direction zu Přibram**: Mineralien-Schaustücke von neuen Anbrüchen im Bergwerke zu Přibram.

Diese Sendung bildet einen äusserst werthvollen Beitrag zu den mineralogischen Localsuiten der k. k. geologischen Reichsanstalt.

Besonders hervorgehoben zu werden verdient ein von Lillachacht herrührendes Gangstück, wo auf derbem Kalkspath kleine weisse Kalkspathrhomboeder — zu Drusen angehäuft — aufgewachsen sind, auf denen selbst wieder Pyritwürfelchen wie auch grössere weiss, rauchgrau und schwarzgefärbte, oft an beiden Enden vollkommen ausgebildete Quarzkrystalle sitzen, bestehend aus der Combination des Prisma mit zwei Rhomboedern.

Nicht minder schön ist eine grosse Kalkspathdruse, wo sich die sehr flachen, zuweilen gekrümmten Kalkspathrhomboeder in grosser Zahl treppen- oder säulenförmig übereinander lagern. Auch hier sieht man lichtrauchgrau gefärbte Quarzkrystalle aufsitzen, jedoch ist hier das eine Rhomboeder gegen das andere so vorherrschend, dass dessen Flächen vollständige Pentagone bilden.

Endlich sind noch zwei Stücke anzuführen, welche grösstentheils Bleierzkrystalle zeigen, und zwar solche von Pyromorphit und von Wulfenit. Die erst erwähnten besitzen einen säulenförmigen Typus, hervorgerufen durch die Combination der hexagonalen Säule mit der Endfläche und sind zu Drusen vereint auf eisenschüssigem Quarz aufgewachsen.

Die auf Bleiglanz vorkommenden Krystalle des Wulfenites (Molybd. Blei) sind tafelförmig ausgebildet, wobei die Flächen der quadratischen Säule ausgebauchet erscheinen. An ihrer Oberfläche sind die Krystalle durch Bleiminha dunkel gefärbt.

Dr. E. v. M. **Gustav Mayer**, k. bayr. Oberförster a. D. Petrefacten-Suiten aus der Umgebung von Reichenhall.

Aus seiner im Laufe mehrerer Jahre aus der Umgebung seines Wohnsitzes zusammengebrachten Sammlung hat Herr Oberförster Mayer sämmtliches aus der Trias stammendes Materiale mir mit dem Bemerken zur Untersuchung zugesendet, dass ich nach gemachtem Gebrauche dasselbe unserem Museum zur Einverleibung übergeben möchte. Indem ich für diese liberale Widmung den besten Dank ausspreche, hebe ich aus den verschiedenen Suiten vorzüglich die aus dem schwarzen Reichenhaller Kalke, dem unmittelbaren Hangenden der grossen alpinen Salzlager stammenden, im ganzen sehr seltenen Petrefacte hervor. Unter denselben befinden sich Exemplare einer *Myophoria*, ähnlich der *Myoph. costata* Zenk., specifisch aber wohl von derselben gut unterschieden, ferner, wie es scheint, ebenfalls neue Arten von *Natica* und *Mytilus*. Ueberdies sind sehr beachtenswerth: Bivalvenarten aus dem Scharitzkehlgraben bei Berchtestgaden, welche völlig mit solchen aus den Zlambach-Schichten des Salzkammergutes übereinstimmen und in Verbindung mit den von Herrn Bergrath Dr. Gümbel von derselben Localität mir gütigst zur Untersuchung anvertrauten Fossilresten, die Bezeichnung „Zlambach-Schichten" auf die auch petrographisch völlig übereinstimmenden Mergel und Mergelkalke des Scharitzkehlgrabens anzuwenden gestatten; sodann *Estheria minuta* aus dem Kaiser-Franz-Schachte im Salzbergbaue von Berchtesgaden, und Steinkerne von *Megalodus cf. columbella Guemb.* und *Chemnitzia cf. eximia Hörn., Turbo sp.* u. s. w. aus einem weissen, oolithischen Dolomite von der Ostseite des Müllnerberges bei Reichenhall, nördlich von Frohnau, welche das angezweifelte Vorkommen von Wetterstein- oder Esino-Kalk nahe dem Aussenrande der nördlichen Kalkalpen in der That sehr wahrscheinlich erscheinen lassen.

Einsendungen für die Bibliothek und Literaturnotizen.

Dr. U. Schloenbach. **Dr. G. Dewalque.** Prodrome d'une description géologique de la Belgique. Bruxelles et Liège, Bonn, Paris 1868. 442 Seiten. Gesch. des Verf.

Unter den in paläontologischer Beziehung genauer durchforschten Ländern nimmt, Dank den trefflichen Arbeiten eines Archiac, Koninck, Ryckholt, Nyst, Chapuis, Dewalque, Terquem, Bosquet, Cornet, Briart, Coemans, van Beneden etc. Belgien, wenn nicht den ersten, so doch einen der ersten Plätze ein. Mit dieser paläontologischen Erforschung hatte bisher die allgemein geologische und stratigraphische nicht ganz gleichen Schritt gehalten, obgleich auch in dieser Richtung bereits ausgezeichnete Arbeiten über gewisse Gebiete und Formationen, namentlich von d'Omalius d'Halloy, Dumont, Lyell, Galeotti, Hébert, Chapuis, Dewalque, Gosselet, Dupont, Malaise, Hoxlou, Cornet, Briart etc. vorliegen. Diese Lücke auszufüllen scheint das vorliegende, den bescheidenen Titel eines Prodroms führende Werk, in hohem Grade geeignet. In demselben sind alle in Belgien vorkommenden Formationen nach allen ihren Beziehungen unter sorgfältiger Benutzung der gesammten einschlägigen Literatur mit gediegener Sachkenntniss abgehandelt, wobei der gelehrte Professor der Lütticher Universität Gelegenheit hat, eine Fülle von interessanten neuen und eigenen Beobachtungen zu veröffentlichen. So werden in den einzelnen Capiteln, nachdem zuerst eine geographische Einleitung vorausgeschickt ist, nach einander die *terrains primaires*, dann das *terrain ardennais* (Quarzit und Phyllit), das *t. silurien, rhénan, anthraxifère, triasique, jurassique, crétacé, tertiaire, quaternaire, moderne*, dann die *terrains pyroxiens* und *plutoniens* ausführlich durchgenommen, und das letzte Capitel enthält sodann sehr genaue und sorgfältige, streng nach der Folge der Schichten geordnete Petrefacten-Verzeichnisse, welche in engem Druck die Seiten 313—135 einnehmen und die gewiss allen Paläontologen in hohem Grade willkommen sein werden. Ganz besonders interessant und lehrreich scheinen wir die Capitel über die *terr. rhénan et anthraxifère*; auch diejenigen über die so petrefactenreichen und mannigfaltig gegliederten oberen Kreide- und Tertiär-Bildungen sind bei grosser Vollständigkeit und Ausführlichkeit sehr klar und übersichtlich zusammengestellt. Das Buch darf deshalb wohl mit Recht allen denen, die sich über den so mannigfaltig zusammengesetzten und noch in tektonischer Beziehung so merkwürdigen Boden dieses interessanten Landes etwas eingehender unterrichten wollen, sowie überhaupt allen Freunden der Geologie auf das Wärmste empfohlen werden.

Dr. U. Schl. **J. Barrande.** Silurische Fauna aus der Umgebung von Hof in Bayern. (Sep. aus dem neuen Jahrb. f. Min. etc. 1868, p. 641—696, Taf. VI und VII). Gesch. d. Verf.

Barrande's Untersuchung einer kleinen von Prof. Wirth in der Umgebung von Hof gesammelten silurischen Petrefacten-Suite ergab das im Jahre 1863 im Bull. Soc. géol. Fr. veröffentlichte Resultat, dass der generische und specifische Charakter derselben ein entschieden primordialer sei, sich aber auch mehrere charak-

triasische Typen der zweiten Fauna darunter befinden. Seitdem hat nun Prof. Wirth seine Aufsammlungen fortgesetzt und alle seine Funde Herrn Barrande's zur Untersuchung anvertraut, deren Resultate letzterer in dem vorliegenden Aufsatze bekannt gibt. Die Anzahl der unterschiedenen Arten beträgt 36, nämlich: 21 Trilobiten, 1 Annulate, 2 Pteropoden, 12 Brachiopoden, 1 Cystidee. Die Resultate, welche eine Vergleichung dieser Fauna mit derjenigen der Silurbildungen Böhmens ergibt, lassen sich ungefähr in folgenden Sätzen zusammenfassen. Die Fauna von Hof gehört einer bedeutend früheren Epoche an, als die erste Phase der zweiten Fauna Böhmens, ist aber jünger als die Primordialfauna dieses Landes, sie bildet also eine mittlere Epoche zwischen dem Bestande der beiden bekannten, ein Zwischenalter, welches im böhmischen Becken durch keine Fauna dargestellt wird, sondern wahrscheinlich dem Zeitraume entspricht, in welchem sich die zwischen die beiden ersten Faunen eingeschobenen Porphyrmassen in das silurische Meer Böhmens ergossen. Dass die Fauna von Hof keine einzige mit den böhmischen Silurbildungen gemeinsame Art besitzt, dass in Böhmen die sowohl in den Schichten von Hof als in den verschiedenen Gebieten der Centralzone vorkommende *Colymene*, *Trinuei* fehlt, und dass auch die der Fauna von Hof und den Gebieten der nördlichen Zone gemeinsamen Typen *Otanus* und *Lingula* der böhmischen Primordialfauna fremd sind, erklärt sich durch die eine natürliche Grenzscheide zwischen Bayern und Böhmen bildende Kette krystallinischer Gebirgsmassen, welche schon während der Sturzzeit der Ausbreitung und Wanderung der in den angrenzenden Meeren vorhandenen Thierformen eine unübersteigliche Schranke entgegengestellt haben.

Während also das Silurmeer von Hof in freier Berührung mit dem Meere der grossen nördlichen Zone war, blieb das böhmische Becken isolirt; hierdurch erklärt es sich leicht, warum die böhmischen Faunen in ihrer Entwickelung wesentliche Unterschiede von den correspondirenden Faunen anderer liegenden Faunen darbieten. Zeitweilig eintretende Verbindungen mit den anderen Meeren ermöglichten dann das vielfach angefochtene Phänomen der Colonien.

Dr. U. Schl. J. Barrande, Wiedererscheinung der Gattung *Arethusina* Barr. (Sep. aus dem neuen Jahrb. für Mineral. etc. 1868, pag. 257—281, 1 Taf.) Gesch. d. Verf.

Die Auffindung einer neuen, als *Arethusina Sandbergeri* bezeichneten devonischen Species der bisher nur aus den Colonien in der zweiten und dritten Silurfauna Böhmens bekannten Gattung *Arethusina* gibt dem gelehrten und geistvollen Verfasser Gelegenheit, in scharfsinniger Weise die allgemeineren Schlüsse und Betrachtungen anzudeuten, welche sich an derartige, in der That so selten vorkommende Erscheinungen anknüpfen lassen. Nachdem Barrande zuerst constatirt hat, dass dieser Fund Prof. F. Sandberger's derselbe hatte die neue Art aus dem oberdevonischen Cypridinen-Schiefer von Hagen in Westphalen erhalten) den schon durch mehrere andere Beispiele belegten Satz, dass die älteren Phasen der dritten Silurfauna Böhmens nähere Beziehungen zu der Devonfauna zeigten, als die von dieser senkrecht weniger entfernten jüngeren Phasen, von neuem bestätigt, gibt er in einer Tabelle eine Uebersicht derjenigen der böhmischen Silurfauna angehörigen interessanteren Gattungen und dann einiger Arten, welche er als aussetzende bezeichnet, d. h. als solche, welche in einer älteren Schicht erscheinen, dann wieder gänzlich verschwinden um erst nach längerer Unterbrechung wieder zusammentreten, u. z. C., ohne dass das Phänomen der Colonien zur Erklärung dieser Thatsache benutzt werden kann. Auch die schon oft gemachte Bemerkung, dass gewisse Arten meistens an bestimmte Gesteinsbeschaffenheit gebunden sind und in gleichartigen Gesteinen, welche durch anders zusammengesetzte getrennt sind, vorkommen, während sie in den Zwischenschichten fehlen, ist in diesen Fällen nicht immer zutreffend, und es zeigt sich sogar mitunter die Erscheinung, dass petrographisch vollkommen identische, in übereinander liegenden Horizonten vorkommende Formationen scheinbar in ihrer Gesammtheit sich entgegengesetzte Faunen darbieten. Herr Barrande glaubt daher, dass zu den oben erwähnten Wiedererscheinen der Arten noch eine andere Ursache mitgewirkt haben müsse, und findet diese in „wiederholten Wanderungen der nämlichen Species, sie aus und demselben Geburtslande gegen ein und dasselbe fremde Gebiet". Während durch diese Annahme die Wiedererscheinung von Arten sich ohne Schwierigkeit erklärt, bleibt allerdings das „Ansetzen" der Gattungen bis jetzt noch in ein geheimnissvolles Dunkel gehüllt.

F. Krentz, Anton Schneider. Encyclopädie zur Landeskenntniss Galiziens in historischer, statistischer, topographischer, hydrographischer, geognostischer, ethnographischer, gewerblicher, sphragistischer etc. Hinsicht. (Encyklopedya do krajoznawstwa Galicyi.) Lemberg 1868. Geschenk des Herrn Verfassers.

Von diesem Werke ist bereits das erste Heft erschienen. Welchen Werth eine solche alphabetische Zusammenstellung besitzt und wie sehr sie, insbesondere was Galizien anbelangt, erwünscht war, braucht wohl nicht hervorgehoben zu werden. Wir begrüssen diese mühevolle Arbeit, welche ein einziger Mann unternommen, mit lebhaftem Interesse, und fügen den Wunsch hinzu, dass er Aufmunterung und Unterstützung durch lebhaften Antheil, welchen das Buch schon durch seine erschöpfende Ummanigkeit verdient, finden möge. Der grosse Fleiss beim Sammeln aller vorhandenen Daten ist höchst anerkennungswerth und besonders schätzenswerth ist dabei, dass der Verfasser den Ackerboden und die Gesteinsarten, sowie die geognostischen Verhältnisse der Ortschaften möglichst berücksichtigt. Die darauf bezügliche Literatur ist ihm nicht fremd, und so hatte er schon in diesem ersten Hefte, das erst bis „An" reicht, mehrmals Gelegenheit, die Jahrbücher und Verhandlungen der geol. Reichsanstalt, Ludwig Hohenegger's geol. Karte des Herzogthums Krakau, Schindler's geognost. Bemerkungen über die karpathischen Gebirge Galiziens, die geognost. Beschreibung Polens von Pusch, die Schriften der Akademie der Wissenschaften und mehrere andere geognostische Werke und Abhandlungen zu citiren.

E. v. M. Peter Merian. Ueber das angebliche Vorkommen von *Cardita crenata* im Keuper von Basel. (Verhandlungen der naturforschenden Gesellschaft in Basel, V. Theil, I. Heft, Seite 167).

Eine genauere Untersuchung hat gezeigt, dass die Angabe über das Vorkommen der *Cardita crenata* Goldf. in dem Keuper der Neuen Welt bei Basel (Verhandl. der k. k. geol. Reichsanst. 1867, S. 17) auf einem Irrthume beruhe, da die fraglichen Abdrücke sich als zerdrückte Exemplare der *Myophoria Goldfussi* Alb. erwiesen.

Jahrbuch der k. k. geologischen Reichsanstalt. Bd. XVIII, 4. Heft, mit 5 Tafeln, XII.—XVI. Seite 469—610. Dasselbe enthält:

Personalstand, Correspondenten und Abonnenten der k. k. geol. Reichsanstalt für das Jahr 1868; an Abhandlungen:

I. Dionys Stur. Die geologische Beschaffenheit der Herrschaft Halmágy im Zaránder Comitate in Ungarn. Mit Karte Taf. XII. Seite 469.

II. Ferdinand Freih. v. Andrian. Die geologischen Verhältnisse der Mátra. (Erste Abtheilung). Seite 500.

III. Dionys Stur. Eine Excursion in die Umgegend von St. Cassian. Mit Tafe XIII und XIV. Seite 529.

IV. F. Karrer und Th. Fuchs. Geologische Studien in den Tertiärbildungen des Wiener Beckens. Mit Tafel XV und XVI.
  1. F. Karrer. Die Tertiärbildungen in der Bucht von Berchtoldsdorf. Mit Tafel XV, Seite 559.
  2. Th. Fuchs. Die Tertiärbildungen in der Umgebung von Eggenburg. Mit Tafel XVI. Seite 584.

V. Dr. Karl Zittel. Paläontologische Notizen über Lias-, Jura- und Kreide-Schichten in den bayrischen und österreichischen Alpen. Seite 590.

Verhandlungen der k. k. geologischen Reichsanstalt. Jahrgang 1868. (Nr. 1—18). Seite 1—400.

Ausserdem wurde die Bibliothek durch folgende Werke bereichert:

a) Einzelnwerke und Separatabdrücke:

Grote C. Freih. v. Ueber Zweck, Bedeutung und Anordnung mineralogischer Sammlungen nach den Lagerstätten, insbesondere über die derartige der hiesigen naturhistorischen Gesellschaft übergebene und in dem neuen Museum für Kunst und Wissenschaft zu Hannover mit aufgestellte Sammlung. Hannover 1856. Gesch. d. H. Oberbergraths Jugler in Hannover.

Malaise M. C, Note sur quelques fossiles du massif silurien du Brabant. Extrait des Bull. de l'Acad. roy. de Belgique, 2me série, t. XX. Nr. 12.
— Sur des corps organisés trouvés dans le terrain ardennais de Dumont. Acad. roy. de Belgique. Extr. des Bull., 2me série, t. XXI. Nr. 6.
— Sur les silex ouvrés de épicnues. Bruxelles, 1866.
— Sur des silex taillés. Extrait d'une communication faite par M. Cloquet. Bull. de l'Ac. roy. de Belgique, 2me série, t. XXII. Nr. 8, 1866.
— Notice additionelle sur les silex ouvrés de épicnues. Ac. roy. de Belgique Extr. des Bulletins, 2me série, t. XXV. Nr. 2. 1868. Gesch. d. Verf.

b) Zeit- und Gesellschafts-Schriften:

Agram (Zagreb). Gospodarski List izdavan troškom hrvatsko-slavonskoga gospodarskoga družtva. Tečaj šestnaesti. 1868. Uredník Petar Zoričić.

Bruxelles. Annales de la Société malacologique de Belgique Tome I. Année 1863–1865.

Dresden. IV. und V. Jahresbericht des Vereines für Erdkunde. Dresden, 1868.

Eisleben. Jahresbericht über die Bergschule, den Cursus von Ostern 1866 bis Ostern 1868 umfassend. Halle, 1868.

Hannover. Jahresbericht der Handelskammer zu Hannover für das Jahr 1867. Hannover, 1868. Gesch. d. H. Oberbergraths Jugler in Hannover.

Klagenfurt. Jahrbuch des Landes-Museums von Kärnten. Herausgegeben von J. L. Canaval, XV. und XVI. Jahrgang (1866, 1867). 8. Heft. Klagenfurt, 1868.

Lwów (Lemberg). Rolnik czasopismo rolnicze-przemysłowe. Organ i k. galicyjskiego Towarzystwa gospodarskiego, redagowany przez Rudolfa Günsberga. Tom IV. zeszyt I. 1. Stycznia 1869. Lwów 1869.

Palermo. Giornale di scienze naturali ed economiche pubblicato per cura del Consiglio di Perfezionamento annesso al R. Istituto Tecnico di Palermo. Anno 1868, Vol. IV. Fasc. I–III. 1868.

Gegen portofreie Einsendung von 3 fl. Ö. W. (2 Thl. Preuss. Cour.) an die Direction der k. k. geol. Reichsanstalt, Wien Bez. III., Rasumoffskigasse Nr. 3. erfolgt die Zusendung des Jahrganges 1869 der Verhandlungen portofrei unter Kreuzband in einzelnen Nummern unmittelbar nach dem Erscheinen.

Neu eintretende Pränumeranten erhalten die beiden ersten Jahrgänge (1867 und 1868) für den ermässigten Preis von je 2 fl. Ö. W. (1 Thl, 5 Sgr. Preuss. Cour.)

Unsere geehrten Abonnenten, welche die Pränumeration auf den Jahrg. 1869 noch nicht angezeigt haben, werden ersucht, dieselbe möglichst bald zu erneuern, damit die Versendung der folgenden Nummern der Verhandlungen Ihren regelmässigen Fortgang nehmen könne.

Die nächste Nummer der Verhandlungen erscheint am 23. Februar.

№ 3.  **1869.**

Verhandlungen der k. k. geologischen Reichsanstalt.
Sitzung am 16. Februar 1869.

Inhalt: Vorgänge an der Anstalt. Zur Erinnerung an Leonhard Liebener. Eingesendete Mittheilungen: C. W. Gümbel. Ueber Foraminiferen, Ostracoden und mikroskopische Thier Ueberreste in den St. Cassianer und Raibler Schichten. E. Favre. Die Sammlung Dolomieu't. C. Frh. v. Osfeldt. Notizen aus dem Mokattam-Gebirge bei Cairo und vom Suez-Canal. J. Nuchten. Die Verhältnisse der Kohlensätze bei Reichenburg an der Save. F. Kreutz. Ueber mikroskopische Zusammensetzung eines Andesites aus Ungarn. Th. Fuchs. Die geologischen Verhältnisse der Kohlenlabrachem von Kaltenberg. J. Niedzwiedski. Ueber neue Funde von Sauriersehuppen unter dem Lös. K. v. Hauer. Chemische Zusammensetzung einiger ungarischen Eruptiv-gesteine. E. Giannei. Ueber die chemische Zusammensetzung der Phosphoritkugeln aus der Kreideschichten von Podolien. Einsendungen für das Museum: H. Wolf, Vorgelieren, Geschenk von Frau M. Schmeiner aus Brünn. D. Stur. Pflanzenreste von Ehinwald. Einsendungen für die Bibliothek und Literaturpositionen: Tschitscheff, Lindström, Damen, Utili, Senoner, Sim. v. Zepharovich, Wenzel, Laube, René, Sacco, Hochstetter, Spirro, Favre, Gümbel, René, C. Petara. Bücher-Verzeichniss.

Vorgänge an der Anstalt.

Seine k. und k. Apostolische Majestät haben mit Allerhöchster Entschliessung vom 11. Februar l. J. den zeitlichen Hilfsgeologen Ferdinand Freiherrn von Andrian Werburg aus Anlass seines freiwilligen Austrittes aus dem Verbande der geologischen Reichsanstalt, in Anerkennung der von ihm geleisteten vorzüglichen Dienste den Titel eines Bergrathes mit Nachsicht der Taxen allergnädigst zu verleihen geruht.

Se. Excellenz der k. k. Minister des Innern hat mit Erlass vom 7. Februar die zeitige Verwendung des Herrn Franz v. Vivenot bei der k. k. geologischen Reichsanstalt in der Eigenschaft eines Praktikanten gestattet.

Se. Excellenz der k. k. Minister für Ackerbau hat mit Erlass vom 24. Jänner den k. k. Conceptspraktikanten Rudolph Knapp von der Komotauer Bergbauptmannschaft zur Anhörung des dermaligen geologischen Curses an der k. k. geologischen Reichsanstalt einberufen.

Se. Excellenz der Herr k. k. Finanzminister hat sich bestimmt gefunden den in der letzten Zeit bei der k. k. Bergdirection in Idria in Verwendung gewesenen Expectanten Anton Tschebull der k. k. geologischen Reichsanstalt zur Verwendung zuzuweisen.

Endlich ist Herr Ladislaus Reisich als Volontär bei unserer Anstalt eingetreten.

Die vorausstehenden Verfügungen dürfen wir mit um so grösserer und ungetheilterer Befriedigung zur Kenntniss nehmen, als sie uns einerseits eine Reihe jüngerer Kräfte zur Theilnahme an unseren Arbeiten zuführen, während anderseits Freiherr v. Andrian, dem eine so ehrenvolle Anerkennung von höchster Seite zu Theil ward, zwar durch eingetretene Aenderungen in seinen Privatverhältnissen veranlasst war, aus dem eigentlichen Dienstverbande der Anstalt zu treten, doch aber derselben auch fernerhin in freier Thätigkeit seine Kräfte zu widmen gedenkt. Wenn wir veranlasst sind, ihm heute unseren besten Dank darzubringen für eifrige Mitwirkung bei unseren Arbeiten während der Dauer eines Zeitraumes von mehr als eilf Jahren, so ist dieser Dank doch nicht ein Scheidegruss; denn nach wie vor dürfen wir Freih. v. Andrian als einen der Unsrigen betrachten.

Nach einer uns aus Innsbruck zugegangenen Nachricht ist Herr k. k. Baudirector Leonhard Liebener von Monte Cristallo nach kurzer Krankheit am 9. Februar in dem Alter von 69 Jahren verschieden. Ein treuer Freund unserer Anstalt seit ihrer Gründung, versäumte Herr Liebener keine Gelegenheit, derselben die erspriesslichsten Dienste zu leisten und während seine literarischen Arbeiten, insbesondere die gemeinsam mit J. Vorhauser bearbeitete Monographie der Mineralien Tirols, dann seine geognostische Karte desselben Landes seinen Namen in weiteren Kreisen zur verdienten Geltung brachten, hatten wir uns speciell bei allen Unternehmungen, bei welchen er uns förderlich sein konnte, seiner thätigen Beihilfe zu erfreuen. So verdanken wir es speciell seiner Vermittlung, dass es uns gelang von den so wichtigen Fossilresten von St. Cassian wohl die reichste bestehende Sammlung zusammen zu bringen. Eine dankbare Erinnerung aller Wissenschaftsfreunde ist dem Verblichenen durch seine eigenen werthvollen Arbeiten gesichert; auch wir wollen ihm eine solche treu bewahren.

Eingesendete Mittheilungen.

C. W. Gümbel. Foraminiferen, Ostracoden und mikroskopische Thierreste in den St. Cassian- und Raibler Schichten.

Durch die Uebersendung der vorliegenden für unser Jahrbuch bestimmten Arbeit kömmt Herr Bergrath Gümbel freundlichst der Zusage nach, die er uns im vorigen Sommer (Verh. 1868, S. 276) gemacht hatte. Diese Arbeit umfasst die Ergebnisse der Untersuchung zweier typischer Localitäten: erstlich der Schichten mit *Candita crenata* von St. Cassian, dann jener mit *Myophoria Raibliana* von Raibl. Aus ersteren werden beschrieben: *Dentalina korynephora* G., *D. Cassiana* G., *D. transmontana* G., *Glandulina pupiformis* G., *Cristellaria Cassiana* G., *Polymorphina longirostrata* G., *Cornuspira pachygyra* G., *Rotalia Cassiana* G., *Bairdia Cassiana Reuss* sp.? *B. Marcubiana* G. Die Raibler Schichten dagegen lieferten: *Nodosaria Raibliana* G., *Dentalina Cassiana* G., *D. transmontana* G., *Lingulina inimescens* G., *Cornuspira pachygyra* G., *Cristellaria pauperata*? Jon. a. Park. sp., *Guttulina? Raibliana* G., *Triloculina Raibliana* G., *Cytherella Raibliana* G., *C. subcylindrica Sandb.*, sp., *Bairdia Carinthiaca* G., *B. perlata* G., *Cythere Raibliana* G., *Cyth. tuberculifera* G.

Nur drei Arten aus beiden Schichtengruppen liessen sich demnach mit Sicherheit indentifiziren; eine zu geringe Uebereinstimmung, wie Gümbel bemerkt, um auf dieselbe fussend, eine völlige Gleichaltrigkeit beider Schichtencomplexe zu folgern.

E. Favre in Genf. Die Sammlung Deleasert. Aus einem Schreiben an Herrn Dr. U. Schlönbach ddo. Genf 13. Febr. 1869.

„Herr Loriol hat sich einige Zeit in Paris aufgehalten. Sie wissen vielleicht, dass die Stadt Genf die Sammlung des Herrn Deleasert, deren

Conservator Herr Chenu war, zum Geschenk erhalten hat. Dieselbe besteht aus einem ausserordentlich reichen Herbarium, dann aus einer bewunderungswürdigen Sammlung von Conchylien, welche viele überaus seltene Exemplare, ja Unica, die Originalien von Lamarck u. s. w. enthält. Der Werth des Geschenkes wird auf nahezu eine Million geschätzt. Herr Loriol war nun in Paris damit beschäftigt, die Verpackung und Versendung einzuleiten. Man wird diese Sammlung in einem neuen Museum, welches wir gegenwärtig bauen, aufstellen."

C. Freiherr v. Czoernig. Petrefacte vom Mokattam-Gebirge und aus der Nähe der Pyramiden von Gizeh. (Aus einem Schreiben an Hrn. Dir. v. Hauer ddo. Görz 2. Febr. 1869.)

„Vorgestern bin ich von meiner egyptischen Reise hier glücklich angelangt. Ich habe während meines Aufenthaltes in Cairo nicht versäumt, die Interessen der geologischen Reichsanstalt zu fördern. Ich fand in Cairo einen Mann, der das lebhafteste Interesse und Verständniss in geologischen Dingen hat an dem Doctor der Medicin Wilh. Reil. Er war ehemals Professor zu Halle und ist nun der beschäftigtste Arzt in der Stadt. Derselbe hatte bereits eine vollständige Suite der Petrefacten vom Mokattam-Gebirge und anderen Orten Egyptens gesammelt und dieselbe zur Ausstellung nach Paris gesendet, wo sie nach Ende der Ausstellung irgend einem wissenschaftlichen Institute einverleibt wurden. Er hat gegenwärtig keine Petrefacten mehr zu Hause, versprach mir aber über mein Ersuchen, eine vollständige Sammlung der Mokattam-Petrefacten zu veranstalten und dieselbe geordnet nach dem Profile der drei aneinander gelagerten Schichten binnen 3 Monaten an die k. k. geologische Reichsanstalt zu senden. Es verdient dieses freundliche Entgegenkommen um so mehr Anerkennung, als er ausserordentlich in seiner einträglichen Praxis beschäftigt ist.

Die Neugier trieb mich auf das Mokattamgebirge, welches bis zur Citadella von Cairo reicht, um einige Petrefacte zu sammeln. Ich konnte leider nur eine Stunde dort verweilen, sammelte aber trotz sehr mangelhafter Werkzeuge so viele, dass ich aufhören musste, weil es mir an bequemen Fortschaffungsmitteln gebrach. Das wenige was ich mitgebracht habe, werde ich mir erlauben binnen kurzem an die Reichsanstalt zu senden."

„In Chaluf bei Suez am Canal fand sich nebst mehreren Petrefacten ein sehr reichhaltiges Lager von Haifischzähnen. Ich habe mich dahin gewendet, um womöglich etwas für die Reichsanstalt zu erlangen. Im Becken des mehrere Quadratmeilen grossen Bittersees findet sich eine sehr mächtige Schicht oder querlaufende Ader von Salz. Da diese nun trocken liegende See demnächst mit Meerwasser wieder ausgefüllt wird, so ist es nicht ohne Interesse ein Specimen dieses Vorkommens zu erhalten. Herr Bader, k. k. Consularagent in Ismailia und zugleich Ingenieur der Compagnie des Suez-Canals hat daher einen mächtigen Würfel an das kais. Mineraliencabinet in Wien gesendet. Ueber mein Ersuchen wird er demnächst einen ähnlichen Cubus an die geologische Reichsanstalt einsenden".

Ein zweiter Brief kündet die Absendung der nun schon hier eingelangten kleinen von Freih. v. Czörnig gemachten Aufsammlung an. Dieselbe enthält:

1. Eine Reihe von Petrefacten (meist Steinkerne) aus den hellgelben neogenen Kalkmergeln des Mokattam-Gebirges bei Cairo, darunter *Nautilus sp., Cancer sp., Nerita sp., Ampullaria, Rostellaria sp., Voluta, Spondylus, Lobocarcinus* etc. 2. Eine kleine Suite von Petrefacten aus dem eocenen Kalke der lybischen Wüste in der Nähe der Pyramiden von Gizeh (*Nummulites gizehensis, Natica sp.*) etc. 3. Einige Stücke von verkieseltem Holz aus dem sogenannten versteinerten Walde von Cairo. 4. Proben von Lava von dem letzten Ausbruch des Vesuv und vom Ätna.

F. **Zirkel.** Ueber mikroskopische Untersuchungen der Basalte — über die Auffindung des Salzlagers von Segeberg (südl. Holstein). Aus einem Schreiben an Prof. v. Hochstetter ddo. Kiel, 25. Jänner 1869:

„Ich bin jetzt wieder hinter den Basalten. In den letzten drei Jahren habe ich vielleicht fünf- oder sechsmal einen Anlauf genommen, um deren mikroskopische Zusammensetzung festzustellen, aber die Arbeit immer wieder liegen lassen, weil sie mir zu schwer war, indem gewisse ganz undankbare und räthselhafte Dinge darin vorkommen. Jetzt klärt sich die Sache allmählig, und ich hoffe diesmal definitiv damit fertig zu werden. Was Basalt heisst, ist recht verschieden zusammengesetzt; es sind mindestens vier ganz abweichend construirte Gesteinstypen, welche in mikrokrystallinischem Zustande dieses schwarze Basaltgewand anziehen. In letzterer Zeit habe ich Leucit sehr vielfach gefunden, er kommt z. B. vor im Gestein von Seeberg bei Kaaden, von Hamenstein bei Schlackenwerth, im Basalt von Sebastiansberg, von Sebeibenberg, von Geising bei Altenberg, in der Wacke von Johann-Georgenstadt, im Basalt vom Kosakov bei Turnau, von Tiehlowitz bei Tetschen, von Böhm. Leipa, in den Schlacken vom Kammerhübl u. s. w. Ueber die „Leucit-Gesteine im Erzgebirge" habe ich kürzlich eine ganz kleine Abhandlung verfasst".

„Hier herrscht grosser Jubel ob des Salzfundes von Segeberg (südl. Holstein), wo man in einer Tiefe zwischen 400 und 500 Fuss unter dem Gyps am 13. Januar Steinsalz erbohrte. Weil bekanntlich im Segeberger Gyps Boracit vorkömmt und in Stassfurt der Stassfurtit, glaubt man, dass an ersterem Orte auch die Kalisalze sich finden werden".

Vorträge:

J. **Rachoin.** Die Braunkohlen-Ablagerung bei Reichenburg an der Save in Südsteiermark.

Unter den Braunkohlen-Ablagerungen der Südsteiermark ist jene bei Reichenburg eine der bedeutenderen.

Diese Ablagerung ist in die Mulden des Grauwacken-Schiefers gebettet, hat ein Hauptstreichen entlang dem Woeher Gebirge von Westen gegen Osten, und ein südliches steiles Einfallen.

Dieselbe erstreckt sich von Kalisehuz nächst Lichtenwald bis an die Soekl an der croatischen Grenze, verliert sich gegen Westen in die grosse Sandablagerung des Lichtenwalder Beckens, gegen Osten in die croatische Ebene, und hat eine Ausdehnung von circa 3 Meilen.

Der bauwürdige Theil dieses Kohlenvorkommens ist von Herrn Heinrich Draschke in einer Ausdehnung von nahe 5000 Klafter eingeschürft, und mit 35 Feldmassen und 2 Ueberschaaren nach dem Massenpatente vom Jahre 1819 belehnt, welche Belehnung demnach einen Flächenraum von 500.400 Klafter umfasst.

Das ganze Kohlenvorkommen dürfte 200 Millionen Centner betragen.

Die Kohle selbst ist eine sehr gute Braunkohle mit geringem Schwefel- und nur 5—6 Perc. Aschengehalt; das Aequivalent einer Klafter weichen 30zölligen Scheiterholzes ist 14 Centner.

Die bisherige jährliche Erzeugung war circa 200.000 Centner, **die theils an die Südbahn zum Locomotiv-Betrieb, und theils nach Sissek für die Dampfschifffahrt auf der Save geliefert wurden.**

Der grössere Aufschwung des Werkes ist gehemmt, theils weil kein Absatz für Kleinkohle zu erreichen ist; theils fehlt noch eine Eisenbahnverbindung von circa ¼ Meilen von der Grube zum Anschluss an die Steinbruck-Sisseker Eisenbahn, um die Kohle wohlfeiler auf den Bahnhof Reichenburg bringen zu können.

Wie früher gesagt, verliert sich die Formation gegen Westen in die grosse Sandablagerung des Lichtenwalder Beckens, wo bei Kallachau nur mehr Flötzspuren von einigen Zoll Mächtigkeit vorkommen. Die Bauwürdigkeit des Flötzes beginnt bei Sebatra-Dolina, wo das Flötz im Heinrichsbau 2—10 Klafter mächtig ist; dasselbe hält in östlicher Richtung bei 300 Klafter an, worauf es eine nördliche Uebersetzung von 250 Klafter erleidet und tritt bei Sakl in einer Mächtigkeit von 1—6 Klafter auf, wo es bauwürdig bei 1000 Klafter bis Reichenstein ein regelmässiges Streichen beibehält; bei der Agnes-Capelle nimmt das Flötz ohne Verdrückung eine südöstliche Wendung, in welcher Richtung es bei 300 Klafter mit 3—6 Klafter Mächtigkeit anhält, und macht endlich den grössten Sprung nördlich, nämlich circa 500 Klafter gegen St. Jodea.

Von diesem Punkt ab erstreckt sich das Flötz schliesslich noch in ziemlich regelmässiger Streichungsrichtung bei 3000 Klafter über Slivien, Velkikamen, Dobrowa bis nach Slatna.

Bei Slivien ist die Mächtigkeit 4—5 Fuss, bei Velkikamen und Dobrowa 6—8 Fuss, während es an der westlichen Grenze bei Statua bereits unbauwürdig wird.

Wie bereits erwähnt, ist das Grundgebirge Grauwacken-Schiefer, das eigentliche Liegende jedoch ist Dolomit.

Auf den Dolomit folgt:
1. Grauer Mergel, ein bis mehrere Klafter mächtig; 2. schwarzgrauer Thon mit zerstörten Muscheln (hier Conchylien-Schiefer genannt); 3—10 Fuss; 3. einige Fuss bituminöser Kohlenschiefer; 4. das Flötz; 5. Kohlenschiefer, ein bis mehrere Klafter; 6. endlich das Dach, von Korallen-Kalk gebildet, welcher auch an einigen Stellen unmittelbar auf der Kohle liegt.

Das Flötz fällt südlich ein, steht auf einigen Stellen ganz senkrecht und macht nach dem Verflächen öfter mehrfache Windungen und Uebersetzungen. An einem Punkt, nämlich bei Sakl, ist auch der Gegenflügel des Flötzes mit einer Spannweite von 15—20 Klafter aufgeschlossen, und es haben der Süd- wie der Nordflügel die gleiche Mächtigkeit von 2—4 Klafter.

Das Niedersitzen des Flötzes in die Teufe ist bis jetzt circa 50 Klafter bekannt.

Felix Kreutz. Mikroskopische Untersuchung des anorthitführenden Andesites von Ober-Fernezely.

Dieses Gestein wurde von Herrn Wolf nächst der Schmelzhütte von Ober-Fernezely, bei Nagy-Bánya in Ungarn, gefunden. Es kommt dort auf secundärer Lagerstätte vor, indem es in grossen Blöcken eine ansehnliche Terrasse bildet, die sich an die östliche Seite des Thalgehänges anlehnt. In den von der k. k. geologischen Reichsanstalt zusammengestellten Trachyt-Sammlungen ist dasselbe unter Nr. 18 eingereiht; es wurde von Herrn Bergrath Karl v. Hauer chemisch untersucht, und die Resultate dieser Untersuchungen in der Sitzung der k. k. geologischen Reichs-Anstalt vom 5. Jänner 1869 vorgelegt. (Verhandlungen der k. k. geologischen Reichs-Anstalt Nr. 1, 1869.)

Herr v. Hauer machte eine Bausch-Analyse des Gesteins und eine Analyse der grossen Feldspathe, welche sich im Gestein reichlich vorfinden, die eine Anorthit-Zusammensetzung für dieselben ergab. — Um die chemische Analyse, aus der sich keine sicheren Berechnungen machen lassen, da das Eisenoxyd vom Oxydul nicht getrennt wurde, interpretiren zu können, unterwarf ich das Gestein noch einer Untersuchung auf physikalischem Wege. Ich verfertigte aus demselben Dünnschliffe, und untersuchte sie mikroskopisch im durchfallenden Lichte mit Zuhülfenahme der Nicol'schen Prismen.

Die Grundmasse des Gesteins ist ausgezeichnet halbglasig. Sie ist eine lichtbräunliche Glasmasse, welche durch und durch von feinen Krystallnädelchen (den Mikrolithen Vogelsang's) erfüllt ist. Diese Mikrolithe sind, wie es scheint, zum Theil Feldspath, zum grössten Theil aber Augit. Die in der Grundmasse ausgeschiedenen mittelgrossen Krystalle zeigen eine schöne Fluctuationstextur, welche besonders deutlich bei gekreuzten Nicols sichtbar wird.

Feldspath-Krystalle sind in dem Gesteine sehr zahlreich. Ausser Magnetisen-Einschlüssen enthalten sie prächtige Glas-Einschlüsse, von denen die dickeren bräunlich sind, wie das Glas der Grundmasse; die dünneren sind lichter. Sehr nett ausgebildet sind die dunklen Bläschen, deren sich mitunter drei in einem Einschluss finden. Bisweilen ist das Bläschen im Dünnschliff gerade durchgeschnitten, und erscheint dann als ein zarter Kreis. Der grösste der Glas-Einschlüsse, welche oft förmliche Fetzen oder Lappen bilden, war 0·15 Min. lang und mass 0·12 Min. in der grössten Breite. Ausser diesen stecken noch feine Augit-Säulen und Mikrolithe in den Feldspathen.

Die Feldspathe selbst sind dreierlei Art. Die ganz wasserhellen Krystalle gehören dem Sanidin an. Er tritt in langen rechtwinkligen Säulen auf. Schöne Karlsbader Zwillinge sind häufig. Sie werden besonders im polarisirten Lichte deutlich, indem dann die Zwillingslinie dadurch, dass die beiden Krystallhälften verschieden gefärbt erscheinen, scharf hervortritt.

Ausser den Sanidinen liegen in der Grundmasse klare Krystalle eines triklinen Feldspathes, die im polarisirten Lichte zahlreiche scharf getrennte, schmale, verschieden gefärbte Streifen zeigen. Leider kennt die mikroskopische Untersuchung bis zur Zeit noch kein Mittel, um die triklinen Feldspathe von einander zu unterscheiden. Zur Bestimmung dieses Feldspathes führen die Rechnungen aus der chemischen Analyse.

Im Gestein finden sich noch grosse Feldspathe von ganz anderer Natur, wie die beschriebenen. Sie sind trübe und ganz von Höhlungen und Glas-Einschlüssen erfüllt, so dass sie wie getüpfelt aussehen. Im polarisirten Lichte zeigen diese Feldspathe durch verschieden gefärbte Streifen ihre polysynthetische Structur. Die Streifen sind aber viel breiter, nicht so scharf getrennt, und die Farben nicht so deutlich, wie man es bei den gewöhnlich vorkommenden, triklinen Feldspathen, z. B. den Oligoklasen, zu sehen gewohnt ist. Diese Feldspathe sind nach der Analyse des Bergrathes Carl v. Hauer Anorthite.

Krystalle und Krystall-Fragmente von Magneteisen sind im ganzen Gestein reichlich zerstreut. Ferner finden sich noch im Gestein sehr spärlich kleine, im Dünnschliff gelblichgrün erscheinende Olivinkörner, und äusserst selten ziemlich grosse, abgerundete, dunkel umsäumte Krystall-Fragmente von Hornblende. Dies sind alle das Gestein zusammensetzenden Mineralien.

Merkwürdig ist dabei das Zusammenvorkommen von Sanidin und Anorthit, eine bisher nicht gekannte und nicht zu vermuthende Association des sauersten mit dem basischsten Feldspath.

Die Hornblende, welche nur sporadisch im Gestein eingeschlossen vorkommt, und der seltene Olivin, können nur als unwesentliche Bestandtheile des Gesteines betrachtet werden.

Schon aus dem grossen Kieselsäure-Gehalt (57·48 Perc.) des anorthitführenden Gesteins, welches keinen Quarz besitzt, kann man ersehen, dass er ausser dem Anorthit noch einen sauren Feldspath enthalte. Die Menge des sauersten Feldspaths (Sanidin) wird gegen 22 Perc. ausmachen. Wenn man nur Sanidin und Anorthit im Gestein annehmen wollte, so bliebe besonders ein namhafter Natron-Ueberschuss, der nur einem Kalk-Natron-Feldspath gehören kann; dazu hat die mikroskopische Untersuchung die Sicherheit von dem Vorhandensein dieses Mikrotins gegeben. Die Menge dieses Mikrotins ist auch nicht gering, denn sie dürfte gegen 30 Perc. betragen. Auf den Anorthit würden dann gegen 15 Perc. fallen. Wenn man auch die grossen Anorthite als wesentlichen Gemengtheil dieses Gesteins annimmt, so ist doch eine directe Einreihung unter die Anorthit-Gesteine, deren mittleren Kieselsäure-Gehalt es beinahe um 10 Perc. übersteigt, nicht ganz entsprechend, und ich halte es vorläufig für zweckmässiger, dieses Gestein nach dem vorwaltenden Typus der chemischen und mineralischen Zusammensetzung zu den Augit-Andesiten zu stellen.

Th. Fuchs. Der Steinbruch im marinen Conglomerate von Kalksburg und seine Fauna, mit einer Einleitung über die Darstellung von Faunen im Allgemeinen.

Diesen Titel führt eine kleine Abhandlung, welche der Verfasser als Fortsetzung (Nr. VII.) seiner im Verein mit Herrn F. Karrer in dem Jahrbuch der Reichsanstalt veröffentlichten „Geologische Studien in den Tertiär-Ablagerungen des Wiener Beckens" vorlegte. Dieselbe wird im zweiten Heft unseres Jahrbuches 1869 Aufnahme finden.

J. Niedzwiedzki. Ueber neu aufgedeckte Süsswasser-Bildungen.

Am Alsergrund in Wien wurden in neuester Zeit auf dem sogenannten Himmelpfortgrund und in Nussdorf bereits im Jahre 1866 eigenthümliche Süsswasser-Bildungen unter der jüngsten Löss- und Schotterdecke aufgeschlossen, welche zu manchen interessanten Beobachtungen führten. Der Vortragende gab eine genaue Beschreibung des Vorkommens von erstgenannter Fundstelle, und schloss daran die ihm von Herrn F. Karrer übergebenen Mittheilungen über das zweite schon früher bekannt gewordene Vorkommen. Die Veröffentlichung dieser gemeinsamen Arbeit ist gleichfalls für das zweite Heft des Jahrbuches 1869 als ein Anschluss (Nr. VIII) zu den oben erwähnten „Geologischen Studien" etc. In Aussicht genommen.

Karl v. Hauer. Untersuchungen über einige ungarische Eruptivgesteine.

In der letzten Abhandlung über diesen Gegenstand wurde über die Zusammensetzung der jüngeren Andesite (graue Trachyte, Richthofen) Mittheilung gemacht. Eine Fortsetzung dieser Arbeit ist der Gegenstand der folgenden Mittheilung:

Grauer Trachyt von Taresi Vrch, südlicher Abhang, Schemnitz S. Dieses Gestein zeigt, von verschiedenen Punkten entlehnt, verschiedene Nuancen der Farbe. Die Analyse einer Varietät von Illia N. ist bereits angeführt worden. Die in Rede stehende Varietät ist lichter gefärbt, enthält aber in gleicher Weise Hornblende und schwarzen Glimmer ausgeschieden. Feldspath ist reichlich vorhanden, und wie es schien in zwei Varietäten, deren eine verwittert erscheint, während die andere ein frisches Aussehen hat. Doch zeigte sich die Zusammensetzung beider wenig variirend. Ausserdem finden sich sehr spärlich kleine Körnchen die wie Quarz aussehen. Aber es konnte nicht genug davon aufgesammelt werden, um eine Analyse auszuführen. Dieses selbe Mineral findet sich aber weit häufiger in den grauen Trachyten von Tokaj, aus denen ich auch eine genügende Quantität für eine genauere Untersuchung aufgesammelt habe, die demnächst mitgetheilt werden soll.

Die Zusammensetzung des Gesteines ist folgende:

Kieselsäure	62·45
Thonerde	16·65
Eisenoxydul	6·21
Kalkerde	4·88
Magnesia	2·02
Kali	2·53
Natron	4·35
Glühverlust	1·95
	100·91

Die Zusammensetzung der Feldspäthe ergab sich: Nr. I etwas verwittert, Nr. II frisch.

	I.	II.
Kieselsäure	53·01	55·07
Thonerde	29·88	30·49
Kalkerde	9·85	30·49
Kali	2·71	
Natron	5·02	
Glühverlust	1·31	0·75
	101·78	

Das Sauerstoffverhältniss in Nr. 1 von $RO : R_2O_3 : SiO_2$ ist $= 0{\cdot}9 : 3 : 6{\cdot}0$ und dieser Feldspath ist daher dem als Labrador bezeichneten Minerale entsprechend zusammen gesetzt.

Grauer Trachyt vom Chonkahegy östlich von Szántó im Zempliner Comitat (typisch).

Ein dichtes schwarzes Gestein, welches viel grünlich gelben Feldspath ausgeschieden enthält. Von den anderen in den grauen Trachyten ausgeschiedenen Mineralien ist nur Hornblende aber kein Glimmer zu beobachten. Dieses Gestein, welches ein so gänzlich anderes Aussehen und Gefüge hat als die grauen Trachyte vom Tarcsi Vrch, correspondirt gleichwohl in seiner Zusammensetzung vollkommen mit denselben, wie die nachstehenden Ergebnisse der Analyse zeigen.

Kieselsäure	62·83
Thonerde	15·44
Kalkerde	5·00
Magnesia	1·05
Kali	1·47
Natron	4·68
Glühverlust	3·03
	102·57

Der Feldspath dieses Gesteines, der sehr sorgfältig ausgelesen wurde, enthält einen beträchtlichen Eisengehalt, der demnach dem Feldspath angehört und nicht von anhängender Grundmasse herrührt.

100 Theile desselben enthielten:

Kieselsäure	57·69
Thonerde	21·42
Eisenoxydul	5·39
Kalkerde	8·00
Kali	2·16
Natron	4·11
Glühverlust	2·01
	100·85

Das Eisen ist hier als Oxydul angeführt und müsste demnach den Bestandtheilen der Form RO zugezählt werden; das Sauerstoffverhältniss von $RO : R_2O_3 : SiO_2$ wäre demnach $= 1{\cdot}5 : 3 : 9{\cdot}2$ was keine Deutung zulässt. Wird hingegen das Eisen als Oxyd zur Thonerde gehörig gerechnet, so ist das Sauerstoffverhältniss $= 1{\cdot}3 : 3 : 8{\cdot}1$, was der theoretischen Formel des Andesins annähernd entspricht.

So weit die Untersuchung der jüngeren Andesite bisher reicht, ist daraus ersichtlich geworden, dass für keines dieser Gesteine der Name „Sanidinit" passt, denn sie enthalten ausgeschieden nur Kalk-Natronfeldspäthe, welche sie charakterisiren. Sanidin kann nur in der Grundmasse vorhanden sein.

Ein Vergleich meiner Analysen der grauen Trachyte mit jenen welche Dr. Erwin von Sommaruga[1] ausgeführt hat, zeigen eine genaue Uebereinstimmung bis auf den Gehalt an Alkalien, da er fast nur Kali und kein Natron nachwies. Aber einerseits zeigt die Untersuchung der reichlich ausgeschiedenen Feldspäthe, dass diese Gesteine viel Na-

---

[1] Jahrb. der k. k. geol. Reichsanst. 1866, pag. 471.

Iron enthalten müssen, und andererseits hat Baron Sommaruga selbst an anderen Orten diese Bestimmungen als zweifelhaft angegeben.

Mariner Tuff bei Legenye. In diesen Tuffen aus den Brüchen östlich von Legenye, so wie in denen am Szöllöbegy östlich von Segenye und nördlich von Sátor-Allja-Ujhely, dann aus dem Mühlsteinbruch am Bányahegy westlich von Nagy-Sárospatak kommt in nicht allzureichlicher Menge ein glänzender durchsichtiger Feldspath mitunter in wohlausgebildeten Krystallen vor. Prof. Leander Ditscheiner hatte die Güte einen Krystall zu messen und theilte darüber Folgendes mit:

Der Krystall ist unzweifelhaft ein Feldspath, Adular (Rhyakolith?). An ihm kamen die Flächen P, M, T, l, n und z vor. Die gemessenen Winkel sind:

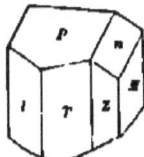

	Gemessene Winkel	Winkel des Adular zur Vergleichung
P : M =	90° 6'	90° 0'
P : n =	44 55	44° 57'
P : T =	67 0	67° 44'
M : T =	59 41	59° 30'
T : l =	61° 4	61° 12'
M : n =	45° 11	45° 3'
M : z =	29° 6	29° 24
T : z =	30 28	

Die Analyse ergab folgendes Resultat:

Kieselsäure	67·12
Thonerde	19·13
Kalkerde	1·00
Kali	9·35
Natron	5·02
	101·62

Das Sauerstoffverhältniss von RO : R₂O₃ : SiO₂ ist genau = 1 : 3 : 12.
Ausserdem kommt in diesen Tuffen sehr viel Quarz in mitunter wohl ausgebildeten Krystallen vor.

Splitter und Trümmer dieses selben Feldspathes finden sich auch in den Sanden von der Kuppe des Borihegy bei Nagy-Ilari NO., von Ujhely im Zempliner Comitat, von dem Tuff-Hügel östlich bei Legenye und im Sande aus dem Perlit ober der Massamühle bei Telkibánya im Abaujer Comitate. Eine mechanische Trennung von den Quarzsplittern war aber nicht ausführbar, daher die Analysen einen Gehalt bis 80 Percent ergaben und eben nur hinreichten, um erkennen zu lassen, es sei derselbe Feldspath wie in den Tuffen.

R. Gäbel. Die chemische Zusammensetzung der Phosphorit-Kugeln aus Kreide-Schichten in Russisch-Podolien.

Durch Herrn Bergrath C. v. Hauer erhielt ich zur Analyse eine der Phosphoritkugeln, welche Herr Prof. Alth an das Laboratorium der Reichsanstalt zur Untersuchung übergeben hatte.

Die Kugeln zeigen eine strahlige Structur mit Zwischenräumen, die hie und da mit krystallinischem Kalkspath ausgefüllt sind. Dem Centrum zu wird die Masse rothbraun und braust stark mit Säure.

Das spec. Gewicht = 2·994. Die Analyse des Gesteines ergab für 100 Theile folgende Zusammensetzung:

Nr. 3   Sitzung am 16. Februar. E. Glasel. H. Wolf. D. Stur.   53

Unlöslich (Thon)	3·73	Kali	1·50
Wasser	2·53	Natron	0·45
Eisenoxydul und Oxydul	4·84	Phosphorsäure	34·37
Thonerde	2·12	Chlor	Spuren
Kalkerde	46·00	Fluor	
Magnesia	1·94	Kohlensäure	2·81
			100·09

Der Gang der Analyse, den ich hier befolgte, war folgender: In alkoholischer Lösung wurde der Kalk durch Schwefelsäure ausgefällt, im Filtrate die Phosphorsäure von Thonerde, Eisenoxyd und Magnesia mittelst molybdänsaurem Ammoniak getrennt, und als phosphorsaure Magnesia gewogen. Die Bestimmung der übrigen Körper geschah auf gewöhnliche Weise.

Diese Analyse stimmt fast genau überein mit der des Minerals dem Stein den Namen Staffelit gegeben hat[1]), doch mit dem Unterschiede, dass der Staffelit Spuren von Jod enthält, während ich in den Phosphoritkugeln solches nicht nachweisen konnte.

Einsendungen für das Museum.

H. Wolf. Vesuvlaven, eingesendet von Frau Maria Schmetzer in Brünn.

Diese mir bei meiner jüngsten Anwesenheit in Brünn für unser Museum übergebenen Gesteine, sammelte die Spenderin selbst im Herbste 1868 am Vesuv und in dessen Umgebung. Es sind darunter vulcanische Tuffe und Bimssteine von Pompeji, krystallinische Kalke von Pozzuoli, und mehrere schöne Exemplare von Laven und Bomben, welche von der jüngsten grösseren Eruption am 19. November 1868 stammen. Herr F. Krentz, welcher die Eruptionsproducte des Vesuv vom Jahre 1868 untersuchte, und eine ausführliche Arbeit hierüber jüngst der k. k. Akademie der Wissenschaften vorlegte (Siehe Anzeiger der Akademie Nr. IV. 1869) gab mir folgende auch für diese Gesteine geltende Mittheilung:

Die letztjährigen Vesuvlaven sind durchgehends Leucitophyre. Sie sind ganz homogen und stark schlackig porös, beinahe bimssteinartig ausgebildet, so dass nur eine mikroskopische Untersuchung über ihre mineralische Zusammensetzung Aufschluss geben kann. Die Grundmasse des Gesteins ist ein grünliches Glas. Unter den mikroskopisch kleinen ausgeschiedenen Mineralien sind die Leucite die grössten und häufigsten, ferner Plagioklase und Sanidine. Einen bedeutenden Antheil an der Constitution dieser Laven nimmt noch der Augit und das Magneteisen. Magnesia-Glimmerblättchen finden sich äusserst spärlich im Gestein.

D. Stur. Franz Helling, k. k. Verwalter: Sendung von Pflanzenresten aus den Braunkohlen-Schichten von Eibiswald in Steiermark.

Durch diese neue Sendung wird unsere Sammlung von fossilen Pflanzen von Eibiswald in dankenswerther Weise vervollständigt. Da wohl in nächster Zeit diese Sammlung einer eingehenderen Bearbeitung unterzogen werden wird, mag es hier genügen, zu berichten, dass in der vorliegenden Sendung unter mehreren recht interessanten Resten auch

---

[1]) VIII. Bericht des Offenbacher Vereines für Naturkunde.

ein Theil der Spitze des Blattes der Palme *Calamus Mellingi Sap* vorliegt, von welcher wir schon früher ein prachtvolles Mittelstück von Herrn Melling erhalten hatten. (Verh. 1868, p. 201.)

Einsendungen für die Bibliothek und Literaturnotizen.

F. v. H. P. de Tchihatchef. Asie mineure. Géologie, vol. II et III, 1869. (Gesch. d. Verf.)

Mit den vorliegenden zwei Bänden, welche wir, so wie die ganze Reihe der vorhergehenden, der Liberalität des hochverdienten Verfassers verdanken, ist dessen Werk über Kleinasien, die Frucht seiner durch 20 Jahre fortgesetzten Arbeiten und Studien, von denen er nicht weniger als 5 zu seinen kühnen und schwierigen Wanderungen im Lande selbst verwendete, zum gänzlichen Abschlusse gebracht. Fortlaufend, so wie uns die einzelnen Bände zukamen, haben wir über den Fortgang des Unternehmens in unseren Verhandlungen Nachricht gebracht.

Die letzten zwei Bände enthalten die Schilderung der secundären und tertiären Schichtgesteine, so wie der posttertiären Gebilde; von den ersteren sind nur höhere jurassische Schichten — dem Oxfordien angehörig, und diese nur an wenigen Stellen, dann in grösserer Verbreitung obere Kreideschichten, die meist unmittelbar auf dem Uebergangsgebirge ruhen, entwickelt. — Eine ungleich grössere Mannigfaltigkeit zeigen die Tertiärschichten. Die Eocengebilde sind theils fossilienreiche Kalksteine, theils fossilienleere Sandstein-Conglomerate u. s. w., erstere zeichnen sich insbesondere durch ihren ausserordentlichen Reichthum an Nummuliten aus und tragen insgesammt den Typus der von d'Archiac so bezeichneten asiatisch-mediterranischen Gebilde. Die Miocenablagerungen finden sich ohne bisher nachweisbaren Zusammenhang an einzelnen von einander getrennten Localitäten. Sie liegen der Hauptsache nach horizontal und zeigen nur locale Schichtenstörungen. Sie repräsentiren nur die untere marine Stufe des Wiener Beckens, während die sarmatische Stufe gänzlich fehlt. Aber selbst die marinen Schichten sind durch eine relative Armuth an organischen Resten bezeichnet. Dagegen enthalten sie reiche Steinsalz-Massen, die mit jenen der Karpathen angeführt in Parallele gestellt werden können.

Der oberen tertiären oder Pliocenformation rechnet der Verfasser einige Spuren von Ablagerungen der arcalo-caspischen (Congerien-) Stufe, dann zahlreiche Süsswasser-Ablagerungen seines Gebietes zu; ihrer Schilderung schliesst er jene der posttertiären Gebilde an, bezüglich welcher insbesondere das Fehlen jeder Andeutung einer ausgedehnteren Gletscher-Thätigkeit oder Eiszeit hervorzuheben ist.

Indem wir nun schliesslich unserem berühmten Fachgenossen die besten Glückwünsche darbringen zur gänzlichen Vollendung seiner hochwichtigen Arbeit, freuen wir uns mit ihm, dass dieselbe weder seine erprobte Kraft, noch seinen kühnen Untersuchungsgeist erschöpfte. — Denn, so ruft er am Schlusse der Vorrede zu diesen letzten Bänden — „nicht als Invalide, der sich fortan einer rechtmässig verdienten Ruhe hinzugeben gedenkt, nehme ich Abschied von meinen Lesern, ich erbitte mir vielmehr Ihre Aufmunterung und Ihre Segenswünsche als noch kräftiger Pilger, der für einen neuen Kreuzzug gerüstet ist".

Dr. U. Schloenbach. G. Lindström. Om tvenne nya ifversilurinska koraller från Gotland. S. 419—428, T. VI. (Sep. aus Öfversigt af Kongl. Vetensk. — Akad. Förhandl., 1868. Nr. 8, meddeladt den 14. Oct. 1868). Gesch. d. Verf.

Der Verfasser beschreibt hier einige neue, schön erhaltene silurische Korallen aus Gotland, *Calostylis cribraria nov. gen. et sp.* aus der Ordnung der *Anthozoa perforata* und *Cystiphyllum prismaticum n. sp.* aus derjenigen der *Zoantharia rugosa*. Erstere Art gehört der Familie der *Eupsammidae* an, und obgleich sie in den ältesten Schichten der Gotländischen Silurbildungen ausserordentlich gemein ist, hatte man doch bisher diese Familie noch nicht aus älteren Schichten als der Kreideformation gekannt. Die zweitgenannte Art gewinnt dadurch ein besonderes Interesse, dass sie mit der früher zu den Brachiopoden gerechneten Gattung *Calceola* nahe verwandt ist (vergl. auch Verhandl. 1867, Nr. 16, p. 362); auch das eigenthümliche Operculum dieser Art wird beschrieben und abgebildet. Zum Schlusse gibt der Verfasser allgemeine Bemerkungen über die Stellung der *Zoantharia rugosa* zu den anderen Ordnungen der Polyparien, und zieht bei dieser Gelegenheit namentlich die von Haime und Nicholstrup zu den *Anthozoa malacodermata* gerechneten Gattungen *Cerianthus* und *Spheraspis* zur Vergleichung herbei; besonders weist er darauf hin, wie bei dem letztgenannten Genus die Anordnung der Mesenterial-Lamellen so ausserordentlich an die Lage der Septa bei den *Anthozoa rugosa*, besonders bei Zaphrentis, erinnern, dass man sich gezwungen sieht, denselben im Systeme eine Stelle in der Nähe der letzteren anzuweisen.

Dr. U. Schl. W. **Dames.** Ueber die in der Umgebung Freiburgs in Niederschlesien auftretenden devonischen Ablagerungen. S. 469—508, T. 10, 11. (Sep. aus der Zeitschrift der deutsch. geol. Ges. Jahrg. 1868). Gesch. d. Verf.

Eine neuerliche Untersuchung der in der Umgebung von Freiburg, namentlich bei Ober-Kunzendorf, seit langer Zeit bekannten mächtigen Kalklager und der in denselben enthaltenen fossilen Fauna hat dem Verfasser das Resultat ergeben, dass dieselben unzweifelhaft von devonischem Alter sind, dass der Freiburger Kalk ein etwas höheres Alter besitzt, als der von Ober-Kunzendorf, und dass als jüngsten Glied über beiden grünliche Schiefer mit *Cardiola retrostriata* betrachtet werden müssen. Die ganze Folge des Freiburger Devons ist unzweifelhaft jünger, als der nächstgelegene Kalk von Hittberg in Mähren mit *Stringocephalus Burtini* und als die Eifeler Stringocephalen-Kalke; dagegen dürften die Clymenien-Kalke von Ebersdorf in der Grafschaft Glatz wiederum jünger sein als das Freiburger Schichtensystem. Hinsichtlich der Lagerungsverhältnisse der Freiburger Devonschichten, welche also in das untere Niveau der oberdevonischen Ablagerungen einzureihen sind, ist zu bemerken, dass sie als isolirte Kalkmassen an zwei Punkten aus dem Gebiete der Kulmablagerungen hervortreten. Diese Entwickelung der devonischen Schichten zeigt besonders eine grosse Analogie mit jener im nördlichen Frankreich und in Belgien. — Im paläontologischen Theile sind die eingehenden Untersuchungen und Bemerkungen über *Receptaculites Neptuni* von besonderem Interesse. Dr. Dames kommt dabei in Uebereinstimmung mit Salter zu dem Resultate, dass dies bisher noch immer einigermassen problematische Fossil bei den Foraminiferen, und zwar in der Nähe der *Orbitulitidae* einzureihen sei; er erhebt es zum Typus einer besonderen Familie, der *Receptaculitidae*, in welche ausserdem noch die Gattungen *Tetragonis Eichw.* und *Ischadites Murch.* gestellt werden müssen.

F. v. **Vivenot.** Prof. Ullik. Mineral-chemische Untersuchungen. LVII. Bd. d. Sitzb. d. kais. Akad. d. Wissensch. 1. Abth. Mai-Heft 1868.

In der 1. Abtheilung dieser Arbeit, betitelt: Ueber einige Cölestine und ihre Zersetzungsproducte" erwähnt der Verfasser vor allem, dass ihn ein ungewöhnliches Vorkommen eines cölestinähnlichen Minerals vom Greiner im Zillerthale in Tirol veranlasste, nähere chemische Untersuchungen über dasselbe anzustellen, nachdem schon von v. Zepharovich und Professor Gottlieb auf die Verschiedenheit dieses Minerals vom Cölestin hingewiesen war. Es findet sich dasselbe eingewachsen im Talkschiefer, in welchem auch Krystalle von Dolomit und die bekannten Spargelsteine eingebettet liegen.

Nebst dem oben erwähnten Mineral besitzt die Sammlung des Grazer Joanneum's noch eine Suite von ebenfalls im Talk von Greiner eingewachsenen Massen, die zu ersteren in innigster Beziehung stehen, durch das äussere Aussehen jedoch sich schon als Zersetzungsprodukte kennzeichnen und vom Verfasser gleichfalls in den Bereich der Untersuchungen gezogen wurden. Die chemische Analyse des Minerals ergibt, dass es nahezu aus gleichen Mengen von schwefelsaurem Baryt und Strontian besteht, der einzige bisher bekannte Fall einer solchen Zusammenhartung. Die so missliche Aufgabe der Trennung des Strontians vom Baryt wurde nach H. Rose's Methode durchgeführt, welche der Verfasser in Kürze mittheilt. Die an den Zersetzungsprodukten des Barytcölestins ausgeführten Analysen ergaben, dass der schwefelsaure Strontian bis auf einen kleinen Rest, der schwefelsaure Kalk hingegen gänzlich verschwunden sei, dagegen kohlensaurer Strontian und kohlensaurer Kalk auftreten. In der am meisten vorgeschrittenen Zersetzung ist der kohlensaure Strontian fast gänzlich entfernt, an dass fast nichts als der unverändert gebliebene schwefelsaure Baryt zurückbleibt. — Nachdem vom Verfasser in einem zweiten Abschnitt noch der Nachweis geliefert wird, dass der in kohlensaurem Wasser gelöste kohlensaure Kalk den schwefelsauren Strontian in Carbonat umzuwandeln im Stande ist —, worauf die im 1. Abschnitte schon angeführte stete Abnahme des kohlensauren Strontian bei einer immer weiter vorgeschrittenen Zersetzung hindeutete — folgt schliesslich eine Untersuchung des Talkes vom Greiner auf den Wassergehalt, und auf Strontian; letzterer konnte auch in der That durch den Spectralapparat nachgewiesen werden.

F. v. V. G. Struever. 1. Su Una Nuova Legge di Geminazione Delle Anortite. Torino 1869. Mit 1 Taf. Gesch. d. Verf.

Diese Abhandlung behandelt eine neue Zwillingsgestalt des Anorthit, welcher zu den wenigen Mineralien zählt, deren Krystalle dem triklinen Systeme angehören und durch grossen Flächenreichthum ausgezeichnet sind, wie besonders jene des Monte Somma. Während man bei Albit fünf Gesetze von Zwillingsverwachsung kennt, kannte man von Anorthit bisher nur zwei. Bei der einen Zwillingsverwachsung ist die Umdrehungsaxe die Normale zu (010), während bei der zweiten die Zwillingsaxe parallel ist der Axe y oder der Zone (001, 100). Der Verfasser war nun so glücklich ein drittes Zwillingsgesetz zu finden, welches für dieses Mineral noch nicht bekannt war, obgleich es an anderen triklinen Feldspathen bereits beobachtet werden konnte. Schneidet man nämlich ein rechtes Individuum in einer Parallelebene von 100 an durch 110 gehend — das linke Individuum durch eine Ebene, welche gleichfalls parallel ist 100, aber durch die Ebene 110 geht, und nähert beide Krystalle, bis die Ebenen 100 sich berühren, so erhält man die neue Zwillingsgestalt, woraus folgt, dass die Zwillingsaxe die Axe der Z. (001) ist, das ist die des Karlsbader Zwillings. Eine Tafel mit Abbildungen von Anorthit Zwillingen nach diesem neuen dritten Gesetze ist beigegeben.

2. Sulla Sellaite Nuovo Minerale D. Fluorio. Torino 1869. Mit 1 Taf. Gesch. d. Verf.

Bei der Untersuchung eines Exemplares von Anhydrit im mineralogischen Cabinete des Valentinus fand der Verfasser einige durchsichtige prismatische Krystalle, welche zugleich mit Krystallen von Schwefel und Dolomit in der Masse des Anhydrits eingestreut waren. Der Anhydrit stammte aus Les Allues, bei Moutiers in Savoyen. Genaue Untersuchungen führten zu dem Resultate, dass die fraglichen Krystalle eine neue Mineral-Species darstellen. Um Material in grösserer Menge zu gewinnen, begab sich Herr Struever an den Fundort, konnte aber trotz zweitägigen Suchens das gewünschte Mineral nicht auffinden, daher er einstweilen das Resultat der Untersuchung der obigen Krystalle mittheilt. In einer Tabelle finden sich die an den Krystallen beobachteten Flächen und Winkel zusammengestellt. Die Härte des Minerals ist gleich 5. Aus der grossen Aehnlichkeit der Reactionen mit Calcium-Fluorid scheint es nicht unwahrscheinlich, dass das neue Mineral ein Mono-Fluorür von Magnesia sei, bestehend aus 38·71 Perc. Mg. und 61·29 Perc. Fl. Dem berühmten Krystallographen Quintino Sella zu Ehren nannte der Verfasser das neue Mineral „Sellait".

F. v. V. Quintino Sella. Relazione alla R. Accademia delle Scienze di Torino sulla Memoria di Giovanni Struever intitolata: Studii sulla Mineralogia Italiana: Pyrite del Piemonte e dell' Elba. Torino 1869.

In der Sitzung der Turiner Akademie vom 30. December 1860 wurde über eine Arbeit von Dr. Struever „Die Krystalle des Nephelin, Pyrit und Apatit in den Turiner Museen" berichtet. Da sich jedoch der Verfasser in dieser seiner Arbeit nur auf die Aufzählung der neuen Krystallformen beschränken konnte, so unternahm er es, die einen so grossen Formenreichthum besitzenden italienischen Pyrite, und zwar jene von Traversella, Brosso und Elba, zum Gegenstand einer speciellen Untersuchung zu machen. — In vorliegendem Bericht haben wir nun einen kurzen Auszug über die neue werthvolle Arbeit Struever's, welcher zur Erläuterung 44 Tafeln mit 108 darauf verzeichneten Krystallformen beigegeben sind; am Schlusse desselben sind die Hauptresultate, welche Struever erzielte, zusammengefasst, woraus hervorgehoben werden mag, dass der Pyrit von Brosso allerdings zahlreiche verschiedene Formen aufweist, an Combinationsreichthum jedoch weit hinter jenem von Travernelli steht, der in dieser Beziehung wohl von einem anderen Vorkommen nicht übertroffen wird.

Kaiserliche Akademie der Wissenschaften in Wien. Anzeiger. Jahrgang 1869. Nr. 1. Auszüge aus den Sitzungsb. der math.-naturw. Classe am 7. Jänner.

1. **Zepharovich V. v.** Krystallographische Mittheilungen aus den chemischen Laboratorien zu Olmütz und Prag. Mit 5 Tafeln.

Es wurden 9 verschiedene von den Herrn Fr. Maly in Olmütz und Dr. Ginti in Prag dargestellte Substanzen krystallographisch untersucht. Unter diesen krystallisiren: 1. Thiosinnamin und 2. Thiosinnamin jodäthyl, — monoklin (Zwillinge), 3. Thiosinnamindijodür (Zwillinge), 4. Thiosinnamindibromür — triklin, 5. Thiosinnamin jodochlorür — rhombisch, 6. salzsaurer Ratanhin — monoklin, 7. schwefelsaurer Ratanhin, chemisch sphenoidisch-hemiëdrisch, 8. salzsaurer Tyrosin — monoklin, 9. Formicyan-Silber-Ammoniak — monoklin.

2. **Manzoni Dr. A.** Bryozoi Pliocenici Italiani, vorgelegt von Prof. Reuss.

Unter 19 Arten von Bryozoen aus den Schichten von Castell' arquato werden 9 als neu beschrieben, 10 sind schon früher theils lebend, theils aus dem englischen Crag bekannt geworden, 12 Arten gehören zur Gattung *Lepralia*, 2 zu *Cellepora* und 1 zu *Membranipora*, die übrigen sind *Selenariadeen*, und zwar *Cupularia* (2), *Lunulites* (1). Die Bryozoenfauna des genannten Ortes ist damit nicht erschöpft, doch da die Molluskenfauna von Castell' arquato zu der am Magetan bekanntest gehört, die Bryozoenfauna aber bisher ganz unberücksichtigt blieb, ist auch eine minder vollständige Kenntniss derselben von Interesse.

3. **Laube Dr. G.** Ueber *Ammonites Aon* und dessen Verwandte.

Es wird die bisher unter diesem Namen vereinigte formenreiche Gruppe von fossilen Cephalopoden vorzüglich auf Grund des eigenthümlichen Baues des Mundrandes und der Loben und der abweichenden Schalenbeschaffenheit als eine besondere Sippe der Ammoniten aufgefasst, und mit Rücksicht auf die rauhe Aussenseite ihrer Schale der Gattungsname „Trachyceras" für dieselbe vorgeschlagen.

Ein weiterer Beitrag zur Kenntniss dieser interessanten und gut abgegrenzten Ammoniten-Sippe steht durch die im Gange befindliche specielle Bearbeitung der Ammoniten-Fauna der Hallstätter Schichten, in der die „Aonen" eine bedeutende Rolle spielen, durch Herrn Dr. v. Mojsisovics in naher Aussicht.

Nr. II. Aus der Sitzung der mathem.-naturw. Classe vom 14. Jänner.

Boué Dr. A. Etwas über Vulcanismus und Plutonismus und Aufzählungsversuch der submarinen brennenden Vulcane.

Der Verfasser spricht sich für die Theorie der inneren Erdhitze aus, charakterisirt die Unterschiede zwischen jetzigen Vulcanen und den plutonischen Gebilden besonders mit Rücksicht des Verhältnisses der betreffenden Producte vom beiläuftigen Ursprung zu den verschiedenen Formationen, behandelt die geographische Ausbreitung der vulcanisch-plutonischen Gebilde und gibt eine bibliographische Uebersicht der über die wahrscheinlichste Mächtigkeit der starren Erdkruste bis jetzt bekannt gewordenen Ansichten und Schätzungen. Einige Fragen werden beantwortet, namentlich, warum gewisse Gegenden der Erde keine brennenden Vulcane und wenig Erdbeben haben. Es wird auf die gegenseitige Entfernung der Vulcane, der vulcanenreichen Linien, die Distanz der brennenden Vulcane von den erloschenen, die Entfernung dieser beiden Gattungen von den plutonischen Gebilden und derjenigen dieser letzteren unter sich eingegangen. Schliesslich folgt eine Aufzählung der submarinen Vulcane geographisch nach Ländern mit bibliographischen Nachweisungen und geogenetischen Schlüssen.

Nr. III. Aus der Sitzung d. math.-naturw. Classe vom 22. Jänner.

1. **Suess E.** Ueber das Rothliegende in Val Trompia.

Die aus der Gegend von Val Trompia und Val Camonica bekannt gewordenen fossilen Pflanzenreste liegen nach den neuerdings im vorigen Herbste gemachten Beobachtungen des Vortragenden wirklich über dem Quarzporphyr, und unter dem Verrucano. Nach der Untersuchung von Prof. Geinitz entspricht diese Flora jener des unteren Rothliegenden mit *Walchia piniformis* etc. Der unter dem Quarzporphyr liegende erzführende Thon-Glimmerschiefer enthält, wie in

Südtyrol und Kärnthen, Einlagerungen von Granit und Gneiss. Alle diese älteren Gesteine treten auf einer ansehnlichen Gebirgsfalte auf, welche sich vom Lago d'Iseo zum Lago d'Idro hinzieht und deren südliche Hälfte eingestürzt ist.

2. **Hochstetter F. v.** Ueber die Erdbebenfluth im pazifischen Ocean vom 13. bis 16. August 1868. (Nr. II). (Die erste Mittheilung über diesen Gegenstand vergl. Anzeiger Nr. XXV. Jahrg. 1868).

Die durch das Erdbeben in Peru am 13. August erzeugte Fluth ist das erste Phänomen dieser Art, das man durch zahlreiche genaue Berichte, die nach und nach aus den verschiedensten Gebieten des grossen Oceans einlaufen, in seinen Einzelheiten so kennen lernen wird, dass sich aus den beobachteten Erscheinungen wissenschaftliche Resultate werden ableiten lassen. Die in der ersten Abhandlung über diesen Gegenstand mitgetheilten Berichte von Chili, von den Chatham-Inseln und aus Neu-Seeland werden in dieser zweiten Abhandlung ergänzt durch Berichte von den Chincha-Inseln an der Küste von Peru, von Newcastle an der Ostküste von Australien, von der Insel Upolu (Apia Hafen) in der Samoa-Gruppe, von Hilo und Honolulu auf den Sandwich-Inseln.

Die aus diesen Berichten sich ergebenden Thatsachen stellt v. Hochstetter in folgender Tabelle zusammen:

Weg der Welle	Entfernung in Seemeilen	Zeit der Ankunft der Welle	Zeitdauer der Reise der Welle	Geschwindigkeit der Welle in der Secunde	Mittlere Breite des Weges	Mittlere Tiefe des Oceans in Faden
Arica — Valdivia	1420	13. Aug. X. p. m.	6ʰ 0ᵐ	294	Lage der Küste von Chili	1160
„ — Chatam Inseln	5520	15. „ I. 30. a. m.	15ʰ 19ᵐ	360	31° S	2322
„ — Lyttleton (Neu-Seeland)	6120	15. „ IV. 45. a. m.	19ʰ 18ᵐ	316	31°16′ S	1555
„ — Newcastle (Australien)	7390	15. „ VI. 30. a. m.	22ʰ 28ᵐ	319	25°52′ S	1569
„ — Apia (Samoa)	5760	15. „ II. 30. a.	16ʰ 2ᵐ	304	16°20′ S	2101
„ — Hilo (Sandwich-Inseln)	5400	14. „ II. a. m.	14ʰ 25ᵐ	329	19°25′ N	2265
„ — Honolulu (Samwr. Ins.)	5880	13. „ XII. p. m.	12ʰ 37ᵐ	442		

Die hieraus ersichtliche Verschiedenheit in der Fortpflanzungsgeschwindigkeit der Erdbebenwellen auf den verschiedenen Wegen erklärt sich aus der verschiedenen Tiefe der von den Wellen durchlaufenen Meeresräume. Der Verfasser berechnete die oben gegebenen mittleren Meerestiefen nach der bekannten von Airy entworfenen Tabelle.

Aus der Bewegung der Wellen bei dem Erdbeben von Simoda 1854 wurde die mittlere Tiefe des Meeres zwischen Simoda und San Francisco auf 36° 18′ N. zu 2345 Faden berechnet.

Diese Resultate sind in guter Uebereinstimmung mit den wenigen wirklichen Tiefenmessungen im Gebiete des pazifischen Oceans, und weisen darauf hin, dass die Tiefe dieses Oceans von den Aequatorial-Regionen sowohl gegen Nord wie gegen Süd allmälig abnimmt.

Vergleicht man die Zeitdauer der Reise der Erdbebenwellen auf den Routen von Arica nach Newcastle, Apia und den Sandwich-Inseln mit der Anzahl der Fluthstunden zwischen den genannten Orten, wie sie sich aus dem Verlaufe der Isorachien nach Whewell's Darstellung ergeben, so findet man dieselbe merkwürdige Uebereinstimmung wieder, die sich schon aus der Discussion der Route Arica Lyttelton, wie in der ersten Abhandlung über diesen Gegenstand ergab. Es betragen nämlich zwischen Arica und Newcastle 22, zwischen Arica und

Apia 16, zwischen Arica und den Sandwich-Inseln 13½ Fluthstunden. Die vollständige Uebereinstimmung der Bewegung der inneren Fluth und der Erdhebenfluth kann somit als unzweifelhaft erwiesen betrachtet werden. Es folgt daraus, dass die Bewegung der inneren Fluth auch im pacifischen Ocean von dem Ort ihrer primären Bildung angefangen, die einer freien im Gegensatz zu einer forcirten Welle ist, wie das für die Fluth im atlantischen Ocean längst angenommen ist. Die graphische Darstellung der durch das Erdbeben hervorgerufenen Fluthphänomene, welche v. Hochstetter entwarf, wird erst, sobald sie nach weiteren noch erwarteten Berichten vervollständigt ist, veröffentlicht werden.

G. 8L J. v. Sparre, Zur Theorie der Separation oder kritische Bemerkungen zu v. Rittinger's Lehrbuch der Aufbereitungskunde. Oberhausen 1868.

Wir zeigen diese uns in den letzten Tagen für die Bibliothek eingesendete Broschüre der Geflogenheit gemäss an, ohne uns in eine Kritik dieser scharfen kritischen Besprechung eines der bekanntesten Werke unserer ersten österreichischen Autorität im Aufbereitungswesen einlassen zu können.

Jedenfalls fordern Angriffe, wie die hier angesprochenen, welche in dem Schlusssatze gipfeln: „Im Ganzen lässt sich sonach über die Rittinger'sche Theorie der Aufbereitung sagen, dass dieselbe fast nur, soweit sie aus anderen Werken entlehnt ist, Anspruch auf Richtigkeit machen kann, dagegen, soweit sie wirklich auf selbstständigen Entwickelungen beruht, als unrichtig bezeichnet werden muss" zu energischer Abwehr heraus, um so mehr wenn sie widerlegbar und unbegründet sein sollten. Wir sehen mit Interesse der gewiss nicht unterbleibenden Vertheidigung unseres in montanistischen Kreisen so anerkannten Fachmannes entgegen.

E. v. M. Ernest Favre. Note sur quelques glaciers de la chaîne du Caucase et particulièrement sur le glacier de Devdoroc. (Extr. Archives des sciences de la Bibliothèque universelle. Genève, Janvier 1869.)

Nach einer Besprechung der allgemeinen physikalischen, einer grossartigeren Entwicklung von Gletschern ungünstigen Verhältnisse übergeht Verfasser zur Erörterung der Spuren älterer Schuttanhäufungen, welche eine ehemals weit grössere Verbreitung der Gletscherströme höchst wahrscheinlich erscheinen lassen.

Eine speciellere Darstellung ist dem Gletscher von Devdoroc gewidmet, welcher ähnlich wie der Hochvernagtferner im Oetzthale in Tirol durch periodisch raschen Anwachsen Absperrung und Stauung der Gletscherwässer ausgezeichnet und dadurch plötzliche grossartige und verheerende Wasserausbrüche im Gefolge hat. Die Erklärung dieser Erscheinung ist aber nicht so einfach, wie beim tirolischen Hochvernagtferner, welcher bekanntlich aus einem Seitenthale kommend, bei raschem Vorwärtsdringen des Abflusse des Hochjoch- und Hintereisferners im Hauptthale verlegt.

Beim Gletscher von Devdoroc stellt sich die Sache nach Favre folgendermassen: Das Thal der Gletscherengung verengt sich an einer Stelle in ausserordentlicher Weise, so dass in Perioden eines bedeutenderen Eisnachschubes von oben Stauungen eintreten und ein förmlicher Wall von Gletschereis gebildet werden muss, welcher den Schmelzwässern des oberen Gletschertheiles den Abfluss versperrt. Mit der Zeit vermag der Eiswall dem Drucke des angesammelten Wassers nicht mehr zu widerstehen, und es erfolgt ein grossartiger Bruch. Im Sturze über den steilen Gletscherabbrechung nimmt das Wasser und Eismasse Schnee- und Schuttmassen der seitlichen „Moränen" mit sich, und der auf diese Weise bedeutend vergrösserte Körper verlegt im Thalboden des Terek angelangt neuerdings dem Gletscherabflusse den Weg. Es findet mithin eine Wiederholung derselben Erscheinung statt.

Dr. U. Schl. Bergrath Dr. C. W. Gümbel. 1. Verzeichniss der in der Sammlung des geol.-miner. Vereins in Regensburg vorfindlichen Versteinerungen aus den Schichten der Procän- oder Kreideformation von Regensburg. (Im Correspondenzblatt des geol.-min. Vereins in Regensburg. 22. Jahrg. 1868, p. 51—80, T. 1 u. 2.)

2. Beiträge zur Kenntniss der Procän- oder Kreideformation im nordwestlichen Böhmen in Vergleichung mit den gleichzeitigen Ablagerungen

in Bayern und Sachsen. (Sep. aus d. Abhandl. d. k. bayr. Akad. d. Wiss., II. Cl., X. Bd., 2. Abth. München 1868, 4°.)

In der ersten der beiden obigen Arbeiten weist der Verfasser die sowohl in petrographischer als in stratigraphischer und paläontologischer Beziehung ausserordentlich genaue Uebereinstimmung der in der Gegend von Regensburg vorkommenden Kreideablagerungen mit denjenigen Sachsens und besonders Böhmens nach. Wenngleich auch erstere schon öfter Gegenstand der Untersuchungen, namentlich von Seiten Geinitz's und Reyrich's gewesen waren und nur Aeusserung ziemlich divergirender Ansichten Veranlassung gegeben hatten, so war man doch noch weit davon entfernt gewesen, eine so mannigfaltige Gliederung und eine so vollständige Analogie mit den östlicher gelegenen Ablagerungen des sächsisch-böhmisch-schlesischen Kreidemeeres constatiren zu können. Das Herrn Bergrath Gümbel ausschliesslich zukommende Verdienst, diese Nachweise geliefert zu haben, ist kein geringes, um so mehr, da aus seiner hier und namentlich etwas ausführlicher in seinem grossen Werke über das ostbayrische Grenzgebirge (vergl. Verh. 1868, Nr. 11, p. 265) gegebenen Darstellung sich neue bestimmtere Anhaltspunkte zur Feststellung der südlichen Küstenlinie des grossen nordeuropäischen Kreidemeeres jener Zeit ergeben.

Die zweite Arbeit bringt eine grössere Anzahl derjenigen zum Theil in Begleitung der Prager Geologen aufgenommenen Profile, welche für die Feststellung der Schichtenfolge im NW. böhmischen Kreidegebiete die wichtigsten sind, und auf deren Deutung der Herr Verfasser seine Auffassung der Gliederung und der Parallelisirung der einzelnen in den verschiedenen Gegenden entwickelten Schichtengruppen gründet. Dass Referent zwar im Allgemeinen mit dieser Auffassung einverstanden ist, in manchen einzelnen Punkten aber davon abweicht, ergibt sich aus einer Vergleichung der im vorigen Jahre in diesen Verhandlungen und im Jahrbuche der geol. Reichsanstalt veröffentlichten Berichte. Ich darf daher hier um so mehr auf diese verweisen, als wenigstens die neuere unter denselben Herrn Bergrath Gümbel bei seiner zwar erst jetzt uns zugegangenen, aber schon im Juni vorigen Jahres der Münchener Akademie vorgetragenen Arbeit noch nicht vorgelegen haben, und erlaube mir nur zu bemerken, dass ich in dieser Schrift keine Veranlassung zu einer Aenderung meiner bisherigen Auffassungen und Darstellungen finde.

G. St. im Rout. Ueber die Nothwendigkeit einer Reform des bergmännischen Unterrichtes in Oesterreich und über den vom grossen Publicum bis jetzt oft verkannten grossen praktischen Thätigkeitskreis der Geologie. Wien 1869. Gesch. d. Verf.

Der Nestor unserer Wissenschaft in Oesterreich redet hier in lebhafter Weise dem Werthe der Geologie für verschiedene Zweige der Praxis das Wort, und betont insbesondere die Wichtigkeit einer Reform des bergmännischen Unterrichtes auf der Basis geologischer Studien. Nachdem er aus dem reichen Schatze seiner Erinnerungen Beispiele angeführt, die bezeugen, wie schwer sich die bisherige Unterschätzung geologischen Wissens von Seite der Montanbeamten und der Strassen- und Eisenbahn-Ingenieure schon gerächt habe, stellt er sich schliesslich mit seinen Forderungen zur Hebung der besprochenen Uebelstände ganz und gar auf den Boden der bekannten von Prof. Suess angeregten Reformen. Er verlangt eine allgemeinere und einsichtsvollere Anerkennung der praktischen Nützlichkeit der Geologie, die Reform des Bergwesens, die Gründung einer Bergakademie für die Monarchie in Wien, und endlich das möglichst nahe Anlehnen einer solchen Hochschule für das Bergwesen an die geologische Reichsanstalt, deren Sammlungen, Bibliothek und Arbeitskräfte derselben für den so nothwendigen geologischen Unterricht in reichem Maasse zu Gute kommen müssten.

K. F. Peters. Zur Kenntniss der Wirbelthierreste aus den Miocen-Schichten von Eibiswald in Steiermark. Zwei Sep. Hefte aus dem XXIX. Bande der Denkschriften der kais. Akademie der Wissenschaften. Gesch. des Verf.

I. Die Schildkrötenreste. (Mit 1 Holzschnitt und 3 lithogr. Tafeln.) Vorgelegt in der Sitzung am 16. Jänner 1868.
II. Amphicyon-Viverra. — Hyotherium. (Mit 3 lithogr. Tafeln.) Vorgelegt in der Sitzung am 23. April 1868.

Ueber diese nun erschienenen ersten beiden Abtheilungen dieser grossen und wichtigen Arbeit wurde bereits im Jahrgang 1868 der Verhandlungen Nr. 9, Seite 206, sowie Nr. 10, Seite 233 referirt. Wir fügen hinzu, dass die treffliche Ausführung der beigegebenen Tafeln durch die Herren J. Strohmayer und R. Schönn besonderes Lob verdient.

Ausserdem wurde die Bibliothek durch folgende Werke bereichert:

a) Einzelnwerke und Separatabdrücke:

Beurath M. E. Die Normal-Zusammensetzung bleifreien Glases und die Abweichungen von derselben in der Praxis. (Inaug. Diss. Dorpat.) Aachen. 1868.

Dorpat. Das mineralogische Cabinet der kais. Universität Dorpat. Nachtrag I. vom Director des Cabinets. 1868.

Hall James and Whitney J. D. Report on the Geological Survey of the State of Jowa embracing the results of investigations made during portions of the years 1855—1857. Vol. I., Part. I. Geology, Part. II. Palüontology 1858.

— Report on the Geological Survey of the State of Wisconsin. Vol. I. January 1862.

Hannover. Verzeichniss der Büchersammlung des Naturhistorischen Museums zu Hannover. 1851.

Fr. v. Haner. Ueber die Ergebnisse der Aufnahme der k. k. geologischen Reichsanstalt in Wien, im Sommer 1868. Sep. Abdr. aus Leonh. u. Geinitz Jahrb. Gesch. von Herrn Geinitz.

Rogers H. D. The Geology of Pennsylvania. a Governement Survey. Vol. I u. Vol. II., Part 1 und II. and Maps. 1858.

Schäffer Ignaz v. Oesterreich und die englische Nachtragsconvention. Vortrag, gehalten im niederösterreichischen Gewerbevereine in Wien am 13. Jänner 1869. (Beilage zu Nr. 3. „Der österr. Oekonomist".) Wien 1869.

Schneider Dr. W. Ueber Abscheidung des reinen Platins und Iridiums. Dorpat. 1869. Inaug. Diss.

Seidlitz Georg. Die Otiorhynchiden a. str. nach den morphologischen Verwandschaftsverhältnissen ihres Hautskelets vergleichend dargestellt. (Inaug. Diss. d. Univ. Dorpat.) Berlin. Verlag des entomol. Vereins. 1868.

Swallow. The first and second annual reports of the Geological Survey of Missouri. Jefferson City 1855.

Whitney J. D. Geological Survey of California. Geology. Vol. I. Report of Progress and Synopsis of the Field Work from 1860 to 1864. Published by authority of the Legislature of California. 1865. Palüontology. Vol. I. Carboniferous and jurassic fossils by F. B. Meck. Triassic and Cretaceous fossils by W. M. Gabb. 1864. Vol. II., Sect. I., Part. I. Tertiary Invertebrate fossils by W. M. Gabb. Text and Plates. 1866.

b) Zeit- und Gesellschafts-Schriften:

Altenburg. Mittheilungen aus dem Osterlande. Gemeinschaftlich herausgegeben vom Gewerbe-Verein, von der Naturforschenden Gesellschaft und dem bienenwirthschaftlichen Verein zu Altenburg. 18. Bd, 3. u. 4. Heft 1868.

Chambéry. Mémoires de l'académie royale de Savoie. Seconde Série. Tome I. 1851, II. 1854, III. 1859, IV. 1861, V. 1863, VI. u. VII. 1864, VIII. 1866. 8 Bände.

— Documents publiés par l'académie royale de Savoie. Premier volume. 1859. Deuxième Volume 1861.

Dorpat. Zuwachs der Universitäts-Bibliothek zu Dorpat und der mit den übrigen Universitäts-Instituten daselbst verbundenen Büchersammlungen im Jahre 1867—1868.

Dunkerque. Mémoires de la Société dunkerquoise pour l'encouragement des sciences, des lettres et des arts 1866—1867. Douzième volume. 1867.

Le Mans. Bulletin de la Société d'agriculture, sciences et arts de la Sarthe, II. Série Tome X. (Tom. XVIII. de la collection) 1865—1866. (1—4.) u. Tom. XI (XIX de la collection) 1867—1868.

9*

Mannheim. 34. Jahresbericht des Mannheimer Vereins für Naturkunde. Erstattet in der General-Versammlung vom 4. April 1868, von Dr. E. Weber, nebst wissenschaftlichen Beiträgen und dem Mitgliederverzeichnisse.

Montreal. The Canadian Naturalist and Geologist with the Proceedings of the natural history society of Montreal. New Series. — Vol. III. Nr. 8. May 1867 und Nr. 4. Juny, 1868.

Moscou. Bulletin de la Société Impériale des naturalistes, publié sous la rédaction du docteur Renard. Année 1868. Nr. 2 (avec 6 planches) 1868.

Regensburg. Correspondenz-Blatt des zoolug.-mineralogischen Vereines. 22. Jahrgang 1868.

Salzburg. Jahresbericht des städtischen Museums Carolino-Augusteum für 1868.

Shanghai. Journal of the North-China Branch of the Royal Asiatic Society. (New Series Nr. IV. December 1867.) — 1868.

Gegen portofreie Einsendung von 3 fl. Ö. W. (2 Thl. Preuss. Cour.) an die Direction der k. k. geol. Reichsanstalt, Wien Bez. III., Rasumoffskigasse Nr. 3. erfolgt die Zusendung des Jahrganges 1869 der Verhandlungen portofrei unter Kreuzband in einzelnen Nummern unmittelbar nach dem Erscheinen.

Neu eintretende Pränumeranten erhalten die beiden ersten Jahrgänge (1867 und 1868) für den ermässigten Preis von je 2 fl. Ö. W. (1 Thl. 10 Sgr. Preuss. Cour.)

№ 4.  1869.

Verhandlungen der k. k. geologischen Reichsanstalt.
Sitzung am 2. März 1869.

Inhalt: Eingesendete Mittheilungen: G. Hinrichs. Ueber einen weiteren charakteristischen Unterschied zwischen Steinkohle und anderen Erdkohlen. Graf August Marschall. Productions-Tabelle des Salzes v. Nicolas Varpaczville bei Sanoy, nach Mittheilung des Herrn Baron Althann. Vorträge: Dr. E. v. Mojsisovics, Gliederung der alpinen Trias. K. Giesel und H. Sigl. Phosphoritvorkommen von Chudikowce am Dniester in Galizien. K. Giesel. Analyse einer antiken Bronzelegirung. Dr. U. Schloenbach. Eine neue Jura-Fauna im Gebiete der kroatischen Karstes. Einsendungen für das Museum. Wilhelm Herzog v. Württemberg, Gletscherschliff vom Lokersperrel in Nordtyrol. F. Pogetschnigg, Numismatisch-numismatisches Cornberg und Krottlar in Dalmatien. Dr. C. Schloenbach, Herrn Laube's Suite von Kreidepetrefakten aus Böhmen. Einsendungen für die Bibliothek und Literaturnotizen von Nies, Cotta, Boué, A. Lmitius und F. Moesseyer, Ross Browne, Kenny, v. Reib, Wiener, Nowopoyr, Haidinger, Fuchs, Kreutz, Lube, v. Zepharovich, Boué. Bücher-Verzeichniss. Druckfehler.

Eingesendete Mittheilungen.

G. Hinrichs. Ueber einen weiteren charakteristischen Unterschied zwischen Steinkohle und anderen Erdkohlen. (Schreiben d. dato Jowa-City, Februar 1869.)

Wenn man ½ bis 1 Gramme fein pulverisirte Steinkohle bei ungefähr 110° trocknet, so nimmt ihr Gewicht anfangs regelmässig ab, erreicht in gegen 2 Stunden ein Minimum, und wächst dann eben so regelmässig wieder, bis die Kohle gegen 5 oder 6 Stunden getrocknet worden ist. Diese Art Kohle verliert demnach nicht nur ihre Feuchtigkeit, sondern die folgende Gewichtszunahme zeigt auch eine stattfindende Oxydation an.

Obiges besonderes Verhalten entdeckte ich an allen Kohlenproben aus diesem Staate (Jowa), sowie ich es nachdem auch an Steinkohle von Beuthen in Schlesien, und an der Cannelcoal von Wigan, England, wiederfand, obschon diese beiden Proben schon zwei Jahre in der sehr trockenen Atmosphäre des durch heisse Luft geheizten Laboratoriums aufbewahrt gewesen waren.

Hingegen wurde dieses Verhalten nicht wahrgenommen an Braunkohlen (von Bilin und von Arbesau in Böhmen), auch nicht bei Anthrazit (Pensylvania) noch an Torf (von Irland).

Es wäre daher von einigem Interesse, diese Versuche zu vervielfältigen, um zu erfahren, ob es wirklich ein den bituminösen Kohlen eigenthümliches Verhalten ist. Auf die sehr wesentlichen Einzelnheiten der Methode verweisend, wie sie im officiellen Raport von 1868 niedergelegt sind, füge ich noch ein ziemlich extremes Beispiel an.

Diese Steinkohle (Nr. 34*) von dem oberen Theil des fast 6 Fuss mächtigen Flötzes auf Section 28, Township 77, Range 19 in Marron

County im Staate Jowa, wog anfangs 0·693 Gramme, aber nach dem Trocknen während

	½	2	5½	8 Stunden noch
	0·630	0·625	0·656	0·656; also
Total Verlust:	9·091	9·813	5·939	5·939 Percent.

Folglich gewann diese Kohle völlig 4·474 Percent an Gewicht, während sie 3½ Stunden derselben Trockenhitze ausgesetzt war, wodurch sie in den vorhergehenden 2 Stunden 9·813 Percent verloren hatte.

August Graf Marschall's Productions-Menge nach dem wirklichen Absatz der Salze in neun Betriebs-Jahren (1. Juli 1859 bis dahin 1868) an der im Jahre 1857 eröffneten Saline St. Nicolas-Varangéville*) bei Nancy. Die Gewichts-Angaben in Zoll-Centnern. (Nach Mittheilung des Herrn Baron Althaus.)

Betriebs-Jahr	Absatz				
	Block-Salz	Gemahlenes Salz	Sudsalz	Fix-In-Salz	Jahres-Summe
1859/60 [1]	461.140	68.370	284.080	34.124	807.620
1860/61 [2]	346.050	98.415	306.564	39.998	791.030
1861/62 [3]	678.534	214.356	617.362	51.088	1,562.340
1862/63 [4]	580.646	298.608	609.133	42.692	1,531.080
1863/64 [5]	592.446	360.756	502.164	41.758	1,517.124
1864/65	132.000	440.000	560.000	Im Sudsalz mit Inbegriffen	
1865/66	124.000	520.000	566.000		
1866/67 [6]	120.000	580.000	550.000		
1867/68 [7]	114.454	664.853	548.727		1,328.034

[1] Erstes regelmässiges Betriebsjahr.
[2] Im Mai 1861 der Lieferungs-Vertrag mit jährlich 250.000 Ctr. abgeschlossen mit der Glashütte zu St. Gobin.
[3] Erstes Lieferungs-Jahr von Blocksalz in die Walachei und Kochsalz nach St. Gobin.
[4] Zweites Lieferungs-Jahr.
[5] Drittes Lieferungs-Jahr; Beginn des Lothringer östlichen Salinen-Vereines.
[6] Die Angaben für die Jahre 1864/65 bis einschliesslich 1866/67 sind nur annähernd, da der vollständige Rechnungs-Abschluss noch nicht vorliegt. Mit Schluss 1866/67 hörte die Concurrenz des Luthringer-Vereines auf.
[7] Die Beschränkung des Absatzes von gemahlenem Steinsalz durch den Lothringer östl. Salinen-Verein hat mit Schluss 1866/67 aufgehört.

*) Da die grosse Concurrenz der Saline St. Nicolas-Varangéville alle ostfranzösischen Salinen mit dem Untergang bedrohte, so einigten sich diese — nach ihren bestehenden Einrichtungen und anderen Verhältnissen, den jährlichen Absatz durch ein gemeinschaftliches Bureau in Nancy hiernach zu vertheilen, um höhere Preise zu erzielen und hiemit die gegenseitige Concurrenz abzuschneiden, jedoch mit Ausnahme des Steinsalzes, dessen Absatz St. Nicolas mit dem eine halbe Stunde entfernten Dombasle theilt, wo auch ein Schacht im Betriebe steht.

Vorträge:

Dr. Edm. von Mojsisovics. Ueber die Gliederung der oberen Triasbildungen der Alpen.

Der Vortragende ist auf Grund seiner eigenen, in den letzten Jahren im Salzkammergute und in Nordtirol ausgeführten Untersuchungen sowie der neueren Arbeiten von Suess, Stur, Beneeke, Curioni und durch die kritische Vergleichung der aus den verschiedensten Horizonten stammenden Cephalopodensuiten der k. k. geolog. Reichsanstalt zu dem Resultate gelangt, dass die obere Trias der Alpen eine Mehrzahl von Cephalopodenfaunen beherberge, welche für die Gliederung der immensen pelagischen Kalkmassen von ausserordentlicher Bedeutung sind, da die unter verschiedenen Namen, wie Cardita-Schichten, Partnach-Schichten, Raibler Schichten, Lunzer Schichten u. s. w. bekannt gewordenen litoralen Einschaltungen in mehreren Niveaux mit einer guten Anzahl identischer oder doch sehr nahe verwandter Typen von Bivalven, Gastropoden und Landpflanzen sich wiederholen und desshalb weder zu schärferen Parallelen mit Lettenkohle und Keuper, noch aber zur schärferen Scheidung und Unterabtheilung der oberen alpinen Triasbildungen überhaupt besonders geeignet erscheinen.

Mit Rücksicht auf die weite Verbreitung alpiner Bildungen, welche sich immer mehr und mehr als die eigentlich normalen herausstellen, und in Anbetracht der Schwierigkeit die ausseralpinen Bezeichnungen auf die obere alpine Trias anzuwenden, wird der Vorschlag gemacht, die Ausdrücke **Lettenkohle** und **Keuper** als Bezeichnungen der **Facies** auf die ausseralpine obere Trias Deutschland's zu beschränken und in der oberen Trias der Alpen ohne Rücksichtnahme auf die mutmassliche Grenze von Lettenkohle und Keuper, ausschliesslich nach den Bedürfnissen der alpinen Stratigraphie, neben der rhätischen Stufe eine **karnische** und **norische** Stufe zu unterscheiden.

Der karnischen Stufe werden u. a. zugezählt: der Dachsteinkalk (in der ursprünglichen Bedeutung), die Torer Schichten, der Wettersteinoder Esinokalk, die Cassian- und Cardita-Schichten, der Lunzer Sandstein, die Reingrabener und Bleiberger Schichten, die Wengener Schichten (in der engsten Bedeutung), die fischführenden Schiefer von Raibl, die Aonschiefer Niederösterreichs, die Schichtgruppe des *Amm. (Trachyceras) Aonoides* sp. nov. der Hallstätter Kalke u. s. w.

Der norischen Stufe fallen zu: die Schichtgruppe des *Amm. (Arcestes) Metternichi* der Hallstätter Kalke, die Zlambach-Schichten, die grossen nordalpinen Salzlager, der Partnach-Dolomit, der Arlbergkalk, der erzführende Kalk von Ardese und von Raibl, die Partnach-Schichten (untere Cardita-Schichten Pichler's), die Porphyrtuffe der Lombardei („San Cassiano" der lombardischen Geologen), die doleritischen Sandsteine der Venetianer Alpen, die Porphyrtuffe von Kaltwasser bei Raibl u. s. w.

Die von Profilen aus Nordtirol und den Beschreibungen und Abbildungen der Cephalopoden der lombardischen Porphyrtuffe, der doleritischen Sandsteine und des Raibler Porphyrtuffes begleitete Arbeit wird noch im ersten Hefte des Jahrbuches für das Jahr 1869 zum Abdrucke gelangen.

Für die gütige Mittheilung von Vergleichsmateriale spricht der Vortragende seinen besten Dank aus den Herren: Bergrath Dr. C. W. Gümhel in München, Prof. Dr. Ad. Pichler in Innsbruck, Prof. Ed. Suess in Wien, Dir. und Prof. Dr. G. Tschermak in Wien, Obergerichts-Präsident Witte in Hannover und Prof. Dr. K. A. Zittel in München.

Egmont Glasel e. D. Stur. Ueber Phosphorit aus den Kreidegebieten von Chudikovce am Dniester in Galizien.

In Folge seiner Mittheilungen über die chemische Zusammensetzung der Phosphorit-Kugeln aus Russisch-Podolien in der letzten Sitzung (Verhandl. Nr. 3) erhielt Herr Glasel von Herrn Bergrath Stur Steinkerne zur Prüfung auf einen etwaigen Gehalt an Phosphorsäure. In der That bekam er bei der Vornahme einer qualitativen Analyse günstige Resultate.

Ueber das geologische Vorkommen dieser Steinkerne von Kreide-Muscheln hat Herr Bergrath Stur die folgenden Mitheilungen zur Veröffentlichung übergeben:

„Schon damals als Professor Dr. Alth zum erstenmale (1867) die aus Podolien mitgebrachten Phosphorit-Kugeln[1] bei uns vorzeigte, vermuthete ich, dass die genau die Farbe des Phosphorits zeigenden Steinkerne von Kreide-Petrefacten, die ich im Sommer 1869 bei Chudikovce gesammelt hatte, mit Phosphorit imprägnirt sein müssten.

„Die in neuester Zeit in unserem Laboratorium durchgeführte und in unserer vorigen Sitzung vorgelegte Analyse der Phosphoritkugeln brachte den Gegenstand abermals in den Vordergrund und ich ersuchte Herrn Glasel, einige wenige Stücke der erwähnten Steinkerne von Kreide-Muscheln, die ich eben abzugeben im Stande war, auf Phosphorit zu untersuchen.

„Die von Herrn Glasel bereitwilligst durchgeführte eben zur Vorlage kommende Analyse gab ein sehr erfreuliches Resultat, welches gewiss nicht das Maximum des Gehaltes gibt, da das untersuchte Material nur aus den zufällig schlechter erhaltenen Muschelresten bestand, die eben deswegen für unsere Sammlung einen geringeren paläontologischen Werth hatten, andere vorliegende aber viel vollkommener imprägnirt sind.

„Ueber das Vorkommen dieser Steinkerne von Kreide-Muscheln habe ich in meinem Tagebuche folgendes notirt: Bei Chudikovce zwischen Michnica und Uscie-Biskupie am linken Ufer des Dniester besteht die zwischen Tertiär- und Ober-Silur gelagerte Kreide: zu oberst aus chloritischem Sande mit grünen Hornsteinen, darunter aus einer zweiten Sandlage mit gelben Hornsteinen, welche von einer Schichte unterlagert wird, **die voll ist von bräunlich gefärbten, Phosphorit enthaltenden Steinkernen von Muscheln.** Dann folgt noch grüner Sand mit schwarzen Kieselgeröllen und endlich als tiefste Kreideschichte ein gelber sandiger Mergel mit Pflanzenresten.

„Unter den gesammelten Steinkernen befindet sich in einigen Exemplaren die *Ostrea conica Sow.*, eben so wie die andern Muschelreste und Stücke von versteintem Holze bräunlich gefärbt, und es ist nicht zu zweifeln, dass diese die mit Phosphorit imprägnirten Muschelsteinkerne enthaltende Schichte jenem an vielen Stellen des unteren Dniesters bekannten Schichtencomplexe angehört, aus welchem Zähne und Wirbel von

---

[1] Verh. der k. k. geolog. Reichsanstalt 1869, p. 10.

Fischen und von *Polyptychodon sp.*[1] neben *Ostrea conica Sow.* und *Belemnites ultimus Orb.* bekannt geworden sind, und der als das tiefste Glied der Cenomankreide angesprochen wurde.

„Da es zu hoffen ist, dass bei sorgfältiger Nachsuchung, neben den Steinkernen auch die Phosphoritkugeln sich gewiss einfinden dürften, habe ich nicht unterlassen, unsern verehrten Freund, Herrn Otto Freiherrn v. Petrino in Czernowitz, hievon in Kenntniss zu setzen, und ihn zu ersuchen das Vorkommen der Phosphorit führenden Steinkerne genau zu untersuchen. In einem freundlichen Schreiben, welches ich eben erhielt, verspricht Freiherr v. Petrino reichliches Materiale und einen ausführlichen Bericht über das gewiss wichtige Vorkommen an uns einzusenden".

Herr Glasel führt sodann fort:

„Die Analyse ergab für 100 Theile folgende Zusammensetzung:

Kieselsäure	26·88
Eisenoxyd	3·18
Thonerde	1·17
Magnesia	2·04
Kalkerde	32·11
Phosphorsäure	25·49
Kohlensäure	6·61
Wasser	4·40
Chlor } Fluor }	Spur
	101·88

„Der Gang der Analyse war derselbe, wie ich neulich hier erwähnte, doch mit dem Unterschiede, dass ich diesmal die Kohlensäure direct durch Einleiten des Gases in eine ammoniakalische Chlorbaryum-Lösung, als kohlensauren Baryt bestimmte.

„Die Bestimmung des Kalkes als schwefelsauren in alkoholischer Lösung, hat, wie ich mich diesmal überzeugte, den Nachtheil, dass stets Spuren von Eisenoxyd und Thonerde als doppelte Sulfate mit dem Kalke mitgerissen werden, während der weit grössere Theil genannter Oxyde in Lösung bleibt. Es blieb daher nichts anderes übrig, als die Sulfate mit kohlensaurem Natron aufzuschliessen, Eisenoxyd und Thonerde vom Kalk zu trennen und letztern als kohlensauren Kalk zu bestimmen.

„Trotz dieser doppelten Arbeit ziehe ich diese Methode jeder Andern vor, weil sie am schnellsten zum Ziele führt und dabei die Resultate mit eben so viel Genauigkeit angestrebt werden können, als dies bei andern Methoden der Fall ist.

„Das Nichtvorhandensein der Alkalien wurde durch eine möglichst genaue Spectral-Analyse bestätigt.

„Bei dem so bedeutenden Gehalte dieser Steinkerne an phosphorsauren Kalk, der mehr als 50 Prc. beträgt, gewinnt die Frage nach dem Vorkommen derselben eine um so grössere Bedeutung, da an die Möglichkeit gedacht werden könnte, dass irgend ein Industrieller diesem Gegenstande seine Aufmerksamkeit zuwendet".

---

[1] Verh. der k. k. geol. Reichsanstalt 1868, p. 202.

2. Glanzi. Analyse einer antiken Bronzelegirung.

Herr Wolf hat bei Gelegenheit seiner vorjährigen Aufnahms-Touren mehrere Stücke Bronze-Gussstropfen in der Gegend des Oldalhegy bei Nagy-Kövesd (Zempliner Comitat) gesammelt, und mir dieselben zur chemischen Untersuchung übergeben; ich erlaube mir nun im Nachstehenden die Resultate der Analyse mitzutheilen.

100 Theile enthalten:

   Zinn . . . . 17·40
   Kupfer . . . . 75·01
   Blei . . . . 2·83.

Da die Oberfläche mit einer Schichte von Patina überzogen war, so dürfte der Rest von 4 Perc. füglich als Kohlensäure und Wasser in Rechnung zu bringen sein.

Dr. l. Schloenbach. Ueber eine neue Jurassische Fauna aus dem kroatischen Karstgebiete.

Der Vortragende legt eine Suite von Petrefacten vor, welche von dem im vorigen Jahre verstorbenen Professor Sapetza am Berge Viniea bei Carlstadt gesammelt, theils im Museum der Wiener Hochschule, theils in demjenigen der geologischen Reichsanstalt aufbewahrt werden. Obgleich die Arten zum grössten Theile neu sind, liess sich doch constatiren, dass diese Fauna, von der ein Theil schon einmal Gegenstand einer kurzen Notiz in diesen Verhandlungen gewesen ist (Verh. 1868, Nr. 4, pag. 83), sehr nahe Beziehungen zu den bisher in den unteren Dogger, in neuester Zeit in den oberen Lias gestellten grauen oolithischen Kalken der Südalpen zeigen, welche letzteren die namentlich aus Zigno's schönen Arbeiten bekannte reiche und interessante fossile Flora von Rotzo etc. umschliessen. Ein ausführlicherer Aufsatz über diesen Gegenstand, mit Berücksichtigung der neueren Funde aus jenen „grauen Kalken" der Südtiroler und Venetianer Alpen, wird in unserem Jahrbuche als weitere Fortsetzung der „kleinen paläontologischen Mittheilungen" des Vortragenden zur Publication gelangen.

Einsendungen für das Museum.

Von Sr. königl. Hoheit dem Herrn FML. Herzog Wilh. v. Würtemberg erhielt das Museum der Anstalt ein sehr schönes Exemplar eines Gletscherschliffes auf Quarzit zum Geschenk, welches derselbe von seiner militärischen Studienreise in den Staaten von Nordamerika mitgebracht hatte. Das Stück stammt von Chippewa-Lookout bei Marquette in der Nähe des Lake superior von einem Punkte, der nach Aussage des Herzogs ziemlich versteckt liegt und nur von einzelnen Geologen gekannt ist. Dort, wie auf einem grossen Theil seiner Touren, war derselbe von Mr. Pumpelly, der durch seine Untersuchungen der Kohlendistricte von China rühmlichst bekannt ist, begleitet.

Herrn Linienschiffsführich Hugo Pesatschnigg verdankt das Museum die Zusendung eines grossen Musterstückes eines sehr Nummuliten reichen festen Kalkes aus der Gegend zwischen Combur und Megline der Bocche di Cattaro in Dalmatien. Dieser Kalkstein könnte, wenn er in grösseren Massen bricht, als Kunststein Anwendung finden und würde den Namen Nummuliten-Marmor verdienen, da die ziemlich dicht und regelmässig vertheilten Nummuliten, als Durchschnitte sehr elegante hellere Zeichnungen auf der dunklen Kalkmasse bilden, wenn das Gestein geschliffen wird. Uebrigens ist ganz Istrien und Dalmatien ausserordentlich reich an dergleichen schönen Nummuliten-Marmoren.

Dr. U. Schl. Berggeschworener Lhotsky. Kreide-Petrefacten aus der Gegend zwischen Königinhof, Königgrätz und Kuttenberg in Böhmen.

Eine kleine Suite von Petrefacten aus der oben bezeichneten Gegend, welche Herr Lhotsky mir für unser Museum freundlichst übergeben hat, sind besonders desshalb für uns von Werth, weil sie grossentheils von Fundorten stammen, von denen in unseren Sammlungen noch keine Petrefacten vorhanden sind. Sie sind in den verschiedenen in jener Gegend entwickelten Schichtgruppen gesammelt, und es befinden sich darunter namentlich *Janira aequicostata*, ein sehr grosser Pecten (vielleicht *Pecten asper?*) und *Ostrea carinata* aus dem cenomanen, unteren Quader von Dubenec bei Jaroměř, *Ostrea diluviana* und Fischzähne aus dem cenomanen, unteren Pläner-Mergel von Gang bei Kuttenberg, *Inoceramus labiatus* aus dem Mittelpläner (Zone d. *Inoc. labiatus*) von Grabschitz bei Jaroměř, verschiedene Fischreste, kleine Gastropoden- und Bivalven-Arten aus den im Contact mit Basalt vorkommenden, verhärteten Baculiten-Mergeln vom Kunětitzer Berge bei Pardubitz, endlich verkieste Baculiten und Scaphiten aus den Baculiten-Mergeln von Krebleb unweit Pardubitz.

Einsendungen für die Bibliothek und Literaturnotizen.

G. St. Stein C. A. Ueber das Vorkommen von phosphorsaurem Kalk in der Lahn- und Dillgegend. (Beilage zu Band XVI. der Zeitschrift für das Berg-, Hütten- und Salinenwesen in dem preussischen Staate.) Mit 3 Tafeln. Berlin 1868. Gesch. d. Verf.

Diese gründliche und in praktischer, sowie in wissenschaftlicher Hinsicht höchst werthvolle Arbeit ist zugleich eine Umarbeitung und reichlich vermehrte Fortsetzung einer kürzeren schon 1866 Wiesbaden bei Julius Niedner separat erschienen und Schluss 1867 in den Jahrbüchern des Nassauischen Vereines für Naturkunde veröffentlichten Arbeit, welche denselben Gegenstand mit besonderer Berücksichtigung des Vorkommens bei Staffel behandelte.

Aus den beigegebenen geschichtlichen Bemerkungen geht hervor, dass das Auftreten von phosphorsaurem Kalk in der Lahn- und Dillgegend beziehungsweise in Nassau vor dem Jahre 1864 wenig oder gar nicht bekannt war. Abgesehen von vereinzelten sparsamen Vorkommen, die nur mehr ein mineralogisches Interesse haben konnten, wie des von Sandberger schon 1850 erwähnten Apatits aus der Braunsteingrube Kleinfeld bei Hirtenbach, des auf der Braunstein- und Eisensteingrube Eukarissgraben in der Gemarkung Gückingen (Unterlahnkreis), aufgefundenen Phosphorit-Vorkommens oder endlich des im Jahre 1862 am Bescherner Kopf in der Nähe von Ober-Tiefenbach (Ober-Lahnkreis) entdeckten gangförmigen Phosphorit-Vorkommens in Palaeozoitgestein, waren weitere Fundorte nicht entblösst worden, bis 1864 der Bergwerksbesitzer Victor Meyer in Limburg sich das Verdienst erwarb, die bekannte höchst ansehnliche Ablagerung in der Gemarkung Staffel bei Limburg (Unter-Lahnkreis), bei Scharfversuchen auf Braunstein zu entdecken und durch Bergbau aufzuschliessen. Die unter der Firma „Victor Meyer und Comp." in Limburg bestehende Gesellschaft ist die bedeutendste der unter den in neuester Zeit zur Ausbeutung der Phosphorit-Lagerstätten in der Lahn- und Dillgegend gegründeten Firmen.

Die erste von Dr. Mohr in Coblenz (jetzt in Bonn) am 1. Juli 1864 veröffentlichte Analyse wies für die überlieferten Stücke einen Gehalt von 87·8 Perc. phosphorsaurem Kalk nach, die wenige Tage später 11. Juni 1864 veröffentlichte

Analyse von Fresenius giebt den Gehalt des Stadtelder Phosphorits an Phosphorsäure mit 30·64 Percent, entsprechend 66·89 Perc. phosphorsaurem Kalk an.

Das günstige Resultat der Aufschlussarbeiten bei Staffel hatte zur Folge, dass die Lust zu Nachgrabungen zunahm und die Zahl der Gemarkungen, in welchen Phosphorit-Lagerstätten aufgeschlossen wurden, sich bis zum Jahre 1868 ansehnlich vermehrte. Am Schluss des Kapitels über den Verbreitungsbezirk ist die Zusammenstellung derjenigen Gemarkungen, in welchen bis vor Abschluss des Aufsatzes Phosphorit-Fundstellen nachgewiesen wurden, gegeben.

A. Hinter-Landkreis: Bisshach, Hohensolms, Königsberg, Rodheim, Waldgirmes und (Gambach in der Prov. Ober-Hessen); *B. Kreis Wetzlar:* Berghausen, Ehringshausen, Garbenheim, Greifenstein, Niedergirmes, Wehrdorf. *C. Dillkreis:* Breitscheid, Erdbach, Langenaubach, Medenbach, Schönbach. *D. Ober-Lahnkreis:* Ahrbach, Gräveneck, Aefurr, Ammenau, Berabach, Cubach, Edelsberg, Elkershausen, Freienfels, Hasselbach, Heckholzhausen, Mehrenberg, Nieder-Tiefenbach, Ober-Tiefenbach, Offheim, Schadek, Schupbach, Seelbach, Steeten, Villmar, Weinbach. *E. Unter-Lahnkreis:* Allendorf, Altendiez, Birlenbach, Katzenelnbogen, Dehrn, Diez, Glückingen, Hahnstätten, Hohenbach, Lohrheim, Mauderhausen, Netzbach, Oberneisen, Staffel.

In sehr ausführlicher Weise behandelt ein dritter Abschnitt die mineralogische Charakteristik des Phosphorits. Es wird gezeigt, wie reich die Zahl der Modifikationen ist, welche man aus dem beschriebenen Verbreitungsbezirk kennen lernte, gegenüber denen des Phosphorits, wie er als Varietät des Apatits in älteren mineralogischen Lehrbüchern sich charakterisirt findet. Sehr interessant und reich an Beobachtungen ist das Kapitel, welches das geologische Verhalten beziehungsweise die Lagerung des Phosphorits behandelt. Es werden dabei die speciellen Verhältnisse eines jeden besonderen Fundortes eingehend beschrieben. Wir entnehmen im Allgemeinen, dass der Phosphorit unter folgenden verschiedenen geologischen Verhältnissen auftritt: 1. In Klüften und Schlotten des Stringocephalenkalkes und Dolomites beziehungsweise zwischen Kalkbildungen; 2. über dem Stringocephalenkalk und Dolomit, überlagert von tertiären und diluvialen Bildungen; 3. über den gesammten Kalkbildungen vom Schalstein überlagert; 4. zwischen Schalstein eingelagert, beziehungsweise in Berührung mit Diabas; 5. in Berührung mit Cypridinen- und Kieselschiefer; 6. in Berührung mit Felsitporphyr; 7. in Berührung mit Basalt; 8. in Berührung mit Pulzogengestein.

Es folgt eine Discussion über die Entstehungs- und Bildungsweise des Phosphorites mit Berücksichtigung aller darüber ausgesprochenen Ansichten. Den Schluss des ganzen gediegenen Werkes bildet ein sehr lehrreiches Kapitel über Abbau und Bergbau-Betrieb.

Eine geologische Karte, eine Karte mit zahlreichen Illustrationen der Lagerungsverhältnisse und eine Tafel mit Darstellungen des mineralogischen Vorkommens ist beigegeben.

G. St. **L. v. Cotta.** Ueber den geologischen Bau des Altaigebirges. Aus der Berg- und Hüttenmännischen Zeitung von Bruno Karl und Friedrich Wimmer. Jahrg. XXVIII. 26. Febr. Nr. 9, 1869.

Der Verfasser, welcher wie bekannt, im vergangenen Sommer im Auftrage des kais. russischen Cabinets das Altaigebirge bereiste, um die Erzlagerstätten desselben zu studiren, giebt hier als erstes Resultat seiner Reise eine allgemeine Uebersicht des geologischen Baues dieses Gebirges.

Als vorherrschende Gesteinsbildungen im Altai wurden gefunden: 1. Krystallinische Schiefer. 2. Silurische Schiefer. 3. Devonische Kalke. 4. Kalksteine, Schiefer und Sandsteine der Kohlenperiode. 5. Granit. 6. Felsitporphyre. 7. Erzlagerstätten. 8. Grünsteine. 9. Diluviale Ablagerungen. 10. Recente Ablagerungen.

In einem Theil der mit Sandstein wechsellagernden Schieferthone, welche durch Pflanzenreste und insbesondere durch das Vorherrschen von *Noeggerathien* charakterisirt sind, vermuthet B. v. Cotta eine Repräsentation der Dyas. Aus dem Mangel aller sedimentären Ablagerungen von der Dyasperiode bis zur Diluvialzeit wird der Schluss gezogen, dass diese Erdgegend während dieser so langen Zeiträume nicht unter Wasser stand, sondern Land war, in der Diluvialzeit aber bis zum Fusse der Gebirge vom Meere bedeckt wurde. Europa scheint in dieser Zeit daher durch einen vom Elsasser bis zum Altai und Ural sowie bis zum kaspischen und schwarzen Meer reichenden Ocean von Süd- und Ostasien getrennt gewesen zu sein. Dem Mangel aller Gletscherspuren und einer der europäischen vergleichbaren

Einzeit erklärt der Verfasser durch die Eintauchung des Altai in der Nähe einer warmen Strömung, welche er in der Verbindung des mittelländischen Meeres mit dem Eismeer vermuthet. Als Wohnstätten des Mammuth, dessen Reste nicht nur in Sibirien sondern auch in einigen Höhlen des Altai gefunden werden, mussten grosse flache Inseln aus diesem Verbindungsmeer in der Diluvialzeit hervorgeragt haben. Nach Trockenlegung des sibirischen Meeres durch Bodenhebung oder Ablauf — mit Zurücklassung vieler, zum Theil noch jetzt salziger Landsee'n — trat das jetzige continentale Klima ein.

Es fehlen in dem Gebiete alle Spuren von Eruptionen in tertiärer oder auch neuerer Zeit. Granitstöcke sind die neuesten Eruptivgesteine im Altai, sie durchsetzen alles bis zu den Erzlagerstätten. Die absedimentären Schichten sind insgesammt und aller Orten stark aufgerichtet und gestört; jedoch liegen für eine nähere Bestimmung der Erhebungszeiten des Altai keine Anhaltspunkte vor.

Die Erzlagerstätten des westlichen Altai zeigen im Wesentlichen alle eine übereinstimmende Zusammensetzung. Sie bestehen aus Schwerspath oder Quarz, vielerlei Schwefelmetallen und deren Zersetzungsprodukten, welche letzteren allgemein die oberen Regionen derselben einnehmen. Ihre Gestalt ist oft sehr unregelmässig aber der Gangform am meisten genähert. Sie sind wahrscheinlich Spaltenausfüllungen und finden sich vorherrschend in den krystallinischen und sedimentären Schiefern, einige aber auch im Porphyr, wie im Granit oder Grünstein, welcher letzere sie zum Theil durchsetzt hat. Etwas abweichend von den Erzlagerstätten im westlichen Altai sind die der frischen, noch stark bewaldeten Bergkette von Salair, wo der Granit fast ganz fehlt. Sie gleichen nach ihrer Form Lagerstöcken in einem talkigen Schiefer, sind aber vorherrschend aus Schwerspath bestehend offenbar neuerer Entstehung als die Schiefer.

G. St. **Rose Dr. A.** Ueber die Erdbeben vom Jahre 1868 in der Mitte Ungarns. Sitz. Ber. der k. Akad. d. Wissensch. LVIII. Band. II. Abth. Nov. Heft. Jahrg. 1868.

Die häufigen und nicht unbedeutenden Erdbeben, von denen die Mitte Ungarns vom Monat Februar und besonders vom Juni bis September des verflossenen Jahres heimgesucht wurde, gaben dem Verfasser Anlass, alle darüber ihm bekannt gewordenen Thatsachen zusammen zu stellen.

Die Hauptstösse geschahen namentlich in der Nacht des dritten zum vierten Februar zu Tokaj um 11 Uhr 5 Min., 12 Uhr 12 Min. und 12 Uhr 50 Min. Die ersten Erschütterungen fanden ohne Lärm, die letzteren mit donnerartigem Getöse statt. Die Bewegungen waren verticale von 3 und 1½ Secunden.

Am 21. Juni spürte man Erderschütterungen zu Jaszberény, Nyiregyháza, Monostor, Ferdazáru, Felső György, Arok-Szállas, Erlau und Pest. In Jaszberény wiederholte sich das Erdbeben am 23. und 24. Juni, sowie am 20. bis 24. August, wo es an verschiedenen der schon oben erwähnten und an mehreren anderen Orten wahrgenommen wurde.

Am 9. September begann es nochmals an dem genannten Hauptort, um am 1. Juni mit einem heftigen Stoss zu endigen. Den 25.—26. December spürte man endlich ein Erdbeben zu Kecskemét.

Der Verfasser geht nun auf eine Besprechung der Beziehungen der Erdbeben zu den physikalisch-geologischen Verhältnissen der heimgesuchten Gegenden ein, und giebt eine Uebersicht der von Erdbeben vorzugsweise heimgesuchten Gegenden Ungarns mit chronologischer Aufzählung der ihm darüber bekannt gewordenen Daten nach aus früherer Zeit. Diese Gegenden sind: Waagthal (Sillein und Pressburg), in den West-Karpathen das Banker Becken (Kremniz und Gr. Kanizsa, Neutraer und Graner Comitat, Zips (Schemnitz Neusohl), Marmaroscher Comitat mit Sziget und Dolha); südliches Ungarn mit Essegg, Banat (Temesvár und Orsova), in Kroatien zeichnen sich die Erdbebenwellen Agram-Fiume aus; in Siebenbürgen die Gegend von Kronstadt. Zum Schluss wird als Anhang ein sehr dankenswerthes Verzeichnis der Hauptplätze der sich wiederholenden Erdbeben im Kaiserthum Oesterreich gegeben.

F. v. A. A. **Dollfuss et E. de Monserrat.** Voyage géologique dans les républiques de Guatemala et de Salvador. (Mission scientifique au Mexique et dans l'Amérique Centrale. Ouvrage publié par ordre de S. M. l'Empereur et par les soins du Ministre de l'Instruction publique.)

Die Herren Verfasser wurden 1864 der wissenschaftlichen Expedition nach Mexico und Central-Amerika beigegeben und begannen unmittelbar darauf ihre Arbeiten in Mexico. Da jedoch bei den unglückseligen politischen Constellationen die Schwierigkeiten, welche sich der ungehinderten Durchforschung Mexico's entgegen stellten, fortwährend steigerten, und ihnen vollkommene Freiheit über die Disposition ihrer Zeit gestattet war, so beschlossen sie ihre Thätigkeit der Erforschung von Central-Amerika zuzuwenden.

Die ersten zwei Bücher des Werkes sind der Beschreibung ihrer Reiserouten und der ausführlichen Darstellung der klimatischen Verhältnisse Central-Amerika's, mit gelegentlicher Berührung ethnographischer und culturhistorischer Beziehungen gewidmet. Das dritte Buch enthält die Aufzählung der auf der eingeschlagenen Route angestellten geologischen Beobachtungen. Dieselben sind auf einer Karte im Maasstabe von 1 : 761000 eingetragen.

Die Reihe der beobachteten Gebirgsglieder ist folgende:

1. **Eruptivgesteine**: Granit, Trachytporphyr, verschiedenartige Porphyre, Basalt, Laven, und vulcanische Schlacken.

2. **Sedimentärgebilde**: Glimmerschiefer, Talk und Chloritschiefer (cambrisch oder silurisch), Pudinge, Sandsteine und Schiefer von Santa Rosa, jurassische Schiefer und Sandsteine.

3. **Oberste Ablagerungen**: Vulcanische Sande und Lapilli, **Porphyr-Conglomerate**, weisse Bimssteintuffe, gelbe Thone.

Die Sedimentärglieder sind besonders reich entwickelt an der atlantischen Seite des Landes und dürften noch weitere Verbreitung aufweisen, wenn das bis jetzt geologisch unbekannte Yucatan und die Gebiete der Lacandon und der Maya durchforscht werden sollten. Die Glimmer- und Talkschiefer lehnen sich hauptsächlich an die Nordabhänge der Grenzinseln an, sie werden im Hangenden durch eine schmale aber wohl charakterisirte Zone von Kalken, Quarz-Conglomeraten, gelblichen Sandsteinen und rothen Schiefern begrenzt, welche die Herren Verfasser wohl nicht mit Unrecht als Glieder der Trias betrachten, ohne gleichwohl Versteinerungen darin beobachtet zu haben. Im Norden jedoch gegen das atlantische Meer zu, besonders an den Ufern des Rio Chixoy, nehmen andere Kalk-Schichten grosse Strecken ein, aus denen eine Anzahl der erklärten Species im Collegio Tridentino de Guatemala vorliegt. Sie wurden von den Verfassern als jurassische Species erklärt.

Unter den vulcanischen Gesteinen sind es besonders die Trachytporphyre, welchen durch ihre grosse Verbreitung und durch die Rolle der von ihnen zusammengesetzten Bergketten die entscheidende Rolle bei der Gliederung Central-Amerika's zufällt. Die lithologische Beschreibung derselben ist etwas unbestimmt gehalten, so dass eine Vergleichung mit unseren Gesteinen mittelst derselben unmöglich ist. Wenn wir jedoch berücksichtigen, dass dieselben durchgehends und ausschliesslich erzführend sind, dass die Erhebung des Trachytporphyrs entschieden früher fällt, als jene der anderen vulcanischen Gebilde, so ist die Vermuthung erlaubt, dass es sich hier um Aequivalente unserer Grünstein-Trachyte und Dacite handle.

Das vierte Buch beschäftigt sich mit den Vulcanen und vulcanischen Erscheinungen. Die Verfasser zählen auf dem ganzen 700 Kilometer langen Eruptivgebiet Mittelamerika's dreissig Vulcangruppen, welche nach ihrer Schätzung ungefähr 60 Vulcane enthalten, während Humboldt (Kosmos IV. Abth. zu S. 308) nur von 29 Kunde gibt. Dabei ist jedoch zu erwähnen, dass die Verfasser die Republiken Costa-Rica und Nicaragua nicht aus eigener Anschauung kennen gelernt haben, und die Beschreibung der Vulcangruppen und der damit verbundenen Phänomene auf einer sehr dankenswerthen Vorarbeitung der vorhandenen Literatur und zahlreicher bisher unbekannter Originaldocumente beruht.[1] Während Humboldt a. a. O. von 18 gegenwärtig thätigen Vulcanen spricht, glaubten die Verfasser nur 10 als solche bezeichnen zu dürfen. Bezüglich der allgemeinen Charakteristik in den Eruptivphänomenen der Vulcane dieser Gruppe bestätigen die Verfasser die ebenfalls schon von Humboldt hervorgehobene Thatsache, dass die Masse der Lapilli, der Asche und der gasförmigen Substanzen jene der ausgetretenen Lava ganz eigens übertrifft. Alle vorhandenen Lavaströme stehen an Grossartigkeit weit zurück gegen jene der Vulcane von Mexico u. s. w., und nur

---

[1] Dagegen haben die Verfasser sämmtliche erloschene und noch thätige Vulcane von Salvador und Guatemala besucht und barometrisch gemessen.

der Vulkan von St. Michael liefert heutigen Tages von Zeit zu Zeit noch Laven aus. Wir sehen in Folge dessen auf der Karte sämmtliche Kegel von breiten Aschenmassen umgeben. Dieselben wechselagern nach Angabe der Verfasser mit Schichten von Bimssteintuffen und gelben Thonen, deren Alter zwar unbestimmt, aber jedenfalls sehr gering ist. Eine ungeheure Ausdehnung haben die Bimssteintuffe in Salvador und Guatemala. In den letzteren fanden sich Knochenreste, welche die Verfasser dem *Mastodon angustidens* und *Elephas Colombi* zurechnen.

Indem wir es uns versagen müssen, die zahlreichen für die Vulcanologie hochwichtigen Details zu berühren, welche dieses Werk enthält, bemerken wir noch, dass die Verfasser eine vollständige Beschreibung der gesammten Gesteine sowie Analysen der aufgefangenen Gase vorbereiten.

F. v. A. I. **Ross Browne.** Report on the Mineral resources of the States and Territories of the Rocky Mountains. Washington 1868.

Eine sehr mühsame Zusammenstellung der nutzbaren Lagerstätten von Californien, Nevada, Arizona, Utah, Montana, Idaho, dem Washingtoner Gebiet, Oregon, Alaska. Dabei werden sämmtliche bestehende und viele früher im Betriebe gewesene Gruben mit Hervorhebung ihrer Resultate beschrieben, und die bestehenden „Claims" aufgezählt. Wenn auch durchgehends der praktische Standpunkt festgehalten ist, verdienen doch viele Details über die Erzlagerstätten von Californien und Nevada u. s. w. die Aufmerksamkeit der Männer der Wissenschaft. Dabei finden sich eine Menge statistischer Angaben über die Höhe der Mineralproduction in genannten Staaten, sowie über alle Verhältnisse, welche den Industriellen jener Gegenden interessiren könnten.

Dr. C. Schl. Friedr. **Baron Rosen.** Ueber die Natur der Stromatoporen und über die Erhaltung der Hornfaser der Spongien im fossilen Zustande. Dissertation zur Erlangung des Doctorgrades an der physico-mathematischen Facultät der Universität Dorpat. 168 S. 8°., 12 Holzschn. 11 lith. Taf. Dorpat 1867. Gesch. d. Univ. Dorpat.

Es ist eine leider noch ziemlich allgemein verbreitete Sitte, dass viele Paläontologen bei ihren monographisch-systematischen Arbeiten die Erfahrungen, welche die Zoologie und die vergleichende Anatomie an die Hand geben, ebenso wenig genügend berücksichtigen, wie es andererseits die Zoologen bezüglich der Resultate der Paläontologie zu thun pflegen. Mit um so aufrichtigerer Freude müssen daher Arbeiten wie die vorliegende begrüsst werden, welche in dieser Beziehung unter den neueren Erscheinungen der deutschen naturwissenschaftlichen Litteratur auf dem Gebiete der Zoologie der niederen Thiere eine sehr rühmliche Ausnahme macht, und die bei uns nicht nur für künftige paläontologische Arbeiten auf diesem Felde bahnbrechend zu wirken geeignet scheint, sondern, obgleich sie sich vorzugsweise auf die ältesten (siluriachen) und mezozoischen (Kreide-) Formen der Spongien bezieht, auch demjenigen, der sich mit den lebenden Formen dieser Classe beschäftigt, viel werthvolles Material bietet, das er bei seinen Untersuchungen nicht unberücksichtigt lassen darf. Es kann natürlich hier nicht der Ort sein, auf die vielen interessanten Beobachtungen, welche der Verfasser an seinem Arbeits-Material gemacht hat, näher einzugehen, zumal da die Arbeit bereits vor 1½ Jahren gedruckt, und daher den meisten Zoologen und Paläontologen sie an ihrem Inhalte ein specielleres Interesse bieten, bereits bekannt sein dürfte. Es genüge daher, nur einige der wichtigsten Resultate der Untersuchungen kurz anzudeuten.

Zunächst hat die Untersuchung der festeren Theile der Stromatoporen gelehrt, dass die bisher allgemein herrschende Ansicht, als haben sich in fossilem Zustande keine der Abtheilung der Hornschwämme angehörige Formen erhalten, durchaus irrig ist, und dass vielmehr die Stromatoporen wahre Hornschwämme sind. Allerdings gibt es unter den lebenden Schwämmen keine nahen Verwandten derselben. Unter den fossilen Formen würden nach des Verfassers Auffassung nur einige von Dr. Laube in den Denkschriften der Wiener Akademie beschriebene und abgebildete Arten, besonders *Stellispongia stellaris* und *variabilis*, *Scinctospongia astroites* und *Stromatospongia porosa* mit einiger Sicherheit als nähere Verwandte der Stromatoporen zu betrachten sein. — Im Anhange werden diejenigen Arten, auf deren Untersuchung sich die Arbeit stützt, systematisch beschrieben, es sind *Stromatopora typica*, *cavulosa*, *astroites*, *elegans*, Schmidti, *regularis*, *Caperri*, *dentata*, sämmtlich von; ferner Str. *polymorpha* Goldf. und *mammillata* Fr. Schmidt. Hinsichtlieh der Verbreitung wird Folgendes bemerkt. In Ehstland treten die Stromatoporen zuerst in der höchsten unterailurischen Etage, Schmidt's Zone 3, auf, setzen durch das obere Silur fort, und sind namentlich in der oberen Oesel'schen Gruppe (Zone 8) massenhaft entwickelt; auch in den Silurbildungen Gotlands, wo man bisher noch nicht genug darauf geachtet hat, scheinen sie ziemlich häufig zu sein. In England sind sie auf die Wenlock-Gruppe beschränkt. Magister Schmidt beobachtete in Sibirien Stromatoporen-Bänke in grosser Ausdehnung am Jenissei. In Nordamerika wurden die Stromatoporen durch Hall in der unteren sowohl als in der oberen Abtheilung der Silurbildungen nachgewiesen. Weit verbreitet kommen dieselben auch in der Devonformation vor, namentlich im westlichen Deutschland und im südlichen Devonshire, ferner im Petschora-Lande und an mehreren anderen Stellen in Russland.

F. v. V. Prof. G. v. Rath. Mineralogische Mittheilungen. 1. Ueber den Tridymit, eine neue krystallisirte Modification der Kieselsäure. 2. Chemische Zusammensetzung des Laacher-Sanidins. Pogg. Ann. d. Phys. und Chem. Bd. 135, S. 437. Mit 1 Taf. Leipzig 1867. Separat-Abdruck. Gesch. d. Verf.

1) Der in ganz eigenthümlich gestalteten Krystallen vorkommende Tridymit, über welchen der Verfasser bisher nur vorläufige Mittheilungen[1] machte, stammt aus dem trachytischen Porphyr des Berges St. Cristobal bei Pachuca in Mexico, und wurde vom Verfasser mit Rücksicht auf die denselben besonders bezeichnende Drillingsverwachsung, mit dem Namen „Tridymit" belegt. Nur äusserst selten ist es möglich einfache Krystalle zu beobachten, da auch diese ihrer ganzen Ausdehnung nach nicht einfach sind, indem sich aus der Tafelfläche regelmässig gestellte Zwillingsindividuen erheben, die sehr erinnern an die Kalkspathzwillinge des Maderanerthales. (M. d. Anm. Bd. 132, S. 572.)

Es hat nicht den Anschein, als legte sich zu ein mittleres Individuum beiderseits ein Zwillingsindividuum an, sondern es erscheinen vielmehr zwei Zwillinge gleichsam als „Hauchmonte" an einander zum Drillinge verbunden, wobei die mittleren parallelen Flächen sich nicht immer ganz vollständig vereinen. — Bei zwei Analysen ergab sich einmal ein Kieselsäuregehalt von 96·1 Perc., das andere Mal von 96·5 Perc., jedoch im Gegensatz zum Quarz mit dem so geringen Spec. Gewicht 2·326—2·293, daher man auch, wie der Verfasser sagt, den Tridymit einen „krystallisirten Opal" nennen könnte, würde nicht nach der bisherigen Auffassung zur Charakteristik des Opals durchaus der amorphe Zustand gehören. Mit dem Tridymit findet sich in den Hohlräumen des trachytischen Porphyrs noch Eisenglanz und Hornblende. Ersterer zeigt die zierlichsten, glänzendsten Täfelchen, welche zuweilen auf dem Tridymit sitzen, während auch der ausgebildete Fall stattfindet. — ein Beweis, dass diese beiden Mineralien, wie auch die Hornblende, deren Nadeln durch die T.-Krystalle hindurchschiessen, als gleichzeitig zusammen entstanden anzusehen sind. Nach anderen angeführten Beobachtungen bestätigen unzweifelhaft deren Bildungsweise durch Sublimation oder wenigstens unter Mitwirkung vulkanischer Dämpfe. — Wie es gewöhnlich der Fall ist, war auch hier der Berg St. Cristobal nicht lange der einzige Fundort der neuen Kieselsäure-Krystalle. Professor Sandberger fand in den Drüsenräumen des Trachytes von Mont Dore Les Bains Tridymit-Krystalle in Begleitung von Eisenglanz, Hornblende, und merkwürdiger Weise auch von Bergkrystall. Bald darauf lernte man auch in dem Drachenfelser Trachyt derartige Krystalle mit der charakteristischen Drillingsgestalt kennen.

Nachdem der Verfasser noch anderen T.-Vorkommnissen seine Aufmerksamkeit schenkte, die Alle zusammen (Mexico, Auvergne, Siebengebirge, Enganden und Santorin) zu der Ueberzeugung berechtigen, dass man es mit einem in Kieselerden reichen, vulkanischen Gesteinen allgemeiner verbreiteten Mineral zu thun habe, geht derselbe auf die Winkel der Feldspath-Krystalle über, wie denn überhaupt krystallographische und chemische Untersuchungen den weiteren Inhalt der vorliegenden, an neuen Beobachtungen so reichen Arbeit bilden. Die mittelst des Fernrohr-Goniometers vorgenommenen Messungen an den Krystallen von Laach,

[1] Vergl Pogg. Ann. Bd. 133, S. 507. — Monatsber. d. Berl. Ak. d. Wiss., Sitz. v. 2. April 1868 u. Verhandl. d. geol. Reichsanstalt. Jaargang 1868, S. 263.

Vesuv, Elba und Tyrol liessen bald erkennen, dass, wenn auch die Krystalle ein und desselben Fundortes erheblichen Schwankungen unterworfen sind, dennoch diejenigen der verschiedenen Fundorte in ihren mittleren Werthen so bedeutend von einander abweichen, dass denselben nicht gleiche Axensysteme unterlegt werden können.

2. Der Verfasser theilt hier die Resultate seiner an den Laacher Sanidinen angestellten chemischen Untersuchungen mit, welche die Annahme einer bestehenden, isomorphen Vertretung von Kali durch Natron in den Orthoklastischen Feldspathen bekräftigen dürfte. Prof. Tschermak suchte bekanntlich in einer sehr scharfsinnigen Arbeit über die „Feldspathgruppe" nachzuweisen, dass die zahlreichen kalknatronhaltigen wie kalinatronhaltigen Feldspathvarietäten nicht chemische Verbindungen, sondern lamellare Verwachsungen der ursprünglichen Feldspathtypen — Anorthit, Albit, Adular — seien. Der Natrongehalt in den orthoklastischen Feldspathen sei demnach auf eine lamellare Verwachsung von Albit mit Feldspath zu führen. — Ob nun eine isomorphe Mischung oder aber eine mechanische Verwachsung zu Grunde liegt, darüber ist das spec. Gewicht Aufschluss zu geben im Stande, welches sich in allen Fällen viel geringer herausstellte, als jenes, welches man unter der Voraussetzung einer mechanischen Verwachsung von Albit und Feldspath durch Rechnung erhält. Die vollkommene Ausbildung der Krystalle, ihre Durchsichtigkeit etc. lässt sich auch mit einer mechanischen Verwachsung nicht recht vereinbaren. Auch bei dem krummschaligen Sanidin liefert das spec. Gewicht den Nachweis für die Richtigkeit der Annahme, dass sich der Natrongehalt der untersuchten Laacher Sanidine doch nur durch eine isomorphe Vertretung von Kali und Natron erklären lässt. — Tschermak's Behauptung, sagt der Verfasser — dass alle Kalifeldspathe mehr weniger Albit beigemengt enthalten und dass in den Feldspathen Kali und Natron durchaus nicht isomorphe seien, — muss demnach eine gewisse Einschränkung erfahren.

Zum Schluss gibt der Verfasser schätzenswerthe Mittheilungen über die Laacher Sanidin-Gesteine und über das Vorkommen von Olivin in den Laacher Sanidin-Auswürflingen, welche letzteren in Krystallen beobachtet wurde, die ihrer Farbe und Durchscheinbarkeit nach, ganz an die im Dolomit des Binnenthales eingewachsenen Rutile erinnern.

G. St. Römer F. Notiz über die Auffindung von Graptolithen bei Willenberg unweit Schönau im Katzbachthale. Zeitschr. d. deutsch. geol. Gesellsch. XX. Bd. 3. Heft, S. 565.

Professor Römer hatte schon im Jahre 1865 bei Gelegenheit seiner Mittheilung über die durch Herrn E. Beck in Görlitz gemachte Entdeckung von Graptolithen im Thonschiefer bei Lauban, die Vermuthung ausgesprochen, es dürften sich einst sämmtliche auf der geognostischen Karte von Niederschlesien als „Urthonschiefer und grüne Schiefer" bezeichneten Thonschiefer des N. und NO. von der granitischen Hauptkette des Riesengebirges liegenden Gebietes als silurisch erweisen, und es seien namentlich in den den Urthonschiefern untergeordneten Kieselschiefern Graptolithen zu erwarten. Diese Vermuthung erhielt ihre Bestätigung durch die Auffindung von bestimmbaren Graptolithen in den mit Kieselschiefern wechsellagernden schwarzen Thonschiefern eines neu eröffneten Steinbruches bei Willenberg unterhalb Schönau bei Gelegenheit einer Excursion, welche die Herren Prof. Römer und Websky in Begleitung einer Anzahl Studirender im Mai vorigen Jahres unternommen hatten. Die Graptolithen erscheinen als gerade Streifen, welche nur durch den schwachen Schimmer des feinen Anthracit-Häutchens, mit welchem sie bedeckt sind, sich auf den matten Schieferflächen abheben. Bei einigen Exemplaren weisen die erkennbaren zahnartigen Kerben der einen Seite sicher auf die Zugehörigkeit zu *Monoprion (Monograpsus Gein.).* Nach Grösse und Habitus könnten sie nach Römer am ersten zu *M. Becki Barr.* gehören, zu welchem auch die bei Lauban beobachtete Art gerechnet wird. Ausser diesen geradlinigen Formen wurden auch 2 Exemplare einer wie *M. convolutus His.* spiral aufgerollten Art beobachtet.

In Folge dieses Fundes neigt Römer zu der Ansicht, dass die Thonschiefer einem und demselben Schichtensysteme mit den graptolithführenden Kieselschiefern angehören und folglich auch das gleiche silurische Alter haben.

Nur der bei den gestörten Lagerungsverhältnissen schwierig herzustellende etwaige Nachweis, dass die Kieselschiefer nur scheinbar Einlagerungen bilden und ursprünglich eine Lagerung über dem Urthonschiefer einnahmen, wurde dem letzteren seinen Anspruch auf ein noch höheres Alter retten.

G. St. **Römer F.** Notiz über das Vorkommen von Mastodonsaurus Jaegeri H. v. Meyer bei Odrowanz am Nordabhange des Poln. Mittelgebirges. Zeitschrift d. deutsch. geol. Gesellsch. XX. Bd. 3. Heft, S. 642.

Am Nordabhang des sogenannten polnischen Mittelgebirges oder des Gebirges von Kielce wurden in dem Bereich der dort sich über weite Flächenräume verbreitenden Triasformation die bunten Thone mit Kalkbreccien, die besonders in der Umgebung von Odrowanz gut entwickelt sind, bekanntlich von Römer zuerst richtig gedeutet und mit den Keuperthonen der Umgebungen von Woischnik und Lublinitz in Ober-Schlesien in gleiches Niveau gestellt.

Durch Herrn Kosinski erhielt Prof. Römer nun aus jener Gegend einen Zahn von *Mastodonsaurus Jaegeri* H. v. Meyer (*M. giganteus Ourm.*), welcher, obgleich nur in einer Länge von 1½ Zoll erhalten, doch in allen Merkmalen mit den grossen Fangzähnen des genannten Labyrinthodonten aus der Lettenkohle von Galldorf in Württemberg übereinstimmt. Der Zahn wurde beim Abteufen eines Schachtes südlich von Odrowanz ganz in der Nähe des Muschelkalkes in grauen Thonen gefunden, welche schon von Pusch einer etwas tieferen Schichtengruppe als die bunten, eisensteinreichen Thone zugerechnet, jedoch sammt diesen letzteren als nördliche weisse „Juraformation" beschrieben wurden.

Die Lage und petrographische Zusammensetzung der Schichten, aus welchen der Zahn stammt, spricht nun ebenso, wie der Fund selbst, dafür, dass das Vorhandensein der im südlichen und mittleren Deutschlands typisch entwickelten Lettenkohlen-Gruppe auch hier an einem so weit gegen Osten vorgeschobenen Punkte, wie es die Gegend von Kielce ist, sicher nachgewiesen ist.

G. St. **M. Neumayr.** Petrographische Studien im mittleren und oberen Lias Württemberg's. (Separatabdr. der Württemberg. naturwissenschaftl. Jahreshefte XXIV. 1868.) Gesch. d. Verf.

Von der chemischen Untersuchung mehrerer Gesteine des württembergischen Lias ausgehend, vergleicht der Verfasser dieselben mit den alten Thonschiefern und mit den recenten Absätzen aus Flüssen. Bei der Betrachtung der Bildungsweise dieser Mergelthone, Kalke u. s. w. wird besonderes Gewicht auf die Entstehung der normalen Schieferung gelegt, und dieselbe wegen der grossen Analogie mit der transversalen Schieferung und wegen der Thatsache, dass in Schiefern die Versteinerungen meist parallel der Blätterungsebene gedrückt sind, auf den Druck senkrecht lastender, auf dem geschieferten Gestein abgelagerter Schichten zurückgeführt. Den Schluss bildet eine kurze Betrachtung des Einflusses der chemischen Beschaffenheit des Meeresgrundes auf die ihn bevölkernde Fauna.

Einen nicht zu unterschätzenden Werth erhält die Arbeit durch eine bedeutende Anzahl neuer Analysen von verschiedenen Kalken, Thonen und bituminösen Schiefern aus den Liasschichten der Gegend von Boll und die möglichst vollständige Aufführung früher publicirter Analysen schwäbischer und fränkischer Gesteine derselben Altersstufe.

Kaiserliche Akademie der Wissenschaften in Wien. Anzeiger, Jahrgang 1869. Nr. IV. Sitzungsb. der math.-naturw. Classe am 4. Februar.

Haidinger W. R. v. Nachrichten über Meteoriten und Bemerkungen über neuere auf Meteoriten bezügliche Arbeiten der Herrn Schiaparelli und E. Bruck.

Herr Hofrath v. Haidinger berichtet über zwei neue Erwerbungen von Meteoriten, welche von Calcutta an das k. k. Hof-Mineralien-Cabinet eingesandt worden waren, von Hutlum, Indore, gefallen am 19. März 1863 und aus Assam, letzteres ohne nähere Fallangabe — ferner über den Fall eines Schwarmes von Meteorsteinen vom 1. Jänner bei Stockholm nach einer Mittheilung von Herrn Prof. Stapff in Falun — sodann über ein Meteor, welches nach Mittheilung von Herrn Dr. G. Laube von dem Hörer der Technik Herrn Max Rosenfeld am nördlichen Himmel mit dem Zuge von Ost nach West und von Herrn Director Dr. Galle in Breslau am südlichen Himmel in der gleichen Flugrichtung beobachtet wurde — endlich vorläufig über zwei ostindische Meteoriten, über welche ausführliche Arbeiten nachfolgen sollen.

Die Lösung der Aufgabe, eine vollkommen unantastbare Theorie des Widerstandes der Atmosphäre bei Meteoritenfällen aufzustellen, deren Nothwendigkeit erst kürzlich von Dr. Julius Schmidt in Briefen betont worden war, ist nun, wie v. Haidinger hervorhebt, dem berühmten italienischen Gelehrten Schiaparelli in einer Arbeit, deren Separatabdruck Herr Hofrath v. Haidinger am 17. Jänner zugesandt erhielt, in glänzendster Weise gelungen.

Ein Blick auf ein neues Werk, „Origine des Stoffes Illanien", von dem Verfasser Herrn R. Brück in Brüssel an Herrn v. Haidinger am 30. Jänner eingesandt, gibt Letzterem Veranlassung, die gegenwärtige Deutung der Meteorsteine und Meteoreisen als kosmische Gebilde als die einzig unbezweifelbare zu bezeichnen gegenüber den Schlüssen des Herrn Brück, welcher, von dem Studium des Erdmagnetismus ausgehend, Erdbeben, vulkanische Ausbrüche, Epidemien, Sternschnuppen mit demselben in Causalabhängigkeit betrachtet, welchen letzteren sich sodann die Meteoriten anschliessen müssten. Glücklicher Weise, bemerkt v. Haidinger, bilden diese in ihrer kosmischen Natur unseren fest gewonnenen Standpunkt.

Th. Fuchs. Ueber Eocen Conchylien aus dem Gouvernement im südlichen Russland. (Vorgelegt von Prof. E. Suess.)

Der Verfasser führt darin 39 verschiedene Arten an, und weist auf die grosse Aehnlichkeit hin, welche diese Fauna mit der Fauna der Grünsande des Kressenberg, sowie der Schichten von Biaritz und Priabona zeigt.

F. Kreutz. „Mikroskopische Untersuchung der Vesuvlaven vom Jahre 1868". (Vorgelegt vom Herrn Director G. Tschermak.)

Die Hauptresultate dieser Untersuchungen sind schon (Verhandl. Nr. 3, 1869, Seite 53.) angeführt.

G. Laube. Beschreibung neuer fossiler Echinodermen aus Süd-Australien.

Unter drei Geschlechtern, über welche die Abhandlung berichtet, ist eines bisher nicht bekannt. Es gehört zu den Lagenien und ist mit der lebenden Gattung Arachnoides sehr verwandt, jedoch durch die Lage des Periproctes, Zahl der Genitalporen und Curves der Schale wesentlich verschieden. Dr. Laube nennt dasselbe Monostychia, die Art M. australis. Die übrigen zwei Geschlechter sind Hemipatagus mit einer Art H. Forbesi und Eupatagus mit zwei Arten E. Wrighti und E. Murrayensis.

Nr. V. Aus der Sitzung d. math. naturw. Classe vom 18. Februar.

V. R. v. Zepharovich. Nachtrag zur Abhandlung. Die Bestimmung der Krystallformen des Phenyl-Thiosinnamin.

Von dieser Substanz sind dem Autor seither durch Dr. R. Maly in Olmütz neuerdings gut messbare Krystalle zugekommen. Dieselben stellen sich in die Gruppe verwandter Formen der bereits untersuchten 5 Thiosinamin Präparate, und zwar am nächsten jenen der, wie die untersuchten, monoklin krystallisirenden Thiosinnamin-jodäthyl-Krystalle.

Dr. A. Boué. Ueber das gefärbte Seewasser und dessen Phosphorescenz im Allgemeinen.

Der Vortragende bespricht die mögliche schwache Phosphorescenz des Seewassers durch starke Reibung, die Phosphorescenz durch thierische Materien und gibt eine bibliographische Darstellung seiner Beobachtungen über verschiedenartige Färbung des Seewassers.

Ausserdem wurde die Bibliothek durch folgende Werke bereichert:

a) Einzelnwerke und Separatabdrücke:

Barrande J. 1. Reapparition du genre Arethusina Barr. (une planche) II. Faune Silurienne des environs de Hof en Bavière (une planche), A Prague et à Paris. Décembre 1868. Gesch. d. Verf.

Denkschrift über die Gründung einer landwirthschaftlichen Hochschule in Wien. Verfasst über Auftrag des k. k. Ackerbau-Ministeriums im technischen Departement. Wien 1869. Gesch. d. Ackerbau-Ministerium.

Frölich O. Ueber den Einfluss der Absorption der Sonnenwärme in der Atmosphäre auf die Temperatur der Erde. Inaug. Diss. Gesch. d. Univ. Königsberg, 1868.

Miatno G. Ueber die Constitution der Boryllerde. Inaug. Abhandl. Gesch. d. Univers. Dorpat. Dorpat 1868.
Lorek E. V. Die Hahn der Semele. Inaug. Diss. Gesch. d. Univ. Königsberg. 1868.
Manganotti A. Sul terreno alluviale antico della provincia di Verona sulla colline alluviali che sorgono intorno al lago di Garda e sulla formazione di questo lago. Verona. 1864. Gesch. d. Verf.
Malkowski M. Ueber einige arsensaure Salze und eine neue Bestimmungsmethode. Inaug. Diss. Gesch. d. Univ. Königsberg. 1868.

b) Zeit- und Gesellschafts-Schriften:

Berlin. 1. Physikalische Abhandlungen. 2. Mathematische Abhandlungen der königl. Akademie der Wissenschaften. Aus dem Jahre 1867. Berlin 1868.
Dürkheim a. H. XXV. bis XXVII. Jahresbericht der **Pollichia** eines naturwissenschaftlichen Vereines der Rheinpfalz. Herausgegeben vom Ausschusse des Vereins. Dürkheim 1868.
Göttingen. Nachrichten von der k. Gesellschaft der Wissenschaften und der Georg-August-Universität aus dem Jahre 1868. Göttingen 1868.
Leipzig. Preisschriften gekrönt und herausgegeben von der fürstlich Jablonowski'schen Gesellschaft. XIII. Johannes Falke. Die Geschichte des Kurfürsten August von Sachsen in volkswirthschaftlicher Beziehung. Leipzig 1867.

Druckfehler. Verhandlungen Nr. 3.

Seite 50 Zeile 13 von unten bei: „Natron 1·35" ist zu lesen: „1·25".
„ 50 „ 5 „ „ „ „Kalkerde 10·48 (II.)" ist zu lesen: „9·35.
„ 51 „ 4 „ oben statt: „Csonkahegy" ist zu lesen: „Csombahegy".
„ 51 „ 15 „ „ ist „Eisenoxydul 8·67" einzuschalten.
„ 51 „ 19 „ unten statt: „Natron 4·11" ist zu lesen: „Natron 1·18".
„ 52 „ 2 „ oben „ „an anderen Orten" ist zu lesen: „am angeführten Orte".
„ 52 „ 4 „ „ „ „Segenye" ist zu lesen: „Legenye".
„ 52 „ 18 „ „ „ „M. T=59° 44'" ist zu lesen: M. T=59° 34'"
„ 52 „ 17 „ unten „ „Borthegy" ist zu lesen: „Rarihegy".

Gegen portofreie Einsendung von 3 fl. Ö. W. (2 Thl. Preuss. Cour.) an die Direction der k. k. geol. Reichsanstalt. Wien Bez. III., Rasumoffskigasse Nr. 3. erfolgt die Zusendung des Jahrganges 1868 der Verhandlungen portofrei unter Kreuzband in einzelnen Nummern unmittelbar nach dem Erscheinen.

Neu eintretende Pränumeranten erhalten die beiden ersten Jahrgänge (1867 und 1868) für den ermässigten Preis von je 2 fl. Ö. W. (1 Thl. 10 Sgr. Preuss. Cour.)

№ 5.  1869.

Verhandlungen der k. k. geologischen Reichsanstalt.
Sitzung am 16. März 1869.

Inhalt: Vorgänge an der Anstalt. Eingesendete Mittheilungen: E. Suess, Programm eines geologischen Ausfluges, nach dem Semmering, Neuberg etc. A. v. Groddeck. Herrn C. Gericke's Untersuchungen über die Gangthonschiefer in den Erzgängen des nordwestlichen Oberharzes. Dr. Th. Petersen. Bemerkungen zur Kenntniss der Phosphorsäure in den Gesteinen — Polyargyrit, ein neues Mineral. Vorträge: Dr. K. Hazsel. Ueber den marinen Tegel von Portalich bei Unterlehbrunn. H. Wolf. 1. Die Grundsondirungen der Staatseisenbahngesellschaft im Donauthal bei Wien. 2. Die Brunnenbohrung in der Prossler-Fabrik von Max Springer in Rudolfsheim. K. Pfeifer. Ueber den Steinkohlenaufgang von Domhran und Orian bei Karwin. Dr. G. Stache. Vorlage der geologischen Aufnahmekarten der Klippenzüge der Piening in den Karpathen. Dr. M. Neumayr. Ueber den Malm und Dogger in den penninischen Klippen. Einsendungen für das Museum: M. Wolf. Trachyte von Marching-Nill bei Aden, marine Sande aus Arabien u. d. verschiedene Gesteine aus Arabien und verschiedene Gesteine aus Oesterreich, geschenkt von Herrn Dr. E. Weiss. F. v. Vivenot. Fossilien von Hedrittsch bei Schemnitz, eingesendet von Herrn J. Pentzl. Einsendungen für die Bibliothek und Literaturnotizen: Wohsky, Peters, v. Haidinger, Hauenstein, Ooster und Fischer-Coster, Caurelet et Malaise, Trautschold, Kokka, v. Hauchkon, Hofmann. Bücher-Verzeichnis.

Vorgänge an der Anstalt.

Herr Julius Peserltz ist als Volontär zur Theilnahme an unseren Arbeiten bei der Anstalt eingetreten.

Dem k. ung. Rechnungsofficial Herrn Richard Treville von Combaresse wurde im Auftrage des k. k. Ministeriums des Innern, in Folge Ansuchens des k. ung. Finanzministeriums, die Bewilligung ertheilt, sich im Laboratorium der k. k. geologischen Reichsanstalt verwenden zu lassen.

Eingesendete Mittheilungen.

Prof. E. Suess. Programm eines geologischen Ausfluges. So wie alljährlich, veranstaltet Herr Prof. Suess auch in diesem Frühjahre mit seinen Schülern einen Ausflug, zu welchem er aber auch die hiesigen Freunde der Geologie überhaupt einladet. Die Abreise erfolgt am 16. April Morgens mittelst der Südbahn und es werden der Reihe nach besucht — die Umgebungen von Schottwien und die dortigen Gypsbrüche, der Semmering zum Studium der dortigen metamorphischen Gebilde, Neuberg (die Eisenwerke) und Kapellen, Altenberg, Nasswald, das Höllenthal und Payerbach. Die Rückkehr nach Wien ist für den 20. April Nachts präliminirt.

Dr. A. v. Groddeck, Director der Bergakademie in Klausthal. Herrn C. Gericke's Untersuchungen über die Gangthonschiefer in den Erzgängen des nordwestlichen Oberharzes.

„In der 1868 in Göttingen erschienenen Inaugural-Dissertation „Ueber die Gangthonschiefer in den Erzgängen des nordwestlichen Oberharzes", vom Berg-Ingenieur Curt Gericke, ist eine sehr werthvolle chemische Untersuchung der Ganggesteine der Oberharzer Gänge geliefert. Herr Gericke weist mit Recht darauf hin, dass den schwarzen Harzer Gangthonschiefern ähnliche Gesteine auch in anderen Gegenden vorkommen.

„Ich muss hinzufügen, dass ich dieselben Gesteine in der berühmten Lettenkluft, welche die Příbramer Erzgänge verwirft, im Jahre 1865 selbst gesehen habe. Wäre es nicht wichtig eine Untersuchung jener, für die Genesis der Gänge so wichtigen Gesteine auch in Příbram anzustellen!

„In meiner Arbeit habe ich nachgewiesen, dass die Harzer Gebirgsschichten durch die Gangspalten sehr stark verworfen werden und hauptsächlich auf diese mühsam errungene Beobachtung eine Theorie über die Gangspaltenbildung bescheidentlich aufgestellt. (Ueber die Erzgänge des nordwestlichen Oberharzes Seite 31 und 85.)

„Herr Gericke stellt die Beobachtung über die Verwerfung der Harzer Gebirgsschichten durch die Gänge als seine eigene hin (S. p. 73 der Arbeit) und basirt darauf, ebenso wie ich, eine Theorie über die Entstehung der schwarzen Gangthonschiefer. (Man vergl. p. 34 und 42 meiner Arbeit mit p. 68 der Arbeit des Herrn Gericke.) Ich wünsche nun, mir durch Veröffentlichung dieser Zeilen die Priorität jener Beobachtung und Theorie zu wahren".

Herr Gericke weicht etwas von meiner Theorie der Bildung der schwarzen Gangthonschiefer ab. Ich kann ihm jedoch hierin nicht beistimmen".

Dr. Th. Petersen. Bemerkungen zur Ermittelung der Phosphorsäure in den Gesteinen — Polyargyrit ein neues Mineral. (Aus einem Schreiben an Herrn F. v. Hauer, ddo. 17. März 1869).

„Ich halte es nicht für überflüssig, in Betreff der Ermittelung der Phosphorsäure in den Gesteinen noch einige Bemerkungen zu machen. Wenn man Phosphorsäure aus saurer Lösung auf die gewöhnliche Weise bestimmen will, so muss dieselbe durchaus frei von Kieselsäure sein, denn letztere fällt durch Molybdänsäure ebenfalls, allerdings hassgelb und etwas voluminöser wie Phosphorsäure nieder; die überstehende Flüssigkeit ist schwach grünlich gelb gefärbt. Der Kieselsäure enthaltende Niederschlag ist bis auf einzelne Kieselsäure-Flocken in Ammoniak löslich und aus der ammoniakalischen Lösung erfolgt nach Zusatz der ammoniakalischen Magnesialösung ein flockiges, kieselsäurehaltiges Präcipitat. Um nun die Kieselsäure auszuschliessen, braucht in den meisten Fällen das, zumal bei Anwesenheit von Zeolithen und anderer gewässerter und mit Säure gelatinirender Silicate, am besten geglühte Gesteinspulver nur mit der von mir vorgeschriebenen verdünnten Salpetersäure im Wasserbade zur Trockne gebracht und mit verdünnter Salpetersäure wieder aufgenommen zu werden. Nochmaliges Verdampfen der Lösung ist bei quantitativen Bestimmungen nicht zu versäumen, obgleich von der einmal richtig abgeschiedenen Kieselsäure Salpetersäure fast absolut nichts, Salzsäure dagegen wohl immer ein wenig aufnimmt. Sollte einmal bei der phosphorsauren Magnesia dennoch ein wenig Kieselsäure vermuthet werden, so glühe man, behandele die geglühte Masse mit Salpetersäure und verfahre wie oben.

„Herr Prof. Sandberger hat sowohl von den Gesteinen, in denen ich unlängst erhebliche Mengen von Phosphorsäure, Chlor u. s. f. gefunden habe, als auch von zahlreichen Verwandten mikroskopische Schliffe anfertigen lassen, und fast überall Apatit gefunden. Bei einem neuerlichen Besuch in Würzburg hatte ich die grosse Freude, den Apatit in den Schliffen, sowohl in den charakteristischen, regelmässig sechsseitigen, gewöhnlich gegen die Gesteinsmasse sehr hell erscheinenden Durchschnitten, als auch in einzelnen hellen Nadeln zu erblicken.

„Die Untersuchung der Mineralien, welche ehedem auf dem Wenzelgange bei Wolfach in Baden vorkamen, ist nunmehr vollendet. Auch hier viel neues wie zu Wittichen, und nicht das schlechteste ist noch zuletzt gekommen.

„Unter den mir von Herrn Sandberger übergebenen Gegenständen befand sich eine kleine Menge einer mit der Etiquette „Acanthit" versehenen Substanz.

„Dieselbe war allerdings mit manchen Eigenschaften des Schwefelsilbers ausgestattet, erwies sich indessen Antimon haltig und im weiteren Verlauf als ein neues silberreiches Glied der Rothgültenreihe. Die Zusammensetzung dieses interessanten Körpers, den ich als „Polyargyrit" bezeichne, ist $Ag^{12}Sb$. Ausser Silber, Antimon und Schwefel enthält er noch ein wenig Eisen, Zink und Blei. Anfänglich wurden nur kleine, nicht sicher bestimmbare Krystalle beobachtet, beim Zerschlagen eines Handstückes war indessen Sandberger kürzlich so glücklich, gute, reguläre Krystalle $O.\infty O\infty.\infty O, mOm$ frei zu legen. Das neue Mineral ist fast eisenschwarz von Farbe, lebhaft metallglänzend und sehr geschmeidig.

Breithaupt, dem Stücke davon durch Sandberger mitgetheilt wurden, erklärte selbe ebenfalls für absolut neu.

Vorträge.

Dr. E. Suess. Ueber den marinen Tegel vom Porzteich bei Voitelsbrunn.

Die Untersuchung eines reicheren, von Herrn F. Karrer gesammelten Materiales des sandigen Tegels der Localität „Porzteich" zwischen Feldsberg und Nikolsburg, versetzte den Vortragenden in die Lage, die von Herrn Karrer schon im Jahre 1861 über die Fauna und zwar insbesondere über die Foraminiferenfauna dieser Localität publicirten Beobachtungen vervollständigen zu können. Neben Schalenresten von Schnecken und Muscheln, Cyprideneschalen, Cidaritenstacheln und wohl erhaltenen Bryozoen wurden nicht weniger als 80 Foraminiferen-Species gegen nur 40 früher bekannt gewordene nachgewiesen. Es ergibt sich aus der Untersuchung, dass in dem Tegel vom Porzteich unter der grossen Anzahl von Arten des Badener Tegels nur ein verhältnissmässig kleiner Theil häufig auftritt, und dass neben diesen einige sehr typische Formen der Mergel der marinen Uferbildungen (Leithakalke) gleichfalls sehr häufig vorkommen und einige wenige überdies sich selten einfinden; ein Verhältniss, wie es sich auch vorzugsweise in Forchtenau, und allem Anscheine nach auch in Niederleis kundgibt. Die vollständige Mittheilung über diese Untersuchungen wird als Nr. 9 den in unserem Jahrbuche in fortlaufender Folge erscheinenden „Geologischen Studien in den Tertiärbildungen des Wiener Beckens, von F. Karrer und Th. Fuchs" angeschlossen werden.

1. Wolf. Die Grundsondirungen der k. k. priv. Staatseisenbahngesellschaft im Donauthale bei Wien.

Die Untersuchungen erfolgten im vergangenen Jahre in zwei Abtheilungen. In die erste Abtheilung, Wien-Raaberbahnhof bis zum Donaucanal nächst dem neuen Wirthshause vis-à-vis der Freudenau, fallen die Sondirungen für die Errichtung einer Wasserstation des Wiener Bahnhofes unter der Leitung des Herrn Ingenieurs Franz Böck. In die zweite Abtheilung gehören die Sondirungen an den beiden Ufern der Donaucanäle nächst dem neuen Wirthshause und im Hauptstrome unterhalb der Dampfschifflandungsstelle an den Kaisermühlen, am sogenannten Mitter Häufel und grossen Ken Haufen gegenüber Stadlau zum Zwecke der Fundirungen für die stabilen Donaubrücken. Diese Arbeiten stehen unter der Oberleitung des Herrn Ober-Ingenieurs Heinrich Schmidt. Den beiden genannten Herren verdanke ich die Mittheilung der Bohrprofile und zu jenem bei der Wasserstation nächst dem rothen Hof in Simmering auch die Bohrproben.

Aus der Vergleichung der Profile geht hervor, dass die durchbohrten Schichten aus drei verschiedenen Gliedern bestehen, wovon die beiden oberen dem Alluvium angehören, und altes von der Donau denudirtes Terrain erfüllen, welches, soweit die Bohrungen Aufschluss geben, aus sehr festen blaugrauen, wenig kalkreichen Thonen besteht, die mit Sandlagern wechseln.

Das obere Glied besteht ausser dem Humus und der humösen Erde, aus dem Fluss- oder Wellsand, welcher in sandigen Lehm, den sogenannten Silt übergeht, an dessen Grunde theilweise Moorerde entwickelt ist. Die Mächtigkeit dieser Schichten ist eine verschiedene zwischen 3 und 16 Fuss. Das zweite Glied besteht aus dem wasserführenden Donauschotter, welcher bei grösserer Mächtigkeit ebenfalls feinere Sandlagen zwischen sich führt. Dieser ruht nun auf dem dritten Gliede, dem oben erwähnten Thone, welcher in seinen oberen Lagen gelblich ist, nach unten aber grünliche und blaugraue Färbung annimmt.

Interessant ist die Vergleichung der Niveaus dieser Glieder gegen einen bestimmten Horizont, etwa den Nullpunkt der Donau, und die Vergleichung der Mächtigkeit dieser Schichten, vom Rande des Inundationsgebietes bei Simmering gegen die Mitte desselben.

Man bemerkt, dass der Silt, das obere Glied, gegen den Rand hin an Mächtigkeit zunimmt, dass hingegen der Schotter das untere Glied, gegen den Rand hin abnimmt, und endlich sich auskeilt und dass die Basis des Schotters endlich der erwähnte Thon, vom Rande weg gegen die Mitte des Inundationsgebietes zu sich allmälig absenkt, aber in der Nähe des Steilrandes, welcher von Simmering gegen die Haide abstürzt, vom alten Donaubette unregelmässig ausgefurcht ist. Um von diesen Verhältnissen ein Bild zu geben, theile ich die Niveaupunkte dieser drei Glieder, auf den Nullpunkt des Donaupegels bezogen, nebst Angabe der Entfernungen von den Bohrbrunnen nächst dem rothen Hofe in Simmering mit.

Nr.	Localität	Entfernung vom Punkt 1 in senkrechter Richtung in Wiener Klafter	Terrainoberfläche über dem Nullpunkte der Donau in W. F.	Mächtigkeit des Schotters in W. F.	Mächtigkeit des Schlickes in W. F.	Thonoberfläche o. d. Basis der Schotters, unter der Nullpunkt in W. F.
1	Bohrversuch an der Wasserstation	0	8·8	15·4	1·0	7·6
2	Brunnen, neu gegraben	24°	7·0	14·0	2·4	9·4
3	Sondirungen für die Fundamente des Viaduktes	53°	9·1	11·3	9·8	12·0
4	Sondirungen für die Fundamente des Viaduktes	63°	9·5	11·0	12·0	13·5
5	Brunnen, neu gegraben	105°	7·7	4·2	18·8	15·0
6	" " "	223°	8·2	6·4	25·1	23·3
7	Bohrung am rechten Ufer des Donaucanales bei dem neuen Wirthshause	1100°	13·2	6·8	24·7	18·3
8	Bohrung am linken Ufer des Donaucanales	1200°	9·9	6·0	26·0	22·1
9	Bohrung am Mitter Häufel des Hauptstromes	3250°	8·3	3·0	29·8	24·5
10	Bohrung am grossen Neu-Häufen des Hauptstromes bei Stadlau	3550°	7·5	2·8	34·7	30·0

In der Nähe des Punktes 6 befand sich einst ein alter Donauarm welcher den Thongrund unter dem Schotter, bis auf die Tiefe von 25 Fuss unter Null ausfurchte, während derselbe, am jetzigen Ufer des Canales, im neugegrabenen Bette (Punkt 7), um 5 Fuss näher gegen die Oberfläche rückt.

Vom Punkte 1: Bohrung an der Wasserstation, erhielt ich von Herrn Böck folgendes Profil.

Erde 4·75 Fuss, Letten (Silt) 10 Fuss; von dem unteren Ende dieser Schicht, eine Probe geschlemmt, zeigt die Schalenreste von *Paludina impura Lam., Planorbis carinatus Müller, Cyclas rivicola* und von *Cypris*. Dann folgt eine 2·5 Fuss mächtige mit Moorerde erfüllte Thonlage, weiterhin Schotter 1 Fuss mächtig, darunter gelber Thon 3·5 Fuss, dann blauer thoniger Sand 29 Fuss; unter diesem folgt fester Thon 28·5 Fuss, endlich wasserhältiger Sand 10 Fuss, und sodann wieder Thon, in welchem noch 7 Fuss gebohrt wurde. Die ganze Tiefe der Bohrung beträgt 94·5 Fuss.

Die Schlemmproben aus diesen verschiedenen, unter dem Schotter erbohrten Schichten gaben keine Spur eines organischen Restes. Die Schichten selbst lassen sich desshalb in keiner Weise mit unseren Tegelschichten, weder mit jenen aus der Congerien-Stufe noch aus einer noch tieferen Stufe parallelisiren, zumal auch der petrographische Charakter dieser Thone ein völlig abweichender ist; dieser wäre am ehesten noch mit den Driftbonen der ungarischen Ebene, aus den Bohrbrunnen von Debreczin zu vergleichen.

Die übrigen Bohrungen, von welchen ich keine Proben zur näheren Untersuchung erhielt, erreichen eine Tiefe von 44·2 Fuss am rechten

Canal-Ufer, von 46 Fuss am linken Canal-Ufer, von 91·05 Fuss am Mittler-Häufel, von 10·10 Fuss am grossen Neu-Haufen.

2. Wolf. Die Brunnenbohrung in der Presshefe-Fabrik von Max Springer in Rudolphsheim.

Diese Bohrung, ist gegenwärtig bis auf eine Tiefe von circa 210 Fuss von der Oberfläche gerechnet, vorgeschritten. Aus der Tiefe von 178 Fuss erhielt ich die erste Probe. Es ist der plastische Tegel, welcher unseren sogenannten Hernalser Schichten, dem tieferen Gliede der Cerithien-Schichten angehört. Diese Tegelschicht reicht bis 207 Fuss unter der Oberfläche, dann folgte scharfkantiger, wasserführender Sand, in welchem die Bohrung nun steht. Ich theile hier mit Annahme der Foraminiferen die ausgeschlemmten Arten mit, da einige Formen darin vorkommen, welche sonst nur in rein marinen, der Leithakalkgruppe angehörigen Schichten gefunden wurden. Ergänzt wird diese Liste durch jene aus dem Brunnen in der Dreihausgasse Nr. 5 zu Rudolphsheim, von welchem ich noch zwei Proben aus der Tiefe zwischen 21 und 35 Fuss und zwischen 48 und 60 Fuss erhielt.

Cerithium pictum Eichw., Presshefefabrik 210' tief.
   " *moravicum?* Hörnes. Dreihausgasse 21—35' tief.
Turritella bicarinata Eichw., Presshefefabrik 210' tief.
Trochus pictus Eichw., Presshefefabrik 204' tief.
   " *patulus* Brocc.,   "   204' "
Vermetus intortus Lam., Dreihausgasse zw. 21—35', dann 48—60' tief.
Nerita picta Fer.   "   21–35',   48—60' "
Paludina stagnalis Basterot., Presshefefabrik 204—210' tief.
   " *immutata* Frauenfeld,   "   204—210' "
   "   Dreihausgasse 21—35' und 48—60' tief.
Rissoa inflata Andrz. Presshefefabrik 186', 204—210' tief.
   " *angulata* Eichw.   "   186', 204—210' "
Bulla Lajonkaireana Bast., "   204—210' tief.
Mactra podolica Eichw.   "   178—210' "
Tapes gregaria Partsch.   "   204—210' "
Cardium plicatum Eichw.   "   204—210' "

Es sind dies mit Ausnahme der Paludinen und Rissoen meist nur junge Exemplare, da grössere im Bohrschmande zertrümmert werden.

Herrschend sind die Paludinen und Rissoen und sie sind gewissermassen bezeichnend für diese Schicht. Dieselbe liegt hier 30—35 Klftr. unter der Oberfläche, in einem Niveau von circa 65—70 Klftr. Seehöhe. Während die gleiche Schicht, welche in den artesischen Brunnen am Getreidemarkt und am Raaber Bahnhof erbohrt wurde, daselbst bereits auf eine Tiefe von + 13 bis 7 Klafter Seehöhe gesenkt erscheint, geht dieselbe in der Nähe der Penzinger Brücke und im Einschnitte von Speising gegen Hetzendorf zu Tage aus.

Da die Bohrung noch fortgesetzt wird, so hoffe ich in die Lage zu kommen, noch weitere Mittheilungen machen zu können.

3. Pfeiffer. Das Steinkohlenvorkommen bei Orlau und Dombran.

Der Vortragende theilt eine Uebersicht über diese Gruben, welche er gelegentlich der unter der freundlichen Leitung des Herrn Bergrath Foetterle unternommenen Instructionsreise besucht hatte, mit, aus der das Wesentlichste nachstehend hervorgehoben ist. Das Ostrau-Karwiner Kohlenrevier, welches bekanntlich dem südwestlichen Theile der grossen oberschlesischen Ablagerung angehört, wird in einen westlichen Theil bei M.-Ostrau und einen östlichen zwischen Peterswald und Karwin unterschieden. Dies wird durch die muldenförmige Ablagerung der Schichten im westlichen Theile begründet, in welchem sich die Flötze in drei Gruppen unterabtheilen lassen, nämlich in die erste oder liegendste bei Petřkowitz, Přívos und Hruschau, die zweite Gruppe mit den Heinrichschächter Flötzen, und endlich die dritte Gruppe von Polnisch-Ostrau, Michalkowiz mit dem Mittelpunkte beim Hermangildschacht.

Bei einem Vergleiche dieser Gruppen mit dem Vorkommen im östlichen Theile lässt sich (nach Bergrath Foetterle) nach dem Vorkommen des *Calamites transitionis* bei Peterswald schliessen, dass letztere der ersten und tiefsten Gruppe von Petřkowitz und Hruschau gleichzustellen wären, obwohl man sich bei dieser Gleichstellung nur auf die oberwähnte Thatsache stützen kann, da die vorhandenen Aufschlüsse verhältnissmässig zu gering sind, und beide Theile der Ablagerung miteinander in keiner Verbindung stehen.

In dem östlichen Theile liegen die Gruben von Orlau und Dombrau in der Mitte; westlich von ihnen bei Peterswald sind fünf abbauwürdige Flötze bekannt, welche eine Gesammtmächtigkeit von 3 Klaftern haben, und mit ca. 14—35 Grad nach Südost fallen.

Die im Osten an Orlau-Dombrau sich anschliessenden Karwiner Gruben führen sechzehn abbauwürdige Flötze mit einer Gesammtmächtigkeit von 7 Klafter, welche unter einem Winkel von 6—8 Grad nach Nord einfallen. In den jetzt an eine Gesellschaft verpachteten Gruben von Orlau und Dombran sind im Ganzen sechs abbauwürdige Flötze abgelagert, von denen die in Dombran befindlichen vier die Hangenden, die zwei Flötze in Orlau die Liegenden sind, welche alle gegen Norden zu unter etwa 8 Grad verflächen.

Die vier obersten sind je 4 Klafter von einander entfernt; das erste oder hangendste Flötz in Dombran, welches 37 Klafter unter dem Tagkranze des Versuchschachtes liegt, hat eine Mächtigkeit von 40 Zoll, ist in eine Oberbank von 30 Zoll und eine Unterbank von 10 Zoll getheilt. Das zweite Flötz hat eine Mächtigkeit von 36 Zoll, — das dritte, welches sehr gut coakst und ganz rein ist, von 33 Zoll, — und das vierte eine Mächtigkeit von 60 Zoll. 60 Klafter. Unter ihnen befindet sich die Fortsetzung der bei Orlau auftretenden zwei Flötze, welche zwar in den Dombraner Gruben selbst bis jetzt noch nicht constatirt wurden, doch ganz ausser Zweifel gestellt sind, da sie in einem nördlich von Dombran abgestossenen Bohrloche von Zwierzina in der 184. Klafter erbohrt worden.

Von diesen zwei Orlauer Flötzen hat das obere eine Mächtigkeit von 42 Zoll, ist ganz rein und coakst sehr gut. Das 13 Klafter darunter befindliche zweite Flötz hat, sowie das erste, zum unmittelbaren Hangend und Liegend einen grauen Schiefer von 6 Zoll bis 1 Klafter Stärke, besitzt eine Mächtigkeit von 8—9 Schuh, und ist durch ein Mittel, welches 3 Zoll vom Liegendblatte auftritt, in zwei Theile getheilt, von denen der obere wieder drei reine Bänke ohne jedes Zwischenmittel unterscheiden lässt.

Fünf Klafter unter den Dombrauer Flötzen, also zwischen diesen und den Orlauern, befinden sich noch zwei Kohlenschmitze von 2 Schuh und von 10 Zoll Stärke, welche, wenn sie sich hinreichend nähern, zusammen abgebaut werden sollen.

Die Dombrauer Flötze sind durch den Versuch- den Eleonoren- und den Wetterschacht aufgeschlossen; am Versuchschacht sind zwei Maschinen, eine von 35 Pferdekräften zur Förderung und eine von 75 Pferdekräften für die Wasserhaltung. Am Eleonorenschacht ist für beide Zwecke nur eine Maschine, eine Balancier-Maschine, aufgestellt, welche dann später durch eine stärkere Zwillingsmaschine ersetzt werden soll. Ausserdem steht am Wetterschachte eine Maschine von 8 Pferdekräften für den Ventilator. Die Dombrauer Flötze sind auf mehr als 300 Klafter dem Streichen nach aufgeschlossen, sind aber weiter gegen Osten und Westen zu ausgewaschen; ebenso erleiden sie gegen Norden zu eine Auswaschung, da das erwähnte Bohrloch, welches sich ca. 150 Klafter nordöstlich vom Versuchschachte befindet, dieselben nicht antraf, indem in der Tiefe, wo sie ihre Fortsetzung hätten haben sollen, und sogar noch 60 Klafter tiefer, nichts als Tegel durchfahren wurde.

Die Orlauer Flötze sind dem Streichen nach auf 700 Klafter und dem Verflächen nach 50 Klafter aufgeschlossen. Gegen Osten sind dieselben ebenfalls verlaubt, und gegen Norden werden dieselben durch einen Hauptsprung verworfen, so dass die nördliche Fortsetzung der Flötze nur ca. zwei Klafter tiefer zu liegen kommt.

Das Bohrloch, welches die Fortsetzung dieser Flötze nördlich über Orlau hinaus constatirte, zeigt folgendes Profil:

1. Dammerde	1½ Klafter	10. Sandstein	2½	Klafter
2. Gelber Sand	½ „	11. Schiefer mit 34 Zoll Kohle	1	„
3. Blauer Tegel	138 „	12. Sandstein mit 2 Schiefereinlagerungen	10	„
4. Grauer Schiefer mit		13. Sandstein mit kleinen Kohlenschmitzen	3	„
5. 3 Zoll Kohle	9 „			
6. Grauweisser Sandstein	2½ „	14. Schiefer mit 80 Zoll Kohle	8	„
7. Schiefer	1½ „	15. Sandstein	3	„
8. Grauweisser Sandstein	9½ „	16. Schiefer mit 2 Flötzen zu 17 und 40 Zoll	7	„
9. Schiefer mit 22—25 Zoll Kohle	6 „			
			197 Klafter	

Der Heizwerth der Kohle ist noch nicht ermittelt, doch soll sie den besten schlesischen Kohlen nicht nachstehen.

Die projectirten Cokes-Oefen werden in Orlau erbaut werden.

Die Kohle fällt mit 40—50% Stückkohle und 30—80% Kleinkohle und Gries. Die Preise sind: Stückkohle 35 kr., Mittelkohle 32 kr., Gries 25—28 kr., Nusskohle 22 kr. und Kleinkohle 16—18 kr.

Die Flötze werden unter der Pachtgesellschaft vermittelst des belgischen Strebebaues abgebaut werden, welcher unter den hier herrschenden Verhältnissen, als geringe Mächtigkeit und schwaches Fallen der Flötze, wohl als die passendste Abbaumethode angesehen werden muss.

Im Jahre 1868 wurden 570.000 Zentner in Orlau und 700.000 Zentner in Dombrau erzeugt; für 1869 sind für jedes der beiden Werke eine Million Zollcentner präliminirt. Das erzeugte Quantum wurde bisher meist in der nächsten Umgebung consumirt; ein grosser Theil der Steinkohlen ging nach Witkowitz und Oderberg. Durch den Ausbau der Kaschau-Oderberger Bahn dürfte denselben auch der Markt von Wien bald eröffnet werden.

Die Erzeugung aller im Karwiner Kohlenrevier gelegenen Gruben betrug im Jahre 1868:

```
In Orlau-Dombrau . . . . . . . . . 1,273.000 Zollcentner
Bei Graf Larisch-Mönich in Karwin . . .  1,000.000    „
  „      „       „       „    Peterswald.   700.000    „
  „  Erzherzog Albrecht in Karwin . . . .  400.000    „
                        Zusammen: . . 3,373.000 Zollcentner.
```

Dr. G. Stache. Vorlage der geologischen Aufnahmskarten des grossen Klippenzuges der Pieniny (Pennin).

Dieses ebenso interessante als schwierige Gebiet macht einen Theil des Terrains aus, welches der Vortragende im verflossenen Sommer im Vereine mit den Herren Dr. Neumayr und Hanns Höfer (II. Section) geologisch aufgenommen hatte. In dem mehr als 12 Meilen langen und selten über eine halbe Meile breiten Zuge, welcher sich von Lucska bei Zeben über Palocsa, Lublau, Csorsztyn, Alt Krempach, Szaflary bis Starebystre südwestlich von Neumarkt erstreckt und welcher nur zwischen Palocsa und Ujak und zwischen Krempach und Szaflary auf etwas bedeutendere Strecken Unterbrechungen zeigt, wurden gegen 2000 einzelne Kalk-Klippen ausgeschieden, welche vorwiegend dem Malm- und Doggerund nur zum kleineren Theil auch den Neocomien- oder noch jüngeren Schichten (Nummulitenkalk) angehören. Etwas ausführlichere Mittheilungen über den Gegenstand werden in dem über das ganze Aufnahmsgebiet (Tatra und Umgebungen von Zeben und Lentschau) der II. Section vorbereiteten vorläufigenReisebericht gegeben werden, dem erst in späterer Zeit eine grosse monographische Arbeit über das ganze Gebiet der Tatra und der Klippen nachfolgen soll.

Dr. M. Neumayr. Ueber Dogger und Malm im penninischen Klippenzug [1]).

Die ausserordentliche Zersplitterung der oberjurassischen und neocomen klippenbildenden Gesteine und die vollständige Selbstständigkeit der einzelnen Kalkriffe, welche von Rogoznik in Galizien bis Lucska im Sároser Comitat in Oberungarn einen etwa 14 Meilen langen und im Durchschnitt etwa eine Viertelmeile breiten Streifen Land mit geringen Unterbrechungen bedecken, machen eine directe Verfolgung der Schichten vollständig unmöglich; die Methode des Studiums der betreffenden Gebilde besteht darin, an einigen grösseren Klippen, welche eine bedeutendere Schichtenfolge relativ ungestört darbieten, die einzelnen Glieder möglichst genau petrographisch und paläontologisch zu untersuchen und darnach das Alter der Gesteine derjenigen Felsen zu bestimmen, welche minder günstige Verhältnisse zeigen. Gelang es auch auf diese Art begreiflicherweise nicht in allen Fällen den richtigen Platz eines Gebildes zu bestimmen, und seine richtige Deutung zu finden, so war es doch meistens der Fall und es konnte ein Normalprofil aufgestellt werden, von welchem nur in der Minderzahl der Fälle Abweichungen vorkommen.

Das tiefste Glied, welches auftritt, sind graue Kalke, Mergel und kieselreiche Schieferthone, hauptsächlich durch *Ammonites opalinus* und *Murchisonae* charakterisirt; einzelne besonders günstige Aufschlüsse ge-

---

[1]) Diesem vorläufigen Bericht wird eine ausführlichere Darstellung mit Beschreibung der neuen Arten im Jahrbuche der Reichsanstalt folgen.

statten eine Trennung in zwei Horizonte wie das von Dr. v. Mojsisovics nachgewiesen und von Professor Zittel an dem reichen Material der Hohenegger'schen Sammlung von Szaflary bei Neumarkt (Galizien) durchgeführt¹) wurde.

Ich gebe seine Liste mit wenigen Beifügungen wieder. Die tiefere Schicht enthält:

Amm. opalinus Reinecke.
" *fonticola* Pusch.
" *Aalensis* Zieten.
" *cf. radiosus* Seebach.
" *Murchisonae* Sow.
" *scissus* Benecke.
" (*Phylloc.) tatricus* Pusch.
"   "   *connectens* Zittel.
"   "   *ultramontanus* Zitt.

* *Amm. (Lytoc.) n. sp. aff. sublineato* Opp *).
Amm. (Lytoc.) sp. indet.
Belemn. serpulatus Quenst.
    " *cf. exilis* d'Orb.
    " *Rhenanus* Opp.
Onychites sp.
Eucyclus capitaneus Mustr.
Rhynchonella n. sp.
Balanocrinus.

Die höhere tiefere:

Amm. Murchisonae Sow.
" *n. sp. aff. Murchisonae.*
" *discites* Waagen.
" *Brocchi* Sow.
" (*Phylloc.) tatricus* Pusch.
"   "   *connectens* Zitt.

Amm. (Phyll.) ultramontanum Zitt.
* *Amm. (Lytoc.) ophioneus* Benecke.
Belemn. cf. exilis d'Orb.
    " *cf. Trautscholdi* Opp.
Eucyclus capitaneus Mustr.
Posidonomya Suessi Opp.

Die letztere Schicht enthält zwei Arten der Sowerbyischichten, *Amm. discites* Waagen und *Amm. Brocchii* Sow.

Ueber diesen Schichten folgen mächtige weisse Crinoiden-Kalke meist versteinerungsleer und an wenigen Punkten mit dürftigen Brachiopodenresten und bei Kiow im Sároser Comitate mit *Amm. Mayeri* Waag., welcher ausserhalb der Alpen in der Zone *Amm. Sowerbyi* liegt. Da die nächstfolgende Schicht die Fauna der Klaus-Schichten enthält, so wird man die weissen Crinoidenkalke als Repräsentanten des ganzen mittleren Doggers betrachten müssen, wenn auch die einzige bis jetzt von hier vorliegende Art nur auf dessen unterste Schicht deutet.

Die nächst jüngere Schicht, ein rother Crinoidenkalk, enthält folgende Arten, welche zweifellos die Fauna der Klaus-Schichten repräsentiren.

Amm. recteloatus Hauer.
" *Ymir* Opp.
" *pinguis* Römer.
" *fuscus* Quenst.
" *psilodiscus* Schloenb.

Amm. (Phyll.) cf. Zignoanus d'Orb.
    " (*Lytoc.) sp.* indet.
Terebratula curvicancha Opp.
Mehrere Brachiopoden.

Nun folgen dunkelrothe und rothbraune Knollenkalke, die Czorstyner Kalke; eine Zusammenstellung ihrer Fauna gibt ein merkwürdiges Gemisch von Formen aus der Oxford-, Kimmeridge- und Tithonstufe; ja an einigen Punkten, nämlich in der Gegend von Kamionka, Folywark, Litmanowa

---

¹) Jahrb. der k. k. geol. Reichsanstalt 1863, p. 60.
*) Wegen Mangels der Schale nicht bestimmbar. Die 2 mit Sternchen bezeichneten Arten sind von mir dem Verzeichnisse beigefügt.

an der ungarisch-galizischen Grenze verschwinden auch die Klaus-Schichten und sind mit in den Czorsztyner Kalken vertreten.

Die Bestimmung der Arten dieser und der beiden nächstfolgenden der Rogožniker und der Palocsaer-Schichten habe ich in München gemeinschaftlich mit Herrn Prof. Zittel unter Vergleichung der gleichaltrigen Formen der Apenninen vorgenommen; hiefür sowie für die ausserordentlich liberale Mittheilung und für die Gelegenheit zur Benützung des so reichen in der Münchener Sammlung unter seiner Obhut stehenden Materiales erlaube ich mir Herrn Professor Zittel bei dieser Gelegenheit meinen besten Dank auszusprechen.

Die Fauna der Czorsztyner Kalke folgt in dem beistehenden Verzeichnisse; den auch in anderen Gegenden vorkommenden Formen ist das Niveau in dem sie sich finden, beigesetzt; die mit einem Sternchen bezeichneten Arten finden sich auch in den Apenninen in einer Bank beisammen, welche nach Angabe Professor Zittel's die Rogožniker Breccie und vielleicht die Acanthicus-Schichten vertreten dürfte.

Belemnites sp.
Nautilus cf. giganteus d'Orb. Oxford.
  „ *cyclotus* Opp. Stramberg.
Amm. rectelobatus Hauer. Klausschichten.
  „ **Staszycii Zeuschner.* Tithon.
  „ **Wangeni Zittel.* M. S.
  „ **rompsus Oppel.* Tennilobaten-Schichten.
Amm. trachynotus Oppel. Tennilobaten-Schichten.
Amm. *(Phyll.) silesiacus Opp. Tithon.
  „   „ *Kochi Opp.* Tithon.
Amm. (Phylloc.) cf. polyolcus Benecke. Acanthicus-Schichten.
Amm. *(Phylloc.) ptychoicus Quenst. Tithon.
Amm. (Phylloc.) tortisulcatus d'Orb. Malm.
Amm. (Lytoc.) quadrisulcatus d'Orb. Tithon, Untersneocom.

Amm. *(Lytoc.) cf. montanus Opp. Tithon.
Amm.* (Aspidoceras) cf. cyclotus Opp. Tithon.
Amm. *(Aspidoceras) Rogožnicensis Zeuschn. Tithon.
Amm. *(Aspidoceras) iphicerus[1] Opp. Tennilobaten-Schichten.
Amm. (Aspidoceras) acanthicus[1] Opp. Tennilobaten Schichten.
Amm. (Aspidoceras) Oegir Opp. Oxford.
Amm. *(Aspidoceras) Eduardianus d'Orb. Oxford.
Amm. *(Aspidoceras) acanthomphalus Zittel. M. S.
*Terebratula Catulloi Pict. Tithon.
  „ *sima Zeuschner.* Tithon.
Terebratula Boudi Zeuschner. Tithon.

Es liegen also hier in einem Gestein Arten vom obersten Dogger bis zur Tithonstufe, und es dürfte kaum gelingen eine Gliederung nach den Faunen durchzuführen; z. B. der sehr kleine Aufschluss an der Mühle von Zaskale, an welchem der Czorsztyner Kalk nur in sehr geringer Mächtigkeit am Tage liegt, enthält ebensogut ein solches Gemenge, wie andere Fundorte, an denen aus losen Blöcken oder aus der ganzen Mächtigkeit des Complexes gesammelt wurde. Der sehr schlechte und abgerollte Erhaltungszustand der Fossilien macht die Annahme nicht unwahrscheinlich,

---

[1] Professor Zittel wird noch eine eingehendere Vergleichung zur Feststellung dieser Bestimmungen vornehmen; beim Vergleich mit ziemlich bedeutendem schwäbischen und fränkischen Material konnten wir vor der Hand keinerlei Unterschied wahrnehmen.

dass wir es hier mit „couches romanides" zu thun haben; noch wahrscheinlicher wird dies dadurch, dass an Punkten, wo der häufig wirklich conglomeratartige Czorsztyner Kalk mit den abgerollten Fossilien zurücktritt, und Gesteinen mit besser erhaltenen Resten Platz macht, wie bei Maruszina, auch der obere Jura sich sehr gut gliedert.

Ueber dem Czorsztyner Kalk erst folgen Schichten mit rein lithonischer Fauna; bald rosenrother Kalk mit schlecht erhaltenen Versteinerungen, bald Crinoidengesteine mit zahlreichen Brachiopoden, bald als Cephalopoden-Breccie mit der berühmten Rogožniker Fauna. Folgendes Verzeichniss, das jedoch nur bei den Cephalopoden einigen Anspruch auf Genauigkeit machen kann, gibt eine Zusammenstellung der hier vorkommenden Reste. Die Formen von jurassischem Charakter sind mit einem *, die von cretacischem Typus mit einem ! versehen; bei wirklicher Identität der Arten sind die Zeichen verdoppelt. Ausserdem ist angegeben, ob die Art auch in Stramberg, Palocsa oder in den Apenninen vorkommt.

Belemn. Rothi Opp.
    „ Zeuschneri Opp.
Ancyloceras Gümbeli Opp.
    „ gracile Opp.
Amm. (Lytoc.) quadrisulcatus d'Orb.!! Stramb. Apenn.
Amm. (Lytoc.) montanus Opp. Apenn.
Amm. (Phyll.) silesiacus Opp.! Stramb. Apenn. Palocsa.
Amm. (Pyll.) Kochi Opp. Stramb. Apenn. Palocsa.
Amm. (Phyll.) nerus Opp. Stramb. Apenn. Palocsa.
Amm. (Phyll.) ptychoicus Quenst. Stramb. Apenn. Palocsa.
Amm. (Aspidoceras) cyclotus Opp.* Apenn.
Amm. (Aspidoceras) Rogoznicensis* Zeusch. Apenn. Stramb.
Amm. (Aspidoceras) turgescens Catullo.* Apenn.
Amm. semiformis Opp. Apenn.
    „ Fallauxi Opp. Stramb.
    „ notogaster Opp.
    „ mundulus Opp.
    „ collegialis Opp.*
    „ lithographicus Opp.** Solenhofen, Südtyrol.
Amm. n. sp. *(Gruppe des flexuosus) Apennin.
Amm. n. sp.* (Gruppe des flexuosus).

Amm. verruciferus Zitt. M. S. Apenn.
    „ ascmus Opp.
Amm. Catullianus Opp.*
    „ tomephorus Zitt. M. S.
    „ simus Opp.*
    „ adversus Opp.!
    „ Richteri Opp. Stramb.
    „ cf. Calisto d'Orb.
    „ microps Opp.
    „ rasilis Opp.
    „ Stasycii Zeuschn. Apenn.
    „ carachtheis Zeuschn. Apenn. Stramb. Palocsa.
    „ cf. mirabilis d'Orb.* Palocsa.
    „ rhinotomus Zittel. Südtyrol.
Aptychus latus Voltz.** Apenn.
    „ obliquus Peters* Apenn.
    „ punctatus Voltz. Stramb. Apenn. Palocsa.
Terebratula Catulloi Piet.
    „ sima Zeuschn.
    „ Boudi Zeuschn.
    „ aquilina Suess. M. S. in coll.
Pleurotomaria sp.
Pecten sp.
Posidonomya sp.
Collyrites altissimus Zeuschn. sp.
    „ cf. Friburgensis Cott.
Inoceramus sp.
Avicula sp.

Von den 38 Cephalopoden sind 16 bisher nur in der Rogožniker Breccie gefunden worden; von den übrigen 22 finden sich 17 in den Apenninen wieder, von denen 8 auch in Stramberg sind; zwei Arten kommen in Stramberg und Rogožnik gemeinsam vor, nicht im Apennin;

diese Zahlen beweisen genügend, dass die Rogozniker Breccie mit den apenninischen Tithonschichten viel näher verwandt ist, als mit dem räumlich nicht sehr entlegenen Stramberg, während dieses zu dem weit entlegeneren Calcaire de la Porte de France in der innigsten Beziehung steht.

Im südwestlichen Theile des penninischen Klippenzuges tritt noch an zwei Punkten ein weisser Kalk auf, der von Hauer und Mojsisovics geschilderte weisse Kalk von Palocsa; ausser an der zuerst bekannt gewordenen Localität fand ihn Herr Montaningenieur Höfer etwa eine Stunde westlich von dem erstgenannten Punkte bei dem Dorfe Kiow auf, und hier konnte ich deutlich die Ueberlagerung der Rogozniker Breccie durch denselben constatiren. Wie petrographisch, so ist auch wenigstens in Betreff der Cephalopoden, die paläontologische Aehnlichkeit mit Stramberg sehr gross, während allerdings die Brachiopoden lauter Rogozniker Arten angehören. Es fand sich an beiden Orten:

Amm. (Lytoc.) sp.
„   „   quadrisulcatus d' Orb. Rogoźnik, Stramb.
Amm. (Phylloceras) serum Opp. Rogoźnik, Stramb.
Amm. (Phyll.) ptychoicus Quenst. Rogoźnik, Stramb.
Amm. (Phyll.) silesiacus Opp. Rogoźnik, Stramberg.
Amm. (Phyll.) Kochi Opp. Stramb. Rogoźnik.
Amm. (Phyll.) ptychostoma Beneke. Stramberg, Apennin.
Amm. climatus Opp. Stramb.

„   carachtheis Zeuscha. Stramberg, Rogoźnik.
Amm. tithonius Opp. Stramberg.
„   transitorius Opp. Stramberg.
„   microcanthus Opp. Stramb.
„   cf. scrupossus Opp. Stamberg.
„   cf. mutabilis Rogoźnik.
„   n. sp. (Tenuilobati.)
Aptychus punctatus Voltz. Rogoźnik, Stramberg.
Terebratula Catulloi Pict. Rogoźnik.
„   zima Zeusch. Rogoźnik.
„   aquilina Süss. Rogoźnik.
„   Bouei Zeusch. Rogoźnik.

Von 15 Ammoniten ist eine Art nicht näher bestimmbar, eine der Localität eigenthümlich; eine Art ist nur mit Rogoźnik gemeinsam; 7 kommen sowohl in Stramberg als in Rogoźnik (oder in den Apenninen) vor, und 5 sind ausschliesslich mit Stramberg gemeinsam; die für Rogoźnik bezeichnenden Cycloten-Ammoniten und die dazu gehörigen Aptychen sind verschwunden und die in Stramberg zuerst auftretenden Ammoniten vom Typus des *Am. transitorius*, von denen bei Rogoźnik erst ein Bruchstück gefunden wurde, sind bei Palocsa häufig. *Am. (Phylloceras) silesiacus Opp.*, in Rogoźnik zu den Seltenheiten gehörend, ist hier häufig. *Amm. (Phylloceras) serus Opp.* kommt bei Rogoźnik und im Apennin in einer dicken, bei Stramberg und Palocsa in einer comprimirteren Varietät vor; kurz der gesammte Charakter der Cephalopodenfauna von Palocsa ist derjenige von Stramberg, während die Brachiopodenfauna ganz mit der Fauna von Rogoźnik übereinstimmt. Da nun bei Kiow die Schicht mit einer Fauna, welche Rogozniker und Stramberger Elemente enthält, über der Rogozniker Breccie liegt, so muss um so mehr dem Kalke von Stramberg ein jüngeres Alter zukommen.

Ein indirecter Beweis hiefür liegt auch darin, dass in den Apenninen, wie in den Karpathen (im Czorsztyner Kalk) Arten der Rogozniker Fauna mit Arten aus älteren Schichten in einer Bank liegen, ein Verhältniss, welches bei den Stramberger Formen nie stattfindet; an der Porte de France sind die Schichten, in denen sie liegen, von den Tenuilobaten-

Schichten durch Aptychen-Kalke getrennt, welche in diesem speciellen Falle als ein Aequivalent der Rogozniker Breccie betrachtet werden könnten.

Fassen wir das hier Gesagte zusammen, so finden wir zwei, wie ich gezeigt zu haben glaube, über einander liegende, durch eine grosse Anzahl gemeinsamer Arten eng verbundene Horizonte, welche mit allen bekannt gewordenen nächst älteren oder jüngeren Schichten eine verhältnissmässig sehr geringe Anzahl von Formen gemein haben. Dieselben sind getrennt oder vereinigt durch die ganze dem alpinen Typus angehörige Hälfte Europa's nachgewiesen und dürfen nach manchen Anhaltspunkten auch in anderen Theilen der Erde vermuthet werden. Wenn irgend wo, so scheint hier die Aufstellung einer eigenen, der „tithonischen Etage" geboten, und beschränkt man diese Bezeichnung auf die alpinen Bildungen, so dürfte wohl keinerlei Uebelstand mit Annahme derselben verbunden sein. Die beifolgende Tabelle möge zur näheren Erläuterung meiner Ansicht dienen.

		Karpathen	Südalpen	Südfrankreich
Tithonische Stufe.	Zone des Ammonites transitorius.	Stramberger Kalk Kalk von Palocsa.	Diphyakalk.	Oberer Kalk der Porte de France.
	Zone des Ammonites cyclotus.	Rogozniker Breccie Csorsztyner Kalk zum Theile.		Base à gros Aptychus Pictet).

Im Diphyenkalk Südtirols scheinen beide Zonen vertreten, worauf einerseits das häufige Vorkommen von Planulaten mit Rückenfurche, andererseits die Cyklaten und Flexuosen-Ammoniten (*Amm. lithographicus, cyclotus, Rogozniczensis*) hindeuten. Die tithonischen Vorkommnisse anderer Länder sind noch nicht genügend bekannt, um über deren Zugehörigkeit zur einen oder anderen Zone etwas auszusprechen.

Ist die Aufstellung einer solchen Etage, unabhängig vom Neocom wie von tieferen Jura-Etagen festgestellt, so liegt die Besprechung der Zutheilung zur Jura- oder Kreideformation nach paläontologischen Gründen ausserhalb meiner Aufgabe, um so mehr als diese Frage in der letzten Zeit von competentester Seite vielfach erörtert wurde; gelten dagegen die Lagerungsverhältnisse für massgebend, so kann ich auf das Bestimmteste betonen, dass überall in den Karpathen die tithonischen Schichten den tieferen Schichten des Malm concordant auflagern, ja dass Fossile beider in einer Bank durcheinander gemengt liegen, während das Neocom nicht selten in Discordanz mit den tithonischen Schichten zu beobachten ist.

Oben wurde erwähnt, dass an einer Localität bei Maruszina der obere Jura ziemlich schön gegliedert ist; namentlich bemerkenswerth ist dort das Auftreten einer Schicht mit einer Fauna, welche Oppel einen Theil seiner Anhaltspunkte für die Nachweisung der Zone des *Amm. transversarius Quenst.* in den Karpathen gegeben hat; es finden sich hier

Amm. (*Aspidoceras*) *Oegir* Opp.   *Amm.* (*Lytoc.*) *Adelae* d'Orb.
  „   „   *Edwardsianus*   „   *aff. Bachiana* Opp.
d'Orb.   „   *cf. Martelli* Opp. und mehrere
Amm. (*Aspidoc.*) *cf. radiuensis* d'Orb.   neue Arten.

Endlich treten sehr verbreitet, z. B. die Masse des Pennins ausmachend, weisse hornsteinführende Kalke mit Einlagerungen von rothen Schiefern auf, welche ausser *Aptychus latus Voltz, punctatus Voltz* und *Terebratula triangulus Park.* keine bestimmbaren Reste enthalten. Da diese Kalke fast immer abgesonderte Klippen bilden, und nie in deutlichem Zusammenhange mit anderen Juragebilden getroffen worden, so muss deren Deutung einstweilen noch unentschieden bleiben.

Einsendungen für das Museum.

H. Wolf. Dr. E. Weiss. Gesteine vom Marsbag Hill bei Aden und Sande von der Grenze der arabischen Wüste etc.

Das Museum erhielt als Geschenk vom Herrn Professor Dr. Weiss eine Suite von Gesteinen und Versteinerungen, die er gelegentlich seiner mehrfachen astronomischen Expeditionen ansammelte.

Darunter sind besonders hervorzuheben Trachyte mit Hyalithen und Laven von dem Berge Marsbag Hill, zwei Seemeilen östlich bei Aden in Arabien, ferner marine Sande an der Grenze der arabischen Wüste, Sand der Wüste aus der Gegend von Jalouf am Suezkanal, 42 Kilometer von Suez und endlich ein Conglomerat mit den Röhren von Bohrmuscheln aus dem Einschnitte des Suezcanals bei Jalouf, aus der Tiefe von 7 Meter unter der Oberfläche.

Ueberdies verdanken wir Herrn Weiss eine Suite erratischer Geschiebe von Ottendorf bei Troppau mit Orthoceratiten, dann eine Suite von Versteinerungen des Hierlatz im Salzkammergute etc.

F. v. Vivenot. Josef Fauser. Fauserit von Hodritsch bei Schemnitz.

Herr J. Fauser, Apotheker zu Pest, lieferte einen sehr werthvollen Beitrag zur Ergänzung der mineralogischen Localsammlungen des Museums durch Uebersendung eines, seinen Namen führenden Salzvorkommens, des Fauserites. Breithaupt, der Entdecker dieses Minerals, fand selbes, als neues Zersetzungsproduct, in den Grubenbauen von Herrengrund in Ungarn, während das von Herrn Fauser übersandte von Hodritsch bei Schemnitz herstammt. — Es ist ein durchscheinender, licht rosenroth gefärbter Stalaktit, welcher, wie die daran vorkommenden zahlreichen Krystallflächen ganz deutlich zu erkennen geben, durch Aneinanderreihung vieler in ihrer Ausbildung gestörter Krystallindividuen gebildet wurde. In den an der einen Seite des Stalaktiten vorkommenden Hohlräumen fanden sich hie und da unvollkommen ausgebildete Kryställchen eingeschlossen, deren Flächen jedoch keine bestimmte Deutung zuliessen. — Der Werth des Geschenkes wird durch den neuen Fundort wesentlich erhöht.

Einsendungen für die Bibliothek und Literaturnotizen.

F. v. V. Websky. Ueber Epistilbit und die mit ihm vorkommenden Zeolithe aus dem Mandelstein von Finkenhübel bei Glatz in Schlesien.

Aus d. Zeitsch. d. deutschen geolog. Gesellsch. Jahrg. 1869. Sep.-Abdr. Gesch. d. Verf.

Im Laufe der letzten Jahre hat sich die Zahl der in den Mandelsteinen von Niederschlesien vorkommenden Zeolithen bedeutend vermehrt, indem noch Harmotom, Chabasit und Epistilbit hinzutraten, unter welchen der Letztere, wegen der Seltenheit des Vorkommens, das meiste Interesse bietet. Die Krystalle desselben, welche der Verfasser einer genauen Untersuchung unterzog, zeigen ganz dieselben Flächen und genau dieselbe Formen-Entwicklung wie die von Beruřord in Island. Die Krystalle sind meist zu Zwillingen vereint nach dem bekannten Gesetze des Epistilbites. Die Ebene der optischen Axe ist nach Websky's Untersuchungen in der Ebene des blättrigen Bruches gelegen.

F. v. V. Dr. Theodor Petersen. 1. Chrompicotit von Dun Mountain. 2. Magnetkies von Auerbach. 3. Zur Kenntniss des Rothgiltigerzes. Aus dem 9. Ber. des Offenbacher Ver. für Naturkunde. Sep.-Abdr. Gesch. d. Verf.

1. Der Verfasser theilt in vorliegender Arbeit seine Untersuchungen über den Picotit von Dun Mountain auf Neu-Seeland mit, welcher von v. Hochstetter in grösseren derben Massen mit gelblichem Olivin, gräulichem Chromdiopsid und weissem Enstatit daselbst aufgefunden wurde.

Die vorgenommenen Analysen constatirten einen sehr hohen Chromgehalt, so hoch wie Chromeisenerz, weswegen der Verfasser diesen Picotit als „Chrompicotit" bezeichnet, zum Unterschiede von jenem, welcher in kleinen schwarzen Oktaedern ebenfalls in dem Dunit von Dun Mountain eingesprengt sich findet und nach den Untersuchungen Damour's und Hilger's einen hohen Thonerdegehalt ergab. Diesen Typus bezeichnet der Verfasser als „Thonerdepicotit".

2. In dem Magnetkies von Auerbach in Hessen gelang es dem Verfasser Nickel und Kobalt nachzuweisen, was zum neuerdings als Beweis für die Richtigkeit der Annahme Genth uns, dass Nickel und Kobalt weit verbreitertere Körper sind, als man gewöhnlich glaubt. Hinsichtlich der Formel des Magnetkieses bemerkt der Verfasser, dass sie nach seinem Dafürhalten zweckmässig Fe 8 ist und nicht wie gewöhnlich geschrieben, wird Fe7 S8.

3. Am Schlusse dieser neuen schätzenswerthen Mittheilungen theilt Dr. Petersen nach einige Analysen sowohl des lichten wie des dunklen Rothgiltigerzes mit, wonach Antimon- und Arsensilberblende in ihrer chemischen Zusammensetzung ziemlich scharf von einander geschieden sind.

F. v. V. W. Ritt. v. Haidinger, Der Meteorsteinfall am 22. Mai 1868. 2. Bericht. Aus dem LVII. Bde. d. Sitzungsb. d. kais. Akad. II. Abth. Dec. Heft, Jahrg. 1868. Mit 1 Taf. und 5 Holzsch. Sep. Abd. Gesch. d. Verf.

Vorliegende Arbeit dient als Ergänzung zu dem von Herrn Hofrath v. Haidinger am 9. Juli vorigen Jahres der Akademie vorgelegten Berichte über den Meteorsteinfall von Slavetič (Croatien), welcher sich am 22. Mai 1868 ereignete. Besonders hervorgehoben zu werden verdient die Form der Wolke, in welcher sich das Meteor den beobachtenden Personen näherte. Die Wolke hatte, wie bei dem Falle von Knyahinya (9. Juni 1866), die Gestalt eines „grossen Wagenrades". Würden noch mehrere den Fall betreffende Eigenthümlichkeiten dem Verfasser zu Gebote gestanden sein, so hätte er die Frage zu erörtern gesucht, ob nicht die Bildung solcher Staubringe in einer ruhigeren umgebenden Luft, dadurch mächtig gefördert werde, dass die Ausfüllung des Vacuums, wie der Schlag in einer der früheren kosmischen Richtung entgegengesetzten stattfindet. Ueber das innere des Gefüges geben die vorgenommenen Schnitte einen vollständigen Aufschluss. Namentlich nehmen die an diesem Meteorstein vorkommenden schwarzen Structurlinien die Aufmerksamkeit in Anspruch. Von den weiteren Mittheilungen soll nur noch erwähnt werden, dass dieser Meteorstein in Bezug auf den Charakter, der sich in den Einschlüssen darbietet, ein Chondrit nach G. Rose sei. Abbildungen des Steines, wie der Schnittflächen sind zum näheren Verständniss dieses interessanten Meteoriten beigegeben. Der ansehnliche der Sammlung des k. k. Hof-Mineralien-Cabinetes einverleibte Stein hat ein Gewicht von 2 Pfund 26½ Loth Wiener Gewicht und Dimensionen von 5½, 4 und

2½ Wiener Zoll; derselbe war vollständig überrindet mit Ausnahme von ganz kleinen unbedeutenden Eckchen.

Dr. L. Schl. Prof. Renevier. Quelques observations géologiques sur les Alpes de la Suisse centrale comparées aux Alpes vaudoises. Lausanne et Paris 1868. 18 Seiten, 1 Taf. (Sep. d. Bull. Soc. vaud. Sci. nat., tome X, p. 39.)

Gelegentlich der Reise zur vorjährigen schweiz. Naturforscher-Versammlung in Einsiedeln besuchte Professor Renevier die Umgebungen von Yberg und Wimmis, um dort Vergleichspunkte für seine Studien in den Waadtländer Alpen zu gewinnen; von den dort gemachten Beobachtungen theilt er in der vorliegenden Notiz einige der interessantesten mit, die sich auf das Nummuliten-Gebirge von Yberg (Schwyz), auf den Seewerkalk der Umgebungen von Wäggi (Schwyz), auf den Gault von Wannenalp (Schwyz), auf das Aptien von Wannen (Schwyz), auf das Neocomien mit *Toxaster Brunneri* von Guggernfluh (Schwyz), auf den Col de Egg und den Mythen (Schwyz), auf Brunnen und die Axenberg-Strasse am Luzerner See, auf den Brünig-Pass, auf die rhätische Formation von Spiez am Thuner See, auf den Jura der Simmenfluh (Bern), und endlich auf den Flysch des Simmenthales beziehen. Als besonders interessante Resultate dürften folgende hervorzuheben sein: Das Nummulitengebirge von Schwyz und vielleicht der ganzen nordöstlichen Schweiz muss dem étage parisien oder Mittel-Eocen zugerechnet werden und ist also weit älter als das obereocene Nummuliten-Gebirge der Waadtländer Alpen. In den Alpen von Schwyz fehlen die obersten Kreide- und die untersten Tertiär-Schichten, während in den Waadtländer Alpen, wo als jüngste Kreide das Rothomagien und als älteste Tertiärschicht das Tongrien entwickelt ist, eine viel grössere Lücke in der Schichtenfolge besteht. Zwischen Yberg und Schwyz zeigt also neue geologische Karte der Schweiz Flysch und Kreide an, während nach Renevier's Ansicht dort nur Trias und Jura entwickelt sein würde. Von besonderem Interesse sind die Bemerkungen in dem Kapitel, welches überschrieben ist: Jurassique de la Simmenfluh (Berne). Es ist dies dieselbe Localität, über welche auch der folgende mir soeben von den Verfassern freundlichst übersendete Aufsatz handelt.

Dr. C. Schl. W. A. Ooster und **C. v. Fischer-Ooster.** Protozoe helvetica. Mittheilungen aus dem Berner Museum der Naturgeschichte über merkwürdige Thier- und Pflanzenreste der schweizerischen Vorwelt. 1. Die fossile Fauna des rothen Kalkes bei Wimmis Von **W. A. Ooster.** Geognostische Beschreibung der Umgebung von Wimmis (Berner Oberland). Von **C. v. Fischer-Ooster.** 14 Seiten 4°, Taf. 1 u. 2 u. 1 Karte. Basel und Genf 1869.

An diesem in den letzten Jahren oft genannten Punkte waren dreierlei Gesteinsschichten bekannt, deren Verhältniss zu einander und deren geologisches Alter von verschiedenen Geologen verschieden gedeutet wurde: ein schwarzer Kalk mit *Mytilus* an der Brücke von Wimmis, den man gewöhnlich als Kimmeridge betrachtet hatte, die Korallenkalk mit *Diceras* (über den eine paläontologische Monographie von W. A. Ooster sich unter der Presse befindet) zwischen den Felsen der Simmenfluh, und endlich drittens rothe Kalke mit grossen Inoceramen, welche ganz in der Nähe der letztgenannten Schicht anstehen. Hébert nun hatte bei seinem Besuche dieser Localität im vorigen Jahre die dortigen Verhältnisse so aufgefasst, dass das sogenannte Kimmeridge unter dem Corallien läge und letzteres seinerseits von den rothen Inoceramen-Schichten überlagert würde, die sehr wahrscheinlich der unteren Kreide zugerechnet werden müssten. Dagegen glaubte Renevier allerdings ebenfalls eine regelmässige Folge der Schichten zu erkennen und eine Ueberstürzung nicht annehmen zu dürfen, betrachtete aber die drei oben bezeichneten Gesteine als vermöge ihrer Fauna nahe mit einander verwandt, und hielt dafür, dass das sogenannte dunkle Kimmeridge-Gestein das tiefste sei und höchstens als unteres Oxford gedeutet werden dürfe, dass die darauf folgenden grauweissen „Chatel-Kalke" und rothen Inoceramen-Kalke ebenfalls der Oxfordgruppe angehören und dass die das Hangendste bildenden Korallenkalke jedenfalls nicht jünger seien, als „la base du jurassique supérieur". Abweichend von diesen beiden Geologen erklärt Herr v. Fischer-Ooster die Verhältnisse an der Simmenfluh durch eine an dem einen Flügel überstürzte und in Folge dessen auf beiden Flügeln nach der gleichen Richtung einfallende Schichtenmulde. Die regelmässige Schichtenfolge würde nach ihm folgende, von unten nach oben, sein: schwarzer Schiefer mit Kimmeridge-Petrefacten, hellgrauer Kalk mit Petrefacten aus dem Corallien Orb. (Renevier's Châtel-Kalk), rother Kalkmergel mit Inoceramen und *Calianissa fribergensis*, und *captivus* und endlich das petrefactenreiche Corallien; jedenfalls aber ist die Localität Wimmis eine höchst interessante und scheint geeignet in der tektonischen Frage eine nicht unwichtige Rolle zu spielen. Wir sehen daher dem Erscheinen der Monographie dieser sogenannten Corallien-Fauna mit Spannung entgegen.

Dr. **U. Schl. M. J. Gosselet** et **E. C. Malaise.** Observations sur le terrain silurien de l'Ardenne. 65 Seiten, 2 Taf. Bruxelles 1868 (Extr. d. Bull. de l'Acad. roy. de Belg., 2me sér. tome XXVI, no. 7.) Gesch. d. Herrn Malaise.

Dieser interessante kleine Aufsatz gibt zunächst ein Resumé der in neuerer Zeit theils von den Verfassern selbst, theils von anderen Geologen, namentlich von Dumont, Hébert, Decken etc., über den bezeichneten Gegenstand veröffentlichten Arbeiten, und discurirt dann die von Dumont aufgestellte und von den anderen Geologen theils adoptirte, theils verworfene Gliederung des älteren Schiefergebirges. Dumont unterschied bekanntlich das ältere Terrain ardennais, welches er in die Syst. devinien, ahunien, revinien zerlegte, und das jüngere Terrain rhénan, bestehend aus den Syst. gedinnien, coblentzien, ahrien und wie auch, dass das Terrain rhénan discordant auf dem Terrain ardennais ruht. Obgleich nun Hébert durch das Studium der Petrefacten, welche sich an der Basis des Syst. gedinnien gefunden haben, dessen Zugehörigkeit zur Devonformation nachgewiesen hatte, blieben seitdem doch viele Geologen der Auffassung Murchison's, welche das Gedinnien mit dem Terrain ardennais verband und zum Silur rechnete, und betrachteten erst die darüber folgenden Schichten bis an die Grenze der Kohlenformation, die Syst. coblentzien und ahrien, als Repräsentanten des Devon. Gleichzeitig wurde die Unterscheidung der von Dumont im Terrain ardennais unterschiedenen Systeme, namentlich von Decken, für unwesentlich und nicht genügend begründet erklärt. Die Verfasser haben sich aus in diesem vorliegenden und einigen vorausgegangenen kleinen Aufsätzen die Aufgabe gestellt, und, wie es mir scheint, dieselbe auch gelöst, nachzuweisen, dass Dumont im Wesentlichen mit seiner Auffassung Recht hatte. Auf die Details ihrer zu diesem Zweck mitgetheilten Beobachtungen einzugehen, kann natürlich hier nicht der Ort sein.

Dr. **U. Schl. H. Trautschold.** Die Laterne des Diogenes von *Archaeocidaris rossicus*, 10 S., 1 Taf. Moskau 1868. (Sep. aus **d. Bull. de la Soc. Imp.** d. Natur. de Moscou, 1868.) Gesch. d. Verf.

Die zuerst von Murchison, Verneuil und Keyserling unter dem Namen *Archaeocidaris rossicus* beschriebene Echiniden-Art ist bisher nur sehr unvollständig bekannt, und nur mit Zweifel deutet der Verfasser einen dipyramidalschen Körper mit einer abgeplatteten Fläche, als einen Steinkern dieser Art. Um so interessanter muss daher die Auffindung des vollständigen Kauapparates dieser Art sein, welchen der Verfasser auf Grund der Untersuchung eines schon seit längerer Zeit in der Sammlung des verstorbenen Prof. Auerbach vorhandenen und mehrerer von ihm selbst in neuerer Zeit aufgefundenen besserer Exemplare beschreibt und abbildet. Im Vergleich mit dem Apparat jüngerer fossiler und lebender Echinodermen ist derjenige des *Archaeocidaris rossicus* etwas einfacher, aber doch demjenigen des *Tiarechinus hindus* z. B. sehr nahestehend, weshalb der Verfasser bemerkt, dass, wenn ein Vervollkommnungsprocess dieser Organe im Laufe der Zeiten durch die Reihe der auf einander folgenden Formen stattgefunden hat, dieser ein ausserordentlich langsamer gewesen ist.

A. Miko. Jul. Lovász. Petrefactenfunde im Hátszeger Becken. „Bányászati és kohászati lapok", Jahrgang 1868, 1., 2., 3. und 4. Nummer, Seite 4.

Mit Hinweisung auf Stur's geologische Uebersichtsaufnahme im südwestlichen Siebenbürgen (Jahrbuch d. k. k. geologischen Reichsanstalt, 1863) und insbesondere auf seine Bemerkungen über den Mangel an Versteinerungsfundorten im Gebiete des Hátszeger Beckens, führt Lovász an, dass er mit seinem Reisegefährten bei einer sprichwörtlichen geologischen Begehung des Hátszeger Thales im Jahre 1868 dennoch so glücklich war, einige Fundorte von Versteinerungen in dem genannten Gebiete ausfindig zu machen.

1. In Maczesd, neben dem von hier nach Fehérvis führenden Feldwege, an der Stelle wo dieser von dem durch das Dorf fliessenden Bache sich zu trennen sucht, fanden sich in einer durch den Bach entblössten Sandschichte und in dem darüber liegenden dunkelgrauen Mergel reichlich Exemplare von *Cerithium* und *Natica* in gutem Erhaltungszustande. Am linken Ufer dieses Baches nach aufwärts auf beiläufig 120 Schritte von dem ersteren entfernt befindet sich abermals ein, wenn gleich minder reicher Fundort. Am unteren Ende des Dorfes in den am rechten Ufer des Baches sich erstreckenden Wasserrissen sind im dunkelgrauen Mergel ebenfalls viele und mannigfaltige Versteinerungen zu finden.

2. Zwischen Felső- und Alsószállápatak am rechten Ufer des durch diese Ortschaften fliessenden Baches, wo die Wasserleitung der Alsószállápataker Mahlmühlen beginnt, zeigen sich nur Exemplare von *Natica*.

3. Spuren von dergleichen Vorkommnissen sind auch zu beobachten in dem gewöhnlich trockenen Bette des unter den Alsószállápataker Weingärten sich durchziehenden Baches, sowie

4. in dem zwischen Malomvis und Nuksor liegenden und sich nach Uncsuk-Falva öffnenden Thale in der Nähe der Mrienhütte.

Alle diese Fundorte kommen wegen der überaus dicken Diluvial-Schichte nur deckenweise vor und alle erwähnten, ausgenommen den bei Maczesd, sind unbedeutend.

Braunkohle wurde nur in den von Kurojesd östlich liegenden Thälern gefunden, aber nur in unbedeutenden Quantitäten.

H. v. Sandtken. Geologische Karte von Dorogh und Tokod. Ebenda Seite 31. Sitzung des ung. geologischen Vereins den 27. Jänner 1869. Nach B. W.'s Bericht.

Die Untersuchung dieses Gebietes ergab, dass der Grund der in den Eocen-Gebilden vorkommenden Braunkohlenlager von Dorogh und Tokod vom Dachsteinkalke gebildet wird; die untersten Lagen der Eocen-Ablagerung bestehen aus Süsswasserbildungen, welche zugleich die eine Gesammtmächtigkeit von 4—5 Klafter einhaltenden Kohlenflötze einschliessen. Diese Süsswasserlagen werden von marinen Schichten bedeckt, welche vermöge der eingeschlossenen Versteinerungen sehr bestimmt ausgesprochene Etagen bilden, wie folgt:

a. Cerithium-Etage, bestehend aus Tegelschichten, welche reichlich *Cerithium striatum* enthalten; in denselben fehlen aber noch die Nummuliten.

b. Untere Mollusken-Etage, mit sehr vielen Muschelfragmenten; von den Nummuliten findet sich allein *Nummulites subplanulata* vor.

c. Operculina-Etage, bestehend aus meistens grünlich aussehendem Tegel, dessen Schlämmrückstand viele Foraminiferen enthält.

d. Nummuliten-Luczanna-Etage, in welcher der grösste Theil der in der vorigen Operculina-Etage vorkommenden Foraminiferen fehlt.

e. Obere Mollusken-Etage, welche sehr reich ist an *Lucina mutabilis*, *Crassatella tumida* und an *Nerita conoidea*.

f. Nummuliten-Sandstein.

g. Nummuliten-Kalkstein. Diese beiden obersten Etagen unterscheiden sich bereits petrographisch bedeutend von den vorigen.

Die Eocen-Gebilde sind mit Oligocen-Lagen bedeckt, welche in der Gegend von Mogyorós ebenfalls Kohlenflötze einschliessen; in der Gegend von Dorogh und Tokod sind Oligocen-Kohlenflötze bis jetzt noch unbekannt.

Carl Hofmann. Ueber das geologische Alter der an dem Ofener Schwabenberge sich verbreitenden Süsswasserablagerungen. Ebenda.

Die Kalkstein-, Sandstein- und Thonschichten dieser Gegend fand der Vortragende auf Grund ihrer Lagerungsverhältnisse mit einander im engen Zusammenhange, und fasst sie auf Grund ihrer organischen Einschlüsse insgesammt als eine der Congerienstufe angehörige Schichtengruppe auf. Von dieser bedeutend verschieden sind die am benachbarten Hárshegy (Lindenberg) vorkommenden Sandsteine, welche beim Czám mit Nummuliten-Schichten wechsellagern und demnach das oberste Glied der in der Pest-Ofener Gegend sich verbreitenden Eocen-Ablagerungen repräsentiren dürften.

Ausserdem wurde die Bibliothek durch folgende Bücher bereichert:

1. Einzelwerke und Separatabdrücke:

Armand F. Études préhistoriques sur les premiers vestiges de l'industrie humaine et la fin de la période quaternaire dans le Sud-Est de Vaucluse. 6 Planches. Paris F. Savy 1869.

Carl Graf Belrupt und Otto Baron Petrino. Oesterreichs erster Agrar-Congress zu Wien im November 1868. Innsbruck 1869.

Berlin. Uebersicht von der Production der Bergwerke, Salinen und Hütten in dem preussischen Staate im Jahre 1867. (Sep.-Abdr. aus Bd. XVI. der Zeitschrift für das Berg-, Hütten- und Salinenwesen im preuss. Staate). Berlin 1868.

L. Ditscheiner. Ueber eine neue Methode zur Untersuchung des reflectirten Lichtes. Mit 1 Tafel. Sep.-Abdr. aus d. LVIII. Bd. d. Sitzungsb. d. k. Akad. d. Wissensch. II. Abth. Oct.-Heft, Jahrg. 1868. Gesch. d. Verf.

Fuchs C. W. C. Die Laven des Vesuv. Untersuchung der vulcanischen Eruptions-Producte des Vesuv in ihrer chronologischen Folge, vom 11. Jahrhundert an bis zur Gegenwart. I., II. und III. Th. Sep. aus Geinitz und Leonh. Jahrb. Gesch. d. Verf.

Dr. H. B. Geinitz und Dr. K. Th. Liebe. Ueber ein Aequivalent der lakonischen Schiefer Nordamerika's in Deutschland und deren geologische Stellung. Mit 8 Steindrucktafeln und mehreren Holzschnitten. Dresden. Sep.-Abdr. Gesch. der Verf.

Dr. M. L. Th. Liebe. 1. Ein neuer Wolframit. Ein Beitrag zur Mineralchemie. Sep.-Abdr. Gera 1868. — 2. Notizen über den conglomeratischen Zechstein. Sep.-Abdr. Deutsch. geolog. Gesellschaft Jahrg. 1857. — 3. Näheres über das Jodblei von Atakama. Sep.-Abdr. Deutsch. geol. Gesellschaft. 4. Das Zechsteinriff von Köstritz. Sep.-Abdr. Deutsch. geol. Gesellsch. Gesch. d. Verf.

W. E. Logan. Exploration géologique du Canada. Rapport des Opérations (Report of Progress) de 1863 à 1866. Traduit de l'Anglais par Eum. Blain de St. Aubin. Ottawa 1866.

C. Mehlss. Documente, betreffend den Hohofen zur Darstellung von Roheisen. Mit eingedruckten Holzschnitten und 4 Kupfertafeln. Berlin 1868.

Robert Schmidt und Otto Müller. Flora von Gera. Erste Abth. Phanerogamen. Gera 1857. Zweite Abth. Cryptogamen. Erste Hälfte. Halle 1858.

Washington. Report of the Commissioner of General Land Office for the year 1867. Washington 1867.

2. Zeit- und Gesellschafts-Schriften:

a) Mit mehr als vierteljährigem, unregelmässigem Termin der Publikation.

Gera. Jahresberichte der Gesellschaft von Freunden der Naturwissenschaften. 1858—1865. (7 Hefte).
— Verhandlungen der Gesellschaft von Freunden der Naturwissenschaften etc. I. Bd. 1858—1862, II. Bd. 1863—1867.

Wien. Tafeln zur Statistik der Oesterreich-ungarischen Monarchie. Herausgegeben von der k. k. statistischen Central-Commission. Die Jahre 1860—1865. II. Heft. Wien 1868. Tafel 1. Organismus der Staats-Verwaltung nach dem Bestande vom Jahre 1864. Tafel 5. Civil- and Straf-Rechtspflege in den Jahren 1860—1865. Tafel 6. Gefälls-Uebertretungen 1860—1865.

b) Vierteljahres- und Monats-Schriften.

Basel. Verhandlungen der Naturforschenden Gesellschaft in Basel. 5. Theil 1. Heft. 1868.
— Monatsberichte der königl. pr. Akademie der Wissenschaften. December 1868.
— Zeitschrift der deutschen geolog. Gesellschaft. XX. Band, 3. Heft, Mai, Juni und Juli 1868. (Taf. X—XIV.)
— Zeitschrift der Gesellschaft für Erdkunde zu Berlin. Herausgegeben von Prof. Dr. W. Koner. Nr. 17 und 18. III. Band. 5. u. 6. Heft. 1868.
— Zeitschrift für das Berg-, Hütten- und Salinen-Wesen in dem preussischen Staate. XVI. Band, 5. Liefer. Berlin 1868.

Calcutta. Journal of the Asiatic Society of Bengal. New Series, Vol. XXXVII. Nr. CXLIV—CXLVIII 1868. (Part. II. Nr. 1 edited by the Secretaries — Part. II, Nr. 2 und 3 edited by the natural history Secretary — Extra Number, Catalogue of Reptiles in the Museum of the Asiatic Society of Bengal by W. Theobald jun. — Part I Nr. 1 edited by the philological Secretary.) (5 Hefte.)
— Proceedings of the Asiatic Society of Bengal. Nr. VI—VIII. Juni—August 1868. (3 Hefte.)

Dessau. Verhandlungen des naturhist. Vereins für Anhalt. 27. Bericht. Von Jänner bis December 1868. Dessau 1868.

Dresden. Sitzungsberichte der naturwissenschaftlichen Gesellschaft Isis. Jahrg. 1868. Nr. 7—9. Juli, August, September u. Nr. 10 bis 12. October, November, December. Dresden 1869.

Frankfurt a. M. Nachrichtsblatt der deutschen malakozoologischen Gesellschaft. Nr. 4. Februar 1868.

Gotha. Dr. A. Petermann's Mittheilungen aus Justus Perthes geographischer Anstalt etc. XII. 1868. — Ergänzungsheft Nr. 25. (Gerhard Rohlf's Reise durch Nord-Afrika von Tripoli nach Kuka.) und 1. 1869.

Hannover. Mittheilungen des Gewerbe-Vereins. Neue Folge. Heft 5. 1868. (Mit Tafel X und XI.)

Heidelberg. Jahrbücher der Literatur unter Mitwirkung der vier Facultäten. 61. Jahrg. 9.—12. Heft. September, October, December 1868. (4 Hefte.)

Klagenfurt. Carinthia, Zeitschrift für Vaterlandskunde, Belehrung und Unterhaltung. Herausg. vom Geschichts-Verein und naturhist. Landesmuseum in Kärnthen. 58. Jahrg. Heft 1—6. 1868.

Lausanne. Bulletin de la Société Vaudoise des sciences naturelles. Vol. X, Nr. 63. (avec 3 planches) Décembre 1868.

Leipzig. Journal für praktische Chemie. Herausg. von O. L. Erdmann und G. Werther. 105. Band, 3.—4. Heft. 1868, Nr. 20—24, und 106. Band, 1. Heft Nr. 1. Leipzig 1868.
— Annalen der Physik und Chemie, herausgegeben zu Berlin, von J. C. Poggendorf. Band CXXXV. Stück 4. (211. Band 4. Stück.) 1868. Nr. 12.

Le Mans. Bulletin de la Société d'Agriculture, Sciences et Arts de la Sarthe. II. Série Tome XI (XIX.Tome de la Collection, (1867—1868.) Quatrième Trimestre de 1868.

London. The Quarterly Journal of the Geological Society, edited by the Assistant-Secretary of the Geol. Soc. Vol. XXIV, Part. 4. Nr. 96. November 1. 1868.
— List of the Geological Society of London. November 1. 1868.
— Proceedings of the royal Institution of Great Britain. Vol. V. Part. III und IV, Nr. 47 und 48. March—September 1868.
— Proceedings of the royal Geographical Society. Vol. XII, Nr. V. October 3. 1868.
— The geological Magazine or Monthly Journal of Geology. Vol. VI. Nr. 1—3, Nr. 55—57. January, February, March 1869.

Lwów. (Lemberg). Rolnik, czasopismo rolnicze-przemysłowe, Organ c. k. galicyjskiego Towarzystwa gospodarskiego, redagowany przez Rudolfa Günberga Tom IV. zeszyt 2—4 1869 (3 Hefte).

München. Sitzungsberichte der königl. bayer. Akademie der Wissenschaften. 1868, II. Heft II.

New Haven. The American Journal of science and arts etc. Second series, conducted by Prof. B. Silliman and J. D. Dana. Vol. XLV. und XLVI. Nr. 136—138. July, September, November 1868 und Vol. XLVII. January 1869. (4 Hefte.)

Palermo. Giornale di scienze naturali ed economiche pubblicato per cura del consiglio di perfezionamento annesso al R. Istituto tecnico di Palermo. 1868. Vol. IV, Fasc. I, II e. III.

Paris. Bulletin et Atlas de la Société de l'industrie minérale. Tome XIII. III. Livraison. Janvier, Février, Mars.
— Bulletin de la Société Géologique de France (feuilles 32—11. 2 mars—4 mai.) 2. série, t. XXV. Nr. 4. 1868.
— Annales des Mines Sixième série, Tome XIV. 4e und 5e Livraison de 1868.

Paris. Journal de Conchyliologie (Crosse et Fischer). 3° série, Tome IX. Nr. 1. 1869.

Philadelphia. The Franklin Institute devoted to science and the mechanic arts. ed. by. Prof. H. Morton. Vol. LXXXV. Nr. 505–510. Third Series. Vol. LV. Nr. 1—6. January-June 1868. (6 Hefte.)

Prag. Centralblatt für die gesammte Landescultur. Herausgegeben von der k. k. patriotisch-ökonomischen Gesellschaft im Königreiche Böhmen. XX. Jahrgang der neuen Folge I. Jahrg. 1. Heft. à 2 Heft. Jänner und Februar 1869.

Stuttgart. Neues Jahrbuch für Mineral., Geol. u. Paläont. etc. von G. Leonhard u. H. B. Geinitz. Jahrg. 1868. 7. Heft (mit 13 Holzsch.) u. Jahrg. 1869. 1. Heft mit Tafel I.

Venezia. Atti del Reale Istituto Veneto di scienze, lettere ed arti dal Novembre 1868 all'ottobre 1869. Tomo decimoquarto, serie terza. Dispensa prima, seconda, terza. 1868–1869. (3 Hefte.)

— Atti dell'Ateneo Veneto serie II. Vol. V. Puntata seconda. Settembre 1868 u. Puntata Terza Decembre 1868. Venezia 1868. (2 Hefte.)

Wien. Sitzungsberichte der kais. Akademie der Wissenschaften. Math.-naturw. Cl. LVIII. Band. I. Heft. Jahrg. 1868. — Juni (mit 7 Taf. u. 12 Holzsch.) v. Alth.

— Sitzungsberichte der kais. Akademie der Wissenschaften. Phil.-histor. Classe. LIX. Band. Heft III u. IV. Jahrg. 1868. Juni, Juli 1868.

— Oesterreichische militärische Zeitschrift herausg. u. redig. von V. R. v. Streffleur (mit den Mittheilungen aus der Abtheilung für Kriegswissenschaften des k. k. Militär-Casino's zu Wien. IX. Jahrg., IV. Band, XI u. XII. Heft. November, December, 1868 X. Jahrg, I. Band. 1. u. 2. Heft. (Jänner Februar) 1869.

— Zeitschrift des österr. Ingenieur- u. Architekten-Vereines. (Redacteur: Dr. R. Sonndorfer.) XX. Jahrg. 1868, XI. u. XII. Heft.

— Mittheilungen aus dem Gebiete der Statistik. Herausgegeben von der k. k. statistischen Central-Commission. XV. Jahrgang, IV. Heft. Wien 1869.

Gegen portofreie Einsendung von 3 fl. Ö. W. (2 Thl. Preuss. Cour.) an die Direction der k. k. geol. Reichsanstalt. Wien Bez. III., Rasumoffskigasse Nr. 3, erfolgt die Zusendung des Jahrganges 1869 der Verhandlungen portofrei unter Kreuzband in einzelnen Nummern unmittelbar nach dem Erscheinen.

Neu eintretende Pränumeranten erhalten die beiden ersten Jahrgänge (1867 und 1868) für den ermässigten Preis von je 2 fl. Ö. W. (1 Thl. 10 Sgr. Preuss. Cour.)

№ 6. 1869.

Verhandlungen der k. k. geologischen Reichsanstalt.
Sitzung am 6. April 1869.

Inhalt: Eingesendete Mittheilungen: G. Marka. Einige Notizen über das Banater Gebirge. A. Pichler. Beiträge zur Geognosie und Mineralogie Tirols. C. L. Griesbach. Die Klippen im Wiener Sandstein. M. Gredler. Ausbruch des Aetna. J. Cocchi. Einheit in der Natur u. s. w. — **Parallelen aus den Arneothele**. O. Freih. v. Peythau. Ueber das Vorkommen des Phosphorits bei Ueris und Chudienov am unteren Dniester. **Vorträge:** K. Peters. Ueber die Vegetationsverhältnisse Ober-Ungarns vom Standpunkt der Cheiydroparas von Kibiovald mit Pistycheiys aus dem Jura. Dr. M. Neumayr. Ueber jurassische Süsswasserfaunen und Dalmatien und Kroatien. H. Wolf. Ueber die Eisensteinvorkommen im südwestlichen Mähren. **Einsendungen für das Museum:** F. Rusland. Petrefacten der karolinischen Stufe von Obir. Prof. B. Peters. Kupfererze von Libhandl. H. Sekhin. Pflanzen und Thierreste aus der Stelnkohleuformation von Waldenburg. **Einsendungen für die Bibliothek und Literaturnotizen:** Cradner, v. Ettingshausen, Meyer, Mannghini, Rath, Hoyt, Jacereli, Pirona, Universität de Chile, Russch, Wankel, Tschermak, Olmo, Rolletzky, Sandberger, Griesbach, Roth, Barbiolatur, Lambs, Gaea V. Jahrg. 1. Heft. Mennaik Tow. Nauk. Krakowskiego, Tom XIV. Portal vicati. A magyarországi Fürdőnek adatkal munkatanak. IV. füzet 1868., Jahrbuch der k. k. geologischen Reichsanstalt, Jahrgang 1868. XIX. Bd. Heft Nr. 1. — **Bücher-Verzeichniss.**

Eingesendete Mittheilungen.

G. Marka. Einige Notizen über das Banater Gebirge.

Einer unter obigem Titel von Herrn Georg Marka, Bergingenieur in Moravicza, uns freundlichst im Manuscripte zur Verfügung gestellten Arbeit werden wir für unser Jahrbuch eine Reihe von Abschnitten geologischen Inhaltes entnehmen, welche sich auf bisher verhältnissmässig nur weniger genau bekannte Localitäten und Verhältnisse beziehen; so insbesondere „Ueber den Kohlenbergbau Doman", „Ueber die Tertiärformation des Banater Gebirges", bezüglich welcher der Herr Verfasser sehr werthvolle durch Bohrungen und andere Bergbauarbeiten gewonnene Daten mittheilt, „Ueber die jüngsten Anschwemmungen", die namentlich durch ihre Eisenerzführung Beachtung erlangten, „Ueber die Erzlagerstätten von Neu-Moldova, Szaszka, dann Cziklova und Oravicza", endlich am ausführlichsten behandelt und durch lehrreiche Zeichnungen erläutert „Ueber den Eisenstein-Bergbau von Moravicza".

Adolph Pichler. Beiträge zur Geognosie und Mineralogie Tirols.

Der so werthvollen Reihe von Notizen und Mittheilungen, die Herr Pichler unter dieser Aufschrift in unserem Jahrbuche veröffentlichte[1]), fügt er in einem uns übermittelten Manuscripte die folgenden weiteren hinzu: XVI „Aus den oberen Cardita-Schichten des Achenthales" berichtet über einen neuen reichen Fundort von Keuperpflanzen im Achenthale; — XVII „Die Zone des *Amm. planorbis* in Nordtirol"; sie wird an

---

[1]) Die letzten derselben Nr. VIII bis XV. im Band XVIII, 1868, p. 45 u. ff.

zwei Punkten nachgewiesen in der Leutasch, dann mit zahlreichen Fossilien am Pfonserjoch im Achenthale; — XVII „Die Gossauformation des Sonnwendjoches"; die letztjährigen Aufsammlungen lieferten über 30 Arten, deren Verzeichniss nach den Bestimmungen von Zittel mitgetheilt wird; — XIX „In der Wildschönau" enthält die Detailschilderung lehrreicher Profile; XX „Mineralien aus dem Phyllit bei Innsbruck"; — XXI Mineralien vom Maderebacher Köpfel"; — XXII „Eine alte Mineralogie" gibt als Bruchstück aus einem 1858 in „Yansprugg" gedrucktem Buche von Georg Rösch eine Aufzählung der nutzbaren Fossilien Tirols in gebundener Sprache.

C. L. Griesbach. Die Klippen im Wiener Sandsteine.

Der Herr Verfasser theilt in dieser für unser Jahrbuch bestimmten Abhandlung die Ergebnisse der Studien mit, die er, ausgehend von den schon früher von ihm beschriebenen Vorkommen bei St. Veit und im Thiergarten bei Wien über die Aufbrüche der Wiener Sandsteinzone gesammelt hat. Alle diese Gesteine erscheinen in der Form von „Klippen" nach der in den Karpathen diesem Ausdruck gegebenen Bedeutung; sie umfassen Formationsglieder vom Rhätischen bis hinauf zum Neocom; insbesondere wird die Ansicht vertreten, dass auch die bekannten Neocom-Aptychenkalke nicht dem Schichtensysteme der Fucoidenschiefer und Sandsteine angehören sondern stets nur Klippen in denselben bilden.

2. Grassi in Aci Reale. Ausbruch des Aetna. (Aus zwei Schreiben an Herrn Dr. Rudolph von Vivenot vom 30. November und 11. December 1858.)

1. Am 26. November wurde die Aufmerksamkeit der Einwohner auf den neuen Ausbruch von Rauch gelenkt, welcher immer einer neuen Eruption vorausgeht.

Am 27. Morgens zeigte sich ein grossartiges Meteor am Himmel, welches von Ost gegen West sich hinziehend, endlich mit einer heftigen Detonation in sechs leuchtende Kugeln zerplatzte.

Abends war die Luft ruhig, der Mond war hell und der Berg mit Eis und Schnee bedeckt, lag in seiner ganzen Majestät in voller Ruhe — nichts Beunruhigendes liess sich ahnen!

Beim Eintreten der Nacht jedoch erhebt sich plötzlich aus dem grossen Krater eine prachtvolle riesige Feuersäule und dumpfes Getöse lässt sich hören — feurige Gesteine fallen in Form eines Regens mit aller Kraft und Geschwindigkeit entweder in den Krater oder auf die Eis und Schneeflächen nieder; die Feuersäule nimmt den ganzen breiten Schlund des Vulcans ein. An Höhe übertrifft sie alles bisher in der Geschichte bekannte — sie erhebt sich bis auf 2000 Met. und beleuchtet nicht allein allerseits den Aetna sondern auch ganz Sicilien. Diese grossartige Erscheinung wechselt von Zeit zu Zeit mit anderen. — Schwarze Wolken von Rauch, Sand und Schlacken erheben sich kräuselartig und innerhalb derselben leuchtet prachtvoll glitzernd die Feuergarbe; bis endlich eine Wolke, wie eine dichte Decke, den Gipfel des Berges und die Flamme bedeckt und elektrische Blitze fortwährend über den Aetna und die phlegräischen Feuer herabzucken.

Die Eruption dauerte in ihrer grössten Mächtigkeit von $8^1/_2$ bis $9^1/_2$ p. M. — dann nahm sie ab, und beim nächsten Sonnenaufgang glaubte man den Berg wieder ganz in Ruhe — nur leichter Rauch erhob sich — die früher mit Schnee und Eis bedeckt gewesenen Abhänge sind haufenweise mit Gesteinen und Schlacken bedeckt. — Im Jahre 1781 war die Eruption (13.—22. Juli) von ähnlichen Erscheinungen begleitet — aber was Mächtigkeit und Höhe der Feuersäule anbelangt, so ist diese gegenwärtige Eruption unvergleichlich.

Die Feuerflammen, welche sich am 5. September aus dem Krater erhoben hatten, sowie das in derselben Nacht stattgefundene Erdbeben sind schon als Vorzeichen dieser jetzigen Eruption zu betrachten und können eine längere Dauer derselben in Aussicht stellen.

2. Am 7. December Morgens wurde neuerdings ein Getöse und Dröhnen gehört. Nachmittags wiederholte sich das Donnern, und Abends zeigten sich Flammen, die aber nicht den Rand des Kraters überragten.

Am 8. jedoch gegen 6½ p. M. eröffnete sich unter fortwährendem Donner und unter furchtbaren Detonationen neuerdings der Krater und entliess ein höllisches Feuer, wie es von keiner Feder geschildert, von keinem Pinsel wiedergegeben werden kann — ich kann nur eine äusserst schwache Schilderung entwerfen.

Ein furchtbarer Kampf von Donner und Blitz erhob sich da oben, unterbrochen von heftigen Explosionen. Die Breite der Feuersäule ist gleich jener vom 27. November und nimmt die ganze Weite des Kraters ein, dieselbe erhebt sich bis zur Höhe von 900—1000 Met. und beleuchtet den Berg und die ganze Umgegend; zahlreiche Auswürfe von weissglühenden Massen überragen die Feuerflammen — sie erscheinen, wie funkelnde Krystalle, wie Sternschnuppen, Feuerkugeln und Aerolithen; die meisten fallen in krummen Bogen nach 15—20 Secunden auf den Berg herab. Furchtbare Detonationen erschüttern die festen Flanken und die Thäler des Berges.

Schwarze Wolken von Lapilli und Bimssteinen decken einen Theil der Feuersäule und werden dann von dem Luftstrom langsam in grossen Bogen an das Meer getragen, wobei ein feiner Sandregen, dann Nuss- und Birnengrosse Bimssteinstücke die unterliegenden Ortschaften bei Giarre und Viposto überschütten. Prachtvoll ist der Anblick der mit Eis und Schnee bedeckten weissen Pyramide, deren Gipfel vom Feuer und Rauch umgeben ist, während gleichzeitig Blitze die Luft durchzucken, und Getöse und Donner erschallen.

Mehrere Erderschütterungen hatten stattgefunden, nicht allein in den oberen Regionen des Berges, sondern auch am Fusse desselben, und besonders waren sie heftig um 8-18 p. M. in den Dörfern Pontalazzo, St. Alfio, St. Giovanni, Zafferana, Aetnea, Dagala.

Im Ganzen war der jetzige Ausbruch heftiger als der vom 27. November — er war furchtbarer wegen seinen Detonationen, Erderschütterungen, und namentlich wegen dem reichlichen Auswurfe von Projectilen — er dauerte in seiner ganzen Heftigkeit bis gegen 10 Uhr p. M. nahm dann langsam ab, und um 11 Uhr hatte er sein Ende.

In den Frühstunden war der Berg nicht allein in grösster Ruhe, sondern auch kein Wölkchen von Rauch war sichtbar — keine Spur fand sich von dem früheren Tohen.

P. S. In diesem Augenblicke erfahre ich, dass der grosse Krater des Vulcans mit den ausgeworfenen Massen ausgefüllt sei.

J. Coerbi in Florenz. **Eisenkalk in der Maremma. Fossilien aus dem Arnothale.** (Aus einem Schreiben an Herrn A. Schouer).

Von Wichtigkeit ist die Aufsammlung zahlreicher Petrefacten in der Maremma, nach welchen es mir möglich wurde eine wichtige Formation von Eisenkalk festzustellen, die von v. Rath in seiner letzten Abhandlung als Jurakalk benannt wurde. — Ferners ist von hohem Interesse die Auffindung prachtvoller Schädel im Arnothal; zwei derselben gehören zu **Drepanodon**, einer zu **Hyaena**, einer zu **Sus** und ein letzter endlich deutet auf einen Wiederkauer von ganz neuem Typus zwischen Hirsch und Kameel; diese alle sind in unserem Museum aufgestellt somit einen schönen Stamm von **Cycaden**, welcher ebenfalls im letzt verflossenen Winter aufgefunden wurde.

Otto Freiherr v. Petrino. Ueber das Vorkommen des Phosphorits bei Uscie und Chudikovce am unteren Dniester. (Aus einem Briefe an Bergrath Stur. Siehe Verhandl. der k. k. geolog. Reichsanstalt. 1869, p. 66.)

„Meiner Zusage gemäss hatte ich am vergangenen Mittwoch bereits die Reise an die Dniesterufer angetreten, doch hatte ich dabei gar zu sehr auf die Beständigkeit des Märzwetters gebaut, und schwer ist es mir gelungen, einen kleinen Theil der Aufgabe zu vollbringen, welche ich mir gestellt hatte; ein bedeutender Schneefall, welcher durch fast acht Tage mit geringen Unterbrechungen anhielt, hat meine besten Vorsätze vernichtet. Unter solchen Umständen war es mir allein möglich die schon bekannten Vorkommnisse der Kreide bei Uscie und Chudikovce zu untersuchen. Die tiefliegende Gegend musste ich bis zum Abschmelzen des Schnees noch meiden.

„Als Resultat dieser oft lebensgefährlichen Untersuchung an den beschneiten Felswänden des Dniesterufers kann ich Ihnen Folgendes mittheilen:

„Das Vorkommen bei Uscie, obwohl es das bedeutendere ist, wird kaum ausgebeutet werden können, weil die zwar dicht aneinander gedrängten von Phosphorit imprägnirten Steinkerne, doch spärlich in dem hier sehr festen Sandsteine fest eingewachsen sind und nur hie und da aus Drusen ausgelöst werden können.

„Dagegen ist das Vorkommen nördlich von Uscie bis gegen Chudikovce in der Hinsicht günstiger, dass der Phosphorit hier im Sande eingebettet ist, also keine Schwierigkeiten der Gewinnung vorhanden sein werden. Doch beträgt die ganze Mächtigkeit der Lagen nur drei Zoll. Erlaubt ein solches Lager die Anlage von Stollen und die damit verbundenen Kosten?

„Gerade in der Richtung auf Okopc habe ich ein günstigeres Vorkommen erhofft, konnte mich aber noch nicht davon überzeugen, und halte dennoch auch heute daran fest.

„Ihrem Wunsche entsprechend, habe ich aus diesem nördlich von Uscie gelegenen Vorkommen eine grössere Quantität sammeln lassen und übersende das Materiale. Obwohl sich dasselbe durch die Erschütterung der Fahrt sehr abreiben wird, so werden Sie doch aus dem Ganzen ersehen können, in wie verschiedenen Gestalten der Phosphorit auftritt, die Steinkerne der Muscheln, versteinertes Holz, und verschieden geformte concretionäre Körpermassen erfüllend.

„Unter einem übersende Ihnen auch mehrere Ammoniten-Fragmente, von denselben Fundorten, die ich zum Theil schon früher besass, zum Theil jetzt aufsammelte; sehr interessant ist besonders an einem die Erhaltung der Schale, welche den ursprünglichen Perlmutterglanz bewahrt hat.

„Auch lege ich die neuerdings aufgefundenen Saurierzähne bei. Das eine Exemplar, an dem die konisch ausgehöhlte Wurzel mit erhalten ist, wird wieder unzweifelhaft zu der beschriebenen *Polyptychodon*-Art gehören [1]), die andern Fragmente jedoch, die leider unvollständiger sind, mögen einer andern Art zufallen. Alle diese Reste sind aus den oben benannten Schichten. Die Zähne von *Placodus*, welche beiliegen, sind von zwei Fundorten, die kugelförmigen, mit einem Eindruck oben, sind von Onath, die kleinen, die beisammen liegend gefunden worden sind, von Lecie."

Vorträge.

Prof. Dr. K. Peters. Ueber die Verwandtschaft der Chelydropsis von Eibiswald mit Platychelys aus dem Jura.

Der Vortragende lenkt die Aufmerksamkeit der Versammlung auf eine höchst merkwürdige Verwandtschaft, die zwischen den Juraschildkröten von Solothurn (étage strombien), von Kelheim und von Hannover (Kimmeridge-Stufe) einerseits und der jüngst beschriebenen tertiären Form *Chelydropsis* Peters, von Eibiswald in Steiermark andererseits besteht.

Die Reste von Kelheim (Solenhofen) waren schon im Jahre 1853 von A. Wagner unter dem Namen *Platychelys Oberndorferi* beschrieben und von H. v. Meyer unter den Reptilien des lithographischen Schiefers 1860 ausführlich besprochen worden. Diese Abhandlungen bei Bearbeitung der Schildkrötenreste von Eibiswald einzusehen, hatte Peters zu seinem Bedauern verabsäumt. Die Eigenthümlichkeit der Randplattenbildung der chelydraartigen Schildkröte, die ihn nöthigte, die genannte neue Sippe aufzustellen, hätte ihm deren Verwandtschaft mit der jurassischen Platemys gezeigt und zur Folge gehabt, dass eine der merkwürdigsten Formenreihen an Resten aus so weit gelegenen Zeiträumen sofort wäre nachgewiesen worden, eine Formenreihe, deren Continuität durch die von R. Owen aus den Purbeck- und Wealden-Schichten Englands und eine von Pictet neuerlich beschriebene Emydide aus dem Jura doch nur beiläufig angedeutet ist.

Nun hat Herr Prof. Rütimeyer in einer an Belehrung über die Morphologie der Chelydidae, (Gray) überaus reichen Abhandlung die Prachtexemplare von Solothurn beschrieben (Schweizer Denkschriften 1868) und die nahen Beziehungen der *Platychelis Oberndorferi* zur lebenden *Chelydra serpentina*, zu H. v. Meyers fossilen Arten *Ch. Murchisoni* von Öningen und *Ch. Deckeni* aus der rheinischen Blätterkohle, so wie zu der von Peters im Jahre 1855 nach unvollkommenen Resten als *Chelydra sp.* dargestellten Schildkröte von Eibiswald (Wies) aufgedeckt. An keiner von diesen Arten sind sie so klar ausgesprochen, wie an dem Rückenschild von Eibiswald, auf welches die Sippe *Chelydropsis* begrün-

[1]) Jahrb. d. k. k. geol. Reichsanst. 1868, XVIII. p. 462. T. V, f. 2.

det wurde. Ihre unter lebenden Formen nur bei der amerikanischen *Chelosura Temmincki Holbr.* noch erhaltene Doppelreihe der Marginalschilder wiederholt getreu den Typus der genannten Juraschildkröte und müsste ihn an jungen Exemplaren noch viel deutlicher aufweisen.

In diesen Tagen ist Dr. Maack's grosse Arbeit über die Systematik der Schildkröten mit ausführlicher Beschreibung der Reste von Hannover als neuestes Heft der Palaeontographica ausgegeben worden. Auch unter diesen Formen ist, wie Maack Herrn Peters schon brieflich mitgetheilt hatte, derselbe Typus, obgleich mehr differirend, ausgesprochen, und die absonderlichste Vereinigung von später völlig geschiedenen Skelettypen gegeben.

Wir haben somit in dieser Schildkrötenfamilie ein ausgezeichnetes Beispiel continuirlicher Reihen von Skeletumbildung, welches um so lehrreicher ist, als Rutimeyer an jungen Exemplaren von *Chelydra* und *Platychelys* schon jetzt Ausgangspunkte der Differenzirung nachweisen konnte.

Mögen neue Funde, mit diesem Wunsche schloss Prof. Peters seine Mittheilung, vielleicht in unserer alpinen Kreide, die ja in der „neuen Welt" Reste von Crocodilinen bereits geliefert hat, wohl bald weitere Zwischenglieder dieser Reihe ergeben, als Stoff zur geologischen Entwicklungsgeschichte einer so viel verheissenden Wirbelthiergruppe.

Dr. M. Neumayr. Ueber Jungtertiäre Süsswasserablagerungen in Dalmatien und Croatien.

Bei Mlocie, Ribaric und Toriak in Dalmatien finden sich einige Süsswasserablagerungen, wahrscheinlich der Congerienstufe angehörig, welche verschiedene wohlerhaltene Conchylienreste enthalten, unter welchen die Melanopsiden bei weitem die bedeutendste Rolle spielen; fast alle dort vorkommenden Arten sind neu, und nur drei oder vier dürften mit anderen Jungtertiären oder recenten Formen specifisch übereinstimmen.

Mehr Vergleichspunkte mit anderen Faunen bietet die croatische Süsswasserfauna, der unter anderem auch die interessanten den amerikanischen Arten verwandten Unionen angehören, welche Hörnes in seinem Werke über die Mollusken des Wiener Beckens abgebildet hat. Von recenten Formen finden sich folgende:

Melanopsis costata Fer., Melanopsis acicularis Fer., Melanopsis Esperi Fer., Bythinia tentaculata. L. sp. Valvata piscinalis. Müller. Mit Arten aus anderen jungtertiären Localitäten stimmen überein: *Melania Escheri Brogn. Vivipara concinna Sow., Congeria Czjzeki Partsch.* Besonders bemerkenswerth ist die ausserordentliche Mannigfaltigkeit von Paludinen, welche sich meist aussereuropäischen Typen anschliessen und von welchen eine schon als *Paludina Vukotinovichi* von Frauenfeld bekannt gemacht wurde [1].

Die Beschreibung und Abbildung der in den beiden genannten Ablagerungen vorkommenden Mollusken wird im nächsten Hefte des Jahrbuches erscheinen.

Heinrich Wolf. Ueber die Eisensteinvorkommen im südwestlichen Theile von Mähren zwischen Brünn, Iglau und Znaim.

---

[1] Verhandlungen der zoologischen Gesellschaft in Wien 1861. Sitzung vom 2. März 1861, p. 5, T. V. f. 8.

Der Vortragende sprach namentlich über jene Vorkommen der genannten Gebietes, welche zum Rossitzer Eisenwerke gehören. Das Gebiet, innerhalb dessen diese Eisensteine liegen, gehört fast durchaus den krystallinischen Schiefern und Massengesteinen an, welche das grosse österreichisch-böhmisch-mährische Massiv zusammensetzen, welches südlich bis an die Donau, zwischen Passau und Melk reicht. Die Massengesteine dieses Gebietes, Granit und Syenit sind **erzfrei**. Man kennt drei grössere Partien solcher Gesteine in dem hier in Rede kommenden Theil von Mähren, zwischen welchen die erzführenden krystallinischen Schiefer eingeengt liegen: *a)* den Granit und Syenit zwischen Kanitz, Brünn und Boskowitz, *b)* den schwarzen vorherrschend Biotit führenden Granit zwischen Trebitsch und Gross-Meseritsch, endlich *c)* den die westliche Grenze, bei Datschitz, Teltsch und Triesch bildenden Granit, welcher im unmittelbaren Zusammenhange steht mit dem an der Donau zwischen Struden, Mauthhausen und Passau auftretenden Granit.

Jedes dieser Massive nimmt ungefähr 12—15 Quadratmeilen in dem westlichen und südwestlichen Theile von Mähren ein, und ist als erzfreies Gebiet zu betrachten.

Die krystallinischen Schiefer, welche zwischen den Granitkörpern liegen bestehen der Hauptsache nach aus Gneiss, in welchem aber zahlreiche Hornblende- und Kalkzüge eingelagert sind und an diese sind die Erzlager gebunden. Die Erzlager bestehen aus Magneteisensteinen, Brauneisensteinen und Manganerzen. Besonders erzreich ist die Umgebung von **Pirnitz**. Dieses ist die ältere erzführende Gesteinsgruppe.

Auf dem krystallinischen Schiefer, welcher zwischen den zuerst genannten **Granitkörpern**; (Brünn, Kanitz, Boskowitz und Trebitsch-Meseritsch) liegen, ruhen wieder Kalke, Thon- und Chloritschiefer, welche eine hufeisenförmig gestaltete Mulde innerhalb derselben erfüllen.

Der Kalk ist der Träger der Thon- und Chloritschiefer, und bildet die äussere Umrandung dieser Mulde in einer Längenerstreckung von circa 6 Meilen. Er umschliesst einen Flächenraum von circa 3—4 Quadratmeilen zwischen Tischnowitz, Lachanka, Sehrasian, Přibislawitz und Deblin. Im Hangenden dieses Kalkes sind in der Länge seiner ganzen Erstreckung Eisenerze erschürft, und es kann demnach die ganze Fläche, welche den Kalk umschliesst, als hoffnungsreiches Erzgebiet betrachtet werden. Die hier vorkommenden Erze sind Braun- oder Rotheisensteine, manganhältige Kieselerze, oder Spatheisensteine. Letztere finden sich jedoch nur in untergeordneter Menge im Kalk eingelagert.

Auf die Eisensteine dieser beiden Erzgebiete ist der Betrieb der Rossitzer Hütten basirt. Der Director der Rossitzer Kohlen- und Hüttenwerke hat durch mehr als 800 Schürfe das so verbreitete Erzvorkommen in beiden Gebieten constatirt, und die als bauwürdig erwiesenen Lager durch 125 Feldmassen für die Gewerkschaft gesichert.

Die beifolgende Tabelle enthält eine Zusammenstellung der wesentlichsten Daten über die Verhältnisse des Lagers, der Art des Abbaues und des Standes der Production der zum Rossitzer Eisenwerke gehörenden Eisensteinbaue.

Nr.	Localität des Erzvorkommens	Erzart (des Lagers)	Streichen
1	Domaschow, Prachowaberg	Brauners	NNW.
2	Zbora, Jungfrau Marienzeche, SSO. v. Bitteseh	Rotherz	„
3	Barbarazeche bei den 9 Kreuzen, SO. v. Bitteseh	Brauners	NW.
4	Am Czerweny Süd, Heinrichszeche, SO. v. Bitteseh	„	„
5	Silbereck, Theresienzeche, SO. v. Bitteseh	Spatheisenstein	
6		Brauners	
7	Borkowetzfeld, Barbarazeche, OSO. v. Bitteseh	„	NW.
8	Lichywald, Wilhelmzeche, OSO. v. Bitteseh	„	„
9	Swatsnin, ONO. v. Bitteseh	„	N.
10	Dukowan	Magnetit und Brauneis.	NW.
11	Kardasz westlich v. Kromau	„	N.
12	Trebitsch, Borowamühle	Manganerz	„
13	Lutsch, Alfonszeche, südlich bei Biskupitz	Magnetit	„
14	Wischenau, Johanniszeche	„	„
15	Kiepitz, SSW. v. Kromau	Brauners	„
16	Rodna	„	„
17	Boraltitz		„
18	Kralsdorf und Petrowitz	Manganhältiges Brauners	„
19	Lankowetz	„	„
20	Jakuban	„	„
21	Brondtz	„	„
22	Platsch	„	„
23	Röschitz	Magnetit	„
24	Lippka	„	„
25	Radlochowitz	„	„
26	Krowy bei Bitteseh	Brauners	„
27	Schaschowitz bei Trebitsch	„	„
28	Prölling	„	„
29	Dobin bei Tischnowitz	„	„
30	Jaroslaw bei Latanko	„	„
31	Bernstein, Dreifaltigkeitszeche	Magnetit	„
32	Jassenitz, Wilhelminzeche	Ocker	„

Bemerkungen: a. In der Summe von 125 verliehenen Feldmassen, sind jene nicht inbegriffen, wo die Erzlager sich unbauwürdig erwiesen; ausserdem sind in diesem Gebiete noch 82 Freischürfe.

b. In der angegebenen Summe von nahezu 3,000.000 Centner der aufgeschlossenen Erzmenge, sind nur Minimalsätze begriffen.

c. Die Gestehungskosten sind bloss Arbeitslöhne, ohne Rücksicht auf Regie und Schürfungskosten.

Sitzung am 6. April. H. Wolf.

Verflächen	Verleihene Feldmasse	Anzahl der Schächte	Anzahl der Strecken	Teufe der Schächte in Wiener Klaftern	Länge der Strecke in Wiener Klaftern	Mächtigkeit in Wiener Fuss	Erzanfschuss in 1000 Ctr.	Erzvorrath am Sturzplatz in 1000 Centner	Erzeugungspreis pr. Centner Erz in Kreuzern	Percent des Eisengehaltes im Centner Erz	12 °/₀ des Eisengehaltes kostet an den Gruben in Kreuzern	Die Fracht pr. Centner Erz zur Lieferung kommt für 1 Centner Erz in die Kreuzern
W.	15	3	2	12°–16°	160°	4'	—	—	8	33	8	9
"	4	3	7	5°–12°	80°	4'–7'	240	—	8	31	8·5	10
"	4	2	2	unter Wasser	—	4'	—	—	8	30	8·8	10
SW.	4	2	1	—	90°	6'–7'	205	—	10	31	10·7	10
"	4	2	—	—	—	3'–10'	—	—	10	45	7·4	10
—	—	—	—	—	—	—	50	—	10	35	9·1	10
SW.	1	2	—	4°–5°	—	3'–4'	300	—	10	27	12·2	10
"	4	4	4	4°–17°	120°	6'–8'	800	—	8	27	9·7	10
W.	12	2	3	5°–11°	55°	6'	400	—	8	35	7·6	12
				Tagebau								
—	8	—	—	4°–10°	65°	4'–8'	—	15·0	5	40	4·1	20
W.	0	4	1	7°–11°	60°	6'–10'	100	3·4	10	45	7·4	20
"	2	3	1	10°–17°	130°	8'–24'	200	3·0	6	28	7·0	20
"	2	5	3	16°	30°	8'	494	23·0	6	50	4·0	28
O.	4	1	1	5°–15°	130°	5'–10'	58	6·6	7	35	8·6	24
—	2	5	1	4°–16°	60°	4'–9'	150	4·0	8	38	7·3	20
—	0	5	1	8°–10°	18°	—	—	1·4	6	42	4·0	20
—	4	2	2			20'	—	—	5	34	4·8	40
—	3	5	—	8°–10°	—	4'	—	—	6	35	5·6	30
—	2	2	1	10°–14°	45°	4'–8'	—	1·0	7	35	6·6	35
—	5	1	1	10°–16°	100°	4'–12'	—	5·7	5	30	5·6	40
—	4	3	1	10°–14°	40°	4'–9'	—	—	9	40	7·4	42
—	4	2	1	6°–11°	20°	4'	—	—	8	45	5·8	40
—	5	1	1	12°	45°	2'–4'	—	6·0	6	40	4·9	22
—	0	2	1	7°–10°	20°	4'	—	—	5	40	4·1	22
—	1	1	1	12°	10°	2'–4'	—	—	8	40	6·6	28
—	3	—	—	—	—	4'	—	—	—	35	—	13
—	1	—	—	—	—	4'	—	—	—	35	—	26
—	2	—	—	—	—	3'–4'	—	—	—	35	—	22
—	4	—	—	—	—	3'	—	—	—	30	—	16
—	1	—	—	—	—	8'	—	—	—	33	—	16
—	2	—	—	—	—	5'–6'	—	—	—	45	—	35
—	15	—	—	—	—	2'	—	—	—	35	—	15
Summa 125							Summa 2997	69·1				

d. Die Gruben 1–9 decken gegenwärtig den Bedarf der Hütte; von diesen Gruben wurde im Inventar die aufgeschlossene Erzmenge in roher Schätzung mit 1,500.000 Centner angegeben. Die Gruben 10–25 werden für den Abbau vorgerichtet, dieselben liegen längs der Trace der im Bau begriffenen Bahn: Iglau-Znaim-Grusshach-Teölö-; 26–32 stehen in Fristung, weil sie von der genannten Bahntrace zu weit abliegen.

Den gegenwärtigen Bedarf der Rossitzer Hütte, circa 230.000 Ctr. Erz, decken fast ausschliesslich die Erze des zuletzt genannten Gebietes, da die nächsten Gruben 1 Meile, die entferntesten nicht weiter als 3 Meilen in nördlicher Richtung von der Hütte abliegen, und die Zufuhrkosten im Durchschnitt nicht höher als 9—10 kr. für den Centner Erz betragen. Diese Gruben werden unter der Bezeichnung „nördliches Revier" zusammengefasst, während die Gruben des anderen Erzgebietes, obgleich dieselben weit ab westlich von Rossitz liegen, unter dem Collectivnamen „südliches Revier" aufgeführt werden.

Die nächste Grube Dokowan, ein Tagebau, liegt 3 Meilen SSW. von Rossitz; alle übrigen Gruben dieses Raviers liegen weiter ab, die weitesten 12—14 Meilen. Die Zufuhrkosten betragen daher im Durchschnitte bis 28 kr. pr. Ctr.

Obgleich die Erzeugung der Erze im südlichen Reviere wegen des grösseren Eisengehaltes um circa 3 kr. billiger zu stehen kömmt als jene im nördlichen Revier, 5·7 kr. gegen 9 kr. pr. Ctr., so kann auf einen vortheilhaften Bezug dieser an der Grube billigeren Erze für die Hütte so lange nicht gedacht werden, als die bereits im Bau begriffene Bahn Iglau-Znaim-Grussbach, welche die Verbindung mit Rossitz herzustellen berufen ist, nicht vollendet ist. Tritt dieser Fall endlich ein, so kann, weil die Feldmassen, schon mit Rücksicht auf die auszuführende Bahn, so gewählt wurden, dass sie in fast unmittelbarer Nähe derselben zu liegen kommen, der Preis der Erzfracht bis zur Hütte bis auf $^1/_2$ den gegenwärtigen Preises d. i. auf 9—10 kr. sich reduciren. Später wird es daher vortheilhafter sein, mehr Erze aus dem südlichen als aus dem nördlichen Revier zu beziehen.

Die oben mitgetheilte Tabelle über die zum Rossitzer Eisenwerk gehörenden Eisensteinbaue gibt hinlänglichen Aufschluss über die bestehenden Verhältnisse, die im ganzen als sehr günstige sich erweisen. Die Gruben 1—9 (in der Tabelle) bilden das nördliche Revier, jene von 10 bis 25 das südliche Revier.

Ersteres steht im Aufschluss und Abbau, letzteres bisher naturgemäss nur im Aufschluss. Die Gruben 26—32 stehen in Fristung, da sie von der Bahntrace zu weit abliegen, und die in Betrieb stehenden Gruben mit billiger Erzfracht den Bedarf noch decken.

Nach den Sätzen, wie sie in der Tabelle angewiesen sind, kann der Centner Erz aus dem nördlichen Revier um 9 kr. erzeugt und um 10 kr. zur Hütte gestellt werden; da 3 Ctr. Erz von 33 Prc. Eisengehalt zur Erzeugung von 1 Ctr. Roheisen nöthig sind, so stellen sich hiefür die Erzeugungskosten auf 57 kr.

Im südlichen Revier kann das Erz auf einen Eisengehalt von durchschnittlich 33 Prc. berechnet um 5·7 kr. erzeugt werden. Die Erzkosten für 1 Ctr. Roheisen stellen sich somit an der Grube auf 17—18 kr.; rechnet man die Frachtkosten nach Vollendung der Bahn, die sich auf 9—10 kr. per Ctr. durchschnittlich beziffern werden hinzu, so wird das Erz aus dem südlichem Revier für 1 Ctr. Roheisen, an der Hütte auf 47 kr. zu stehen kommen gegenüber 57 kr. aus dem nördlichem Revier. Rechnet man nun die Regiekosten bei den Erzbauen hinzu, so ist die Annahme durchaus keine ungerechtfertigte, dass sich die Kosten des Erzmaterials für 1 Ctr. Roheisen an der Hütte, aus beiden Revieren im Durchschnitte nicht höher als auf 60 kr. stollen werden, namentlich dann, wenn man den Abbau auf die Gruben (8.) Wilhelmszeche im Lichywald bei Illnborky, mit einem Aufschluss von 800.000 Ctr. Erz, (0.) Swatoslau mit einem Aufschluss von 400.000 Ctr. und vorzüglich (13.) Alfonszeche bei Latein mit 600.000 Ctr. Erzanfschluss concentriren und weiter vorrichten wird.

Diese Gruben haben bereits Schächte, welche zur Aufstellung von Wasserhaltungs- und Fördermaschinen geeignet sind.

Die Alfonszeche bei Latein hat ausserdem einen 130 Klafter langen Erbstollen, von welchem die ersten 30 Klafter gemauert sind; dann ist der ganze Stollen in einer solchen Höhe und Weite angelegt, dass eine Förderung mittelst Pferdebahn möglich wird.

Die Alfonszeche ist als Muster eines Aufschlussbaues zu betrachten.

Es sind daselbst 3 Lager 50percentigen Magneteisenerzes 8', 12' und 24' mächtig angefahren, von welchen der Gegenflügel des 3. Lagers als 4. Erzlage bereits erreicht und beim Weiterschlagen des Stollens die Anfahrung der Gegenflügel der beiden anderen Erzlager als 5. und 6. Erzzug ebenfalls noch zu erwarten ist, wie nachstehende Figur hievon ein Bild gibt.

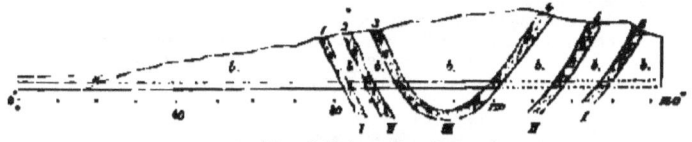

a. Lehm. b. Gneiss. c. Magnetit.

Das bei den Aufschlussbauten im südlichen Revier erzeugte Erzmaterial ruht noch auf den Sturzplätzen und beträgt etwa 70.000 Ctr.

Da es sich bei meinem vor Kurzem erfolgten Besuche dieser Gruben vorzüglich darum handelte, zu constatiren, ob bei einem intensiveren Betrieb der Rossitzer Hüttenwerke für die reichlich vorhandenen Kohlen auch die genügende Erzmenge vorhanden sei, um den Bedarf von mehr als einen Hochofen für längere Zeit zu decken, glaube ich nach den angeführten Daten die Ueberzeugung aussprechen zu können, dass das nördliche Revier, Grube 1—9 allein genügt, Erz für mehr als 2 Hochöfen zu liefern, besonders dann, wenn man die Gruben 26, 29, 30 und 32, von welchen aus noch verhältnissmässig billige Frachtsätze bestehen, ebenfalls zum Abbau vorrichtet.

Im südlichem Revier ist die bereits aufgeschlossene Anzahl von Erzlagern, gegenüber der Anzahl und meilenweiten Ausdehnung der Hornblendezüge, an welche dieselben gebunden sind, noch klein zu nennen, und es ist die Sicherheit vorhanden, dass man derartige meist Magneteisenstein führende Erzlager innerhalb dieser Hornblendegesteinszüge noch in grösserer Menge werde aufschürfen und aufschliessen können.

Um nur ein Bild von der Anzahl solcher Züge zu geben, deute ich an, dass man an der Thaja zwischen Frain und Woikarischlag etwa schon 40 derselben kennt; die Wahrscheinlichkeit aber, dass man in dieser nur

3—4 Meilen betragenden Strecke deren noch weit mehr aufzufinden werde, ist eine sehr grosse.

Einsendungen für das Museum.

E. v. M. F. Seeland. Petrefacten der karnischen Stufe vom Obir.

Es liegen zwei Stücke vor. Beide stammen vom Bleihergbau des Herrn A. V. Komposch auf dem Obir (Oistrizza) und kamen uns durch freundliche Vermittlung des Herrn F. Seeland zu. Das eine Stück, typisches Carditagestein, zum verwechseln ähnlich den Gesteinen von St. Cassian und aus Nordtirol, wurde über Tags gefunden und enthält neben zahlreichen Exemplaren der *Cardita crenata* noch 3—4 verschiedene Arten von Bivalven, unter denen indessen nur *Nucula lineata Münst.* mit einiger Sicherheit bestimmt werden konnte.

Das zweite Stück, ein Fragment eines Ammoniten, welcher sich von *Arcestes cymbiformis* nur durch den Mangel der Einschnürungen auf dem Steinkerne unterscheidet, wurde im Marienschacht in dem 5 Klafter mächtigen Hangendkalke nahe der Gangscheidung gefunden.

Prof. K. Peters. Emysreste von Ebiswald. Als dankenswerthe Vervollständigung der Eibiswalder Sammlung erhielt das Museum durch Herrn Prof. Peters eine Anzahl von Fragmenten des Brustbauchschildes der Emys Mellingi, welche ihm neuerlich von Herrn Molling in Eibiswald waren zugesendet worden.

Obwohl nicht zu einem Ganzen vereinbar, sind diese Bruchstücke durch die tief eingeprägten Schildfurchen und durch die geringe Grösse des Thiere nicht uninteressant.

H. H. Schütze, königl. preuss. Bergmeister und Bergschul-Director in Waldenburg in preuss. Schlesien. Fossile Pflanzen und Thierreste aus der Steinkohlenformation der Umgegend von Waldenburg.

Eine sehr werthvolle Suite, enthaltend Thierreste aus dem Kohlenkalk und Pflanzenreste aus dem Culm und der productiven Steinkohlenformation, bildet eine erwünschte Bereicherung unserer systematischen Sammlung, insbesondere durch den Inhalt an Pflanzenresten aus der Gegend von Waldenburg, die manche Originalien geliefert hat zu den verdienstvollsten palkontologischen Arbeiten von Goeppert in Breslau. Wir sind Herrn Director Schütze für das Geschenk zu Danke verpflichtet.

Einsendungen für die Bibliothek und Literaturnotizen.

D. Stur. Dr. Hermann Credner. Die Gliederung der eozoischen (vorsilurischen) Formationsgruppe Nordamerikas. Habilitationsschrift. Halle, bei W. Plötz, 1869.

In dieser Habilitationsschrift der Leipziger philos. Facultät gibt der Verfasser ein Gesammtbild der Literatur und der Resultate, welche über die eozoische Formation seit der Entdeckung des *Eozoon canadense Daws.* Eigenthum der Wissenschaft geworden sind, indem er die Resultate der Forschungen der Geologen Dawson, Emmons, Hitchcock, Hunt, Logan, Marcou, Murray, Rogers und Whitney mit denen eigener Untersuchungen in fast der ganzen östlichen Hälfte Nordamerikas vereinigt.

Die bei der vorstehenden Uebersicht über die Verbreitung, den lithologischen Charakter und die geotektonischen Verhältnisse des laurentischen und huronischen Systems in Nordamerika gewonnenen Resultate lassen sich wie folgt zusammenfassen:

Das laurentische System besteht aus einer Schichtenfolge von Glimmergneis, Hornblendegneis, Chlorit- und Talkgneis, welche in entsprechende Schiefer einerseits, andererseits in granitische Gesteine übergehen oder mit solchen abwechseln. Zu diesen tritt hinzu: dolomitischer Kalkstein, Quarzit, Magneteisenstein, Serpentin, Graphitschiefer oder reiner Graphit, so wie Conglomerat in Lagern und Zonen von grösserer oder geringerer Mächtigkeit. Die oberste dieser Schichtenreihe angehörige Kalksteingruppe ist in Canada angefüllt mit Resten einer riesigen Foraminifere, *Eozoon canadense* Daws.

Anorthosit und Hypersthenit mit Magneteisenerz- und Kalksteinbänken bildet die obere Abtheilung dieses gegen 30.000 Fuss mächtigen Systems.

Ungleichförmig dem laurentischen aufgelagert folgt das huronische System und besteht aus einer normalen Schichtenfolge von Quarziten, Conglomeraten, Kalksteinen, quarzigen Thonschiefern, Itakolumit-, Glimmer-, Talk-, Chlorit-, Graphit- und Dachschiefern mit Lagern von Diorit und Aphanit. Für diese Gesteinsreihe eigenthümlich ist die Führung an Gold, Kupfer- und Eisenerzen. Nahe der Basis der 15—20.000 Fuss mächtigen huronischen Formation kommen in Nord-Carolina *Palaeotrochis major* Em. und *P. minor* Em. in grosser Häufigkeit, in ihrem obersten Horizonte in New-England Anneliden-Spuren und Crinoiden-Reste spärlicher vor.

Das silurische System überlagert das huronische ungleichförmig.

Diese beiden vorsilurischen Schichtensysteme treten in Nordamerika so auf, dass das laurentische System das Skelet der Territorien, das huronische System die Ausfüllung der Mulden und Deckung der Flanken bildet.

Mit dem huronischen System werden in Böhmen und Bayern die Pilsumer Schiefer mit Anneliden, Crinoideen und Foraminiferen, ferner die Urthonschiefer mit Kalkstein, dieser mit *Eozoon bavaricum* Gümbel, Chloritschiefer und Urgisaumerschiefer parallelisirt. In das laurentische System wird der hercynische oder graue Gneis mit *Eozoon canadense* Daws. und der bojische oder bunte Gneis verlegt. Die weiteren Vergleichungen sind in einer Tabelle übersichtlich zusammengestellt.

Aus dem Vorkommen von Conglomeraten im laurentischen Systeme, die Geschiebe von Gneis, Granit und Quarz enthalten, wird geschlossen dass die laurentische Gneisformation sich bereits im Verlaufe des Zeitalters ihrer Ablagerung in demselben Zustande befand, wie heute. Diese Conglomerate werden von einer über 50.000 Fuss mächtigen Reihe von Gneisen und krystallinischen Schiefern überlagert. Die Erhaltung der Conglomerate in ihrer ursprünglichen Form wäre unerklärlich, wenn die darauf lagernde Schichtenfolge von Gneisen und krystallinischen Schiefern ein Product einer Umwandlung wäre, man wollte denn annehmen, die Conglomerate allein seien von diesem Processe unberührt geblieben. Die oberen huronischen Schichten von Michigan bestehen aus Talkschiefern mit Orthoklas-Krystallen, schiefrigen Orthoklasgestein mit Talkbrechlagen so wie aus Chloritschiefer und Hornblendegesteine. In Form einer Insel als erster Kern des amerikanischen Continents haben diese Schichten während aller geologischen Zeitalter den Spiegel des Oceans überragt, sind unbedeckt geblieben, und demnach bestehen sie aus krystallinischen Gesteinen. Diese Umstände nöthigen zur Annahme, dass der krystallinische Charakter dieser Gesteine ein ursprünglicher, unmittelbar beim, oder direct nach dem Niederschlage herbeigeführter sei.

D. Stur. Dr. Const. Frelh. v. Ettingshausen. Die fossile Flora des Tertiärbeckens von Bilin. III. Theil. Denkschr. der k. Akad. der Wiss. XXVIII. 1868. p. 1—110. Taf. XL—LV.

Mit dem Hinweis auf die schon erfolgten Vorlagen des ersten und zweiten Theiles dieses Werkes [1]) wird berichtet, dass der dritte vorliegende Theil der Flora von Bilin die Dialypetalen und die allgemeinen Resultate der Bearbeitung enthält.

Die Flora von Bilin theilt der Verfasser in drei Stufen. Die älteste der Floren liegt im Polirschiefer von Kutschlin und im Süsswasserkalk von Kostenblatt

---

[1]) Verhandl. 1867, p. 42 und 1868, p. 411.

blatt begraben, und enthält die meisten Repräsentanten des neuholländischen Vegetationsgebietes. In der zweiten Flora, des plastischen Thones von Priesen, des Brandschiefers von Suhrasan und des Sphaerosiderits von Preschen, sind nur noch wenige Repräsentanten des neuholländischen Vegetationsgebietes; in der dritten jüngsten Flora des Menilitopals des Sichrower Thales fehlen die neuholländischen Pflanzenformen gänzlich.

Eine tabellarische Vergleichung der fossilen Flora von Bilin mit andern vorweltlichen Floren und mit der Flora der Jetztwelt beschliesst das Werk.

Th. Fuchs. Ch. Mayer. Tableau synchronistique des terrains tertiaires supérieurs. 4me édition. Zürich 1868 (Ein lithographirtes Blatt.)

Der unermüdlich thätige Verfasser hat die Gepflogenheit, von Zeit zu Zeit die Resultate seiner umfassenden und gründlichen Studien in der ebenso bequemen als übersichtlichen Form von synchronistischen Tabellen der Oeffentlichkeit zu übergeben. Nach der Bemerkung „4me édition" zu schliessen, scheint dies bereits die vierte über die Tertiärformation zu sein. Mir liegt von diesen früheren leider nur eine, aus dem Jahre 1857 zum Vergleiche vor, welche die gesammte Tertiärformation umfasst, während die vorliegende Tabelle sich nur mit der jüngeren Hälfte derselben beschäftigt. Die vielen Veränderungen und Verbesserungen, welche dieselbe aufweist, bezeugen wohl zur Genüge, mit welcher Gewissenhaftigkeit der Verfasser bemüht ist, den Fortschritten der Wissenschaft allenthalben Rechnung zu tragen, und namentlich für uns Oesterreicher muss es im höchsten Grade erfreulich sein, zu sehen, mit welcher Genauigkeit die einschlägigen Arbeiten österreichischer Geologen verwerthet wurden, so zwar, dass eine nicht geringe Anzahl von Horizonten ihre Benennung von österreichischen Localitäten erhielt. (Schichten von Gauderndorf, Grund, Biliowitz, Inzersdorf.) Es lässt sich indessen nicht verkennen, dass der gegenwärtige Zustand der Wissenschaft zu so umfassenden Uebersichten wenig geeignet ist, und dass Unternehmungen dieser Art wenig Aussicht haben, einen grösseren Kreis von Fachgenossen zu befriedigen. So werden sich denn auch bei vorliegender Arbeit gegen verschiedene Punkte Bedenken mancherlei Art geltend machen, und ich selbst stehe nicht an zu bekennen, in mehreren zum Theil sehr wesentlichen Punkten mit dem Verfasser durchaus nicht einverstanden zu sein. Trotzdem hat man jedoch nur Ursache dem Verfasser für seine mühevolle Arbeit dankbar zu sein, da durch dieselbe die Discussion, die allein den Fortschritt ermöglicht, wenigstens feste Anhaltspunkte gewonnen hat.

Th. F. Meneghini. Aturia Spinelli. sp. nov. Sep.-Abdr. aus dem Bollettino malacologico italiano 1869. Nr. 1. pag. 14, pl. 1. Fig. 1—5. Gesch. d. Verf.

Meneghini beschreibt hier unter dem Namen „Aturia Spinelli" eine neue Aturia aus den vulcanischen Tuffen von S. Giovanni Ilarione im Vicentinischen, welche eine so eigenthümliche, von allen bisher beobachteten Sculpturen abweichende Schalenverzierung zeigt, dass sie sich dadurch den merkwürdigsten Dingen, welche das Studium des vicentinischen Eocens bereits zu Tage gefördert hat, anschliesst.

Man sieht nämlich auf dem vordersten Drittheil des letzten erhaltenen Umganges fünf scharfe erhabene Kämme vom Nabel ausgehend, in nach vorne convexen Bogen gegen den Rücken der Schale verlaufen und hier plötzlich rückwärts biegend mit den vorhergehenden Kämmen sich verbinden. Indem nun sämmtliche auf einer Seite gelegenen Kämme sich am Rande des Schalenrückens ventralseits des Thieres, auf diese Weise verbinden, entstehen zu beiden Seiten desselben erhabene Längskämme, zwischen welchen sich eine ziemlich breite und tiefe Rinne befindet. Wie aus einer Abbildung (Fig. 3) hervorzugehen scheint, entspricht das diese eigenthümliche Sculptur ausgezeichnete Schalenstück durchaus nicht der Wohnkammer des Thieres, und muss daher die Natur und Bedeutung dieser sonderbaren Verzierung vorläufig vollkommen unverständlich bleiben. Der Name Meneghinis bürgt indessen wohl hinreichend dafür, dass wir es hier nicht mit einem Irrthume zu thun haben, wofür man die Sache zu halten auf den ersten Blick sonst sehr geneigt wäre.

Dr. E. v. Mojsisovics. Heinrich Bach. Die Eiszeit. Ein Beitrag zur Kenntniss der geologischen Verhältnisse in Ober-Schwaben. Stuttgart 1869. (Württemb. naturw. Jahreshefte 1869, p. 113—128. Mit einer color. Karte.) Gesch. d. Verf.

Die vorliegende kleine Abhandlung hat denselben Zweig des alten **Rhein**gletschers zum Gegenstande, über welchen bereits Herr Stoudel (Verh. geol. Reichsanst. 1868, p. 87) eine interessante Mittheilung veröffentlicht hat.

Es scheint, dass die glacialen Schutt- und Schwemmbildungen Ober-Schwabens mit den zwischen dem Nordrande unserer Alpen und dem Donauthale befindlichen noch so wenig studirten Schottermassen völlig analog sind, und deshalb möchten wir die Aufmerksamkeit unserer Localforscher auf das treffliche Schriftchen Bach's lenken. Sehr zutreffend und beachtenswerth erscheinen namentlich die Bemerkungen über den physiognomischen Charakter der Moränenbildungen, da wegen Mangel an hinreichenden Aufschlüssen die so scharf ausgeprägten Unterschiede der Terrainformen in den meisten Fällen erst die sichere Unterscheidung von intacten Moränen und angeschwemmtem Glacialterrain ermöglichen. In Ober-Schwaben tritt, ebenso wie im Norden von Gmunden[1], der Fall ein, dass das ältere Glacialdiluvium an Höhe die letzten intact gebliebenen Moränen überragt. Zur Erklärung dieses Verhältnisses nimmt Herr Bach eine grosse Niveauverrückung an. Dies ist der einzige Punkt, in dem ich den Anschauungen des geehrten Herrn Verfassers nicht ohne weiteres beipflichten kann. Ich meine, dass die allgemein getheilte Annahme, dass die Reste der intacten Moränen aus der Rückzugsperiode der alten Gletscher herrühren, vollkommen ausreiche, um die höhere, vom sogenannten Glacialdiluvium erreichte Niveaulinie erklären zu können.

Nicht ohne Interesse ist der vom Verfasser geführte Nachweis, dass durch Vermittlung des ober-schwäbischen Zweiges des alten Rheingletschers zur Glacialzeit ein grosser Theil der Wässer des Rheingebietes in die Donau abfloss, so dass "die Donau eigentlich zum Rheine" wurde. Die heutige Wasserscheide dieser beiden Ströme fällt nahezu mit dem äusseren Range der intacten Endmoränen zusammen.

Die beigegebene Karte zeigt die Ausdehnung der sogenannten "jüngeren Gletscherzeit" mit Unterscheidung von Grund-, Mittel- und Endmoränen und der sogenannten "älteren Eiszeit" mit den Blocksäen der abfliessenden Gletschergewässer.

Dr. E. v. M. Dr. Oswald Heer. Ueber die neuesten Entdeckungen im hohen Norden. Vortrag, gehalten den 25. Januar 1869. Zürich 1869. Gesch. d. Verf.

Unter den neuesten Entdeckungsreisen nehmen, was die Erweiterung der geologischen Wissenschaft anbelangt, die jüngsten arktischen Expeditionen eine hervorragende Stelle ein. Die vorliegende Mittheilung hat die Whymper'sche Expedition nach Nordgrönland vom Jahre 1867 und die schwedische Expedition vom Jahre 1868 zum Gegenstande. Die erstgenannte wurde über Vorschlag von Rob. H. Scott Esq. von der Gesellschaft der Wissenschaften in London und der britischen naturhistorischen Gesellschaft speciell zu dem Zwecke veranstaltet, um in Nord-Grönland die so viel versprechenden interessanten Fundorte fossiler Pflanzen[1]) in ausgiebiger Weise ausbeuten zu lassen. Herr Edw. Whymper, der kühne Ersteiger des Matterhornes übernahm die Ausführung dieser Aufgabe und erhielt Herrn R. Brown als Sammler zur Begleitung. Obwohl Whymper verhindert wurde die Nordseite von Noursoak zu besuchen, wo eine interessante Kreideflora begraben liegt, so war seine Reise dennoch von nicht unwichtigem wissenschaftlichem Erfolge, indem es ihm gelang eine grosse Sammlung der miocenen Pflanzen von Atanekerdluk zusammenzubringen, welche fortan eine Zierde des britischen Museums in London bilden wird.

Von ausserordentlichem Interesse sind die Sammlungen, welche die vorjährige schwedische Expedition unter Prof. Nordenskiöld's und Capit. v. Otter's Führung von Spitzbergen und der Bäreninsel heimbrachte. Von fossilen Pflanzen allein wurden über 2000 Stücke gesammelt und dem Prof. Heer zur Untersuchung anvertraut. Durch die schwedischen Expeditionen sind in den bezeichneten Regionen bisher nachgewiesen worden: Steinkohlenformation, mit rei-

---
[1]) Mojsisovics. Bemerkungen über den alten Gletscher des Traunthales. Jahrb. d. k. k. geol. Reichsanst. 1868, p. 349.
[2]) Heer Flora fossilis arctica. Zürich 1868. Vgl. Verh. der k. k. geol. Reichsanstalt 1868, p. 179.

cher Flora, welche eine grosse Anzahl europäischer Arten besitzt (Bäreninsel), und (mariner) Fauna (Bäreninsel, Belisund Spitzbergens); Triasperiode in alpiner Entwicklung¹) mit Resten grosser Saurier (Eisfiord Spitzbergens); Juraperiode (Spitzbergen); Tertiärperiode (miocene Pflanzenlager mit Insekten; Bellsund, Eis- fiord Spitzbergens). Die wichtigsten und häufigsten Baumarten Spitzbergens fin- den sich auch in den miocenen Ablagerungen der Westküste von Grönland, wodurch der einstige Zusammenhang Spitzbergens und Grönlands sehr wahr- scheinlich gemacht wird.

Prof. Heer zieht aus den Ergebnissen der Whymper'schen und letzten schwedischen Expedition die folgenden Schlüsse:

1. Unsere Kenntniss der untergegangenen Thier- und Pflanzenwelt ist keines- wegs so unvollständige und lückenhafte, wie es die Anhänger der Umwandlungs- lehre behaupten. Ein grosser Theil der Thier- und Pflanzenreste des Nordens gehört bereits bekannten Arten an, und doch müssen die Lebensbedingungen wenigstens in dem einen Punkte sehr verschieden gewesen sein, dass die Polar- zone auch in alten Zeiten, wie jetzt, einen langen Sommertag und eine lange Winternacht gehabt haben muss, welche Nacht am Eisfiord fast ½ des Jahres einnimmt. In der miocenen Flora Spitzbergens und Grönlands findet sich die- selbe Sumpfcypresse (Taxodium distichum), welche heutzutage die grossen Mo- räste Nord-Carolinas und Virginiens bekleidet.

2. Die neuen arktischen Entdeckungen bestätigen durch eine Reihe von Thatsachen, dass die Polarzone einst viel wärmer gewesen sein muss als gegenwär- tig. Das Klima der Miocenzeit muss beiläufig dem heutigen Klima Nord-Ita- liens entsprochen haben. Die Wärmeabnahme gegen Norden fand zur Miocenzeit viel allmähliger statt als heutzutage.

3. In der Miocenzeit lag einer der Bildungsheerde, von dem aus die Pflanzen und Thiere sich strahlenförmig verbreitet haben, offenbar in der Polar- zone. Prof. Heer hat in neuester Zeit Pflanzenreste aus dem Alaskalande zur Untersuchung erhalten, unter denen 14 Baum- und Straucharten Grönlands und Spitz- bergens sich befinden, und zwar sind dies fast alles Arten, welche zur selben Zeit auch in Deutschland und in der Schweiz gelebt haben.

Dr. E. v. M. Matériaux pour la carte géologique de la Suisse. Sixième livraison. Jura vaudois et neuchatelois par Auguste Jaccard. Avec deux cartes et huit planches de profils géologiques. (340 pages. Berne 1869. Geschenk der geologischen Commission der schweizerischen naturfor- schenden Gesellschaft.

Abermals liegen zwei Blätter (XI, XVI.) des prächtigen, auf Kosten des schweizerischen Bundes zur Publication gelangenden geologischen Kartenwerkes vor, dem die schöne topographische Karte der Schweiz von Dufour (Maasstab = 1:100.000) zu Grunde liegt. Die Aufnahme, sowie der erläuternde Text, welcher eine geologische Monographie des Walliser und Neuenburger Jura bildet, rühren von Hr. A. Jaccard, Professor der Geologie an der Akademie zu Neuen- burg her.

Die Karten geben von heutigen Bildungen 3, von quartären Schutt- und Schwemmgebilden 3, von tertiären Bildungen 8, von cretacischen 5, von jura- sischen 8 Unterscheidungen im Gebiete N. vom Genfer See. Für das nach A. Favre's Karte von Savoyen colorirte Terrain im Süden des Genfer See's kommt noch je eine Farbe für Lias, Känsener Sch. und Trias hinzu.

Die ältesten, in diesem Abschnitte zu Tage tretenden Schichten gehören der Etage Lédonien des oberen Dogger, einer muthmasslich den Schichten mit *Amm. Parkinsoni* entsprechenden Korallenfacies an. Von älteren Schichten wurden nur Liasbildungen durch Tunnelbohrungen angefahren.

Der erläuternde Text zerfällt in 4 Theile. Im ersten wird die walliser Ebene, im zweiten der neuenburger und walliser Jura behandelt. Der dritte Theil beschäftigt sich mit allgemeinen geologischen Betrachtungen und enthält unter anderem ein ausführliches System der jurassischen Orographie, mit Zugrundele- gung der bekannten Fundamental-Arbeit von Thurmann. Der vierte Theil ist

---

¹) Siehe a. Verh. d. k. k. geol. Reichsanst. 1867, p. 343. G. Lindström, Trias- und Juraversteinerungen von Spitzbergen.

der praktischen Geologie gewidmet. Fremde, reisende Geologen werden dem Verfasser für das beigegebene „itinéraire géologique" zu Danke verpflichtet sein.

Dr. U. Schloenbach. Prof. G. A. Pirona. Sopra una nuova specie di Hippurites (Sep. a. d. Atti della Soc. ital. di sci. nat., XI, 3, 1868). 4 Seiten, 1 Taf. Mailand 1868.

Der Verfasser, welcher sich seit einiger Zeit speciellter mit den in den Kreideschichten der Friauler Voralpen so häufig vorkommenden Rudisten beschäftigt und eine grössere Arbeit über eine Suite von 18 am colle di Medea gesammelten, fast durchweg neuen Arten vorbereitet hat, beschreibt hier unter dem Namen *Hippurites polystylus* eine ebenfalls neue, sehr merkwürdige Art, welche in einer zwischen der Sengtia und dem Eocän von Subit nördlich von Udine befindlichen Breccie gesammelt ist. Dieselbe zeichnet sich durch eine ungewöhnlich grosse Anzahl von Längsleisten aus, welche von aussen tief in das Innere des Gehäuses hineinreichen. In Folge dieser Eigenthümlichkeit sah sich Prof. Meneghini veranlasst, diese Art in der Sitzung der Soc. italiana, welche auf diejenige folgte, in der jenes Petrefact vorgelegt und beschrieben wurde, als den Typus einer neuen Gattung zu bezeichnen und für letztere zu Ehren ihres Entdeckers den Namen „*Pironaea*" in Vorschlag zu bringen.

Dr. U. Sch L. Universidad de Chile. Anales. — Periodico oficial de la universidad. Santiago 1860—1866. Geschenk der Universität Santiago de Chile.

Der gütigen Vermittlung des dermaligen Rectors der chilenischen Staats-Universität zu Santiago de Chile verdankt unsere Bibliothek ausser einer grossen Reihe anderer sehr werthvoller Publicationen auch die Zusendung der jährlich in zwölf Heften erscheinenden Annalen der Universität, in welchen zahlreiche Original-Abhandlungen aus allen Zweigen der Wissenschaft, namentlich auch den Naturwissenschaften, enthalten sind. Aus den eben vorliegenden sieben Jahrgängen sind an Aufsätzen geologischen und mineralogischen Inhalts namentlich folgende zu nennen:

Ignacio Domeyko. Solevamiento de la costa de Chile. 1860, p. 575—600.

A. Pissis. Descripcion topográfica i jeolójica de la provincia de Colchagua. 1860, p. 659—713.

C. Huidobro. Manto del Lileo. 1860, p. 953—957.

C. Huidobro. Metalurjia del cobre en la provincia de Aconcagua. 1861, p. 451—501.

Ign. Domeyko i W. Diaz. Excursion jeolójica a las cordilleras de San-Fernando (provincia de Colchagua). 1862, p. 3—22.

Ign. Domeyko. Nuevas investigaciones acerca de las pradas en que está cortado el terreno terciario de la costa de Chile (Puerto-Montt, Coquimbo). 1862, p. 103—169.

Ign. Domeyko. Sobra una nueva especie mineral de plomo iodurado, descubierta por el doctor Schwartzemberg en Copiapó. 1862, p. 171—174.

J. A. Carvajal. L'arbon fósil hallado en la provincia de Atacama. 1862, p. 303—313.

Ign. Domeyko. Sobre las amalgamas nativas halladas en Chile. Traduccion de las „Anales de Minas de Paris", por D. E. Fonseca. 1864, p. 243—252.

Ign. Domeyko. Adicion a la comunicacion precedente. Otra nueva especie de amalgama, de las minas de los Boldos en la provincia de Atacama, 1864, p. 253—253.

Mr. Figuier. Articulo (Über Küsten-Hebungen und Senkungen etc.) 1865, p. 225—250.

Elie de Beaumont i Ch. Sainte-Claire Deville. Informe presentado al Instituto Imperial de Francia (sobre dos Memorias de don Ignacio Domeyko, relativas, la una a grandes masas de aerólitos encontrados en el desierto de Atacama cerca de Taltal, i la otra a varias especies minerales, nuevas, de Chile.) 1866, p. 143—150.

F. v. Vivenot. E. Reusch. Ueber die Körnerprobe am zweiachsigen Glimmer. Auszug aus dem Monatsbericht d. königl. Akad. d. Wissensch. zu Berlin. Gesammtsitz. vom 9. Juli 1868.

In einer früheren Mittheilung (Monatsher. vom April 1867, p. 230) hat der Verfasser über die mittelst der Körner hervorgebrachten Schlagfiguren von Steinsalz und Doppelspath berichtet, während in vorliegender Arbeit jene des zweiaxigen Glimmers in Betracht gezogen worden. Von den untersuchten 10 Glimmerproben gehörten 9 wahrscheinlich dem Kaliglimmer, einer einem lithionhältigen Glimmer an. Die auf sachigen Glimmern hervorgebrachten Schlagfiguren haben die Form eines sechs-, manchmal auch eines dreistrahligen Sternes, wovon einer bei der ersten Sorte von Glimmer stets senkrecht zur Ebene der optischen Axen steht, bei der zweiten Sorte hingegen parallel zu dieser Ebene verläuft. Weiteres wird noch die Frage zu erörtern gesucht, welchen Flächen des Glimmers die Radien der Schlagfigur entsprechen und eine Beschreibung der untersuchten Glimmerproben beigefügt, zu deren Vervollständigung die Angabe der Fundorte und chemischen Zusammensetzung der einzelnen Proben sehr wesentlich beigetragen hätte.

F. v. V. Schreiben des Herrn Dr. E. Wankel an Herrn Hofrath Prof. J. Hyrtl. Aus dem LVIII. Bd. d. Sitzb. d. kais. Akad. d. Wissensch. Juni- und Juli-Heft. Mit 1 Taf. Wien 1868.

Der durch die Erforschung der Slouper Höhle wohl bekannte Verfasser liefert in diesem Schreiben werthvolle Mittheilungen über jene Höhle, welche sich in der imposanten und mit dem Worte Beyćí Skala (Stierfels) bezeichneten Felspartie zu Josefsthal in Mähren befindet. Der Boden der ungefähr 190 Klafter langen Grotte ist zum grössten Theile mit ausgewaschenem Geschiebe von Grauwacke, Hornstein, Kalk etc. bedeckt und an manchen Stellen von oft Klafter hohem, einen ganz alluvialen Charakter an sich tragenden Sand überlagert. Tief in der Grotte fand der Verfasser unter vorerwähntem Schotter zahlreiche Knochen von Pferd, Rind, Wolf u. s. w., darunter Saad, dann Höhlenlehm und endlich noch eine Schichte mit Knochen von Höhlenbären, und zum Theil auch von Pachydermen.

In dem vorderen Theile der Höhle wurde gleichfalls eine Schicht mit Knochen, darunter auch Menschenknochen, wie nicht unbeträchtliche Patzen von Holzkohle angetroffen.

Die grosse Uebereinstimmung des Erhaltungszustandes der Menschenknochen mit dem der vorweltlichen Thierknochen, das Zusammenvorkommen und das Ergebniss der chemischen Analyse — deren grosse Uebereinstimmung mit der der Knochen vom Höhlenbär — lassen wohl daran nicht zweifeln, dass die Knochen gleichzeitig eingebettet wurden und demselben Zeitalter entsprechen.

Ein beigegebener Plan der Höhle dient zur näheren Verständigung.

F. v. V. Prof. G. Tschermak. Ueber Damourit als Umwandlungsproduct. Aus dem LVIII. Bde. d. Sitzungsb. d. kais. Akad. d. Wissensch. Juni- und Juli Heft. Mit 1 Holzsch. Wien. 1868.

Man hat bisher unter den Silicaten eine Reihe dichter Mineralien als besondere Gattungen aufgefasst, welche aber im wesentlichen nur dichte Modificationen anderer im krystallisirten Zustande längst bekannter Mineralien sind. Der Verfasser weiset in dieser Arbeit dasselbe an zwei Mineralien nach, wovon das eine als Onkosin aus dem Salzburgischen herstammend bezeichnet war, während das zweite, dem ersten vollkommen gleichend, bei Reschitza im Banat aufgefunden wurde. Die am ersteren Mineral mit dem Reflexionsgoniometer vorgenommenen Messungen der Seitenkernwinkel gaben eine vollständig übereinstimmendes Resultat mit denen des Cyanites, so dass wohl kein Zweifel bleibt, dass die Formen dieses Minerals denen des Cyanites entnommen sind. Eine vollständige Uebereinstimmung in den übrigen Eigenschaften lässt sich aber beim Damourit (ein Kaliglimmer) erkennen, so dass sich das untersuchte Mineral nur als ein dichter Damourit in der Form von Cyanit herausstellt.

Dasselbe gilt auch für das aus dem Banate herstammende Mineral.

F. v. V. Dr. Wilh. Gintl. Ueber die Bestimmung des Schwefelgehaltes im Roheisen. Aus dem LVIII. Bde. d. Sitzungsber. der kais. Akad. d. Wissensch. Juli-Heft, p. 329. Wien 1868.

Da die bisherigen Methoden zur Bestimmung des Schwefelgehaltes in Roheisen sich in vielfacher Beziehung als lückenhaft erwiesen, beschloss der Verfasser diesbezügliche Versuche anzustellen, welche wirklich zu dem gewünschten

Resultate führten. Die Methode ist in Kürze folgende: Es wird eine abgewogene Menge des zu prüfenden Roheisens in einem Glaskolben gebracht, mit einer mässig concentrirten Auflösung von Eisenchlorid übergossen und unter gelindem Erwärmen 6—10 Stunden digerirt. In der angegebenen Zeit erfolgt die Lösung der Hauptmenge des Eisens. Zurück bleibt eine Masse, aus welcher man durch directe Oxydation den Schwefel in Schwefelsäure überführen und als Barytsalz weiter der Wägung zuführen kann.

F. v. V. Dr. E. Bořický. Mineralogische Notizen. Lotos, Zeitsch. für Natur-Wissensch. Februar 1869.

1. **Perimorphosen einer asphaltähnlichen Substanz nach Calcit.**

In einer aus den obersilurischen Schichten (Barr. Etag. E.) stammenden Kalkstein-Kugel fand der Verfasser, dass die schwarze Ausfüllungsmasse einem Hanfwerk lautor kleiner, pechschwarzer, halbmetallisch glänzender Kryställchen gleicht, die in ihrem Aussehen sehr an Helmhacker's Waldit (Siehe Jahrb. d. k. k. geol. Reichsanst. 17. Bd. 1867) erinnern. Die meisten dieser Kryställchen haben die Form dünner Tafeln; und nicht selten gewahrt man unter ihnen Fragmente von perimorphen, dünnen Rinden. Einzelne aus den Hohlräumen hervorragende Aggregate lassen zuweilen Rhomboederecken erkennen und enthalten fast alle eine Menge kleiner, wasserheller Calcitkryställchen. Es dürfte somit ausser Zweifel sein, dass gleichzeitig mit der Bildung der Calcitkrystalle sich die das Gestein durchdringende unidialische Asphalt-Substanz in den Spaltungsklüften und zwischen den sich neu bildenden Calcitkryställchen ausgeschieden habe.

2. **Chalkosin von Svárov.**

Unter den kupferhältigen Mineralien, die man aus den silurischen Etagen kennt, war der Chalkosin bisher unbekannt geblieben. Der Verfasser hatte Gelegenheit gehabt, denselben auf Zinnobererzstufen von Svárov nachzuweisen. An den meisten Erzstufen fand er sich in Begleitung von Kupferschwärze, Pyrit, Kupferkies, Zinnober und kleinen Barytkryställchen vor.

Dr. E. v. M. Prof. Dr. F. Sandberger. Ueber das Aequivalent des (oberen) Muschelkalkes in den Süd-Alpen. (Neues Jahrb. u. s. w. von Leonhard und Geinitz. 1869. 2. Heft, Seite 211).

Aus der Uebereinstimmung der neuerlich (Verh. Geol. R.-A. 1866, p. 403) von E. v. Schauroth im oberen (ausseralpinen) Muschelkalk aufgefundenen *Halobia Mergeri Sess.* mit *Halobia Moussoni Mer.* von Regoledo in den lombardischen Alpen folgert Verfasser, dass in den Schichten von Regoledo und Perledo, welche *Halobia Moussoni* führen, das erste sichere Aequivalent einer Schichte des oberen, deutschen ausseralpinen Muschelkalkes gegeben sei.

Da nach den bis jetzt vorliegenden Daten *Halobia Moussoni* in den Alpen gewöhnlich unter den ersten Blöcken der *Halobia Lommeli* liegt, diese aber bereits im untersten Theile der Partnach-Schichten auftreten, da ferner nach Stur[¹] *Halobia Moussoni* eine gewöhnliche Begleiterin der Cephalopodenfauna der Reiflinger Kalke" sein soll, so dürfte in den Alpen das Aequivalent des oberen Muschelkalkes wohl nur in den unter den Partnach-Schichten oder deren Aequivalenten befindlichen Schichten zu suchen sein.

G. St. Karl Ludolf Griesbach. Die Erdbeben in den Jahren 1867 und 1868. Wien 1869.

Die unter dem Titel „A. Chronik" (innerhalb der Länder nach der Zeit geordnet) I. Alte Welt, II. Neue Welt" den Haupttheil dieser Broschüre (Seite 1—33) bildende Zusammenstellung der Beobachtungen und Nachrichten, welche über die zahlreichen Erdbeben der Jahre 1867 und 1868 bisher nur in zerstreuter Weise in den verschiedensten Tagesblättern und Zeitschriften vorlagen, ist gewiss eine recht verdienstliche Arbeit. Dieselbe hätte jedoch durch grössere Consequenz in der Angabe der literarischen Quellen und durch die Aufwendung von etwas mehr Sorgfalt in der Anordnung des Materials und in der Redaktion leicht an Werth gewinnen können. Dass dem Abschnitt A. kein zweiter Abschnitt unter B. folgt, würde man dem Verfasser gern nachsehen, wenn er sich überhaupt enthalten hätte, an den Schluss dieser Chronik Folgerungen, und zwar

---

[¹] Verh. d. k. k. geol. Reichsanst. 1868. p. 404.

Folgerungen von der bedenklichsten Art anzuknüpfen. In ähnlich selbstgefällig witzelnder und ansprechender Weise haben selbst jene Männer, deren Ansichten hier in wenig verdauter Weise wiedergegeben werden, Gelehrten von Ruf und Bedeutung gegenüber sich niemals ausgelassen, wie dies hier von einem jungen Manne gewagt wird, der sich seine ersten Spuren in der Wissenschaft erst verdienen will. „Naivetät" ist der gelindeste Ausdruck dafür, wenn der Verfasser glaubt, dass er der Wissenschaft und sich selbst durch derartige Expektorationen nützen kann.

J. Roth. O. Silvestri. Ueber die vulkanischen Phänomene des Aetna in den Jahren 1863—1866, mit besonderer Bezugnahme auf den Ausbruch von 1865. (Auszug der Atti dell' Accademia Gioenia di scienze naturali di Catania. Serie terza. Bd. I. n. 56—285). Sep.-Abdr. a. d. Zeitschr. d. deutsch. geol. Gesellsch. Jahrg. 1869. Seite 221—238.) Hierzu Tafel IV). Gesch. d. Verf.

Dieser höchst dankenswerthe Auszug vermittelt uns vollinhaltlich die interessanten Beobachtungen und Resultate, welche in der grossen Arbeit von Silvestri niedergelegt sind, über welche ein kürzeres Referat bereits in unseren Verhandlungen (Jahrg. 1868, Seite 391—393) gegeben worde.

Prof. Dr. F. v. Hochstetter. 1. Ueber das Erdbeben in Peru am 13. August 1868 und die dadurch veranlassten Fluthwellen im Pacifischen Ocean, namentlich an den Küsten von Chili und von Neu-Seeland. (Erste Mittheilung, vorgelegt i. d. Sitz. d. k. Ak. d. Wiss. am 12. November 1868). 2., Die Erdbebenfluth im Pazifischen Ocean vom 13. bis 16. August 1868 und die mittleren Tiefen dieses Oceans. (Zweite Mittheilung, vorgelegt i. d. Sitz. d. Ak. d. Wiss. am 21. Jänner 1869). LVIII. Bd. d. Sitzb. d. k. Akad. d. Wissensch. in Wien, II. Abth., Nov.-Heft Jahrg. 1868. Sep.-Abdr. Gesch. d. Verf.

Siehe das Referat in diesen Verhandlungen. Jahrg. 1869, Nr. 3, Seite 46.

Dr. Gustav C. Laube. Ueber *Ammonites Aon* und dessen Verwandte. (Vorgel. i. d. Sitz. am 7. Jänner 1869. Aus d. LIX. Bde. d. Sitzb. d. k. Akad. d. Wissensch. I. Abth. Jän.-Heft, Jahrg. 1869.) Sep.-Abdr. Gesch. d. Verf.

Siehe das Referat in diesen Verhandlungen, Jahrg. 1869, Nr. 3, Seite 47.

Gaea. Natur und Leben. Zeitschrift zur Verbreitung naturwissenschaftlicher, geographischer und technischer Kenntnisse. Redaction von Herm. J. Klein. Köln und Leipzig bei E. H. Mayer. 1869. 5. Jahrgang, 1. Heft.

Im Wege des Tausches gegen unsere Verhandlungen erhalten wir nun auch diese an interessanten Aufsätzen und den neuesten Mittheilungen aus den oben bezeichneten Gebieten reiche und trefflich redigirte Zeitschrift, an welcher zahlreiche hervorragende Forscher und Gelehrte mitarbeiten, für unsere Bibliothek zugesendet. Den ersten 4 Jahrgängen schliesst sich in viel versprechender Weise das reichhaltige 1. Heft des 5. Jahrganges an, für welchen 16 Hefte präliminirt sind. Den Inhalt der vorliegenden ersten Lieferung von 1869 bilden folgende Aufsätze: 1. Die Ergebnisse der Beobachtungen der totalen Sonnenfinsterniss vom 18. August 1868. 2. Der Vulkanismus von Hawai I. Von Dr. Otto Buchner. 3. Ueber die Erdbeben in Südamerika und die Ursachen der Erdbeben im Allgemeinen. Von Prof. Fr. Mohr. 4. Der Mensch der Urzeit in Oberfranken. Von Dr. B. Ellner. 5. Studien über den Blitz I. Von Herm. J. Klein. 6. Der Hagel und die Hagelbildung.

An diese Aufsätze schliessen sich an: Ein Astronomischer Kalender etc. für März 1869. Erklärung des astronomischen Kalenders. Neue naturwissenschaftliche Beobachtungen und Entdeckungen. Vermischte Nachrichten.

Rocznik ces. król. Towarzystwa Naukowego Krakowskiego. Poczet trzeci. Tom XIV. (Ogólnego Zbioru T. XXXVII.) Kraków 1868. (Jahrb. d. k. k. Gelehrten-Gesellschaft zu Krakau. Bd. XIV, 3. Heft. 1868.

Dieses Heft enthält folgende auf die Geologie bezügliche Aufsätze:

Dr. A. Stopczański. Chemische Analyse des Wassers der Slotwińskiquelle in Krynica. Seite 14.

L. Zeuschner. Dolomit der Devon-Zone zwischen Chęcin und Sandomiera. Seite 326.

Felix Kreutz. Der Sanidin-Oligoklas Trachyt aus der Gegend von Szczawnic in Galizien. Seite 368. (Vergl. Verhdl. d. k. k. geol. Reichsanst. 1868, Nr. 11, Seite 245.

Prof. Dr. Alth. Einiges über die Phosphoritknollen bei Kalusz. Seite 401. (Vergl. Jahrb. der k. k. geol. Reichsanst. Bd. XIX. 1869. Heft Nr. 1. Seite 69—74.)

A magyarhoni földtani társulat munkálatai. Szerkeszté Hantken Miksa. Első titkár. IV. kötet. (Két táblával és egy földtani átmetszettel). Pest, nyomatott Légrády testvéreknél, 1868. Die Arbeiten der ung. geolog. Gesellschaft. Redigirt von Max v. Hantken, erstem Secretär. 4. Band. Mit 2 Tafeln und 1 geol. Durchschnitt. Pest. Gedruckt bei Gebrüder Légrády 1868.

Ausser einem Vorwort und Vereinsnachrichten enthält dieser Band:

1. Max v. Hantken. Mittheilung über die von Professor Ed. Suess unter dem Titel „Ueber die Bedeutung der sogenannten brakischen Stufe veröffentlichte Abhandlung.
2. Anton Koch. Geologische Studien aus der Umgebung von Eperies.
3. Karl Hofmann. Ueber den Palagonitgehalt der Sátgligeter Basalttuffe und der Leányvárer Basaltbreccie.
4. M. Hantken. Bericht über die Resultate seiner Untersuchungen der ungarischen Braunkohlenablagerungen.
5. M. v. Hantken. Die geologischen Verhältnisse der Umgegend von Lábatlan (Komorner Komitat).
6. Karl Hofmann. Vorläufiger Bericht über die im Auftrage der ungar. geologischen Gesellschaft ausgeführte Untersuchung des siebenbürgischen Schilthaler tertiären Kohlenbeckens.
7. M. v. Hantken. Die Brennberger Braunkohlenablagerung.
8. M. v. Hantken. Die Foraminiferen des Kleinzeller Tegels.

Ueber diese gewiss recht viel des Interessanten enthaltenden geologischen Aufsätze und Abhandlungen behalten wir uns vor Referate und Auszüge mitzutheilen, sobald dieselben, wie zu erwarten, auch in deutscher Sprache erschienen sein werden.

Jahrbuch der k. k. geologischen Reichsanstalt. Jahrg. 1869. XIX. Bd. Nr. 1. Jänner, Februar, März. (Mit Taf. I—VI.) Wien. Dieses Heft enthält:

I. Franz Ritter v. Hauer. Geologische Uebersichtskarte der österreichischen Monarchie. Blatt Nr I und II. Böhmen. Seite 1—58.
II. Prof. Dr. K. Zittel. Bemerkungen über *Phyllocerus taricum* Pusch sp. und einige andere *Phyllocerus*-Arten. Mit Tafel I. Seite 59—68.
III. Prof. A. Alth. Ueber Phosphatknollen aus Kreide-Schichten in Russisch-Podolien. Seite 69—74.
IV. Karl Ritter v. Hauer. Anton von Kripp's chemische Untersuchungen des ost- und westgalizischen Salzgebirges und der dort gewonnenen Hüttenproducte, sowie einiger ungarischer und siebenbürgischer Steinsalzsorten. Seite 75—90.
V. Dr. Edmund v. Mojsisovics. Ueber die Gliederung der oberen Triasbildungen der östlichen Alpen. Mit 2 Petrefactentafeln (II, III) und 1 Profiltafel (IV). Seite 91—150.
VI. Dr. Edmund v. Mojsisovics. Bericht über die im Sommer 1868 durch die IV. Section der k. k. geologischen Reichsanstalt ausgeführte Untersuchung der alpinen Salzlagerstätten. Seite 151—174.
VII. Dr. C. W. Gümbel. Ueber Foraminiferen-, Ostracoden- und mikroscopische Thier-Ueberreste in den St. Cassianer und Hallein Schichten. Mit Tafel V und VI. Seite 175—186.

Ausserdem wurde die Bibliothek durch folgende Bücher und Karten bereichert:

a) Einzelwerke und Separatabdrücke:

d'Achiardi Ant. Sulla bienda di Toscana ed isole vicine. Pisa 1864.
— D'alcune caverne e breccie ossifere dei monti pisani. Pisa 1867.
d'Ancona Franc. ed **E. E. Gemmellaro.** Monografia degli elefanti fossili di Sicilia. Palermo 1867. 1 T.
Angelin N. P. Palaeontologia scandinavica. Leipzig, 2 Hefte. 52 T.
Auerbach Joh. Ueber die Kohlen in Central-Russland. Moskau 1860. 3 T.
— Der Kalkstein von Malovka. Moskau 1862. 1 T.
Baer Dr. M. E. Neue Auffindung eines vollständigen Mamuthes mit der Haut und den Weichtheilen. St. Petersburg 1868. 1 T.
Balsamo-Crivelli Gius. Album geologico ad uso degli studenti dell' Istituto Robati. Milano. 4 T.
Barcena Giul. Relazione descrittiva ed analisi scientifica dei fenomeni fisico-geologici in Monte Baldo. Verona 1866.
Barzano Dr. Gaet. Studii geologici. 1 T.
— Di alcune ricchezze naturali della Val Brembana. Milano 1857.
Bellotti Crist. Descrizione di alcune nuove specie di pesci fossili di Perledo.
Bergstrand C. E. Grunddragen till Geologien eller Laran om Norden. Upsala 1859. 3 T.
Bernath J. Chemische Untersuchungen 1863.
— Das Parameter-Verhältniss der Krystalle 1864.
Burlazzera-Landes. Dei combustibili fossili esistenti nella provincia veronese. Verona 1816. 1 T.
Biasconi Gius. Sul sistema vascolare delle foglie considerate come carattere distintivo per la determinazione delle fillitti. Bologna 1838. 7 T.
— Descrizione delle forme cristalline di zolfo delle miniere del Cesenate. Bologna 1861. 5 T.
— Cenni storici sugli studi paleontologici e geologici in Bologna e catalogo ragionato della collezione geognostica dell Apennino bolognese. Milano 1862.
— Sur une periode de la mer éocène. Paris 1868.
— Intorno al giacimento delle fucoidi nel calcare eocenico. Milano 1867.
— e **G. A. Biasconi.** Escursioni geologiche e mineralogiche nel territorio Porrettano. Bologna 1867.
Biale Giov. Analisi chimica dell' acqua minerale di Coneda. Vienna.
— Sopra il Litio nell' acqua dell' Adriatico.
— Analisi dei garuscente dai pozzi artesiani di Venezia 1861.
— Analisi chimica dell' acqua di Civellina 1865.
Bombicci L. Corso di mineralogia. Bologna 1863. 45 T.
— Sulle associazioni poligeniche applicati alla classificazione dei sulfuri minerali. Bologna 1867.
— La composizione chimica e la fisica struttura dei minerali, considerate secondo la teoria delle associazioni poligeniche. Bologna 1867.
— La teoria delle associazioni poligeniche applicata allo studio dei silicati. Bologna 1868.
— I silicati minerali secondo la teoria delle associazioni poligeniche. Bologna 1868.
— Sulle associazioni poligeniche dei composti minerali. Studj Pisa 1868.
— Notizie intorno alcuni minerali italiani. Milano 1868. 2 Taf.
Brandt. Nochmaliger Nachweis der Vertilgung der nordischen oder Steller'schen Seekuh. Moskau 1866.
— Einige Schlussworte zum Nachweis der Vertilgung der Rhytina. Moskau 1867.

Bussoni Pietro. Posizione attuale della geologia lombarda dietro l'analisi degli studj geologici e paleontologici del Prof. A. Stoppani. Milano 1868.

Capellini Cav. Giov. Descrizione geologica dei dintorni del golfo della Spezia, con carta geologica. Bologna 1864.
— I fossili infraliassici dei dintorni del golfo della Spezia, con carta geologica. Bologna 1866/67. 10 T.
— et O. Heer. Les phyllites crétacées du Nebraska. Zürich 1866.

Catullo T. Ant. Trattato sopra la costituzione geognostica dei terreni alluviali o postdiluviani delle provincie venete. Padova 1844.
— Dei terreni di sedimento superiore delle Venezie e dei fossili terziarj. Padova 1856. 19 T.
— Prospetto degli scritti compilati. Padova 1857.
— Discorrimenti sopra alcuni importanti fatti geognostico-paleozoici. Padova 1855.
— Sopra le scoperte dei chiaro uomo de Lloy fatte sul lago di Fimon presso Vicenza 1865.

Cerresoli Fed. Sulla torba quale sorgente di gas. Milano 1858.

Cerini Gius. Idee della filosofia geologica e paleontologica e caratteri da osservarsi nelle parti dei corpi organici ridotti allo stato fossile. Milano 1858.

Cocchi Ig. Geologia dell' Isola di Sardegna.
— Monografia dei Pharyngodopilida, nuova famiglia di pesci labroidi. Firenze 1864. 6 T.
— Di alcuni resti umani e degli oggetti di umana industria dei tempi preistorici raccolti in Toscana. Milano 1865. 4 T.
— Mappe e carte, combustibili fossili, sali, solfo, marmi etc. Torino 1866.
— L'uomo fossile nell' Italia centrale. Studi paleontologici. Milano 1867. 4 T.

Conti Aug. Il monte Mario e i suoi fossili subapennini. Roma 1864. 1 T.
— Scoperta di nuovi Pteropodi fossili nella base marnosa del Monte Mario. Roma 1866.

Cornalia E. Sui progressi della geologia nel secolo XIX. Pavia 1847.
— Notizie geo-mineralogiche sopra alcune valli meridionali del Tirolo. Milano 1868. 5 T.

Curioni G. Appendice alla memoria della successione normale dei diversi membri del terreno triasico nella Lombardia.
— Sulla industria del ferro in Lombardia. Milano 1860.
— Sui giacimenti metalliferi e bituminosi nei terreni triasici di Besano. Milano 1863. 3 T.

Danai T. D. Correlazioni di parallelismo fra le classi di vertebrati. Traduzione del Prof. Meneghini. Pisa 1864.

v. Eichwald W. Die Rhytina borealis und der Homoorinus dipentas in der Lothaea rossica. Moskau 1866. 1 T.
— Beitrag zur Geschichte der Geognosie und Paläontologie in Russland. Moskau 1866.

Filippuzi Franz. Analisi del carbone fossile di Cladenico in Carnia. Vienna 1856.
— Indagine chimica sopra l'acqua della fonte felsinea in Valdagno 1858.

Fortis Alb. Sopra la miniera di carbone di Sogliano in Romagna. Cesena 1790.

Gastaldi B. Scandagli dei laghi del Moncenisio, di Avigliana, con brevi cenni sulla origine dei bacinolacustri. Torino 1868. 5 T.
— et G. de Mortillet. Sur la théorie de l'affouillement glaciaire. Milan 1863.

Gastinel Raj. Étude topographique chimique et médicale des eaux thermales salino-sulfureuses de Hélonan près Tourrah. Caire 1868.
— Mémoire sur les eaux salines froides d'Ain Syra. 1868.

Giovanni Fantuzzi. Sulle arene primitive dell'Apennino. Rimino 1848.
— Osservazioni geologiche sul fiume Rubicon. Ravenna 1851. 1 T.
— Osservazioni geognostiche sul coloramento di alcune pietre sulla formazione di un Agata. Ravenna 1857.

Haupt Teod. Delle miniere e della loro industria in Toscana. Firenze 1847.

Hébert. Observations sur le mémoire de M. Pictet intitulé: Etude provisoire des fossiles de la Porte de France, d'Aisy et de Lémenc. Extrait du Bulletin de la société géologique de France, 2° série, t. XXV. p. 624. Séance du 20 April 1868.

Heymer y Ciaras. La Cordillera entre el Cabo Corrientes y Tapalqui. Buenos Ayres 1863. 1 T.

Issel Art. Nouvelles découvertes paléoarchéologiques en Ligurie. 1865.
— Delle conchiglie raccolte nelle breccie e nelle caverne ossifere della Liguria occidentale. Torino 1867. 1 T.
— Resumé des recherches concernant l'ancienneté de l'homme en Ligurie. Paris 1868.

Jäger Gust. Ueber ein fast vollständiges Skelett des Palapteryx ingens. Wien 1863. 2 T.
— Ueber einen fast vollständigen Schädel des Palapteryx ingens. Wien 1863. 2 T.

Kohn Ignaz. Eisenbahn-Jahrbuch der Oesterreichisch-ungarischen Monarchie. 2. Jahrgang. Mit einer vollständigen Eisenbahnkarte. Wien 1869.

Th. Liebe und L. Zimmer. Verzeichniss der bis jetzt im Fürstenthum Reuss j. L. beobachteten Land- und Süsswasserschnecken. Sep.-Abdruck aus dem 8. und 9. Jahresberichte der Gesellschaft von Freunden der Naturwissenschaften in Gera.

Lioy P. Il museo di storia naturale a Vicenza e il Coccodrillo fossile. Roveredo 1865.

Manganotti Ant. Studi sopra alcune Ierbe veronesi. Verona 1856.
— La chimica in rapporto colle scienze naturali. Verona 1856.

Manzoni A. Saggio di conchiologia fossile subapennina. Fauna delle sabbie gialle. Imola 1868.

Marzari. Pencati Gius. Lettera geologica al Signor Dombscher, Vicenza 1823.

Massalongo Abr. Schizzo geognostico sulla val del Progno o torrente d'Illasi con un saggio sopra la flora primordiale del Monte Bolca. 1850.
— Sopra le piante fossili dei terreni terziarj del Vicentino. Verona 1851.
— Conspectus florae tertiariae orbis primaevi. Patavii 1852.
— Plantae fossiles novae in formationibus tertiariis regni veneti nuper inventi. 1853.
— Monografia delle Dombeyaceae fossili sinora conosciute. 1854. 1 T.
— Monografia delle Nereidi fossili del monte Bolca. 1855. 6 T.
— Enumerazione delle piante fossili mioceneiche sinora conosciute in Italia. Verona 1855.
— Descrizione di alcuni fuchi fossili della calcarea del monte Spilecco. 1856. 6 T.
— Studj paleontologici. 1856. 7 T.
— Flora fossile del monte Colle nella provincia veronese. 1857. 8 T.
— Della flora fossile di Sinigaglia. Verona 1857.
— Synopsis florae fossilis senegallensis. 1858.
— Sulle piante fossili di Zovensedo e dei Vegroni 1858.
— Monografia del genere Sylphidium. Modena 1858. 7 T.
— Specimen photographicum animalium quorundam, plantarumque fossilium agri veronensis. Verona 1859.
— Syllabus plantarum fossilium bucsaque in formationibus tertiariis agri veneti detectarum. 1859.

Massalongo Abr. Prospetto delle collezioni di storia naturale. Verona 1860.
— Sapindacearum fossilium monographia. Verona 1862. 6 T.
— Descrizione di alcune piante terziarie dell' Italia meridionale. 2 Taf.
— Reliquie della flora fossile eocena del monte Pastello nella provincia veronese. 8 Taf.
— Palaeophyta rariora formationis tertiariae agri veneti.
— Synopsis palmarum fossilium.
— e **Pasiesti.** Sopra l'arsenico nell' acqua ferruginosa di Civellina 1857.

Matteucci Piria. Il nuovo Cimento. Giornale. Pisa.

Meneghini Gius. Descrizione dei resti di due flore nelle ligniti mioceniche di Monte Bamboli. 2 Taf.
— Studi paleontologici sulle ostriche cretacee di Sicilia. 1 Taf.
— Laurea nelle scienze naturali. Pisa, 3 Hefte.
— Nuovi fossili toscani.
— Sulle cave di marmi varicolori aperti nel luogo detto il Capannino.
— Del Macigno ofiolitico.
— Sui giacimenti ramiferi di Libbiano. 2 Hefte.
— Discorso sulla cronologia geologica 1856.
— Paleontologie de l'Ile de Sardaigne ou description des fossiles recueillés dans cette contrée par le General A. de la Marmora. 1857. 6 Taf. Supplement 1860. 1 Taf.
— Della presenza del ferro oligisto nei giacimenti ofiolitici di Toscana. 1860.
— Denter Münsteri. Pisa 1864. 1 Taf.
— Saggio sulla costituzione geologica della provincia di Grosseto. Firenze 1865. 1 K.
— Del merito dei Veneti nella geologia. Pisa 1860.
— I marmi di S. Maria del Giudice e S. Lorenzo a Vaccoli. Lucca 1868.

Mella Raf. Un altro cenno sulla dentatura del Pachyodon Catulli. 1860. 1 Taf.

Meian Franc. Catalogo dei Corollari fossili nel terreno nummulitico d'Achiardi. Como. Vicenza 1867.

More Luss. Dell' origine dei Crostacei e delle altre marine produzioni. Udine 1857.

de Mortillet Gabr. Note géologique sur Palazzolo et le lac d'Iseo en Lombardie.
— Etudes géologiques sur la percés du M. Cenis.
— Notes géologiques sur la Savoie. 5 Hefte.
— L'homme fossile.
— Note sur le cretacée et le nummulitique des environs de Pistoja.
— Carte des anciens glaciers du versant italien des alpes 1861. 1 K.
— Terrains du versant italien des alpes comparés à ceux du versant français.
— Coupe géologique de la colline de Sieno 1863.
— Revue scientifique Italien. Milan 1868.
— Geologie des environs de Rome 1864.
— Matériaux pour l'histoire positive et philosophique de l'homme. Bulletin Paris 1864—1868.
— L'epoque quaternaire dans la vallée du Po. 1865.

Muzzi Salv. La catastrofe del 15 Marzo 1852 a M. Vigese. Bologna 1852. 2 Taf.

Nardo G. Dom. Sul potere aggregatore del ferro e sulla formazione del così detto Caranto nell' adriatico bacino. Venezia 1856.
— Se sempre abbia parte il ferro nella consolidazione e durata dei cementi idraulici.

Naumann C. Ueber den Hrn. O. Volger neueste Ausfälle auf die sächsischen Geologen 1864.
Omboni Giov. Bibliografia: Antichità dell' Uomo di Lyell Gastaldi, Brocca.
— Sulla carta geologica della Lombardia del Cav. Fr. Hauer.
— Cenni sulla carta geologica della Lombardia. 1 K.
— Della azione riescavatrice esercitata dagli antichi ghiacciaj sul fondo delle valli alpine.
— Sul terreno erratico della Lombardia. Milano 1859.
— Gita geologica nei contorni del lago d'Iseo. Milano 1860.
Il congresso dei naturalisti svizzeri a Lugano 1860.
— I ghiacciaj antichi e il terreno erratico di Lombardia. 1861.
— Delle principali opere sinora pubblicate sulla geologia del Veneto. 1863.
— Sulle condizioni geologiche delle ferrovie progettate per arrivare a Coira passando per il Splüga, il Settimo e il Lucomagno 1860.
— Come si debbano ricostituire gli antichi continenti. Milano 1864.
Pancic Dr. Jos. Минералогија и Геологија за Гимназе и Реалке. Београду. 1865.
Paulucci M. Description d'un Murex fossile du terrain tertiaire subapennin de la vallée d'Elsa (Toscane). Paris 1866. 2 Taf.
Pecchioli V. Notice sur un nouveau genre de bivalve fossile des terrains subapennins. 1 Taf.
— Di un nuovo fossile delle argille subapennine. 1862.
— Descrizione di alcuni nuovi fossili delle argille subapennine. 1 Taf.
Piranello e Zanon. Intorno agli esperimenti sul gas di torba. 1858.
Pirona Dr. G. Lettere geologiche sul Friuli.
— Sulle antiche morene del Friuli. 1861.
— Cenni geognostici sul friuli 1861.
— Costituzione geologica di Recoaro e de' suoi dintorni. Venezia 1863.
Planer D. Fernere Nachrichten über die Steinkohle am Westabhange des Urals.
Ponzi G. Storia naturale del Lazio. Discorreo. Roma 1859.
— Società in partecipazione per la ricerca ed escavazione dei carboni fossili nel territorio di Tolfa. 1860.
— Dell' Anione e dei suoi relitti 1862.
— Osservazioni geologiche sul vulcani Sabatini. Roma 1863.
— Sopra i diversi periodi eruttivi determinati nell' Italia centrale. Roma 1864.
Porro C. Osservazioni intorno alla nota del Dr. Scortegagna sulle nummuliti. 1845.
Ramorino Dr. Giov. Sovra le caverne di Liguria. Torino 1866. 2 Taf.
Ronconi Dr. G. B. Delle probabili condizioni fisicochimiche, che possono aver accompagnato nelle epoche geologiche la solidificazione delle sostanze organiche. Padova 1859.
— Giovanni Arduino e le miniere della Toscana. Padova 1866.
Rossi Dr. L. M. Nuovi principj mineralogici. Venezia 1857.
Ruscont C. L'origine atmosferica dei tufi vulcanici della Campagna romana. Roma 1865.
Santagata Dom. Dei gessi e della formazione dello solfo in Perticara. Bologna 1845. 1 Taf.
Savi Paolo. Sulla miniera di ferro dell' Isola d'Elba. Pisa 1836.

Scarabelli dei Niaminj Gius. Sui gessi di una parte del versante e dell'Apennino. Imola 1861. 1 Taf.
— Sulla probabilità che il sollevamento delle alpi si sia effettuato sopra una linea curva. Firenze 1866. 1 Taf.
— Sulle cause dinamiche della dislocazione degli strati negli Apennini. Milano 1866.

Schmidt. Fr. Reisen im Amurlande und auf der Insel Sachalin im Auftrage der kais. russischen geographischen Gesellschaft ausgeführt. Botanischer Theil mit 2 Karten und 8 Tafeln St. Pétersbourg 1868. Mémoires de l'Academie impériale des sciences de St. Pétersbourg, VII. Série. Tome XII. Nr. 2.

Scortegagna Fr. Sopra le Nummoliti. Padova 1841.

Seguenza G. La formation zancléenne ou recherches sur une nouvelle formation tertiaire. Paris 1868.

Sismonda Eug. Prodrome d'une flore tertiaire du Piemont. Turin 1859. 4 Taf.
— Note sur le terrain nummulitique supérieur du Dego.

Stiehler Wilh. Synopsis der Pflanzenkunde der Vorwelt. Quedlinburg 1861.
— Die Bromeliaceen.

Stoppani Ant. Resultati paleontologici e geologici dedotti dallo studio dei petrefatti d'Esino.
— Revista geologica della Lombardia in rapporto alla carta geologica del Cav. Hauer. 1 Taf.
— Studi geologici sulla Lombardia 1851.
— Scoperta d'una nuova caverna ossifera in Lombardia. 1858.
— Sull' opera di Sandberger e sulla memoria di Pareto. 1859.
— Note ad un corso annuale di geologia. Milano 1865—67. 2 vol.

Strasburger Ed. Die Befruchtung bei den Farrnkräutern. (Mit 1 Tafel.) Mémoires de l'academie impériale des sciences de St. Pétersbourg. VII* Série. Tome XII, No. 3. St. Pétersbourg 1868.

Studiati Cev. Description des fossiles de la brèche osseuse de Monreale. Turin 1857. 1 Taf.

Treta Dom. Pettoncolo d'Arada. 1862.

Tosini F. Dell' acqua minerale fredda di Negoledo, provincia di Como. 1851.
— Bovio e la sua acqua minerale.

de Visiani Rob. Piante fossili della Dalmazia 1858. 6 Taf.
— Sopra una nuova specie di Palma fossile. Napoli 1857. 1 Taf.
— e A. Massalongo. Flora dei terreni terziari di Novale nel Vicentino. Torino 1858. 13 Taf.

Volborth Dr. A. Zur Vertheidigung der Gattung Bacrocrinus. Moscau 1866.
— Die angeblichen Homocrinen der Lethaea rossica. Moscau 1866.

b) Zeit- und Gesellschafts-Schriften:
(Mit längerem oder unregelmässigem Termin der Publication und Versendung.)

Boston. Fifteenth annual Report of the Trustees of the public library 1867.
— Bulletin of the public library of the city of Boston. September 1868, Nr. 6.
— Public Library of the city of Boston. Books in the Bates Hall. Index. 1866.
— Supplement. Index 1866.

Colmar. Bulletin de la société d'histoire naturelle de Colmar. 8 et 9 Années, 1867 et 1868. Colmar 1868.

Edinburgh. Proceedings of the royal society of Edinburgh. Session 1867—1868.
— Transactions of the royal society of Edinburgh. Vol. XXV, Part. 1. For the session 1867—1868.

Freiberg. Beiträge zur geognostischen Kenntniss des Erzgebirges. Herausg. aus dem Ganguntersuchungs-Archiv zu Freiberg. III. Heft mit 2 Taf. und 8 Holzsch. 1869.

Hanau. Bericht der Wetterauischen Gesellschaft für die gesammte Naturkunde zu Hanau über den Zeitabschnitt vom 14. October 1863 bis 31. December 1867. Erstattet vom zeitlichen ersten Secretär, Reallehrer Becker. Nebst einigen naturkundlichen Abhandlungen. Hanau 1868.

Harlem. Liste des publications, des sociétés savantes et des gouvernements ainsi que des journaux scientifiques, qui se trouvent dans la Bibliothèque de la Société hollandaise des sciences de Harlem. 1 Janvier 1869.

Lüneburg. Jahreshefte des naturwissenschaftlichen Vereins für das Fürstenthum Lüneburg III. 1867. Mit 1 Lithogr.

Paris. Nouvelles archives du Muséum d'histoire naturelle de Paris publiées par MM. les professeurs-administrateurs de cet établissement. Tome I, Fasc. 1—4. Tome II, Fasc. 1—4. Tome III, Fasc. 1—4. Tome IV, Fasc. 1 und 2, 1865—1868. (14 Hefte).

Regensburg Repertorium der periodischen botanischen Literatur vom Beginne des Jahres 1864 an. IV. Jahrg. 1867. Als Beiblatt zu Flora 1867. Regensburg 1867 und 1868.

Regensburg. Flora oder allgemeine botanische Zeitung. Herausg. v. d. königl. bayr. bot. Gesellschaft in Regensburg. Neue Reihe, XXVI. Jahrg.; der ganzen Reihe LI. Jahrg. (Steintaf. I—III.) 1868.

— Correspondenzblatt des zoologisch-mineralogischen Vereines. 22. Jahrg. 1868.

Salzburg. Mittheilungen der Gesellschaft für Salzburger Landeskunde. VIII. Vereinsjahr 1868.

Gegen portofreie Einsendung von 3 fl. Ö. W. (2 Thl. Preuss. Cour.) an die Direction der k. k. geol. Reichsanstalt. Wien, Bez. III., Rasumoffskigasse Nr. 3, erfolgt die Zusendung des Jahrganges 1869 der Verhandlungen portofrei unter Kreuzband in einzelnen Nummern unmittelbar nach dem Erscheinen.

Neu eintretende Pränumeranten erhalten die beiden ersten Jahrgänge (1867 und 1868) für den ermässigten Preis von je 2 fl. Ö. W. (1 Thl. 10 Sgr. Preuss. Cour.)

Die nächste Nummer der Verhandlungen erscheint am 30. April.

Verlag der k. k. geologischen Reichsanstalt. — Druck der k. k. Hof- und Staatsdruckerei.

№ 7.  1869.

Verhandlungen der k. k. geologischen Reichsanstalt.
Sitzung am 20. April 1869.

Inhalt: Vorgänge an der Anstalt: Personalien, Plan für die Sommeraufnahmen. Zur Erläuterung an Herrn v. Meyer und T. A. Catullo. Eingesendete Mittheilungen: F. Freih. v. Richthofen. Die Schichtgebirge im Thal des Yang-tse-kiang. T. Oesterreicher. Sondierungen im Adriatischen Meere. J. Noth. Neue Mineralquelle von Bilszka in Galizien. Fr. Polepaž. Anhdrit im Steinsalz von Vizakna in Siebenbürgen. H. Göppert. Bemerkungen zu C. v. Ettingshausen's „Fossiler Flora des steierisch-schlesischen Dachschiefers". W. Rutowrh. Braunkohlenbohrung in Trautmannsdorf. Ing. Enders. Dejanetzkampa. Tiefseegräber im Jura von Calvados in der Normandie. Vorträge: Dr. U. Schloenbach. Revisionsarbeiten in der Kreideformation Böhmens, K. K. v. Hauer. Trachyte von Tokaj. Dr. M. Neumayr. Höhle mit Knochenresten von Ursus spelaeus im Kalke der Macura bei Zakopane in der Tatra. F. Foetterle. Geologische Aufnahme in der Umgebung von Torna und Szendrő in Ungarn. Einsendungen für das Museum: F. Polepaž. Gesteinssuite aus dem Verespataker Bergrevier. G. v. Franzenfeld. Mineralien von Bleiberg in Kärnten. Capitän Kündel. Photographien von Basaltzgen der sarmatischen Stufe aus der Umgebung von Odessa. Naturwissenschaftliches Comité des Prag. Petrefacten aus Pilsner Schichten der Weissen-Berges bei Prag. Einsendungen für die Bibliothek und Literaturnotizen: Schäfer, Knoch, Goebel, Payer. Bücher-Verzeichniss.

Vorgänge an der Anstalt.

Mit Erlasse vom 16. April l. J. hat Se. Excellenz der k. k. Minister des Innern, Herr Dr. Karl Giskra die Praktikanten der k. k. geologischen Reichsanstalt, Herrn Dr. Edmund Mojsisovics v. Mojsvár und Herrn Dr. Urban Schloenbach zu zeitlichen Hilfs-Geologen ernannt und genehmigt, dass Herr Dr. Melchior Neumayr bei der k. k. geol. Reichsanstalt in der Eigenschaft eines Praktikanten in zeitliche Verwendung genommen werde.

Plan für die Sommeraufnahmen.

Mit Erlasse vom 16. April l. J. hat das k. k. Ministerium des Innern nach gepflogener Rücksprache mit dem Herrn Reichskriegsminister, im Einvernehmen mit dem Herrn ungarischen Minister für Landwirthschaft, Industrie und Handel den Plan für die diesjährigen Aufnahmen der k. k. geol. Reichsanstalt genehmigt.

Diesem Plane zufolge werden sechs Aufnahmssectionen in verschiedenen Theilen der Oesterreichisch-ungarischen Monarchie thätig sein, und zwar:

Section Nr. I. Detailaufnahme des südlichen Theiles der Roman-Banater Militärgrenze. Chef-Geologe Bergrath Foetterle, Sections-Geologe Dr. U. Schloenbach, Montan-Ingenieur R. Knapp.

Section Nr. II. Detailaufnahme des nördlichen Theiles der Roman-Banater Militärgrenze. Chef-Geologe Bergrath D. Stur, Montan-Ingenieur A. Hampel, Volontär J. Posevitz.

Section Nr. III. und IV. Fortsetzung der Detailaufnahmen im nordöstlichen Ungarn bis zum Meridian von Beregszász-Munkács, und zwar

Section III der südliche Theil, Chef-Geologe Bergrath Dr. G. Stache, Sections-Geologe Dr. M. Neumayr, Volontär F. Krenz, und Section IV der nördliche Theil. Sections-Geologe K. M. Paul, Montan-Ingenieur Tschebul.

Section Nr. V. Detailaufnahme des Gebietes der Umgebungen von Kaseban. Sections-Geologe H. Wolf.

Section Nr VI Detailaufnahme des nördlichsten Theiles von Tyrol in den Umgebungen von Kufstein und Kitzbüchel. Sections-Geologe Dr. E. v. Mojsisovics, Montan-Ingenieur R. Heyd.

Der Director der Anstalt wird im Laufe des Sommers Inspectionsreisen nach den sämmtlich bezeichneten Gebieten unternehmen.

Fr. v. Hauer. Zur Erinnerung an **Hermann v. Mayer** und **T. A. Catullo.**

Wenige Tage nach unserer letzten Sitzung erhielten wir die Nachricht von dem am 2. April in Frankfurt a. M. erfolgten Hinscheiden des Mannes, der, eine der hervorragendsten Zierden der deutschen Gelehrtenwelt überhaupt und einer der lebhaftesten Theilnehmer an den Arbeiten, welche den raschen Aufschwung der Paläontologie in den letzten Jahrzehnten herbeiführten auch einen nicht geringen Einfluss ausübte auf die Pflege des Wissens speciell in unserem Vaterlande. Schon mit unseren Vorgängern, den Herren Partsch, Jos. v. Hauer, J. Heckel u. A. in lebhaften wissenschaftlichen Verkehr, erhielt Hermann v. Meyer stets die freundschaftlichsten Beziehungen mit seinen Fachgenossen in Wien und ganz Oesterreich. Alle Funde interessanter Wirbelthierreste, in deren Besitz dieselben kamen, wurden ihm in den früheren Jahren zur Untersuchung und Bearbeitung zugesendet, und auch in der letzteren Zeit, seit wir selbst die tüchtigsten Vertreter seines speciellen Faches besitzen, haben dieselben bei schwierigen Fragen nicht selten an sein competentes Urtheil appellirt. Das folgende Verzeichniss von Mittheilungen Herman v. Meyer's über österreichische Fossilien zeigt wohl am Besten, zu welchem Danke wir ihm in dieser Beziehung verpflichtet sind:

Skorpion von Radoitz 1834. Mus. Senk. I, 287; — *Conchyosaurus* von St. Cassian. 1844, v. Leonh. und Br. Jahrb. 337; — Fossile Wirbelthierreste des Wiener Beckens v. L. u. Br. Jahrb. 1845, p. 308, 1846, p. 471, 1847, p. 578; — Säugethier-Schädel aus dem Süsswasser-Quarz von Illinik 1847. Haid. Ber. II, p. 457; — *Palaeosaurus Sternbergi* aus Böhmen v. L. u. Br. Jahrb. 1847, p. 182; — Säugethierreste v. Turnau bei Aflenz v. L. u. Br. Jahrb. 1847, p. 190; — Fossilien des Tertiärsandes v. Linz v. L. u. Br. Jahrb. 1847, p. 189; — *Emmeodon Ungeri* v. Wies v. L. u. Br. Jahrb. 1847, p. 190; — *Ichthyosaurus platyodon* v. Reifling v. L. u. Br. Jahrb. 1847, p. 191; — die fossilen Fische aus den tertiären Süsswasser-Gebilden v. Böhmen v. L. u. Br. Jahrb. 1848, p. 424; — *Dadocrinus gracilis* a. Tyrol a. a. O. 1848, p. 308; — Decapoden, Fische Batrachier u. Säugethiere d. tertiären Süsswasser-Gebilde in Nord-Böhmen 1849, Palaeontographica II, 2, p. 1; — *Balaenodon Lintiaeus* v. Linz v. L. u. Br. Jahrb. 1849, p. 549, Jahrb. d. geol. Reichsanst. 1850, I, p. 163, Haid. Ber. 1850, VII, p. 4; — Fossile Knochen v. Leiding. Haid. Ber. 1850, VII, p. 1, 43; — Vögel v. Radoboj. Haid. Ber. 1850, VII, p. 46; —

Fossile Wirbelthiere aus dem Wiener Becken a. a. O. p. 45; — *Anthracotherium* vom Monte Promina. Jahrb. d. g. Reichsanst. 1853. IV, p. 165. v. L. u. Br. Jahrb. 1854, p. 47; Palaeontographica 1854, IV, 2, p. 61; — *Ibex Cebennarum* v. Bl. Veit bei Klagenfurt v. L. u. Br. Jahrb. 1856, p. 330; — Schildkröten und Säugethiere aus der Braunkohle von Turnau Paläont. 1856, VI, 1, p. 50; — *Ichthyosaurus*-Wirbel aus den Kössener Schichten des Schleimser Joches v. L. u. Br. Jahrb. 1856, p. 824; — *Ergon Raiblianus* aus den Raibler Schichten in Kärnten v. L. u. Br. Jahrb. 1858, p. 105. Paläontogr. 1859, VII, 1, p. 27; — *Prophoderma alpinum* aus Dachsteinkalk 1858. Paläont. VI, p. 246; — *Triton basalticus* v. Alt-Warnsdorf. Jahrb. d. g. Reichsanst. 1859, Verh. 51; — *Delphinopsis Freyeri* v. Radoboj v. L. u. Br. Jahrb. 1860, p. 556, Jahrb. d. g. Reichsanst. 1860, Verh. 103. Paläontogr. XI, p. 226; — Rhinoceros-Zahn v. Cosina v. L. u. Br. Jahrb. 1860, p. 556; — *Acteosaurus Tommasinii* v. Comen 1860. Jahrb. d. g. Reichsanst. XI Verh. p. 22. Paläont. VII, p. 223; — Salamandrinen aus der Braunkohle am Rhein u. in Böhmen. Paläont. VII. p. 47; — Die Prosoponiden v. Stramberg. Paläont. VII, p. 183; — Frösche aus dem Tertiärgebiete Deutschlands a. a. O. p. 123; — *Sphyraena Tyrolensis* v. Häring. Paläont. X, 305; — *Perca bohemica* v. Kutschlin v. L. u. Gein. Jahrb. 1863. p. 187; — Verbreitung der Meletta-Schichten v. L. u. Gein. Jahrb. 1865, p. 215, Notizbl. d. Ver. für Erdkunde in Darmstadt 1865, III. Folge, Heft 4, p. 80; — *Mt. Promina* a. a. O. 1865, p. 59; — Wirbelthierreste aus Trias u. Kössener Schichten in Tyrol a. a. O. 1865, p. 57; — Fossile Vögel v. Radoboj. Paläontogr. XIV, p. 125; — Fossile Reste des *Genus Tapirus*. Paläontogr. XV, p. 159; — Fossile Zähne von Grund n. Gamlitz. Verh. d. g. Reichsanst. 1867, p. 97; — Studien über das *Genus Mastodon*. Paläontogr. XVII, p. 1.

Noch eines zweiten Verlustes habe ich zu gedenken, den unsere Wissenschaft im Laufe der letzten Tage erlitten hat. Am 13. April verschied zu Padua im 87. Jahre seines Alters **Tommaso Antonio Catullo**, einer der eifrigsten Vertreter geologisch-paläontologischen Wissens in Italien, als dessen erster Begründer er in einem Gedenkblatt bezeichnet wird, durch welches die Studirenden in Belluno und die Mitbürger in Padua sein Gedächtniss ehren.

Eingesendete Mittheilungen.

Ferd. Freih. v. Richthofen. Schichtgebirge am Yang-tse-kiang. (Aus einem Schreiben an Herrn Director von Hauer de dato Shanghai den 20. Februar 1869.)

Ich bin nun von meiner Yang-tse-Reise nach Shanghai zurückgekehrt. Ich darf wohl hoffen, dass ein Umriss der stratigraphischen Ergebnisse derselben für Sie selbst und meine Freunde an der Reichsanstalt von einigem Interesse sein wird, und ich erlaube mir daher meinem Brief eine gedrängte Darstellung derselben beizufügen.

Je mehr ich vom Gebirgsbau sah, desto mehr wurde es mir klar, dass ich in einem geologisch neuem Lande sei, wo noch Alles von A B C an zu thun sein; denn ich fand bald, dass Pompelly's Eintheilung der Gesteine von China in eine grosse granitometamorphische, eine grosse Kalkstein- und eine grosse Steinkohlen-Formation, so verdienstvoll sie als das

Resultat einer ersten Bereisung war, einer sehr erheblichen Erweiterung bedürfe, während die anerkennenswerthen, meist in Zeitschriften von Shanghai niedergelegten Resultate der Reisen eines eifrigen Dilettanten, Herrn Thomas Kinksmill, durch Hinzufügung der Tungting-Sandsteine zwar diese Erweiterung angebahnt, aber kaum Klarheit in die Schichtenreihe gebracht haben, da ich seine angenommene Aufeinanderfolge der Formationen grossentheils umzukehren hatte. Der dritte Geolog, welcher in China gereist ist, ist Herr J. Bickmore von Boston; doch zeigen seine bisherigen Veröffentlichungen, soweit ich sie kenne, kein neues Resultat. Sonst ist wohl noch kein Geolog im Innern von China gewesen.

Anfangs irregeführt durch die früheren Interpretationen, liess ich diese bald fallen und begann die Arbeit der Sonderung der Formationen von Grund aus. Ich habe in sechs Wochen sechshundert Seemeilen des Yang-tse-kiang, von Hankau bis Shanghai, in einem Boot bereist und von zahlreichen Stationen Ausflüge nach rechts und links gemacht. Es mag gewagt erscheinen, nach so kurzer Reise schon von Resultaten zu reden. Anfangs hielt ich die Anordnung der Formationen in der That für eine Riesenarbeit, und ich zweifelte an ihrer Lösung, denn die Verhältnisse sind sehr schwierig. Allein die Aufschlüsse mehrten sich, und ich war so glücklich, vorzügliche Versteinerungen zu finden, woran es bisher in China fehlte, oder deren man vielmehr noch nie auf Lagerstätten gefunden hat. Eine Localität vorzüglich gab mir eine reiche Fauna von schönen und bestimmbaren Kohlenkalkfossilien, während eine andere devonische Formen zeigt. Mit der Sicherung dieser beiden Horizonte, und den zahlreichen vortrefflichen Schichtenprofilen, welche ich dem ganzen Lauf des Flusses entlang erhielt, gelang es mir die Schichtenreihe, wie ich glaube, festzustellen. Natürlich darf ich die Ergebnisse noch nicht für endgiltig halten, und sie werden mancher Berichtigung und Erweiterung bedürfen; aber ich glaube, dass sie keine wesentlichen Aenderungen erleiden werden. Indem ich Ihnen im Folgenden die Formationsfolge mittheile, wende ich für die einzelnen Abtheilungen dieselben Namen und Nummern an, deren ich mich in meinem Tagebuch bediene. Die chinesischen Namen dürften zwar kaum beitragen die Bezeichnungen verständlicher zu machen; aber es ist doch besser bestimmte Namen anzuwenden, auf die ich in etwaigen späteren Mittheilungen zurückkommen kann.

Die Namen sind meist von wohlbekannten Städten und Gebirgen hergenommen, wo ich die Formation entweder zum ersten Mal beobachtete, oder wo sie besonders entwickelt ist.

Das tiefste anstehende Gebilde ist:

1. Taho-Sandstein, benannt nach dem Ta-ho-shan (Shan-Berg oder Gebirge), 400 Meilen oberhalb Shanghai, einer beinahe 2000 Fuss hohen, schichtenreichen Bergkette, welche fast ganz aus diesem Sandstein aufgebaut ist. Es sind bunte, meist rothe und violette, selten grüne, gelbe und graue Quarz-Sandsteine, ohne Conglomerate, grösstentheils mürbe und leicht zerstörbar; nur einzelne Schichten sind fester. Sie sind von Quarzgängen durchzogen.

Die Mächtigkeit ist wenigstens 2500, wahrscheinlich aber mehr als 4000 Fuss; das Liegende sah ich nie.

2. Liu-shan-Schiefer, sogenannt nach dem Liu-shan, einem ungefähr 3000 Fuss hohen, steil aufragenden Gebirge, welches nahe der den

Europäern geöffneten Handelsstadt Kiu-kiang (450 Meilen von **Shanghai**) liegt und durch seine kühnen Formen wohl bekannt ist.

Ich beobachtete die Schiefer zuerst an dessen Ostfuss. **Es sind Schieferthone**, meist sandig und glimmerig, von gelblicher, **röthlicher** und dunkelgraugrüner Farbe, zum Theil sehr ebenflächig, **einzelne** Schichtencomplexe zuweilen in Thonschiefer verwandelt.

Als die einzigen Schiefer, welche vorkommen, sind sie ein besonders charakteristisches Gebilde, und ich vermuthe nach Gesteinsbeschreibungen von anderen Reisenden, dass sie eine bedeutende Rolle im ganzen östlichen und südöstlichen China spielen. Von Versteinerungen fand ich nur unbestimmbare Pflanzenreste. Gleich den Taho-Sandsteinen sind auch diese Schiefer noch häufig von Quarzgängen durchsetzt, wodurch sich beide Formationen von allen späteren unterscheiden. Die Mächtigkeit der Lin-shan-Schiefer wechselt von 1200 bis 3000 Fuss.

3. **Matan-Kalkstein**, ein System meist dunklerer Kalke, das nirgends fehlt, wo die Schiefer sind und dieselben ganz concordant überlagert. Sie beginnen stets mit einem durch den Wechsel dünner, mehr und weniger kieseliger Lagen auf dem Querbruch gestreiften Kalk. Es folgen zum Theil hornsteinreiche Kalke, zum Theil breccienartige, welche an Abänderungen des Guttensteiner Kalkes erinnern; dunkle Kalkstückchen liegen in einem weissen Netzwerk. Die Mächtigkeit dieser Formation konnte ich nirgends bestimmen, da die Hangendschichten wegen der nun folgenden Störung nie mit Sicherheit erkennbar sind. Das Minimum der Mächtigkeit ist 2000 Fuss, wahrscheinlich beträgt sie bedeutend **mehr**. Von Versteinerungen fand ich bis jetzt nur einige Rhizopoden. Der Namen ist dem Matan-shan entnommen, einem Vorberge des Lin-shan, wo ich sie zuerst beobachtete.

4. **Granitausbrüche und grosse Schichtenstörung.** Schon zwischen 1 und 2 ist eine unbedeutende Störung durch die geringe Discordanz der zwei Formationen angezeigt. Die Granitausbrüche aber bezeichnen eine Periode grossartiger Ereignisse.

Wo Granite fehlen, sind die alten Schichten (1, 2, 3) oft steil aufgerichtet; nur am Taho-shan lagern sie mit geringer Neigung. Wo aber Granit vorhanden ist, bildet er entweder mächtige Bergmassen für sich selbst, wie die pittoresken 3500 Fuss hohen Gebirge bei Ngan-king, der Hauptstadt der volkreichen Provinz Ngan-hoei, die sich aus den Alluvien der Ebene frei erheben, oder er setzt in Gemeinschaft mit den drei ersten Formationen ausgedehnte Bergzügen zusammen. Die Schichten jener alten Sedimente sind dann steil aufgerichtet und zusammengefaltet, und bilden mit den Gängen und Stücken des Granits ein wirres Durcheinander von Gesteinen.

Die metamorphischen Einwirkungen sind in diesen Zügen auffallend gering. Nur die reineren Kalke sind zu einem grobkörnigen weissen Marmor völlig umgewandelt. An der Stelle der kieseligen Kalke sieht man ein gelbes, kieseliges, halbkrystallinisches Dolomitgestein in dicken Bänken anstehen. Die Sandsteine sind zu Quarzit verdichtet, die Schieferthone in Thonschiefer verwandelt. Der Marmor ist **von** Lagern von Rotheisenstein oder Magneteisenstein begleitet.

Diese Granite, mit deren Eruption die Sedimentgesteine **der ersten** Periode einen ganz bestimmten Abschluss erhalten, haben **eine so ausser-**

ordentliche Verbreitung im östlichen China, dass dadurch ihre hohe Bedeutung für die Geologie des ganzen östlichen China's wahrscheinlich wird. Ich glaube, nach Beobachtungen im nördlichen China, dass es noch einen älteren Granit gibt. Der jüngere Granit aber setzt, in Gemeinschaft mit Porphyren, die ganze vielbuchtige Ostküste von Ningpo bis Hongkong, in einer Erstreckung von 700 Seemeilen, zusammen. Man kann es an den durchbrochenen Gesteinen erkennen, von denen er grosse unregelmässige Massen umschliesst oder trägt.

5. **Tong-ting-Sandstein**, eine mächtige (wenigstens 4000 Fuss) Folge von festen, weissen und gelblichen dickgeschichteten Quarzsandsteinen, zuweilen mit mergeligen Zwischenschichten. Versteinerungen fand ich nicht. Der Name wurde von Kingsmill gegeben, nach einer Insel Tong-ting-shan im Taihu-See unweit Shanghai. Sie endigen nach oben mit knollig mergeligen Schichten, groben Sandsteinen und festen Conglomeraten.

Darauf lagert ganz conform:

6. **Sio-bio-Kalk**, ein dunkelgrauer körniger Kalk mit zahlreichen Feuersteinknauern und vielen Versteinerungen, besonders Korallen, unter denen *Aulopora repens* sehr häufig ist, und Brachiopoden.

Das devonische Alter des Kalkes kann kaum bezweifelt werden. Seine Mächtigkeit ist nur 600 Fuss.

7. **Nan-king-Sandsteine und Conglomerate.** Eine mächtige Folge von Quarzsandsteinen und festen Conglomeraten, deren Einschlüsse ausschliesslich aus völlig gerundeten Quarzgeröllen, zuweilen von mehreren Zollen im Durchmesser, bestehen. Sie sind ursprünglich roth; aber wo sie steil stehen, sind sie weisslich mit concentrischen rothen Zeichnungen. Ich sah diese Formation der vorigen ganz concordant und mit allmähligem Gesteinswechsel aufgelagert, und ebenso die nachfolgenden concordant untertaufend, aber dennoch niemals in ihrer ganzen Mächtigkeit klar entwickelt. Das Minimum der letzteren ist 1200 Fuss, die wirkliche Mächtigkeit aber beträgt wahrscheinlich mehr als das Doppelte. Die Formation ist eine der augenfälligsten in und bei Nan-king, der alten Kaiserstadt am Yang-tse.

8. **Kitan-Kalkstein**, so genannt nach einem den Yang-tse-Fahrern sehr bekannten Felsen: Kitan oder Hahnenkopf. Er gleicht zum Verwechseln dem deutschen Bergkalk. Hellgrau und röthliche, sehr splittrige, kieselige Kalke walten vor. Sie führen Feuersteinknauern, die auch gesonderte dünne Lager mit Sandsteine bilden. Die Schichtung wechselt von Complexen papierdünner Kalkblätter zu dicken Bänken. Die Formation besteht aus drei Gliedern:

a) Unterer Kalkstein, 1400 Fuss mächtig führt in einzelnen Schichten in grosser Menge eine *Fusulina*, die durch ihre Walzenform von *F. cylindrica* abweicht.

b) Eine Folge von 1, schwarzen feinkörnig sandigen Schiefern, 2, schwarzem Kieselschiefer und 3, mürben Sandsteinen. Die untersten Schichten führen die vorher erwähnten schönen Versteinerungen, darunter viele grosse Exemplare von *Productus semireticulatus*, Fenestellen in grosser Zahl, und viele Arten von Brachiopoden und Pelecypoden, alle in vortrefflicher Erhaltung. Die Fauna deutet unzweifelhaft auf Kohlenkalk. Die obersten Sandsteine führen ein Kohlenflöz. Mächtigkeit 400 Fuss.

c) Oberen Kalkstein, wenig von dem unteren verschieden. Ich beobachtete seine Mächtigkeit für 1600 Fuss, habe aber sein Hangendes nie gesehen, da zwischen dieser und der nächsten Formation eine Schichtenstörung stattfand.

Diese Dreitheilung, mit gleichem petrographischen Charakter der einzelnen Glieder, beobachtete ich bei Nanking und 350 Meil. westlich; davon.

Die Gesammtmächtigkeit des Kohlenkalkes ist mindestens 3400 Fuss vielleicht bedeutend mehr.

9. **Sanghu-Sandstein.** Die nächste Formation, discordant auf der vorigen gelagert, besteht wieder aus festen Sandsteinen und Conglomeraten mit Quarzgeröllen, häufig von rothen und gelben Schieferthonen unterbrochen. Sie führen eine Kohlenflötz von 1 bis 2 Fuss Mächtigkeit und geringer Qualität. Kingsmill sammelte bei demselben einige Pflanzenabdrücke. Die Mächtigkeit der Formation vermag ich nicht anzugeben, da ich sie nie gegen das Liegende hin verfolgen konnte. Jedenfalls beträgt sie mehr als 600 Fuss.

10. **Anfang der Porphyreruptionen.** Nirgends in der Welt, so viel bekannt ist, haben Porphyre eine so grosse Verbreitung wie im östlichen China. Sie setzen, mit Ausnahme einiger Granitberge, den Chusan-Archipel und die ganze Gegend von Ningpo ausschliesslich zusammen, und scheinen nächst den Graniten den Hauptantheil am Baue der gesammten Küste von hier bis Hongkong zu haben. Am Yang-tse sind sie selten, aber wo sie auftreten lassen sie deutlich die Zeit des Anfanges ihrer Ausbrüche erkennen, welcher nach der Ablagerung der Sang-hu-Sandsteine stattfand.

Es ist damit eine Schichtenstörung verbunden. Es folgen nun in discordanter Lagerung:

11. **Porphyrische Tuffe und mürbe, sehr unreine Sandsteine**, von allen früheren durch das Vorwiegen eines thonigen Bindemittels über die Quarzkörner unterschieden. Sie führen an einem Orte zwei Kohlenflötze. Diese Schichten sind am unteren Yang-tse in ungefähr 3500 Fuss Mächtigkeit entwickelt.

Hiermit schliesst am unteren Yang-tse die Reihe der alten Formationen. Da nach Pumpelly's Darstellung die Steinkohlenformation von China, wenigstens in den nördlichen Provinzen, mit den Ausbrüchen der Porphyre zusammenhängt, so vermuthe ich, dass von 8 b an die Ablagerung von Steinkohle begann und durch eine lange Periode fortsetzte. Der Haupttheil der Formation scheint am unteren Yang-tse nicht entwickelt zu sein, und diese Abwesenheit dürfte den Mangel an abbauwürdigen Kohlenflötzen erklären. Zur Altersbestimmung der chinesischen Steinkohlenformation lagen bisher nur die wenigen und unvollkommenen, von Pumpelly gesammelten Pflanzenreste vor, durch deren Bestimmung Dr. Newberry ein triadisches Alter für die chinesische Kohlenformation annehmen zu müssen glaubte. Dieser Zwiespalt zwischen dem Vorkommen von Kohlenkalkfossilien mit dem ersten Kohlenflötz und dem Vorkommen jener Pflanzenformen in Begleitung höherer Flötze ist noch zu lösen, und ich hoffe bald dazu einiges Material liefern zu können.

Nach langer Unterbrechung folgen nun am Yang-tse eine Reihe jüngerer Gebilde, deren Altersverhältnisse sich noch nicht genau bestimmen lassen:

a) **Tatung-Schichten**, cementirte, wohlgeschichtete Lager von Sand und Schutt, welche stets nur Bruchstücke der Gesteine aus den zunächst liegenden Gebirgen führen und nur bis zur Höhe von 200 Fuss über den Fluss aufragen. Sie begleiten ihn häufig in hohen, steil abgebrochenen Bänken. Diese Schichten sind stets 10 bis 15 Grad nach bestimmten Richtungen geneigt und lassen eine ganze bedeutende, aber nicht zu schätzende Mächtigkeit erkennen. Versteinerungen sind aus ihnen nicht bekannt.

b) **Vulcanische Gesteine**. Nördlich von Nanking erhebt sich mitten aus den Alluvionen eine Gruppe erloschener Vulcane. Die Gesteine sind grobkrystallinischer Dolerit an den Vulcanen selbst, und Basalt an einigen Nebenbergen. Nur die Kuppen mit den Krateren sind sichtbar; sie ragen 600 bis 700 Fuss über die umhüllenden Anschwemmungen auf.

c) **Horizontale Schotterbänke**. Sie sind wahrscheinlich tief unter der Ebene des Yang-tse vergraben; denn der einzige Ort, wo sie zu beobachten sind, sind die genannten Vulcane, die sie bis zur Höhe von 400 Fuss über der Ebene ringförmig umlagern, offenbar durch eine örtlich beschränkte Hebung des vulcanischen Districts aus der Tiefe nach diesem Niveau gebracht.

d) **Löss**. Er bildet Terrassen von 200 Fuss Höhe, gleicht genau dem deutschen Löss, und führt dieselben Mergelconcretionen und Schalen von Helix. — In einigen Gegenden findet sich eine Decke von Laterit über älteren Schichten, meist wiederum von Löss überlagert.

e) **Alluvium der grossen Ebene**.

Meine beabsichtigte flüchtige Mittheilung ist schon zu weit grösserer Länge herangewachsen als ich sie veranschlagt hatte, und ich muss nun fürchten unbescheiden zu erscheinen, wenn ich für sie noch um einen Platz in Ihren Sitzungsberichten zu bitten wage. Ich denke indess, dass die gegenwärtige Länge mir später um so grössere Kürze bei ferneren Mittheilungen wird. Ich möchte nun wenigstens in flüchtigster Form noch die allgemeinen Verhältnisse der Geotektonik herführen. Alle genannten Formationen bilden am unteren Yang-tse was man als einen geologischen Gebirgszug bezeichnen könnte, der, dem Lauf des Yang-tse von Kinkiang bis Nanking (250 Meilen) von Südwest nach Nordost parallel streichend, in seiner Mitte aus den ältesten Schichten gebildet wird, während an den Flanken die anderen Gebilde der Reihe nach folgen. Das heisst, soweit die Formationen nicht von Alluvionen verhüllt sind. Denn das ist das Merkwürdige an diesem Gebirge, und das was die Gliederung der Formationen so sehr erschwert (zugleich wahrscheinlich eine charakteristische Eigenschaft der meisten Gebirge im ganzen östlichen China), dass es nicht ein einheitlicher Gebirgszug ist, sondern ein Zug von lauter getrennten Hügelgruppen, die bis 3500 Fuss aufragen. Erst bei der geologischen Colorirung des Ganzen tritt die Einheit des Zuges hervor. Es sind aber nicht die ältesten Formationen, welche am höchsten aufragen, darin verhalten sich vielmehr die verschiedenen Formationen ganz unregelmässig. Der Kohlenkalk allein bildet ausgedehnte Gebirge für sich, ebenso der Granit und der feste Tungting-Sandstein. Neben ihnen nehmen zuweilen trotz ihrer steilen Aufrichtung die ältesten Formationen das tiefste Niveau ein. So am grossen Becken des Poyang-Sees bei Kiu-kiang, das bei einer Meereshöhe von wahrscheinlich kaum 150 Fuss zum Theil in die Axe des Gebirges eingesenkt ist. Die steil stehenden, leicht zerstörbaren Schichten der beiden ältesten Formationen sind hier zu einer kaum 200 Fuss über den See aufragenden Terrasse abgetragen, und daneben ist der steile Liu-shan, der ungefähr 3500 Fuss hoch ist, aus Tungting-Sandstein aufgebaut. Es erscheint daher wohl erklärlich, dass einer der Geologen, welche über die Gegend geschrieben haben, jene Schichten am Poyang-See als eines der letzten Gebilde der alten Formationsreihe ansieht, und glaubt, dass Bohrungen in dem ganzen Gebiete des Sees zur Auffindung von Kohle führen würden.

Der Raum gestattet mir nicht auf die vielfachen Ergebnisse einzugehen, welche auf die geologische Geschichte des Landes nach Ablagerung der Steinkohlenformation Beziehung haben. Nur Einer dahin gehörigen Thatsache möchte ich erwähnen.

Der Yang-tse wird in seinem ganzen Lauf von Hankau bis unterhalb Ching-kiang (für 500 Seemeilen) von 60 bis 200 Fuss hohen Terrassen begleitet, die sich flachwellig und buchtenreich über die Alluvien erheben, und eine wichtige Culturgrenze bilden. Vom Bord eines Schiffes aus würde man sie für Diluvialterrassen halten, ganz analog denen unserer heimischen Flussthäler. Untersucht man sie, so findet man die merkwürdige Erscheinung, dass sie sämmtlich (mit Ausnahme der nur aus Löss bestehenden) unter einer Decke von Löss oder Laterit aus 20 bis 30 Grad geneigten Schichten älterer Formationen zusammengesetzt sind, welche in einer Horizontalebene abrasirt sind. Und zwar gehören die Schichten nicht Einer Formation an, sondern alle, mit Ausnahme der Kalke und Eruptivgesteine, sind vertreten. Gegenüber von Nan-king bestehen die Terrassen in grosser Ausdehnung aus Nan-king-Sandstein (Nr. 7), der unter einem Winkel von 45° einfällt. 150 Meilen höher hinauf, am Fluss (bei Nyan-king), sind es die jugendlichen Tatung-Schichten, welche mit einer Neigung von 10 bis 15 Grad die Terrassen zusammensetzen. Sie begleiten den Fluss für 50 Meilen.

Am Poyang-See bestehen die Terrassen aus Ta-ho-Sandstein und Liu-shan-Schiefer, unterhalb Hankau, für eine Strecke von 100 Meilen, aus Sandsteinen 9 und 11, zusammen mit Tatung-Schichten, bei Ching-kiang endlich bestehen sie nur aus Löss. Es lassen sich hieraus interessante Folgerungen über die Geschichte des Yang-tse-Thales ableiten, für die ich auch anderweitiges Material gesammelt habe. Doch wird erst die Erweiterung der Beobachtungen über ein grösseres Gebiet bestimmte Schlüsse gestatten. In kurzer Zeit hoffe ich Ihnen über andere Theile des grossen chinesischen Reiches berichten zu können.

Tob. Oesterreicher k. k. Fregatten-Capitän. Sondirungen im Adriatischen Meere. (Eingesendet von der k. k. Küsten-Aufnahms-Direction in Triest.)

Im Anschlusse an die im vorigen Jahre gemachten Sendungen [1]) gebe ich mir die Ehre der k. k. geologischen Reichsanstalt die im Jahre 1868 gehobenen Grundproben sammt 4 Stück Copien der bezüglichen Tiefsondenblätter zu übersenden.

Der Vorgang bei den Sondirungen sowohl in offener See als längs der Küste blieb auch pro 1868 im Allgemeinen derselbe; nur fand man

---

[1]) Verb. 1868, pag. 143.

es diessmal für zweckmässiger die langen Golflinien in westlicher, statt wie früher in südlicher Richtung zu legen, wodurch die Schnitte der Tiefsondenschichten, indem sie schief fallen, eine grössere Ausdehnung erhielten.

Bezüglich der allgemeinen Tiefen-Verhältnisse bewegte sich die Aufnahme bis nun zu auf sehr mässigen Tiefen, nichts destoweniger ergaben sich erhebliche Unterschiede mit den Angaben der alten Karte.

Die grösste bis nun erreichte Tiefe hat die unterste Linie (Tiefsonden im adriatischen Golfe) auf etwa 5 Meilen Entfernung von der Insel Zuri aufzuweisen. Hierauf steigt in dieser Linie der Boden rasch, und erhält sich sodann ziemlich constant bis in die Nähe der italienischen Küste.

Die rückkehrende Linie dagegen ergab, nachdem einmal die hohe See erreicht war, nur äusserst geringe Niveauunterschiede des Meeresbodens.

Von grösserem Interesse ist daher in dem seichteren oberen Theile des Golfes die Beschaffenheit des Meeresgrundes. Dieser wies im Osten ziemlich feinen Sand gemischt mit Muschelfragmenten, im Westen aber grauen Schlamm, und der Uebergang von dem einen zum anderen geht in allmähliger Weise vor sich, so dass man zur Bezeichnung der Grundproben aus dieser Partie den schon früher gewählten Ausdruck Schlammsand erhielt. Nur eine einzige Grundprobe der östlichen Seite (Nr. CXLIII, Tiefe 666') besteht aus gelbem thonartigen Lehm. Die beiden kurzen Linien zwischen der Arbeit von 1867 und der vorjährigen, wurden zu dem Zwecke gelegt, um den durch die Aenderung des Arbeitsvorganges resultirenden leeren Raum auszufüllen.

Im Allgemeinen herrscht auf offener See der Sand mit Muschelfragmenten zuweilen mit Korallen gemischt vor, während die Küste des Festlandes und der Inseln meistens durch eine mehr oder weniger breiten Gürtel von Schlamm eingefasst ist. Interessant sind die Untersuchungen der gehobenen Grundproben an Ort und Stelle, da sie über das Leben der im oberen Golfe äusserst thätigen Foraminiferen Aufschluss geben könnten. An der italienischen Seite tritt dieser Schlammgürtel ganz frei hervor, während er auf österreichischer Küste durch die vorliegenden Inseln auf die Canäle beschränkt erscheint. Auch sind in der Beschaffenheit dieses Schlammes vorzüglich in den Canälen bedeutende Unterschiede zu bemerken, die sich in Farbe und Consistenz dem Auge darbieten. So ist der Schlamm des Quarnero zwischen Cherso, Veglia und Istrien dunkelgrau und weich, während zwischen Cherso und Arbe ziemlich ausgedehnte Partien mit dunkelgelbem, thonartigem Schlamme, andere mit hartem, schwarzem oder hellfärbigem Schlamm vorkommen. Im Canale di mezzo herrscht ausnahmsweise grobkörniger Sand mit Muscheln grösserer Gattung vor. Auch die Sandflächen des Golfbodens sind wesentlich von einander nach ihrer Lage unterschieden. Während der Sandgrund an der Ostseite des Golfes helle in's Gelbe schlagende Farben führt, welche grösstentheils mit mikroskopischen Schalthieren überfüllt sind, und durch die darin befindlichen, grösseren weissen Muschelfragmente ein weissgesprenkeltes Ansehen erhalten, — ist der Grund auf ⅔ der Breite des Golfes von der italienischen Küste grösstentheils dunkelgrau gefärbt, mit darein gemischten schwarzen erzhaltigen Bestandtheilen von Sandkorngrösse; es ist derselbe Sand, welcher an den Küsten Venedig's die Dünenhügel bildet.

J. Noth in Dukla. Ueber eine beim Abbohren eines Naphtabrunnens in Bóbrka aufgeschlossene Mineralquelle.

Im vorigen Jahre wies ich in einem Berichte auf die Möglichkeit eines Zusammenhanges der Mineralquellen von Bad Iwonicz mit den Hauptnaphtagruben des westlichen Galiziens von Bóbrka hin, während ich heute mir die Mittheilung zu machen erlaube, dass in Bóbrka ebenfalls eine starke Mineralquelle in einem Oelbrunnen erschlossen wurde. Die ursprüngliche Tiefe dieses Brunnens betrug gegen 140 Fuss; die durchsunkenen Schichten bestanden aus bituminösen Schiefertbon, wechsellagerud mit coconem Karpathensandstein, in welchem man aufhörte weiter zu bohren, da sich eine hinlängliche Quantität Bergöl — mehrere Hundert garniec täglich — vorfand. Nachdem sich die Oelmenge bis auf ungefähren Ausbringen von 10 garniec vermindert hatte, beschloss man den Oelbrunnen mittelst Bohrung noch weiter zu vertiefen, erzielte auch bei einer Tiefe von 200 Fuss eine Vermehrung des Oelzuflusses bis auf 30 garniec täglich und bohrte in sehr hartem Sandstein tiefer. Bei ungefähr 230 Fuss Tiefe erbohrte man ein stark aufbrausendes Wasser in Verbindung mit einer bedeutenden Kohlenwasserstoffgas - Anströmung, während der Oelzufluss ausblieb. Man versuchte das Wasser auszuschöpfen mit grossen Wassertonnen, gleichzeitig förderte man aus zwei anderthalbzölligen Pumpen ohne den Wasserstand vermindern zu können und da sich der Wasserzudrang gleich blieb, so wurde das weitere Bohren eingestellt und der Brunnen aufgelassen.

Analog der Erscheinung in Pensylvanien, dass vor Beseitigung des Wassers in den Bohrlöchern kein Oel sich zudrängen kann, dürfte auch hier in Bóbrka in dem nämlichen Brunnen eine grössere Oelmenge erzielt werden durch Auspumpen des Wassers, das freilich bloss vermittelst einer Locomobile bewirkt werden könnte. Man wendet in Bóbrka keine Dampfpumpen an, sondern pumpt Wasser und Oel mit Menschenkraft; ist unverhältnissmässig viel Wasser, so schöpft man gar nicht. Auch aus dem erwähnten Brunnen gewinnt man kein Bergöl, wohl aber trinken Arbeiter und Gäste das stark kohlensäurehaltige Wasser dessen Temperatur 7—8 Grad R. bei 20 Grad R. der äusseren Atmosphäre beträgt, welches übrigens dieselben Bestandtheile wie das Mineralwasser von Iwonicz enthält, mithin charakteristisch ist durch den starken Brom- und Jodgehalt. Bei Befahrungen von Oelbrunnen, und zwar mehr den westlichen als östlichen Galiziens habe schon mehrfach die Gegenwart von Brom- und Jodsalzen wahrgenommen und erkläre mir deren Bildung und Auftreten in den Oelbrunnen, sowie in den Mineralwässern der galizischen Badeorte Iwonicz und Rabka aus den sabllosen Fukoiden in den sandigen Schiefern der Beskiden.

Das Mineralwasser von Bóbrka hatte anfänglich einen sehr unangenehmen Beigeschmack von Naphta, der sich jedoch nach und nach schwächte, schliesslich die Widerlichkeit verlor. Auch hierin besteht eine Uebereinstimmung der Wässer von Iwonicz und Bóbrka, denn auch im Ersteren finden sich Naphtasporen vor. Fasst man noch die Erscheinung in's Auge, dass an beiden Orten, die beiläufig bemerkt eine Meile von einander entfernt liegen, heftige Kohlenwasserstoff-Ausströmungen sind und die zwischen gelegenen Ortschaften Wietrzno und andere ebenfalls bedeutende Oelmengen aufweisen; endlich, dass die Richtung der zwischen Iwonicz und Róbrka liegenden Schichten dem allgemeinen Streichen (7—9 Stunde) der Oelzone Galiziens entspricht, so scheint ein gewisser Zusammenhang unterirdischer Punkte, auf welchen sich an der Erdoberfläche Naphtaspuren und starke Kohlenwasserstoffgas-Ausströmungen vorfinden, in Wirklichkeit zu bestehen.

Fr. Posepny. Anhydrit im Steinsalz von Vizakna in Siebenbürgen.

Schon Fichtel sind die „Gypssteine" von Vizakna aufgefallen, und er unterschied auch bereits einen feinkörnigen undurchsichtigen Kern von der spätigen durchscheinenden Rinde. Ihr verschiedenes Verhalten im Feuer, das mehr oder weniger Mürbebrennen, häufigere oder seltenere Knallen etc. versuchte er nicht zu erklären, und überliess dies den „Scheidekünstlern" (Fichtel Geschichte des Steinsalzes 1780, pag. 60). Diese „Gypssteine", d. h. unregelmässig kugelige mit warzenförmigen Auswüchsen bedeckte Knollen von Haselnuss- bis Wallnussgrösse finden sich besonders häufig in dem erdigem Salze, wo nämlich Thon und Mergel-Schichten von einigen Linien bis zu einigen Zollen Mächtigkeit mit den Salzschichten wechsellagern, und zwar sind sie in den Letzteren zerstreut, so dass sie auf den Wandflächen der Saline Schaare von Knollen darstellen. Sie sollen sich aber auch selbst in reinen Salzpartien finden, wo die Thon- und Mergellager blos durch schwache Trübungen der Salzlagen angedeutet sind. Endlich finden sie sich zu losen Geröllmassen gehäuft überall vor, wo eine Auflösung des Salzkörpers vor sich gegangen ist. So an den Salzbalden und an dem Ausgehenden des Salzkörpers, und bilden hier, ebenso wie der bekannte fette Thon, als Residien der Auflösung, die Decke des Salzes.

Sehr selten bestehen sie ganz aus krystallinischem Gyps, sondern dieser bildet meist eine mehrere Linien dicke Rinde über einem feinkörnigem Anhydritkern. Behufs Ermittelung ihrer Beschaffenheit habe ich sie in Gypswasser gewaschen, zerschnitten, die Rinde von dem Kerne, so gut es ging zu isoliren gesucht, und folgende Bestimmungen vorgenommen:

	Rinde	Kern
Dichte	2·423	2·901
Wasser	16·05	1·20
Schwefelsäure	46·93	54·75
Chlor	1·50	0·72
Kalk	31·99	39·37

Falls man annimmt, dass das Wasser vom Gypse stammt, das Chlor aber dem beigemischtem Chlornatrium, so würden die Substanzen bestehen:

	Rinde	Kern
Gyps	76·44	5·71
Anhydrit	17·28	91·09
Chlornatrium	2·48	1·20
Überschüssige Schwefelsäure	1·25	0·50
	97·45	98·50

An welche Basis diese überschüssige Schwefelsäure gebunden ist, konnte ich nicht ermitteln.

Es schliesst also die Rinde, trotzdem ihre Masse aus einem grobkrystallinischen Agregate besteht, doch noch etwas Anhydrit, und umgekehrt der Kern einige Gypspartikelchen, und beide etwas Chlornatrium ein. Es zeigen diese Knollen also deutlicher als an andern Orten, die Metamorphose des anhydren, schwefelsaueren Kalkes in wasserhaltigen. Das Volumen der Knollen ist der kolossalen Salzmasse gegenüber allerdings zu gering, um der durch diese Metamorphose bedingten Volumen-Vergrösserung eine grössere Rolle bei dem Hervordrängen des Salzkörpers zuzuschreiben; hingegen genügt sie, um z. B. die Fältelung der Schichten im Kleinen zu erklären. Schnitte und Schliffe dieses Knollen enthaltenden Salzes zeigen, dass sie als solche in die Sedimente gelangt sind, und dass sie nicht spätere Concretionen aus denselben sind. Der ursprünglich anhydre schwefelsaure Kalk kann sich nur dann bilden, wenn Salze gegenwärtig sind, die ihm das Krystallwasser anzunehmen nicht erlauben, wie Chlormagnesium und Chlorcalcium, und es musste sich somit der Salzsee, aus dem sich die Vizaknaer Lagerstätte gebildet hatte, in einem vorgeschrittenen Zustande des Salzabsatzes befunden haben.

Geheimrath, Prof. **H. Göppert**. Bemerkungen zu C. v. Ettingshausen's fossiler Flora des mährisch-schlesischen Dachschiefers. (Aus einem Schreiben an Herrn H. Wolf de dato Breslau d. 15. April 1869.)

Geheimrath Göppert zeigt in einem längeren Schreiben die Rücksendung von Stücken der schlesischen Culmflora an, welche H. Wolf ihm vor längerer Zeit zur Bestimmung übersendet hatte, und fügt demselben folgende Bemerkungen bei.

„Einige Bemerkungen gestatten Sie mir noch hinzuzufügen in Beziehung auf die Abhandlung über die fossile Flora der bewussten Dachschiefer des Herrn v. Ettingshausen [1]), der meiner Untersuchungen darin sehr freundlich gedacht hat.

„Zu Seite 3--79 über die Aequivalenz der Flora des Kohlenkalkes, des Culm und der jüngsten Grauwacke, in Folge deren sie ein und derselben Epoche angehörten. Mit dieser Ansicht bin ich ganz einverstanden, habe sie eigentlich auch wohl schon ausgesprochen, indem ich Seite 154 [2]) diese drei Gebilde nur als Lagerstätten, die zur Flora der unteren Kohlenformation gehörten, bezeichnete.

„Ich glaube sogar, dass man dahin kommen dürfte, die jüngste Grauwacke auch als geognostische Ablagerung mit dem Culm zusammenzufassen.

„*Cyclopteris Haidingeri, Ettingsh* (Taf. 5) möchte wohl nur der untere Theil eines Wedels von der von mir beschriebenen *Cyclopteris frondosa* [3])

---

[1]) Ettingshausen: Die fossile Flora des mährisch-schlesischen Dachschiefers, Denkschriften der k. k. Akad. d. Wissensch. 25. Bd. Wien 1866, p. 77.
[2]) Dieses Citat bezieht sich auf Seite 154 des Separat-Abdruckes oder S. 678, von Göppert's Abhandlung im 27. Bd. der Verhandlungen der Leopoldinisch-Karolinischen Akademie über die fossile Flora der silurischen, der devonischen und unteren Kohlenformation. Jena 1860.
[3]) Im Supplement des 22. Band der Abhandlung der kais. Leopold. Akademie Tafel 14 und pag. 163, über die fossile Flora des Uebergangsgebirges. Breslau und Bonn 1852.

sein. Mit grösserer Bestimmtheit spreche ich mich für die Identität des mir zu Ehren genannten *Trichomanites* mit der von mir in meiner ersten Arbeit beschriebenen und abgebildeten *Sphenopteris refracta* aus (Taf. 12 im Supplement XXII.), deren Blattstiele eine so merkwürdige Structur besitzen und ganz entschieden zu den Blättchen gehören, was von U n g e r in seiner Flora des Cypridinenschiefern in Zweifel gezogen wurde.

„Die Gattung *Megaphytum Artis* ist einzuziehen und mit *Sagenaria* zu vereinigen in Folge neuerlichst gefundener Exemplare des scheinbar so charakteristischen *Megaphytum dubium Goeppert* (Taf. 27, Fig. 1 im Suppl. der ersten Arbeit), welches zur *Sagenaria Veltheimiana* gehört, wo ich damals schon freilich nur vermuthungsweise aussprach: Die grossen in zwei Längsreihen gestellten Narben der Gattung *Megaphytum* halte ich nicht mehr für Narben von Aesten, sondern von Fruchtzapfen (*Lepidostrobi.*)

„Dass Herr v. E t t i n g s h a u s e n nach meinen früheren Untersuchungen — die Letztere 1865[1]) konnte ihm zur Zeit der Abfassung seiner Schrift noch nicht bekannt sein — die Zusammengehörigkeit der *Stigmaria* und *Sigillaria* anerkennt, ist mir erfreulich. Er darf sich überzeugt halten, dass ich mich nicht irrte, aber auch nicht hinsichtlich des von mir aufgestellten *Sphaerococcites Scharyanus*, der gewiss nicht zu einer *Equisetaceae* gehört.

„Genauere und wiederholte Untersuchungen desselben liessen abgesehen von der wiederholten, dichotomen, niemals bei Scheiden dieser Pflanzen vorkommenden Theilung, keine Spur eines Mittelnervs noch einer Gliederung erkennen.

„Endlich kommt die von mir beobachtete Pflanze in einer Schichte vor, die zu der untersten silurischen Formation gehört, in welcher man bis jetzt noch keine Spur einer Sumpf- oder Landpflanze wahrgenommen hat, die bekanntlich erst in dem Unterdevonischen, mit einer von mir beschriebenen *Sigillaria*, der *Sig. Hausmanniana* beginnt."

(Aus einem Schreiben an Herrn H. W o l f.) **W. Sulesch. Brunnenbohrung in Trautmannsdorf.**

In Folge der Veröffentlichung des wesentlichen Inhaltes unserer Vorträge in der „n e u e n P r e s s e", gelangen nicht selten Zuschriften aus dem Leserkreise dieses Journales an die Vortragenden zurück, die abermals veröffentlicht zu werden verdienen. Eine solche Mittheilung ist die des Herrn Wilhelm H u l e s c h, Pfarrers zu Trautmannsdorf (Station der Wien-Raaber Bahn in Niederösterreich) über eine Brunnenbohrung in seinem Pfarrhofe. Man hat dort gefunden: 1½ bis 2½ Fuss Damm- oder Ackererde, ferner 6 Fuss groben, sehr fest zusammenhaltenden, gelben Schotter (wahrscheinlich Belvederschotter), darunter Sand und Tegel bei 60 Fuss, dann folgte noch eine Platte von grauem Sandstein 1 Fuss mächtig, und nachdem diese Platte durchstossen war, folgte wieder Sand mit Tegel gemengt, in welchem noch 12 Fuss weiter gebohrt wurde, ohne

---

[1]) Ueber Aphyllostachys, eine neue fossile Pflanzengattung aus der Gruppe der Calamarien, sowie über das Verhältniss der fossilen Flora zu Darwin's Transmutations-Theorie von Dr. G ö p p e r t im 32. Bd. 1. Abth. der Verhandl. der kais. Leopoldinisch-karolinischen Akademie, vorgelegt am 11. Mai 1864.

auf anderen Grund zu stossen. Die durchstossene Schichtenreihe beträgt somit bei 80 Fuss, wovon die unteren 72 Fuss den Congerienschichten angehören.

Prof. Eug. Eudes-Deslongchamps. Teleosaurier im Jura des Departement Calvados in der Normandie. (Aus einem Schreiben an Dr. U. Schloenbach ddo. Caen, 19. Apr. 1869.)

In der letzten Zeit habe ich die Brachiopoden ein wenig oder vielmehr fast ganz vernachlässigt, um mich energisch mit den jurassischen Reptilien zu beschäftigen. Ich beschreibe gegenwärtig 18 Arten von jurassischen Teleosauriern nur aus dem Calvados.

Vorträge.

Dr. U. Schloenbach. Vorlage der nach den Aufnahms-Arbeiten der IV. Section im Sommer 1868 revidirten Detailkarte des böhmischen Kreidegebietes.

Da bereits die im Verlauf des verflossenen Sommers an die Direction erstatteten und in diesen Verhandlungen zum Abdruck gelangten Berichte ziemlich ausführliche Mittheilungen über die von den Mitgliedern der IV. Section Dr. U. Schloenbach und Berggeschwornen A. Pallausch erlangten Resultate ihrer Revisionsarbeiten enthalten hatten, so beschränkte sich der Vortragende darauf in einigen, grossen Zügen die aus der vorgelegten Karte sich ergebende Verbreitung der Kreideformation in Böhmen im Allgemeinen und der einzelnen Glieder derselben im Besonderen kurz anzudeuten und durch vorgelegte Handstücke und Petrefacten-Suiten die einzelnen unterschiedenen Formationsglieder, wie sie bereits in den früheren Berichten charakterisirt sind, näher zu erläutern. Er bemerkte dabei, dass zwar auf den einzelnen Blättern der Karte local eine weit minutiösere Gliederung der Kreideformation durchführbar gewesen sein würde, dass aber, wenn man das ganze Gebiet consequent behandeln und nur solche Formationsabtheilungen durch besondere Farben bezeichnen wolle, die sich in ihrem ganzen Verbreitungsgebiete getrennt vom Liegenden und Hangenden zur Darstellung bringen liessen, lediglich jene 4 Gruppen unterschieden werden könnten, die auf der in Kurzem erscheinenden Hauer'schen Uebersichtskarte und in den bereits publicirten Erläuterungen zu derselben nach den Angaben des Vortragenden aufgestellt seien. Diese unterschiedenen Gruppen sind von unten nach oben folgende:

1. **Unter-Quader und Unter-Pläner** umfasst die tiefsten oft pflanzenführenden Süsswasser-Gebilde (Mergelschiefer und Sandsteine) und die Reihe der marinen Quader, Kalke, Grünsande und Conglomerate der Cenomanstufe, deren speciellere Gliederung einem eingehenden, auf reichliche Petrefacten-Ansammlungen basirten Detailstudium überlassen bleiben muss. Unter den von den Prager Geologen gebrauchten Schichtbezeichnungen gehören hierher die „Peruzer und Koryczner Schichten".

2. **Mittel-Quader und Mittel-Pläner** umfasst die Reihe der sandig-kalkigen Schichten des Weissenberges bei Prag, die Pläner-, Exogyren- und Grünsandsteine und die kalkig-sandigen Inerschichten, welche letzteren der Vortragende als eine namentlich im mittleren Theile des Gebietes zu ausserordentlicher Entwickelung gelangende Ausbildungsform

der oberen Schichtengruppe dieses im Westen weniger mächtig auftretenden Complexes betrachtet. Hierher gehören die „Weissenberger, Malnicer und Iserschichten" der Prager Geologen.

3. Ober-Pläner. Unter dieser Bezeichnung sind die mergelig-kalkigen, mergelig-thonigen und thonig-schieferigen Gebilde zusammengefasst, welche den Liendorf-Teplitzer Scaphiten-Schichten und den Baculiten-Schichten entsprechen, den „Teplitzer und Priesener Schichten" der Prager Geologen.

4. Ober-Quader. Dieses nur in beschränkter Verbreitung auftretende Formationsglied, welches den „Chlomeker Schichten" der Prager Geologen entspricht, konnte in einem Theile des Aufnahms-Gebietes, wo es wahrscheinlich vorhanden ist — zwischen Turnau und Reichstadt — nicht mit Sicherheit ausgeschieden werden, da es der Section nicht gelungen war, dort für diese Frage entscheidende Petrefacten-Vorkommnisse oder Lagerungsverhältnisse zu constatiren.

Die Abweichungen, welche sich hiernach gegen die früher auf unseren Karten angewendeten Ausscheidungen und Begrenzungen der Formationsglieder unter einander ergeben haben, sind fast in allen Gebieten sehr bedeutende; namentlich aber ist dies in dem ganzen östlich und nördlich von der Elbe gelegenen Theile der Fall, wo nach der früheren Auffassung nur „Quader" und diesem eingelagerter „Quadermergel" und im Osten diesen überlagernder „Pläner" entwickelt sein sollte, während nach den jetzigen Einzeichnungen dort alle vier unterschiedenen Glieder mehr oder weniger verbreitet auftreten.

Schliesslich besprach der Vortragende noch die höchst interessanten Verhältnisse, unter denen am Berge Kačov, 1 Stunde nördlich von Münchengrätz, der, besonders gegen aussen, deutlich zu prismatischen Säulen abgesonderte Basalt aus dem Ober-Pläner und Ober-Quader hervortritt und legte Belegstücke der dortigen Kreidegesteine, des Basaltes, der in letzteren sich findenden Gesteins-Einschlüsse und der in sehr eigenthümlicher Weise veränderten Sediment-Gesteine vor, wie solche an den Berührungsstellen mit dem Basalt vorkommen. Es erscheinen hier nämlich nicht nur die sonst sehr leicht zerfallenden, bröckligen Thonmergel wie glasig verhärtet, und die kalkigen Sandsteine wie calcinirt, sondern an manchen Stellen auch beide in Form von ausgezeichnet schön ausgebildeten prismatischen Säulen von ganz verschiedener Kantenzahl und einem Querdurchmesser bis zu 4—5 Zoll abgesondert, welche senkrecht gegen die Contactfläche stehen. Die in den modificirten Thonmergeln enthaltenen, in gewöhnlichem Zustande verkiesten Petrefacten, sind in sehr mürben, zerfallenden Brauneisenstein verwandelt.

Eine speciellere Beschreibung dieses äusserst instructiven und wie es scheint bisher noch nicht so, wie dasselbe verdient, beachteten Vorkommens behielt sich der Vortragende für spätere Zeit vor.

Karl Ritter v. Hauer. Die Trachyte von Tokaj.

Beudant hat die Gesteine des Tokajer Berges als „Trachyte semi vitreux" bezeichnet, Freih. v. Richthofen als „grauer Trachyt" und Prof. Joseph Szabó hat sie als eine Rhyolithspecies, als „trachytischen Rhyolith" im Sinne der Bezeichnung „Rhyolith" von Richthofen classificirt, weil nämlich diese Gesteine durchweg freie Kieselsäure als Quarz enthalten.

Sitzung am 20. April. Karl Ritter v. Hauer. 145

In den mir zu Gebote stehenden Stücken konnte ich indessen „Quarzkrystalle", wie Szabó anführt [1]), nicht beobachten, obwohl mehrere Pfunde des Gesteines granulirt und sorgfältig mit der Lupe untersucht wurden. Dagegen fand ich graue, grünliche und gelbe Körner, die sich stets sehr leicht von der Grundmasse ablösten und im wesentlichen aus Kieselsäure bestanden.

100 Theile dieser Körner, die zum Theil in der That olivinartig erscheinen, wie Dr. Szabó anführt, enthielten nämlich:

```
Kieselsäure . . . . . . . . . . . . . 96·28
Eisenoxyd  . . . . . . . . . . . . .  2.55
Kalkerde  . . . . . . . . . . . . .   0·20
                                     ──────
                                      99·03
```

Das specifische Gewicht betrug 2·637, während das des reinen Quarzes = 2·66 ist.

Ich habe indessen in meiner letzten Mittheilung nachgewiesen dass auch in anderen jüngeren Andesiten (grauen Trachyten) dieselben Quarzkörner, wiewohl sehr spärlich vorhanden sind, so in den Gesteinen von Tarcsi Vrch.

In den Gesteinen von Tokaj dürfte der Gehalt an freiem Quarz dagegen einige Percent betragen, und insoferne hätte die Bezeichnung wie sie Szabó wählte eine Berechtigung.

Allein die Gruppe von Gesteinen, welche v. Richthofen als Rhyolithe bezeichnet hat, zeichnen sich nicht nur durch freien Quarz aus, sondern durch ihre sehr hohe Silicirungsstufe überhaupt. Es sind weit aus die sauersten Gesteine des ganzen ungarischen Eruptivgebietes und unterscheiden sich auch sehr wesentlich selbst hierin von den „Daciten" Staché's die ebenfalls viel freien Quarz enthalten. Ein charakteristisches Merkmal der Rhyolithe ist ferner ihre sphärulitische und bimssteinartige Ausbildung und lichte Färbung, während die Gesteine des Tokajer Berges dunkle, dichte Gesteine sind, die jene Einwirkung von Wasserdämpfen, welche die eigenthümliche Structur der Rhyolithe gebildet hat nicht erkennen lassen. Indessen führt Szabó an, dass er Uebergänge des dichten Tokajer Gesteines in sphärulithische und rhyolithische Structur auf der N. und SW. Seite des Tokajer Berges (Nagy-Kopasz) beobachtet habe.

Was die Totalzusammensetzung des Tokajer Gesteins anbelangt, so differirt sie sehr wesentlich in allen Beziehungen von jener der Rhyolithe v. Richthofens und schliesst sich vollkommen jener der jüngeren Andesite (grauen Trachyte) an. Waren es geologische Gründe, welche v. Richthofen bestimmten die Tokajer Andesite nicht den Rhyolithen zuzuzählen, so findet diese Gliederung in der chemischen Zusammensetzung derselben eine mächtige Stütze.

Der Thatsache Rechnung tragend, dass diese Gesteine auffällig mehr freien Quarz als die grauen Trachyte von anderen Fundorten, in denen er nur als Rarität gefunden wird, enthalten, erscheint es dennoch

---

[1]) Jahrb. d. k. k. geol. Reichsanst. 1866, p. 86.

passend, diese Gesteine als „rhyolitische Andesite" („rhyolithische graue Trachyte") zu bezeichnen. Die Analyse von zwei Probestücken des Gesteines mit der Bezeichnung (Tokaj, Bahnhof, Zempliner Comitat,) welche die Nummer 30 der von Herrn Wolf zusammengestellten Trachytsammlungen bilden, gab folgende Resultate:

	I.	II.
Kieselsäure	62·67	63·05
Thonerde	14·94	14·18
Eisenoxydul	6·95	6·71
Kalkerde	6·07	5·40
Magnesia	0·71	1·12
Kali	3·80	3·49
Natron	5·18	5·05
Glühverlust	2·00	2·04
	101·32	101·04

Eine Zusammensetzung die sich genau jener der grauen Trachyte von Csonkáshegy, Taresi-Vreh, Dubnik etc. anschliesst.

Eine Analyse dieses Gesteines, welche Szabó ausführen liess und wobei Sorge getragen wurde, dass der enthaltene freie Quarz eliminirt bleibe, hat nur 60·7 Perc. Kieselsäure ergeben, was schliessen liesse der freie Quarz betrage 2—3 Percent, und diese stimmt augenscheinlich mit dem, was sich hierüber schätzen lässt. Das Gestein enthält nicht sehr reichlich einen meistens von Eisenoxyd gefärbten und nur selten ganz weiss erscheinenden Feldspath ausgeschieden, bezüglich der Untersuchung dessen die Sorge getroffen werden musste, ihn von den im Gesteine enthaltenen kleineren Quarzkörnern mechanisch zu sondern.

100 Theile dieses Feldspathes enthielten:

Kieselerde	56·49
Thonerde	22·22
Eisenoxyd	7·61
Kalkerde	8·00
Kali	2·21
Natron	4·32
Glühverlust	0·72
	101·57

Dieser Feldspath reiht sich daher seiner Zusammensetzung nach völlig den in den jüngeren Andesiten ausgeschiedenen basischen Kalk-Natronfeldspathen an, und bezüglich seines Eisengehaltes insbesonders jenem des hierher gehörigen Gesteins vom Csonkáshegy.

Diese Gesteine enthalten ferner ein völlig verwittertes Mineral (wohl auch Feldspath), welches aber seiner gänzlichen Zersetzung wegen keine Deutung zulässt, ferner einen grauen nur wenig verwitterten Feldspath, und endlich einen sauren Feldspath, wohl identisch mit jenem, welchen Dr. Szabó beschrieben hat.

Ueber die Zusammensetzung dieser letzteren Mineralien soll in der folgenden Nummer dieser Mittheilungen berichtet werden.

Dr. M. Neumayr. Ueber eine Höhle mit Resten von *Ursus spelaeus* im Kalke des Maguraherges bei Zakopane in der hohen Tatra (Galizien).

An der Nordseite des Maguraherges bei Zakopane in der hohen Tatra befindet sich eine Höhle, welche eine ziemliche Menge von Knochenresten von *Ursus spelaeus* lieferte; dieselbe liegt in einem hellgrauen Triaskalke an dem Südgehänge einer ostwestlich sich ziehenden Schlucht, welche in das Thal mündet, in dem der Hochofen von Zakopane steht.

Die Höhle besteht aus vier grösseren Kammern, und wohl noch aus mehreren kleineren Nebenräumen, deren Zugang jedoch durch Schutt verdeckt ist; wir fanden eine derartige kleinere Zelle ganz zufällig nach dem Wegräumen der Kalktrümmer bei der Aufwühlung des Höhlenlehmes während der Aufsuchung der Knochen.

Der Boden ist zu oberst mit groben Blöcken und Trümmern des Kalkes bedeckt, in welchem die Höhle liegt; dieselben sind offenbar von der Decke heruntergestürzt; abgerollte Stücke, oder fremde Gesteine konnte ich nirgends entdecken; nahe am Eingange finden sich grosse Eisblöcke, welche selbst im Hochsommer nicht wegschmelzen.

Unter dem Kalkschutt liegt ein gelbbrauner bis rothbrauner Höhlenlehm, mit sehr vielen Resten *Ursus spelaeus*, jedoch meist in sehr morschem und zerbrochenem Zustand. Der Grund dieser Erhaltung ist wohl darin zu suchen, dass die Knochen dem Wechsel von Frost und Wärme ausgesetzt sind, indem für gewöhnlich der ganze Lehm zusammengefroren ist, und nur im Sommer die oberste Schichte aufthaut. Doch fanden sich einige Kieferbruchtheile mit Zähnen, mehrere Wirbel, Fussknochen u. s. w. in erträglichem Erhaltungszustand unter der grossen Menge der zertrümmerten Bruchstücke. Ausser von *Ursus spelaeus* konnte ich keinerlei Reste eines anderen Thieres bemerken.

F. Foetterle. Vorlage der geologischen Detailkarte der Umgebung von Torna und Szendrö.

Diese Karte umfasst das Gebiet der Umgebungen von Torna und Szendrö zwischen dem Sajó und dem Bársony, im Norden bis Torna und Nagy Ida, im Süden bis Edelény reichend, mit einem Flächenraume von 36 Quadratmeilen. An der geologischen Aufnahme dieses Gebietes, welches in seiner ganzen Breite von der Bodrog und deren Zuflüssen durchschnitten wird, hatten sich ausser Bergrath Foetterle auch die Herren Berggeschworner R. Pfeiffer und Markscheider J. Hoffmann auf das eifrigste betheiligt. Dasselbe enthält in seinem nordwestlichen Theile die letzten Ausläufer der grossen secundären Zone, welche im Rima-Thale beginnend über Jolsva und Polsócz hinaus die weiter nördlich auftretenden krystallinischen Schiefer umsäumt, und zum grössten Theile aus Kalk besteht, welcher hier das Sziliczer Plateau mit dessen Ausläufern dem Alsóhegy und dem Hosszúhegy einnimmt; das innerhalb der Karte sichtbare letzte Glied dieser Zone sind Werfener Schiefer, die namentlich in dem Kessel von Ahuas und Jablonoza, sowie zwischen Szilas und Perkupa eine grosse Verbreitung erreichen. Dieselben werden von schwarzen Kalken der unteren Trias, den Guttensteiner Kalken, ferner von hornsteinreichen, dann Krinoidenführenden und von weissen splittrigen Kalken der oberen Trias überlagert. Zwischen Perkupa und

Szalonna treten in unregelmässiger Lagerung Sandsteine auf, die dem Lias angehören dürften und von Melaphyr durchbrochen werden.

Von Edelény aus zuerst in einzelnen isolirten Kuppen, zwischen Szendrő Lad, Szendrő und Rakácza, in der Mitte des untersuchten Gebietes jedoch in grosser Ausdehnung treten Gebilde auf, die als Fortsetzung des zwischen Erlau und Miskolcz aufsteigenden Bückgebirges betrachtet werden müssen, indem sie aus weissem krystallinischem Kalke, dann darüber aus schwarzen Thonschiefern und darin eingelagerten mehr weniger schiefrigen ebenfalls fein krystallinisch aussehenden, meist schwarzen Kalke bestehen. Dieser letztere Kalk tritt namentlich zwischen Szendrő Lad und Szendrő stark hervor und drängt den Thonschiefer ganz zurück. Wie im Bückgebirge müssen auch hier diese Gebilde der unteren Steinkohlenformation zugezählt werden. Am Osztrámos führen die hieher gehörigen unteren Kalkziemlich reiche Braunciesensteine.

Den südwestlichen Theil des Gebietes der Karte nehmen marine sandige Mergel und Sand mit einer grossen Menge von *Ostrea longirostris* ein, welche an mehreren Punkten Braunkohlen führen, während in dem östlichen Theile Congerien-Tegel unter dem sehr weit und mächtig verbreiteten Diluvial-Schotter und Löss auftreten. In der Umgegend von Putnok endlich sind Trachyt-Conglomerate und zwischen Szendrő und Edelény an einzelnen Punkten ältere Rhyolith-Tuffe vertreten.

Einsendungen für das Museum.

F. v. Vivenot. *F. Pošepný*. Gesteinssuiten aus dem Verespataker Bergreviere.

In den von Herrn Pošepný der Anstalt freundlichst übersandten Suiten von erzführenden Gesteinsarten aus dem Verespataker Bergreviere — zusammen 166 Stücke — sind repräsentirt:

Die karpathischen Gesteine, die Dacite, Andesite, magnetischen Trachyte, die Localsedimente, die sogenannten Glammen, und endlich die von Pošepný neu entdeckte Schwefelführung von Cicera.

Die Localsedimente umfassen alle jene Gesteine, welche sich durch die Gegenwart von Quarzporphyr-Gemengtheilen als deuterogene Gebilde des Quarzporphyres charakterisiren, wie Conglomerate, Tuffe, Sandsteine etc., während unter dem Namen „Glamm" der in Gängen auftretende grobkörnige Detritus verstanden ist, welcher nach den darüber angestellten sorgfältigen Studien als die unmittelbare Folge einer jüngeren Daciteruption erscheint.

F. v. V. **Georg Ritter von Frauenfeld**. Mineralien von Bleiberg in Kärnthen.

Die Anstalt fühlt sich gegen Herrn von Frauenfeld durch die Ueberlassung dreier aus Bleiberg herrührender Erzstücke zum besten Danke verpflichtet, indem dadurch den mineralogischen Localsammlungen ein werthvoller Beitrag zu Theil wird. Das eine Stück zeigt ausgezeichnete Krystalle von Bleiglanz, und zwar das Oktaeder, während an einem anderen die schönen grossen Calcitskalenoeder nennenswerth sind.

II. **Wolf**, Genie-Capitän Klinder. Photographien von Bausteinen aus der Umgebung von Odessa.

Vom k. k. russ. Genie-Capitän Klinder erhielt die Anstalt 5 Stück Photographien von den in Odessa, Vosnesensk und Nikolajew verwendeten Bausteinen mit Versteinerungen der sarmatischen Stufe und des Steppenkalkes „stepp-limestone", wie:

Cardium littorale Eichw.   Cerithium rubiginosum Eichw.
Mactra ponderosa Eichw.   Lucina affinis Eichw.
Buccinum dimitum Eichw.   Mactra podolica Eichw.

Herr Capitän Klinder gibt zugleich die Reihenfolge und die Mächtigkeit der Schichten, welche in der Umgebung von Odessa vorkommen, an; diese sind:

1. Löss } Diluvium von wechselnder Mächtigkeit
2. Kijew'scher Lehm und Sand
3. Schichten mit *Cardium littorale* . . . . 2—8 Meter

Jungtertiäre Schichten von zusammen 48 M. Mächtigkeit {
4. Sand oder Oolithenkalk . . . . 8 „
5. Schichten mit *Lucina affinis* und Cerithien . . . . 2 „
6. Lehm . . . . 4 „
7. Mergel . . . . 10 „
8. Schichto mit *Mactra podolica* . . . . 4 „
9. Sand oder Oolith . . . . 4 „
10. Schichten mit *Mactra rubiginosa* . . . 8 „
}
11. Folgt Granit und Gneiss von unbestimmter Mächtigkeit.

Dr. U. **Schl.** Comité für die naturwissenschaftliche Durchforschung Böhmens zu Prag. Petrefactensendung aus den Pläner-Schichten des Weissen-Berges bei Prag.

Durch freundliche Vermittelung des Herrn Dr. Anton Fritsch in Prag erhielt unser Museum von dem genannten Comité im Tauschwege eine sehr werthvolle Suite von Petrefacten aus den Schichten mit *Inoceramus labiatus* und mit *Amm. Woollgari* (Turon-Etage), welche unter der Diluvialdecke das Plateau des Weissenberges bei Prag und die angrenzenden Plateaux bilden. Es befinden sich darunter folgende Arten, welche mit Ausnahme der zuerst genannten aus den Steinbrüchen westlich von Prag stammen, die den Baustein für die Stadt liefern:

Macropoma speciosum Ag. ein vollständiges, schön erhaltenes Exemplar dieses Fisches, in dessen Bauchhöhle sich ein grosser Koprolith noch in natürlicher Lage befindet, aus den Steinbrüchen bei Gastorf unweit Raudnitz.

Zähne und Koprolithen verschiedener Fische.

Clytia Leachi Mant. sp., mehrere schöne Exemplare.
Serpula amphisbaena Gf.
Nautilus sublaevigatus Orb.
Ammonites perampus Mant.
  „   *Woollgari* Mant.
  „   sp. nov., dem vorigen sehr nahe stehend und vielleicht nur eine Varietät desselben bildend.

Pleurotomaria seranis Reuss.
Teredo oder *Pholas*, Bohrlöcher in Holz.
Inoceramus labiatus Schloth. sp.
Spondylus sp.
Lima cf. *elongata* Sow.
  „   *Hoperi* Sow.
  „   sp. nov.
Pecten cf. *Nilssoni* Gf.

Ostrea lateralis Nilss.   *Rhynchonella bohemica Schloenb.*
Anomia sp.   *Geinitzia cretacea Endl.*

Einsendungen für die Bibliothek und Literaturnotizen.

Dr. U. Sch. **Dr. Cl. Schlüter.** Fossile Echinodermen des nördlichen Deutschland. 1. Stück. Echinodermen der oberen Kreide. Bonn 1869. 31 S. 8°. 3 Doppeltafeln.

Neben den in zwanglosen Heften erscheinenden „Beiträgen zur Kenntniss der jüngsten Ammoneen Norddeutschlands" (s. Verh. d. geol. Reichsanst. 1868, Nr. 2, p. 38) eröffnet der Verfasser mit dem vorliegenden Aufsatze eine Reihe von kleineren Publikationen, in denen er sich eine kritische Besprechung der Interessanteren bereits bekannten sowie der neuen Echinodermen-Arten, vorzugsweise aus der Jura- und Kreideformation Norddeutschlands, zur Aufgabe gemacht hat, nachdem die Echinodermen der Devonformation bereits in Dr. L. Schultze (s. Verh. 1867, Nr. 9, p. 201) einen ausgezeichneten Bearbeiter gefunden haben und eine Bearbeitung der tertiären Formen von anderer Seite in Aussicht gestellt ist. Dieses sehr verdienstliche Unternehmen, welches wir um so aufrichtiger willkommen heissen, als gerade die genauere Kenntniss der Echinodermen für unsere norddeutschen jüngeren mesozoischen Gebilde, besonders für die Stratigraphie der Kreideformation von grösster Wichtigkeit ist, und in dieser Richtung in Deutschland seit einer langen Reihe von Jahren Nichts gearbeitet war, beginnt Herr Dr. Schlüter mit der eingehenden Erörterung einer Reihe der interessantesten Arten aus der oberen Kreide, nämlich *Gonidiscus Beckei n. sp., Offaster sphaericus n. sp., Offaster corculum Gf. sp., Micraster glyphus n. sp., Epiaster gibbus Lam. sp., Epiaster brevis Desor sp., Cardiaster maximus n. sp., Cardiaster Caroli magni n. sp., Cardiaster jugatus n. sp., Cardiaster granulosus Gf. sp.* Mit Annahme der schon anderweitig sehr gut abgebildeten Arten *Of. corculum* und *Card. granulosus* sind alle durch sehr schöne und charakteristische Figuren erläutert. Von österreichischen Vorkommnissen werden erwähnt: *Offaster corculum* aus dem Krakauer Gebiet (Siebenzellen-Kreide), *Epiaster gibbus* häufig bei Wilkowicz nördlich von Krakau aus der Kreide mit *Bel. mucronatus, Cardiaster jugatus* aus der oberen Kreide der Gegend von Krakau, *Cardiaster granulosus* aus dem oberen Quader des nördlichen Böhmens.

Dr. U. Schl. A. Rauth. Beiträge zur Kenntniss fossiler Korallen. I. Korallen des schlesischen Kohlenkalkes. (Sep. a. d. Zeitsch. d. d. geol. Ges., Jahrg. 1869, XXI. Bd., S. 183) 38 S. 8°, 2 Taf.

In ähnlicher Weise, wie der oben besprochene Aufsatz eine Reihe vom Publikationen über fossile Echinodermen beginnt, soll der hier vorliegende der erste sein in einer Reihe, die sich auf die fossilen Korallen namentlich Norddeutschlands beziehen. Auch auf diesem Felde wird trotz der neueren Arbeiten von Keferstein, A. Roemer, Ludwig und Boelsche der mit grosser Feinheit und Schärfe beobachtende Verfasser noch für sein Gebiet gar Vieles nachzuholen finden und so sehr werthvolle Ergänzungen zu den Arbeiten ähnlicher Richtung unseres Reuss liefern können. Dieses erste Heft, welches die im Kohlenkalk von Preussisch-Schlesien vorkommenden Korallen zum Gegenstande hat, ist für uns wegen des unmittelbar unsere Grenzen berührenden Gebietes von doppeltem Interesse, da sich manche der darin behandelten Arten ohne Zweifel auch auf österreichischem Gebiete wiederfinden werden.

Der Verfasser beschreibt folgende Arten: *Palaeacis lura Ludw. sp., cf. Favosites parasitica Ludw. sp., Syringopora ramulosa Gf., Aulopora sp., Zaphrentis sp., Lophophyllum breotatum n. sp., Lophophyllum confertum n. sp., Cyathophyllum Murchisoni Edw. & H. Cyathoph. sp., Campophyllum compressum Ludw. sp., Diphyphyllum irregulare n. sp., Aulophyllum fungites Flem. sp., Lithostrotion junceum Flem. sp., Lithostr. irregulare Phill. sp., Lithostr. Martini Edw. & H., Lonsdaleia rugosa M'Coy, Heterophyllia grandis M'Coy.* Bei *Palaeacis lura* ist er in der Lage auf Grund seiner Untersuchungen eine genauere und schärfere Gattungsdiagnose, als bisher gegeben war, festzustellen und dieser Gattung, deren systematische Stellung bisher eingermassen streitig war, ihren Platz in der Familie der Madreporiden unter den Zoantharia perforata, und zwar zunächst neben der recenten Gattung *Astroides,* zur Unterfamilie der *Eupsammina* gehörig, anzuweisen. Die Untersuchung von *Syrin-*

gopora ramulosa hat neue Aufschlüsse über die Organisationsverhältnisse dieser interessanten Gattung ergeben. Bei *Lophophyllum*, namentlich bei der zweiten Art, liessen sich eigenthümliche Wachsthumsverhältnisse nachweisen, indem beim Fortwachsen des Thieres die Polypenzelle sich von unten her allmählig durch Absonderung von Sklerenchym an den Septen und Vereinzelung der Durchsepten mit einander ausfüllte, was, wie der Verfasser meint auf die systematische Stellung von *Calceola* vielleicht neues Licht werfen könnte und wodurch in der That Lindström's auf diesen Gegenstand bezügliche schöne Arbeiten eine neue Bestätigung erhalten würden (s. Verh. 1867, Nr. 15, p. 362 und 1869, Nr. 3, p. 64). Die Merkmale von *Lonsdaleia rugosa* veranlassen den Verfasser, die von Edwards und Haime getrennten Gattungen *Lonsdaleia* und *Axophyllum* zu vereinigen. Die bisher aus Derbyshire bekannte seltene und so merkwürdige *Heterophyllia grandis* hat der Verfasser in einer Reihe von Exemplaren aus Altwasser erkannt und deren interessante in neuerer Zeit vielfach erörterte Organisation, welche diese Gattung als ganz isolirt unter den Rugosen dastehend erscheinen lässt, aufs Genaueste studiren können. — Die von Ludwig mit Beziehung auf schlesische Kohlenkalk-Korallen aufgestellten neuen Gattungen werden grösstentheils eingezogen.

Als allgemeinere Resultate seiner Untersuchungen bezeichnet Dr. Kunth folgende: Es bestätigt sich von Neuem der schon von Beyrich nach Untersuchung der Kohlenkalk-Fauna von Timor ausgesprochene Satz, dass die Formation des Kohlenkalksteins sich in der auffallendsten Gleichartigkeit über die ganze Erde verbreitet; sämmtliche erwähnte Korallen sind entweder mit russischen, englischen und amerikanischen Arten identisch oder stehen solchen doch ausserordentlich nahe. Die einzige aus dem Kohlenkalk von *Illinois* bekannte Korallen-Gattung *Palaeacis* findet sich in über 1000 geographischen Meilen Entfernung in Schlesien wieder, während sie in den zwischenliegenden Gebieten noch nicht nachgewiesen ist. Von allen vier palaeozoischen Ordnungen der Korallen enthält die beschriebene Fauna Vertreter. Die eigenthümlichen Tabulaten liefern die Gattung *Aulopora*, die in den älteren Formationen häufigeren Tabulaten sind durch *Favosites* und *Syringopora* vertreten, die seltenen Perforaten durch *Palaeacis*. Das Hauptcontingent stellen die Rugosen, deren Organisation sich kurz vor ihrem Aussterben noch einmal in auffälliger Weise complicirt; eine Thatsache, die man bei Betrachtung anderer artenreicher Abtheilungen des Thierreichs gleichfalls wahrnimmt, während gleichzeitig andere Gestalten noch an die frühere Einfachheit erinnern.

Dr. E. v. M. A. Steudel, Ueber die erratischen Blöcke Oberschwabens. (Sep. Württemb. naturw. Jahreshefte. 1869. S. 41—56. Gesch. des Verf.)

Der Verfasser, welcher sich bereits um die Kenntniss der Glacial-Ablagerungen in Oberschwaben (rechter Arm des alten Rheinthal-Gletschers) anerkennenswerthe Verdienste erworben hat, giebt hier sowohl ausführlichere Mittheilungen über die Ausdehnung der Moränenbildungen als auch Nachricht über die mineralogische Beschaffenheit, das geologische Alter und den muthmasslichen Heimathsort der vorkommenden Blöcke. Eine beigegebene Manuscriptkarte zeigt 7 hinter einander folgende, halbkreisförmige Ringe von Endmoränen, auf dem Raume zwischen Lindau am Bodensee im Süden einerseits und Rupertshofen, Assmannshardt und Baienheim im Norden andererseits.

Dr. E. v. M. Julius Payer, Die südlichen Orteler Alpen. Ergänzungsheft Nr. 27 zu Dr. A. Petermann's Mittheilungen über wichtige neue Erforschungen auf dem Gesammtgebiete der Geographie. Gotha 1869. Justhus Perthes. 30 S. Text, 1 Karte und 1 chromolith. Ansicht. Gesch. d. Zerlegers.

Diese Arbeit schliesst sich in Ausführung und Methode innig an die beiden früheren Arbeiten des verdienten Verfassers über das Suldener und Trafoier Gebiet der Orteler Alpen an. Der unermüdete Bergfahrer erschliesst durch seine schöne Karte der Alpenkunde ein Hochgebirgsterrain, welches in des Wortes voller Bedeutung bisher *terra incognita* war. Zahlreiche neue Höhenmessungen erhöhen den wissenschaftlichen Werth der vielen neuen, topographischen Daten, welche hier gegeben werden.

Ausserdem wurde die Bibliothek durch folgende Bücher und Karten bereichert:

Sendung der Universität zu Santiago de Chile.
a) Bücher.

Santiago de Chile. Exámen comparativo de la tarifa i lejislacion aduanera de Chile con las de Francia, Gran Bretaña i Estados-Unidos. por J. N. Courcelle Seneuil 1856.

— Noticia sobre el terreno Carbonífero de Coronel Lota, i sobre los trabajos de esplotaciones et emprendidas, por Don Paulino del Barrio, Injeniero de minas. 1857.

— Chile bajo el Imperio de la Constitucion de 1828 por Federico Errázuriz. Memoria histórica, que debió ser leida en la sesion solemne que la universidad hubo de celebrar en 1860.—1861.

— Descubrimiento i Conquista de Chile por Miguel Luis Amunátegui. Memoria presentada a la Universidad de Chile en la sesion solemne que tuvo lugar el 6 de Octubre de 1861.—1862.

— Chile durante los años de 1824 a 1828. Memoria histórica leida en la sesion solemne de la universidad de 12 Octubre de 1862 por Melchor Concha I Toro. Octubre de 1862.

— Estadística bibliográfica de la Literatura Chilena, Obra compuesta, en virtud de encargo especial del consejo de la universidad de Chile, por Don Ramon Briseño, 1862.

— Informe sobre los depósitos de Guano de Mejillones presentado al señor Ministro de Hacienda por Don Luis Larroqne. Julio de 1863.

— Anuario estadístico de la república de Chile correspondiente al año de 1861. — Entrega Segunda — Sétima. 1862—1865. (6 Bände.)

— Estudios preparatorios i datos presentados a la comision nombrada para determinar e indicar al supremo Gobierno „Quales son los medios que pueden adoptarse, a fin de obtener en grande escala el desarrollo de la industria de la soda en Chile". Abril de 1865.

— Censo Jeneral de la república de Chile levantado el 19 de Abril de 1865 — Setiembre de 1866.

— Bosquejo histórico de la Poesía Chilena escrito por Adolfo Valderrama, Memoria presentada a la universidad de Chile en la sesion solemne que tuvo lugar en 7 de enero de 1866.

— Historia Jeneral de la república de Chile desde su independencia hasta nuestros dias. Edicion autorizada por la Universidad de Chile 1866.

— Oratoria Sagrada o Coleccion escojida de sermones de Oradores sagrados americanos recopilados por P. G. de la Fuente bajo la direccion de una sociedad de eclesiásticos. Tomo I. 1866.

— Apuntes hidrográficos sobre la costa de Chile acompañados de algunos planos levantados por los oficiales de la Armada de la república. 1866.

— Anales de la Universidad de Chile. Periódico oficial de la Universidad, destinado al fomento i cultivo de las ciencias, la literatura i la instruccion pública en Chile. 1849—1866. (7 Bände in je 2 Heften).

— Memoria que el ministro de estado en el departamento de Hacienda, presenta al congreso nacional. 1862—1867. (6 Hefte.)

— Cuenta Jeneral de las entradas i gastos fiscales de la república de Chile en 1866—1867.

— Lei de Presupuestos de los gastos jenerales de la administracion pública de Chile para el año de 1868. Diciembre 1867.

— Elementos de Jeografía Física por E. Cortambert. 1867.

b) Karten.

Plano Hydrografico del **Puerto de Abtao.** Por Luis Pomar.
Plano de la **Caleta del Colbro** levantado 1853.

Nr. 7　　　　Sitzung am 20. April. Bücher-Verzeichniss.　　　　153

Plano de la **Rada de Caramipe** levantado 1854.
— **Rio Maullin** levantado por los oficiales del Janequeo 1857.
— de la **Caleta del Apolillado** i de la **Caleta de los Choros**. 1854.
Plano de la Costa de Chile i de los **Rios** levantado 1855.
— de la **Bahia Marchy**. 1857.
— del **Puerto Nevado** o **Sepilbelra** 1857.
— del **Puerto Montt** ó **Melipulli**. 1859.
— del **Puerto de Quintero** levantado por los tenientes 2° de Marina Don Francisco I Ramon Vidal Gormaz. 1860.
Plano del **Rio Lebu**, levant. 1857.
Plano de la Parte de la **Costa de Chile** recorrida en la campaña de esploracion encomendada al Cap°. de Naviograd°. Don Leoncio Señoret, 1852.
Carta Plana del **Rio Biobio** i sus Afluentes (l Plano Hydrográfico de la Boca del Rio Biobio I, 10400) levant. en 1863.
Plano de la **Bahia de la Chimba** y segun Fizt-Roy Bolfin levant. 1855. publicado 1866.
Plano de la **Rada del Papose**, levant. 1851, public. 1866.
— del **Puerto de Quidico** ó **Neua** levant. 1862, public. 1866.
— del **Puerto de Coronel** sur Jidero de Loulia i Caletas **de Lota i Coloura**, levant. 1860, public. 1866.
Plano del **Estero Comau y Rio Bodudahue** por el Teniente 2° de la Armada D. Francisco Vidal Gormaz y D. Juan Oyarzum. Enero de 1864, public. 1866.
Plano del Puerto **Taltal e Hueso Parado**. 1866.
— **Puerto de Yanes**. 1866.
— **Puerto Tongoi**. Public. 1866.
Plano de los **Canales** comprendidos entre los puertos **Ancud y Melipulli** construido conforme a los trabajos de los buques de S. M. B. Beagle i Shearwater i de las esploraciones de los buques de guerra de la república por Fr. Vidal Gormaz. 1866.
Plano de la **Caleta y Rio Queule** levant. en 1866 I 1867.
— **Costa Araucana**, que comprende desde la Punta Cauten hasta la Punta Chanchen. Levantado de órden del Supremo Gobierno por el Teniente 1° de Marina, D. Fr. Vidal Gormaz. 1866 I 1867. Escala de 1/150·000.
Plano del **Rio Tolten** I plaza militar del mismo nombre. Levantado de órden del supremo Gobierno por el Teniente 1° de Marina D. Fr. Vidal Gormaz. en 1866 I 1867. Escala de 1/20,000.

Einzelwerke und Separat-Abdrücke.

Hébert. Observations sur le mémorie de M. Pictet intitulé: Étude provisoire des fossiles de la Porte de France, d'Alzy et de Lémenc. (Gesch. d. Verf.
Kreutz. F. Mikroskopische Untersuchungen der Vesuv Laven vom Jahre 1868. (Mit 1 Tafel) Vorgelegt in der Sitz. 4. Febr. 1869. Sep.-Abdr. aus d. Sitzungsb. d. kais. Akad. d. Wissensch. II. Abth. Jänner Heft Jahrg. 1869. Gesch. d. Verf.
— Trachyt sanidyno-oligoklazowy sokolicy Szczawnie. Sep.-Abdr. (Osobna odbiakj z XXXVII. Tom. Rocz. Tow. Nauk. Krak.) Gesch. d. Verf.
— Tatry i wapienie ryfowe w Galicyi. Sep.-Abdr. (Osobna odbicie ze Sprawozdania Komisyi fizyogr. za rok. 1868.) Gesch. d. Verf.
Malaise C. Note sur quelques fossiles du massif silurien du Brabant. Extrait des Bull. de l'Ac. roy. de Belgique 2me Serie t. XX, Nr. 12.
— Sur des corps organisés trouvés dans le terrain ardennais de Dumont. Extr. des Bull. de l'Ac. roy. de Belgique 2me Serie t. XXI, Nr. 6. Gesch. d. Verf.
Reise der österreichischen Fregatte Novara etc. Anthropologischer Theil. III. Abth.: Ethnographie auf Grund des von Dr. Karl v. Scherzer gesammelten Materials, bearbeitet von Dr. **Friedrich Müller**. Mit X photographischen Tafeln und einer Karte. Wien 1868.

Römer Dr. F. Monographie der Mollusken-Untergattung Cytherea Lam. 1. Abth. Mit 33 Tafeln Abbildungen in Farbendruck. Cassel. Verl. Th. Fischer. 1868.

Mendel A. Alpenschau. Kurze Beschreibung von 150 Bergen, welche am nördlichen Bodensee-Ufer gesehen werden, nebst Panorama vom Standpunkt Friedrichshafen. Ravensburg 1864. Gesch. d. Verf.

Studer B. Orographie der Schweizer Alpen. Sep.-Abdr. a. d. Jahrb. des S. A. C. Jahrg. 1869. Gesch. d. Verf.

Wibel Dr. F. Die Umwandlungsproducte alter Bronzen. Ein Beitrag zur Genesis einiger Kupfererze, insbesondere des Kupferoxyduls. Sep.-Abdr. a. Leonh. und Bronn Jahrb. 1865.

— Das Gediegen-Kupfer und das Rothkupfererz. Ein Beitrag zur Lehre von den Erzlagerstätten. Hamburg. O. Meissner. 1864.

Gegen portofreie Einsendung von 3 fl. Ö. W. (2 Thl. Preuss. Cour.) an die Direction der k. k. geol. Reichsanstalt. Wien, Bez. III., Rasumoffskigasse Nr. 3, erfolgt die Zusendung des Jahrganges 1869 der Verhandlungen portofrei unter Kreuzband in einzelnen Nummern unmittelbar nach dem Erscheinen.

Neu eintretende Pränumeranten erhalten die beiden ersten Jahrgänge (1867 und 1868) für den ermässigten Preis von je 2 fl. Ö. W. (1 Thl. 10 Sgr. Preuss. Cour.)

Die nächste Nummer der Verhandlungen erscheint am 31. Mai.

№ 8.  1869.

Verhandlungen der k. k. geologischen Reichsanstalt.
Bericht vom 31. Mai 1869.

Inhalt: Vorgänge an der Anstalt. Eingesendete Mittheilungen: v. Eichwald, Ueber die Phosphatkugeln der Kreideschichten Südrusslands. M. Barbot de Marny, Die Lagerstätte der Phosphoritkugeln im Dnieprufer am Hofe Ladowa. A. Fanzer, Berichtigende Bemerkungen über den angeblichen Fossorit von Hodritsch. F. Kreutz, Die Eruptivgesteine der Umgebung von Krosnawitz bei Krakau. F. Karrer, Foraminiferen im Harmater Tegel von Pfaffstetten. A. Miteretr, Ueber den Kohlenbrand am Reichenberg bei Kufstein im Jahre 1858. Dr. U. Schloenbach, Bemerkungen über den Brachial-Apparat von Terebratula reticularis. Reiseberichte: Fr. v. Hauer, Kohlenvorkommen von Jarosocha. — Fundorte der Ammoniten von Aussee. H. Wolf, im geologischen Verhalten der Umgebung der Baderinn Halt. Einsendungen für das Museum: Joseph Krantz, Elephantenzahn von Sibirien. G. v. Pelrino, Urapolithen und anderes vom Petersfriedhof von den Ufern des Dniesters. J. Barboy, beschrieben aus den Tertiärschichten von Loaben. Einsendungen für die Bibliothek und Literaturnotizen: J. Bigsby, M. Delesse et E. de Lapparent, F. Stoliczka, G. Karsten, Ch. Lanymulius, M. Omecki, E. Suess, Th. Fuchs, G. Laube, A. Hansgen, G. Rose, F. Unger, P. de Loriol et V. Gillèron. Bücher-Verzeichnlss.

Vorgänge an der Anstalt.

Die Direction der Reichsanstalt wurde im Nachhange zu dem den diesjährigen Aufnahmsplan genehmigenden Erlass vom 16. April [1]) durch eine Zuschrift des k. k. Ministeriums des Innern vom 3. Mai von dem Plane der im Laufe dieses Sommers von den Mitgliedern der ungarisch-geologischen Anstalt auszuführenden Aufnahmen verständigt. Nach der Mittheilung des Herrn königl. ung. Ministers für Landwirthschaft, Industrie und Handel an das k. k. Ministerium des Innern werden die Arbeiten der ungarischen Anstalt sich auf zwei Sectionen vertheilen.

Die eine, unter der Leitung des zeitlichen Chef-Geologen Max v. Hantken und unter Mitwirkung des Geologen Joh. Bükh und des Assistenten an der königl. ung. Universität, Anton Koch, wird die geologischen Aufnahmen von der Umgebung Pest-Ofen gegen West, namentlich in der Section E. S. der vom k. k. Generalstabe herausgegebenen Specialkarte des Königreiches Ungarn fortsetzen; die zweite aber, unter der Leitung des Herrn Dr. Carl Hofmann und unter Mitwirkung des Geologen Benjamin Winkler, soll die geologischen Verhältnisse des Zsilthales in Siebenbürgen und dessen Umgebung im Detail untersuchen.

Herr Dr. G. Laube, der sich durch seine paläontologischen Arbeiten in rühmlicher Weise bekannt gemacht hat und durch die Benützung des reichen Materiales des Museums unserer Anstalt mit uns bisher im nächsten freundschaftlichen Verkehr stand, hat in den letzten Tagen dieses

---

[1]) Jahrb. d. k. k. geol. Reichsanst. 1863. XIII. Verh. p. 136.

Monats Wien verlassen, um, einer ehrenvollen Aufforderung von Dr. Petermann folgend als Geolog an der am 7. Juni von Bremen ausgehenden zweiten deutschen Nordpolfahrt theilzunehmen.

Bieten die Küsten der Polarländer für den Geologen auch nicht ein so hoffnungsvolles und reiches Feld der Thätigkeit, wie es Dr. Lanhe's Vormänner unter den die fernsten Theile der Erde bereisenden österreichischen Geologen fanden, — wie Hochstetter in Neuseeland, wie v. Richthofen in Japan, Californien und jetzt in China, oder endlich wie Stoliczka in Indien und am Himalaya, — so wird es doch gewiss auch ihm gelingen, dem Ruhm der Wiener Geologen-Schule einen ehrenvollen Denkstein von Errungenschaften für die Wissenschaft zu setzen auch an den eisumstarrten Küsten Grönlands und Spitzbergens. Das Vertrauen und die besten Glückwünsche seiner Freunde und Fachgenossen begleiten ihn.

Eingesendete Mittheilungen.

Geheimrath Dr. v. Eichwald. Einige Bemerkungen über Phosphatkugeln der Kreideschichten Süd-Russlands. (Aus einem Schreiben de dato St. Petersburg am 11. Mai 1869.)

II. Professor Alth hat in dem Märzhefte p. 69 dieses Jahrbuches einige interessante Bemerkungen über die Phosphatkugeln von Ladawa am Dniester mitgetheilt, die meine frühere Beschreibung derselben erweitern und ihr Vorkommen aufklären; ich bin ihm dafür sehr verpflichtet, erlaube mir jedoch die Bemerkung, dass ich schon im Jahre 1844 in meiner in russischer Sprache herausgegebenen Oryktognosie p. 331 zu demselben Resultate gekommen bin.

Ich führe nämlich hier bei der Beschreibung des Apatits diese Mergelkugeln als Phosphorit auf, als strahligen phosphorsauren Kalk, der in Podolien als Kugeln von der Grösse eines Kindskopfes in der Kreideformation vorkommt. Sein Vorkommen beschränkt sich jedoch nicht nur auf Ladawa am Dniester, sondern erstreckt sich von Podolien aus noch weiter ostwärts in's Kurskische und Szimbirskische Gouvernement, wo diese Phosphatkugeln von mir l. c. p. 331 im Szimbirskischen Kreise am Flusse Urena beim Dorfe Schilowka angegeben werden und sich da in der sogenannten Opoka, einem Kreidemergel finden. Ich sah also schon im Jahre 1844 die Schicht, aus der diese Phosphatkugeln stammen, als einen Kreidemergel und nicht, wie H. Bloede als Uebergangskalk an, und kannte schon damals ihre Zusammensetzung.

Es ist jedoch interessant, dass ähnliche Kugeln mit strahligem Baue im Innern auch in den Thonschiefer der Grauwacke von Pulkowa bei St. Petersburg vorkommen, nur bestehen sie nicht aus phosphorsaurem, sondern aus kohlensaurem Kalke. Sie haben jedoch dieselbe Kegelform, dieselbe Grösse und finden sich in ebenso grosser Menge in einem brennbaren Thonschiefer, der zur Silurformation gehört.

N. Barbot de Marny. Ueber die Lagerstätte der Phosphoritkugeln des Dnestrufers bei dem Dorfe Ladawa. (Schreiben de dato Petersburg am 12. Mai 1869).

„Im Zeitraum von 1865—1868 bin ich viele Mal in Podolien gewesen und habe die Gelegenheit gehabt die geologischen Verhältnisse dieses Landstriches ziemlich genau kennen zu lernen. In Folge dessen hatte für mich der Aufsatz des H. Alth über die Phosphoritkugeln in Nr. 1 des Jahrb. d. geol. Reichsanst. 1869 ein bedeutendes Interesse. Es wäre mir sehr erwünscht, die Resultate der chemischen Analyse dieser Kugeln zu erfahren, da ihre Zusammensetzung bis jetzt noch nicht hinlänglich aufgeklärt; andererseits bedauere ich es sehr, dass der ehrenwerthe Herr Professor der Meinung ist, dass dieselben aus der Kreideformation stammen. Schon Bloede hat darauf hingewiesen, dass sie aus den silurischen Thonschiefern stammen, und dieses Factum ist durch die nachfolgenden Beobachtungen bestätigt worden: Durch H. Andrzejowski im Bulletin de la société des naturalistes de Moscou 1852, XXV, pag. 206, H. Molewski in seinem in russischer Sprache erschienenen Werke „Ueber die silurische Formation des Dnestr'schen Bassins. Kiew 1866, p. 37, 41 und 42", und schliesslich durch meine persönliche Untersuchung in dem gleichfalls in russischer Sprache erschienenen „Bericht über die Reise in Galizien, Wolhynien und Podolien, St. Petersburg 1867, p. 119".

Diese Kugeln habe ich in den silurischen Schiefern des Dnestrufers bei dem Dorfe Ladawa zu beobachten Gelegenheit gehabt, wo die Schieferschichten unmittelbar von Kreidemergeln überdeckt werden, und wo Grünsand und Hornstein gänzlich fehlen. Hieraus ist zu folgern, dass die Lagerstätte dieser Phosphorit-Concretionen in den silurischen Schiefern Podoliens keineswegs mit den Lagerstätten der Phosphorit-Steinkernen der Conchylien aus der Kreideformation des Flusses Podhorez und anderer Localitäten zu verwechseln sind.

A. Fauser. Berichtigende Bemerkungen über den angeblichen Fauserit von Hodritsch[1]

„Die angeblichen Fauserite von Hodritsch sind nicht dieses Mineral, sondern schwefelsaure Magnesia mit wenig Thonerde, Manganoxydul und Kobalt; Herr Pisani, Chemiker und Mineralog in Paris, derselbe der das Calcium in dem Mineral Pollux entdeckt und dem ich einige Stücke eingesendet habe, schrieb mir gestern, dass er das Mineral chemisch und optisch untersucht habe, den grossen Gehalt aber von schwefelsaurem Manganoxydul, den Herr Molnar in dem analysirten Stück von Herrengrund fand, nicht auffinden konnte.

„Was mir nach der Analyse durch Molnar besonders auffiel war, dass bei dem grossen Gehalt von Manganoxydul dieses Mineral doch nur sehr blass rosenfarbig erschien; ich machte Herrn Molnar darauf aufmerksam, dieser aber beharrte dabei, dass seine Analyse richtig sei."

Die Durchführung einer neuen Analyse des fraglichen Fauserites von Herrengrund wäre nach dieser Mittheilung jedenfalls wünschenswerth.

F. Kreutz. Plutonische Gesteine in der Umgebung von Krzeszowic bei Krakau.

In der Umgebung von Krzeszowic im alten Krakauer Gebiet treten plutonische Gesteine an vielen Punkten auf, so nördlich von der Eisenbahnlinie bei Mickinia, und südlich von Krzeszowic und der Eisenbahn-

---

[1] Vergl. Verhandlungen Nr. 5, p. 93.

buio in Tęczyn, Ruduo, Alwernia, Poręba, Rybna, Sanka, Zalas und Frywald.

Die Literatur über diese Gesteine ist ziemlich gross, und es haben sich mit ihnen ausgezeichnete Forscher beschäftigt.

Oeyenhausen. Versuch einer geognostischen Beschreibung von Oberschlesien, 1822"; er nennt sie im Allgemeinen Porphyre und Mandelsteine.

Pusch. „Geognostische Beschreibung von Polen, 1833, I. Theil, p. 152 und f. und p. 178—186"; er nennt das Gestein von Miękinia Euritporphyr, die übrigen in Mandelsteine übergehende Porphyre. In diesem Werk betrachtet er sie als gleichalterig mit der Steinkohlenformation; einige Jahre später in einer Abhandlung in „Karstens Archiv, 1839, Bd. XII, p. 155" hält er sie für jünger.

Staszic, nennt das Gestein von Tęczyn einen Basalt.

Römer „Zeitsch. der Deutsch geol. Ges. XV, 1863, p. 713" sagt von diesen Gesteinen, dass sie nur die Steinkohlenformation durchbrochen und sich auf dieser ausgebreitet haben. In seiner Abhandlung in der „Zeitsch. d. Deutsch geol. Ges. XVI, 1864, p. 633 hält er sie für gleichalterig mit dem Rothliegenden und nennt das Gestein von Miękinia Euritporphyr, das Gestein von Zalas Porphyr, die übrigen im Allgemeinen Melaphyre und Mandelsteine. Die zu dem Gestein von Zalas gehörigen Felsarten erwähnt er nicht.

G. Tschermak „Porphyre aus der Gegend von Nowagóra bei Krakau in den Sitzungsb. d. kais. Akad. d. Wiss. LII, I. Theil, 1865, p. 471—473" hält die Gesteine von Rybna, Zalas, Sanka, Frywald für Trachyte; das Gestein von Miękinia nennt er Felsitporphyr und die Felsarten von Poręba, Alwernia, Regulice, Ruduo-Porphyrite.

Fallaux in den Erläuterungen zur Hohenegger'schen Karte des ehemaligen Gebietes von Krakau „Denkschr. d. k. Akad. d. Wiss. 1866" nimmt die Bestimmungen Tschermak's an.

Es gibt also nicht viele Gesteine, die so mannigfaltige Bestimmungen erfahren hätten, wie die plutonischen Gesteine in der Umgebung von Krzeszowic; die grundverschiedenen Ansichten der ausgezeichneten Forscher bestimmten mich, die Untersuchung dieser Gesteine vorzunehmen, um mich einer oder der anderen anzuschliessen. Das Resultat meiner Untersuchung stimmt aber mit keiner Beschreibung vollkommen überein; was die Bestimmungen anbelangt, so schliesse ich mich denen Tschermak's, mit Ausnahme derer der Gesteine von Zalas, Rybna, Sanka und Frywald an.

Da über diese Gesteine, insbesondere was ihre geologischen Verhältnisse anbelangt, wahrscheinlich noch Manches geschrieben werden dürfte, da die Ansichten über ihr Alter und Lagerungsverhältnisse ebenfalls sehr getheilt sind, so glaube ich unterlassen die Resultate meiner petrographischen Untersuchungen der Oeffentlichkeit übergeben zu sollen. Auf die früheren Beschreibungen dieser Gesteine werde ich hier nicht näher eingehen, da sie sehr leicht in der citirten Literatur aufzufinden sind.

Für die Ermöglichung und Förderung meiner Untersuchungen habe ich meinen verbindlichsten Dank auszusprechen dem Herrn Fallaux für die Zusendung von 10 Handstücken dieser Gesteine durch Vermittlung der k. k. geol. Reichsanstalt, der Physiogr. Comission der k. k. Gelehrten Gesellschaft zu Krakau für die Zusendung von 12 Handstücken, und namentlich dem Herrn Director des k. Hof-Mineralien-Cabinetes Prof. Dr. Tschermak, der mir nicht nur einige Handstücke, sondern auch mehrere Dünnschliffe dieser Gesteine zur Verfügung gestellt und dadurch meine Arbeit wesentlich gefördert hat.

Felsitporphyr.

Mięk inia. Die einzige Felsart, welche nur einen und zwar ihr wirklich zukommenden Namen erhalten hat, das Gestein von Mięknia, das dort durch zwei Steinbrüche, die sich auf den beiden Thalseiten gegenüberliegen, aufgedeckt ist.

In der Zusammensetzung dieses Gesteines überwiegt sehr bedeutend die intensiv braunrothe, ganz homogen aussehende Grundmasse. Sie hat ein frisches Aussehen, widersteht der Verwitterung, gibt mit dem Stahle Funken, in der Löthrohrflamme zeigt sie die Schmelzbarkeit des Feldspathen; ihr Bruch ist splittrig, etwas muschlig. Im Dünnschliff sieht man unter dem Mikroskop ganz deutlich, dass die Grundmasse felsitisch ist, indem sie aus einem innigen Gemenge von Feldspath (Orthoklas) und Quarz besteht.

In der Grundmasse liegen zahlreiche Feldspath-Krystalle, die von dem dunklen Thon der Grundmasse schön und deutlich abstechen. Die häufigsten sind kleine frische, stark glänzende, farblose und durchsichtige Krystalle; sie widerstehen mehr der Verwitterung wie die viel selteneren grösseren, die aber auch nicht ¼ Zoll Grösse erreichen. Die kleineren Krystalle, von beinahe unverwitterbarer Grundmasse umgeben, bieten dem Verwitterungsprocesse weniger Angriffsraum, als die grösseren von Spalten und Rissen durchzogenen Feldspathe. Die Feldspathe sind beinahe alle, wie man sich im Dünnschliff unter dem Mikroskop bei durchfallendem Lichte leicht überzeugen kann, monoklin. Dieser Orthoklas bildet hier einfache Säulen und schöne inselartige Karlsbader Zwillinge. Wie gewöhnlich, begleitet ihn auch hier, obgleich spärlich sich vorfindender trikliner Feldspath, höchst wahrscheinlich Oligoklas, der hier weisslich, etwas verwittert, und daher nicht mehr so durchsichtig, wie der Othoklas ist. In beiderlei Feldspathen finden sich Einschlüsse von Grundmasse und sehr feinen Biotitblättchen sowie sehr selten von Magneteisenkörnchen.

Das zweite Mineral in dem Gesteine, was die Häufigkeit anbelangt, ist schwarzer und tombakbrauner, stark glänzender Magnesia-Glimmer. Er bildet sechsseitige Blättchen und ziemlich hohe Säulchen. Ausser in grösseren Tafeln, kommt er auch sehr zahlreich mikroskopisch in der Grundmasse vor.

Er vertritt hier die äusserst seltene in feinen Säulchen auftretende und immer stark veränderte Hornblende. Ein wesentlicher Gemengtheil des Gesteines ist noch der Quarz, der nicht nur mit dem Feldspath die Grundmasse bildet, sondern auch, wenngleich nichtbesonders reichlich, in senfkorn- bis erbsengrossen Krystallen und Körnern ausgeschieden ist. Er ist von rauchgrauer Farbe und besitzt einen starken Glanz, der mehr Fett- als Glasglanz ist. Er ist von Spalten und Rissen durchzogen und enthält grosse Einschlüsse von Grundmasse. Feine Magneteisenkörnchen finden sich mikroskopisch nur äusserst spärlich in der Grundmasse zerstreut.

Das Gestein von Miękinia besitzt also die Zusammensetzung der Felsitporphyre, zu denen es auch immer gestellt wurde.

Der Felsitporphyr von Miękinia wird jetzt mit Vortheil statt des Granites zur Strassenpflasterung in Krakau benützt. Wegen seiner schönen Farbe, Dichte und Festigkeit, sowie wegen bedeutender Politurfähigkeit eignet er sich sehr gut zur Verarbeitung von Kunstwerken (wie Kolumnen, Vasen, Urnen, Schüsseln, (selbst von riesenhafter Grösse), Tischdecken u. s. w.), die in Krzeszowic nur gegen Bestellung verfertigt werden.

Quarzfreie Orthoklas-Porphyre.

Wir kommen zu einer Gruppe von Felsarten, denen ich einen Namen gebe, welchen sie noch nicht getragen haben.

Zalas. Südlich von Krzeszowic bei Zalas befindet sich eine durch einen Steinbruch aufgedeckte plutonische Felsart. Im frischen Zustande ist sie hart, fest, von grauröthlicher Farbe; in etwas verwittertem Zustande wird sie heller, weicher und erdiger. Die Grundmasse ist Feldspathig (orthoklastisch) erfüllt von staubartigen feinen Biotitblättchen.

Das Gestein ist sehr reich an ziemlich grossen Feldspath-Krystallen, die, was die Masse anbetrifft, der Grundmasse beinahe das Gleichgewicht halten. Diese Feldspathe von fleischröthlicher Farbe sind ganz deutliche Orthoklase, was die mikroskopische Untersuchung vollkommen sicherstellt. Sehr spärlich kommen die vielleicht auch immer neben dem Orthoklas auftretenden Plagioklase, hier wahrscheinlich Oligoklase vor. Sie treten hier in kleinen, weisslichen, etwas kaolinisirten Krystallen von unbestimmten Grenzen auf. In Dünnschliffen unter dem Mikroskop bei durchfallendem Lichte sieht man plagioklastische Lamellen, die die Orthoklas-Krystalle hin und wieder leistenförmig durchziehen. Einschlüsse von Grundmasse und Biotit sind in den Feldspathen sehr häufig.

Die sehr spärlich im Gestein zerstreuten Hornblendesäulchen sind meistens in Biotit verändert, der viel häufiger auftritt. Die Biotitblättchen und Tafeln von tombakbraunen und dunkelgrüner Farbe erscheinen hier von mikroskopischer bis zu ¼ Zoll Grösse.

In vier grossen Handstücken dieses Gesteins habe ich nur ein einziges kleines Korn Quarz gefunden, der mithin nur als unwesentlicher Gemengtheil des Gesteines angesehen werden kann.

Diese Felsart besitzt also die Zusammensetzung der „quarzfreien" Orthoklas-Porphyre. Ganz ähnlich sind die nachfolgenden hier unter dieser gemeinsamen Aufschrift zusammengefassten Gesteine; so besonders das etwas südlich von Zalas bei Rybna auftretende Gestein. Die Grundmasse des Gesteines ist fest, dicht aussehend, feldspathig, meistens röthlich gefärbt, aber auch grau und grünlich. Ziemlich grosse Feldspathkrystalle enthält das Gestein sehr reichlich. Es sind unzweifelhafte Orthoklase in einfachen Krystallen und tafelartigen Karlsbader-Zwillingen.

Hin und wieder finden sich kleine, weissliche, etwas kaolinisirte Plagioklase.

Die Hornblende ist so selten und meistens verändert, wie im Gestein von Zalas. Bei der mikroskopischen Untersuchung von Dünnschliffen findet man manchmal Hornblendekrystalle von unbestimmten Grenzen von Aussen ziemlich tief ins Innere in eine dunkle undurchsichtige Masse wahrscheinlich eines Gewirres verschieden liegender kleiner Biotitblättchen verändert, während das Innere des Krystalles eine ganz reine, unveränderte Hornblendemasse aufweist.

Biotit ist etwas seltener als im Gestein von Zalas, auch habe ich keine so grossen Blättchen, wie im vorigen gefunden. Quarz habe ich in den mir zu Gebote stehenden Handstücken nicht gefunden, zweifle aber nicht an seinem sporadischen Vorkommen, da ihn Tschermak als Gemengtheil dieses Gesteins anführt. Er ist aber jedenfalls sehr unwesentlich, wie auch in den nachfolgenden Gesteinen dieser Gruppe, weshalb ich seiner nicht mehr erwähnen werde.

Sanka. Westlich von Sanka tritt ein ähnliches Gestein auf zwei Punkten auf. Seine Grundmasse ist fest, dicht ansehend, von grauer Farbe, etwas verwittert wird sie heller, etwas röthlich. Der Orthoklas tritt im Gestein sehr reichlich in schönen, deutlichen, fleischröthlichen Krystallen auf. Weissliche, ziemlich stark verwitterte Plagioklaskrystalle sind sehr selten. Der Orthoklas zeigt im Dünnschliff sehr schön einen schalenförmigen Anflug. Die Grundmasse ist oft zwischen den einzelnen sich umschliessenden Feldspathschalen zonenartig eingeschlossen.

Biotit und Hornblende finden sich in dem Gesteine wie in dem vorangehenden.

Frywald. In Frywald, etwas nördlich von Sanka kommt ein dem Gestein von Ryhna dem äussern Ansehen nach sehr ähnliches Gestein vor. Der Orthoklas ist im frischen Zustande hell, farblos, durchsichtig, mit glänzenden Spaltungsflächen; grössere Krystalle sind etwas zersetzt, röthlich oder weisslich. Der Plagioklas bildet hie und dort kleine, weissliche Krystalle; Biotit-Blättchen und Säulchen sind im Gestein reichlich zerstreut.

Veränderte Hornblende-Säulchen sind äusserst spärlich vorhanden. In alle diesen Gesteine findet sich sehr wenig, beinahe ganz unbedeutend mikroskopisches Magneteisen.

Quarzfreie Porphyrite.

Die Gesteine von Poręba, Alwernia, Tęczyn und Rudno sind so ihrem äussern Aussehen nach, wie auch in ihrer Zusammensetzung von den beschriebenen verschieden.

Poręba. Etwas südwestlich von Poręba tritt ein dunkelgraues, homogen ansehendes Gestein auf. Mit freiem Auge lassen sich selbst die etwas grösseren und hervorstechenderen Mineralien wegen ihrer Kleinheit gar nicht bestimmen.

An mikroskopisch untersuchten Dünnschliffen überzeugt man sich, dass die Grundmasse feldspathig ist.

In ihr liegen sehr viele einzelne und ganze Gruppen bildende Feldspathe. Beinahe alle diese Feldspathe sind Plagioklase, wahrscheinlich Oligoklase, die beim polarisirten Lichte schöne, verschieden gefärbte Streifen zeigen. Diese Plagioklase sind immer etwas zersetzt. Die Zersetzung beginnt nicht an den Aussenflächen sondern im Innern des Krystalls und schreitet nach auswärts vor.

Sehr selten findet man in dem Gesteine kleine Orthoklaskrystalle. Lange, schmale Feldspath-Säulen sind hier gewöhnlich durch mehrere Querrisse aneinandergerissen ganz ähnlich, wie die Turmalinsäulen in den Glimmerschiefern. Der Grund dieser Erscheinung wird meiner Ansicht nach nicht im Druck der anfassenden Massen, sondern eher in der wahrscheinlich ungleichen Contractionsfähigkeit und Abkühlungsgeschwindigkeit der Feldspathkrystalle und der Grundmasse zu suchen sein; so zwar, dass die erstarrte Grundmasse die Zusammenziehung der sich (vielleicht auch langsamer) abkühlenden, langen Krystallsäulen nicht mehr zuliess.

Die Feldspathe enthalten Einschlüsse von Grundmasse und sehr feinen Biotitblättchen, die, wie Parasiten, in jeden Riss hineindringen und sich an den Seiten ansetzen.

Der Biotit tritt obgleich spärlich in grösseren, unter der Lupe und mit freiem Auge wahrnehmbaren Blättchen auf. Sehr zahlreich kommt er aber mikroskopisch staubartig in der Grundmasse vor.

In der Grundmasse sieht man unter dem Mikroskope sehr viele feine Krystallsäulchen von schwarzer Farbe, die höchst wahrscheinlich etwas veränderte Hornblende sind. Spärliche, grössere, schwarze, aus der Grundmasse hervortretende Krystalle sind ganz verändert, weich, mit einer Stahlnadel leicht und tief ritzbar; der Strich ist bräunlichgelb.

Feine Magneteisenkörner sind im ganzen Gesteine reichlich zerstreut.

Dieses Gestein, wie auch die na[ch]folgenden, besitzt also die Ausbildung und Zusammensetzung der Porp[hy]rite.

Alwernia. Den Bergrücken, auf dem [ste]hende Hügelreihe bildet steht, und die sich westlich vom Kloster hinzi[eht] das Kloster von Alwernia dieses selbe plutonische Gestein. Es ist grau, etw[as] gränlich, heller und noch dichter erscheinend, wie das Gestein von Po[rębie] ebena. Die mineralogische Zusammensetzung ist die gleiche, ebenso die [...] etwas nördlich bei Regulice auftretenden Gesteins.

Tęczyn und Rudno. Derselbe Porphyrit bildet den [...] hohen kegelförmigen Schlossberg von Tęczyn und zieht sich von da g[egen] Westen dem Dorfe Rudno zu in mehreren kleineren Hügelreihen. [...] Gestein des Schlossberges zeichnet sich von den anderen dieser Gru[ppe] durch seine mehr körnige Textur und die dunkle, beinahe schwarze F[arbe] aus.

Diese Porphyrite nehmen an verschiedenen Stellen eine Mau[er]textur an, welche im Herauswittern der Feldspathe ihren Anfang [nimmt]. Die rundlichen Mandelsteinhöhlungen sind meistens mit einer c[...] Calcitkugel, die mit einer Rinde von Grünerde umgeben ist, erfüllt. [...] Quartreten an die Stelle der Calcitkrystalle auch Quarzkrystalle. Der [...]czyn als Achat bildet auch kleine Mandeln besonders im Gestein von T[...] und Rudno. Im Gestein von Poręba finden sich sehr oft grosse Heul[and]krystalle als Ausfüllungsmittel der Höhlungen.

F. Karrer. Foraminiferen im Hernalser Tegel von [...] haus (Reindorf).

Die von Herrn Wolf mir zur Untersuchung übergebenen [...] aus dem Hernalser Tegel von Fünfhaus, (resp. Reindorf) ergaben [...] genden Resultate:

I. Brunnenbohrung in der Dreihausgasse Nr. 5.

1. Probe, aus der Tiefe von 21—35 Fuss, Tegel 14 Klftr. mächtig, enthielt sparsam Foraminiferen, und zwar:

Quinqueloculina pauperata Orb. n.s.
Schräckingeri Karr. ss.

2. Probe, Tiefe 48—60 Fuss. Foraminiferen nicht häufig.

Quinqueloculina, verdrückte Exemplare sp?   *Rotalia Beccarii* s.
Polystomella crispa n.s.
Polymorphina problema Orb. ss.   „   rugosa s.

II. Die Proben aus der Presshefe-Fabrik in Reindorf ergaben Folgendes:

1. Probe 186 Fuss tief, viel Foraminiferen.

Polystomella crispa Orb. hh.
   „ *obtusa* Orb. s.
   „ *aculeata* Orb. s.

2. Probe 197 Fuss tief, Foram. seltener.

Quinqueloculina Burkiana Orb. ss. eine entschiedene Badner Form.
Polystomella crispa Orb. ss.

So steht das Verhältniss der Häufigkeit oder Seltenheit natürlich nur mit Bezug auf die winzige Menge des untersuchten Materials. Ich bin vollkommen überzeugt, dass der Tegel von Fünfhaus und Reindorf von Foraminiferen wimmelt, wenn man nur grosse Quantitäten davon schlämmen würde, sowie ich überhaupt glaube, dass man zu guten wissenschaftlichen Resultaten bei Untersuchungen der Foraminiferen nur dann gelangen kann, wenn man centnerweise das Material schlämmt, sowie es ich bei meinen Arbeiten zu machen gewohnt bin.

Uebrigens genügt oder muss vielmehr auch Weniges genügen, denn auch dieses ist hinreichend bezeichnend.

Andr. Mitterer, k. k. Bergmeister und Werksvorstand zu Häring in Tirol. Ueber den Brand am Belchenberg bei Kufstein im Jahre 1558.

„Im Abendblatte Nr. 1655 Jahrg. 1869 der „Neuen freien Presse" habe ich im Sitzungsberichte der geologischen Reichsanstalt folgendes gelesen:

    „Bei Kufstein ein Berg brennen thut,
    „Am Belchen genannt, ohn sonder Gluth
    „Gibt Kalch, darf keiner fernern Hut".

„Für mich hatte diese Schrift vom Jahre 1558 insoferne grosses Interesse, als ich den Ort dieser „Kalch"-brennerei in der Häringsgrube genau bezeichnen zu können glaube.

„Es hat nämlich jener Theil des Kohlenflötzes, der sich über der Thalsohle am Pölvenberge (Belchen) erhebt und in Folge eines tiefen Thaleinschnittes — dem Längerethale — zu Tag ausgeht, gebrannt.

„Die Entstehungsursache, sowie die Zeit des Brandes, wusste man bis jetzt nicht. Der Brand bestand auf der Hangendschichte und griff in die Mächtigkeit selbst nur 1 bis 2 Fuss ein und hörte, ohne Begrenzung von einer tauben Schicht von selbst auf. Vom Anbeissen dem Streichen nach in das Gebirge ist der Brand circa 40 Klafter bemerkbar und nahm in dem Maasse ab, als der Luftzutritt sich verminderte

Diese gebrannte Kohle, von der ich, als man hier den Abbau belegt hatte, einen Theil separat gewinnen liess, nicht aus wie Cokes. Ein Stück hievon hatte ich im Jahre 1868 Herrn General-Inspector Baron Beust gelegentlich der comissionellen Befahrung der Häringer Grube vorgezeigt. Derselbe nahm daran ein lebhaftes Interesse, und er veranlasste Versuche mit Verceken der Häringerkohle im genannten Jahre, sowie auch jüngst noch. Die Erfolge sind noch zweifelhaft, da es bisher nicht gelang von 3 Perc. Schwefelgehalt mehr als 1 Perc. zu entfernen.

Die Hangenddecke besteht unmittelbar aus bituminösem Kalk (Stinkstein), derselbe brannte stellenweise 2° in die Mächtigkeit durch, erhielt hie und da röthliche Farbe, liegt aber theilweise ganz weiss auf der vercokten Kohle. (Gibt Kalch, darf keiner ferneru Hut.) Stinkstein im Ofen gebrannt gibt Kalch mit dem zartesten Weiss.

Da der Bergbau nur zwei Stunden von Kufstein entfernt am „Belchen" liegt, so darf man wohl mit Sicherheit annehmen, dass der brennende Berg bei Kufstein vom Jahre 1558 in Häring bestand, über dessen Alter und Entstehung man bei mancher Gelegeheit Hypothesen anstellte. Erstere Frage ist sicher gelöst, und was die Entstehung anbelangt, kann mit Bestimmtheit angenommen werden, dass ein Holzfeuer am Gehänge, wo das Flötz völlig bloss liegt, den Brand veranlasste, denn einer Selbstentzündung ist die Häringer Hangendkohle allein nicht unterworfen, wohl aber die schwefelreichere Liegendkohle mit dem Liegend-Brandschiefer.

Dr. C. Schloenbach. Bemerkungen über den Brachial-Apparat von *Terebratula vulgaris*.

Die systematische Stellung der im alpinen und ausseralpinen Muschelkalk so ausserordentlich verbreiteten *Terebratula vulgaris*, über welche bereits so viele Paläontologen Untersuchungen angestellt haben, ist auch in neuester Zeit wiederholt Gegenstand von Discussionen gewesen.

In den meisten neueren Arbeiten über die im Muschelkalk vorkommenden Petrefacten, namentlich in denen von Giebel[1]), Seebach[2]), Alberti[3]) und Eck[4]), war diese Art zu jener gewöhnlich nugenau als *Waldheimia* (richtiger *Macandrewia*) bezeichneten Gattung oder Untergattung gestellt, der die Mehrzahl der *Terebratulae cinctae* L. v. Buch's angehört, und welche sich durch einen ziemlich spitzen, von einem feinen Foramen durchbohrten und mit mehr oder weniger scharfen, seitlichen Kanten versehenen Schnabel, sowie durch ein kräftiges medianes Septum und lange, nur einfach angeheftete Schleife in der kleineren Klappe auszeichnet. Indessen wurde diese Annahme durch die Untersuchungen über den inneren Bau der *Ter. vulgaris*, welche Alt an Exemplaren von Bischmisheim bei Saarbrücken angestellt hatte[5]), wesentlich erschüttert. Vor Kurzem hat nun auch Herr Prof. Richter in Saalfeld (Thüringen)

---

[1]) C. G. Giebel. Die Versteinerungen im Muschelkalk von Lieskau. 1856.
[2]) K. v. Seebach. Die Conchylien-Fauna der Weimarischen Trias. Zeitschrift der deutsch. geol. Ges. XIII, 1861.
[3]) F. v. Alberti. Ueberblick über die Trias. 1864.
[4]) H. Eck. Ueber die Formationen des bunten Sandsteins und des Muschelkalks in Oberschlesien. 1865.
[5]) Zeitschr. d. d. geol. Ges. 1866, XVIII, 3, p. 401. Erschienen im Sommer 1867.

das Vorkommen seines heimatlichen Muschelkalk-Gebietes in Bezug auf das Brachialgerüst untersucht und glaubt hierbei Merkmale gefunden zu haben, welche *Ter. vulgaris* nicht nur von jener als *Waldheimia* oder *Macandrewia* bezeichneten Untergattung, sondern auch von den eigentlichen Terebrateln und aus der ganzen Abtheilung der *Terebratulidae* überhaupt entfernen und derselben vielmehr bei *Spirigerina* ihren Platz anweisen würden ¹).

Seit einiger Zeit mit einer Bearbeitung der Brachiopoden des Muschelkalks beschäftigt, musste ich natürlich auch auf *Ter. vulgaris*, deren Zugehörigkeit zur Gruppe der Cincten oder *Waldheimia* mir schon lange nach manchen äusseren Merkmalen sehr unwahrscheinlich erschienen war, meine Aufmerksamkeit richten. Ich habe zu dem Zweck eine ziemlich grosse Anzahl von Präparaten hergestellt, vermittelst deren ich den ganzen Bau der inneren Organe dieser Art vollständiger kennen lernte, als es nach den bisher veröffentlichten Beschreibungen möglich war. Da diese meine Resultate zwar sehr wohl mit der Beschreibung Herrn Arlt's, aber nicht recht mit dem, was Herr Prof. Richter über *Ter. vulgaris* berichtete, in Einklang sich bringen liessen, so theilte ich dem letztgenannten Herrn meine Bedenken mit, und bat ihn, mir zum Zweck einer genaueren Vergleichung seine Exemplare der *Ter. vulgaris*, an denen er die für *Spirigerina* charakteristischen Merkmale gefunden habe, anzuvertrauen; ein Ersuchen, welchem derselbe sofort durch Uebersendung der betreffenden Stücke in der liebenswürdigsten und dankenswerthesten Weise entsprach. Die Vergleichung dieser Präparate mit den meinigen hat nun ergeben, dass dieselben, soviel daran zu erkennen ist, durchaus nicht von letzteren abweichen, und dass, wie ich unten zu zeigen versuchen werde, die beobachteten Merkmale von Herrn Professor Richter nicht ganz richtig hypothetisch ergänzt und gedeutet sein dürften.

Die Präparate, welche ich zum Zweck der Darstellung des Brachial-Apparats angefertigt habe, sind auf dreierlei Weise hergestellt. Einmal habe ich gut erhaltene, mit homogener, fester Gesteinsmasse erfüllte Exemplare in verschiedenen Richtungen angeschliffen, zweitens durch in geeigneter Richtung geführte Schläge mit dem Hammer von Kalk oder Mergelkalk erfüllte Exemplare oder Steinkerne gesprengt, und die dabei zum Vorschein gekommenen Theile der Schleife durch vorsichtiges Entfernen des in ihrer Umgebung befindlichen Gesteines vermittelst einer feinen Nadel weiter in's Innere verfolgt; und endlich drittens wurden hohle, innen theilweise mit Krystallen überzogene Exemplare behutsam durch successives Abbrechen der Schale geöffnet. Zu ersterem Verfahren habe ich mit gutem Erfolge, namentlich Exemplare aus dem Muschelkalk von Salzgitter (Hannover), von Erfurt und Jena, sowie von Recoaro im Vicentinischen, zu dem zweiten solche von Salzgitter und Recoaro und zu dem dritten besonders einige Stücke von Debelo Berdo in Dalmatien ²) benutzt. Die Resultate, welche sich hierbei ergaben, stimmten, wie sich

---

¹) Neues Jahrb. für Mineral. etc. 1869, 1. Heft p. 61, 2. Heft p. 219.
²) Siehe Jahrb. der k. k. geol. Reichsanst. 1868, XVIII, 3. p. 439 (in den Erläuterungen zu Blatt X (Dalmatien) der geol. Uebersichtskarte der österreichischen Monarchie von F. Ritter v. Hauer).

erwarten liess, durchaus mit einander überein und ergänzten sich wechselseitig.

Da ich in meiner Monographie der Muschelkalk-Brachiopoden, deren Erscheinen sich vielleicht noch einige Zeit verzögern wird, eine ausführliche, von Abbildungen begleitete Beschreibung der äusseren und inneren Merkmale der *Ter. vulgaris* gebe, so beschränke ich mich hier auf eine kurze Darstellung des Brachial-Apparats, wie ihn diese Präparate ergeben haben.

In geringer Entfernung von einander, zu beiden Seiten der Mitte an der Schlossplatte der kleinen Klappe befestigt, gehen die ansteigenden Aeste der Schleife divergirend und sich anfänglich rasch verbreiternd unter einem Winkel von etwa 25—30 Graden auseinander, indem sie sich gegen die Stirn richten. Etwa beim ersten Drittel ihrer Länge angelangt trägt jeder von ihnen einen an der Basis sehr breiten und dann lang zugespitzten Sporn, welcher fast senkrecht gegen die Breite steht und mit der Spitze etwas gegen die Mitte auf die grössere Klappe zu geneigt ist, so dass die Spitzen dieser beiden Sporne einander weit näher liegen, als ihre Ansatzstellen. Von diesen Ansatzstellen aus divergiren die Aeste der Schleife, welche gleichzeitig der kleinen Klappe wieder etwas mehr genähert sind, bis sie im Ganzen etwa die dreifache Länge des zwischen dem Sporn und dem Schlossrande befindlichen Stückes erreichen und sich dann wieder gegen rückwärts nach dem Schnabel zu einander zugekehrt umbiegen. Diese Umbiegungsstelle liegt selten über die Mitte hinaus, gewöhnlich zwischen der Mitte und dem Schlosse; letzterer Fall findet namentlich immer bei grösseren, ausgewachsenen Exemplaren statt. Die Art und Weise der Vereinigung der rückkehrenden Aeste der Schleife mit einander habe ich nicht mit voller Sicherheit darstellen können; doch scheinen dieselben, nachdem sie bis in die Nähe des Sporns nahe parallel zu den ansteigenden Aesten verlaufen sind, erst kurz vor dem Sporn zu einem schmalen, einfachen Stirnstücke sich zu verbinden. Von einer Anheftung der ansteigenden oder rückkehrenden Aeste oder des Stirnstückes an das rudimentäre Medianseptum habe ich keinerlei Anzeichen gefunden noch viel weniger von kalkigen Spiralkegeln, obgleich die Durchschnitte der Spiralen, auch wenn sich bei den innen mit Krystallen überzogenen hohlen Exemplaren aus Dalmatien Nichts davon erhalten hätte, doch sicher bei einem der zahlreichen Schlag- oder Schliffpräparate hätten zum Vorschein kommen müssen.

Wenn daher Herr Prof. Richter auf einem durch die Mitte des Adductormuskels ungefähr parallel zur Längsaxe gehenden Bruche eines Steinkernes von *Ter. vulgaris* „einen Theil des zu einem Spiralkegel aufgerollten Kalkbandes" erkannte, und dann weiter bemerkt, dass „die enggewundene Spirale, wie es scheint, nicht an der Basis, sondern in der Mitte am weitesten und von einer Substanz sei, welche nach Aussehen und Elementen jener der Schale entspreche", so muss ich nach den von ihm erhaltenen Exemplaren vermuthen, dass er den Sporn und das in einem Bogen an diesen zunächst nach vorn sich anschliessende Fragment des Schleifenastes, welche an seinen Präparaten ganz so, wie ich auch an den meinigen gefunden und oben beschrieben habe, vorhanden sind, für einen Theil einer Spirale gehalten hat. Dagegen habe ich an jenen Saalfelder Präparaten ebenso wenig, wie an den meinigen, eine spiralige

Fortsetzung dieses Schleifentheiles auffinden können. Auf den ersten Blick könnte es bei dem einen Stücke scheinen, als ob auf der Bruchfläche ausser jenem Schleifenfragmente noch ein Theil eines Spiral-Bogens, dessen Convexseite der Bauchklappe der Muschel zugekehrt wäre, sich zeigte und als ob dieses Stück einer anderen Windung eines Spiralkegels angehörte als jenes Bruchstück des Schleifenarmes; bei genauerer Untersuchung mit der Lupe zeigt sich jedoch, dass dies nur eine aus deutlich krystallisirtem Kalkspath bestehende spätere Ausfüllung eines feinen, durch die Gesteinsmasse gehenden Bruches ist, welcher im Gegensatz zu den Schleifentheilen die organische Structur gänzlich mangelt.

Es kann hiernach nicht zweifelhaft sein, dass der Bau des Brachial-Apparats bei *Ter. vulgaris* weit mehr Aehnlichkeit mit demjenigen zeigt, welcher sich bei den echten Terebrateln im engeren Sinne Davidson's und Deslongchamps' findet, als mit demjenigen, welchen Formen, wie *Ter. cranium* und *numismalis* (*Macandrewia King*), und wie *Ter. flavescens* (*Waldheimia King*) und *cardium* (*Eudesia King*) besitzen. Da nun auch, wie ich an einer anderen Stelle zeigen werde, die übrigen generischen Merkmale unserer Art fast durchwegs viel mehr oder doch ebenso gut mit der erstgenannten Abtheilung übereinstimmen, wie mit den drei letztgenannten — ich mache nur beiläufig auf die bei *Ter. vulgaris* nicht entwickelten Zahnstützen im Schnabel und auf den oft biplicatenähnlichen Charakter der Stirn aufmerksam — so dürfte wohl genügend nachgewiesen sein, dass *Ter. vulgaris* den echten Terebrateln im engeren Sinne, nicht jenen obengenannten Untergattungen angereiht werden muss. Sie bildet in dieser Abtheilung den Typus einer besonders in der Trias entwickelten Gruppe von einander nahestehenden Arten — *Ter. Stoppanii, gregaria* etc., welche noch manche Anklänge an Eigenthümlichkeiten jener anderen Untergattungen besitzen, während ihre nächsten jüngeren Verwandten, die Biplicaten, als deren Vorläufer man die Gruppe der *vulgaris* gewissermassen betrachten darf, jene Eigenthümlichkeiten — wozu ich z. B. die Andeutung von Schnabelkanten und ein ziemlich entwickeltes Dorsalseptum rechne — bereits nicht mehr erkennen lassen.

Auch in diesem Falle gibt sich also das schon so oft nachgewiesene Gesetz der Differenzirung der Charaktere älterer in jüngeren Formen ziemlich deutlich zu erkennen.

Reiseberichte.

Fr. v. Hauer. Kohlenvorkommen von Berszaszka. — Fundstelle der Ammoniten von Swinitza.

Gemeinschaftlich mit Herrn Bergrath Foetterle nahm ich in den letzten Tagen eine Recognoscirung der Donaustrecke zwischen Berszaszka und Swinitza im Illyrisch-Banater-Grenzregiments-Bezirke vor, bei welcher uns die Karl Klein'schen Werksbeamten in Berszaszka, Herr Cesar delle Grazie sowohl, wie Herr Otto Hinterhuber, letztere, als ortskundiger Begleiter, bei allen Ausflügen auf das freundlichste unterstützen.

Die kohlenführende Liasformation tritt am Ausgange des Sirinjagrabens östlich von Berszaszka unmittelbar an das Donauufer herunter. Sie ist hier durch die neu angelegten Bergbaue bereits in beträchtlicher Ausdehnung aufgeschlossen und streicht in NNO.-Richtung über die Kohlenbaue in der Kozla bis zu jenen in der Kamenitza fort. Im Westen grenzt sie unmittelbar an krystallinische Schiefer, gegen welche jedoch ihre Schichten widersinnisch westlich einfallen. Als oberstes Glied erscheint ein hell gefärbter Quarzsandstein von ziemlich grobem Korn, der unmittelbar an die krystallinischen Schiefer grenzt, unter diesem liegt ein petrefactenreicher, fester Sandstein, weiter die flötzführende Partie, bestehend aus weicheren Sandsteinen, dann Schiefern, welche zahlreiche Linsen von Kohle, die dem Streichen, wie dem Verflächen nach bald grössere, bald geringere Ausdehnung erlangen, einschliessen; das Liegendste, in den Bauen selbst aufgeschlossene Glied bildet mürber, braungrauer Sandstein, der Pflanzenreste führt und mitunter Belemniten enthält. Verfolgt man aber das Gehänge in Sirinjagraben, so gewahrt man conform unter diese Sandsteine einfallend, ja, wie es scheint durch Wechsellagerung mit ihnen verbunden, helle, dünngeschichtete Kalksteine, die in Fleckenmergel übergehen, und noch weiter stets mit gleicher Lagerung folgen in dem Bergstocke zwischen der Sirinja und der Muntjana mächtige Schichten von hornsteinreichen theils rothen, theils grauen Jurakalken mit Belemniten und Aptychen. Es kann nach diesen Beobachtungen kaum einem Zweifel unterliegen, dass die ganze Schichtenreihe in der Sirinja sich in umgestürzter Lagerung befindet, und demnach der scheinbar das höchste Glied bildende Quarz-Sandstein als das Liegendste der ganzen Ablagerung zu betrachten ist.

In dem Graben bei dem Cordonhäuschen Muntjana kommen die Liasschichten, und zwar in normaler Stellung unter die Jurakalke einfallend wieder zum Vorschein; sie sind hier in einzelnen Bänken grün, in anderen braun gefärbt und zeigen in ihrer höheren Abtheilung mächtiger entwickelte Kalkmassen. Ihre Unterlage bildet Melaphyrtuff, der unmittelbar neben dem Cordonhäuschen ansteht, und dem die grünen Lias-Sandsteine zweifellos ihre Färbung verdanken. Ein ausserordentlicher Reichthum an wohl erhaltenen Petrefacten, Gryphaeen, grosse Pecten, Brachiopoden, seltener auch Ammoniten zeichnet die Liasschichten dieser Localität aus.

Von der Muntjana abwärts bis zur Stromschnelle Greben oberhalb Swinitza herrschen nun am linken Donauufer fortwährend Melaphyrtuffe und Melaphyre, während am rechten serbischen Ufer durchwegs nur die jurassischen Kalksteine entwickelt sind. Die Stromschnellen Iglai und Tachtalia werden durch Felsen der Melaphyrformation gebildet und zwar aller Wahrscheinlichkeit nach durch sehr quarzreiche Tuffe in Quarzite übergehend, wie man solche an mehreren Stellen am Ufer bemerkt.

Ein sehr interessantes Schichtenprofil entblösst der Graben etwas oberhalb Swinitza, aus welchem die schönen, von Kudernatsch zuerst eingehend beschriebenen Ammoniten aus rothem Eisenoolith stammen. Das tiefste hier entblösste Glied bildet wieder ein theils in Conglomerat, theils in festen Quarzit übergehender Quarz-Sandstein, über diesem folgt eine 5—6 Fuss mächtige Bank von unten grau, weiter oben roth gefärbtem Crinoidenkalk, der sehr grosse Belemniten einschliesst. Durch seine theilweise knollige Textur gleicht er sehr den Ammoniten führenden Knollenkalken des oberen Jura, doch gehen abgesehen von seiner Stellung in der

Schichtenreihe, die überall vorhandenen Crinoiden ein gutes Unterscheidungs merkmal. Ueber dem Crinoidenkalke folgt nun die Ammonitenbank, die kaum über einen Fuss Mächtigkeit erlangt und aller Orts in dem Graben sich durch einen ausserordentlichen Reichthum an Petrefacten auszeichnet. Ueber dieser Schichte erscheinen dann weiter in grosser Mächtigkeit theils rothe, theils hellere, stellenweise ungemein hornsteinreiche, vielfach auch knollige Jurakalke, die wohl alle schon dem Malm angehören; in einem Bruche näher bei Swinitza zeigen sich darin zahlreiche Ammoniten; höher folgen dann Neocomgebilde. Weitere Untersuchungen werden zeigen, ob es möglich sein wird in dieser mächtigen Ablagerung von oberem Jura noch weitere Glieder zu unterscheiden.

Genau die gleiche Schichtenfolge aber, wie in dem Graben von Swinitza, gelang es uns, nun auch unmittelbar am Donauufer bei den Vrani-Felsen gegenüber von Greben zu constatiren. Auf mächtigen Massen von Quarzconglomerat und Quarzit, Massen, welche in den Stromschnellen von Greben wohl auch auf das serbische Ufer hinübersetzen, folgt zunächst die Bank von Crinoidenkalk, weiter die Ammonitenbank und über dieser der obere Jurakalk.

Dem Gesagten zu Folge sind in der Gegend, die wir untersuchten, entwickelt:

1. Die Quarzite und quarzitischen Sandsteine, die mit Melaphyren in Verbindung stehen und nach den gegenwärtigen Anschauungen wohl ungezwungen als Dyas gedeutet werden können.

2. Unterer Lias (Grestener Schichten) im Sirinjagraben und der Mantjana.

3. Oberer Lias (Fleckenmergel) im Sirinjagraben.

4. Dogger, nur durch kaum 6 Fuss mächtige Bänke von Crinoidenkalk und Eisenoolith im Graben bei Swinitza und an den Vrani-Felsen repräsentirt.

5. Malm, in grosser Verbreitung, das herrschende Gestein bildend.

H. Wolf. Die geologischen Verhältnisse des Badeortes Hall.

In Folge eines Ansuchens des Landesausschusses von Ober-Oesterreich an die Direction der Reichsanstalt, die speciellen geologischen Verhältnisse der Umgebung des Badeortes Hall durch einen ihrer Geologen erheben zu lassen, wurde ich mit der Lösung dieser Aufgabe betraut und verwendete die Zeit vom 11. bis 19. Mai zur Begehung des Pfarrbezirkes Pfarrkirchen, welcher den Badeort Hall vollständig umschliesst. Der Herr Landesausschuss J. Richter, der landesfürstliche Badearzt Dr. Rabl und der Verwalter des Badehauses Herr Hillisch leisteten mir in dankenswerthester Weise jede mögliche Unterstützung.

Unter den Gesteinen und Bodenarten, welche in diesem Pfarrbezirke auftreten, bilden thonige Mergel, (Schlier) das tiefste Formationsglied; darüber folgen jüngere tertiäre Conglomerate. Dieselben werden in den Schleusenbrüchen am Feiereggerbach zu Bausteinen gewonnen und bei dem Badhausbau und dem jetzigen Kirchenbau zu Hall verwendet. Ueber den jüngeren Conglomeraten ruht gewöhnlich eine 1—2 Fuss mächtige, gelbe Lettenschicht; auf dieser Lettenschicht liegt loser Schotter, welcher aus Geschieben der im krystallinischen Gebirge bei Linz und Efferding vorkommenden Gesteinen besteht, denen Geschiebe von Gesteinen aus den Alpen beigemengt sind.

Auf dem Schotter ruht dann noch lockerer, gelber bis rothbrauner Lehm, der zuweilen noch einzelne Geschiebe enthält. Dieser gelbe Lehm bildet den eigentlichen Ackerboden und nimmt die grösste Ausdehnung an der Oberfläche ein. Die über den Conglomeraten bei Sebachner ruhenden Schichten gehören dem Diluvium an.

Der Schotter des Diluviums, welcher beim Sebachner und Grossortner nur eine geringe Mächtigkeit besitzt, wird in den Thälern nach abwärts (Gruben an der Neumühle beim Kamerbueber, Schneidergrube) immer mächtiger.

Durch den in den Grundwässern gelösten, kohlensauren Kalk ist derselbe stellenweise zu Conglomeraten verkittet, welche jedoch weniger fest sind als die tertiären. Ein Vergleich, z. B. der tertiären Conglomerate vom Sebachner oder vom Gross-Ortner in der Gemeinde Feyeregg mit dem Diluvialconglomerate vom Sigel-Ortner in der Gemeinde Gross-Mengersdorf zeigt dies deutlich.

Die Conglomerate des Diluviums sind in dem Pfarrbezirk nur local entwickelt.

Die tertiären Conglomerate, oder wo diese fehlen, der diluviale Schotter oder das Conglomerat desselben sind die Träger der Süsswasserquellen (Grundwasser).

Die Austrittspunkte dieser Süsswasserquellen bezeichnen die Nähe der oberen Grenze des Schliers, welcher im Verhältnisse zum Schotter im Wasser undurchlässig ist.

Die reichsten dieser Quellen sind die beim Sachmer in der Mühlgrub, beim Schneidergraber, Wigelhub etc. hervortretenden. Das Süsswasser (Grundwasser), welches demnach aus dem Schotter oder Conglomerat durch Spalten und Klüfte tiefer in den Schlier eindringt, nimmt Bestandtheile des letzteren in sich auf, mehr und mehr, je länger es mit demselben in Berührung ist. Findet dieses durch den Schotter in den Schlier eingetretene Süsswasser erst an tieferen Stellen aus demselben einen geeigneten Austrittspunkt, zwischen günstigen Schichtflächen oder ebenfalls wieder durch Spalten, so ist dieses Wasser mehr oder weniger zu einem Mineralwasser von meist höherer Temperatur, als die Grundwässer haben, umgewandelt.

Der Schlier in der Umgegend von Hall bietet eben solche Austrittspunkte.

Wirklich über Tag sichtbar anstehend ist der Schlier am Sulzbach an der Haller Seite nur von der Rappelmühle bis zum Sickerlebner in der Mühlgrub, dann am linken Ufer des Ternbaches unter dem Spiegelbueber gegen die Schneidergraber, wo ich ihn am Mühlwehre des Fortmüllner aufdeckte. Die Schichtenlagen des Schliers werden gewöhnlich als horizontal liegend betrachtet. Dies ist aber nicht der Fall. Die Lager haben immer eine schwache Neigung von 5—10 Grad und die Neigungsrichtung ist variabel. So ist der Schlier an der Rappelmühl gegen NW. unter der neuen Villa vom Herrn Verwalter Hollisch nach SW., an der Wehr des Fortmüller am Ternbach ober dem Schneidergrub nach SO. geneigt.

Quellen, welche auf diesen Schichtflächen oder zwischen denselben tiefere Ausflussstellen finden, fliessen in der Neigungsrichtung dieser Schichten. Sowie in jedem Gestein, so geben auch im Schlier oft Spalten und Klüfte in senkrechter oder in sehr steiler Neigung von meist über 50 Grad nieder, welche die Schichtenlage schneiden.

Durch solche Spalten erfolgt die Speisung der sandigeren Lagen des Schliers vom Tage aus, und diese Lagen werden hierdurch in Stand gesetzt, im Innern des Schliers Spalten oder Klüfte zu speisen, wo sie mineralisirt werden, und sich endlich durch den Druck der von oben her in die Spalten eintretenden Grundwässer an tieferen Stellen selbst einen Ausweg erzwingen und als Mineralquellen erscheinen.

Die Thassiloquelle im Sulzbach ist eine solche Quelle, und die Quellen auf den Katastralparzellen 550 und 661 des Schneidergraber am Ternbach gehören in dieselbe Kategorie, d. h. es sind auf Spalten auftretende Quellen, während die künstlich erschlossenen Quellen unter dem Quellentempel im Sulzbach Lagerquellen darstellen.

Nur die Quellen der Schneidergraber konnte ich, so mangelhaft auch die Aufschlüsse sind, etwas genauer untersuchen.

Es sind nächst dem Mühlbach des Furtmüller drei Gruben aufgedeckt, welche ich zum Zwecke dieser Beschreibung mit 1, 2, 3 bezeichne, wovon 1 die dem Mühlbach zunächst liegende und 3 die entfernteste ist. Unter einer 6—8 Fuss mächtigen mit Geschieben gemengten Lehmschicht, welche künstlich aufgeführt zu sein scheint, liegt ein bituminöser Mergelkalk, welcher den Schlier deckt, der weiter oben an der Wehre des Mühlbaches zu Tage liegt. Derselbe führt eine Menge Versteinerungen, Korallenstöcke, Kalkröhren von Vermetus, Fischabdrücke und zahlreiche Muschelschalen nebst einigen Schneckenresten. Obwohl nur einige Quadratfuss aufgedeckt, zeigt er doch schon mehrere Klüfte, aus welchen Mineralwasser emporringt.

Der Kalk in Grube 1 ist der tiefstliegende, er liegt schon unter dem Horizont des Mühlbaches, aber wohl noch über dem Horizont des nebenliegenden, trockenen Bachbettes und zeigt eine Spaltrichtung, die von Ost gegen West sich zieht, d. h. in der Richtung von Schneidergrub am Ternbach gegen die Rappelmühle am Sulzbach. Die Spalte geht aber in die Tiefe unter einem ziemlich schwach geneigten Winkel, welcher nicht näher zu bestimmen war. Diese Spalte liefert in reichlicher Menge Mineralwasser; leider fliesst von dem Grundwasser über dem Kalk eine Menge Süsswasser zu, so dass man jenes rein nicht auffangen kann.

In Grube 2 ist der Mergelkalk noch nicht aufgedeckt, doch deuten Trümmer desselben, welche in den unteren Lagern der Aufschüttung liegen an, dass er nicht mehr viel tiefer liegen kann.

Es tritt auch hier eine Quelle mit Gasausströmung in die Grundmasse des Lehms und Schotters ein, welche eine verhältnissmässig reichlich strömende genannt werden kann.

Die 3. oder oberste Quelle sickert aus mehreren Spaltrichtungen zusammen, sie ist die höchstgelegene und desshalb als anströmende Quelle die wasserärmste; doch ist es möglich dieselbe leichter ohne zusitzendes Grundwasser aufzufangen. Die Spaltrichtungen, welche hier auftreten, sind vornämlich zwei.

Eine Kluft geht senkrecht in die Tiefe und zieht sich von SO. gegen NW. in der Richtung von Schneidergrub gegen Riedlhub. Die zweite Kluft schneidet die Richtung der vorhergenannten unter rechtem Winkel, d. i. sie zieht von NO. gegen SW. vom Schneidergrub in der Richtung zum Haidringer über dem Sulzbach; sie geht ebenfalls senkrecht in die Tiefe.

Wie weit aber diese Spalten in den angedeuteten Richtungen weiter ziehen, ist nicht zu bestimmen, — möglich, dass sie nur sehr kurz sind.

Das Wichtigste, was man von Mineralquellen, die zu Heilzwecken verwendet werden sollen, wissen muss, ist, dass man ihre Ergiebigkeit und die Quantität ihrer mineralischen Bestandtheile kennt. Beides ist von den Quellen beim Schneidergrub bei dem gegenwärtigen Aufschluss zu bestimmen nicht möglich, und zwar erstens, weil zahlreiche Grundwässer von oben den aufstrebenden Quellen zusitzen und den Percentsatz der Mineraltheile herabsetzen, und zweitens, weil die Menge des aus den Spalten emportretenden Wassers ganz unbestimmbar wird.

Es sind demzufolge noch einige Vorarbeiten empfohlen worden, damit eine genauere Bestimmung dieser Verhältnisse ermöglicht werde.

Bei dem raschen Aufschwung, welchen dieser Curort durch die Fürsorge des Landesausschusses innerhalb der letzten Jahre erfuhr, und welcher noch immer progressiv steigt, ist es wohl leicht denkbar, dass die bisher benützte Jodquelle im Sulzbachthale bald nicht mehr den Bedarf decken wird. Es wurde deshalb schon Vorsorge getroffen, dass von der Leistungsfähigkeit dieser Quelle durch das ganze Jahr hindurch nicht ein Minimum in Verlust gehe, und dass die bisher unbekannte Jodquelle beim **Schneidergrub** am Ternbach, welche einen hinreichenden Jodgehalt für Badezwecke besitzt, zunächst als Reserve für einen noch grösseren Bedarf eintrete.

Einsendungen für das Museum.

D. **Stur**. Ein sibirischer Elephantenzahn. Geschenk des Herrn **Joseph Krutta** an das Museum der k. k. geologischen Reichsanstalt.

Es ist dies ein wohl erhaltener Stosszahn von 6 Fuss 10 Zoll Länge und von 1 Fuss 3 Zoll Umfang am unteren Ende. Derselbe ist spiralförmig stark gebogen, so zwar, dass die Spitze des Stosszahnes nur 3 Fuss 5 Zoll entfernt steht von der erhaltenen Basis desselben.

Dieses werthvolle Geschenk wird als Gegenstück eines anderen in unserem Museum vorhandenen Elephanten-Stosszahnes von nahezu gleicher Grösse aufgestellt und aufbewahrt werden.

D. St. **Otto Freiherr v. Petrino**. Neue Petrefactenfunde von den Ufern des Dniesters in Galizien und Bukowina. — Graptoliten. —

Am 20. Mai übergab Freiherr v. **Petrino** eine kleine Suite von Petrefacten als Vervollständigung der früher eingesendeten Sammlung aus Galizien und der Bukowina.

Es mag genügen, das wichtigste Stück dieser Suite hervorzuheben. Dieses Stück, ein grauer Kalkmergel, enthält zwei etwa Zoll lange Stücke eines Graptoliten, welcher, wenn auch höchst wahrscheinlich verschieden, doch sehr ähnlich ist dem *Graptolites priodon* Br.

Das Stück hat Freiherr v. Petrino in den Wänden des Dniesterufers zwischen Mitkow und Mosorowka gesammelt.

D. St. Joseph Rachoy, Bergverwaltungs-Adjunct in Münzenberg bei Leoben. Fossilreste aus den Tertiärschichten von Leoben.

Die eingesendeten Gegenstände sind an zwei Fundstellen gesammelt. Ein schön erhaltener *Pinus*-Zapfen und ein nicht näher bestimmbares Knochenstück wurden im Ignatzi-Unterbau oder Rachoy-Stollen in einer Stollenlänge von 154 Kftr. in einem sehr festen feinkörnigen, grünlichblauen Sandstein gefunden. Ferner ein Gelenkstück eines Extremitäts-Knochens, dann eine *Helix sp.* wurden im Hangend-Sandstein, am Bitterwald-Berghause, genau auf derselben Stelle entdeckt, von welcher Herr Rachoy in der Sitzung am 1. December 1863 Zähne von *Dinotherium bavaricum Mey.* vorgelegt hatte [1]).

Die *Helix* dürfte die von der Janlingwiese bekannte *Helix argillacea Par.* sein. Der Zapfen ist das erste derartige Stück aus dem Kohlenbecken von Leoben.

Einsendungen für die Bibliothek und Literaturnotizen.

Dr. U. Schloenbach. J. J. Bigsby, M. D., F. G. S. Thesaurus Siluricus. The Flora and Fauna of the Silurian Period. London 1868. 214 S. 4°. Gesch. d. Royal Society of London.

Ein sehr verdienstliches Resultat mühsamster und sorgfältigster compilatorischer Thätigkeit ist es, welches der auf dem Gebiete der paläozoischen Paläontologie rühmlichst bekannte Verfasser in diesem Werke der wissenschaftlichen Welt übergibt, und welches in hohem Grade geeignet scheint, der in dem vorangestellten Motto angedeuteten Aufgabe: "The boldest and happiest generalizations must depend on details to come." Das Werk, welches sich vorzugsweise auf die grossen Arbeiten von Angelin, Barrande, Billings, Davidson, De Verneuil, Eichwald, Hall, Mc Coy, Murchison, Phillips, Portlock, Salter, Sedgwick, Shumard und Sowerby stützt, aber auch zahlreiche bisher noch nicht publicirte Beiträge namentlich von Billings, Dawson, Hicks, Milligan, Salter und Strachey enthält, zählt nicht weniger als 8997 Arten silurischer Thier- und Pflanzen-Versteinerungen auf, von denen durchweg auch Geologie, Genus-, Species- und Autor-Name sowie die geographische und stratigraphische Verbreitung angegeben sind. Die Anordnung ist so, dass systematisch von den niedrigen zu den höher organisirten Classen vorgeschritten innerhalb der Classe die Genera und innerhalb dieser die Species alphabetisch geordnet sind. Zum Schlusse einer jeden Classe folgt eine Tabelle, welche eine Uebersicht über die geographische Verbreitung derselben mit Angabe der Zahl der in jedem Lande auftretenden Arten jeder Gattung gibt.

Dr. U. Schl. M. Delesse et M. de Lapparent. Revue de géologie pour les années 1866 et 1867. VI. Paris 1869. 304 S. 8°. Gesch. d. Verf.

In gleich gewandter Weise, wie in den früheren Bänden [2]), gehen hier die Verfasser eine Uebersicht der wichtigsten Leistungen auf dem Gebiete der Geologie in allen Ländern während der Jahre 1866 und 1867. Die Anordnung, welche sich als sehr zweckmässig und übersichtlich bewährt hat, ist dieselbe geblieben, wie bisher. Ausser den gedruckt vorliegenden Arbeiten aus dem bekannten Zeitraume sind diesmal auch die in der Pariser Ausstellung von 1867 gegebenen Daten

---

[1]) Jahrb. d. k. k. geol. Reichsanst. 1863 XIII. Verh. p. 136.
[2]) S. diese Verh. 1868, Nr. 12, p. 304.

in ausgiebiger Weise benutzt und auch einige den Verfassern direct zur Benützung übergebene Original-Mittheilungen aufgenommen worden, die sich auf in jenen Jahren ausgeführte Arbeiten beziehen.

Dr. U. Schl. Dr. F. Stoliczka, F. G. S. On Jurassic Deposits in the North-west Himalaya. Sep. aus d. Proceed. Geol. Soc. Lond., June 1866, p. 506—509.

Dr. F. Stoliczka weist in diesem kleinen Aufsatze eine Behauptung R. Tate's zurück, welche dieser in Bezug auf Stoliczka's „Sections across the North-west Himalayas" [1]) gemacht hatte, dass nämlich nach dieser Arbeit der Jura Europa's in Indien durch ein Aequivalent von Schichten vertreten werde, in denen Fossilien aus verschiedenen Formationen ohne Ordnung mit einander vergesellschaftet wären, und dass daher die von Stoliczka versuchte Parallelisirung indischer mit europäischen Schichtgliedern unrichtig sei. Stoliczka führt zu dem Zweck an, dass sein *Lower Tagling Limestone*, welcher gewöhnlich discordant auf der Trias ruhe, durch die darin vorkommenden Petrefacten, namentlich *Terebratula gregaria, pyriformis, punctata, Waldh. Schafhaeutli, Rhynchonella obtusifrons pedata, fissicostata, austriaca, variabilis, ringens, Pecten valoniensis, Lima denticulata, Avicula inaequivalvis* und *Belemniten* als zum Lias gehörig charakterisirt werde, in den er auch die Kössener Schichten einbezieht. Der *Upper Tagling limestone* zeige durch die darin enthaltenen (*Terquitzia undulata, Trochus latilabrus, opulus, sternatus, Terebr. Sinemuriensis* die nächsten Beziehungen zu den Hierlatz-Schichten der österreichischen Alpen, die thonigen Schiefer mit *Belemniten* und *Posidonomya cf. ornata Qu.* entsprechen wahrscheinlich dem untern braunen Jura die *Spiti shales* mit *Rhynch. variens, Pect. Iras, Trigonia costata, Amm. macrocephalus, Parkinsoni, curvicosta, Bruikenridgi, liparus, tripliratus, tiplex* und *Bel. canaliculatus* dem mittleren Jura und der *Gieumal Sandstone* endlich, welcher von Kreideschichten überlagert wird und *Avicula echinata* und *Pecten vibrex* sowie ausnereuropäische Formen führt, die oberjurassischen Typen ähnlich sind, dürfte nach Stoliczka dem oberen Jura zuzurechnen sein.

Dr. U. Schl. Dr. G. Karsten. Beiträge zur Landeskunde der Herzogthümer Schleswig und Holstein. Heft I. Die Versteinerungen des Uebergangsgebirges in den Geröllen der Herzogthümer Schleswig und Holstein. Kiel 1869. 85 S. 4°., 25 autogr. Tafeln. Gesch. d. Verf.

Der in der Naturkunde der Herzogthümer Schleswig und Holstein wohlbewanderte Verfasser hat sich die Aufgabe gestellt, in zwanglosen Heften die Resultate der während zwanzig Jahren am physikalisch-mineralogischen Institute zu Kiel ausgeführten Arbeiten mineralogischen und physikalischen Inhalts zu veröffentlichen und beginnt dieses Unternehmen mit dem vorliegenden Hefte, welches die Aufzählung und Beschreibung der bisher aus seinem Gebiete bekannt gewordenen Petrefacten der Uebergangsformation enthält. Es ist bekannt, dass diese Formation sich dort nicht anstehend findet, sondern dass nur zahlreiche, oft petrefactenführende Gesteinsstücke oder lose Petrefacten aus derselben in den diluvialen Geröllen vorkommen, und von solchen lernt wir in dieser Arbeit eine ausserordentliche Mannigfaltigkeit durch Beschreibungen und Abbildungen kennen. Dieselben gehören fast sämmtlich der Silurformation an; nur sehr wenige lassen sich vermuthungsweise als devonisch deuten. Auffallend ist die ausserordentlich grosse Anzahl von Arten, welche mit solchen aus den russischen Ostseeländern übereinstimmen, während manche derselben aus Skandinavien nicht bekannt sind. Auch die Gesteine, sowohl die sedimentären als die krystallinischen Massengesteine, sind zum Theil solche, die sich weder in Skandinavien noch in den russischen Ostseeländern anstehend finden, woraus der Verfasser folgert, dass zahlreiche Reste in den schleswig-holsteinischen Geröllen jetzt gänzlich zerstörten Gebirgsmassen ihren Ursprung verdanken müssen.

Dr. M. Neumayr. Charles Desmoulins. Quelques reflexions sur la doctrine scientifique dite Darwinisme. Bordeaux 1869. 8°. 16 S. Gesch. d. Verf.

Der Verfasser nimmt eine Arbeit von Géhin über die Fische des Mosel-Departement's zum Ausgangspunkt, in welcher Géhin den Arten einen gewissen

---

[1]) Siehe Jahrb. d. k. k. geol. Reichsanst. 1866. Verb. p. 8.

Grad der Veränderlichkeit zu erkennt, während er sich gleichzeitig gegen die letzten Consequenzen der Darwin'schen Theorie verwahrt. Herr Desmoulins ist hiemit nicht ganz einverstanden, und findet es logischer, den Darwinismus mit allen den von verschiedenen Seiten daran geknüpften Folgerungen anzunehmen, oder ihn ganz und gar zu verwerfen, und dieser letztere Standpunkt ist es, den er selbst in dieser Frage einnimmt.

Der Verfasser sieht die ganze Lehre von der Veränderlichkeit der Arten für einen beklagenswerthen Auswuchs der neueren Richtung an, welche sich in den Naturwissenschaften breit macht, und welche, ohne der Philosophie ihre Rechte einzuräumen, nur das Beobachtete oder Berechnete als Grundlage aufnimmt. Dass ein solches Verfahren, bei welchem zur eines der Mittel der Forschung angewendet ist, stets einseitige und unrichtige Resultate liefern müsse, sucht Herr Desmoulins durch einige Fälle zu beweisen, in welchen beobachtete Thatsachen von verschiedenen Forschern eine verschiedene Deutung erfahren haben. Immerhin dürfte es jedoch dahingestellt bleiben, ob das von ihm empfohlene Studium der Geschichte, Moral- und Naturphilosophie u. s. w. in den citirten Fällen, z. B. in der Frage über die Beschaffenheit des Sonnenkörpers, eine sichere Lösung herbeigeführt hätten.

Als ein wesentlicher Beweis gegen die Darwin'sche Theorie figuriren die heftigen Erdbeben des vorigen Jahres, welche zeigen sollen, dass die zur Abschliessung einer Formation und zur Erklärung des Auftretens einer neuen Fauna zu Hilfe genommenen Kataklysmen möglich und wirklich seien.

Dr. M. N. Gosselet. Obervations géologiques faites en **Italie**. **Lille** 1869, 59 S. 8°. VIII Tafeln.

Die letzten Eruptionen des Vesuv und des Ätna haben wieder eine mächtige Anregung zum Studium der für die Vulkanologie classischen süditalienischen Gegenden gegeben; Herr Gosselet hatte sich dieser Aufgabe gewidmet, und die vorliegende interessante Arbeit ist das Resultat seiner Studien an Ort und Stelle.

Der erste Abschnitt behandelt den Vesuv in dessen Eruptions-Erscheinungen drei scharf getrennte Phasen unterschieden sind: ein erster und ein zweiter Leucitophyr-Ausbruch, zwischen welchen eine Auswurf von Bimsstein stattfand. Von Interesse ist ein Profil, welches durch die Ausgrabungsarbeiten am Ende der Vesuvstrasse in Pompeji aufgeschlossen wurde, und klar zeigt, dass diese Stadt nur durch Asche, Bimssteine und Lapilli verschüttet wurde.

Drei weitere Abschnitte sind den phlegräischen Feldern, dem Ätna und Latium gewidmet. Besonders dankenswerth ist die Sorgfalt, welche der Constatirung der geologischen Epoche gewidmet ist, zu welcher die Eruptionen begonnen haben. Es scheint nach denselben die vulcanische Thätigkeit in Sicilien und bei Neapel schon in der Pliocenzeit begonnen zu haben, während sie in der Gegend von Rom erst in der Diluvial-Periode ihren Anfang nahmen.

Dr. M. N. F. Suess. Ueber das Rothliegende in Val Trompia. (Separat-Abzug aus dem LIX Bande der Sitzungsb. der Wiener Akad. I. Abth. Jänner-Heft, Jahrg. 1869) 13 S. u. 2 Profiltafeln. Gesch. d. Verf.

Die Beobachtung von Ragazzoni, dass die Lagerstätten angeblicher Steinkohlenpflanzen auf der Höhe zwischen Val Trompia und Val Camonica über den dortigen Quarzporphyren liegen, veranlassten den Verfasser die dortigen Localitäten zu untersuchen, da nach seinen Beobachtungen diese Porphyre in jener Gegend höher zu liegen pflegen. In der That bestätigten sich die Zweifel an der Richtigkeit der Bestimmung der Kohlenformation, indem Professor Geinitz unter einer Suite von der erwähnten Localität nur Pflanzen des Rothliegenden bestimmte. Dieselben sind: *Walchia piniformis* Schl., *Walchia filiciformis* Schl., *Schizopteris fasciculata* Gutb., *Stzygopteris cf. caspansi* Brong., *Sphenopteris oxydata* Göpp., *Sphenopteris u. sp. aff. Sph. Göttoldi* Gutb., *Sphenopteris* sp.

Es sind dies die ersten Dyas-Versteinerungen, welche in den Alpen gefunden wurden. Nach diesen Resultaten müssen Verrucano und Porphyre in Südtirol der Dyas, die erzführenden Schiefer und die begleitenden granitischen Gesteine der oberen Zone der Kohlenformation zugerechnet werden.

Die Lagerungsverhältnisse sind sehr genau geschildert und durch einige sehr anschauliche Profile erläutert.

Dr. M. N. F. Suess. Bemerkungen über die Lage des Salzgebirges bei Wieliczka. (Separat-Abdruck aus dem LVIII. Bd. der Sitzungsb. der

Wiener-Akademie. I. Abth. December-Heft. Jahrgang 1868). 7 S. 8. und 1 Tafel. Gesch. d. Verf.

Die Schweizer Geologen haben nachgewiesen, dass durch das den Westalpen vorliegende Molasseland parallel mit dem Nordrande der Alpen eine Störungslinie „die Antiklinale der Schweizer Molasse" hinläuft. Genau in der Fortsetzung der Antiklinale liegt bei Genf der Mont Salève, ein aus dem Tertiärland aufragender, aus Jura- und Kreidekalken bestehender Berg. Die Fortsetzung der Antiklinale in Westbaiern ist durch Gümbel gezeigt worden, während im östlichen Baiern und Oberösterreich in Folge der Verdeckung mit massenhaftem alpinem Schutt und Geröll die Constatirung bis jetzt noch nicht gelungen ist. In Niederösterreich finden sich klare Andeutungen in dem langen Zuge der Klippen zwischen Ernstbrunn und Polau, welche in ihrem Auftreten sehr grosse Analogie mit dem Mont Salève zeigen. Damit war bis jetzt der östlichste Punkt erreicht, bis zu welchem die Fortsetzung der Antiklinale verfolgt werden konnte, und erst der vielbesprochene Durchbruch von Wasser und Triebsand in der Saline Wieliczka bot dem Verfasser Gelegenheit in ziemlich entfernter Gegend die Spur wieder aufzufinden.

Bei Krakau und Wieliczka treten der Nordrand der Karpathen ausserordentlich nahe an die nördlichen, ausseralpinen Berge heran, so dass das Molassenland auf eine sehr geringe Breite zusammengedrängt ist, welche oft auf weniger als eine Stunde heruntersinkt, und auf diesem kleinen Raume müsste eine etwaige Fortsetzung der Antiklinale sich bemerkbar machen. Gerade an dieser Einengung sind nun nämlich am Nordrand der Karpathen durch den Bergbau von Wieliczka bedeutende Aufschlüsse in der Molasse gemacht worden. Schon längst war eine Wölbung des Salzes in der dortigen Grube bekannt, und die Treibung einer Horizontalstrecke gegen Norden in einer Tiefe von 190 Klaftern, deren Anfang etwas nördlich von der Axe des Gewölbes war, durchfuhr alle oberen Horizonte des Salzgebirges, dann den wasserdichten Thon, welcher sich in den Schichten über dem Salzgebirge fand, und erreichte endlich den über dem Thone gelegenen, wasserreichen, losen Sand, in welchem auch der oberste Theil der Schächte gelegen ist. Damit war der etwas kostspielige Beweis geliefert, dass die Wölbung des Salzes nicht die Folge chemischer Actionen ist, sondern dass alle Schichten gewölbt sind, und dass ein äusserer mechanischer Druck der Erscheinung zu Grunde liegt.

Aehnliche Verhältnisse zeigen auch die Aufschlüsse in der etwas östlicher gelegenen Saline Bochnia, wo die Schichten des Salzgebirges unter 70—75° unter den Karpathensandstein entfallen.

Diese Beobachtungen veranlassen den Verfasser zu dem Schlusse, dass „das vereinzelte Auftreten des Mont Salève bei Genf, die antiklinale Faltung der schweizerischen und baierischen Molasse, das Hervortreten der Linie jurassischer Klippen zwischen Ernstbrunn und Polau, endlich die Faltung des Salzgebirges in den Gruben von Wieliczka und Bochnia Erscheinungen derselben Ordnung, Aeusserungen einer und derselben Kraft seien."

Dr. M. N. Th. Fuchs. Eocänconchylien aus dem Gouvernement Cherson im südlichen Russland. (Separat-Abdruck aus dem LIX. Band der Wiener Akademie der Wissensch. II. Abth. Februar-Heft 1869). Gesch. d. Verf.

Herr Fuchs untersuchte eine Suite eocäner Versteinerungen aus dem südrussischen Gouvernement Cherson, welche ihm Herr Barbot de Marny aus Petersburg zur Untersuchung übersendet hatte. Dieselben stammen aus einem weichen, gelblichen, kreideähnlichen Kalk, welcher unmittelbar dem Granit aufliegt. Die 39 untersuchten Arten ermöglichen zwar keine directe Annäherung der Fauna an eine der in Nordfrankreich oder England auftretenden, dagegen ist die Uebereinstimmung mit den Priabona-Schichten Norditaliens und mit den Grünsanden des Krosses-Berges in den baierischen Alpen, welche in ihrem Alter den Sables moyen des Pariser Beckens gleich stehen dürften, eine sehr grosse.

Dr. M. N. Dr. Gustav C. Laube. Ueber einige fossile Echiniden von den Murray cliffs in Südaustralien. (Separat-Abdruck aus dem LIX. Bd. der Sitzungsb. der Wiener Akademie I. Abtheil. Februar-Heft. Jahrg. 1869). 16 S. 8. 1 Doppeltafel.

Unsere Kenntniss der geologischen Beschaffenheit der Provinz Südaustralien beschränkt sich fast ganz auf die Mittheilungen, welche Herr Woods über die Beobachtungen gemacht hat, welche er mit unermüdlichem Eifer während seiner Missionsreisen anstellte. Bei weitem der grösste Theil der Provinz wird von jungtertiären Korallenkalken bedeckt, welche von Jones und Bask nach Untersuchung der dort gesammelten Foraminiferen und Bryozoen für pliocän erklärt wurden, da ein grosser Theil der untersuchten Arten noch lebend in den dortigen Meeren vorkommt.

Einen äusserst werthvollen Beitrag zur Paläontologie dieser Tertiärgebilde liefert die vorliegende Arbeit, welche 10 Seeigel aus den genannten Schichten beschreibt; dieselben sind sämmtlich bisher noch von keiner anderen Localität bekannt, und bis auf eine schon von Woods beschriebene Species neu.

Im Allgemeinen stimmte die untersuchte Echiniden-Fauna gut mit der Annahme des pliocänen Alters, doch finden sich als äusserst merkwürdige Abweichung unter den jungtertiären Typen auch zwei Formen, deren Verwandte bisher nie in jüngeren als in den obersten Kreideschichten gefunden wurden, nämlich ein *Catopygus* und ein *Micraster*, welche in Erhaltung u. s. w. nicht die geringste Andeutung geben, dass sie aus anderen als aus den genannten Schichten stammen könnten, wie denn überhaupt Kreidegebilde in jenen Gegenden nicht vorkommen.

Die beschriebenen Arten vertheilen sich auf folgende Gattungen:
Psammechinus 1, *Parodoxechinus* (neu) 1, *Monostychin* (neu) 1, *Catopygus* 1, *Echinolampas* 1, *Micraster* 1, *Hemipneustes* 1, *Eupatagus* 2.

Von den beiden neuen Gattungen steht *Monostychia* der in den australischen Meeren lebenden Genus *Arachnoides* Klein am nächsten, während der besonders merkwürdige *Paradoxechinus* mit fast bis in die Mitte des Gehäuses eingesenktem Scheitel einen Verwandten in *Trossechinus* Forbes aus dem Crag hat.

F. v. V. Prof. A. Kenngott. Ueber die Zusammensetzung des Hauyn. Neues Jahrb. für Min. Geol. und Paläont. Jahrg. 1869, 3. Heft.

Obwohl die Formel des Hauyn, nach den sorgfältigen Untersuchungen Whitneys, als ermittelt angesehen werden konnte, wurde das genannte Mineral dennoch zu wiederholten Malen analysirt, was den Verfasser bewog die vorhandenen Analysen neuerdings zu berechnen, um sich über die Zusammensetzung des Hauyn's Gewissheit zu verschaffen. Es handelte sich zunächst darum, ob die von Whitney für den Albaner Hauyn (Popp. Ann. LXX, 431) aufgestellte Formel, als eine allgemeine für die Hauyne angesehen werden könne, und ob das Silicat nur Natron mit stellvertretendem Kali, das Sulphat hingegen nur Kalkerde enthalte, oder ob diese als Stellvertreter im Silicat vorkomme. Aus den durchgeführten Berechnungen liess sich eine bestimmte Beantwortung dieser Fragen nicht entnehmen, daher vom Verfasser die Erörterungen darüber weiter fortgesetzt werden, wobei auf eine Anschauung hingewiesen wird, welche die scheinbaren Widersprüche beheben dürfte. Die Differenzen in den Resultaten der verschiedenen Analysen, welche angeführt werden, und zu welchen noch jene des Hauyn (Nosalit) aus dem Ditroit von Ditro in Ost-Siebenbürgen (Sieh. Verh. d. k. k. geol. Reichsanst. Jahrg. 1867, Nr. 13, p. 286) hinzugefügt werden mag, sucht der Verfasser der Einwirkung von Wasser auf den Hauyn und der dabei erfolgenden Bildung von schwefelsaurem Natron zuzuschreiben; wonach die Annahme gerechtfertigt erscheint, dass der Hauyn ursprünglich nach der von Whitney aufgestellten Formel nämlich:

$$3 \begin{pmatrix} Na_2 \\ Al_2 \end{pmatrix} O_4 . 2SiO_2 + 2 (CaO . SO_3)$$ zusammengesetzt sei, und die Kalkerde nicht als Stellvertreter im Silicat auftritt.

F. v. V. G. Bose. Ueber die im Kalkspath vorkommenden hohlen Canäle. Aus den Abhandl. der königl. Akademie der Wissensch. in Berlin 1868. Mit 3 Kupfer Tafeln. Gesch. d. Verf.

Obwohl die in den Spaltungsstücken verschiedener Kalkspathvarietäten (namentlich isl. Doppelsp.) vorkommenden hohlen Canäle schon mehrmals Gegenstand der Untersuchung gewesen sind, so blieb doch die Frage über ihre Form, Lage und Entstehung ganz unerörtert, was den Verfasser veranlasste, hierüber nähere Untersuchungen anzustellen, deren Ergebnisse die vorliegende Arbeit enthält. Aus den Beobachtungen ging hervor, dass die Ursache der Entstehung der Hohlräume eine Zwillingsverwachsung sei und zwar jene, welche bei dem derben Kalkspath so häufig vorkommt, und bei welcher die Zwillingsebene parallel der Fläche des ersten stumpferen Rhomboëders ist. Bei einer sich wiederholenden Verwachsung geschieht es in den meisten Fällen, dass die Individuen der einen Lage vorherrschen, dicker werden, während die dünneren Individuen zwillingsartig eingewachsenen Lamellen gleichen. Die ganze Gruppe hat dann das Ansehen eines Rhomboëders, das auf zwei parallelen Flächen nach ihren horizontalen Diagonalen gestreift ist. Stellen sich solche Zwillingslamellen parallel zu einer anderen Endkante ein, so erscheint das Rhomboëder auf noch zwei anderen Flächen, ebenfalls parallel zu den horizontalen Diagonalen, gestreift. Lamellen nach der dritten Endkante eingewachsen, kommen zuweilen bei dem isländischen Doppelspath vor. Die hohlen Canäle des Kalkspaths finden sich nun stets auf solchen Zwillingslamellen, und können entweder der horizontalen Diagonale, einer der Flächen des Hauptrhomboëders, oder aber einer der Seiteneckenaxen des Hauptrhomboëders, parallel gehen. Erstere entstehen immer da, wo eine, einer bestimmten Endkante des Hauptrhomboëders parallel gehende Zwillingslamelle, nicht bis zu der ihr parallelen Rhomboëderfläche fortsetzt, sondern früher aufhört, hingegen eine andere, ihr parallele, in einer geringeren Entfernung von der Endkante da anfängt, wo die erstere endet.

Die zweite Art der Canäle entsteht dadurch, dass in einem Kalkspathrhomboëder zwei Zwillingslamellen vorkommen, die verschiedenen Endkanten parallel sind. — Ein eigener Abschnitt dieser Arbeit behandelt noch die Entstehung der Zwillingslamellen auf mechanischem Wege, durch blossen Druck und mit Hilfe des Körners, wodurch dieselben Erscheinungen auf künstlichem Wege erzielt werden können, welche die natürlichen Krystalle zeigen. Wohl zu unterscheiden von den hohlen Canälen, sind aber jene Hohlräume in dem Kalkspath, die eine regelmässige rhomboëdrische Form besitzen, und deren Flächen den Spaltungsflächen parallel gehen; dergleichen Höhlungen sind ursprüngliche, gleich bei der Bildung des Krystalles entstandene.

G. St. **Dr. F. Unger**: Geologie der europäischen Waldbäume. I. Laubhölzer. Mit Tafel I. Separat-Abdruck aus den Mittheilungen des naturwissenschaftlichen Vereines für Steiermark. II. Bd., I. Heft 1869. Gesch. d. Verf.

Der Verfasser stellt sich die Aufgabe, zunächst an den europäischen Waldbäumen die Familienkunde, welche die Flora der Vor- und Jetztwelt verknüpfen in möglichst anschaulicher Weise darzulegen und wo die bisherigen Beobachtungen hinreichen, die einzelnen Arten der Pflanzen auf ihre Stammformen zurückzuführen. Er betritt damit in ebenso geistvoller als glücklicher Weise den Weg der Forschungs-Methode, welche die Darwin'sche Theorie anregen musste, und betrachtet denselben mit Recht als den einzigen richtigen, um zu dem gewünschten Ziele der Systematik, zur Herstellung eines natürlichen Pflanzensystemes zu gelangen, eines Systems, welches der unmittelbare Ausdruck der Entwicklungsgeschichte der Pflanzenwelt ist. Wenn der Verfasser am Schlusse seiner Einleitung sagt: „Es ergibt sich denn sowohl für die Phytopaläontologie als für die Systemkunde der Zukunft eine der wichtigsten Aufgaben, die sich überhaupt stellen lässt — die Aufgabe, die Entwicklungsgeschichte der vegetabilischen Wesen in dem systematischen Ueberblick lesen zu können", so müssen wir es mit Freude und Befriedigung begrüssen, dass er selbst an die Lösung dieser Aufgabe geht, und einen ersten glücklichen Schritt dazu mit diesem Buche in so anregender Weise bereits gethan hat.

Diese erste Abtheilung „Laubhölzer" umfasst die Gruppen der Betulineen, Celtideen, Ulmaceen, Balsamifluen, Platanoen, Cupuliferen, Salicineen, Juglandeen, Tiliaceen, Fraxineen, Acerineen, Amygdaleen. Es werden mit Berücksichtigung ihrer jetzigen geographischen Verbreitung auch ausserhalb Europas die lebenden Arten der Gattungen dieser Gruppen mit ihren Vorläufern in der Tertiärzeit und eventuell auch in der Kreidezeit verglichen und nach ihren Verwandtschaftsverhältnissen die ersten Linien eines Stammregisters entworfen. Für die Arten der Gattungen *Celtis*, *Ulmus*, *Liquidambar*, *Carpinus*, *Fagus*, *Juglans*, *Tilia*, *Fraxinus*, *Acer* und *Prunus* wird die muthmassliche Abstammung in Form eines Schemas ersichtlich gemacht.

Von hoher Wichtigkeit ist das geologische Schlussresultat zu dem Unger bei Vergleichung der tertiären Laubholz-Floren Europas und Nordamerikas gelangt, welches den bisher geltenden Anschauungen gerade entgegengesetztes ist. „Nicht aus Nordamerika sind also Einwanderungen von Pflanzen in unser vorhistorisches Europa erfolgt, sondern dieselben haben umgekehrt von hier aus, wie von einem Mittelpunkte, nach allen Richtungen und so auch nach der Neuen Welt stattgefunden."

Dr. U. Schl. P. de Loriol et V. Gillièron. Monographie paléontologique et stratigraphique de l'étage urgonien inférieur du Landeron (Cant. de Neuchâtel). (Extr. d. Mém. d. l. Soc. helvét. d. Sci. nat., XXIII). Bâle et Genève, Mars 1869. 124 Seiten 4°, 8 Taf. Gesch. d. Herrn P. de Loriol.

Herr von Loriol, der schon so viele schöne Beiträge zur Paläontologie der Jura- und Kreideformation geliefert, hat sich hier mit Herrn Gillièron zu einer Monographie des unteren Urgonien von Landeron vereinigt, wobei letzterer den stratigraphischen, er selbst den paläontologischen Theil bearbeitet hat. Im paläontologischen Theile werden 3 Arten von Fischen, 2 Arten Gastropoden, 24 Acephalen, 7 Brachiopoden, 7 Bryozoen, 15 Echinodermen, 1 Koralle, 30 Spongitarien genauer beschrieben und grossentheils abgebildet, von denen 27 neu sind; unter letzteren wird der bereits an eine jurassische Art vergebene Namen *Rhynchonella Orbignyana* durch einen anderen zu ersetzen sein. — Wie Loriol bei einer früheren Arbeit (Monographie de l'étage valangien d'Arzier) aus dem Studium der Petrefacten zu dem Resultate gekommen war, dass das Valangien als eine Facies des eigentlichen Néocomien betrachtet werden müsse, welche an gewissen Orten fortbestanden habe zu einer Zeit, wo an anderen Orten schon das eigentliche Néocomien sich bildete, so folgert er aus dem Studium der Fauna des unteren Urgonien von Landeron in analoger Weise, dass diese Bildung gleichfalls eine Facies des eigentlichen Néocomien darstelle. Während neben 25 bisher noch ganz unbekannten Arten bei Landeron nur 23 vorkommen, welche sich im Urgonien inférieur finden und von diesen nur 11 dieser Abtheilung in der Schweiz ausschliesslich eigenthümlich sind, enthält das dortige Gestein 49 Arten, d. h. 55 Perc., welche sonst dem Néocomien moyen angehören; man könnte daher geneigt sein, diese Lagerstätte vielmehr zum Néocomien moyen zu rechnen, wenn nicht die stratigraphischen Verhältnisse dem entgegen stünden und bewiesen, dass man es hier mit einer Ausbildungsform des unteren Urgonien zu thun habe, welche noch eine ungewöhnlich starke Beimischung specifischer Neocom-Petrefacten enthalte. Die Schlussfolgerungen, welche Herr Gillièron aus seiner Darstellung der stratigraphischen Verhältnisse ableitet, sind vorzüglich folgende: Die sogenannte "pierre jaune de Neuchâtel", welche eben das Gestein von Landeron angehört, bildet ein Zwischenglied zwischen dem eigentlichen Néocomien und dem Urgonien, während hier das Valangien und das Néocomien gut paläontologisch geschieden sind. Obgleich das untere und obere Valangien im allgemeinen gut durch ihre Faunen characterisirt sind, besteht doch in den Grenzschichten ein allmählicher Uebergang zwischen beiden. Die unteren Kreidestufen und besonders das Néocomien haben wahrscheinlich früher eine grössere Verbreitung gegen Osten am Fusse des Jura gehabt, als man als jetzt anstehend findet; während der Ablagerungszeit der Pierre jaune de Neuchâtel, also des Urgonien inférieur, hat an den Ufern des Bieler Sees allmählich von Osten nach Westen ein Emporheben des Landes über das Meeresniveau stattgefunden, und erst zur Cenoman-Zeit ist das Meer zurückgekehrt.

Ausserdem wurde die Bibliothek durch folgende Bücher und Karten bereichert:

a. Einzelnwerke und Separatabdrücke:

Dr. Raphael Mellbach. Der kundige Begleiter in der Hermannshöhle und deren nächsten Umgebungen besonders berechnet für Theilnehmer an den Vergnügungszügen zwischen Wien und Mürzzuschlag. Mit einem Plane und 3 Illustrationen. Wien 1868.

J. Hirschwald. Ueber die genetischen Axen der orthometrischen Krystall-Systeme. Inaug. Dissert. Berlin 1868.

G. F. Moser. Das Gaumensegel des Menschen verglichen mit der Säugethiere. Inaug. Diss. Tübingen 1858.

London. Royal School of Mines Geological Survey of the united Kingdom, Museum of practical Geology. (18 th. Session. 1868—1869). London 1868.

Dr. **M. Manzoni**. J Corpi considerati come chimiche Individualità etc. Faenze 1868.

C. **Sonklar Edl. v. Innstädten**. Leitfaden für den Unterricht in der Physikalischen Geographie im II. und III. Jahrgange der k. k. Militär-Akademie zu Wiener Neustadt. Wien 1869.

C. A. **Steinheil**. Das Chronoskop, Instrument zur Bestimmung der Zeit und der Polhöhe ohne Rechnung. Mit 2 Lithogr. Taf. und 4 Tabellen. Sep.-Abdr. aus den Abhandl. d. k. baier. Akad. d. Wiss. II. Cl. X. Bd. II. Abth. München 1867.

A. **Thielens**. Notice sur l'Asparagus prostratus Dmtr. Extrait Extrait du Bulletin de la société royale de Botanique de Belgique, tome I. p. 197.

— Petites Observations sur quelques plantes critiques. l. c. Tome VII. Nr. 2.

— Notice sur le Carex Ligerina Bor. espèce nouvelle pour la flore Belge. Gand. 1869. l. c. tome VII, p. 312.

— Note sur Ins Senecio barbareaefolius Rchb. espèce nouvelle l. c. pour la flore belge t. VII. p. 274.

G. H. F. **Ulrich**. Notes and Observations on the Nuggetty, Reef, Maldon. (Quarter Sheeft 14 N.W.) Geol. Survey of Victoria. Melbourne.

August Vogel. Denkrede auf Heinrich August v. Vogel, Gehalten in der öffentlichen Sitzung der k. Akademie d. Wissensch. am 28. März 1868.

— Versuche über die Wasserverdunstung auf besätem und unbesätem Boden. Sep.-Abdr. aus den Abhandl. der k. baier. Akad. d. Wiss. II. Cl. X. Bd. II. Abth. München 1867.

Curt Veit. Ueber die Theorien der Ernährung der thierischen Organismen. Vortrag in der öffentl. Sitzung der k. Akad. d. Wiss. am 28. März 1868. Zur Feier Ihres 109. Stiftungstages. München 1868.

b) **Sammelwerke und Gesellschafts-Schriften.**

Besançon. Mémoires de la société d'Émulation du Doubs. Quatrième Série Troisième Volume 1867, Besançon 1868.

Calcutta. Report of the Meteorological Reporter of the Government of Bengal. For the year 1867—68. With a meteorological abstract for the year 1867. Calcutta 1868.

Freiberg. Jahrbuch für den Berg- und Hütten-Mann auf 1869.

Tübingen. Universitäts-Schriften aus dem Jahre 1868.

— XV. Zuwachs-Verzeichniss der königl. Univers.-Bibliothek. 1867—68.

Washington. Astronomical and Meteorological Observations made at the united states naval Observatory, during the year 1865. Published by authority of the Hon. Secretary of the Navy, Rear-admiral Charles Henry Davis, U. S. N. Superintendent 1867.

Wien. Statistisches Jahrbuch der Oesterreichisch-ungarischen Monarchie für das Jahr 1867. Herausgegeben von der k. k. statistischen Central-Commission. 1869.

— Mittheilungen aus dem Gebiete der Statistik. XV. Jahrg. III. Heft. Wien 1869.

Heinrich Will. Jahresbericht über die Fortschritte der Chemie und verwandter Theile anderer Wissenschaften. Unter Mitwirkung von Th. Engelbach, AL Naumann, C. Zöpplitz für 1867. Zweites Heft. 1869.

Gegen portofreie Einsendung von 3 fl. Ö. W. (2 Thl. Preuss. Cour.) an die Direction der k. k. geol. Reichsanstalt. Wien, Bez. III., Rasumoffskigasse Nr. 3, erfolgt die Zusendung des Jahrganges 1869 der Verhandlungen portofrei unter Kreuzband in einzelnen Nummern unmittelbar nach dem Erscheinen.

Neu eintretende Pränumeranten erhalten die beiden ersten Jahrgänge (1867 und 1868) für den ermässigten Preis von je 2 fl. Ö. W. (1 Thl. 10 Sgr. Preuss. Cour.)

Die nächste Nummer der Verhandlungen erscheint am 30. Juni.

Verlag der k. k. geologischen Reichsanstalt. — Druck der k. k. Hof- und Staatsdruckerei.

№ 9. 1869.

Verhandlungen der k. k. geologischen Reichsanstalt.
Bericht vom 30. Juni 1869.

Inhalt: Vorgänge an der Anstalt. — Eingesendete Mittheilungen: O. C. Laube. Die Erhebung der österreichisch-ungarischen oberen Tertiärablagerungen. Dr. M. Neumayr. Beiträge zur Kenntniss fossiler Binnenfaunen. Handel. — Erdbeben auf Rhodus. — Reiseberichte: D. Stur. Die Braunkohlenvorkommnisse im Gebiete der Herrschaft Rudeis. E. v. Mojsisovits. Salzvorkommen zwischen Lietzen und Aussee. Fr. Foetterle. Die geologischen Verhältnisse der Gegend zwischen Nikopoli, Plewna und Jablanitza in Bulgarien. H. Wolf. Das Schwefelvorkommen zwischen Alta villa und Tufo bei Neapel. Einsendungen für die Bibliothek und Literaturnachlese: H. v. Dechen, A. Stendel, G. v. Rath, L. Fischer, H. B. Geinitz, F. Toula, Paris, Annales des mines, F. Sandberger, N. v. Kokscharow, Agordo Club alpino, J. Bachmann. **Hieher:** Verein für Landeskunde, Levy de Charlotte. **Bücher-Verzeichniss.**

Vorgänge an der Anstalt.

In sämmtlichen Aufnahmsgebieten sind nunmehr unsere Geologen in voller Thätigkeit. Noch vor Beginn der eigentlichen Arbeiten aber wurden mehrere Unternehmungen, theilweise weit ausser den Grenzen der Monarchie durchgeführt, die zu sehr interessanten Ergebnissen führten.

Die Herren Director v. Hauer und Bergrath Foetterle unternahmen von dem Aufnahmsgebiete in dem Illyrisch-Banater Grenzregimentsbezirke aus in Gesellschaft des Herrn Bergrathes Freih. v. Andrian einen Ausflug nach Constantinopel, bei welchem sie unter freundlicher Führung des Herrn Dr. Abdullah Bey (Hammerschmid) insbesondere die zu beiden Seiten des Bosphorus entwickelten devonischen Schichten mit ihren Diorit-Durchbrüchen zu studiren Gelegenheit hatten. Eine reiche Sammlung der Petrefacten dieser Schichten als Ergänzung einer früheren Einsendung (Verh. 1868, S. 416) übergab ihnen Herr Dr. Abdullah Bey an Ort und Stelle, dieselbe ist bereits wohl erhalten hier angelangt.

Freiherr v. Andrian blieb in Therapia am Bosphorus zurück und beabsichtigte noch längere Zeit dem Studium der vulcanischen Gesteine an der Mündung des Bosphorus in das schwarze Meer, so wie an verschiedenen Punkten der Klein-Asiatischen Küste zu widmen, während Bergrath F. Foetterle am Rückwege von Nikopoli aus gemeinschaftlich mit Herrn Bruno Osman einige geologische Untersuchungen in Bulgarien durchführte, über deren ungemein interessante Ergebnisse er in dem weiter unten abgedruckten von Orsova datirten Berichte Nachricht gibt. — Zur Theilnahme an den weiteren Aufnahmsarbeiten in der Grenze hat sich Herrn Foetterle Herr Ferdinand Freih. v. Beust als Volontär angeschlossen.

Eine weit umfassendere Unternehmung aber für geologische Untersuchungen in den Gebieten der europäischen Türkei wurde inzwischen hier vorbereitet. Einer Einladung des Herrn Baudirectors W. Pressl, der die Oberleitung des Baues des türkischen Eisenbahnnetzes übernommen hat, folgend, begibt sich Herr Prof. Ferd. v. Hochstetter die ersten Tage Juli in dessen Gesellschaft nach Constantinopel, um dann an einer auf drei Monate veranschlagten Recognoscirungsreise zur Feststellung der Bahntrace zwischen ersterer Stadt und Novi an der Bosnisch-Croatischen Gränze theilzunehmen. Gewiss dürfen wir von dieser Reise die wichtigsten Ergebnisse auch in wissenschaftlicher Beziehung erwarten.

Ueber weitere Ausflüge endlich, die Herr Wolf über Aufforderung des Herrn Friedrich Wanick zur Untersuchung der Schwefollager in Calabrien, Herr Bergrath Stur in Folge einer Einladung des Herrn Stephan von Zichy nach Budafa, endlich Herr v. Mojsisovics im Auftrage des k. k. Finanzministeriums zur Untersuchung der Salzvorkommen zwischen Aussee und Lietzen unternahmen, enthalten die folgenden Blätter nähere Mittheilungen.

Eingesendete Mittheilungen.

Dr. G. C. Laube. Die Echinoiden der österreichisch-ungarischen oberen Tertiärablagerungen.

In dieser für die Abhandlungen der k. k. geol. Reichsanstalt bestimmten Arbeit, welche Herr Dr. Laube vor seiner Abreise nach dem Norden uns freundlichst übergab, sind die folgenden Arten näher beschrieben:

Cidaris Schwabenaui Laube. — Zumeist lange rothenförmige Radiolen mit körnigen, nach vorne gekehrten Dornspitzchen in engen parallelen Reihen auf dem Körper. — Margarethen, Steinabrunn, Neudorf an der March.

Psammechinus Serresii Desmou. sp. — Desor Synopsis p. 120 — Steinabrunn, Ritzing.

Psammechinus Monilis Desmar. sp. — Desor Synopsis p. 121. — Steinabrunn, Garschenthal, Nussdorf.

Psammechinus mirabilis Nicolet sp. — Desor Synopsis p. 120. — Steinabrunn, Garschenthal.

Psammechinus Duciei Wright. — Garschenthal.

Echinus dux Laube. — Flacher Seeigel mit 10 Reihen Warzen in den Interambulacral- und 4 in den Ambulacralfeldern. Von *Psammechinus Duciei* hiedurch verschieden. — Steinabrunn, Feldsberg.

Echinus hungaricus Laube. — Grosser halbkugeliger Seeigel mit gleich grossen Warzen im Ambulacral- und Interambulacralfeld, 10 Warzen in der Reihe des letzteren, 6 in der ersteren. — Bid.

Echinocyamus Transylvanicus Laube. — Kleiner Körper durch spitzeren Gewölbe und regelmässigeren Petaloidiostern von *E. ovatus Gldfs. sp.* verschieden. — Kostej, Lapagy.

Amphiope perspicillata Ag. — Desor Synopsis p. 236. — Niederkreuzstätten.

Amphiope elliptica Desor. — Desor Synopsis p. 236. — Niederkreuzstätten.

Scutella vindobonensis Laube. — Grosse Form mit scharfeckigem, vorstehendem Rostrum, zwischen den hinteren Petaloidien eigenthümlich aufgebläht. — Kalksburg, Hainburg, Haschendorf, Soskut, Niederkreuzstätten.

Clypeaster Scillae Desmoulins. — Michelin Monographie p. 114, tb. XVI, fig. 1. — Kémenze, Höflein.

Clypeaster crassicostatus Agassiz. — Michelin l. c. p. 115, th. XVII, fig. 1. — Kémenze, Gross-Höflein, Eisenstadt, Neudörfel an der March, Hainburg, Brunn am Geb., Ebenhausen, Eichberg bei Zirknitz.

Clyp. acuminatus Desor. — Michelin l. c. p. 119, th. XXI. — Kalksburg, Vöslau, Rauhstallbrunnen, Kémenze.

Clyp. gibbosus Blanc. — Michelin Monogr. p. 120, th. XXII. — Kalksburg, Rauhstallbrunnen, Wöllersdorf.

Clyp. pyramidalis Michelin. — Michelin Monogr. p. 124, th. XXVII. — Mitterberg bei Baden.

Clyp. portentosus Desmoulins. — Michelin Monogr. p. 125, th. XXVIII. — Eisenstadt in Ungarn.

Clyp. Partschi Michelin. — Michelin Monogr. p. 127, tb. XVII et tb. XXX. — Kalksburg, Wöllersdorf, Brunn, Fischau.

Clyp. intermedius Desmoulins. — Michelin Monog. p. 128, th. XXXI. — Kalksburg, Rauhstallbrunn.

Clyp. latirostris Ag. — Michelin Monogr. p. 137, th. XXXII. — Gauderndorf.

Echinolampas hemisphaericus Lamarck sp. —

a) Varietas Linkii Goldfuss. — Desor Synopsis p. 307, 309. — Brunn, Kalksburg, Gross-Höflein, Tétény.

b) Varietas Rhodensis Laube. — Durch geringere Grösse und weniger ovale Form von jener verschieden. — Soskut.

Echinolampas Laurillardi Ag. — Desor Synopsis p. 307. — Gauderndorf, Ritzing.

Echinolampas angustatellatus Laube. — Fast kreisrund, hinten kurz ausgezogen, mit schmalen hochgewölbten Petaloidien. — Eggenburg, Drei Eichen, Gauderndorf.

Conoclypus plagiosomus Ag. — Desor Synopsis p. 322. — Gross-Höflein, Zirknitz.

Pericosmus affinis Laube. — Sehr ähnlich dem *P. latus Desor*, doch durch schmälere Stirnfurche und kürzere hintere Petaloidien verschieden. — Sievering.

Hemiaster retuspus Laube. — Aehnlich wie *H. acuminatus Metr.*, doch durch eine mehr runde Gestalt und steileren Abfall nach vorn verschieden. — Sievering.

Hemiaster Kalksburgensis Laube. — Aehnlich wie *H. acuminatus Metr.*, jedoch mit deutlich geschwungenen Petaloidien und schmälerer und längerer Stirnfurche, von der vorigen durch mehr herzförmige Gestalt geschieden. — Kalksburg.

Schizaster leithanus Laube. — Grosser herzförmiger Seeigel mit sehr excentrischem Scheitel, langer, tiefer Stirnfurche, biedurch von *S. Parkinsoni Defr.* verschieden.

Schiz. Parkinsoni Defr. — Desor Synopsis p. 392. — Kalksburg.

Schiz. Karreri Laube. — Mittelmässig gross, eiförmig, an der Stirn tief eingeschnitten, von *S. Parkinsoni* durch mehr excentrischen Scheitel und gerade Petaloidien verschieden Kalksburg, Noskat, Haschendorf, Bid.

Schiz. Scillae Desmoulins. — Desor Synopsis p. 389. — Baden.

Schiz. Desori Wright. — Desor Synopsis p. 391. — Baden.

Schiz. spec. Ottnang.

Brissomorpha Laube. — Mittelform zwischen *Brissus* und *Prenaster* von dem ersteren durch die Form der Petaloidien und Stirn, von letzterem durch die Grösse und Bedeckung verschieden.

Brissomorpha Fuchsi Laube. — Gauderndorf.

Spatangus euglyphus Laube. — Laube vicentinische Echinodermen p. 35, tb. VI, 3g. 5. — Drei Eichen.

Spatangus austriacus Laube. — Grosse Form; von den bisher bekannt gewordenen Spatangen-Arten ist zu vergleichen *Spatangus reginae Forbes* und *S. pustulosus Wright*. Ersterer durch breitere Petaloidien und mehrere in Zickzack gestellte Stachelwarzen zwischen den Petaloidien, letzterer durch eine tiefere Stirnfurche und mehr gerundetes Aussehen verschieden. — Bayersdorf bei Meissau, Gross-Rüssein.

Hr. M. Neumayr. Beiträge zur Kenntniss tertiärer Binnenfaunen.

Unter diesem Titel beabsichtigt Herr Dr. Neumayr eine Reihe von Localmonographien tertiärer Binnenfaunen, und zwar solcher, die den Congerien-Schichten angehören, zu veröffentlichen. Das Materiale für dieselben befindet sich theils in den Sammlungen der k. k. geol. Reichsanstalt, theils in jenen des k. k. Hof Mineralien-Kabinetes und umfasst zahlreiche Formen, welche im Wiener Becken nicht vorkommen und daher in dem grossen Hörnes'schen Werke über die fossilen Conchylien des Tertiärbeckens von Wien nicht berücksichtigt wurden. Druckfertig für das Jahrbuch übergeben hat uns nun Herr Dr. Neumayr zwei dieser Monographien, und zwar:

1. „Die dalmatinischen Süsswasser-Mergel" enthaltend die Beschreibung und Abbildung (auf 2 Tafeln) der von den Herren Dir. v. Hauer und Dr. G. Stache gelegentlich der Uebersichtsaufnahme in Dalmatien zu Mioric bei Dernis, Ribaric bei Verlicca und Turiak gesammelten Arten, 24 an der Zahl, aus den Geschlechtern *Melanopsis, Pyrgidium, Prosothenia* (n. G.), *Fossarulus* (n. G.) *Pyrgula, Bithynia, Amnicola, Litorinella, Lithoglyphus, Neritina, Helix, Limnaeus* und *Planorbis*, von denen 10 neu sind und 8 mit solchen der Congerien-Schichten des Wiener Beckens übereinstimmen.

2. „Die Congerien-Schichten in Croatien und West-Slavonien". Unter den von D. Stur bei Gelegenheit der Uebersichtsaufnahme in den bezeichneten Gebieten aufgesammelten Fossilien aus den Congerien-Schichten finden sich neben den bereits von Hörnes in seinem grossen Werke mit aufgenommenen Bivalven und der von Frauenfeld beschriebenen *Vivipara Vukotinovichi* noch eine Reihe sehr interessanter Gastropoden, die nun von Dr. Neumayr bearbeitet wurden. Er zählt 27 Arten auf, aus den Geschlechtern *Melania, Melanopsis, Vivipara, Bythinia, Litorinella, Lithoglyphus, Valvata, Neritina, Limnaeus*, davon 10 neu. Als besonders auffallend bezeichnet Dr. Neumayr ein Vorwalten des mediterranen Charakters der ganzen Fauna über den pontisch-caspischen

welch letzterer in den Congerien-Schichten des Wiener Beckens so deutlich hervortritt. Ein weiteres beachtenswerthes Moment ist das Vorkommen zahlreicher Formen von amerikanischem Typus, welche den nördlicher gelegenen Congerien-Schichten gänzlich fehlen.

Basler Erdbeben auf Rhodus und Simi. Durch das k. k. Ministerium des Aeussern erhielten wir einen von dem k. k. Internuncius Freiherrn v. Prokesch freundlichst für uns bestimmten Bericht des k. k. Viceconsuls in Rhodus, Herrn Banini, über ein heftiges Erdbeben, welches am 18. April um 6 Uhr Morgens die Inseln Rhodus und Simi erschütterte. Ausserordentlicher Schaden war in Rhodus nicht zu beklagen, nur isolirt stehende Mauern fielen zusammen, und einige noch von dem letzten Erdbeben, 22. April 1863, beschädigte Häuser bekamen neuerlich Risse. Heftiger waren die Wirkungen in Simi. Von etwa 1000 Häusern, aus welchen der Ort besteht, sind 75 gänzlich zusammengefallen, eben so auch die Kirche; die übrigen Häuser wurden in Folge der erlittenen Beschädigungen alle unbewohnbar, so dass die Einwohner sich auf den Berg flüchteten und dort Baraken und Zelte errichteten.

Drei Menschen verloren bei der Erschütterung das Leben. Das schon früher nur spärliche Wasser blieb nach der Erschütterung gänzlich aus. — Der Gesammtschaden wird auf 6 Millionen Piaster geschätzt.

Der ersten Erschütterung folgten noch lange schwächere Stösse nach, solche waren noch am 24. April, dem Tage von welchem der Bericht datirt, sowohl in Rhodus als in Simi fühlbar.

Auch in Brussa und in Constantinopel wurden am 18. April, und zwar an letzterem Orte um 7 ½ Stunden später, zwei schwache Erdstösse bemerkt.

Reiseberichte.

D. Stur. Die Braunkohlen-Vorkommnisse im Gebiete der Herrschaft Budafa im Zalaer Comitate in Ungarn.

Einer Aufforderung des Eigenthümers von Budafa, Herrn Stephan v. Zichy, folgend, hatte Herr k. k. Bergrath Stur eine genaue Untersuchung der daselbst vorkommenden Kohlenvorkommen, soweit die Tagesausbisse und früher vorgenommenen Schürfungsarbeiten eine solche gestatteten, durchgeführt, und theilt nun die Ergebnisse dieser Untersuchung in einer für unser Jahrbuch bestimmten Abhandlung mit.

Die Ablagerung, welche die Kohlenflötze umschliesst, gehört der obersten Abtheilung der Tertiärformation des österreichisch-ungarischen Beckens, der Congerien-Stufe an. Sie besteht aus Tegel, über welchem eine Lage von Sand und Schotter folgt. In den obersten Schichten des Tegels und an der Grenze dieses gegen den Sand sind die Kohlen eingelagert, die, wie Herr Stur aus ihm mitgetheilten Bohrjournalen entnehmen konnte, jedenfalls in zwei, vielleicht selbst in drei übereinander folgenden Horizonten vorkommen.

Ihrer Qualität nach ähnelt die Kohle von Budafa jener von Köflach; über die Ausdehnung des Vorkommens geben die bisher vorgenommenen Schürfungen noch nicht genügenden Aufschluss, doch scheint dieselbe beträchtlich zu sein, und glaubt Herr Stur entschieden auf eine Fortsetzung der Arbeiten zur Aufschliessung dieser Vorkommen einrathen zu können.

E. v. Mojsisovics. Salzvorkommen zwischen Lietzen und Aussee.

Einem Auftrage des k. k. Finanzministeriums entsprechend, hatte Herr Dr. v. Mojsisovics, vor dem Beginn seiner Aufnahmsarbeiten in Tirol eine Untersuchung der Gegend zwischen Lietzen und Aussee in Steiermark, in Bezug auf die Wahrscheinlichkeit der Auffindung bauwürdiger Salzlagerstätten daselbst durchgeführt. Er berichtet darüber, wie folgt:

Die in der Umgebung von Lietzen und Pürg befindlichen Vorkommnisse von kochsalzhältigen Quellen, kochsalzhältigen Mergeln und von Gypsen gehören, so weit die hier ausserordentlich starke Bedeckung der Thalgründe durch Gebilde der Kreideformation zu erkennen gestattet, ohne Ausnahme dem bunten Sandsteine an. Ich habe in diesem Gebiete keine Spur der Muschelkalkformation und der norischen Stufe gesehen, welch letzterer bekanntlich die Salzlager des Salzkammergutes angehören, vielmehr Gelegenheit gehabt an mehreren Punkten zu beobachten, dass die Kalke der karnischen Stufe in augenfälliger Discordanz unmittelbar dem Bunt-Sandstein anlagern. Es lässt sich kaum irgend eine Muthmassung darüber anstellen, ob man durch Bohrungen im Gebiete der salzhältigen Mergel des Bunt-Sandsteines auf grössere abbauwürdige Massen von Steinsalz gelangen könnte, und ich sehe mich sogar ganz ausser Stande eine bestimmte Angabe über die Mächtigkeit der salzhältigen Mergel selbst zu machen, da nicht nur, wie schon angedeutet, die Bedeckung durch jüngere Gebilde eine sehr ausgedehnte ist, sondern auch im Gebiete der Gypse und Salzmergel Störungen im Verflächen der Schichten auftreten. Der an Ort und Stelle gewonnene Eindruck lässt indessen keine grossen Erwartungen in Bezug auf Mächtigkeit und Reichhaltigkeit aufkommen.

Diese Verhältnisse ändern sich mit einem Schlage, sobald man die Gegend von Mitterndorf erreicht hat. Ich habe bereits in meinem Berichte über die vorjährigen Untersuchungen im Salzkammergute (Jahrb. d. k. k. geol. Reichsanstalt 1869) des Salzdistrictes von Oberstorf und Mitterndorf gedacht, welcher, ebenso wie die Salzdistricte des Salzkammergutes der halorischen Gruppe der norischen Stufe angehört.

Die räumliche Ausdehnung dieses Districtes ist keine bedeutende und nur auf die Thalbecken von Oberstorf und Mitterndorf beschränkt. Daraus lässt sich aber keineswegs unbedingt folgern, dass derselbe minder reichhaltig sein müsse, als die westlicheren Gebiete des Salzkammergutes. Der Lage nach entspricht dieses Vorkommen beiläufig dem vor Hallstatt.

Für den Fall, dass man eine nähere Erforschung dieses Districtes durch ein Bohrloch vornehmen wollte, würde ich in Einverständniss mit dem Bergmeister von Aussee, Herrn E. Aigner, hierzu einen in Norden von Oberstorf gelegenen, beiläufig ¼ Stunde von der Poststrasse entfernten Punkt empfehlen. Die Zlambach-Schichten liegen daselbst blos, und würde daher ein Bohrloch nur diese und die Reichenhaller Kalke zu durchfahren haben, um das Salzgebirge, d. i. ist zunächst die Anhydrit-Region zu erreichen.

F. Foetterle. Die geologischen Verhältnisse der Gegend zwischen Nikopoli, Plewna und Jahlanitza in Bulgarien.

In Folge freundlicher Einladung des Herrn Bruno Oszman in Rustschuk hatte ich zu Anfang dieses Monates Gelegenheit, in dessen Gesellschaft einen kleinen Theil von Bulgarien von der Donau an zwischen den oben genannten Ortschaften kennen zu lernen. Die hier vorgefundenen geologischen Verhältnisse sind nicht bloss ganz neu, sondern auch namentlich für die österreichische Geologie von so hohem Interesse, dass ich nicht umhin kann, jetzt schon hierüber zu berichten, wenn ich auch nicht in der Lage bin, bei Abgang der erforderlichen Hilfsmittel an dem Orte meines gegenwärtigen Aufenthaltes, Alt-Orsowa, die in den einzelnen Formationsgliedern vorgefundenen Fossilien genauer bestimmen zu können.

Nach der Rückkehr von einem kurzen Ausfluge nach Varna und Constantinopel hatte ich mich in Gesellschaft des Herrn B. Oszman und eines Dragomans am 6. Juni L. J. von Rustschuk auf einem Dampfschiffe nach Nikopoli begeben, von wo wir am 7. in dem kleinen Wagen eines Tartaren und unter dem Schutze eines Saptieh's, der uns von Seite des Kaimakamats in Nikopoli beigegeben wurde, durch die Orte Tschernoselo, Muselju im Osmathale, dann etwas nach Südwest ablenkend über Brascljani und Wrbitza, bei Bugauluk vorüber nach Plewna, einem grösseren Orte von etwa 4000 Einwohnern, fuhren. Von hier aus wurde der weitere Weg abwärts stets zu Pferde gemacht; es hatte sich uns auf demselben auch Herr Oannes Aladjadjian, ein gegenwärtig in Plewna wohnender armenischer Geschäftsmann und Grundbesitzer, angeschlossen. Von Plewna aus nahmen wir den Weg über Brestowitz, Tischütidol, Karagni nach Beklesch und Katanetz, Ortschaften, von welchen die drei ersteren fast rein von Bulgaren, die beiden letzteren hingegen zum Theil von Bulgaren, zum Theil von Türken bewohnt sind. Von Katanetz aus, welches in einem ziemlich breiten, schönen Thale liegt, begaben wir uns über Koromazlé und Illanli nach Mahalo Ogartschin, und nach dem, in einem freundlichen breiten Thale am Fusse des Gebirges gelegenen Ogartschin, von wo uns der Weg über einen breiten Bergrücken in das Thal des Widflusses und nach dem hart am linken Ufer dieses Flusses gelegenen, zum grössten Theile türkischen Orte Toros führte. Hier waren wir am Rande des Mittelgebirges des Balkan angelangt, und die weitere Tour wurde sowohl für Reiter wie für Pferde beschwerlicher, denn über nicht unbedeutende Höhen und auf steinigen Pfaden gelangten wir über das türkische Dorf Pesteruja, sowie über Golemu Brasnitza und Marka Brasnitza, beide von Bulgaren bewohnt, sowie über den Gebirgsort Mahalo Jahlanitza, nach dem in einer sehr freundlichen, von hohen Bergen umgebenen Niederung gelegenen Jablanitza, durch welches eine ziemlich gut fahrbare Strasse von Plewna und Lofdscha nach Sofia, jenseits des Balkans führt. Nach einem ganz kurzen Aufenthalte in Jahlanitza und dessen Umgebung bis in die Nähe des kleinen Isker wurde von Jahlanitza aus, wo uns Herr Oannes Aladjadjian verliess, um weiter in den Balkan zu gehen, wohin ihn Geschäfte riefen, der Rückweg bis Toros auf derselben Strecke zurückgelegt, von hier aus jedoch der Weg im Widthale längs dem Flusse bis Aglen und weiter nordostwärts über Bekasowa, welches wie das frühere eine gemischte bulgarische und türkische

Bevölkerung hat, bis Beklesch eingeschlagen. Von Beklesch aus ging es auf demselben Wege, wie auf der Hinreise nach Plewna und nach einer kurzen Rast und einem kleinen Ausflug an das rechte Ufer des Wid nahezu auf demselben Wege über Moselja nach Nikopoli zurück, wo wir am 12. Juni l. J. Nachts eintrafen. Die ganze Tour nahm demnach sechs Tage in Anspruch.

Das besuchte Gebiet wird zum grössten Theile von Bulgaren, zum geringen Theile jedoch auch von Türken, ferner von eingewanderten Tartaren und Tscherkessen bewohnt, und überdiess noch von einer nicht unbedeutenden Anzahl von türkischen Zigeunern durchzogen. Nur die Bulgaren und Tartaren, zum Theile auch die Tscherkessen, sind Ackerbauer und Viehzüchter, die letzteren jedoch wegen der geringeren Kenntniss der Unterschiede zwischen Mein und Dein in der Gegend nicht gerne gesehen. Wie überall zieht sich der Türke von jeder Arbeit zurück und widmet sich mehr in den Städten und Marktflecken dem kaufmännischen Geschäfte, der Bulgare ist hier überall fleissig und arbeitsam, verträglich und gastfrei, dasselbe lässt sich wohl auch vom Tartaren behaupten; hinter diesen beiden steht der Tscherkesse ziemlich weit zurück, der durch ein gewisses unstätes Leben sich noch hervorthut, da er bisher seinen Aufenthaltsort gerne und öfter verlassen hat. Von der Donau angefangen bis nahe an Plewna wohnen Bulgaren, Türken, Tartaren und Tscherkessen sehr wenig in ordentlich gebauten Häusern, sondern meist in mehr als zur Hälfte an den Abhängen in den Boden eingelassenen mit Lehm überdeckten Hütten, welche jedoch namentlich bei den Bulgaren stets ein reinliches Aussehen aufweisen. Erst von Plewna aus findet man hölzerne Hütten häufiger, die meist aus einem Stockwerke bestehen, von denen der ebenerdige Theil als Magazin und Stallung und der obere Theil als Behausung benützt wird.

In der Nähe der Donau ist das Land überall äusserst nothdürftig und zwar nur in der unmittelbarsten Nähe der Ortschaften angebaut, alles andere Land, meist Eigenthum der Regierung, liegt unbebaut und wird zu Weideplätzen benützt. Erst gegen Plewna zu gelangt man in ein mit Korn, Gerste, Mais und Weinreben ziemlich reich bebautes Land mit vielen üppigen Wiesen, jedoch sehr übel aussehenden, mehr gestrüppartigen Eichenwäldern. Zwischen Toros und Jablanitza jedoch ist felsiges steiniges Karstland im wahren Sinne des Wortes, auf welchem sich nur spärlich, u. z. wie am Istrianer Karste in den Dolinen, wenig culturfähiger Boden vorfindet, der wie dort auch hier nur mit Mühe und Anstrengung urbar und nutzbar gemacht wird, während in Jablanitza und dessen unmittelbarer Umgebung namentlich in südlicher Richtung an den Ufern des kleinen Isker wieder sehr viel gut cultivirtes Land zu finden ist.

Was die Oberflächengestaltung dieses Gebietes anbelangt, so hängt sie auf das Innigste mit der geologischen Beschaffenheit desselben zusammen. Unmittelbar von der Donau steigt das Terrain ungemein rasch, nahezu steil auf, obzwar zum grössten Theile aus Lösswänden bestehend, bis zu einer Höhe von fast 400 Fuss über der Donau, und zieht sich dann südwärts, gleichmässig ausgedehnte Plateaus bildend, bis nahezu gegen Plewna. Da die das Terrain zusammensetzenden Schichten ganz flach liegende festere Kalk- und Sandsteine sind, welche auf weicheren Lettenlagen aufruhen, so sind die Abhänge der durch die

Flüsse und Bäche ausgewaschenen Thäler und Gräben meist steil; dies gilt insbesondere von allen östlichen Gehängen, während die westlichen viel flacher und mit Graswuchs bedeckt sind. Von Deklesch und Aglen angefangen, wo die Kreidesandsteine zu Tage treten, ist das Terrain wie im Gebiete unseres Wiener- und Karpathensandsteines mehr weniger gleichmässig ondulirt, die plateauförmige Oberflächengestaltung hört gänzlich auf und ein mehr bergiges mit Wald, Wiesen und Weiden bedecktes Land nimmt überhand, welches immer mehr ansteigt, und mit dem Eintreten der Kreidekalke bei Brasnitza in ein steiniges felsiges Karstland übergeht, das neben vielen oft sehr ausgedehnten Dolinen und Foiben, in welchen selbst der rothe Lehm unseres Istrianer Karstes nicht fehlt, doch auch schon sehr ansehnliche Höhen von mehr als zwei bis drei Tausend Fuss Seehöhe aufzuweisen hat. Wie man nach Jablanitza und in das obere Thalgebiet des kleinen Isker gegen Edrobol tritt, gelangt man wieder in Folge der hier sehr ausgebreiteten Neocomschiefer in ein sehr fruchtbares, reich bewässertes und gut bebautes Hügelland von einer Breite von mehr als einer deutschen Meile, hinter welchem das Hochgebirge des Balkan rasch ansteigt.

Von vielfachem Interesse sind die geologischen Verhältnisse Bulgariens, welche wohl auch einen Schluss gestatten auf einen grossen Theil des östlich und westlich angrenzenden Gebietes. Innerhalb der Breite von nahezu 16 Meilen zwischen Nikopoli und Jablanitza sind ausser einer mächtigen Lössablagerung nicht bloss die sarmatische und marine Stufe der miocaenen Tertiärgruppe, sondern auch das Eocene, und von den Kreidegebilden Cenomansandsteine, Caprotinen- und Radiolitenkalke und Neocomschiefer und Kalk in mächtiger Entwickelung vertreten. Die Tertiärgebilde selbst mit Einschluss des Eocens sind fast horizontal gelagert oder doch so schwach gegen Nord geneigt, dass an denselben eine Neigung kaum wahrzunehmen ist. Erst die Kreidesandsteine zeigen ein leichter wahrnehmbares, jedoch ebenfalls noch sehr schwaches Verflächen gegen Nord entweder nach Stunde 21—22 oder 1 und 2; erst in der Nähe von Toros, sowohl wenn man von Ogartschin aus an den Widfluss gelangt, wie längs dem Widfluss selbst wenn man von Aglen aus nach Toros kommt, sieht man die Schichten sehr flach gegen Süd Stunde 13 bis 14 einfallen; in der Nähe des Kreidekalkes jedoch stellen sich diese Sandschichten ziemlich steil auf und verflächen wieder gegen Nord, wie man dies unmittelbar südlich vom Dorfe Pesternja und an dem südlichen Abhange des zwischen diesem Dorfe und Golema-Brasnitza gelegenen Berges sehr deutlich zu beobachten Gelegenheit hat. Es ist dies die einzige nennenswerthe Störung in der Regelmässigkeit der Lagerung, denn die weiter südlich folgenden Kreidekalke so wie die Neocomkalke zeigen wieder stets ein, wenn auch bereits etwas stärkeres Verflächen der Schichten nach Norden zwischen Stunde 21 bis 23 mit höchstens 15 bis 20 Grad.

Der nebenstehende Durchschnitt gibt ein nur sehr generelles Bild der Lagerungsverhältnisse zwischen Nikopoli, Plewna und Jablanitza sowie der innerhalb dieses Gebietes von einer Breite von etwa 16 Meilen vorkommenden einzelnen Formationsglieder.

Das oberste und jüngste derselben ist der Löss, welcher in diesen Ländergebieten an der unteren Donau zu einer wo möglich noch be-

deutenderen Entwicklung gelangt ist, als wir
dieses Gebilde an den Ufern der Donau in Ungarn
oder in Mähren und Böhmen kennen gelernt haben;
denn von der serbisch-bulgarischen Grenze bei
Radujevac angefangen bildet Löss fortwährend
das ziemlich steile rechte Ufer der Donau bis über
Nikopoli und Rustschuk hinaus, und steigt bis zu
den beträchtlichen Höhen von 87 Klaftern (bei
Liova), 117 Klaftern am Baecrova bei Florentin
nördlich von Vidin, und 118 Klaftern am Trei Mogila
bei Rabova an, während das linke Donauufer ganz
flach auf mehrere Meilen Breite landeinwärts bloss
mit Alluvionen der Donau bedeckt ist. Der Löss
reicht jedoch auch ziemlich weit südwärts ins
Land hinein, denn auch in der nächsten Umgebung
von Plewna besitzt derselbe noch eine nicht
unbedeutende Ausdehnung. In der unmittelbaren
Umgebung von Nikopoli besitzt der Löss nur eine
mehr oberflächliche geringmächtige Verbreitung,
denn hier treten zuerst unmittelbar am Rande der
Donau die Schichten der miocenen Tertiärgebilde
auf, bestehend zu oberst aus sandigen
Kalkbänken und sandigen Letten und Mergeln
der Cerithienschichten mit zahlreichen Steinkernen
und Abdrücken von Cerithien, Cardien u. s. w.
Die Kalkbänke sind fest, brechen in grossen
Blöcken auf die Schichtung ab, so dass sie immer
nahezu senkrechte Felswände bilden, welche von
den darüber, dazwischen und darunter lagernden
sandigen Letten, welche stets sanfte Gehänge
bilden, sehr scharf absterben. Diese Gebilde lassen
sich durch den ganzen nördlichen Theil von
Bulgarien verfolgen; von Nikopoli an treten sie an
dem Donauufer unter dem Löss immer mehr hervor,
und von Rustschuk angefangen bilden sie
längs der Bahn und auch weit hinein ins Land,
so weit man in dem Gebirge die Schichten unterscheiden
kann, bis nach Varna das einzig herrschende
Gebilde, und man sieht auf Meilenweite
an den Gehängen der Bergzüge, die man längs
der Eisenbahn Rustschuk-Varna passirt, oder an
den steilen Ufern des Osma- und Widflusses die
meist mehrere Klafter mächtigen Kalkbänke
gleichsam bandförmig das ganze Gebirge immer
in gleicher Höhe umsäumen, nachdem die Lagerung
der Schichten eine wie bereits erwähnt
nahezu horizontale ist. Die dazwischen oder darunter
liegenden Letten, welche neben den vorerwähnten
für die sarmatische Stufe bezeichnenden
Fossilien bei Varna auch eine grosse Helix

enthalten, bilden immer ganz sanfte Gehänge und einen sehr guten Untergrund für eine üppige Vegetation, welche von den steilen Wänden der Kalkbänke lebhaft absticht. Am besten ist diese Art des Auftretens der Cerithienschichten in der Gegend zwischen Schumla, Pravady und Varna zu beobachten, doch treten sie in ganz analoger Weise auch zwischen Nikopol und Plewna an den Ufern des Osmaflusses auf; überhaupt haben diese Schichten hier eine ungeahnte Entwicklung und Ausdehnung, wie man dies kaum in irgend einem Lande bisher zu beobachten Gelegenheit hatte. In Nikopol sind die sandig-lettigen Schichten der Pala von Siebenbürgen und Ungarn sehr ähnlich und enthalten hier auch eine grosse Anzahl von grünlich-gelblichen opalartigen Kieselerdehydratausscheidungen. Dort wo diese weicheren Schichten unter den Kalkbänken auf eine grössere Ausdehnung zu Tage treten, machen sie sich durch eine bedeutendere Depression des Terrains, entstanden durch die leichtere Auflöslichkeit und Wegwaschung derselben, bemerkbar, wie man dies vor Plewna zwischen Bugaulak und Terstenik sieht.

Von Schumlaroad angefangen gegen Sehentendschik hinauf durchschneidet die Rustschuk-Varnaer Bahn die tieferen Schichten dieser Gebilde, welche aus sandigem Kalkstein bestehen, der ein mehr feinkörniges Ansehen hat, und den Sandsteinen von Soskut nächst Ofen gleichsieht; derselbe dürfte ebenfalls zum grössten Theile aus Foraminiferen bestehen; da sie jedoch stark inkrustirt sind, so sind sie auch schwerer zu erkennen, und wird dies erst die spätere genauere Untersuchung lehren. Zwischen Nikopol und Plewna habe ich diese Schichten nicht beobachtet, wodurch aber ihr Vorhandensein nicht ausgeschlossen ist, das bei näherer Untersuchung wahrscheinlich ebenfalls nachgewiesen werden dürfte.

Unmittelbar vor Plewna tritt, von den vorerwähnten Schichten überlagert, ein dichter grobkörniger weisser Kalk auf, der eine sehr grosse petrographische Aehnlichkeit mit unserem Leithakalk hat und nebst einer grossen Anzahl von Korallen, namentlich Bryozoen, auch Echiniden, Pectunculus, Ostreen u. s. w. enthält, und demnach wohl bestimmt dem Horizonte unseres Leithakalkes angehören und auch am richtigsten als solcher bezeichnet werden dürfte. Er ist in ziemlich mächtigen Bänken und wie die früheren Schichten ebenfalls nahezu horizontal mit einem kaum merklichen Verflächen gegen Norden gelagert. Das kleine Thal, in welchem Plewna selbst liegt, ist in diesem Kalke eingeschnitten, und auf der Nordseite desselben stehen die Kalkschichten senkrecht auf die Schichtungsfläche abgebrochen, eine steile Wand bildend, Festungsmauern ähnlich, während die Böschung auf der Südseite doch etwas flacher ansteigt. Wie in der Umgegend von Wien am Leithagebirge wird auch hier dieser Kalk zu einem vortrefflichen Bausteine verarbeitet, wenn man auch äusserst selten Gelegenheit hat, hier denselben zu verwenden. In seinen tieferen Lagen geht dieser Kalkstein mehr in Sandstein über, der ziemlich viele Steinkerne von Cardien, Venus, Lucinen etc. enthält, und sich von Plewna aus gegen Brestowitz zieht.

Schon in der Thalsohle bei Plewna sieht man unter dem Leithakalk einen festen Letten, wirklichen bläulichen Tegel hervortreten, der in südlicher Richtung, namentlich gegen den Widfluss zunimmt, und an der Brücke über den Wid am rechten Ufer des Flusses in grossen Massen mit bedeutender Mächtigkeit ansteht. Die obersten Lagen, hier von Löss bedeckt, sind weisslichgrau, die tieferen jedoch bläulich ganz analog unserem Tegel bei Baden und Vöslau; derselbe erreicht an dem Ufer des Wid eine grosse Ausdehnung und ist in östlicher Richtung über Brestowitz hinaus, wo er im flachbette ebenfalls ansteht, zu verfolgen. Sein Hervortreten zu Tage ist zwischen Brestowitz und dem weiter südlich gelegenen Dorfe Ütschündol durch eine nicht unbedeutende Depression des Terrains bemerkbar, welche sich von dem Widflusse in östlicher Richtung über Brestowitz zieht. Ausser Fischschuppen und Fischzähnen ist dieser Tegel auch reich an anderen Versteinerungen; es finden sich darin mehrere Conusarten, *Chenopus pes pelecani, Arca diluvii*, Cancellaria, Cassis, Oliva, Pleurotoma, Dentalium, Pecten, Korallen u. s. w., vollkommen identisch mit den Vorkommnissen in dem Tegel von Baden und Vöslau und in einem Erhaltungszustande, der den der Badener Fossilien wo möglich noch übertrifft.

Hiernach unterliegt es keinem Zweifel, dass die miocänen Tertiärablagerungen von Bulgarien mit jenen des Wiener Beckens vollkommen übereinstimmen und wir hier in einer viel grösseren Ausdehnung und Regelmässigkeit die Cerithienschichten mit ihren sandigen Kalkbänken und sandigem Letten, den Leithakalk und den Badener Tegel mit allen ihren charakteristischen Merkmalen und Fossilien wieder finden.

Wenn man südwärts das Dorf Ütschündol verlässt, so gelangt man nach Verlauf von etwa einer halben Stunde in ein sehr schmales Thal mit steilen Felswänden, das sich weit nach Süden zieht und mehrere Male verzweigt. Die Felswände bestehen aus ebenfalls nahezu horizontal gelagerten Kalkschichten, die nur eine schwache Neigung gegen Norden zeigen. Der Kalk ist dem vorerwähnten Leithakalke bei Plewna nicht unähnlich, doch noch feinkörniger und dichter, sehr deutlich, meist dünn geschichtet und ganz weiss. Die obersten Schichten sind etwas sandig; in den mittleren und unteren Lagen treten kleine schwarze Hornsteine sehr häufig auf; sie ruhen auf etwas mehr mergeligen dünngeschichteten Lagen mit einer Unzahl von kleinen nierenförmigen harten Kalkknollen; zu unterst in dem Thale wird der Kalk ganz dolomitisch und wenig dicht, zellig und porös. Wie man in der weiteren südlichen Fortsetzung dieses Kalkes, namentlich bei Beklesch, beobachten kann, sind diese dolomitischen porösen Lagen zugleich die tiefsten Schichten dieser ganzen Bildung, nachdem sich ihre Auflagerung auf dem älteren Gesteine hier directe beobachten lässt.

Gleich die oberen Lagen dieses Kalkes enthalten eine ziemlich grosse Anzahl von Petrefacten; namentlich ist eine grosse Auster von gryphaeaartigem Ansehen stark vertreten; überdiess gesellen sich dazu hinzu Gastropoden, Bivalven, eine Rhynchonella, Echinolampas und Crinoiden, Korallen und in grosser Anzahl Nummuliten, so dass es unzweifelhaft ist, dass diese Kalke den **Eocenschichten** angehören und mit unseren in den Südalpen so sehr verbreiteten Nummulitenkalken identisch sind, deren ganzen Charakter sie auch an sich tragen.

Auch diese Eocenkalke besitzen eine grosse Verbreitung, und reichen in südlicher Richtung bis Beklesch, während sie sich westlich über den Wid ausdehnen, der sie bei Aglen durchschneidet. In Folge ihrer horizontalen Lagerung bildet auch das Terrain, das sie einnehmen, sehr ebene Plateaus, welche von den wenigen Bächen, die sich hier befinden, in sehr engen Thälern, meist mit steilen, felsigen Ufern durchschnitten werden.

Eine kleinere, wie es scheint isolirte Partie dieser Kalke findet man noch auf dem Wege zwischen Ogartschin-Mahale, und Ogartschin; auch die isolirte Kalkpartie bei Pestornja südlich von Toroś dürfte hierher gehören.

Wenn man von dem grossen Plateau zwischen Ütschündul und Reklesch in das Thal von Reklesch herabsteigt, so findet man an dem Gehänge zwar noch den dolomitischen und zelligen Eocenkalk, allein unmittelbar vor dem letztgenannten Orte in der Thalsohle und am südlichen Gehänge sieht man bereits mehr weniger feste Quarzsandsteine in starken Bänken anstehen, die mit einem flachen Winkel nach Stunde 22—23 einfallen, und hier ganz deutlich von dem vorerwähnten Kalke überlagert werden. In südlicher Richtung entwickeln sich diese Sandsteine nun immer mehr und mehr. Sie nehmen viel Glimmer und ein kalkiges Bindemittel auf, werden dünn geschichtet, plattenförmig und enthalten auf der Schichtungsfläche eine grosse Anzahl von undeutlichen Pflanzenfragmenten. Ihr äusseres Aussehen lässt sie von unseren Karpathensandsteinen nicht unterscheiden. In Katanetz fand ich auf Platten, die dort und in der Umgebung überall zum Dachdecken verwendet werden, sehr deutliche Orbituliten, wie sie in dem Sandsteine bei Pitulat bei Steierdorf gefunden werden, und die es daher unzweifelhaft erscheinen lassen, dass wir es hier auch mit Kreidesandsteinen, wahrscheinlich des Cenomanien zu thun haben. Die Entwickelung dieser Kreidesandsteine gleicht so sehr derjenigen der Karpathensandsteine, dass nicht bloss die mergeligen und schieferigen Schichten mit in die Einlagerung treten, sondern dass auch die hieroglyphenartigen Zeichnungen und Wülste, welche gerade die der Kreide angehörigen Glieder des Karpatensandsteines so auszeichnen, auch hier nicht fehlen. In den schieferigen, mit Mergeln wechselnden Partien dieser Sandsteine findet man an einzelnen Punkten ganz schmale Streifen einer festen, muschelig brechenden Glanzkohle von ganz guter Beschaffenheit, deren Ausdehnung und Mächtigkeit in diesen Sandsteinen jedoch so gering ist, dass ihr Auftreten mit dem Namen eines Flötzes kaum bezeichnet werden kann. Eine derartige Kohleneinlagerung findet man zwischen Katanetz und Koromaczó dort wo der Weg über den Bach führt, unmittelbar am Bachufer. Die Mächtigkeit ist kaum 1 bis 2 Zoll gross; ein anderes derartiges Vorkommen sahen wir in dem Dorfe Illauna, wo in dem ober dem Dorfe befindlichen Graben die lettigen Sandsteinschichten aufgedeckt sind. Derartige Vorkommnisse sollen noch bei Kollnik zwischen Lofdscha und Ogartschin, dann bei Lepenitza, nordwestlich von Widraz zu finden sein, doch ist, wie aus dem Mitgetheilten zu ersehen, auf diese Kohlenvorkommen nicht das mindeste Gewicht zu legen, weil diese Einlagerungen nie zu einer grösseren Entwickelung von Bedeutung gelangen; sie theilen auch diese Eigenschaft mit den Karpathensandsteinen, wo ähnliche Kohleneinlagerungen sehr häufig vorkommen, deren weitere Aufschliessung jedoch bisher noch nie zu einem günstigen Resultate geführt hat.

Auch diese Kreidesandsteine zeigen ein Verflächen gegen Nord, und der Einfallswinkel ist ein sehr kleiner, wenn auch etwas grösser als dies bei den jüngeren Gebilden bisher beobachtet wurde. An dem rechten Ufer des Widfusses sind diese Schichten auf eine grosse Strecke sehr gut und deutlich, namentlich zwischen Aglen und Toros entblösst, und hier glaubt man einen Durchschnitt der Karpathensandsteine aus unseren Karpathen vor sich zu haben. Auf eine lange Strecke sieht man feste glimmerreiche Sandsteine mit dunklen und lichten Schiefern wechsellagern, ganz flach gegen Nord einfallen, bis unmittelbar gegenüber von Toros die Schichten eine südliche, ach Fallrichtung nach Stunde 13 bis 14 annehmen; hinter dem Dorfe Pasternja werden sie nahezu stehend, und an dem südlichen Gehänge des Berges, den man zwischen diesem Orte und Golema-Brasnitza überschreitet, fallen sie mit einer etwas steileren Lage abermals gegen Nord nach Stunde 1—2, und überlagern auf diese Art den nun folgenden lichtgrauen, dichten, splittrigen, mit weissen Kalkspathadern stark durchzogenen Kalk von alpinem Charakter, der sich nun von Golema-Brasnitza bis nach Jablanitza in einer Breite von nahezu einer Meile ausdehnt, und nach West und Ost unabsehbar fortstreicht. Er bildet ein zerrissenes, steiniges und felsiges, gebirgiges Terrain; gleich bei Marka-Brasnitza, das sich in einer weiten Niederung befindet, begegnet man tiefen Löchern und kesselartigen Vertiefungen, welche unmittelbar an die Foiben und Dolinen des Karstes erinnern; steigt man jedoch von hier aufwärts den steilen, steinigen Pfad, der den zum Theile nur auf ihren Vorderflächen mit dem glatten türkischen Hufeisen beschlagenen Pferden ein höchst mühsamer Tausch ist gegen den bisher weichen mit üppigem Grase bewachsenen Sandstein und Lehmboden, so gelangt man plötzlich in das schönste Karstland, wie man ein solches in Istrien nicht origineller sehen kann, und man glaubt sich unwillkürlich auf den Istrianer Karst versetzt. Ausgedehnte kesselartige Vertiefungen, in deren Grunde sich rothe Erde, von den Abhängen heruntergeschwemmt, angesammelt hat, und in welchen eine, zum Theile üppige Vegetation und der einzige Anbau von Feldfrüchten, meist Kukuruz, sowie hin und wieder einige Wassertümpeln zu finden sind, wechseln mit zerrissenen Steinflächen und felsigen Bergen ab, auf welchen kaum die Spuren einer Baumvegetation, sondern nur Gestrüppe und spärlicher Graswuchs sichtbar werden. Die Gesteine zeigen keine Schichtung, sondern ragen bunt durch einander nach allen Richtungen aus dem Boden hervor, durch ausgewaschene Löcher noch mehr zerrissen.

Es hat den Anschein, als wären hier mindestens zwei Glieder der Kreidekalke vertreten, denn noch in der Niederung von Golema-Brasnitza findet man darin Reste von Caprotinen, während in Mahale-Jablanitza also in den oberen Parthien neben Korallen auch kleine Gastropoden und namentliche Radiolitenreste vorkommen, so dass dessen Einreihung in die Kreideformation zwischen den Cenoman-Karpathensandstein und den Neocomschiefer unzweifelhaft ist; denn erreicht man den kleinen Sattel zwischen Mahale-Jablanitza und Jablanitza, so ändert sich plötzlich das Gestein und mit diesem die ganze Physiognomie der Landschaft. Unter den Caprotinen- und Radiolitenkalke treten schwarzgraue bis schwarze Kalkschiefer auf, die theilweise in festere graue Kalkbänke übergehen und dem ganzen Abhang entlang anstehen, der von Mahale-Jablanitza nach Jablanitza selbst führt. Sie fallen ziemlich flach mit etwa 15 bis 20 Grad nach Stunde 22—23, und enthalten Belemniten, so wie in grosser

Anzahl Ammoniten und Crioceras der Rossfelder Schichten. Nirgends noch sah ich die Neocomschiefer in einer so ausgedehnten Entwickelung und mit einer so reichen Fauna von Cephalopoden wie hier; die grosse Anzahl von Abdrücken die man allenthalben auf dem Gesteine sieht, zeigt, dass man hier in der kürzesten Zeit eine reiche Ausbeute von Petrefacten zu machen im Stande wäre. Diese Schiefer haben in südlicher Richtung noch eine grosse Verbreitung bis an die Ufer des kleinen Isker und wahrscheinlich bis nach Edrobol und Orhanje an der Strasse nach Sofia, denn erst dort steigt das Gebirge rasch an, und folgt nun das Hochgebirge des Balkan, während die Umgebung von Jablanitza aus einem mehr sanften Berglande besteht und nur dort steilere Berge auftreten, wo die Schiefer von dem Radiolitenkalke bedeckt werden.

Ich musste meine Beobachtungen in der Umgegend von Jablanitza mit dem Neocomschiefer abschliessen; weiter südwärts in den Balkan und damit auch in die noch älteren secundären Gebilde dieses interessanten Gebirges vorzudringen, war mir wegen Mangel an Zeit unmöglich, nachdem mich meine Aufgabe für den Sommer nach dem südlichen Theile der Roman-banater Militärgrenze rief; allein man ersieht bereits aus diesen wenigen hier mitgetheilten Beobachtungen, welch' eine grosse Analogie zwischen den geologischen Verhältnissen Oesterreichs und Bulgariens besteht, und es gehört keine grosse Divinationsgabe dazu, um vorhersagen zu können, dass sich in dem weiteren südlicheren Theile, in dem nun folgenden Hochgebirge des Balkan, an unsere Neocomschiefer auch die weiteren älteren Formationsglieder des Jura, Lias und der Trias, mit den Werfner Schiefern und wahrscheinlich den Gailthaler Schichten anschliessen werden. Eine weitere Erforschung des Balkans nach dieser Richtung wäre von grossem Interesse, und nach dem Vorausgegangenen sind unzweifelhaft die österreichischen Geologen vor allen Anderen hierzu berufen, nachdem ihnen die Studien in den Südalpen und in dem kroatischen und banater Gebirge bereits zu Gute kommen würden, ohne welchen eine rasche und richtige Erkenntniss der geologischen Verhältnisse des Balkan nur mit grossen Schwierigkeiten verbunden sein würde.

Ich gebe mich der Hoffnung hin, dass diesen wenigen hier niedergelegten Beobachtungen bald ausführlichere Studien folgen werden, und würde es mir dann zur grossen Befriedigung gereichen, wenn jene eine kleine Anregung zu diesen geboten hätten, so wie ich hoffe, dass man die in dem Vorstehenden angegebenen an Petrefacten so überaus reichen Localitäten aus der Reihe der verschiedenen Tertiär- und Kreideglieder bald in grösserem Maassstabe ausgebeutet wird.

B. Walf. Das Schwefelvorkommen zwischen Alta-Villa und Tufo O. N. O. von Neapel.

In Folge einer Aufforderung des Herrn Friedrich Wanick in Brünn untersuchte ich die Schwefellager zwischen Alta-Villa und Tufo in der Provinz Principato Ulteriore des ehemaligen Königreiches Neapel. (Sitz der Präfectur ist Avellino.)

Dieselben befinden sich drei Wegstunden (8 Miglien) südlich von der Eisenbahnstation Benevento an der Linie Neapel-Foggia. Es begleiteten mich dahin die Herrn Giuseppe Wanick, Gründer der Bergbaugesellschaft von Alta-Villa, dann Herr Francesco Zampari, königlicher Berg-Ingenieur, und Herr Leopold Manroner aus Triest. Herr Zampari begleitete mich ausserdem noch bei einem Besuch des höchst interessanten Lago d'Ansanto und bei den Excursionen in der Umgegend von Neapel, wofür ich ihm zu grossem Dank mich verpflichtet fühle.

Von Neapel aus wurde die Terra di Lavoro bis Cancello per Bahn zurückgelegt, circa 13 Miglien (eine von vulcanischer Asche und Tuffen erfüllte, ausserordentlich fruchtbare, fast vollständig zu Gärten umgewandelte Ebene.

Mit Cancello ist der westliche Fuss des Vergine-Gebirges erreicht, eine Dolomit- und Kalkkette, die sich von dem von N.-W. nach S.-O. streichenden Apennin in der Nähe des Monte Volturno in westlicher Richtung abzweigt.

Durch das Valle Caudina von der Verginekette getrennt, erheben sich nördlich derselben noch einzelne Kalkgebirgsgruppen, die sich nach den vorzüglichsten Kuppen benennen: Die Gruppe des Monte Paolcasa, des Monte Mauro westlich bei Benevento, und des Monte Erbano, NW. von Benevento.

Aus der letzten Gruppe befinden sich im geologischen Museum der Universität zu Neapel (Vorstand Professor Guiscardi und Adjunct Crescenzo Montagna) Kalkplatten mit grossen prachtvollen Fischabdrücken, die ihre Analoga nur im Monte Bolca wieder finden. Dieselben stammen aus den Brüchen von Pietra Roja, an der Nordseite des Monte Erbano. Die Kalkgebirge selbst hatte ich nicht betreten; doch hat mir Herr Zampari mehrere Sorten Marmor gezeigt, die vermuthen lassen, dass es hier auch an Vertretern alpiner Formationsglieder der mesozoischen Zeit nicht fehlen dürfte.

Ein einziges Mal berührten wir während der Fahrt einen Kalksteinbruch bei Arpaja, am Südflusse des Monte Costa Cauda. Petrefacten zeigten sich keine, und dem petrographischen Habitus nach könnte ich den hier brechenden Kalkstein nur den Hippuritenkalken des Karstes vergleichen.

Das Valle Caudina, welches man von Cancello aus über Arienzo und Arpaja durchzieht, verengt sich an dem letzteren Orte, und man erreicht alsbald das Hochplateau von Monte Sarchio, welches man von hier aus in südöstlicher Richtung bis gegen San Martino in seiner ganzen Breite durchquert. Diese Ebene dürfte in ihrem Untergrunde von Macignoschichten erfüllt sein, welche sich bei dem letztgenannten Orte aus dem fruchtbaren Culturlande emporheben und den Kalken des Verginegebirges angelagert erscheinen.

Von San Martino läuft die Strasse wieder in vielfachen Windungen in ihrer Hauptrichtung gegen Westen auf den Höhenkamm la Rocca, der von einzelnen Bauernhöfen besetzt ist. Dort trifft man zum ersten Male auf Conglomerate, meist aus Kalkgerüllen bestehend, welche die Macignoschichten bedecken.

Das Verginegebirge, welches bis San Martino einen rein ostwestlichen Verlauf nahm, tritt nun nach Süden zurück und mit ihm auch die Macignozone, welche wir von diesem Orte bis Rocca verfolgen konnten. An letzterem Orte theilt sich die Strasse in einen nach Süden führenden Zweig, der in der Macignozone bleibt und nach Avellino führt, und in einen in das Vallone di Tronti niedersteigenden Zweig, über dessen Mündung in den Sabato an der Ostseite des Vallone di Tronti hoch oben Altavilla liegt, wo dieser Strassenzweig auch endet.

Bei la Rocca verlässt man mit dieser Strasse die Macignoschichten und betritt ein Becken, welches mit Schichten der jüngeren subapenninen Formation erfüllt zu sein scheint, die über Pratula und Venticare gegen den Fiume-Calore hin andauern.

Die Conglomerate sieht man in vielfachem Wechsel mit lockeren Sandsteinen und Mergelschichten bei la Rocca, bei Altavilla, bei Chiancatella und längs dem Fiume-Sabato in der Strecke zwischen Altavilla und Tufo, welche der Gegenstand der Untersuchung wegen des Schwefelvorkommens war.

Die unteren Theile der Gehänge, welche das Valle di Tronti in der Nähe der Mündung in das Thal des Sabato und diesen Fluss aufwärts bis über Tufo hinaus begrenzen, sind von vulcanischem Tuff und Asche bedeckt, wodurch ein grosser Theil der tieferen Schichten des schwefelführenden Terrains der Untersuchung entrückt ist.

Am rechten Ufer des Sabato, unweit der Mühle von Altavilla sind diese jüngeren Schichten wieder weggewaschen theils durch den Sabato, theils durch die Gräben, welche von den Höhen der Orte Petruro und Torre Juni mit raschem Gefälle in diesen Fluss münden. Diese Gräben, Vallone Grancia und Vallone Gialleli, sind die einzigen, welche über das zu untersuchende Terrain einigen Aufschluss boten.

Folgende Figur soll über die Lagerungsverhältnisse und Vorkommen des Schwefels ein Bild geben.

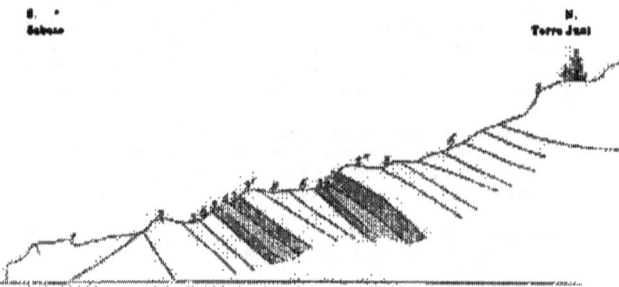

1. Vulcanischer Tuff. 2, 2', 2''. Conglomerat. 3. Gyps. 4. Schwefellager. 5. Lockerer Sandstein. 6. Mergel und Letten. 7. Geschiebe.

Der Tuff erfüllt die Thalbecken des Sabato und des unteren Theiles des Vallone die Tronti und ist mächtiger entwickelt an den Gehängen um Altavilla, als an den gegenüberliegenden, wo er zum Theil wieder weggeschwemmt ist. An der Wehre nächst der Mühle von Altavilla ist die junge Schichte ganz entfernt, und es stehen hier die Conglomerate an, aus denen eine Quelle austritt, welche viel Schwefelwasserstoff entwickelt. Das Verflächen dieser Conglomerate ist N. 35° W, mit 25—30°. Das Streichen ist somit von O. 35° N. gegen W. 35° S.

Derartige Conglomeratbänke von 20—30 Meter Mächtigkeit kann man am rechten Ufer des Sabato drei beobachten; von einander sind sie getrennt durch lockere Sandsteine und Mergel, die in Letten übergehen, der Gyps führend wird, und dieser umhüllt die Schwefellager, von welchen zwischen den drei Conglomeratschichten zwei aufgefunden wurden.

Ueber dem oberen Conglomerat folgt eine mächtige Masse blaugrauer Mergel und Thone, welche häufig Bergschlipfe veranlassen, und darauf ruhen lose Conglomerate oder ganz loser Schotter in einer Mächtigkeit von 800—1000 Fuss, welche die bewaldeten Höhen ober Chiancatella, Petraro, Torre Juri zusammensetzen und gewiss eine mächtige fluviatile Bildung, ähnlich unserem Belvedereschotter darstellen. Die Conglomerate und noch mehr der unter denselben liegende Gyps geben die Führung für die Auffindung der Schwefellager. Zunächst gruppiren sich die Funde in der Gegend der Webre an der Mühle von Altavilla, wo in einer Erstreckung von circa 200 Meter im Streichen die beiden Flötze bereits aufgedeckt sind, und zwar das untere Flötz durch die Galerie Gaeta der Gesellschaft des Herrn Wanick, das Obere durch die Herren du Marzo und Cabonne; auch dieses wird durch den Erbstollen (Ribano) sowie durch die 10 Meter über demselben liegende Galerie Gaeta bald erreicht werden.

Das obere Flötz schwankt zwischen 2 und 5 Meter Mächtigkeit, das untere Flötz hat man ebenfalls bereits mit 5 Meter Mächtigkeit angefahren. Die Erze, welche nach unten zu immer reicher an Schwefel werden, schätze ich auf 15—50 Pct.

Geschürft wird noch an mehreren Punkten von der Gesellschaft des Herrn Wanick, und zwar bei der grossen Regelmässigkeit der Lagerfolge und des Streichens der Schichten gegen Westen hin, gegen Tufo, wohl mit guter Hoffnung auf Erfolg. Der eine Schurf auf dem Grunde Lepori wird das untere Flötz zuerst erreichen, der andere westlicher, etwa 1300 Meter von der genannten Webre entfernt auf dem Grunde Pepoli wird nur das obere Flötz erreichen, da das untere Flötz bereits in der Thalsohle liegt. Dieses Flötz dürfte auch in weiteren 800 Metern gegen Westen noch zu erreichen sein; westlicher schwinden aber die Anzeichen seines Daseins, theils weil die Thalsohlen in höhere Schichten steigen, theils weil auch die Tuff- und Aschendecke mächtiger wird. Dasselbe ist der Fall gegen Osten, wo man die Fortsetzung des unteren Flötzes (Gaeta) in der Nähe der Mündung des Vallone di Tronti in den Sabato suchen müsste, wo wieder der Tuff Alles der Untersuchung entzieht.

Das obere Flötz dürfte noch von einem von Galeria Gaeta etwa 100 Meter westlicher liegenden Schurf des Herrn Cabonne erreicht werden, wenn er statt einem Stollen, der ihn nur in höhere Schichten führt, an dieser Stelle einen Schacht abteufen würde.

In der Schichtenfolge nach oben hin sind keine weiteren Schwefellager zu erwarten, nach unten hin ist die Möglichkeit nicht ausgeschlossen. Es müssten da die Schichten gegen die Macignozone hin genauer untersucht werden.

Das Gypsvorkommen bei Croccotella an der Strasse von Altavilla gegen Avellino gibt Hoffnung auf einem Erfolge in dieser Richtung. Eine Tiefbohrung bei Altavilla könnte vielleicht eben so viele Schwefelflötze aufschliessen, als bekanntlich in dem Conglomerate von Sumatina in Sizilien, einem Vorkommen, welches man wohl zunächst mit jenem von Altavilla vergleichen muss, eingeschlossen sind.

Einsendungen für die Bibliothek und Literaturnotizen.

F. v. D. Dr. H. v. Dechen. Geologische Uebersichtskarte von Deutschland, Frankreich, England und den angrenzenden Ländern. Zweite Ausgabe Berlin 1869. Gesch. d. Verf.

Der Güte des hochverdienten Herrn Verfassers verdanken wir ein Exemplar dieser schönen Karte, deren baldiges Erscheinen in unseren Verhandlungen 1869 pag. 2 bereits angekündigt war. Nicht sowohl eine Umarbeitung der in erster Auflage vor 30 Jahren unter dem gleichen Titel erschienenen Karte, sondern vielmehr eine vollkommen neue Arbeit liegt hier vor, die Dank der eingehenden Sorgfalt, mit welcher alle dem Verfasser zu Gebote stehenden theilweise bisher noch nicht publicirten Materialien benützt wurden, die ausserordentlichen Fortschritte zur Anschauung bringt, welche die topographische Geologie in den letzten Jahren in Mittel-Europa gemacht hat. Gerade die Reichhaltigkeit dieser Materialien aber lässt die so gelungene Vereinigung derselben in ein übersichtliches Gesammtbild als ein überaus dankenswerthes Unternehmen erscheinen, das, wie wir zuversichtlich erwarten dürfen nicht wenig dazu beitragen wird, das in neuerer Zeit ohnedem mit so grossem Eifer betriebene Studium der Geologie überhaupt noch weiter zu fördern.

In dem Maassstab von 1 zu 2,500,000 bildet die Karte ein Blatt von 32 Zoll Breite und 23 Zoll Höhe. Sie ist in Farbendruck ausgeführt und unterscheidet 29 verschiedene Gesteinsgruppen, von denen 17 auf die Schichtgebirge entfallen und zwar: a) Silurformation, b) Unter-Devon, c) Mittel- und Ober-Devon, d) Kohlenkalkstein und Culm, e) Flötzleerer Sandstein, f) Kohlengebirge, g) Rothliegendes, h) Zechstein, i) Bunter Sandstein, k) Muschelkalk, l) Keuper, m) Lias, n) Oberer oder weisser Jura, o) Wealdgebirge, p) Neocom-Illis., und Gault, q) Obere Kreide, r) Eocen, s) Oligocen, t) Miocen, u) Pliocen. Die krystallinischen Schiefer- und Massengesteine und die Eruptivgesteine sind in 8 Abtheilungen gebracht, und zwar A. Granit, Protogyn, Syenit. B. Gneiss und Glimmerschiefer C. Krystallinische und sogenannte metamorphische Schiefer. D. Quarz- und Felsit Porphyr. E. Gabbro, Melaphyr, Serpentin F. Trachyt. G. Basalt und Phonolith. H. Vulkanische Gesteine.

A. Steudel. Ueber die erratischen Blöcke Oberschwabens. Sep. aus den Württembergischen naturw. Jahresheften. Gesch. d. Verf.

Einer früheren in unseren Verhandlungen (1868, p. 27) erwähnten Abhandlung lässt Herr Steudel hier weitere Nachträge folgen, nach welchen nicht nur seine Annahme, der halbrunde Hügelkranz der sich um die Schussenquelle biegt sei als die Endmoräne des alten Rheingletschers zu betrachten, vollkommen bestätigt erscheint, sondern überdies noch eine Reihe weiterer Moränen auf der Hochebene von Oberschwaben nachgewiesen werden. — Auch für die Liste einfacher Gesteine von Oberschwaben, welche Herr Steudel in den Württemberg'schen Jahresheften 1866, Heft 1 gegeben hatte, bringt die vorliegende Abhandlung zahlreiche und wichtige Ergänzungen.

G. v. Rath. Mineralogische Mittheilungen. Fortsetz VII. Sep. aus Poggendorff's Annalen. Gesch. d. Verf.

Enthält: Nr. 29) Berichtigung der Winkel des Vivianit-Systemes. 30) Berichtigung der chemischen Formel des Kieselwismuths (Eulytin), 31) Bestimmung der Krystallform des Atelestits. 32) Ueber den Labrador aus dem Narodal bei Gudvangen am Sognefiord in Norwegen. 33) Ueber den Boulangerit von Silbersand bei Mayen. 34) Ueber eine neue krystallisirte Legirung des Zinks und Calciums.

H. Fischer. Kritische mikroskopisch-mineralogische Studien. (Freiburg 1869).

Der Herr Verfasser hat eine grosse Reihe angeblich einfacher Mineralien in Dünnschliffen mikroskopisch untersucht, und ist dabei zu dem Ergebnisse gelangt, dass insbesondere jene derselben deren chemische Analyse eine sehr complicirte Zusammensetzung ergibt, dann jene welche auch bei einer kleinen Anzahl von Bestandtheilen grosse Schwankungen in den Quantitäten derselben zeigen, endlich jene, welche selten oder nie krystallisirt gefunden werden, gar häufig sich in den Dünnschliffen als aus mehreren Substanzen zusammengesetzt zu erkennen geben, und demnach als einfache Mineralien fortan nicht mehr betrachtet werden dürfen. Bei blos auffallendem Lichte auch bei einem Anschliff, oder Befeuchtung der Oberfläche erscheint selbst mit der schärfsten Loupe die Substanz noch scheinbar homogen und lässt die Verhältnisse nicht ahnen, welche der Dünnschliff bei durchfallendem Lichte ergibt.

H. B. Geinitz. Ueber fossile Pflanzenreste aus der Dyas von Val Trompia (Separat aus von Leonhard und Geinitz Jahrbuch für Mineralogie u. s. w.). Gesch. d. Verf.

Die von Ed. Suess zusammengebrachten Pflanzen, über deren Vorkommen derselbe jüngst in den Sitzungsberichten der kais. Akademie ausführlich Nachricht gab (Verh. 1869, Nr. 9, pag. 175) werden hier eingehend beschrieben und theilweise abgebildet. Zu den schon von Suess nach den Bestimmungen von Geinitz angeführten Arten kommen noch hinzu: *Sphenopteris tridactylites* Brgt. und *Sph. Suessi* Gein.

F. Toula. Ueber einige Fossilien des Kohlenkalkes von Bolivia. Sitzungsb. d. kais. Akadem. der Wissensch. 1869, Bd. 59. Märzheft Sep. Gesch. d. Verf.

Die Fossilien, deren Beschreibung Herr Toula liefert, wurden von Herrn Dr. A. Ried von einer etwa 10 deutsche Meilen von Cochabamba in Bolivien entfernten Stelle eingesendet. Die durchschnittliche Meereshöhe dieser Gegend beträgt 15000 Fuss einzelne der gesendeten Exemplare wurden aber in der Höhe von 15000 Fuss, gefunden. Dieselben stimmen theilweise mit Arten überein, welche M. Forbes vor einigen Jahren aus der Nähe von La Paz beschrieb, als entsprechen, so weit es nicht neue Arten sind, durchwegs dem Kohlenkalk, und stimmen grossentheils mit wohl bekannten europäischen Arten vollkommen überein.

Paris. Annales des mines.

Eine sehr werthvolle Bereicherung unserer Bibliothek erhielten wir durch Uebersendung der 2. und 3. Serie der Annales des mines, welche uns unter freundlicher Vermittlung des Herrn L. Gruner, Inspecteur General des mines, von der Ecole des mines in Paris zugesendet wurden. Dieselben umfassen die Jahrgänge 1827—1841 in 28 Bänden, die aus 84 Lieferungen bestehen, und sind uns um so mehr willkommen als uns die sämmtlichen späteren Lieferungen der so überaus wichtigen Publication im Tausche gegen unsere eigenen Druckschriften fortlaufend zugesendet wurden.

Herr Gruner legte der Sendung eine Abschrift des Erlasses Sr. Excellenz des kais. französischen Ministers der öffentlichen Arbeiten Herrn de Boubeville an den Director der Ecole des mines Herrn Combes bei, durch welchen Letzterem die Ermächtigung zur Absendung der bezeichneten Bücher an die geologische Reichsanstalt ertheilt wird. „Ich stimme" heisst es in diesem Erlasse „Ihrem Verlangen mein Herr um so bereitwilliger bei, als ich mich glücklich schätzen werde auf diese Weise das hohe Interesse und die Werthschätzung zu bethätigen, welche ich für die von der Wiener Anstalt an das Bergwerks-Institut einlaufenden Publicationen hege". Für diese freundliche Anerkennung sowohl wie für die Sendung selbst fühlen wir uns zu dem lebhaftesten Danke verpflichtet.

F. Sandberger. Ueber die geologischen Verhältnisse der Quellen bei Kissingen. Separat aus den Verhandl. der physik. med. Ges. zu Würzburg. N. F. Bd. I, p. 159—165. Gesch. des Verf.

Die Schichtenfolge, welche in dem 2001 Fuss 9 Zoll tiefen Bohrschacht der Schönbornsquelle bei Kissingen durchsunken wurde, war bisher schon wiederholt besprochen aber nicht vollkommen richtig gedeutet worden. Ein genaues Studium der Bohrakten sowohl, als der Bohrproben, die Herr Sandberger vornahm, liess nun zunächst erkennen, dass eine in der Tiefe von 1638 Fuss bis 1740 Fuss durchsunkene Schichtenfolge von blauschwarzem Dolomit dem obersten bituminösen Platten-Dolomit der Thüringer und Harzer Zechsteinformation entspreche, und von diesem sicheren Horizonte ausgehend ergab sich was für die höheren Schichten von 1638 bis hinauf zu 1530 Fuss die Stellung im unteren Bunt-Sandsteine für die tieferen von 1740 bis 1884 Fuss die Zugehörigkeit zu den Salzmergeln des obersten Zechsteines, unter denen dann bis zur Sohle des Bohrloches Anhydrit folgt.

Die bedeutenden Kohlensäuremengen, welche in den Kissinger Quellen zu Tage treten, lassen sich nach Sandberger durch Umsetzung des in der oberen Region des Plänerkalkes sehr reich vertheilten Eisenkieses zu Eisenvitriol erklären, bei welcher das eine frei werdende Aequivalent der Schwefelsäure, dann weiter den Dolomit zersetzt, um Gyps und Bittersalz zu bilden.

F. v. V. Nikolay v. Kokscharow. Materialien zur Mineralogie Russlands. V. Bd. St. Petersburg. 1869. Gesch. d. Verf.

Abermals erhielten wir eine Lieferung dieses nach und nach erscheinenden Werkes, welche, wie alle vorhergegangenen, einen überaus grossen Reichthum von neuen werthvollen Beobachtungen enthält. Diese Lieferung — zugleich Ende des 5. Bandes — umfasst Mittheilungen, welche die Mineralspecies: Ilmenorutil, Flussspath, Linarit, Helvin, Achtarandit, Phenakit, Feldspath (Orthoklas), Epidot, Spinell, Platin, Diaspor und Diamant betreffen. Insbesondere verdienen darunter die an dem Linarit angestellten und mit grösster Genauigkeit durchgeführten Krystallmessungen die vollste Anerkennung.

Aus den am Orthoklas vorgenommenen Messungen ging hervor, dass man jetzt vier Hauptspecies unterscheiden kann, und zwar:

1. Adular (Zillerthal, Grisons), 2. Feldspath (Elba), 3. Vesuv-Sanidin (Vesuv-Rhyakolith) und 4. Laach-Sanidin (Laach-Rhyakolith). Von bedeutendem Interesse ist auch das Capitel über den Diamant, welches nicht nur dessen ganze Entdeckungsgeschichte anregend schildert, sondern auch die Art und Weise des Vorkommens, die Lagerstätten und die Resultate der genauen Messungen des Diamantes behandelt.

Agordo. Club Alpino Italiano. Succursale di Agordo. Avviso.

Wir entnehmen diesem aus dem Giornale della Provinzia di Belluno vom 6. Mai 1869 separat abgedruckten Flugblatte, dass sich am 3. Februar l. J. unter der Leitung des Herrn N. Pellati in Agordo eine Succursale des italienischen Alpen-Clubs gebildet habe, welche im Verbande mit dem Haupt-Club in Turin steht, und zunächst ihr Bestreben dahin richtet, den Besuch der Venetianer Alpen zu erleichtern. Gewiss bietet Agordo einen für diesen Zweck angewiesen günstig gelegenen Mittelpunkt, so dass man mit voller Zuversicht dem Unternehmen eine rasche Entwicklung in Aussicht stellen darf.

1) Bachmann Isidore. Quelques remarques sur une note de M. Renevier intitulée: Quelques observations géologiques sur les alpes de la Suisse centrale comparées aux Alpes vaudoises. Sep. aus der Berner

Vereinsmitglieder 60 kr., sonst 80 kr. ö. W. — für Jedermann leicht zugänglich gemacht ist, nach den verschiedenen Richtungen hin gewähren muss, ist es wohl kaum erforderlich, weitere Worte beizufügen. Wir hoffen mit Zuversicht, dass es dem Vereine an der nöthigen Theilnahme für sein Werk im grösseren Publicum nicht fehlen werde um die weiteren Sectionen in rascher Folge zur Ausgabe zu bringen. Was unser specielles Fach betrifft, so bietet die neue Karte eine ganz vortreffliche Grundlage für detaillirte geologische Einzeichnungen und wird in dieser Beziehung unzweifelhaft vielfach Verwendung finden.

M. M. **Michel Lévy et J. Choulette.** Mémoire sur les filons de Pribram et de Mies. Annales des Mines. Sixième Série. Tome XV. 1" Livraison de 1869. Paris 1869. Mit 4 Tafeln.

Der Hauptzweck der vorliegenden Arbeit, von der wir, da sie sich auf österreichische Vorkommnisse bezieht, hier Notiz nehmen müssen, scheint es zu sein, die sehr verschiedenen Gang- und Spaltenrichtungen der genannten Erzreviere mit den Linien des Beaumont'schen Reseau pentagonal in Einklang zu bringen. In den Abschnitten, welche über Geschichte, geographische Lage, geologische Verhältnisse u. s. w. überhaupt handeln wird der mit der deutschen Literatur Vertraute kaum etwas Neues finden, und auch die vollständigere Aufzählung der in den Pribramer Erzgängen auftretenden Mineralien kann wohl kein anderes Verdienst in Anspruch nehmen, als das, die bezüglichen Arbeiten von Reuss dem französischen Leserkreis der Annales des mines zugänglicher zu machen. Jedenfalls von höherem Werthe dagegen ist die detaillirte Aufzählung und Schilderung der einzelnen Gänge und Gangtrümmer, deren Anordnung und Vertheilung durch nett ausgeführte Kärtchen anschaulich gemacht wird.

Ausserdem wurde die Bibliothek durch folgende Bücher und Karten bereichert:

I. **Einzelwerke und Separatabdrücke:**

Buchner Dr. O. Die Meteoriten in Sammlungen. 4. Nachtrag. Separ. aus Pogg. Ann. 136. Band. Gesch. des Verf.

Dewalque G. Mélanges géologiques. Bruxelles 1867. 1. Karte. Gesch. d. Verf.

— Note sur quelques points de la géologie des environs de Tirlemont, par M. Van Horen. Rapport. Sep. aus Bull. Acad. R. de Belgique 2me ser. t. XXV, 6. 1868. Gesch. d. Verf.

— Observations sur le terrain silurien de l'Ardenne par M. Gosselet et C. Malaise. Rapport. Sep. aus Bull. Ac. R. de Belgique 2me sér. t. XXV, Nr. 5. 1868. Gesch. d. Verf.

A. Erdmann. Geologische Karte von Schweden. Herausgegeben unter der Leitung von A. Erdmann. IX. Heft, enthaltend die Blätter Nr. 26 bis 30, und zwar „Sala" von O. Gumaelius, „Ränäs" von Els Sidenbladh, „Horns" von M. Stolpe, „Lenfsta" und „Eggegrund" von H. Wahl. Jedes Blatt begleitet von einem Heft Erläuterungen. Geschenk des Leiters der Aufnahmen, Herrn A. Erdmann.

Freiberg. Gangkarte von dem inneren Theil des Freiberger Bergreviers Sect. Nr. XII. Grosshartmannsdorf, XIII. Brand, XIV. Freiberg, XV. Halsbrücke Voltsberg, XVI. Siebenleben.

Groth Paul Heinrich. Beiträge zur Kenntniss der überchlorsauren und übermangansauren Salze. Inaug. Diss. Berlin 1868.

Heidenhain Franz. Ueber graptolithenführende Diluvialgeschiebe der norddeutschen Ebene. Inaug. Diss. Berlin 1869.

Jarolimek Egid. Beitrag zur Theorie des Niebnetzens. Sep. aus der österr. Zeitschr. f. Berg- und Hüttenw. 1869. Gesch. d. Verf.

Keller Ant. Tomaso Catallo. Parole pronunciate in Padua nella chiesa di S. Sofia li XV Aprile 1869.

London. Catalogue of scientific papers 1800—1863. Compiled and published by the Royal society of London. Vol. II 1868. (Enthält die Artikel Cooklay bis Graydon).

Montagna C. Chev. Nouvelle Théorie du métamorphisme des roches. Naples 1869. (Gesch. des Verf.)

Nitsche Heinrich. Beiträge zur Anatomie und Entwicklungsgeschichte der Phylactolaemen Süsswasser-Bryozoen. Inaug. Diss. Berlin 1868.

Oberbeck Anton. Ueber die sogenannte Magnetisirungs-Constante. Inaug. Diss. Berlin. 1868.

Rath G. vom. Aus Norwegen. Sep. aus v. Leonhard und Geinitz Jahrbuch 1869. Gesch. des Verf.

Rohrbach Paul. Morphologie der Gattung Silene. Inaug. Diss. Berlin 1869.

Sandberger F. Bemerkungen über die Diluvialgerölle des Rheinthales bei Karlsruhe. Sep. Gesch. des Verf.

Scarpellini Caterina. Lettera necrologica intorno a Rosa Taddei. Roma 1869.

Schlosser. Dr. Jos. Ritter v. Klekovski und **Farkas-Vukotinovic Ludwig v.:** Flora Croatica. Sumptibus et auspiciis Acad. scient. et art. Slavorum meridionalium. Zagrabiae 1869.

Thielens Arm. Note sur le Noneeio Barbareaefolius Rchb. Sep. aus Bull soc. r. de Botanique de Belg. tom VII 1868, S. 274.

Wien. Reise der österr. Fregatte Novara um die Erde. Zoologischer Theil. I. Bd. Wirbelthiere, und zwar Säugethiere von J. Zelebor mit 3 Taf. — Vögel von A. v. Pelzeln 5 Taf. — Reptilien von Dr. Fr. Steindachner 3 Taf. — Amphibien von demselben 5 Taf. — Fische von Dr. R. Kner 16 Taf. — 1869.

2. Zeit- und Gesellschafts-Schriften:

a. Mit mehr als vierteljährigem oder unregelmässigem Termin der Publication.

Agram. (Zagreb) Rad Jugoslavenske Akademije znanosti i umjetnosti knjiga VII. 1869.

Auxerre. Bulletin de la société des sciences historiques et naturelles de l'Yonne. 22. Volume. Deuxième Série, Tome II. 1869.

Bremen. Abhandlungen herausgegeben vom naturwissenschaftlichen Vereine. 2 Bd. 1 Heft. (Beigeheftet der vierte Jahresbericht). 1869.

Cherbourg. Mémoires de la Société Impériale des sciences naturelles. Tome XIII. (Deuxième Série, Tome III) 1868.

Dublin. The Journal of the royal Dublin Society. Nr. XXXVIII. 1868.

Edinburgh. Proceedings of the Royal physical society. Sessions. 1862—1868, 4. Hefte.

Florenz. Statistica del Regno d'Italia. Industria mineraria. Anno 1865. — Milano-Firenze 1868.
— Statistica dell Regno d'Italia. Industria mineraria; Relazioni degl' Ingegneri del R. Corpo delle miniere 1864.

Frankfurt a. M. Jahres-Bericht des physikalischen Vereins für das Rechnungsjahr 1867—1868.

Güstrow. Archiv des Vereins der Freunde der Naturgeschichte in Mecklenburg. 22. Jahrg. herausgegeben von Dr. C. M. Wiechmann, 1869.

Kiel. Mittheilungen des Vereins nördlich der Elbe zur Verbreitung naturwissenschaftlicher Kenntnisse. 9. Heft 1868.
— 28. Bericht der Schl. Holst. Lauenb. Gesellschaft f. d. Sammlung und Erhaltung vaterländischer Alterthümer. Kiel 1866.

Kronstadt. Archiv des Vereines für siebenbürgische Landeskunde. Neue Folge. 8. Bd. 2. Heft. Herausgegeben vom Vereins-Ausschuss. 1869.

Liège. Revue universelle des mines u. s. sous la direction de M. Ch. de Cuyper. 10me Année Livr. 2—4. 1866.

London. Philosophical Transactions of the Royal Society for the Year 1868, Vol. 158 Part I. 1868, Part. II. 1869.

Luxemburg. Société des sciences naturelles du Grand-Duché de Luxembourg. Tome dixième. Ann. 1867 et 1868.

Melbourne. Transactions and proceedings of the Royal Society of Victoria. Part. I. Vol. IX. July 1868.

Mitau. Kurländische Gesellschaft für Literatur und Kunst. I. Sitzungsberichte 1850—63, 1. Bd. 1851—66. Einzelne Blätter incomplet. 1867 et 1868, 2 Hefte. 2. Arbeiten Heft 4—9, 1848—51. 3. Sendungen. Bd. II et III 1845 et 1846.

Neuchatel. Bulletin de la société des sciences naturelles Tome VIII. Premier cahier. 1868.

Offenbach a. M. Neunter Bericht des Offenbacher Vereins für Naturkunde über seine Thätigkeit vom 12. Mai 1867 bis zum 17. Mai 1868. — 1868.

Prag. Sitzungsberichte der königl. böhmischen Gesellschaft der Wissenschaften. Jahrg. 1868. (Januar-Juni und Juli-December.) 1868. 2. Heft.

— Magnetische und meteorologische Beobachtungen auf der k. k. Sternwarte zu Prag im Jahre 1868. 29. Jahrg.

— Abhandlungen der königl. böhm. Gesellschaft der Wissenschaften. 6. Folge, 2. Bd.

Stuttgart. Württemb. naturwissensch. Jahreshefte. 24. Jahrg. 3. Heft (mit 5 Steintaf.) 1868. — 25. Jahrg. 1. Heft (mit 1 Steintaf.) 1869.

Turin. Memorie della R Accademia delle scienze Ser. II, Tome XXIV. 1868.

Utrecht. Verslag van het Verhandelde in de algemeene Vergadering van het provinciaal Utrechtsch Genootschap van Kunst en Wetensch. 30. Juni 1868.

— Aanteekeningen van het Verhandelde in de Sectie-Vergaderingen van het Prov. Utrechtsch Genootschap van Kunst en Wetensch. ter Gelegenheid van de allgemeene Vergadering. 1868.

— Nederlandsch meteorologisch Jaarboek 1867, 2. 1868, 2.

Venezia. Memorie del regio Istit. Ven. di Scienze, lettere ed arti. Vol. XIV, Par. II. 1869.

Washington. Report of the Commissioner of General Land office for the Year 1868.

— Mineral resources of the states and territories. Report of Rossiter W. Raymond on the min. resourc. of the states and territ. west of the rocky mountains. 1869.

— Report of the commissioner of Agriculture for the Year 1867.

Geschenke des Herrn A. R. Rössler in Washington.

Wien. Bericht über Handel, Industrie etc. in Niederösterreich 1868, erstattet von der Handels- und Gewerbekammer.

— Jahrbuch der Landeskunde für Niederösterreich. Herausg. von dem Ver. f. Landeskunde. II. Jahrg. 1868.—69.

— Blätter des Vereines für Landeskunde von Niederösterreich. Neue Folge, II. Jahrg. Nr. 1—12. 1868.

— Amtlicher Bericht über die 32. Versammlung deutscher Naturforscher und Aerzte in Wien im September 1856. — Wien 1858. Gesch. des Herrn Wolf.

Würzburg. Verhandlungen d. Physical. Medicin. Gesellschaft. Herausg. von der Redactions-Commission der Gesell. Neue Folge. I. Bd., 3. Heft.

b) Vierteljahres- und Monats-Schriften:

Basel. Verhandlungen der Naturforschenden Gesellschaft. V. Theil 2. Heft. 1869.

Berlin. Zeitschrift der deutschen geolog. Gesellschaft. XX. Band, 4. Heft, August, September und October 1868. Taf. XV.—XXI. Bd. 1 Heft Nov. Dec. 1868, Jänner 1869. Taf. I—IV.

— Monatsberichte der königl. preuss. Akademie der Wissenschaften. Jänner, Februar 1869. (Mit 1 Tafel.) März 1869.

— Zeitschrift der Gesellschaft für Erdkunde zu Berlin, Herausgegeben von Prof. Dr. W. Koner. IV. Band. 1. Heft. 1869.

— Zeitschrift für das Berg-, Hütten- und Salinen-Wesen in dem preussischen Staate. XVI. Bd. 6. Liefer. 1868, XVII. Bd. 1. Lief. 1869.

Berlin. Zeitschrift für die gesammten Naturwissenschaften. Herausgegeben von dem naturwiss. Ver. für Sachsen und Thüringen i. Halle redig. v. C. Giebel und M. Siewert. 31. Bd. 1868. 32. Bd. 1868.
Calcutta. Proceedings of the Asiatic Society of Bengal. edited by the general Secretary. Nr. IX—XII. Sept. bis Dec. 1868. I—III. Jänner bis März 1869.
— Journal of the Asiatic Society of Bengal. New Series Vol. XXXVII. Nr. 149, 150. 1868. Vol. XXXVIII. Nr. 151, 1869.
Dresden. Sitzungsberichte der naturwissenschaftlichen Gesellschaft Isis. Jahrg. 1869. Nr. 1—3. Jänner, Februar, März. Mit 1 Tafel und 3 Holzschnitten.
Frankfurt a. M. Nachrichtsblatt der deutschen malakozoologischen Gesellschaft. Nr. 4, Februar 1869.
Gera. Natur und Leben. 5. Jahrg., 2. und 3. Heft. Köln und Leipzig. Ed. H. Mayer 1869.
Görlitz. Neues Lausitzisches Magazin. Herausgegeben von Prof. E. E. Struve. 45. Bd. 2. Heft 1869.
Gotha. Dr. A. Petermann's Mittheilungen aus Justus Perthes geographischer Anstalt etc. 1868. II—V. — Ergänzungsheft Nr. 26. enthält Moriz Lindemann, die arktische Fischerei der deutschen Seestädte. 1620—1868.
Hannover. Zeitschrift des Architecten- und Ingenieur-Vereines, Redigirt von dem Vorstande des Vereines. Bd. XIV, Heft 4, Jahrg. 1868.
— Mittheilungen des Gewerbe-Vereins. Neue Folge. 1868. II. 6. (Mit Tafel XII und XIII.)
Le Haye. Archives néerlandaises des sciences exactes et naturelles etc., rédigées par E. H. v. Baumhauer. Tome III. 3, 4, 5. Livraison. 1868.
Heidelberg. Jahrbücher der Literatur unter Mitwirkung der vier Facultäten. 62. Jahrg. 1.—3. Heft. Jänner bis März 1869.
Lausanne. Bulletin de la Société Vaudoise des sciences naturelles. Vol. X, Nr. 61. Avril 1869. (feuilles 8 — 12, planches 4 et 5).
Leipzig. Journal für praktische Chemie. Herausg. von O. L. Erdmann und G. Werther. 106. Band, 2.—7. Heft. 1869.
Lemberg. (Lwow) Rolnik etc. T. IV. zeszyt 7.—1. Kwietnia 1869. 2.—1. Maja.
London. The Quarterly Journal of the Geological Society, Vol. XXV, Part. 1, 2. 1869. Nr. 97 et 98.
— Proceedings of the royal Geographical Society. Vol. XIII, Nr. 1. February 1869.
— The geological Magazine or Monthly Journal of Geology. Nr. 58 et 59. Vol. VI, Nr. 4 et 5. April, Mai 1869.
Moscou. Bulletin de la société imperiale des naturalistes. Année 1868, Nr. 3 (avec 6 planches) 1869.
München. Sitzungsberichte der königl. bayer. Akademie der Wissenschaften. 1868, II., III. u. IV. Heft. 1869, Heft I u. II.
Palermo. Giornale di scienze naturali ed economiche Anno 1868, Vol. IV, Fasc. IV.
— Atti della società di acclimazione e di agricoltura in Sizilia. Tom VIII, Nr. 9—12 1868. 2 Hefte.
Paris. Annales des Mines. Sixième série, Tome XIV. Livraison 6 u. 7. 1868.
— Bulletin de la Société Géologique. 2 série. t. XXV 1868. Nr. 5. 1867 a 1868. Fevrier 1869.
— Journal de Conchyliologie comprenant l'étude des mollusques vivants et fossiles publié sous la direction de M. M. Crosse et Fischer. 1868.
Petersburg. Bulletin de l'académie impériale des sciences de St. Pétersbourg. T. XIII, Nr. 1—3. 1868.
Prag. Centralblatt für die gesammte Landescultur. XX. Jahrgang der neuen Folge, I. Jahrg. 4. Heft April u. 5. Heft Mai 1869.
— Lotos. Zeitschr. f. Naturwiss. XIX. Jahrg. Apr. et Mai 1869.

Stuttgart. Neues Jahrbuch für Mineral., Geol. u. Paläont. etc. von G. Leonhard u. H. B. Geinitz. 1868. Heft 2—4.

Venezia. Commentario della Fauna Flora e Gea del Veneto et del Trentino. Periodico trimestrale pubblicato per cura dai dottori A. P. Ninni et P. A. Saccardo. 15. Aprile 1869. Appendice.

— Atti del Reale Istituto Veneto di scienze etc. dal Novembre 1868 all' Ottobre 1869. Tomo decimoquarto, serie terza. Dispensa IV — VI. 1868—1869.

Wien. Mittheilungen über Gegenstände d. Ingenieur- u. Kriegswissenschb. Herausg. vom Genie-Comité. Jahrg. 1868. 1—6. Heft.

— Mittheilungen d. k. k. geogr. Gesellschaft. 1869. Nr. 7.

— Mittheilungen aus dem Gebiete der Statistik. Herausgegeben von der k. k. statistischen Central-Commission. XV. Jahrg. IV. Heft mit 4 Krt. 1869.

— Oesterreichische militärische Zeitschrift etc. X. Jahrgang, I. Bd., III. u. IV. Heft. (März—Mai.) Wien 1869.

— Sitzungsberichte der kais. Akademie der Wissenschaften. Phil.-histor. Classe. LX. Band. Heft I u. II. Jahrg. 1868. October, November.

— Sitzungsberichte der kais. Akademie der Wissenschaften. Math.-naturw. Cl. LVIII. Band. Jahrg. 1868.
 1. Abth. III.—V. Heft. October—December.
 2. Abth. III. und IV. Heft. Oct. u. Nov. 1868.

— Oesterr. botanische Zeitschrift. XVIII. Jahrg. 1868. Nr. 1 bis 12.

Gegen portofreie Einsendung von 3 fl. Ö. W. (2 Thl. Preuss. Cour.) an die Direction der k. k. geol. Reichsanstalt, Wien, Bez. III., Rasumoffskigasse Nr. 3, erfolgt die Zusendung des Jahrganges 1869 der Verhandlungen portofrei unter Kreuzband in einzelnen Nummern unmittelbar nach dem Erscheinen.

Neu eintretende Pränumeranten erhalten die beiden ersten Jahrgänge (1867 und 1868) für den ermässigten Preis von je 2 fl. Ö. W. (1 Thl. 10 Sgr. Preuss. Cour.)

Die nächste Nummer der Verhandlungen erscheint am 31. Juli.

№ 10.   1869.

Verhandlungen der k. k. geologischen Reichsanstalt.
Bericht vom 31. Juli 1869.

Inhalt: Vorgänge an der Anstalt. — Eingesendete Mittheilungen: Dr. O. Lenz, Trias von Spizbergen. B. Mühl, Die Amphibol-Trachyte von Dr. Jos. Szabó. M. Cramer, Ueber das Vorkommen reicher Schwefelantimon-Lager in der Moldau. Reiseberichte: Fr. Foetterle. Die Gegend zwischen Tittovitza, Orsova, der Tilva-Frasinului und Topics in der Rothenthurmer Militärgrenze. Dr. U. Schloenbach, Die Umgebungen von Pettalk, Mehadika, Poinach und Prigor in der Rothenthurmer Grenze, K. M. Paul, Die Umgebungen von Homonna im Nord-ungarn. Dr. M. Neumayr, Das Sandstein-Gebiet im östlichen Theil des Ungvárer Comitates. H. Wolf, Das Kohlenvorkommen bei Szomolí und das Eisensteinvorkommen bei Kább im Torontaler Comitate. Dr. Edm. v. Mojsisovics, Das Gebiet von Thierres, Mafeteln, Walchsee und Kössen im Nord-tirol. Einsendungen für das Museum: K. Freih. v. Czoernig. Salz aus dem grossen Mitter-mu im Suez-Canal. Einsendungen für die Bibliothek und Literaturnotizen: Ed. d'Eichwald, Dr. G. Tschermak, Dr. F. Zirkel, O. Struwer, R. Niemczelik, J. Kampf, Dr. G. A. Maack, k. k. Handelsministerium, F. Kreutz. Dr. Jachno. Bücher-Verzeichnis.

Vorgänge an der Anstalt.

Nachdem die geologischen Landesaufnahmen von Seite der Mitglieder der k. k. geologischen Reichsanstalt in vollstem Gange sind, wie dies aus den nachfolgenden Reiseberichten ersichtlich ist, hat sich zu Anfang dieses Monates auch der Director Franz Ritter v. Hauer zur Inspicirung dieser Arbeiten zu den in dem nördlichen Theile von Ungarn zwischen Kaschau und Munkács thätigen Sectionen begeben.

Zu den im Laufe des Monates September l. J. stattfindenden Naturforscher-Versammlungen sind freundliche Einladungen an die Mitglieder der Anstalt zur Theilnahme an denselben zugegangen und zwar von der

43. Versammlung deutscher Naturforscher und Aerzte. Diese Versammlung wird in diesem Jahre zu Innsbruck zwischen dem 18. und 24. September stattfinden. Die Herren Professoren Dr. O. Reinhold und Dr. L. v. Barth fungiren als Geschäftsführer derselben, und nehmen alle Anmeldungen zu derselben entgegen. Die meisten österreichischen und deutschen Eisenbahn-Directionen haben für die Mitglieder dieser Versammlung zur Hin- und Rückreise sehr wesentliche Fahrtbegünstigungen zugestanden. — Ferner von der

14. Versammlung ungarischer Aerzte und Naturforscher.

Diese Versammlung wird am 6. September und den fünf folgenden Tagen zu Fiume zusammentreten. Es werden bei derselben fungiren die Herren: Jos. Freih. v. Vécsey als Präsident, Dr. Geiza Halász als Vicepräsident und Dr. Em. Poor und Dr. Alb. Bódogh als Secretäre.

Die Fülle der interessantesten Gegenstände, welche an diesen beiden Orten dem Naturforscher geboten ist, lässt die Wahl als eine höchst gelungene bezeichnen und den günstigsten Erfolg voraussehen; jedenfalls werden mehrere Mitglieder unserer Anstalt, von den freundlichen Einladungen zu diesen Versammlungen Gebrauch machend, sich zu denselben einfinden.

Eingesendete Mittheilungen.

Dr. G. C. Laube. Trias von Spitzbergen. Aus einem Schreiben an Herrn Director v. Hauer.

Ueber die Ergebnisse eines Ausfluges nach Stockholm, den Herr Laube unmittelbar vor seiner Abreise mit der deutschen Nordpol-Expedition unternommen hatte, um über die geologischen Arbeiten der Schweden auf Spitzbergen sich genauer zu unterrichten schreibt derselbe:

Wir fanden Prof. Nordenskiöld und Loven zu Hause, von Upsala war Prof. Thore Fries gekommen. Axel Erdmann und Lindström waren verreist. Nordenskiöld zeigte uns, was von dem nordischen, und insbesondere Spitzberger Materiale an Ort und Stelle war. — Zunächst waren es eine Menge Bergkalkssachen von Bären-Insel und Spitzbergen mit den gewöhnlichen Brachiopodenresten. Von viel höherem Interesse waren mir die Triasschichten. Ich traute meinen Augen kaum, als ich unsere Wenger Schiefer in charakteristischer Ausbildung vor mir sah. Handstücke, welche ich für die k. k. geologische Reichsanstalt acquirirte, sende ich Ihnen gleichzeitig [1]. Ueber diesen Halobien-Schiefern, die stellenweise sehr bituminös sind, liegen Schichten mit Cephalopoden. Die Originale, welche Lindström beschrieben hat [2], hatte ich in Händen und finde viele Aehnlichkeit mit St. Cassianer Formen. *Nautilus Nordenskiöldi* sieht ganz aus wie ein *Nautilus* aus dem Hallstätter Kalke. *N. trochleaeformis* ist ein *Arcestes*, der sehr nach *cymbiformis* hinneigt, *Amm. Gaytani* ist wohl ein *Arcestes* aber wohl mehr eine Form wie ich sie als *A. Barrandei* beschrieb. *Ceratites Blomstrandi* ist ganz ähnlich unserem *A. Wengensis* Klp. — Weiter zeigte mir Nordenskiöld braune Schichten, die für Lias oder Jura gehalten wurden; ich habe darin jedoch auch Halobien gesehen und weiter zwei kleine Gastropoden, eine *Chemnitzia* und eine *Loxonema*, die unläugbar den Charakter von St. Cassianer-Arten haben.

B. Eiké. Die Ampbihol-Trachyte des Dr. Jos. Szabó nach dem „Budapesti-Közlöny" (ung. Amtl. Blatt) vom 14. Juli 1869.

In der am 12. Juli abgehaltenen Sitzung der mathematischen und naturwissenschaftlichen Abtheilung der ung. Akademie der Wissenschaften hielt Herr Dr. Joseph Szabó einen Vortrag über „Ampbihol-Trachyte".

---

[1] Für diese Sendung, die bereits hier einlangte, sind wir Herrn Dr. Laube sowie den freundlichen Gebern in Stockholm zum lebhaftesten Danke verpflichtet. Die schwarzen Schiefer mit zahlreichen Abdrücken von *Halobia Lommeli* Wiss. von Isfjord am Saarichuk sind in der That in den Handstücken von echten Wenger Schiefern nicht zu unterscheiden, während die Stücke von Cap Thordsen, die *Halobia rugosa* Gümb. (*Boueri Sturr*) und einen flach gedrückten Ammoniten — vielleicht *A. floridus*, enthalten, ebenso den Kelagrabuer Schiefern Stur's gleichen. Hauer.

[2] Verhandl. d. k. k. geol. Reichsanst. 1867, p. 343.

Seine Untersuchungsergebnisse weisen den Feldspath der von ihm in der Mátra und dem Tokajer Gebirge wegen des jüngeren Alters unter dem Namen Amphibol-Trachyt von den Andesiten unterschiedenen Gesteine bei den meisten für Labradorit (?) auf, wie das auch für die ähnlich aussehenden Trachyte in allen Trachyt-Gruppen von Ungarn stattfindet. Für die in der Mátra vorgefundenen anderen Amphibol-Trachyte fand er aber Anorthit, aus welchem Grunde diese Gesteine anstatt in die Trachyt-Gruppe in die Basalt-Gruppe aufgenommen zu werden verdienen würden, wenn das äussere Aussehen, welches an die ausgezeichnetsten Trachyte erinnert, es zulassen könnte. — Desshalb glaubt er diese Gesteine zwischen den Basalt und Trachyt reihen zu müssen und bezeichnet die Amphibol und Labrador enthaltenden Gesteine nach Abich mit dem Namen „Trachyt-Dolerit", während er für die Anorthit-Amphibol enthaltenden den Namen „Mátrait" wählt, aus dem Grunde, weil dieselben noch nirgends näher beschrieben worden sind, und weil man auch ihr Alter in der Mátra genau entnehmen kann.

Gleichzeitig zeigte Herr Prof. Dr. J. Szabó auch eine nett ausgeführte geologische und Boden-Karte der Comitate Heves-Szolnok vor.

B. Gesell. Über das Vorkommen reicher Schwefelantimon-Lager in der Moldau. (Aus einem Schreiben an Herrn k. k. Bergrath F. v. Hauer.)

Verfasser dieser Notiz wurde durch Berufsverhältnisse v. J. veranlasst mehrere Tage in den im Südosten Bukowina's gelegenen Eisenwerken Jakobeny's zuzubringen. Dieser Umstand bot ihm Veranlassung zum Besuche der 1 Meile südöstlich von Jakobeny gelegenen Sauerbrunnen Dorna's, am Flusse gleichen Namens, sowie zum Besuche anderer schon im moldauischen Territorium befindlicher, wegen des vorzüglichen Wohlgeschmackes den dortigen Einwohnern bekannter Sauerquellen Szara-Dorna's.

Ungefähr 1 Meile thalabwärts der Zusammenflussstelle der Flüsse Dorna und Bistritz, welche vereinigt unter dem Namen Bistritz das österreichische Territorium vom moldauischen trennen, und beiläufig ¼ Meile vom Bistritzthale landeinwärts ins moldauische Gebiet zu befinden sich drei mächtige, ziemlich die Form kreisrunder Kegel habende Erhöhungen, wovon die mittlere bedeutend grösser ist, als die beiden äusseren. Alle drei Kegel bestehen aus mit dünnen Schichten von Glimmerschiefern durchschossenem Schwefel-Antimon.

Nach Regengüssen nimmt man schon in einer Entfernung von mehreren hundert Klaftern einen häuslichen Schwefelgeruch wahr. Nur nach ziemlich oberflächlicher Messung und darauf basirter Berechnung lässt sich die Menge des Schwefel-Antimons ober der Erdoberfläche in allen drei Kegeln auf mehrere hunderttausende von Centnern angeben. — Diesem Schwefel-Antimon entspricht in seiner chemischen Zusammensetzung genau weder der Verbindung ($Sb_2 S_3$) Dreifach-Schwefel-Antimon, noch jener $Sb_2 S_5$ Fünffach-Schwefel-Antimon; sein Gehalt an Schwefel ist grösser als jener im Grauspiessglanz, geringer hingegen als im $Sb_2 S_5$ (Goldschwefel); er steht in der Mitte zwischen beiden, und scheint ein wechselndes Gemenge beider zu sein

Bemerkenswerth ist noch der Umstand, dass in nächster Nähe dieser Schwefel-Antimon-Kegel sich kohlensäurehältige Quellen befinden, die reichlich Kohlensäuregas exhaliren. So wurde in einer Quelle am Fusse der drei Kegeln vom Verfasser der Notiz eine Messung des ausströmenden Kohlensäuregases — freilich mit sehr primitiven Hilfsmitteln — vorgenommen. (Das Kohlensäuregas wurde in eine Rindsblase von bekanntem Volum aufgefangen.) — Die Berechnung auf Grundlage der mit Verlässlichkeit nur innerhalb weiterer Grenzen angestellten Versuche ergab, dass in 24 Stunden durchschnittlich 3560 Kubikf. Kohlensäuregas, also jährlich aus dieser einen Quelle 1·3 Millionen Kubikf. exhaliren.

Wird nun weiter berücksichtigt, dass der Basis-Umfang des grössten Kegels 125°, somit der Radius 20° misst, und der Neigungswinkel nahezu 30 Grade hat, so berechnet sich die Höhe des Kegels mit 6·13° und die Massenmenge des Schwefelantimons (mehr dem spärlich vorkommenden Glimmerschiefer) oder der Kub.-Inhalt des grössten der drei Kegel mit 2562 Kubikklftr.

Der Umstand, dass — wie schon oben erwähnt — dieses Schwefel-Antimon in grossen Mengen zu Tage liegt,, und diess in der Nähe des schiffbaren Bistritzflusses, dürfte für industriell-hüttenmännische Kreise von Bedeutung sein.

Reiseberichte.

F. Foetterle. Die Gegend zwischen Tissovitza, Orsova, der Tilfa-Frasinului und Topletz in der Roman-Banater Militärgrenze.

Die bisher durchgeführten Aufnahmsarbeiten umfassen dasjenige Gebiet der Roman-Banater Militärgrenze, welches sich von dem Ufer der Donau zwischen dem Jutz, Orsova und der Voditzer Mühle längs der serbisch-banater und der rumänischen Grenze bis an die Tilfa-Frasinului, die Kerhelitza und Topletz im Černa-Thale ausdehnt, also den südlichsten Theil des vorgenannten Regimentes einschliesst. An einem grossen Theile dieser Arbeiten hatten auch die Herren Dr. U. Schloenbach und Ferd. Freiherr von Benst sich betheiligt und haben daran anschliessend in letzter Zeit die Aufnahmen in die Almás fortgesetzt, während Herr Rod. Knapp die ganze Zeit hindurch mich begleitete. Den Begehungen in der Gegend zwischen Dubowa, Plawischewitza, dem Golez, Eibenthal und Tissovitza schlossen sich freundlichst die Herren Rob. und Fr. Hoffmann von Jeschelnitza und Herr Bergverwalter O. Hinterhuber von Berzaska an.

Das Terrain steigt von der Donau sehr rasch zu einer Höhe von über 200 Klftr. an, erreicht an vielen Punkten, namentlich an der serbischbanater Grenze die Höhe von 450 Klftr und darüber und bewahrt den ausgesprochenen Mittelgebirgscharakter. Es ist durchaus sehr stark bewaldet, so dass es in Folge dessen schwer zugänglich wird; mit Ausnahme sehr weniger Fusssteige, welche meist an die Almás führen, enthält es keine Wege. In Folge der starken Bewaldung, welche zum grossen Theile noch dem Urwalde angehört, sind in dem ganzen Gebiete, mit Ausnahme des Donaurandes und des Černa Thales, sehr wenige Entblössungen, wodurch die Aufnahmen in diesem Gebiete sehr erschwert werden.

Den grössten Theil des bisher untersuchten Gebietes nehmen krystallinische Gesteine ein. Gleichsam als Centralstock erscheint ein grobkörniger an Feldspath und Quarz reicher **Granit**, der sich zwischen Duhowa, Ogradena, Jeschelnitza über den Predial, die Kerbelitza, den Palcin und Kulmla Niagru, Mobila-Grecu und Kulmia-Kamulza ausbreitet. Beiderseits schliessen sich demselben **krystallinische Schiefer** aus Gneiss, Glimmerschiefer, chloritischen und Thonschiefern bestehend mit Einlagerungen von krystallinischem Kalk, Hornblendeschiefer und Kieselschiefer an. Letzterer ist namentlich dem Glimmerschiefer an der rumänischen Grenze mächtig eingelagert, und seine bedeutende Widerstandsfähigkeit gegen Verwitterung und Zersetzung dürfte namentlich Ursache der unter dem Namen des eisernen Thores bekannten grossen Katarakten sein, wo diese Schichten quer über die Donau setzen. Den krystallinischen Schiefern eingelagert ist die grosse Masse von **Serpentin**, welcher vom Cordonsposten Jutz bis nahe an Plavischevitza längs der Donau sich hinzieht und von hier in nördlicher Richtung über Eibenthal, den Kairamac, Katzenbreg, Krniecka Cioka und den Golec bis an den Niamze zu verfolgen ist.

In den meisten Fällen sehr dicht, compact, gleichartig und massig, wird er doch zuweilen schiefrig, von schalig conzentrischer Structur, und enthält nur bei Eibenthal eine kleine Kalkeinlagerung. Hingegen tritt in diesem Serpentin sehr häufig Chromerz auf, das oft theils in kleinen dünnen Adern, theils in grösseren Stücken ausgeschieden ist. Mehrere dieser Stücke nehmen sehr bedeutende Dimensionen bis zu einer Mächtigkeit von 7 Klaftern und auf eine Länge von nahezu 100 Klaftern an. Die bedeutendsten dieser Stücke sind am Golez mare, unterhalb der Krniecka Cioka, am Kraku kurestye und in der Umgegend von Eibenthal durch Bergbaue aufgeschlossen.

Von den den krystallinischen Schiefern und dem Serpentin aufgelagerten Gebilden nimmt die **Steinkohlenformation** nördlich von Eibenthal in dem Seitengraben Valje-Karbunari am Ostgehänge der Cioka Boberska einen äusserst beschränkten Raum ein. Ein in seiner Mächtigkeit sehr stark variirendes Kohlenflötz ist fast unmittelbar den krystallinischen Schiefern aufgelagert, von sehr geringmächtigen Kohlenschiefern mit Pflanzenfossilien der Steinkohlenformation begleitet, und von Porphyr und Porphyrtuffen überdeckt. Die Ausdehnung dieses kleinen Beckens übersteigt keine 400 bis 600 Klafter in der Länge. Erst in dem serbischbanater Regimentsgebiete unterhalb der Kukuljowa erscheint wieder der Steinkohlenschiefer und Sandstein dem Serpentin aufgelagert.

Längs dem Grenzrücken von der Kukuljowa bis zur Cioka Boberska, ferner von Omasnik mare bis Tilfa Frasinului sind dem Serpentin sowohl wie den krystallinischen Schiefern **Porphyrtuffe** aufgelagert begleitet von einzelnen **Porphyrmassen** von dichter grauer Grundmasse mit zahlreichen Feldspath und wenigen Quarzkrystallen; an einzelnen Punkten wie am Trikule an der Donau, und am Omesnik mik treten darin auch Melaphyrbreccien und Tuffe auf. Nur auf einzelnen Stellen gesellen sich zu diesen Gebilden rothe Schiefer und Sandsteine; es dürfte kaum gefehlt sein, diese Gesteine der Dyas zuzuzählen, obzwar bisher ganz bestimmte Anhaltspunkte hiefür fehlen. Ausserdem treten dieselben auch mitten in dem Gebiete der krystallinischen Schiefer auf wie in Kukui

Lakpilor und der Pojana-Rotata, am Meceleb und Tou-Moaului, in grosser Ausdehnung. Sandige Brauneisensteine sind namentlich zwischen der Kukuljowa und der Goka Hoberska ihre Begleiter.

Ueberall werden die Porphyrtuffe überlagert von einem sehr grobkörnigen quarz- und feldspathreichen lichten Sandsteine, der durch Ueberhandnehmen von grossen abgerollten Quarzstücken in ein förmliches Quarz-Conglomerat und in wahren Quarzit übergeht. Derselbe tritt namentlich an der Grenze des serbisch-banater Regimentes auf, und lässt sich einerseits in die Almás, andererseits bis an die Donau bei Swinitza verfolgen. Es muss wohl späteren Untersuchungen die Bestimmung vorbehalten werden, ob diese Sandsteine, welche auch am Meceleb und im Ogasu-Moalui auftreten, noch der Dyas oder schon dem Lias angehören.

Vom Kasan unterhalb Plawischewitza an bis Ogradena lehnt sich eine mächtige Kalkmasse an, welche die Donau hier durchbrochen hat, und die sich an beiden Ufern nahezu senkrecht bis über 400 Klafter hoch erhebt. Der Kalk ist an manchen Stellen mit einem südöstlichen Verflächen sehr deutlich geschichtet, sonst aber massig, lichtgrau bis weiss, dicht und von muscheligem Bruche. Einzelne Bruchstücke von Rudisten und zahlreiche Korallen zeigen, dass derselbe der Kreide angehört.

Unterhalb diesem Kalke am nördlichen Rande desselben in der hier befindlichen tieferen Einsattlung treten in einer sehr schmalen Zone graue Jurakalke und schwarze Schiefer, Quarzsandsteine und Conglomerate auf, welche wohl dem Lias angehören dürften. Als Fortsetzung dieser beiden letzteren Formationen dürften wohl die analogen Gesteine zu betrachten sein, welche an der Dupa piatra, im Norden von Orsova beginnend, sich in nördlicher Richtung über Toplctz in das obere Cernatbal ziehen. Namentlich werden bei Toplctz die Jurakalke mächtiger, während die Schiefer und Sandsteine nur an einzelnen Punkten hervortreten und auf Melaphyrtuffen anlagern.

Zwischen Ogradena, Jeschelnitza, Orsova und Schuppanek befindet sich ein kleines miocenes Tertiärbecken, dessen tiefstes Glied bei Schuppanek aus Badener Tegel bestehend, diesem angehörige Fossilien führt, und von schiefrigen Letten, welchen schwarze Kohlenschiefer und Lignitartige Kohle eingelagert sind, dann lockerem Sandsteine und Conglomerate, endlich von gelblichgrauem sandigen, glimmerreichen Letten mit etwa 25 Grad steiler, südöstlicher Schichtenstellung überlagert wird. Eine Lage von Diluvialschotter mit gelbem Lehm gemischt, bedeckt dieses bis auf die Höhe von nahezu 200 Klafter Seehöhe reichende Tertiärgebilde.

Dr. T. Schloenbach. Die Umgebungen von Pettnik, Mehadika, Patiasch und Prigor im Roman-Banater Grenzregimente.

Nach Beendigung der gemeinschaftlich mit Herrn Bergrath Foetterle ausgeführten Aufnahmen im südöstlichen Theile der I. Section zugewiesenen Arbeitsgebietes, worüber letzterer bereits berichtet hat, wurden mir von demselben mit Beginn dieses Monats (Juli) die Arbeiten im westlichen Gebiete der Section übertragen. Dasselbe umfasst die weiten Thalbecken der Almás und Kraina und die dieselben umgebenden Gebirge und reicht gegen Süden und Westen bis an die Regimentsgrenze, gegen Norden bis über den Parallelkreis von Mehadika hinaus, gegen Osten bis zum Meridian von Globukrajova; es gehören also dazu die Dalboschetzer, Bosovieser und Prigorer und Theile der Pettniker und Orsovaer Compagnie. Für diese Aufgabe hat sich mir Herr Ferd. Freih. v. Beust angeschlossen.

Von Osten her beginnend, haben wir bis jetzt die Aufnahme der Umgebungen von Pettnik, Mehadika, Pattasch und Prigor beendigt. Die Zusammensetzung dieses ganzen Gebietes, dessen östlicher Theil von Pettnik bis zur Wasserscheide zwischen der Cerna und Nera der Kraina, der westliche aber bereits der Almás angehört, ist ziemlich einfach. Es herrschen krystallinische Schiefergesteine, welche im südöstlichen Theile ein durchweg südwest-nordöstliches Streichen bei nordwestlichem Einfallen zeigen, im nördlichen Theile eine mehr westöstliche Richtung bei sehr wechselndem Verflächen erkennen lassen. — Diese krystallinischen Gesteine werden in den weiten Thalkesseln der Almás und Kraina von Jungtertiären Bildungen überdeckt, welche letzteren sich von diesen Thälern aus zungenförmig in die zahlreichen, zum Theil ziemlich weit und tief eingeschnittenen Fjords des krystallinischen Schiefergebirges hineingezogen haben, und oft an den Abhängen in Wasserrissen bis zu bedeutender Mächtigkeit aufgeschlossen, oft aber auch durch Denudation gänzlich entfernt oder in einzelne isolirte Schollen aufgelöst sind. In den Sohlen der Auswaschungsthäler ist auch im Verbreitungsgebiete jener Tertiärablagerungen meistens das krystallinische Grundgebirge entblösst, während an den Böschungen derselben die in der Regel schwach geneigten Tertiärgesteine anstehen — ein Beweis für das hohe Alter dieser Auswaschungs-Thäler als solcher. Die höchsten Punkte, bis zu denen wir die Spuren der tertiären Bildungen bisher verfolgt haben, besitzen etwa 330 Klafter (1980 Fuss) Seehöhe. — Von vortertiären Flötzbildungen haben wir in dem bisher begangenen Gebiete nur eine breite Zone von Sandstein aufgefunden, welche sich längs unserer östlichen Grenze in südöstlicher Richtung hinzieht und, bevor sie Pettnik erreicht, unter den tertiären Gebilden der Kraina der weiteren Verfolgung entzogen ist. Ueber das Verflächen dieser Sandsteinzone und über ihr Verhältniss zu den an ihrer westlichen Grenze auftretenden krystallinischen Schiefern vermag ich wegen Mangels deutlicher Aufschlüsse für jetzt nichts Bestimmteres zu sagen.

Seiner Beschaffenheit nach besteht das krystallinische Schiefergebirge im südöstlichsten Theile des Gebietes ausschliesslich aus Gneiss, welcher indessen in seiner Constitution ausserordentlich mannigfaltig und wechselvoll ist. Im Allgemeinen herrscht hier ein hornblendereicher Gneiss vor, in welchem der Glimmer oft sehr zurücktritt. Derselbe wird in ganz unregelmässiger Vertheilung von grobkörnig-granitischen Gängen von sehr wechselnder Stärke durchsetzt, in denen ebenfalls nur wenig Glimmer enthalten zu sein pflegt. Mehrere parallele Lager von Serpentin, welche nach beiden Seiten hin deutliche Uebergänge in jenen Hornblendegneiss und hie und da Spuren von Chromeisenerz-Führung zeigen, lassen sich ziemlich leicht darin verfolgen. Zwischen Prigor und Paulus tritt in concordanter Auflagerung auf einem ebenfalls sehr hornblendereichen Gneiss ein schmales, ebenfalls in südwest-nordöstlicher Richtung streichendes Lager dolomitischen Kalkes auf, welches indessen nur auf eine kurze Längenerstreckung zu beobachten ist, hier aber durch seine mauerartige Felsenbildung ziemlich auffällig hervortritt. Weiter nach NW. vorschreitend nimmt der Hornblendegehalt des Gneisses immer mehr ab, und der Glimmer wird unter gleichzeitigem Zurücktreten des Feldspathes, der manchmal nur in einzelnen Schnüren ausgeschieden ist, immer mehr vorherrschend, so dass ein vollständiger Uebergang von Gneiss in Glimmerschiefer stattfindet. Indessen bleibt letzterer nie länger constant und gewinnt nur im nördlichen Theile des Gebietes nördlich von Pattasch eine etwas mächtigere Entwicklung, wo er zugleich in grosser Menge Granaten führt. Gegen die Nordgrenze des Gebietes zu herrscht dagegen wieder echter Gneiss.

Von krystallinisch-körnigen gemengten Gesteinen haben wir in unserem Gebiete bisher nur porphyrartige, und auch diese nur in geringer Entwickelung beobachtet. Dieselben sind namentlich im Nera-Thale oberhalb Pattasch und am Gehänge südwestlich von Mehadika verbreitet, wo sie in den Wasserrissen in einzelnen kleinen Partien unter dem glimmerreichen Gneiss zum Vorschein kommen, während sie an der Nera zwar auch keinen massiven Stock, aber doch kleinere Felskuppen bilden. Sie bestehen aus einer oft mit Schwefelkies durchsetzten grauen, grünlich verwitternden Grundmasse, in welcher zahlreiche sehr deutliche, hell gelbgraue oder weissliche Feldspath-Krystalle von mässiger Grösse, sehr wenig Quarz und Glimmer, aber oft viele Hornblende-Krystalle liegen. Da der Feldspath vorwiegend Sanidin zu sein scheint, so dürften diese Gesteine den von hier bisher nicht bekannten Trachyten anzureihen sein.

Dass diese vereinzelten Vorkommnisse, welche als Mühlsteine vielfach Verwendung finden, einem gemeinsamen Hauptstocke angehören, welcher entweder nicht in grösserer Ausdehnung an die Oberfläche getreten ist oder ausserhalb des Gebietes liegt, ist wohl kaum zu bezweifeln. Es erscheint in ihrer Nähe die Lagerung der krystallinischen Schiefer meistens sehr gestört.

Die oben erwähnte Sandstein-Zone ist dem Gesteine nach gelblich oder röthlich, theils von mittlerem, theils von sehr grobem Korn, indem grössere, zuweilen eckige Stücke der in der Nähe auftretenden krystallinischen Gesteine mit einander fest cementirt sind. Die Aehnlichkeit mit den bekannten zwischen Tissovitza und Swinitza im Hangenden der rothen (Dyas?) Sandsteine auftretenden Conglomerat-Sandsteinen ist ziemlich gross. Petrefacten haben wir nicht darin gefunden, so dass vorläufig das Alter dieser Sandsteine noch ganz unentschieden bleiben muss, da auch die Lagerungsverhältnisse dasselbe nicht bestimmen. Auf der Mala und Welika Kerzia, den höchsten bisher überhaupt von uns beachteten Berggipfeln, erreichen sie eine Seehöhe von über 600 Kftr. und ca. 450 Kftr. über Prigor.

Unter den tertiären Bildungen sind typische Leithakalke mit sehr zahlreichen Petrefacten, ganz wie im Wiener Becken entwickelt, die ältesten; sie treten namentlich in den Umgebungen von Petnik und Globukrajova in ausgezeichneter Weise auf, und werden dort von einem mächtigen Schichtencomplex überlagert, welcher in wechselnder Folge aus glimmerreichem, sandigem, ebenfalls marine Petrefacten führendem Tegel und Sandsteinen, dann losen Conglomeraten besteht, die endlich in förmliche Schotter und flössartige Gebilde übergehen. In den glimmerreichen sandigen Tegeln finden sich nicht selten sehr schwache Flötzchen von Glanzkohle, die schon wiederholt zu vergeblichen Versuchen auf Erschürfung bauwürdiger Braunkohlen Veranlassung gegeben haben. Dass alle diese Gebilde, von denen wir den echten Leithakalk in seiner typischen Ausbildung bisher nur in der Kraina gefunden haben, aufs Engste zusammengehören, beweist die stets gleichförmige, schwach geneigte Lagerung und die geringe Constanz der einzelnen, den ganzen Complex zusammensetzenden Glieder, wenn man sie im Streichen verfolgt, wobei man allmählig die eine Ausbildungsform in die andere übergehen sieht. Wo die Auflagerung auf das krystallinische Grundgebirge direct zu beobachten ist, zeigt sich das Einfallen der tertiären Schichten nicht selten als widersinnisch.

Von quartären Bildungen haben wir bisher nur Gehängeschutt und die Alluvionen der Flussthäler, letztere namentlich ziemlich ausgedehnt im Thale des Krajova-Baches zwischen Pervova und Laposchnizel beobachtet.

K. M. Paul. Die Umgebungen von Homonna (Nordungarn).

Die bisherige Aufnahmszeit war der Untersuchung der westlichen Theile des Aufnahmsgebietes, des Kalkgebirges südlich von Homonna und des Sandsteingebietes von Udra, Papina, Jablonka und Telepócz gewidmet.

Aus dem Kalkgebirge ist namentlich die Gewinnung einer detaillirteren Schichtenfolge für obere Trias, Rhätisch und älteren Lias hervorzuheben, die sich bei wiederholtem Besuche der so interessanten Aufschlüsse gegenüber vom Schlosse Barko herausstellte.

Die Reihenfolge ist von oben nach unten folgende:

Weissgeaderte Kalke, zuweilen dolomitisch, stets mit Quarzitlagen.

Graue Mergelschiefer, wechselnd mit festen Kalkbänken mit Pentacriniten, Lima? und anderen undeutlichen Resten; 4—8°.

Kalkbank mit *Plicatula intusstriata, Ostrea Haidingeriana, Pecten* etc. 1—2°.

Kalkbank mit grossen Megalodon-Durchschnitten, 3—4' mächtig.

Kalkbank mit *Terebratula gregaria* 1—2°.

Dolomitischer Mergel ½°.

Kalkbank mit Lithodendren 1½°.

Kalkbank mit *Terebr. gregaria* (massenhaft, in den tiefsten Lagen knollig, und hier neben *Terebr. gregaria* auch Cephalopoden und Gastropoden enthaltend, 4—5°.

Mergeligere Schichten mit *Plic. intusstriata, Ostrea Haidingeriana, Pecten* 1°.

Weiche dunkle Schiefer ½°.

Festere Bank, dolomitische Mergel ½°.

Weiche Mergel mit festeren Bänken wechselnd ½°.

Dunkelrothe, kleinzerbröckelnde Mergelschiefer, 2—3° mächtig.

Quarzit und grober Quarz-Sandstein, dem im Lias auftretenden sehr ähnlich 5—6°.

Dunkle Schiefer mit einzelnen, festen, zuweilen quarzitartigen Bänken 6—8°.

Dünngeschichtete, etwas dolomitische Mergelkalke (Fleckenmergel) 20—30°.

Brecciendolomit.

Ein Liegendes des Dolomites ist nicht mehr zu beobachten; im Hangenden des weissgeaderten Kalkes folgen Dolomite mit Belemniten und weiterhin Hornsteinkalke und Spuren von Crinoidenkalk, die etwa die höheren Juraschichten repräsentiren mögen.

Nach diesem Durchschnitte gehört der in den Karpathen so weit verbreitete und meistens als Trias aufgefasste weissgeaderte Kalk sammt den dazu gehörigen Dolomiten und Quarzithänken sicher in den Lias, bildet jedoch nicht dessen tiefste Etage, ein Umstand, der in genauer Uebereinstimmung steht mit unseren Beobachtungen in den kleinen Karpathen, wo ich zuerst liassische Quarzite beobachtete und ausschied, und wo die Quarzite durch eine mächtige Ablagerung dunkler Kalke von den Kössener Schichten getrennt sind. Einen weiteren, wie ich glaube beachtenswerthen Umstand lehrt dieser Durchschnitt in Betreff der Kössener Schichten, dass nämlich Bivalven- und Brachiopodenfacies wiederholt übereinander folgen und somit nicht im Verhältnisse constanter stratigraphischer Horizonte zu einander stehen.

Leider bricht dieses in mancher Beziehung so interessante Kalkgebirge schon bei Porubka an den Trachyten der Vihorlatkette ab, während sein breites nördliches Vorgebirge von Sulower Conglomerat noch etwas weiter gegen Osten bis gegen Gross-Kamenitz fortsetzt.

Im Karpathen-Sandstein-Gebiete wurde zwischen Papina und Telepócz ein breiter Aufbruch älterer eocener Karpathen-Sandsteine constatirt, welche im Norden und Süden von Smilno-Schiefern begleitet sind. Die letzteren fallen am Nordrande nach NO., am Südrande nach SW.; in einem tiefen Thaleinrisse des dazwischenliegenden Gebietes fanden sich auch die ältesten der hiehergehörigen Bildungen, die Ropianka-Schichten typisch entwickelt.

Dass die Schichten unter den Smilno-Schiefern die sandigen Aequivalente der Sulower Conglomerate seien und daher am Südrande der Karpathen-Sandsteinmulde, wo die letzteren entwickelt sind, vergeblich gesucht werden dürften, dies wird unter anderen auch durch den Umstand wahrscheinlich, dass ich mitten in den, den Nordrand des Homonnaer Gebirges begleitenden Sulower Conglomeraten eine kalkig-sandige Schicht mit Hieroglyphen, denen der Belowezza- und Ropianka-Schichten ganz ähnlich, auffand.

Dr. M. Neumayr. Das Sandstein-Gebiet im östlichen Theil des Unghvarer Comitates (Nordungarn).

Der zum Unghvarer Comitat gehörende Theil meines heurigen Aufnahmsterrains, welcher jetzt beendet ist, die Gegend zwischen Pereczen, Mala Bereszna, Lyuta und Paskover gehört der karpathischen Zone an, mit Ausnahme eines Andesitberges in der südwestlichsten Ecke eines Ausläufers der grossen Trachytmassen, welche südlich das Sandsteingebiet begrenzen.

Die Hauptmasse des Sandsteingebiets und namentlich alle höheren Berge bestehen aus Magura-Sandstein; dessen Eintönigkeit einige Zonen der weicheren, älteren, eocänen Gesteine, der Belowezer und Smilnoer Schichten von ONO. nach WSW. streichend unterbrechen.

Die Klippenzone reicht nur mit einem ganz kleinen Stückchen bei Pereczen in das Terrain, wo im Wapeniza-Thale zwei Partien versteinerungsleeren, oberjurassischen Hornstein-Kalkes aus einer Hülle von Neocommergeln anfragen.

Bei Ó-Szemere hatte ich Gelegenheit das auffallende Vorkommen einer die Schichten des Magura-Sandsteines durchsetzenden gangartigen Conglomeratmasse zu sehen, welche v. Hauer im Berichte über die Uebersichtsaufnahme der hiesigen Gegend schilderte[1]). Die Verhältnisse beweisen, dass wir es nicht mit einer späteren Kluftausfüllung, sondern mit einer mit der Ablagerung der ganzen Sandsteinmasse gleichzeitigen Bildung zu thun haben, indem die Schichtflächen des Sandsteines regelmässig durch die Conglomeratmasse durchziehen und sich in dieser deutlich verfolgen lassen. Es ist schwer sich Rechenschaft zu geben, welche Umstände veranlassten, dass auf einer Strecke von etwa 5 Schuh Breite nur grobe Kiesel zur Ablagerung kamen, während rechts und links nur feiner Sand sich absetzte.

Besonders merkwürdig ist, dass die Schichten innerhalb des Conglomerates nicht mächtiger werden, sondern in Bänke getheilt sind, welche genau denen entsprechen, welche im Sandsteine auftreten, so dass man anzunehmen gezwungen ist, dass in jenem beschränkten Raume dieselbe Masse an Kieseln beigeführt wurde, welche in den anstossenden Theilen an Sand angeschwemmt wurde.

8. Wolf. Das Kohlenvorkommen bei Somodi und das Eisensteinvorkommen bei Rákó im Tornaer Comitate.

Zunächst nach meiner Ankunft in Kaschau fand ich die Aufforderung vor, das Eisensteinvorkommen auf dem Gute Rákó des Herrn Grafen v. Koglevich István einer Untersuchung zu unterziehen. Die Beobachtungen, welche ich dort und auf dem Wege dahin machte, sind der Gegenstand des gegenwärtigen Berichtes.

Das Gut Rákó liegt am Bodvaflusse im Tornaer Comitat, circa 7 Meilen von Kaschau südwestlich entfernt.

Merkwürdig sind die hydrographischen Verhältnisse der Ebene zwischen Torna und Nagy-Ida mit dem Bodvaflusse und seinen Zuflüssen.

Naturgemäss hatten die Wässer dieses Quellengebietes einst einen dem gegenwärtigen ganz entgegengesetzten Abfluss, und zwar in den Hernád, während er jetzt in den Sajó erfolgt.

Die diluvialen Schottermassen des Hernád hatten die Mündung dieser Zuflüsse in denselben bei Szina in mehrfachen Terrassen verlegt, hiedurch wurden die Wässer nach rückwärts aufgestaut und ein Binnensee geschaffen, welcher die grossen Thalweitungen ober Torna hinaus erfüllte.

Erst durch Höhleneinstürze in dem Kalkzuge von Aggtelek öffnete sich später die Spalte zwischen Perkupa und Szalonna nördlich von Szendrő, wodurch endlich die Wässer dieses Binnensees ihren Abzug über Edelény in den Sajó fanden. In dieser Richtung nun fliessen sämmtliche Wässer aus dem Quellengebiet nördlich von Torna und Szepsi.

In der Mitte des Weges zwischen Kaschau und Rákó liegt das dem Bisthum Rosenau gehörige Gut Somodi mit dem Bade gleichen

[1]) Jahrb. d. k. k. geol. Reichsanst. 1859, X. 120.

Namens, in dessen Nähe Kohlenschürfe bestehen. Diese gaben Anlass, dass Herr Paul im verflossenen Winter berufen ward, sie zu untersuchen und ein Gutachten abzugeben.

Mir wurde von den Unternehmern der Kaschauer Creditbank die Aufforderung, ebenfalls ein Gutachten hierüber abzugeben, da ihnen diese Kohlen zum Kaufe angeboten wurden.

Die Berge, welche zwischen Szepsi und Torna gegen die Ebene abfallen, bestehen aus Triaskalken und Dolomiten, welche streckenweise an den Rändern der Ebene von Conglomeraten besäumt werden. Diese Conglomerate bedecken westlich beim Bade einen kleinen Sattel und auf der Seite gegen Torna hin, ist ein sehr kleines Becken von ihnen erfüllt. Es enthält im Durchmesser nur etwa 40—60 Klftr. In diesem Becken liegen über den Conglomeraten sandig-kalkige Thone, die zu einem festeren Gesteine erhärtet sind, welche Sumpfpflanzen enthalten und auch Charensaamen zeigen. Ueber diesen sandig-kalkigen Thonen ruhen fette schiefrige Thone mit Kohlenanshissen. In diesen Thonen wurde geschürft und in 10 Klafter Tiefe mehrere Kohlenputzen die mehrere hundert Centner Kohlen ergaben, aber kein zusammenhängendes Lager gefunden. Die Kohle ist ziemlich schön und dürfte der älteren miocenen Braunkohle (unter den Cerithienschichten) angehören. Ohwohl dieses kleine Becken die Möglichkeit der Anwesenheit grösserer Kohlen-Quantitäten ausschliesst, so sind doch die inneren Ränder des Gebirges gegen Torna und gegen Szepsi hin, welche von den Liegend-Conglomeraten ebenfalls besäumt werden, nicht als so hoffnungslos zu betrachten. Doch bedarf es, will man nicht wieder in den angedeuteten Linien erfolglos schürfen, einer vorhergehenden specielleren Untersuchung.

Das Gut Rákó liegt am linken Bodvaufer an der Westseite des von Szepsi aus schon sichtbaren Ostramos, dessen Nordseite steil zum Bodvaflusse abstürzt. Zur Hälfte ist dieses Territorium von den Anschwemmungen des Bodvaflusses erfüllt. Die andere Hälfte, und zwar die östliche und südöstliche, besteht aus Grauwacken und Triasgesteinen (auch Anzeigen von Kössener Schichten sind vorhanden) über welche Nyirok, Schotter und Löss bis zu bedeutenden Höhen ausgebreitet liegt.

Die Anschwemmungen des Bodvaflusses bilden grösstentheils das Weide- und Wiesenland, die diluvialen Ablagerungen sind von dem Ackerbau occupirt, auf das Territorium der Trias- und Grauwacken-Gesteine ist die Forstcultur beschränkt.

Aus dem das Dorf Rákó von NO. über O. und S. bis SW. umschliessenden Höhenkranz senken sich drei Thäler nieder, welche sich im Dorfe selbst in einem gemeinschaftlichen Schuttkegel vereinigen, ehe ihre Mündung in den Bodvafluss erfolgt. Das dem Bodvaflusse zunächst gelegene Thal ist das Vaskővölgy, es erstreckt sich rein östlich und begrenzt den Südfuss des Ostramos, es endet in einem Sattel, welcher den Uebergang von Rákó nach Sz. András bildet; von ihm zweigen sich mehrere Seitengräben ab: das Domkóvölgy, welches sich nach Norden an dem Ostromos hinaufzieht, ferner das Melegvizvölgy, welches sich gegen SO. wendet, und mit dem Vaskővölgy den Kecskehát (Ziegenrücken) einschliesst. Das zweite Thal ist das Jánosvölgy, welches mit dem Melegviz den Nordrücken des Nagy-Oldal umschliesst. Das dritte Thal ist der Grenzgraben zwischen dem herrschaftlichen und dem Gemeindewald, welcher sich von Süd gegen Nord hin öffnet; zwischen demselben und dem Jánosvölgy liegen der grosse und der kleinere Pipishegy. Im Gemeindewalde weiter gegen Westen liegen noch zwei hervorragende Punkte: der Ibrahimbércz und der Szárkő, diese bildeten jedoch nicht mehr den Gegenstand der Untersuchung, dieselbe beschränkte sich vielmehr auf das Vaskövölgy (Eisensteinthal) und dessen Zuflüsse und auf den Ostramos, an dessen Nordseite schon lange Baue auf Brauneisensteine bestehen, die theils ärarische, theils Privat-Eigenthum sind. Es werden die Hütten von Diós-Györ bei Miskolcz und von Miskocka bei Kaschau von hiesigen Erzen beschickt.

Schon im Orte auf dem Schuttkegel zeigte es sich, dass die herrschenden Gesteine der Trias angehören, auch Stücke aus den Kössener Schichten wurden gesehen, jedoch der Punkt des Anstehens nicht aufgefunden; wahrscheinlich stammen diese Stücke aus dem Gemeindewalde vom Ibrahimbércz oder dem Szárkő.

Am Ende der Felder, wo das Tomkovölgy vom Vaskövölgy sich abzweigt, stehen dunkle Triaskalke an, welche nach unten hin in Rauchwacke übergehen, und diese ruht auf bunten Schiefern und Sandsteinen, in welchen zwar schlechte, aber noch genug deutlich erkennbare Exemplare von *Posidonomya Clarai* und *Myacites fassaensis* enthalten sind.

Diese Gesteine fallen von den Gehängen des Ostramos ab. Die Schiefer zeigen mehrfache Verdrückungen und ziehen sich längs des Kecskehát gegen Sz. András hin, während im Sattel zwischen dem Kecskehát und dem Ostramos lichtgrüne bis weisse Schiefer mit Quarzeinlagen erscheinen, welche auch mehrfach untergeordnete Kalke eingelagert enthalten, die nach Oben hin immer mächtiger werden und endlich die höheren Theile des Ostramos allein zusammensetzen.

Dieser Kalk und die unter demselben liegenden Schiefer sind die Träger der Eisensteine. Die Schiefer besonders sind es, aus welchen reichhaltige Rotheisensteine häufig ausgewaschen sind, die im oberen Theile des Vaskövölgy verstreut liegen. Kleinere Rotheisensteintrümmer und Körner finden sich jedoch auch auf dem Kalke bis auf die Spitze des Ostramos hinauf. Es bleibt räthselhaft, wie diese dahin kamen.

Auch finden sich zahlreiche Rotheisensteingeschiebe in dem Schotter unter dem Lehm, welcher nächst den Ziegelhütten von Rákó mehrere Klafter mächtig abgelagert ist. Die Eisensteine jedoch, in welchen die Baue am Ostramos bestehen, sind Brauneisensteine und erfüllen Klüfte und Höhlungen im Kalke, sie sind jedenfalls ein jüngeres secundäres Product.

Die Kalke des Ostramos und die unter ihm liegenden grünen und weissen Schiefer mit den Quarzeinlagerungen haben mit den Werfener Schiefern und den Triaskalken nichts gemein, weder in der Lagerungsfolge noch in petrographischer Beziehung. Ihrem Habitus nach können sie nur mit tieferen devonischen oder höheren silurischen Schichten verglichen werden.

Die Triasgesteine setzen mit Ausnahme des Ostramos die Borgo an der Südgrenze von Rákó zusammen. Zu unterst die Werfener Schiefer bei der Kirche von Rákó und in den unteren Theilen des Vaskö- und

Jánosvölgy. Die plattenförmigen schwarzen Kalke (Guttensteiner Kalke) brechen am Kecskebát und am Nordgehänge des Nagy-Oldal.

Darüber liegen dunkle Dolomite am grossen Pipishegy (Hühnerberg), in welchem ebenfalls einige Schürfe auf schlechte Brauneisensteine in älterer Zeit bestanden. Im Süden des Pipishegy liegen diesen Dolomiten die rothen erdigen Keupermergel auf, welche auch den Ibrabimbércz zusammensetzen. Da diese Schichten der Hauptsache nach ein Streichen von West gegen Ost und ein südliches Verflächen zeigen, so ist es höchst wahrscheinlich, dass die südlichen Höhenkämme von Kösseneer Schichten gekrönt sind, von welchen einige Repräsentanten im Schuttkegel der in das Dorf mündenden Thäler sichtbar wurden.

Von jüngeren Schichten als Trias, sind nur die Verwitterungsproducte des Thonschiefers, dann der gelbe und eisenoxydreiche Lehm (Nyirok) zu erwähnen, der weit über die Feldgrenzen in die bewaldeten Gehänge der Berge hinaureicht, und in welchem die zahlreichen Wassergräben eingerissen sind. Eigentlicher Löss mit Schnecken ist nur am Westgehänge des Ostramos bei der Ziegelhütte von Rákó mehrere Klafter mächtig aufgedeckt, er enthält zahlreich *Succinea oblonga*, *Pupa frumentum* und *Helix hispida* etc.

Nach Unten zu enthält der Löss zahlreiche Kalkknollen, sogenannte Lösskindl in unregelmässiger Form, die Basis bildet dann einiger Schotter, worunter Quarz am häufigsten, Rotheisenstein aber minder häufig, aber nicht selten sind.

Von der diluvialen Natur des Lehmes (Nyiroks), welcher am Ende des Vaskövölgy, den Sattel gegen Sz. András bis noch mehrere Fuss mächtig erfüllt, überzeugen einzelne grosse Quarzgerölle, welche in der Sattelhöhe ausgewaschen wurden.

Die Ebene von Rákó besteht meist aus humöser Erde, die sich während der langen Dauer der Sumpfperiode, in welcher das Bodvathal versetzt blieb, gebildet hat.

Die Ebene selbst, wenn man sie durch Bohrungen untersuchen wollte, würde wahrscheinlich auch Torflager in sich bergen.

Da der Zweck der ganzen Untersuchung war, einen geeigneten Punkt anzuzeigen, von welchem aus das Lager der Rotheisensteine selbst mit grösserer Wahrscheinlichkeit erschürft werden könne, so wurde ein Punkt in der letzten obersten Gablung des Vaskövölgy von mir bezeichnet, wo ein Quarzlager zwischen äusserst eisenoxydreichen Thonschiefer-Schichten diese Gablung durchsetzt. Unter derselben wurden bis centnerschwere Rotheisenstücke gefunden, welche nur aus diesem Thonschiefer ausgewaschen sein können. Ein wenige Klafter langer Schurfstollen gegen Nord getrieben, wird Gewissheit geben, ob ein abbauwürdiges Eisensteinlager vorhanden sei oder nicht.

Dem Herrn Eduard Griesbach, Waldmeister in Rákó, der mich bei meinen Untersuchungen trefflichst unterstützte, sage ich meinen besten Dank.

Dr. Edm. von Mojsisovics. Das Gebiet von Thiersee, Kufstein, Walchsee und Kössen in Nordtirol.

Das untersuchte Terrain umfasst den nördlichen Theil des in den heurigen Aufnahmsbezirk der VI. Section fallenden Abschnittes der nordtiroler Kalkalpen. Es zerfällt mit Rücksicht auf die gebirgsbildend auftretenden Formationen in zwei Abtheilungen. In der nördlicheren derselben treten ältere Gebirgsglieder als der Dachsteindolomit nicht auf; in der südlicheren dagegen spielen ältere Schichtgruppen der Triasperiode eine grosse Rolle. Beide streichen parallel durch die ganze Breite des Terrains.

Der nördliche Zug betritt bei Landl und Rietenberg im Gebiet von Thiersee das Terrain. Von da streicht eine bald mehr, bald weniger steil aufgerichtete, bald gegen Süden, bald gegen Norden verflächende, an mehreren Punkten sogar bis zu widersinnischer Lagerung überschobene Mulde von Dachsteindolomit, rhätischer Stufe und Jura in Einem, vom Innthale durchsetzten Zuge über Kiefersfelden, Ebs, Sehi in das zwischen der Niederung Walchsee-Kössen und der tirolisch-bayerischen Grenze befindliche Gebirge. Über die daselbst auftretenden Formationsglieder ist vorläufig zu bemerken, dass der als sehr guter Horizont sich erweisende sogenannte „Dachsteinkalk" völlig die Stelle des Hauptlithodendronkalkes des von Sueß und mir beschriebenen Profiles des Osterhornes einnimmt, da derselbe an mehreren Punkten, besonders deutlich im Grossachenthale nördlich von Kössen, noch von mergeligen Schichten mit rhätischen Fossilien (*Spirigera argyolpor, Terebr. pyriformis* u. s. w., „Kössener Facies") überlagert wird. Dass derselbe mit dem wahren Dachsteinkalke nichts gemein hat, habe ich bereits in meiner Arbeit „über die Gliederung der oberen Triasbildungen der östl. Alpen" angedeutet, und werde darauf in einem späteren Berichte — wenn die Umgebung von Waidring, welche ich bereits zum Zwecke der Recognoscirung mit Herrn Ernest Favre besucht habe, zur Sprache gebracht wird — ausführlicher zurückkommen.

Die Unterscheidung der jurassischen Bildungen ist mit besonderen Schwierigkeiten verbunden und fast jedes Profil zeigt Abweichungen in Gesteinsbeschaffenheit, Aufeinanderfolge u. s. w., so dass die Versteinerungen sehr spärlich vorhanden sind, daher ich mich begnügen musste, Lias von Malm (Oberalm-Schichten) zu trennen. Ob Dogger vertreten ist, muss dahin gestellt bleiben. — Von jüngeren discordant aufgelagerten Bildungen sind zunächst Neocommergel zu erwähnen, welche in bedeutender Mächtigkeit im Thale von Thiersee auftreten und auf eine bedeutende Erstreckung hin den Südrand der rhätisch-jurassischen Mulde überdecken. Ein wenig ausgedehntes Vorkommen ist dasjenige am rechten Innufer gegenüber Oberaudorf. Ausserdem kommen zum Theil in ganz kleinen isolirten Schollen, zum Theil in grösseren Partien Eocenbildungen sowohl im Thal von Thiersee als auch in der Thaleinsenkung zwischen Ebs und Kössen vor. Ausserordentlich verbreitet sind Glacialgerölle; Walkinff bricht an zwei Punkten in Thiersee.

Derselben Gebirgsabtheilung gehören drei parallele Züge von rhätisch-jurassischen Bildungen an, in deren Bereich das Thal von Wildbübel, der Ebser Berg und das Schwarzriessthal liegen.

Die südliche Gebirgsabtheilung, welche auch ältere Triasglieder als Dachstein-Dolomit zu Tage treten lässt, kann ich heute nur fragmentarisch behandeln, da die Begehung derselben noch nicht vollendet ist. Am linken Innufer fallen in dieses Gebiet das Hundsalmjoch, der Pendling, der Maisstaller Berg, am rechten Innufer das Kaisergebirge mit seinen Dependenzen. Die Reihenfolge der Triasglieder ist eine sehr vollständige, die Lagerung eine sehr einfache. Wie in den meisten Districten der Ostalpen, nimmt die obere Trias durch die Mächtigkeit ihrer pelagischen Glieder eine hervorragende Stellung ein. Ich constatire hier mit grosser Befriedigung, dass ich nun nicht mehr zweifle, dass auch in den Nordalpen im Niveau der südalpinen Torer Schichten, d. i. zwischen Wettersteinkalk und Dachstein-Dolomit, Einschaltungen litoraler Sedimente stellenweise vorhanden sind.

Während die Hauptmasse, namentlich die Gipfelmasse des hinteren wie des vorderen Kaisergebirges dem Wettersteinkalk angehört, wird der untere Theil derselben hauptsächlich von Partnach-Dolomit gebildet (Hemberg, südlich von Walchsee, Düll, Hintersteinersee u. s. w., an letzterem Orte ebenso wie die Partnach-Schichten bereits von Pichler nachgewiesen). Reingrabner Schiefer (litorale Einschaltungen im Niveau von St. Cassian) finden sich zwischen Partnach-Dolomit und Wettersteinkalk am Jöchel zwischen Hemberg und Hinterem Kaiser, rothe Mergelschiefer, vom Aussehen der mit den Reichenhaller Kalken in Verbindung stehenden, nördlich vom Hintersteinersee zwischen Partnach-Dolomit und Wettersteinkalk. Partnach-Schichten in Spuren im Gewürz-Thal bei Walchsee zwischen Muschelkalk und Partnach-Dolomit, ferner, wie Pichler bereits zeigte, unter den Partnach-Dolomiten am Südgehänge des Wilden Kaisers.

Ausserordentlich auffällig im ganzen untersuchten Gebiete ist die Discordanz zwischen Wettersteinkalk und Dachstein-Dolomit. Letzterer besitzt in der Mulde zwischen den beiden Kaisergebirgen häufig im mittleren Theile bituminöse Einlagerungen, welche an die Stink-Dolomite von Seefeld erinnern.

Von jüngeren Bildungen aus dieser Gebirgsabtheilung will ich heute nur muthmasslich tithonische Schichten erwähnen, welche ich zwischen Oberalm-Schichten und Eocaenmergeln zwischengelagert bei Egerbach, südlich von Kufstein, auffand. Dieselben bestehen in der unteren Hälfte aus rothen knolligen, an die karpathischen Czorsztyner Kalke erinnernden Kalkjdatten, in der oberen Abtheilung aus hellen, dünngeschichteten, manchmal an lithographische Steine mahnenden Kalken. — Ueber Häring in meinem nächsten Berichte. In der nächsten Nähe von Kufstein findet sich ein dem Häringer analoges, aber völlig aussichtsloses Kohlenvorkommen in einer schmalen Spalte des Dachstein-Dolomites.

Auch in diesem Gebiete sind Glacialablagerungen (Moränen, umgeschwemmte Glacialdepôts, erratische Blöcke) häufig. Auf die erratischen Blöcke der krystallinischen Centralkette wird von Seiten der Bevölkerung stark gefahndet. Ueberall, selbst an hochgelegenen Punkten, wird denselben, welche zu Eckpfeilern sehr beliebt sind, nachgegangen, und auf diese Weise werden auch bei uns diese schönen Zeugen der Gletscherzeit bald gänzlich verschwunden sein.

Einsendungen für das Museum.

F. v. V. Freih. von Czoernig. Salz aus dem grossen Bittersee im Suez-Canal.

Sr. Exz. Herrn K. Freih. von Czoernig verdankt das Museum unserer Anstalt einen grossen Bittersalz-(Epsomit) Block, welcher aus dem im Suez-Canal gelegenen grossen Bittersee stammt, den Herr Bar. von Czoernig auf seiner im verflossenen Jahre nach Egypten unternommenen Reise besuchte.

Der damals trocken gelegene See wurde seither wieder mit Meerwasser erfüllt, daher dieses Vorkommniss von nicht geringem Interesse ist. — In den Hohlräumen dieses grossen weissen Salzblockes sitzen kleine, farblose und büschelförmig gruppirte, säulenförmige Kryställchen, wie auch lange, äusserst zarte und seidenglänzende Fasern von Epsomit.

Dolomit trifft man an mehreren Stellen dieses Blockes als leichten Ueberzug an.

Einsendungen für die Bibliothek und Literaturnotizen.

Dr. U. Schl. Ed. d'Eichwald. Lethaea rossica on Paléontologie de la Russie. XII. Livr. Stuttgart 1869. p. I—XXXV und 833—1304 in 8°, Taf. XXXI bis XL in Fol. Gesch. d. Herrn Verf.

Das vorliegende Heft, welches die 2. Section der Période moyenne umfasst, schliesst den 2. Band dieses für die Naturkunde Russlands so wichtigen Werkes ab, über welches in diesen Blättern schon zu wiederholten Malen berichtet wurde. Es sind darin der Schluss der Gastropoden, die Cephalopoden, die Crustaceen, die Insecten, Fische und Reptilien enthalten. Alle diese Classen haben dem Verf. zahlreiche neue, zum Theil sehr interessante Arten und zum Theil auch neue Gattungen geliefert. Höchst eigenthümlich und neu ist die Ansicht des russischen Paläontologen über die Alveole und Scheide der Belemniten, in welchen er Generationsorgane sehen will.

F. v. V. Dr. Gust. Tschermak. Die Porphyrgesteine Oesterreichs aus der mittleren geologischen Epoche. Eine von d. kais. Akad. d. Wissensch. gekrönte Preisschrift. (Herausgegeben auf Kosten d. Akad. Wien 1869. 3 Taf. Gesch. d. Verf.

Es kann wohl nicht verkannt werden, von welcher hohen Bedeutung für die genaue Kenntniss unseres heimatlichen Bodens das eingehende Studium der daselbst auftretenden Eruptivgesteine ist, weshalb die kais. Akademie der Wissenschaften, von dem Wunsche beseelt die Petrographie im Allgemeinen, insbesondere aber jene unseres Vaterlandes zu fördern, am 31. Mai 1864 für eine mineralogisch-chemische Untersuchung möglichst vieler der in Oesterreich vorkommenden mittleren Eruptivgesteine — von der Dyasformation angefangen bis zur Eocenformation einen Preis ausschrieb, welcher am 30. Juni 1867 der vorliegenden Arbeit zuerkannt wurde. Die verhältnissmässig kurze Zeit, in welcher der Verfasser diese ebenso schöne als schwierige Aufgabe auf eine so ehrenvolle Weise zur Lösung brachte, verdient die vollste Anerkennung und mag als gerechte Entschuldigung dienen, sollte man wirklich in der Ungleichförmigkeit der Bearbeitung und Darstellung — wie der Verfasser bemerkt — einen Mangel erblicken.

Ein allgemeiner und ein specieller Theil bilden die beiden Hauptabschnitte dieses Werkes. Vorausgehend der genaueren Besprechung des ersten Theiles mögen im Nachstehenden noch einiges, der Einleitung entnommen, folgen.

Die auf österreichischem Boden auftretenden Massengesteine lassen sich ihrem geologischen Charakter nach abtheilen in solche, die den krystallinischen Formationen angehören, und in solche, die in den eigentlich sedimentären Gebieten als gleichzeitige Bildungen vorkommen. Die Gesteine der zweiten Gruppe zeigen vorwiegend ein porphyrisches, dichtes oder klein körniges Gefüge und lassen sich selbst wieder in jüngere und ältere trennen. Der Reihe der älteren Gesteine fällt die Porphyr- und Melaphyr-Gruppe zu, und diese beiden Gruppen sind es, welche vorliegende Arbeit umfasst, ausgenommen jene Gesteine, die sich als Bildungen der ältesten Sedimentärformation bis zur Steinkohlenzeit darstellen.

Die bald als selbständige Gesteine, bald als körnige Ausbildungsformen der sonst porphyrisch oder dichten Felsarten vorkommenden körnigen Massengesteine, welche in die gegebene Eintheilung nicht passen, sind natürlich gleichfalls in das Bereich der Untersuchung gezogen. Es werden sonach folgende Felsarten beschrieben: Quarzporphyr, Quarzporphyrit, Porphyrit, Melaphyr, Augitporphyr, Granit, Monzonit, Diabas, Gabbro, Teschenit, Pikrit, Olivingabbro und Serpentin.

1. Allgemeiner Theil. Geologische Verhältnisse.

Nach den Lagerungsverhältnissen kann man die eben aufgezählten Gesteine trennen: in deckenförmig auftretende, repräsentirt durch die Quarzporphyre Süd-Tirols, in solche, welche Lager bilden, wie die Melaphyre von Böhmen, in stockförmige Massen, wie der Monzonit und Granit des Monzoni, und endlich in gangförmig vorkommende, was die Melaphyre und Augitporphyre des südlichen Tirols am ausgezeichnetsten aufweisen. Die nächste Umgebung der Massen bilden in den meisten Fällen die Sedimentgesteine, doch stehen auch krystallinische Schiefergesteine damit im Contacte wie im Gebiete des Riesengebirges, während andererseits eine Berührung von Massengesteinen miteinander — Tirol — gleichfalls schon beobachtet wurde. Im Bereiche des Quarzporphyres von Süd-Tirol kommen sehr häufig Conglomerate und kleinkörnige Gesteine vor, welche alle als keine eigentlichen Sedimente aufgefasst werden können, da ihr Bindemittel wieder derselbe Porphyr ist. Dieselbe Erscheinung der innigen Verbindung von Massengesteinen mit klastischen Massen sieht man auch bei den Trachyt- und Andesit-Conglomeraten in Ungarn und Siebenbürgen.

Nachdem noch auf die Veränderungen hingewiesen wird, welchen die einzelnen Gesteine im Laufe der Zeit unterworfen sind, wie auf das geologische Alter derselben — was im speciellen Theil berücksichtigt werden soll — geht der Verfasser auf die mineralischen Bestandtheile, auf die Methode der mineralogisch-chemischen Untersuchung und auf die Berechnung der Analysen über. — Hieraus möge nur noch einiges über Olivin und Glimmer erwähnt werden.

In rundum ausgebildeten Krystallen und Körnern kommt der Olivin im Melaphyr-Augitporphyr, in feinkörnig dunkelgefärbten Massen im Olivingabbro vor. Der leicht zersetzbare Olivin, namentlich die einzeln eingeschlossenen Krystalle und Körner findet man nicht selten vollständig zu einem dem Chlorophäit ähnlichen Minerale umgewandelt; dort jedoch, wo grössere Olivinmassen im Gesteine enthalten sind, bemerkt man die gewöhnliche Umwandlung in Serpentin.

Die Angaben von Kaliglimmer in Trachyten und Porphyren haben sich als irrig erwiesen, da sie sich nur auf die oft perlmutterglänzenden Zersetzungsreste von Biotit bezogen.

2. Specieller Theil.

Das Riesengebirge. An das aus Gneiss, Granit und krystallinischen Schiefergesteinen aufgebaute Massiv des Riesengebirges schliessen sich im Norden und im Süden desselben als jüngere Bildungen die Schichten des Rothliegenden mit ihren Porphyren und Melaphyren an, während im Gaue sich noch die Ablagerungen der Kohlenformation einstellen. Die Melaphyre treten in Zügen oder auch in einzelnen Kuppen auf, und bilden am häufigsten Decken und Lager, seltener Gänge. Die älteren Melaphyre bilden Lager, deren Ausgehendes nur am nördlichen Rande des Rothliegend-Plateaus zum Vorschein kommt. Die jüngeren Melaphyre erscheinen als Decken und stellen breite Rücken und Hügelgruppen dar, deren Zusammenhang öfters durch Erosion gestört ist. Die älteren Melaphyre sind den jüngeren nicht ganz gleich, indem diese Augit enthalten, jene aber denselben nicht deutlich erkennen lassen. Wichtig ist es auch hervorzuheben, dass die Melaphyre Böhmens keine Hornblende enthalten. In chemischer Beziehung sind beide Melaphyre charakterisirt durch einen Kieselsäuregehalt von ungefähr 58 Perc. im Mittel.

Die bekannten von Jokely beobachteten drei Melaphyrlager, die er nach ihrem Alter von einander schied, lassen sich auch nach Structur und Gesteinszusammensetzung von einander sondern; so besteht das erste Lager aus dichten oder feinkörnigen Gesteinen ohne deutlichen Biotit und Chlorophäit, das zweite Lager aus feinkörnigen Gesteinen mit deutlichem Biotit und Chlorophäit und das dritte Lager aus deutlich krystallinisch körnigen Gesteinen ohne Magdaloidenbildung.

Die jüngeren Melaphyre zeigen keine auffallende Abwechslung in Bezug auf Structur und Aussehen, und lassen sich nur im Allgemeinen ohne bestimmte Grenze in grobkörnige, mittelkörnige und dichte bis halbglasige unterscheiden. Durch Umwandlung und Verwitterung bedingt erscheinen die Pseudomorphosen- und Mandelstein-Bildungen. Die Contacterscheinungen reduciren sich blos auf das Vorkommen verkieselter Zonen oder Absätze von Eisencarbonat an der Grenze gegen den Kalkstein. — Die Porphyrgesteine sind am meisten in der Waldenburg-Schwadowitzer Steinkohlenmulde entwickelt und müssen als Felsitporphyre bezeichnet werden. In der Hornfels- oder Thonstein-Grundmasse gewahrt man Feldspath- und Quarzkrystalle, auch Biotitblättchen, selten Hornblendesäulchen. Im übrigen sind den anderen Porphyren gleichen Alters analoge Verhältnisse.

Die Ostalpen. Die mit einer fast unübertrefflichen Mannigfaltigkeit in den Alpen auftretenden Massengesteine, deren Alter zwischen der Trias- und Kreideformation liegt, sind am mächtigsten in Süd-Tirol ausgebildet, und lassen sich daselbst in drei Gruppen theilen, und zwar: 1. in rothen Quarzporphyr, 2. in krystallinisch körnige Massen des Monzonit und Turmalin-Granit und 3. in Melaphyr, Augitporphyre und deren Mandelsteine.

Der rothe Quarzporphyr mit den Hauptgemengtheilen von Orthoklas und Quarz nebst Conglomeraten, Breccien und Tuffen, welche zum grossen Theil aus Porphyrmasse allein bestehen, selten fremdes Material beigemengt enthalten — macht das Hauptgestein des Süd-Tiroler Porphyrgebietes aus.

Das Gestein des Monzoni und des Massivs von Predazzo bildet der Monzonit, als eine körnige Ausbildung der Gesellschaft von Orthoklas, Plagioklas, Hornblende und Biotit — der blassrothe Turmalin-Granit setzt im Gebiete des Monzonit einen Theil des krystallinischen Stockes von Predazzo zusammen. — Die Trappmassen Süd-Tirols bestehen zum Theil aus Melaphyr, zum weitaus grösseren aber aus Augitporphyren; letztere, dichte basaltartige Massen mit eingeschlossenen Augitkrystallen häufig in Verbindung mit den entsprechenden Primär-Tuffen, wie mit sedimentären Tuffbildungen. Die Veränderungen, welche der Augitporphyr durch Umwandlung erleidet, lassen sich in viererlei Vorgänge bringen, deren Resultate sind: 1. Uralitporphyr, 2. ein Grünerde-Calcitgestein, 3. ein quarzhaltiges Epidotgestein und 4. Mandelsteine. — Im Gebiete der Süd-Alpen rechnet der Verfasser bloss die Felsitporphyre von Raibl hieher gehörig. — Gabbro als ein krystallinisches Gemenge von Diallag und kalkreichem Plagioklas ist aus dem Salzkammergut bekannt. — Derlei Felsarten finden sich in der nördlichen Kalkalpenzone nur an einigen Punkten in beschränkter Ausdehnung.

Die Ostkarpathen in Siebenbürgen. Die Porphyr- und Trappformation Siebenbürgens zeigt in ihren zwei Hauptverbreitungsgebieten, welche dem westlichen Theil des Landes zufallen, eine zweifache Ausbildung. Das eine Gebiet, der Torockóer Gebirgszug, umfasst die von Jurakalk bedeckten Porphyre und Melaphyre sammt ihren Tuffen, während im 2. Gebiete, im südwestlichen Erzgebirge, die Augitporphyre und Melaphyre zwei der weissen Körös parallele Züge bilden, begleitet von mächtigen Kalkmassen. Als 3. Hauptgebiet wäre im Osten das Persanyer Kalkgebirge zu nennen, in welchem ausser Porphyrit oder Melaphyr noch Olivingabbro verbunden mit Serpentin und Labradorfels mit Gabbro auftritt. Von kieselreichen Porphyren ist nur der Felsitporphyr häufiger anzutreffen.

Der Melaphyr ist dunkel röthgrau, die Mandelsteine graugrün mit einer feinkörnigen Grundmasse. Der Bestand und die Ausbildung lassen im wesentlichen keinen Unterschied von den übrigen erkennen, stellen aber die Hauptmasse desselben dem alpinen Melaphyr zur Seite. Die Mandelsteine zeigen eine specielle Aehnlichkeit mit jenen der ungarischen Karpathen, und zwar wegen der grossen Plagioklaskrystalle.

Der Augitporphyr gleicht gewissen Abänderungen der Süd-Tiroler vollständig. Was den Olivingabbro (Schillerfels) betrifft, so ergab die Untersuchung, dass es ein Olivin-Bronzit-Diallag-Anorthit sei, dessen Bestandtheile zum Theil durch Wasser-Aufnahme veruneinigt sind. In inniger Verbindung mit letztgenanntem Gestein tritt Serpentin auf.

Westliche Karpathen. Unter dieser Bezeichnung sind hier 3 Gebiete zusammengefasst, und zwar jenes der Waag, von Krakau und der schlesischen Karpathen.

Im Gebiete der Waag hat man von hieher gehörigen Gesteinen nur Melaphyr gefunden, welcher seiner Beschaffenheit nach zwischen dem böhmischen und dem Süd-Tiroler zu stehen kömmt, und von welchem eine Abänderung durch die eingesprengten grossen Plagioklaskrystalle ausgezeichnet ist. — Im Gebiete von Krakau stellen sich im Bereiche der Steinkohlen-, Trias- und Juraformation porphyrische Gesteine mit den dazu gehörigen Tuffen in wenig bedeutender Ausbildung, wie auch trachytähnliche Orthoklasporphyre ein.

Der Landstrich am Fusse der schlesischen Karpathen umfasst zwei ungewöhnliche Felsarten, nämlich den Pikrit und Teschenit, zwei Gesteine, welche meist in Lagern und Gängen auftreten und in geologischer Beziehung sich enge aneinander anschliessen. Der Pikrit ist ein basaltähnliches Gestein, das zur Hälfte aus Olivin-Krystallen besteht, und jenachdem er in der Grundmasse Hornblende, Biotit oder Diallag enthält, drei verschiedene Abänderungen aufweist. Der Teschenit ist ein basisches, Analcim führendes Feldspathgestein, das sowohl Hornblende als Augit führt.

Hiermit wäre ein kurzer Ueberblick über den reichen Inhalt der vorliegenden mit vielen Abbildungen und petrographischen Kärtchen ausgestatteten Arbeit gegeben, durch welche nicht nur die petrographische Kenntniss der einzelnen Gesteine so wesentlich erweitert, sondern auch die Möglichkeit der Beantwortung so mancher aus einer vergleichenden Betrachtung der einzelnen Gesteinsgruppen hervorgegangenen Frage erzielt wurde.

F. v. V. **Ferd. Zirkel.** Leucitgesteine im Erzgebirge. Poggendorff's Annal. Bd. CXXXVI. Sep. Abd. Gesch. d. Verf.

Von Naumann wurde im Jahre 1860 berichtet, dass auf einem Felde, unweit des Ortes Oberwiesenthal im Erzgebirge, Leucitoeder angetroffen wurden, welche jedenfalls dem Leucite selbst angehören. Diese Krystalle stellten sich als Pseudomorphosen heraus und bestanden aus einem körnigen Aggregat eines Minerals, welches der Zusammensetzung nach einem mit Braunstein gemengten Oligoklas gleich kommt.

Die Grundmasse, in welcher die Leucitoeder eingewachsen waren, erinnerte einigermassen an die mancher Leucitporphyre. Naumann meinte, dass man diese Masse als ein gangförmiges Gebirgsglied aufzufassen habe, welches in dem die dortige Oberfläche bildenden Basalt aufsetzt und unter jenem Felde anstehe. Die an Dünnschliffen der Leucitoeder von Oberwiesenthal angestellte mikroskopische Untersuchung ergab, dass man es hier wohl mit einer Oligoklas ähnlichen Zusammensetzung zu thun habe, keineswegs aber mit wirklichem Oligoklas, nachdem die charakteristische bunte Farbenstreifung im polarisirten Lichte gänzlich fehlte.

Auffallend war immerhin das versteckte Vorkommen von Leuciten an dieser Stelle, insbesondere aus dem Grunde, da selbe doch fast ausschliesslich den Gesteinsproducten thätiger oder erloschener Vulcane angehören. Den Nachweis zu liefern, dass Gesteine, welche Leucit enthalten — wenn auch nur mikroskopisch klein — im Erzgebirge eine weit grössere Verbreitung besitzen, als man dies bisher vermuthete, machte sich der Verfasser in dieser Arbeit zur Aufgabe. In dem bald als Phonolith, bald als Hornblende führenden Basalt bezeichneten Gestein von Hauenstein bei Schönwald ist der Leucit in den Dünnschliffen durch die achteckige Umgrenzung der Leucitoeders gekennzeichnet. Nicht selten gewahrt man im Centrum des Leucites eine massenhafte Anhäufung kleiner, dünner Nädelchen, welche wohl als Hornblendenädelchen gedeutet werden müssen. Ausserdem tritt noch als Gemengtheil Noseen und Nephelin auf. Ein ferneres Gestein, welches vom Verfasser untersucht wurde, ist jenes von Seeberg bei Kaden, welches fast zu gleichen Theilen Leucit und Hornblende enthält.

Die anderen Gesteine, in welchen der Verf. noch Leucit nachzuweisen im Stande war, sind die basaltische Wacke von Johann-Georgenstadt mit einem grossen Reichthum an Granat — die Basalte von Domina bei Sebastiansberg auf dem böhmischen Abhang des Erzgebirges — jene der südöstlich von Schreibersberg (zwischen Schwarzenberg und Annaberg) gelegenen Kuppe, in denen überdies noch ein selten vorkommender Gemengtheil, der Mellilith enthalten ist — ferner in dem Basalt von Geising bei Altenberg — und endlich in dem Plötzberg bei Annaberg, welcher unter allen Basalten den deutlichsten und wie es scheint auch reichlichsten führt. Nachdem bereits eine so treffliche Arbeit, wie diese zu Grunde liegt, ist wohl nicht daran zu zweifeln, dass in kürzester Zeit auch in anderen Basalten und basaltähnlichen Gesteinen des Erzgebirges sich Leucit wird nachweisen lassen.

F. v. V. **Giovanni Straever**, Studi sulla Mineralogia Italiana. Pirite del Piemonte e dell' Elba. Torino 1869. Accad. delle Sc. di Torino. Tom XXVI. Mit 14 Taf.

Vorliegende Arbeit liefert einen lehrreichen und gewiss Vielen willkommenen Beitrag zur genauen krystallographischen Kenntniss des Pyrites.

Auf einer grossen Anzahl von Tafeln finden sich alle die zahlreichen und complicirten Combinationen wie Zwillingsverwachsungen des Pyrites in trefflicher Weise dargestellt. Die Berechnung der einzelnen Flächen führte der Verf. nach Müller's Methode durch und hat dieselben äusserst anschaulich in einer Horizontalprojection zusammengestellt.

F. v. V. **G. Niemschik**, Ueber einige Mineralvorkommen in Steiermark. Aus den Mittheilungen des naturwissensch. Vereines in Steiermark. II. Bd. 1. Heft. Gratz 1869.

Auf den Halden der aufgelassenen Chromeisenerzbaue in der Gülsen bei Kraubath fand der Verf. im September 1869 äusserlich stark verwitterte mit Serpentin und Pikrosmin durchwachsene Knollen von Magnesit, deren einige einen festen, aus einem fein-schuppigen Mineral gebildeten Kern enthielten. Die weiteren Untersuchungen ergaben, dass dieses fragliche Mineral Bruzit (Talkhydrat) sei, ein bisher noch nicht bekannt gewesenes Mineral aus Steiermark.

Einen weiteren Abschnitt in dieser Arbeit bildet das Vorkommen von Fluorit und Calcit im Sulzbach-Graben bei Gams (Obersteiermark), wo die beiden genannten Mineralien, insbesondere der Fluorit, in ausgezeichneten Krystallen im Guttensteiner Kalk eingewachsen vorkömmt.

F. v. V. **J. Rumpf**, Mineralogische Notizen aus dem steiermärkischen Landesmuseum. 1. Ueber einen Kalkspath von Salla. 2. Ueber ein Harz aus den Kohlenrevieren von Voitsberg, Köflach, Lankowitz, Oberdorf und Piber. Aus den Mittheilungen des naturwiss. Vereines in Steiermark. II. Bd. 1869.

1. Der Gneissug Stuhalpe im westlichen Mittelsteiermark führt häufig körnige Kalke mit abbauwürdigen Lagern von Spatheisenstein. Aus dem NO. von Salla gelegenen Bergbau stammt der Krystall, über welchen sich die hier gemachten Mittheilungen erstrecken und der deutlich zwei zu verschiedenen Zeiten gebildete Abtheilungen erkennen lässt.

2. Ausser dem weissen Harzit bemerkt man auf den Spaltungsklüften der lignitischen Kohle in den angeführten Revieren nicht selten dünne, rothbraune, amorphe Ueberzüge oder braungelbe, mehlartige Anflüge eines Harzes, welche nach den gemachten Untersuchungen im Zusammenhange mit dem Harzit stehen. Man wäre sonach zur Annahme von drei Varietäten berechtigt, und zwar:

1. einer byzanthrothen und häufig bedeutend dunkleren,
2. einer gelblichbraunen bis ockergelben und
3. einer lederbraunen, welche sich in compacten undurchsichtigen Knollen findet.

F. v. V. **Dr. G. A. Maack**, Die bis jetzt bekannten fossilen Schildkröten und die im oberen Jura bei Kelheim und Hannover neu aufgefundenen ältesten Arten derselben. Palaeontogr. Bd. XVIII. Mit 8 Taf. Cassel 1869. Sep.-Abdr. Geseb. d. Verf.

Obwohl in neuester Zeit durch verschiedene Arbeiten die sowohl in geologischer als paläontologischer Beziehung interessante Umgebung Hannovers sehr gründlich bekannt wurde, so blieb doch noch zur Vervollständigung eine genaue Bearbeitung der daselbst vorkommenden höheren Wirbelthier-Versteinerungen übrig. Hauptsächlich sind es der Lindener Berg, der Tönjesberg und die Brüche bei Ahlem, welche von den einzelnen Erhöhungen der Umgebung Hannovers hier in Betracht kommen, und aus deren oberjurassischen Ablagerungen die zahlreichen Reste von Fischen, Sauriern, insbesondere aber von Schildkröten stammen. — Der Verfasser hat in dieser Abhandlung eine entsprechende Bearbeitung der Schildkröten-Fauna vorgenommen, welche sich nach den angestellten Vergleichungen als die älteste, bis jetzt bekannte herausstellen dürfte, da alle anderen als älter angegebenen Vorkommnisse theils auf Fussspuren beruhen, denen nur wenig Vertrauen geschenkt werden kann, theils aber auf solchen Knochenfragmenten, welche nichts weniger als Schildkröten-Reste sind. Die Hauptresultate, welche aus dieser werthvollen, auch alle übrigen bis jetzt bekannten fossilen Schildkröten-Arten umfassenden Arbeit hervorgehen, lassen sich in Kürze im Nachstehenden zusammenfassen: Je weiter hinab wir in die Geschichte unserer Erde das geologische Auftreten dieser Thierclasse verfolgen, desto mehr und mehr erkennt man die Vermischung der einzelnen in den jetzt lebenden scharf von einander geschiedenen Familien-Charaktere, auf welche Weise Formen entstehen, bei denen mehrere Charaktere in einem Individuum vereinigt sind, und die dann den Charakter einer sogenannten „Erstlingsform" an sich tragen, aus der sich im Laufe der Zeit die grosse Anzahl der jüngeren und jetzt lebender Schildkröten-Formen entwickelte.

Dass in früheren Erdepochen auf der Erdoberfläche ein weit gleichmässigeres Clima geherrscht haben muss, als dies heutzutage der Fall ist, beweist die geographische Verbreitung der älteren Schildkröten-Arten. — Der Grösse nach kann man die fossilen Schildkröten den jetzt lebenden an die Seite stellen, mit Ausnahme der Colossochelys Atlas aus der jüngeren Tertiärformation des Himalaya.

Die beigegebene systematische Tabelle der fossilen Schildkröten mit Angabe ihres geologischen Vorkommens gewährt einen zumerst raschen und vortheilhaften Ueberblick.

F. F. **k. k. Handelsministerium.** Bericht über die Weltausstellung zu Paris im Jahre 1867. Herausgegeben durch das k. k. österr. Central-Comité. Wien 1869. Band I—VI nebst Atlas zu Band 2.

Dieses höchst interessante und werthvolle Werke, dessen seit dem Erscheinen allseitig bereits so rühmlich gedacht wurde, verdanken wir als ein Geschenk für die Bibliothek der Anstalt Seiner Excellenz dem Herrn Handelsminister.

Der 1. Band umfasst die Einleitung von dem Chef-Redacteur, den Bericht Herrn Dr. F. N. Neumann's, ferner der Kunstwerke und die Histoire du Travail und Instrumente für Kunst und Wissenschaft; der 2. Band Werkzeuge und Maschinen und Verkehrsmittel, hiezu einen Atlas mit 40 Tafeln; der 3. Band die chemischmetallurgische Industrie, Nahrungsmittel und Getränke; der 4. Band Garne, Gewebe, Bekleidungsgegenstände und Papier, Kunstgewerbe, Möbel und Einrichtungsstücke; der 5. Band Land- und Forstwirthschaft, und der 6. Band die Social-Ökonomische Abtheilung.

Es ist hier nicht der Platz, um auf den reichen und lehrreichen Inhalt jedes einzelnen dieser Berichte einzugehen, doch sei nur erwähnt, dass der uns am meisten interessirende Theil, die geologischen Karten umfassend (6. Band), der Herrn Dr. J. J. R. Lorenz zum Verfasser hat, bereits in Petermann's geographischen Mittheilungen 1867 im Auszuge erschienen ist, und wir auch Herrn Director v. Hauer eine kurze Mittheilung über geologische Karten auf der Pariser Ausstellung verdanken. (Verh. 1867, pag. 281.)

F. F. **F. Kreutz.** Tatry i wapienie ryfowe w Galicyi. (Die Tatra und die Klippenkalke in Galizien. Aus dem Rechenschaftsberichte der physiographischen Commission der k. k. gelehrten Gesellschaft in Krakau. 3. Band, p. 1.)

Diese sehr fleissige Arbeit gibt einen kurzen, dem neuesten Standpunkte der geologischen Wissenschaft vollkommen entsprechenden Ueberblick der geologischen Beschaffenheit dieser Gebirgstheile, welche aus persönlicher Anschauung Herr Kreutz im verflossenen Jahre während den Detailaufnahmen der geologischen Reichsanstalt, denen er sich durch einige Zeit freiwillig anschloss, kennen zu lernen Gelegenheit hatte.

F. F. **Dr. Jachno.** Skamieliny michocińskie. (Versteinerungen aus Michocin. Aus dem Rechenschaftsberichte der k. k. gelehrten Gesellsch. in Krakau. 3. Band, p. 29.

Der Herr Verfasser hatte im Jahre 1868 bei dem genannten Orte in der Nähe von Daikowa bei Gelegenheit der Schottergewinnung im Sande unter dem Diluvium einige Fossilien meist der oberen Tertiärschichten gesammelt, und die Resultate der Bestimmung derselben veröffentlicht.

Jahrbuch der k. k. geologischen Reichsanstalt. Jahrg. 1869. XIX. Bd. Nr. 2. April, Mai, Juni. (Mit Taf. VII—IX.) Wien. Dieses Heft enthält:
I. Geologische Studien in den Tertiärbildungen des Wiener Beckens. Von F. Karrer und Th. Fuchs. (Mit 2 Holzschnitten und einer Tabelle). Seite 189—210.

II. Beiträge zur Geognosie und Mineralogie Tirols. Von Adolf Pichler. Seite 211—216.
III. Die Klippen im Wiener Sandsteine. Von Carl Ludolf Griesbach. Seite 217—224.
IV. Mineralogische Notizen. Von V. Ritter v. Zepharovich. Seite 225—234.
V. Erläuterungen zu den geologischen Karten der Umgebung von Hajdu-Námas, Tokaj und Sátor-Alja-Ujhely. Von Heinrich Wolf. (Mit 10 Holzschnitten). Seite 235—255.
VI. Die geologischen Verhältnisse des nördlichen Sároser- und Zempliner Comitates. Von K. M. Paul. (Mit 8 Durchschnitten). Seite 256—280.
VII. Ueber das Niveau der *Halobia Haueri*. Von D. Stur. Seite 281—288.
VIII. Kleine paläontologische Mittheilungen. Von Dr. U. Schloenbach. Vierte Folge. (Mit Tafel VII). Seite 289—294.
IX. Untersuchung des Mineralwassers von Rajec-Töplitz. Von Egmont Glasel. Seite 295—298.
X. Einige Notizen über das Banater-Gebirge. Von G. Marka. (Mit 6 Holzschnitten und Taf. VIII und IX). Seite 299—340.

Ausserdem wurde die Bibliothek durch folgende Bücher und Karten bereichert:

a) Einzelwerke und Separatabdrücke:

J. Auerbach. Ueber den sogenannten Achtaryndit. Sep.-Abdr. aus Bd. III. der 2. Ser. der Verhandl. der Russisch-Mineralogischen Gesellsch. zu Petersburg.
B. v. Cotta. Schlangenberg am Altai. Aus der Leipziger Berg- und Hüttenmännischen Zeitung. Jahrg. 29. Nr. 28.
A. v. Groddeck. Ueber die schwarzen Oberharzer Gangthonschiefer. Aus der Zeitschrift der deutschen geolog. Gesellsch. Jahrg. 1869.
Dr. A. Manzoni. Bryozoi Pliocenici Italiana. Sep.-Abdr. aus dem LIX. Bd. d. Sitzungsb. d. kais. Akad. d. Wissensch. 1. Abthl. Jänner-Heft 1869.
Prof. A. Müller. Ueber die Umgebung des Crispalt. Sep.-Abdr. aus den Verhandl. d. Naturf. Gesellsch. zu Basel 1869.
A. Schneider. Encyclopedie zur Landeskunde von Galizien. Bd. I. Heft 2.
R. v. Willemoes-Suhm. Ueber Coelanthus und einige verwandte Gattungen. Palaeontogr. Bd. XVII. 2. Mit 2 Tafeln.
C. Grewingk. Ueber Eisschiebungen am Wörzjärw See in Livland. Mit 1 Tafel. Dorpat 1869.

b) Zeit- und Gesellschafts-Schriften:

Bamberg. Achter Bericht der naturforschenden Gesellschaft für die Jahre 1866—1868. Mit 15 Taf. Bamberg 1868.
Bonn. Verhandlungen des naturh. Vereines der preussischen Rheinlande und Westphalens. 25. Jahrg. 3. Folge 5. Jahrg. 1. und 2. Hälfte 1868.
Innsbruck. Zeitschrift des Ferdinandeum für Tirol und Vorarlberg. Herausgegeben von dem Verwaltungs-Ausschusse desselben. 3. Folge. 14. Heft. Innsbruck 1869.
Kiel. Schriften der Universität aus dem Jahre 1868. XV. Band. Kiel 1869.
Lemberg. Zeitschrift für Landwirthe. V. Bd. 1. Heft. Jahrg. 1869. Lemberg 1868.
Oedenburg. Schulprogramm des evang. Gymnasium. 1868—69.
Pest. Druckschriften der königl. ungar. Akademie der Wissenschaften: 1. A mathematikai és természettudományi osztályok közlönye. Az Akad. renddel szerkeszté Győry Sándor, hatodik köt., második és első füzet. Pest 1868. 2. A. M. Tud. Akad. rendeletéből közre teszi a titoknok. Negyedik kötet I., II. füzet, Pest 1866 3. M. Tudom. Akad. Almanach, Pesten 1867 és 1868. 4. Mathematikai és természettudományi közlemények, vonatkozólag a hazai viszonyokra, szerkeszté Szabó József, IV. kötet 1865—1866. 5. A. M. T. Akademia rendeletéből szerkeszti Rónay Jáczint, második évfolyam. 1—8 Szám, első évfolyam. 1—17 szám 6. Értekezések a természettudományi osztály, köréből,

szerkeszti Greguss Gyula Győrn I—XII. szám 7. Értekezések a mathematikai osztály köréből, szerkeszti Nagy Kálmán. I—II. szám. 8. Légtüneti észleletek, szerkeszti Kruspér István, 1 kötet. Pest 1869. 9. Jellemző adatok Magyarország faunájából, Frivaldszky Imrétől, 13 kőrajzu táblával. 10. A képző-művészet Operationes Pisticae, Előadta Balassa János, Kép-Atlasz, 18 táblával.

Petersburg. Druckschriften der geographischen Gesellschaft. 1. Jahresbericht der Gesellschaft. 2. Mittheilungen Bd. IV. IV. Nr. 4—9. Bd. V. Nr. 1. 3. Verhandlungen, Petersburg 1869.
— Bulletin de l'Académie Imperiale des Sciences. Tom. XIII. Feuil. 31—37.
— Mémoires de l'Académie Imperiale des Sciences. Tom. XII. Sér. VII. Nr. 4 et 5, Tom. XIII, Sér. VII. Nr. 1—7.

Riga. Correspondenzblatt des Naturforscher-Vereins, 17. Jahrg. Riga 1869.

Saint-Quentin. Société-Académique des Sciences, Arts, Belles-Lettres, Agriculture et Industrie. Tom. VIII. Sér. troisième. Saint Quentin 1868.

Teschen. Programm des k. k. Ersten (kath.) Staatsgymnasiums für das Schuljahr 1869.

c) Vierteljahrs- und Monats-Schriften.

Gratz. Mittheilungen des naturwissenschaftlichen Vereines für Steiermark. Bd. 2. Heft 1. Mit 2 Taf, Gratz 1869.
Hannover. Mittheilungen des Gewerbe-Vereins. Neue Folge. 1869, 2. Heft. Mit 9 Tafeln.
Heidelberg. Jahrbücher der Literatur unter Mitwirkung der vier Faculäten, 62. Jahrg. 4. Heft, Heidelberg 1869.
Hermannstadt. Mittheilungen des siebenbürgischen Vereines für Landeskunde, Nr. 1, 1869.
London. Proceedings of the royal Geographical Society. Vol. XIII, Nr. 2. London 1869.
— The geological Magazine or Monthly Journal of Geology. Edited by Woodward, Morris and Etheridge, July 1, 1869.
Paris. Bulletin de la Société de l'Industrie Minérale. Tom. XIV. 1re Livraison. (Juillet, Août, Septembre). Paris 1868.
— Atlas Société de l'Industrie Minérale XIVe Année. 1er Livr. Juillet. Août et Septembre. Paris 1868.
Wien. Sitzungsberichte der kais. Akademie der Wissenschaften. Math.-naturw. Cl. Band. LVIII. Heft 5 (December) Jahrg. 1868, Mit 6 Taf. 2. Abtheil., Bd. LIX. 1. Heft (Jänner) Jahrg. 1869. Mit 9 Tafeln. 1, u. 2. Abth.
— Sitzungsberichte der kais. Akademie der Wissenschaften. Phil.-histor. Classe. LX. Band. Heft III. Jahrg. 1868. December. — Anzeiger der Sitz. d. Math.-naturw. Cl. vom 10. Juni 1869. Nr. XV.
— Oesterreichische militärische Zeitschrift. Herausgegeben und redigirt von V. R. v. Streffleur. X. Jahrgang, II. Bd., IV. u. VI. Heft (April—Juni.) Wien 1869.

Gegen portofreie Einsendung von 3 fl. Ö. W. (2 Thl. Preuss. Cour.) an die Direction der k. k. geol. Reichsanstalt, Wien, Bez. III., Rasumoffskigasse Nr. 3, erfolgt die Zusendung des Jahrganges 1869 der Verhandlungen portofrei unter Kreuzband in einzelnen Nummern unmittelbar nach dem Erscheinen.

Neu eintretende Pränumeranten erhalten die beiden ersten Jahrgänge (1867 und 1868) für den ermässigten Preis von je 2 fl. Ö. W. (1 Thl. 10 Sgr. Preuss. Cour.)

Die nächste Nummer der Verhandlungen erscheint am 31. August.

Verlag der k. k. geologischen Reichsanstalt. — Druck der k. k. Hof- und Staatsdruckerei.

№ 11.  1869.

Verhandlungen der k. k. geologischen Reichsanstalt.
Bericht vom 31. August 1869.

Inhalt: Vorgänge an der Anstalt. — Eingesendete Mittheilungen: J. Szabó. Die Amphiboltrachyte der Matra in Central-Ungarn. U. Abich. Die armenisch-georgischen Trachyte. C. J. Andrae. Pseudomorphosen von Brauneisenstein nach Schwefelkies aus der Umgebung von Osnabrück. F. Keller. Das Gebiet am Vorze des Inowrcz-Berges. F. Freih. v. Andrian. Meisseneollen vom Bosphorus und Mysiens. Th. Peterson. Ueber die Betrachung der Blättern zu den in der Lahn- und Dillgegend vorkommenden Kieselwaren, Manganerzen, Kieselsteine, und an den daselbst auftretenden dolomitischen Kalken und Dolomiten. K. Peters. Schichten der sarmatischen Stufe bei Kirchbach südöstl. von Graz. Reisebericht: G. Stache. Umliegende Verhältnisse der Umgebung von Ungvar. K. M. Paul. Die nördlichen Theile des Eomplinzer und Ungher Comitates. Dr. Edm. v. Mojsisovics. Das Gebiet von Häring und das Kaisergebirge. H. Wolf. Das Eperies-Tokajer-Gebirge zwischen Eperiss und Hanula. — Einsendungen für die Bibliothek und Literaturnotizen: C. W. Gümbel, Dr. J. Barker, G. Cenh. F. Unger, J. Grimm, C. L. Th. Liebe, K. Vogelsang und H. Gaubler, G. Moes, Göppert, G. v. Math. A. E. Reuss, Schenk, A. Streckerbicht, O. Prohm, F. Molon, W. v. Haidinger, A. v. Köven, A. E. Reuss, W. Wangen, K. Zinpf. Bücher-Verzeichniss.

Vorgänge an der Anstalt.

Seine k. und k. apostolische Majestät haben mit Allerhöchster Entschliessung vom 26. Juli d. J. dem Cabinetsdiener der geologischen Reichsanstalt Johann Suttner, anlässlich seines Uebertrittes in den bleibenden Ruhestand in allergnädigster Anerkennung seiner langen und vorzüglichen Dienstleistung das silberne Verdienstkreuz mit der Krone zu verleihen geruht.

Eingesendete Mittheilungen.

Dr. J. Szabó. Die Amphiboltrachyte der Matra in Central-Ungarn.

Unter diesem Titel übersendet uns Herr Prof. J. Szabó eine für unser Jahrbuch bestimmte Abhandlung, in welcher er eingehendere Nachrichten über die verschiedenen Gesteine der Trachytfamilie, welche er in dem Gebirgsstocke der Matra bei eingehender Untersuchung zu unterscheiden vermochte, mittheilt. Als solche werden aufgeführt:

1. Andesit-Oligoklas-Trachyt ohne Amphibol, das älteste, am meisten verbreitete, und die höchsten Spitzen des Gebirges bildende Gestein.
2. Quarztrachyt oder Rhyolith.
3. Trachydolerit.
4. Matrait (Amphiboltrachyt mit Anorthit) das jüngste Eruptivgestein der Matra.

Die Abhandlung wird im 3. Hefte unseres Jahrbuches für 1869 abgedruckt werden.

2. Abich. Die armenisch-georgischen Trachyte. Aus einem Schreiben an Herrn Hofrath W. v. Haidinger von Beloi Klintsch bei Tiflis d. D. 25. Juni 1860.)

„Es ist mir Bedürfniss, Ihnen mitzutheilen, dass ich vor einiger Zeit eine schöne Suite von Felsarten, welche die Typen für die bei Ihnen in Anwendung gebrachte Nomenclatur für die vulcanischen Gesteine Ungarn's und Siebenbürgens enthält, Seitens der k. k. geol. Reichsanstalt in Folge meiner Bitte erhalten habe. Ich darf Sie wohl ersuchen, den Ausdruck meines wärmsten Dankes für diese grosse Liberalität gelegentlich zur Kenntniss der Verwaltung des Institutes gelangen zu lassen. Die Verwerthung der Sammlung beginnt für mich sogleich damit, dass die vortrefflichen Handstücke zur kritisch vergleichenden Bestimmung von Felsarten in Benützung traten, die für eine bald zum Abschluss gelangende Arbeit von wesentlicher Bedeutung ist, welche die Chartographirung der Umgebung von Tiflis auf 70 Werst Länge und 40 Werst Breite zu einer Werst auf den Zoll zum Gegenstande hat. Es kömmt darin die südliche Abhangsregion der Osthälfte des trialethischen Gebirges zur Darstellung, wo die Flussthäler des Alget und des Ebram den inneren Bau eines reich accidentirten Gebirgsterrains aufschliessen, an dessen Zusammensetzung auch eine Reihe von Gesteinen hervorragenden Antheil nehmen, die eine grosse, mitunter bis zur Uebereinstimmung gehende Aehnlichkeit mit solchen zeigen, welche in der ungarischen Sammlung repräsentirt sind. Es befindet sich darunter auch eine Gruppe von Felsarten, die bei aller Analogie mit lithoidischen Rhyolithen v. Richthofen's, dennoch Glieder eines von den ungarischen abweichenden Formationsganzen sind, dessen Bildungszeit innerhalb der Periode der Ablagerung der oberen Kreide. Etagen hier durch stratigraphische Gründe bewiesen ist. Ich bezeichne diese Gesteine näher als unvollkommen krystallinische Abarten, bisher von mir immer nur als Quarzporphyr oder als Felsitporphyr, auch als Porphyrit jüngerer Perioden betrachteter und bezeichneter Felsarten, welche besondere Uebergangszuständte aus der compacten, krystallinischen Aggregationsform in die klastischen, mit zahlreichen Zwischenstufen krystallinischer, mitunter cavernöser oder tuffartig poröser Modalitäten zur regellos wechselnden Gestaltung bringen. Die oft sehr verworrenen Lagerungsverhältnisse dieser, ich möchte sagen, in den meisten Fällen fast pseudoklastischen Bildungen gehen oft in regelrechte, grosse Ausdehnung gewinnende Schichtencomplexe über, in deren Streichen und Fallen die Directionslinien des orographischen Terrains besonders dann einen deutlichen Ausdruck finden, wenn ein wirklich klastisch erscheinender Aggregationszustand psammitische und pelitische Zusammensetzung zum vorherrschenden Ausdruck bringt. Niemals habe ich gefunden, dass diese immer lichtfarbigen meist quarzführenden Felsitgesteine der oberen Kreideperiode mit Gesteinsmodificationen in Verbindung treten, die den hyalinen Rhyolithen v. Richthofen's beizuzählen sein würden, so unbezweifelt es mir auch ist, dass quarzführende, wirklich lithoidische Rhyolithe sich mitunter in einer viel späteren Zeit aus jenen eruptiv entwickelt haben. Soweit meine Beobachtungen bis jetzt reichen, muss ich annehmen, dass diesen noch echt plutonischen jüngeren Felsitporphyren die Durchbrüche der bei Ihnen als Grünstein-Trachyte bezeichneten Gesteine unmittelbar gefolgt sind.

"So wenig auch, aufrichtig gesagt, ich mich bisher mit dem Worte Grünstein-Trachyt in seiner Anwendung auf eine Gesteinsgruppe [1] vertragen konnte, die nach der von v. Richthofen gegebenen Definition so manche Species umfasst, welche uns einmal dem Begriffe des Trachytes, mit dem wir alt geworden sind, sich nicht recht fügen wollen, so nehme ich doch jetzt diese Benennung auch für die hiesigen geologischen Verhältnisse besonders deshalb williger an, weil typische, zu dieser Gruppe zu zählende, hornblendereiche, den älteren Grünsteinen ähnliche Oligoklasgesteine in der armenisch-georgischen Gebirgswelt häufig physiognomisch hervorragende, hemisphärische, weite, kegelförmige Berggestalten zusammensetzen, welche durch ihre Aehnlichkeit mit trachytischen Eruptivsystemen eine tiefere naturhistorische Beziehung zu der kommenden "Vulkan-Periode" und deren wichtigsten Gesteinsreihen andeuten.

Es sind dies dieselben schon mehrfach von mir hervorgehobenen circusförmigen Bergsysteme, die durch das Erscheinen von Kupferkiesen und anderen Erzen im Innern des centralen Hauptthales besonders dann ausgezeichnet sind, wenn das Emporbringen jüngerer felsitischer Quarztrachyte in Verbindung mit metamorphisch auf das Hauptgestein einwirkenden hydrochemischen Emanationen stattgefunden hat.

"Nach dieser Paraphrase, den unterbrochenen Faden wieder aufnehmend, bemerke ich noch, dass bei einer binnen Kurzem zu absolvirenden Untersuchungsreise nach dem nur eine Tagreise von Beloi Klintsch entfernten vulkanischen Meridiangebirge auf der Ostgrenze des Hochlandes zwischen Akalkali und Alexandropol die erwünschte Gelegenheit zu dem vollständigsten Vergleiche zwischen normalen Rhyolithen des hiesigen Landes und denen von Ungarn und Siebenbürgen für mich vorhanden sein wird. Es wird mir angenehm sein, Ihnen über diese Resultate seiner Zeit Mittheilungen zu machen".

C. J. Schultze. Pseudomorphosen von Brauneisenstein nach Schwefelkies, aus der Umgebung von Osnabrück. (Aus einem Schreiben an Herrn Direk. Dr. Fr. R. v. Hauer.)

Als ich im Herbste 1857 nach längerer Abwesenheit wieder in meine Vaterstadt nach Osnabrück zurückkehrte und mich damit beschäftigte, die von mir und meinen Brüdern in der Umgebung von Osnabrück gesammelten Petrefakten und Mineralien zu einer mineralogisch-geognostischen Sammlung zu vereinen, fielen mir braune Würfel auf, welche sich bei näherer Betrachtung als Pseudomorphosen von Brauneisenstein nach Schwefelkies herausstellten. Das Vorkommen dieser Pseudomorphosen ist auf dem sogenannten "Schinkel", einer flachen Erhöhung — Berg, wie man dort sagt — in der Nähe von Osnabrück, wo dieselben in grosser Menge als einfache Krystalle und Zwillinge in den Zersetzungsproducten der Keupersandsteine enthalten sind. Fast an der Mehrzahl der Krystalle konnte man beim Zerschlagen derselben (senkrecht auf die Axe) im Innern ein Skelet von Schwefelkieslinien erkennen, welches bei einfachen Krystallen entweder in einer quadratischen Fläche mit kreuzenden Diagonalen besteht, oder darin, dass noch ein inneres, von Schwefelkieslinien gebildetes Viereck vorhanden ist, welches einen Kern von

---

[1] Für welche v. Richthofen jetzt die Benennung Propylit in Vorschlag bringt.

Brauneisenstein umfasst, dessen Kanten mit jenen des grossen Krystalls ebenfalls durch Schwefelkieslinien verbunden sind. Fig. III.

Fig. I. Fig. II. Fig. III.

  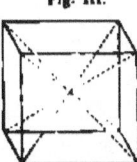

Von Interesse war die nähere Untersuchung über die Form der durch die Linien begränzten Theilstücke der Würfel. Es zeigte sich nämlich, dass jeder Würfel aus 6 kochsalzähnlichen Pyramiden zusammengesetzt sei — Fig. I und II — deren Seitenflächen mit Schwefelkies bedeckt noch keine Zersetzung erlitten hatten. Den Beweis für die Richtigkeit dieser Anschauung lieferten mir einzelne Würfelbruchstücke, an denen ein, auch zwei Sechstel vom ganzen Würfel fehlten, die aber keine Schwefelkiesflächen mehr zeigten. Bei den mit einer quadratischen Einfassung von Schwefelkieslinien versehenen inneren Würfeln von Brauneisenstein haben sich ebenfalls die Pyramidenflächen am längsten dem umwandelnden Einfluss in Brauneisenstein entzogen. Jedenfalls ist es eigenthümlich, dass gerade diese weniger dichten Flächen — was doch der Zerfall-Würfel nach diesen Flächen beweist — den zersetzenden Einflüssen am meisten Widerstand leisteten.

Oder sollten diese Flächen als Ausgangscanal des Schwefels den Schwefelkies am längsten erhalten haben?

Einen neuen Beweis für die Zusammensetzung der Würfel aus sechs Pyramiden fand ich später bei Versuchen über die Einwirkung verdünnter Säuren auf dieselben. Nach längerer Einwirkung von verdünnter Salzsäure, die sich am besten dazu eignet, fand sich der in einer lichtgelben, auf Eisen und Schwefelsäure reagirenden Flüssigkeit liegende Würfel noch leidlich fest, jedoch auf seiner Oberfläche wie mit Kieselgallerte übersogen.

Durch Spaltung zeigte sich deutlich das Vorhandensein von sechs Würfeltheilen, die sich auch beim Zerdrücken zwischen den Fingern als vollständig regelrecht erhaltene, vierseitige Pyramiden ergaben.

Aehnliches Verhalten wurde auch bei der Behandlung mit Salpetersäure erzielt.

Emil Keller. Das Gebiet am Fusse des Inovecz-Berges.

Im Verlaufe dieses Frühlings habe ich bei meinen geologischen Streifzügen auch das Gebiet unterhalb des Berges Inovecz besucht, um das Vorgebirge bei Kálnicz westlich von V. Ujhely östlich zu studiren.

Als Ergänzungen zu den in der werthvollen Abhandlung des Herrn Dr. Stache über das Inovecz-Gebirge mitgetheilten Beobachtungen habe ich das Vergnügen Ihnen mitzutheilen, dass der Melaphyr nicht nur bei Gonove-Lazy nächst Moraván, sondern auch bei Horka, Hrádek, Korsócz, namentlich stark entwickelt bei Kálnicz beobachtet wurde.

Südlich von Kálnicz im Thale Krajné, und dessen westlichem Waldtheil — Vrski na Kamenistej — ist dieser Melaphyrberg, der bei Cavirigech-járek beginnt, in seiner Gesammtgrösse sichtbar.

Die annähernde Länge von Nord gegen Süd des Berges beträgt etwas über $\frac{1}{16}$ Meilen. Westlich lehnt er an hornblendereichen Gneiss der Berge Salíncez und Fablechütti.

Südlich bei Na stanoch wird das Gestein von glimmerreichen Sandsteinen unterteuft, um bei oben benannten Orten in ganz kleinen zu Tage gebrachten Partien wieder zum Vorschein zu kommen.

Oestlich im Walde Staribáj, nur durch ein kleines Thälchen von Vrski getrennt, wird er wieder sichtbar und im Norden von gelblichem Quarzite, im Süden von gleichfärbigen, grünlichgelben, glimmerreichen Sandsteinen unterteuft.

Im Norden, also bei Cavirigech járek, wurden Einschlüsse von angrenzenden Gneissen, granitartigen Gneissen, weissen Quarzen in Erbsen bis Hühnerei grossen Stücken beobachtet. Dieselben sind theils scharfkantig, theils abgerundet.

Die Structur dieser glimmerreichen Melaphyre ist mittelkörnig bis fein schiefrig, und zwar wird das Korn im Berge Vrski na Kamenistej von Norden gegen Süden zu stets feiner, während dieses Verhältniss in dem vis-à-vis stehenden Berge Staribáj umgekehrt erscheint.

In Verfolgung des Staribáj gegen Süd sowie in Huorka und Vág-Ujfalu-Novejaza in der Nähe des Berges Hodišča habe ich erzführende Quarze, gefunden.

Auf erstere ist zwischen den Jahren 1770 bis 1780 Bergbau in Betriebe gestanden, auf welche sich ein von Samuel Petiko gezeichnetes Actenstück aus letzterem Jahre bezieht, in welchem die Herren der Besitzung Beczko um Unterstützung zum Fortbetriebe der Arbeiten gebeten werden.

F. Frh. v. Andrian. Reisenotizen vom Bosphorus und Mytilene.

Ein längerer Aufenthalt in dem schönen Therapia gab mir Gelegenheit, die Ufer des Bosphorus und die Südküste des schwarzen Meeres einer näheren Besichtigung zu unterwerfen, und dabei die Thatsache zu constatiren, dass der ganze Theil, welcher auf der Karte von Tchichatcheff als vulcanisches Gebiet bezeichnet ist, von Trachyten zusammengesetzt wird, deren einzelne Glieder sich ganz gut mit unseren ungarischen Gebieten vergleichen lassen. Grünsteintrachyt, Andesit und Rhyolith beobachtet man auf dem verhältnissmässig kleinen Gebiete zwischen Saryari und Kilia und zwischen Anadoli Kavagh und Riva. Es sei nur kurz erwähnt, dass auf der europäischen Seite der Grünsteintrachyt in meistens sehr zersetzten, aber doch ganz gut erkennbaren Parthien sich bei Saryari an das devonische Massiv des Kabatasch Dagh lehnt und dessen Ausläufer bedeckt. Die Grünsteintrachyte werden von mächtigen Rhyolithmassen theils als Tuffe, theils in festen Gesteinen ausgebildet, bedeckt. Die Bimssteintuffe ziehen ziemlich weit ins Innere über Yerlikjöi und Demirdjikjöi. Der Südrand des schwarzen Meeres zwischen Kilia und Rumeli-Feuer wird durchwegs von Grünsteintrachyten und mächtigen mit denselben verbundenen Tuffmassen gebildet. Die Andesite und Andesitbreccien sind hauptsächlich auf das Stück von Rumeli Feuer bis Papasbornu und die Cyaneen beschränkt. Dabei stellt sich die Ueberlagerung von Grünsteintrachyt und Grünsteintrachyttuffen auf den Andesitbreccien auf der europäischen Seite des Bosphorus ganz deutlich heraus.

Auf der asiatischen Seite hat man längs der ganzen Südküste des schwarzen Meeres Andesitbreccien, welche von mächtigen Gängen von Andesit und Grünsteintrachyt durchsetzt sind, und in dem daran anstossenden Stücke des Bosphorus stellen sich auch hier grosse Partien von Grünsteintrachyttuffen ein. Die Aufschlüsse sind hier ausserordentlich günstig und das jüngere Alter des Grünsteintrachyts, sowie dessen Auflagerung auf den Tuffen lassen sich sehr gut beobachten. Die Andesitgänge und auch der Grünsteintrachyt zeigen öfters eine prachtvolle Säulenstructur. — Weniger gut sind hier, soweit ich es beobachten konnte, die Rhyolithe entwickelt.

Ein Aufenthalt von mehreren Tagen auf Mytilene reichte nicht hin, die ganze Insel in ihrem ganzen Umfange zu studieren, da das Innere schwer zugänglich ist; ich musste mich beschränken, innerhalb der gegebenen Frist, den nördlichen und nordwestlichen Theil derselben zwischen Molivo und Sigri und den südlichen Rand zwischen Sigri und Kaloni flüchtig zu betrachten. Ein Ritt von Kaloni nach Mytilene gab von dem Inneren wenigstens ein beiläufiges Bild. Soweit ich Beobachtungen anstellen konnte, besteht der grösste Theil der Insel aus Trachyt, und zwar aus Rhyolith mit einer grossen Fülle von petrographischen Abänderungen und sehr bedeutenden Tuffmassen, welche Bimstein und Perlit in Menge führen. Ob jene Gesteine, welche den „echten Trachyten" Stache's gleichen, als selbstständiges Glied hier entwickelt sind oder ob sie noch den Rhyolithen heizuzählen sind, darüber können, da Altersunterschiede nicht beobachtet wurden, nur Analysen, welche Herr Bergrath Karl Ritter v. Hauer freundlichst übernommen hat, entscheiden. Untergeordnet an Masse, aber mit sehr schöner petrographischen Ausbildung sind die Grünsteintrachyte von Molivo; dort treten auch Andesitbreccien auf, aber ebenfalls nur in kleinen Partien. In der Nähe der Stadt Mytilene sind ebenfalls locale Eruptionen eines rothen blasigen Andesitgesteines zu beobachten.

Aus der Masse der Trachyte ragen einzelne riesige Partien von Talkschiefern, Chloritschiefern, krystallinischen Kalken und Serpentin empor; der weithin sichtbare Olympas, die höchste Anhöhe der Insel, ist eine solche. Zwischen Erisso und Kaloni trifft man mehrere kleinere Schollen, deren Auflagerung auf den Trachyten sich sehr gut beobachten lässt. Am Nordrande zwischen Gavatha und dem Kloster von St. Johann ist ebenfalls eine bedeutende Kalkpartie, rings von Trachyten umgeben, aufgeschlossen.

Th. Petersen. Ueber die Beziehung des Diabases zu den in der Lahn- und Dillgegend vorkommenden Eisenerzen, Manganerzen, Staffeliten und zu den daselbst auftretenden dolomitischen Kalken und Dolomiten. (Schreiben de dato 16. August 1869).

Andere Arbeiten haben mich seither verhindert die Untersuchung der Diabase der Lahngegenden weiter zu führen, sie wird wohl erst zum Winter vollendet werden können. Einige Bemerkungen kann ich indessen schon jetzt zu machen nicht unterlassen.

Abgesehen von dem bemerkenswerthen Gehalt an Phosphorsäure fand ich viel Eisen, wiederholt erheblich Mangan und beträchtlich Magnesia in dem Diabas. Mehrfach sind die nassauischen Eisensteine auf ausgelaugte Uebergangskalke zurückgeführt worden, namentlich hat Grandjean solches für den mit dem Braunstein vergesellschafteten Brauneisenstein angenommen. Im Betreff der im Schalsteingebiet sehr verbreiteten Rotheisensteinlager erklärten sich schon die Gebr. Sandberger in ihrem rühmlichst bekannten Werke über das rheinische Schichtensystem in Nassau[1]) dahin, dass deren Bildung durch Auslaugung des eisenreichen Diabases und Schalsteins sehr wahrscheinlich sei. Auch später hat sich F. Sandberger[2]) insbesondere entschieden für Abstammung des Rotheisensteins aus dem Schalstein resp. Diabas ausgesprochen. Nachdem ich nun im Diabas dieser Gegend überall, auch in Oberhessen, Phosphorsäure resp. Apatit erkannt und die nassauischen Staffelite (Phosphorite) als Auslaugungsproducte des Diabases angesprochen[3]), bin ich nunmehr in der Lage noch weiter gehen zu müssen und eine solche Auslaugung nicht nur für die dortigen Eisensteine, wie es theilweise schon vorher geschehen, sondern auch für den Brauneisenstein und sogar für den Dolomit in Anspruch zu nehmen. Wo Braunstein und Brauneisenstein in der Lahngegend gewonnen werden, findet sehr gewöhnlich Ueberlagerung von Thonschichten statt, welche neuerdings, namentlich nach Stein's Beobachtungen, in sehr vielen Fällen für zersetzte Schalsteine erkannt wurden, während man sie früher zum Theil für plastische tertiäre Thone oder für Reste ausgelaugter Uebergangskalke hielt. Unter jenen Erzen pflegen dolomitische Uebergangskalke zu lagern, mit denen sich v. Klipstein vielfach beschäftigt hat. In einem Aufsatze über die geognostische Zusammensetzung der Umgegend von Weilburg sagt F. Sandberger[4]) bei Besprechung eines Schalstein-Mandelsteins vom Windhofe, dass darin ein quarziges Eisensteinlager aufsetze, welches Psilomelan in grosser Menge führe. Herr Bergrath Stein theilte mir u. A. noch mit, dass bei Drommershausen, Amt Weilburg, wenn auch sporadisch und in geringer Menge Braunstein in Begleitung eines Rotheisensteinlagers im Schalstein vorgekommen sei; auch treten nach Riemann[5]) bei Wetzlar Manganerze dem Schalstein aufgelagert auf.

Der Stringocephalenkalk enthält nach den in Fresenius' Laboratorium ausgeführten Untersuchungen höchstens bis gegen 4, oft nur unter 1 Perc. kohlensaure Magnesia, in der Regel auch ein wenig kohlensaures Manganoxydul. Dolomitischer Stringocephalenkalk oder auch eigentlicher Dolomit ist gewöhnlich unmittelbarer Begleiter der edlen Manganerze. Nach der Theorie von H. Bischoff wird die Bildung des Braunsteins auf den Stringocephalenkalk zurückgeführt, und der Dolomit als ein weiteres Zersetzungsproduct des Stringocephalenkalks angesehen. Die Gebrüder

---

[1]) Pag. 534.
[2]) Jahrbücher des Ver. f. Naturkunde im Herzogthum Nassau. VIII. Heft. 2. Abth. p. 46. 1852.
[3]) Verhandl. 1868, p. 344.
[4]) Jahrbücher d. Ver. f. Naturk. im Herzogthum Nassau. VIII. Heft. 2. Abth. pag. 25.
[5]) Zeitschr. f. Berg-, Hütten- Salinenwesen im preuss. Staate. X. Bd. S. 5 u. 6.

Sandberger erachteten bereits in ihrem oben erwähnten Werke die Magnesia im Dolomit für infiltrirt, ohne indessen damals in der Lage zu sein, etwas näheres über deren Ursprung angeben zu können. In dem oben citirten Aufsatze vom Jahre 1852 bespricht F. Sandberger auch den Uebergang des Stringocephalenkalk in Dolomit und bemerkt dabei p. 45 wörtlich:

„Ob die Ursachen der Dolomitbildung überall gleich sind, möchte ich sehr bezweifeln. Während bei den Dolomiten der Zechstein- und Muschelkalkformation das constante Zusammenvorkommen derselben mit Gyps eine Entstehung durch Zersetzung mit kohlensaurem Kalk mittelst schwefelsaurer Magnesia höchst wahrscheinlich macht, wird dieselbe für die Dolomite Nassaus (und anderer genannter Gegenden) nichtangenommen werden dürfen, da wenigstens irgendwo sich noch Ueberreste von Gypslagern gefunden haben müssten. Weit wahrscheinlicher wird es durch die Betrachtung der mit dem Dolomit verbundenen Thon- und Manganerzlager sowie der Hornsteine und anderer kieselsäurehaltiger Verbindungen, dass der Dolomit das Resultat der Zersetzung magnesiahaltiger Gesteine ist, deren Magnesia grossentheils aufgelöst, von den Kalksteinen aufgenommen und dagegen kohlensaurer Kalk weggeführt worden sei.

$$2\,Ca\ddot{C} + Mg\ddot{C}^s = (Ca\ddot{C} + Mg\ddot{C}) - Ca\ddot{C}^s.$$

„Diese Ansicht wird nicht nur durch die Natur der Lagerstätten unterstützt, sondern ist auch in der chemischen Zusammensetzung der Schalsteine, welche die Kalke begleiten, begründeter, als irgend eine der bisherigen, zum Theil höchst künstlichen Hypothesen. Man wird freilich fragen, warum nicht alle mit Schalsteinen vorkommenden Kalke dolomitirt worden sind, allein, wem näher bekannt ist, wie viele rein locale Umstände zur Zersetzung oder Erhaltung von Gesteinen beitragen, welche zum Theil durch die Veränderungen, die der Zersetzungsprocess selbst bedingt, unkenntlich gemacht werden, der wird dennoch ein erhebliches Argument gegen die hier ausgesprochene Ansicht nicht aufbringen können".

Ich kann dieser Darlegung nur beipflichten. Nach meinem jetzt gewonnenen Dafürhalten erachte ich die Magnesia als aus dem Diabas abstammend, dessen Gehalt an Magnesia recht beträchtlich ist.

Ich fand z. B. in einem Weilburger Diabas:

Eisenoxydul [1]	. . . .	11·08 Perc.
Manganoxydul	. . . .	0·41 „
Kalk . .	. . . .	5·42 „
Magnesia	. . . .	5·69 „
Phosphorsäure	. . . .	0·04 „

Uebrigens ist ein hoher Magnesiagehalt auch anderen Diabasen eigen. Ich enthalte mich einer weiteren Auseinandersetzung an dieser Stelle, lasse aber noch einige Worte folgen, welche mir Herr Bergrath Stein in Wiesbaden, nachdem ich ihn mit meinen Ansichten bekannt gemacht, brieflich zugehen liess:

---

[1] Einschliesslich Eisenoxyd.

„Ihre gefälligen Mittheilungen waren für mich von grossem Interesse, und finde auch ich in Ihren Ermittlungen einen Stützpunkt zu der Ansicht, dass nicht nur unser phosphorsaurer Kalk, sondern auch die gewöhnlich mit demselben in Contact tretenden Eisenstein- und Braunstein-Bildungen auf den Diabas zurückzuführen sind, sowie, dass aus diesem plutonischen Gestein die Dolomitisirung des Stringocephalenkalks herzuleiten sei. Indem ich mir erlaube auf die in meiner Abhandlung über das Vorkommen von phosphorsaurem Kalk in der Lahn- und Dillgegend (Berlin 1868) durch zahlreiche Belege nachgewiesene Beziehung des aus dem Diabas hergeleiteten Schalsteins zu den Staffelitlagerstätten Bezug zu nehmen, will ich nur noch hervorheben, dass auch Braunstein und Brauneisenerze mit letzteren in Contact treten, und dass auch schon Fälle vorgekommen sind, wo sich Manganerze in Begleitung des in der Formation des Schalsteins hervortretend verbreiteten Rotheisensteins gefunden haben; allerdings waren diese Vorkommen vereinzelt und in der Weise unbedeutend, dass sie keine technische Bedeutung erlangen konnten."

„Offenbar stehen auch die Rotheisensteinlager in einer noch entschieden engeren Beziehung zum Diabas, resp. Schalstein, als die Manganerzlagerstätten der Lahn- und Dillgegend. Dass Braunstein-Ablagerungen auch über Schalstein auftreten, hat übrigens auch Riemann¹) bezüglich eines Vorkommens bei Wetzlar nachgewiesen, doch soll in diesem Falle Stringocephalenkalk in der Nähe aufgetreten sein."

„Durch ihre interessante Ermittelung, dass im Diabas ein so bedeutender Magnesiagehalt vorkomme und dass diese Magnesia in jene Kalke bei Extraction des Eisens und Mangans infiltrirt worden, wird die Erklärung der Thatsache, dass gerade die edlen Manganerze unseren Dolomit überlagern, wesentlich erleichtert."

Die Diabasausbrüche haben sich erwiesenermassen in jener Periode der Übergangsformation mehrmals wiederholt und die chemische Action ist in jenen Zeiten offenbar sehr intensiv gewesen. Die Ansicht, dass die meisten Eisenstein- und Braunsteinbildungen, die Staffelitablagerungen, sowie die Dolomitisirung anliegender Kalke in der Lahn- und Dillgegend auf Eine wesentliche Quelle zurückzuführen sind, auf das für diese Gegenden charakteristische und sehr verbreitete Ausbruchsgestein, den Diabas, dessen Bedeutung schon aus dem Schalstein hervorgeht, hat meines Erachtens die grösste Wahrscheinlichkeit für sich.

K. Peters. Schichten der sarmatischen Stufe bei Kirchbach südöstlich von Graz.

Herr Dr. Conrad Klar fand dieser Tage am Fahrwege von St. Stephan nach Glatzau, südlich von Kirchbach, südöstlich von Graz inmitten des bläulichen Tegels, der die umliegenden Hüben bildet und den wir bislang für Congerientegel hielten, eine 1½ Fuss mächtige Schichte von lockerem Sandstein, der von *Cerithium pictum* und Cardientrümmern, zumeist *C. obsoletum* Eichw., ganz erfüllt ist. Diese Schichte befindet sich etwa 250 Fuss über der Thalsohle von Glatzau am östlichen Gehänge und ist vielleicht an dieser einzigen Stelle deutlich genug entblösst.

Ueber die Fossilreste des über- und unterliegenden Tegels fehlen dermalen noch neue Beobachtungen, doch ist es nicht zu bezweifeln,

---

¹) l. c.

dass ein grosser Theil des südöstlich von Graz befindlichen Lehmterrains der sarmatischen Stufe angehört, dieselbe somit viel weiter nach Westen reicht, als man bislang anzunehmen Grund hatte.

Reiseberichte.

6. Stache. Geologische Verhältnisse der Umgebung von Unghvár.

Nach Beendigung meiner Uebersichtstour durch verschiedene Theile des Terrains der III. Section, welche ich mit den Herren Dr. M. Neumayr und Dr. F. Kreutz unternahm, begann ich selbst die Specialaufnahme der näheren Umgebung von Unghvár, während Herr Dr. Neumayr das Sandsteingebirge östlich von der Linie Klein-Berezna-Puroszló in Angriff nahm, und Herr Dr. Kreutz das Andesit- und Tuffgebirge nördlich von Szerednye und Kalnik zur speciellen Untersuchung übernahm.

Das Gebirge zu beiden Seiten des Ungh-Thales zwischen Unghvár und Perecen zeigt einen ausserordentlich einfachen Bau. Im Wesentlichen besteht es aus Andesiten und den dieselben begleitenden trachytischen Breccien und Tuffen und aus einer diese, den Kern der Haupt- und Nebenrücken des Gebirges bildenden Gesteine verhüllenden, oft sehr mächtigen Decke, welche theils aus Schutt oder den lehmigen und thonigen Verwitterungsproducten jener Gesteine und in noch ausgedehnterem Massstabe aus Löss besteht.

Der Löss steigt sehr hoch hinauf, so dass die Hauptrücken und die steileren Spitzen der Nebenrücken von ihm frei gehalten sind. Ueberdies erfüllt er noch sehr reichlich die Thäler. Er ist nur unmittelbar in der Sohle der Thäler an den steileren unteren Thalrändern sowie längs dem Rande des steileren Gebirgsabfalles gegen die sanfteren, in die Ebene verflächenden Losshügel in solcher Weise weggewaschen, dass das unterliegende Gebirgsmaterial in deutlichen Aufschlüssen und Anbrüchen zu Tage tritt.

Was unter dem Löss zunächst liegt, sind im ganzen breiten Gebiete der gegen SW. und Süd abfallenden langen Nebenrücken des Poljana- und Propiani-Gebirgszuges (NO. und NNO. von Unghvár) grobe, dunkle Breccien und hellere, grau oder weiss geschichtete Tuffe. Letztere sind vorzugsweise in der Flucht zwischen Radónez, Oriehovica und Láz unter dem Löss entwickelt und scheinen weiterhin über Szlatina gegen Szerednye in breiterem Band den unteren Theil der Gebirgsabdachung zu bilden.

Ausser in einem Punkte NO. von Radvánez, wo Spuren von Pflanzenresten darin beobachtet wurden, konnte ich keinerlei organische Reste darin entdecken. Das Auftreten grober Breccien mit grauem oder röthlichem trachytischen Bindemittel, welches nussgrosse Fragmente bis klafterhohe, scharfkantige Blöcke von den verschiedenen Andesitvarietäten umschliesst, ist vorzugsweise gut an den steilen Stellen der Gehänge zu beiden Seiten des Ungh-Thales, sowie im Caigányóczer und Lázer Thal zu beobachten.

Der Andesit ist theils mit schwarzer pechsteinartiger Grundmasse, theils mit grauer, dicht felsitischer bis mikrokrystallinischer Grundmasse ausgebildet.

Der erste Typus der Grundmasse hat Gesteine von litboidischer schlackig poröser oder kleinporphyrischer Structur im Gefolge und zeigt ausser weissem Feldspath in kleinen Körnern kaum andere ausgeschiedene Minerale. Diese Gesteine sind meist spröde und unregelmässig klüftig.

Der zweite Typus der Grundmasse neigt zur krystallinisch-körnigen und gemengt-porphyrischen Structur. Das porphyrartige tritt meist erst bei leichter Verwitterung hervor. Im frischen Zustande ist glasglänzender oder deutlich gestreifter Mikrotin (Andesin oder Oligoklas) unter den Ausscheidungen herrschend. Ein zweiter Feldspath tritt daneben untergeordnet auf.

Nächstdem ist Hornblende nicht selten deutlich ausgeschieden, seltener Augit. Diese Gesteine treten besonders in den Steinbrüchen der niedrigen Grenzhügel des Trachytgebirges gegen das flachere Diluvialgebiet auf, so bei T. Németi, bei Ungvár, bei Radvánez und Gerény. Die grössere Zähigkeit und Festigkeit und die Neigung zur plattigen oder kugelig schaligen Absonderung scheidet sie ganz äusserlich schon von jenem ersten Typus, der in engerer Verbindung mit den Breccien zu sein und zum Theil Lagerströme innerhalb derselben zu bilden scheint. Derselbe ist in der Sohle der tiefen Seitengräben bei Czigányócz gut aufgeschlossen. Andere Repräsentanten der Trachytfamilie erscheinen hier nur völlig untergeordnet. Den Normaltrachyten, welche Glimmer ausgeschieden enthalten, sicher zuzurechnen ist in dem ganzen bisher untersuchten Gebiet nur das Gestein des vereinzelt in die Ebene vorgeschobenen Paikabegy bei Patka-Helmecz.

Von tertiären Thon,- Sand- oder Kalk- und Sandstein-Ablagerungen zeigt sich nirgends etwas zu Tage. Ein plastischer aber petrefactenleerer etwas sandiger Thon, der wohl tertiär ist, wurde am Tarkalyi hegy unweit F. Németi mehrere Klafter tief unter der Löss- und Andesitschotterdecke erbohrt.

K. M. Paul. Die nördlichen Theile des Zempliner und Ungher Comitates.

Der Monat Juli war der Untersuchung der Karpathen-Sandsteine des nordöstlichen Zempliner und nördlichen Ungher Comitates, nördlich bis an die ungarisch-galizische Landesgrenze, östlich bis an die Grenze des Ungher und Beregher Comitates, gegen SW. bis an die Trachytgrenze der Vihorlatgruppe gewidmet.

Im Allgemeinen liess sich in Uebereinstimmung mit den vorjährigen Beobachtungen im Sároser und westlichen Zempliner Comitate die Trennung der eocenen Karpathen-Sandsteine in eine tiefere, vorwiegend schiefrige, Hieroglyphenreiche Abtheilung (Belowezsa- und Ropianka-Schichten) und in eine höhere, vorwiegend aus Sandsteinen und Conglomerat bestehende Gruppe (Magura-Sandsteine) auch in diesen Gegenden gut durchführen und kartographisch darstellen.

Namentlich das obere Ungh-Thal von Nagy-Berezna aufwärts, und die östlich anschliessende Gegend zeigt in überraschender Klarheit und deutlichen Schichtenstellungen die älteren Schichten in mehrfach sich wiederholenden wellenförmigen Aufbrüchen unter den Magura-Sandsteinen hervortretend. Sie bilden von SW. nach SO. orientirte Bergketten, deren Schichten am SW.-Rande regelmässig nach SW., am NO.-Rande nach

NO. fallen, während die dazwischen liegenden, meist höheren Magura-Sandsteinzüge an den SW.-Gehängen nordöstliches, an den NO.-Gehängen südwestliches Einfallen zeigen, wodurch sowohl die wellenförmige Tektonik der Gegend, als auch die relativen Niveaux der beiden angegebenen Hauptabtheilungen wohl zweifellos nachgewiesen erscheinen.

So klar diese Verhältnisse im Ganzen bei günstigen Aufschlüssen jedoch sind, so schwierig wird zuweilen bei bedecktem Terrain die genaue Deutung einzelner Schichten, namentlich durch den Umstand, dass allmählige petrographische Abänderungen in demselben Niveau gegen Osten zu eintreten. So liegen beispielsweise in den Helowezza-Schichten zwischen Szinna und Sztakcsin erst schmale, weiterhin mächtige Bänke von grobem Sandstein, der ohne deutliche Aufschlüsse in verwittertem Zustande leicht mit Magura-Sandsteinen vorwechselt werden kann, und andererseits behalten auch diese letzteren nicht überall den so leicht kenntlichen Typus, wie wir ihn im Sároser Comitate kennen gelernt haben, bei, sondern sind stellenweise durch feinkörnige, feste, glimmerreiche Sandsteine vertreten.

An Petrefacten fand ich nur eine ziemlich deutliche Meletta-Schuppe in blaugrauen, in papierdünne Scheiben spaltbaren Schiefern, die im Bachbette im Orte Ticha anstehen. Die Lagerungsverhältnisse sind hier sehr deutlich. Ueber den nach NO. einfallenden Schiefern liegen kalkreiche Sandsteine (wie sie in den höheren Lagen der Bolowezza-Schichten schon im vorigen Jahre zuweilen beobachtet wurden) und als Hangendstes, am Kamme zwischen Ticha und Huszna, homogener grobkörniger Sandstein ohne Kalkspathadern und Hieroglyphen, echter Magura-Sandstein.

Eigentliche Smilno-Schiefer wurden in einem langen Zuge von der Westgrenze des Terrains bei Virava in südöstlicher Richtung bis gegen Prislop, in einem zweiten Zuge von Sztakcsinska Rostoka bis Ublya verfolgt; ausserdem kommen sie in kleineren Partien bei Papina, Polena, Orosz-Ruszke etc. vor. Ihr Liegendes bilden echte Belowezza-Schichten, ihr unmittelbares Hangend konnte leider nirgends sicher constatirt werden. Ich glaube annehmen zu können, dass die Smilno-Schiefer den höheren Lagen der Belowezza-Schichten angehören, und in manchen Schiefern des Ungher-Comitates, welche die charakteristischen Hornsteine nicht enthalten, und daher nicht specieller ausgeschieden werden können, ihre Aequivalente haben.

Das seit mehreren Jahren gekannte Petroleum-Vorkommen bei Luch im Ungthale gehört einem der früher erwähnten Aufbrüche älterer Schichten an; das Petroleum tritt in einer Quelle am Flussufer in blaugrauen glimmerreichen Ropianka-Schichten auf, die im Flussbette mit nahezu senkrechten Schichten anstehen.

Aelter als alle genannten Bildungen scheinen den Lagerungsverhältnissen nach die Sandsteine zu sein, die bei Uzok den ungarisch galizischen Grenzkamm bilden. Sie sind fest, glimmerreich, mit groben geradlinigen Hieroglyphen und wechseln mit Schieferlagen; wahrscheinlich entsprechen sie dem Liegendsandsteine von Ropianka. Wo jedoch die Lagerungsverhältnisse nicht so deutlich aufgeschlossen sind, wie in der Gegend von Uzok und Huszna, wird es wohl immer sehr schwierig bleiben, diese Sandsteine von höheren auseinander zu halten.

Dr. Edm. v. Mojsisovics. Das Gebiet von Häring und das Kaisergebirge.

Unter den alttertiären Vorkommnissen des Unter-Innthales behauptet die Bucht von Häring sowohl durch ihre räumliche Ausdehnung als durch das Auftreten abbauwürdiger Kohlen in ihr die hervorragendste Stelle. Der Innfluss durchschneidet sie in der Weise, dass der weitaus bedeutendere Theil des in mein heuriges Aufnahmsgebiet fallenden Vorkommens dem rechten Ufer zukömmt. Am linken Ufer erfahren die Grenzen durch die heurigen Aufnahmen eine bedeutende Modification gegenüber den vorhandenen älteren Karten, welche das gesammte Plateau des Angerberges bis Nieder-Breittenbach im NO. den Häringer-Schichten vindicirten. Durch mehrfache Aufschlüsse ist es sichergestellt, dass der dem Zuge des Angerberges angehörige Abschnitt zwischen Angel und Nieder-Breitenbach aus Dachstein-Dolomit besteht. Die Höhe des Angerberges selbst bietet innerhalb des Aufnahmsterrains keinerlei Aufschlüsse — eine mächtige Decke von Glacialschotter bedeckt dieselbe — das Streichen des Gebirgsrückens lässt jedoch vermuthen, dass die Hauptmasse des Angerberges selbst ebenfalls von Dachsteindolomit gebildet wird. Mit Sicherheit kann der Häringer Bucht nur die Gebirgsstufe zugerechnet werden, welche sich zwischen dem Rücken des Angerberges und dem Innflusse von der Terraingrenze im Westen bis zur Wörgler Ueberfuhre im Osten befindet. Im Norden des Angerberges, bei Endbach, treten allerdings wieder alttertiäre Schichten auf; aus dem angegebenen Grunde wird es aber gerathener sein, dieses Vorkommen als ein besonderes mit der Häringer Bucht nicht in directer Verbindung stehendes zu betrachten.

Ein bedeutsamer Unterschied zwischen den Vorkommnissen auf dem linken und rechten Innufer liegt darin, dass die älteren Schichten des Häringer Complexes bis über Kufstein im Norden hinaus bisher nur auf dem rechten Ufer beobachtet worden sind. Was auf dem linken Ufer entblösst ist, gehört ausnahmslos den höheren Abtheilungen der Häringer Schichtengruppe an. Es muss dabei bemerkt werden, dass es auf beiden Innufern kleine isolirte Vorkommnisse gibt, welche es gestatten den Untergrund zu beobachten. Auf dem rechten Innufer findet man, abgesehen von dem eigentlichen Häringer Kohlenvorkommen in Spalten der triadischen Kalke und Dolomite, zum Theil in bedeutender Höhe, eingekeilte Lappen der tiefsten Schichten, welche an einigen Stellen kohlenführend sind. Eine Reihe von Bohrungen, welche allerdings nur in der Nähe des Gehänges der älteren Triasberge ausgeführt worden sind, zeigt, dass das im Abbau stehende Vorkommen von Häring selbst wesentlich nur der kleinen Einbuchtung der Häringer Bucht im weiteren Sinne angehört, welche sich südöstlich von dem Orte Häring zwischen dem Jafinger Joche und dem grossen Bölf befindet. Sowohl gegen Osten wie gegen Westen keilt die Kohle aus. Gegen die Tiefe zu scheint das Auskeilen der Kohle und das Auftreten alten triadischen Kalkes (Muschelkalk) im Niveau des Lohkowitz-Erbstollens auf eine Verengung oder Einschnürung des Untergrundes hinzudeuten, so dass die Gestalt des letzteren einer Spalte in grösserem Maasstabe gliche.

In einiger Entfernung von den Gehängen des Bölf, welche den alten Uferrand darzustellen scheinen, kann man nur bei Egerbach die Unterlage der Häringer Schichten beobachten. Daselbst zeigt sich aber weder eine Spur von Kohle, noch von dem Stinkstein, welcher das unmittelbare Hangende der Kohle ist.

Die Aufnahme des Kaisergebirges ist nunmehr vollendet. Die dabei erzielten Resultate sind für das Verständniss der nordalpinen Trias nicht ohne Belang.

Die Reihenfolge der Triasglieder ist, wie ich bereits in meinem letzten Berichte andeutete, eine möglichst vollständige, die Lagerung klar und einfach. Ueber Bunt-Sandstein und Muschelkalk folgen die Partnach-Schichten. Im Gegensatze zu den westlicheren Triasgebieten Nordtirols treten die mergeligen Einlagerungen bedeutend zurück und überwiegen die dunklen, dem Muschelkalke so sehr ähnelnden Kalkbänke und graugelbliche Dolomite. Im obersten Niveau der mergeligen Einlagerungen fand ich nächst der Nieder-Kaiseralm, von wo bereits v. Richthofen Partnach-Schichten erwähnt, in einer dunklen muschelkalkähnlichen Kalkbank häufig *Cardita cf. crenata* und *Dentalium sp*. Den Partnach-Schichten folgt in ansehnlicher Mächtigkeit Partnach-Dolomit, bis unter die hohen Schroffen und Zacken des Wilden-Kaisers reichend und gesimseartig gegen Süd vortretend.

Mergelige und sandige Einlagerungen — Niveau der Reingrabner und St. Cassianer Schichten — trennen, wie dies nächst der Maukalm zwischen Nieder- und Hochkaiser zu beobachten ist, den Partnach-Dolomit vom Wettersteinkalke, welcher das Hochgebirge bildet. Ueber dem 2—3000 Fuss mächtigen Wettersteinkalke, welcher deutlich geschichtet steil gegen Nord einfällt, folgt am Stripsenjoch und im Kaiserbach-Thale abermals eine Zone von mergelig sandigen Einlagerungen — Niveau der Torer Schichten. — Unter den Petrefacten wiegen *Corbis Mellingi* und *Ostrea Montis Caprilis* weitaus vor. Es finden sich auch Cardita-Oolithe mit *Cardita crenata* und kleinen Myophorien. Die Mulde zwischen den beiden Kaisergebirgen nimmt Dachstein-Dolomit ein, welcher in den liegenderen Theilen bituminöse Einlagerungen — Seefelder Stink-Dolomite — umschliesst.

Gegen Osten ändert sich dieses Profil plötzlich. Zwischen dem Hochkaiser und der Maukspitze besitzt der Wettersteinkalk noch seine Mächtigkeit; unmittelbar im Osten davon gegen die Schwarzenbach-Alm zu fehlt jedoch bereits die Hauptmasse desselben, und nur der hangendste Theil setzt in einem schmalen Rücken über die Lercheck-Alm gegen die Schwarzenbach-Alm fort; dort, wo auch dieser zu Ende geht, findet man in steiler Schichtstellung eine ziemlich mächtige, in starke Bänke gesonderte Breccie von Wetterstein-Kalk verbunden durch ein röthlich-gelbliches Bindemittel. Jenseits des Thales der Schwarzenbach-Alm fehlen sowohl Torer Schichten, wie Wetterstein-Kalk vollständig, und es tritt der, namentlich im Salzburgischen und Salzkammergute häufige Fall ein, dass der Partnach-Dolomit unmittelbar vom Dachstein-Dolomit (resp. Dachstein-Kalk) überlagert wird. Hier werden die beiden Dolomite durch die von der Maukalm über die Burgaualm in die Rupprechtsau fortstreichenden, mergelig sandigen Schichten des St. Cassianer Niveaus getrennt.

Heinrich Wolf. Das Eperies-Tokajer Gebirge zwischen Skaros und Herlein.

Meine Aufnahmen in Ungarn sind von Süden her, aus der Nähe von Skaros am Hernád, 3 Meilen südlich von Kaschau bis zum Parallel von Herlein, 2 Meilen nördlich vom Parallel von Kaschau vorgeschritten, und reichen gegen Osten bis an den Fuss der Eperies-Tokajer Trachytkette in der Ebene von Nagy-Mihály und Gálszécs.

Die Trachyte des untersuchten Gebietes gehören den Andesiten an. An keiner Stelle kommen Perlite, Lithoide, Bimsteine mehr vor. Statt diesen Gesteinen treten zahlreiche Reibungs-Breccien in senkrechten Wänden auf, wovon als schönstes Beispiel, die Skali bei Rank und Herlein anzuführen sind, dann fast noch häufiger kommen Laven vor.

Die Eperies-Tokajer Trachytkette hatte zwischen Göncz und Ujhely ihre grösste Breitenausdehnung (4 Meilen), die gegen Norden allmählig abnimmt, so dass sie bei Nagy-Szaláncz bis auf ½ Meile reducirt ist. An dieser schmalsten Stelle bestehen aber noch zwei tiefe Übergänge von Hákos nach Nagy-Szalánez und von Regete-Ruszka nach Kis-Szaláncz, in welchen nur jungtertiäre und diluviale Ablagerungen anstehen, so dass der Várhegy mit der Schlossruine von Szaláncz zwischen den genannten Übergängen nur als eine Insel in der unterbrochenen Kette hervorragt.

Durch den sehr tief gelegenen Übergang nördlich des Várhegy bei Regete-Puszta, zwischen Regete-Ruszka und Kis-Szaláncz wird die Bahn von Kaschau nach Ujhely geführt. Ein 7—8 Klafter tiefer Einschnitt legt daselbst ausser dem Lehm nur die jungtertiären Süsswasserschichten, Thone und Sande (Äquivalente der Congerienstufe) bloss. Diese ruhen bei Zsadány und Mislye, südöstlich von Kaschau, auf Thonen und Tuffen mit *Cerithium rubiginosum*, *Cardium plicatum* etc. etc.

Die oberen Schichten sind stellenweise Lignit und Thoneisenstein führend; jedoch sind die Thoneisensteine mehr in der unteren Abtheilung dieser Schichten verbreitet, während die Lignite ein höheres Niveau in denselben bezeichnen.

Lignite sind bekannt bei Regete-Ruszka am Cserepes, bei Kelecsény, bei Keméncze, bei Ujváros und in dem obenerwähnten Bahneinschnitte, wo auch im Sande verkieste Baumstämme gefunden wurden. Die Lignite sind jedoch weder in Bezug auf die Qualität, noch wegen ihrer Mächtigkeit bauwürdig, und die vielfachen Versuche brachten den Unternehmern nur Verluste.

Thoneisensteine sind in den Schichten bei Budamér, Szilvás-Apáti, Széplak-Apáti und Mislye sehr verbreitet.

Diese jungtertiären Schichten erfüllen das Terrain zwischen der Trachytkette und den secundären und paläozoischen Schichtgebirgen westlich von Kaschau.

Mächtige Schottermassen lagen sich an beiden Seiten des Hernádthales darüber, welche wieder von Lehm oder Löss bedeckt werden.

Die mächtige Entwicklung dieser Schottermassen und die bedeutenden Höhen, welche sie zusammensetzen, lassen es noch zweifelhaft, ob dieselben nicht unserem Belvedereschotter äquivalent seien. Jedenfalls bilden sie die Trennungsstufe zwischen den Lignit und Thoneisenstein führenden Sanden und Thonen und den weitverbreiteten Lehm und Lössmassen, die gegen Norden hin immer mächtiger werden. Die nach der Eruption des Trachytes noch fort entwickelten Bildungen heisser Quellen, wie Süsswasserquarze, Holz- und Eisenopale, sind in den oberen tertiären Schichten unter dem Schotter verbreitet. Irmaszegh-Puszta bei N.-Szalàncz, am Fusse der Ploszka bei Kelcsény, die Ostseite des Dargöhegy bei Dargö, dann Czervenicza bieten derartige Beispiele.

Tiefere tertiäre Schichten, welche mit der Eruption der Trachyte gleichzeitig, und andere, welche noch älter sind, finden sich in dem Thale, wo das Bad Herlein (Rank) liegt. Die Heilquellen liegen in den oberen Schichten (über der Cerithienstufe), dort erhalten sie ihre mineralische Speise.

Diese Schichten setzen noch 600 Klafter nordöstlich vom Restaurationsgebäude gegen die Skali hin fort, dort tritt der lockere Tuff mit trippelartigen Schichten auf, welche der Cerithienstufe entsprechen, unter diesem folgen Sand und Tegel bis zu 20 Grad gegen Südwest geneigt, darunter liegt eine mächtige Andesitbank, welche kleine Hügel formt; aus dieser Bank treten reichhaltige Süsswasserquellen aus, unter derselben folgen Bimssteintuffe von solcher Art, wie ich sie als marine Tuffe bei den vorjährigen Aufnahmen kennen gelernt hatte; endlich folgen darunter Sandsteine und Quarz-Conglomerate mit 35 Grad Neigung gegen West, welche schon die Störungen durch die Eruption der Trachyte zeigen.

Einsendungen für die Bibliothek und Literaturnotizen.

G. St. Dr. C. W. Gümbel. Beiträge zur Foraminiferenfauna der nordalpinen Eocengebilde. Sep.-Abdr. aus d. Denkschr. d. k. bayer. Akad. d. Wiss. II. Cl. X. Bd. II. Abth. München 1868. 152 S. Text, 4 Taf. Abbild. Gesch. d. Verf.

In seiner „Geognostischen Beschreibung der bayerischen Alpen" hatte der Verfasser in dem Abschnitte über die Fauna der Eocengebilde des Nordrandes der bayerischen Alpen, abgesehen von den durch Grösse auffallenderen Foraminiferen-Formen der Familie der Nummulitideen, nur in Kürze auch des Vorkommens von kleinen zu anderen Gattungen gehörenden Formen dieser Thierclasse gedacht. Die Entdeckung von an verschiedenen Foraminiferen-Arten reichen, abschlämmbaren Mergeln im Traunthale bei Hammer, welche dort den sogenannten Granitmarmor begleiten und stellenweise in denselben übergehen und der Nachweis des gleichen Foraminiferen-Reichthums an den meisten Punkten, wo der Granitmarmor in Wechsellagerung oder in Uebergangsstadien im Mergel vorkommt, setzte Herrn Gümbel, da er überdies wiederholt von H. Apotheker Paner in Traunstein durch die Zusendung eines solchen Materials unterstützt wurde, in die Lage, den vorliegenden werthvollen Nachtrag zu der im oben genannten Werke veröffentlichten Darstellung der Fauna der Kressenberger Nummulitenschichten zu liefern.

In dem einleitenden Abschnitte wird die verschiedenartige Ausbildungsweise der Foraminiferen führenden Schichten der Eocenformation mit specieller Rücksichtnahme auf die einzelnen Fundorte von Foraminiferen in den Nummuliten führenden Ablagerungen der bayerischen Alpen eingehend besprochen.

Bei der Artenbeschreibung hält der Verfasser zum grossen Theil an der älteren engeren Umgrenzung der Genera fest, wie sie durch d'Orbigny eingeführt wurde, und nimmt selbst die von Reuss schon acceptirten Abänderungen, welche durch die englischen Forscher auf diesem Felde eingeführt wurden, nicht an.

Der Gattung *Orbitoides d'Orb.* wird sowohl in Bezug auf das Studium der inneren Structur der Schale als auf die systematische Gruppirung der Arten am Schluss ein sehr lehrreicher, specieller Abschnitt gewidmet. Der Verfasser scheidet dieselbe in folgende Untergattungen.

1. *Subgenus: Discocyclina*, mit den Arten: *D. papyracea* Boubée sp., *D. ephippium* Schloth. sp., *D. tenella* Gümb., *D. aspera* Gümb., *D. applanata* Gümb., *D. dispansa* L. de Sow. sp.

2. *Subgenus: Rhipidocyclina*, mit den Arten: *Rh. nummulitica* Gümb., *Rh. multiplicata* Gümb., *Rh. strophiolata* Gümb., *Rh. Kowalevskis* d'Arch.

3. *Subgenus: Aktinocyclina*, mit den Arten: *A. radians* d'Arch. sp., *A. tenuicostata* Gümb., *A. variecostata* Gümb., *A. patellaris* Schloth. sp.

4. *Subgenus: Asterocyclina*, mit den Arten: *A. stellata* d'Arch., *A. priabonensis* Gümb., *A. stella* Gümb.

5. *Subgenus: Lepidocyclina*, mit den Arten: *L. Mantelli* Morton sp., *L. dilatata* Michelotti, *L. burdigalensis* Gümb.

In diesem monographischen Abschnitt sind auch die nicht nordalpinen Formen mit berücksichtigt.

Nach den Aufführungen der Artenbeschreibung stellt sich der Gesammt-Charakter der Foraminiferen-Fauna der nordalpinen Eocengebilde in folgender Weise heraus:

Die *Lituolideae* sind nur durch eine neue Art von *Haplophragmium*, *H. tuba* vertreten — die *Uvillideae*, durch die nordalpindische Form *Clavulina anyiodum* Stache und die neue *Cl. eocaena*, durch zwei *Gaudryina*-Arten, *G. pupa* Gümb. sp. (die frühere *Lichenopora pupa*) und *G. subglabra* n. sp., endlich durch *Plecanium Marine* d'Orb. sp. (var. *inerme* Ros.) und das neue *Pl. eocaenum*.

Sparsamer noch erscheinen die *Cornuspirideae* und die *Orbitulitideae*, von ersteren ist nur *C. nummulitica* Gümb., von letzterem *Alveolina oblonga* Desh. aufgeführt.

Die *Lagenideae* zeigen neue seltene Arten *L. perovalis*, *L. tricincta* und zwei häufigere neue Arten *L. bifrons* und *L. synedra*.

Die *Nodosarideae* sind sehr artenreich entwickelt und zwar sowohl der **Typus** *Nodosaria* als *Dentalina*. Häufigere Formen von *Nodosaria* sind die neuen **Arten**: *N. pumilio*, *N. Kraussenbergensis*, *alpigena cocrosporhea*, *annulifera cuboidiformis*, *subalpina*, *eocaena*, *N. rutila* d'Orb. und *N. bacillum* Defr.

Seltener oder sehr selten ist das Vorkommen der neuen Arten: *N. tumidiusaula*, *internodifera*, *subobliquestriata*, *Paueri*, *granitocalcarea*, *pyrosstyla*, *Klurii*, *rorapinata*, *hestica*, *pachyrophala*, *Retti*, *Maximiliana*, *latejugata* und *sceptriformis*. Im Ganzen 21 Arten, darunter nur zwei schon bekannte.

Die Gattung *Dentalina* zeigt gleichfalls einen bedeutenden Formenreichthum. Der Verfasser unterscheidet 14 Arten, worunter sich eine etwas grössere Anzahl von schon gekannten Formen befindet, als bei *Nodosaria*, nämlich: *D. fusiformis* Gümb., *D. linearis* Neum., *D. Adolphina* d'Orb., *D. acuticosata* Ros., *D. capitata* Rol., *D. Münsteri* Rss., *D. pungens* Ros.; alle diese Arten gehören zu den häufigeren. Gleichfalls häufig sind die neuen Arten *D. glandifera*, *globicauda*, *nummulina*, *funicostata* und *trontana*; seltener dagegen die neuen Dentalinen-Formen, *D. herculea* und *glirimanda*.

Die *Glandulinideae* sind wieder sparsam vertreten — eine neue *Glandulina* (*Gl. mumularia*) und zwei neue Lingulinen, die sehr seltene *L. horacoformis* und die sehr häufige *L. tuberosa*. Zwei seltene neue Formen, *Pleurostomella eocaea* und *Pl. rapa* sind die einzigen Repräsentanten der *Pleurostomellideae* und das sehr häufige, ebenfalls neue *Rhabdogonium*. Ausringerer der alleinige Vertreter der *Frontikularideae*. Ebenso sind die *Vaginulideae* artenarm und überdies nur durch seltene Arten, *V. laevigata* Roem., *V. laminaeformis* und *V. eocaena* vertreten.

Die *Cristellarideae* erscheinen in 7 Formen vom Typus *Marginina*, 7 Formen des Typus *Cristellaria* s. str. und 9 Formen des Typus *R. buina* entwickelt. Von Marginulinen ist nur *M. fragaria* n. sp. häufig, — *M. rugososetriata*, *tenuilavis*, *granitocalcarea*, *coronata*, *pachygaster*, lauter neue Arten, sowie *M. tumida* Ros. kommen nur selten vor. Die eigentlichen Cristellarien sind nur durch nicht häufige oder seltene Arten repräsentirt, nämlich *Crist. gladius* Phil. sp. und die 6 neuen *Cr. mammillata*, *subarcuata*, *Kraussenbergensis*, *simulicostata*, *truncana*. Als nicht seltene oder häufige Formen von *Robulina* werden aufgeführt: *R. acutimarga* Rss. und die 3 neuen Formen *R. ulatro-limbata*, *kraussenbergensis*, *pierodiscoidea* — als seltene oder sehr seltene *R. declinis* Bornem. und die 4 neuen Formen *S. rosetta*, *rudifera*, *gutticostata* und *florigemma*.

Die Gattungen der Familie der *Polymorphinideae* sind fast durchwegs nur durch vereinzelte, individuenarme Arten vertreten, so *Bulimina* durch *B. tru-*

cana n. sp. — *Uvigerina* durch *U. eocaena n. sp.* und *Polymorphina* durch *P. campressiuscula n. sp.*; nur die Gattung *Globulina* ist in mehreren Arten vertreten, von denen 2 neue *Gl. subgibba* und *Gl. asperula* nicht selten vorkommen, während *Gl. subalpina n. sp.* und *Gl. guttula Rss.* ein seltenes Auftreten zeigen.

In die Familie der *Textilarideae* führt der Verfasser eine neue Gattung ein, die Gattung *Venilina* für Formen, welche einen Mischtypus von *Textilaria* und *Lingulina* repräsentiren und der Gattung *Schizophora Rss.* sich zunächst anschliessen.

Der untere Theil der Schale ist textillarienartig gebaut, die oberen Kammern jedoch sind einfach in gerader Reihe übereinander geordnet und schliessen nach oben mit einer spaltenförmigen Mündung nach Art der Lingulinen ab.

Der Verfasser unterscheidet 2 neue Arten *V. nummulina* und *V. haeringensis*, erstere aus dem Nummuliten Mergel von Hammer, letztere nicht selten im Mergel der jüngsten Nummuliten-Schichten von Häring. Er rechnet zu dieser Gattung auch Schwager's *Bigenerina nicobarensis*. Von eigentlichen Textilarien kommt nur eine neue Art *Text. flabelliformis* vor, und zwar selten im Granitmarmor.

Aus der Familie der *Rotalideae* werden die Gattungen *Rotalia*, *Discorbina*, *Calcarina*, *Rosalina*, *Truncatulina* und *Globigerina* aufgeführt. Von *Rotalia* werden 10 neue Arten beschrieben, darunter als häufigste *R. campanella*, überdies häufig oder nicht selten — *R. bimammata*, *eocaena*, *ammophila*, *macrocephala*, *capitata*, *truncana* und *cochleata*. Selten sind *R. pteromphalia* und *R. polygonata*. Die beiden *Discorbina*, *D. polysphaerica* und *D. megasphaerica* sind seltene Formen, ebenso die einzige *Calcarina*, *C. tetraëdra*.

Unter den Rosalinen ist die schon beschriebene *R. rudis Rss.* selten, ebenso die beiden neuen Arten *R. calymene* und *R. asteriles*, nicht selten dagegen *R. subumbonata n. sp.*

Unter 4 als neu beschriebenen Truncatulinen ist *T. sublobatula* häufig an allen Fundstellen des Nummuliten-Kalkes, *T. cristata granosorugosa* ziemlich häufig und nur *T. Kalliomphalia* eine seltene Art. Die Globigerinen endlich sind durch die sehr häufige und verbreitete *Gl. bulloides d'Orb.*, die ziemlich häufigen neuen Arten *Gl. eocaena* und *asperula* und die sehr seltene *Gl. alpigena n. sp.* vertreten.

Dieser ganze Theil der Fauna erinnert in Bezug auf die allgemeine Gruppirung sowie hinsichtlich des Baues und der Verzierung von ziemlich vielen Arten mehrfach an die Fauna der Tertiärmergel des Whaingaroa-Hafens in Neuseeland.

Einen von der Foraminiferenfauna dieser Schichten weit abweichenden Charakter erhält die Gesammtfauna der nordalpinen Eocängebilde durch das Dominiren der Nummulitideen, welche in der genannten neuseeländischen Fauna fast gänzlich fehlen.

Unter diesen ist die überwiegend grösste Anzahl der Formen bereits bekannt und beschrieben, mit Ausnahme der Arten von *Orbitoides*, welche von Gümbel hier neu aufgestellt und abgebildet werden.

Heterostegina ist durch die sehr häufige Art *Het. reticulata Rüt.*, — *Operculina* durch die sehr häufige *O. granulata Leym.*; die ziemlich häufige *O. ammonea Leym.*, die häufige neue Art *O. sublaevis* und die nur seltene *O. canalifera d'Arch.* repräsentirt.

Von *Nummulites* werden *N. complanata Lm.*, *Dufrenoyi d'Arch.*, *intermedia d'Arch.*, *laevigata Lm.*, *perforata d'Orb.*, *Ramondi Defr.*, *biaritzensis d'Arch.*, *obesa Leym.*, *striata d'Orb.*, *Murchisoni Brunn.*, *planulata d'Orb.*, *scabra Lm.* (von Assilinen), *N. exponens J. de Sow.*, *granulosa d'Arch.*, *spira de Roissy.*, *mammillata d'Arch.* nach ihrem Vorkommen aufgezählt.

Von den oben angeführten Arten der Gattung *Orbitoides* nehmen folgende Arten Theil an der Zusammensetzung der nordalpinen Eocänfauna: *O. papyracea Boub. sp.*, *O. aspera Gümb. n. sp.* *O. nummulitica Gümb. sp.* *O. radians d'Arch. sp.*, *O. patellaris Schloth. sp.*, *O. stellata d'Arch.*, häufig; dagegen *O. ephippium Schloth. sp.*, *O. tenella Gümb. n. sp.*, *dispansa J. d. Sow. sp.*, *multiplicata Gümb. n. sp.*, *strophiolata Gümb. n. sp.*, *stella Gümb. n. sp.* weniger häufig oder selten.

Gewiss ist mit dieser werthvollen Arbeit wiederum in höchst dankenswerther Weise eine von den vielen Lücken in der Paläontologie unserer alpinen Schichten ausgefüllt und damit zugleich ein sehr willkommener und trefflicher Anhaltspunkt gegeben für die fernere Bearbeitung und Beurtheilung der Foraminiferenfaunen in den gleichaltrigen Schichten der südalpinen und karpathischen Gebirge.

C. W. Gümbel. Beiträge zur Kenntniss der Procän- oder Kreideformation im nordwestlichen Böhmen im Vergleich mit den gleichzeitigen Ablagerungen in Bayern und Sachsen. Abh. d. k. bayer. Akad. d. Wiss. II. Cl. X. Bd., II. Abth. München 1868. Gesch. d. Verf.

Bereits besprochen. Vergl. Verhandl. 1869. Nr. 8, pag. 59.

Dr. Joseph Barber. Chemische Analyse der Jodquelle zu Roy nächst Freistadt in Schlesien. (Anz. d. kais. Akad. d. Wiss. 1869. Nr. XVIII, pag. 137)

Das Wasser ist der Hall-Jodquelle analog zusammengesetzt; es enthält in 10000 Theilen:

Chlornatrium	219·680
Chlorcalium	2·062
Chlorcalcium	21·384
Chlormagnesium	7·240
Brommagnesium	1·016
Jodmagnesium	0·819
Kohlensaures Magnesia	1·832
„ Eisen	0·505
Freie Kohlensäure	0·594
Kieselsäure	0·654
Organische Substanz	0·432
Summe der fixen Bestandtheile	251·6

George H. Cook. Geology of New Jersey. By authority of the legislature. Newark 1868. Gesch. d. Verf.

In diesem Werke, einem Bande Text von 900 Seiten und einem Atlas mit geologischen Karten liegt uns wieder das Ergebniss einer grossen geologischen Untersuchungsarbeiten vor, wie deren in beinahe allen Staaten der Nordamerikanischen Union auf Staatskosten vollendet wurden oder in Ausführung begriffen sind; in New Jersey speciell wurde der erste Survey im Jahre 1835 angeordnet und bis zum Jahre 1840 von Prof. Henry D. Rogers durchgeführt, dessen Schlussbericht im selben Jahre erschien. Im Jahre 1854 wurde eine neue detaillirtere Untersuchung angeordnet, und durch drei Jahre von dem Geologen Herrn Dr. Wm. Kitchell unter Mitwirkung der Herren E. L. Viele, H. Cook, T. N. Conrad und H. Wartz fortgeführt, dann aber bis zum Jahre 1864 unterbrochen. Im letztgenannten Jahre wurden die Untersuchungen von Herrn G. H. Cook unter Mitwirkung des Herrn Prof. J. C. Smock wieder aufgenommen, und ohne weitere Unterbrechung bis zum Jahre 1868 zu Ende geführt.

Nach einer Einleitung, welche eine allgemeine geographische und geologische Beschreibung des Landes bringt, enthält der Bericht im ersten Theil pag. 43—330 die geologische Detailbeschreibung, und zwar gesondert nach 1. Azoische, 2. Paläozoische, 3. Trias, 4. Kreide, 5. Tertiär und recente Formationen. Der zweite Theil pag. 331—377 berichtet „Historische Geologie", gibt eine Reihe von Notizen von mehr theoretischem Interesse über die Bildungsgeschichte des Landes. Ein dritter Theil: „Oekonomische Geologie" pag. 378—720 ist der Schilderung der Beschaffenheit, und des Vorkommens aller nutzbaren Stoffe des Mineralreiches gewidmet. Er ist von um so höherem praktischem Werthe, als er überall die Grundlagen für eine zweckmässige Ausbeutung und Verwendung dieser Stoffe liefert. Anhänge (pag. 721—870) enthalten die Aufzählung der im Staate vorfindlichen Petrefacten und Mineralien, Höhenverzeichnisse, meteorologische Tabellen u. s. w. Ein sehr ausführlicher Index endlich, pag. 871—899, erleichtert wesentlich die Benützung des schönen Werkes und erhöht somit dessen Brauchbarkeit.

Der Atlas besteht aus vier grossen geologischen Karten in dem Massstabe von zwei Meilen (engl.) auf einen Zoll, welche der Darstellung 1. der azoischen und paläozoischen, 2. der triassischen, 3. der Kreide und 4. der tertiären und recenten Formationen gewidmet sind. Die scharfe Scheidung der Gebiete, welche diese Formationen einnehmen machte, die Darstellung auf abgesonderten Karten möglich, die aber uns freilich den Nachtheil besitzen, nicht aneinander gestossen und zu einem Gesammtbild vereinigt werden zu können. Vier weitere Karten zeigen dann in noch grösseren Maassstabe die Eisenerzvorkommen in Morris-County, der Ringwood Gruben, des Oxford Hochofens und die Zinkgruben in Sussex-County.

C. E. Dr. Prof. Unger. Die fossile Flora von Radoboj in ihrer Gesammtheit und nach ihrem Verhältnisse zur Entwicklung der Vegetation der Tertiärzeit. 5 Tafeln. Aus d. Denksch. d. kais. Akademie Wissensch. Bd. XXIX, 1868. Sep.-Abdr.

Ausser einem weiteren Beitrage der reichhaltigen fossilen Flora von Radoboj theilt Unger im allgemeinen Theile dieser Abhandlung mit, dass sämmtliche Petrefacte dieser Flora und Fauna (Insekten, Fische, Alveolinen u. s. w.) ohne Ausnahme nicht in einem Lager von vegetabilischem Brennstoff, sondern in einem grauen, thonigsandigen von Bitumen durchdrungenen schieferigen Mergel, wie in einem Herbar, auffallend gut aufbewahrt sind, der unter einem schwarzen Schiefer mit krystallisirtem Gyps und zahlreichen lederbraunfärbigen Kugeln, welche fast ganz aus von Bitumen durchdrungenen Schwefel bestehen, ruht. Das auf den Petrefacte führenden Mergel folgende Schwefelflötz stellt einen mit Schwefel vermengten bituminösen Schiefer dar, aus welchem, nachdem er geschlemmt ist, durch Sublimation der Schwefel im Grossen gewonnen wird. Mit der Tiefe wird der Schiefer an Schwefel ärmer.

Nicht nur in Folge der Lagerungsverhältnisse des dem Leithakalke aufgelagerten Mergelschiefers sind diese Schiefer als Glied des Leithakalks zu betrachten, sondern es wird letzteres auch durch den Vergleich der fossilen Flora von Radoboj mit der unteren Braunkohlenstufe von Oeningen, sowie der Lager von Armissan und Monosque im südlichen Frankreich bestätigt.

Betreffs der Ablagerungsursache der organischen Einschlüsse, des Schwefels und Gypses macht Unger auf sehr interessante Verhältnisse aufmerksam. Das Vorkommen von pflanzlichen und thierischen Land- und Seebewohnern mit Anschluss aller Süsswasser-Organismen, ihr gedrängtes Zusammensein, ihre ausserordentlich gute Erhaltung, die gekrümmte Körperbeschaffenheit der Fische, das Vorkommen des Schwefels mit Bitumen, ohne dass in der Nähe jüngere Eruptivgesteine vorkommen, dienen dem Verfasser zum Beweise, dass die Ablagerungen in dem sandigen Mergelschiefer ihre Entstehung einem Orkane zu verdanken haben, oder die Erzeugnisse eines Waldbodens gewaltsam in die Höhe hob und sie auf eine mehr oder minder bedeutende Strecke fortführte, um sie ebenso plötzlich in's weite Meer fallen zu lassen und zwar an einer Stelle, wo in Folge einer Zersetzung von verwesenden Organismen eine Entwicklung von Schwefelwasserstoffgas auf Bänken von Meeresschlamm und Nulliporen stattfand und durch letzteres Gas die Meeresbewohner getödtet wurden.

Die aufgefundenen Pflanzengenera deuten nach dem Verfasser auf ein subtropisches und Tropen-Klima und die aufgefundenen Pflanzenarten zeigen Verwandte mit der der gegenwärtigen Flora des wärmeren Theils Nordamerikas und Hoch-Mexikos, sowie Typen der gegenwärtigen japanesischen und mittelasiatischen, der chilenischen und australischen Flora, zugleich Repräsentanten des tropischen Asiens und Amerikas, wie auch solche, die an die bahnsischen und capensischen erinnern; deswegen nennt Unger die Radobojer fossile Flora eine Universalflora, von welcher jetzt alle Theile der Erde Nachkommen aufweisen.

Ferner lenkt der Verfasser die Aufmerksamkeit auf das Verständniss des Zusammenhangs der jetzigen und einstigen Vegetation, zeigt aus dem zwar spärlich vorhandenen Material von Pflanzenresten aus der Kreidezeit mit grossem Scharfsinne, dass die Vegetation unserer Erde mit ihrer Verjüngung unendlich mannigfaltiger und reicher an Differenzirung geworden ist. Während gegen das Ende der Kreidezeit Algen, Farn, Cycadeen immer mehr in den Hintergrund treten, überwiegen Palmen, Najadeen, Coniferen, auch differenziren sich bei den Dicotylen die Apetalen und Dialypetalen in immer mehr und mehr Familien, ohne dass sich jedoch schon eine Familie von den Gamopetalen verfindet.

Von neuen und weniger bekannten Arten der fossilen Flora von Radoboj führt der Verfasser 50 Arten mit Abbildungen auf, sowie 6 Arten aus anderen Localitäten der Tertiärformation.

Am Schlusse findet sich ein Verzeichniss sämmtlicher bis jetzt bekannten 280 Arten und ihrer Synonymen; in diesem Verzeichnisse sind zugleich die anderwärtigen Fundorte der Arten und die noch jetzt lebenden fossilen analogen Arten aufgezeichnet.

F. v. V. **Dr. Joh. Grimm.** Die Lagerstätten der nutzbaren Mineralien. Mit 45 in den Text gedr. Figuren. Prag 1869. J. G. Calve'sche Univers. Buchhandlung.

Der Verfasser stellt sich im vorliegenden Werke die wichtige und gewiss dankenswerthe Aufgabe, ein Gesammtbild über das Vorkommen nutzbarer Mineralien zu geben. In erster Linie war er bemüht, die verschiedenartigen Lagerstätten der nutzbaren Mineralien möglichst scharf von einander zu trennen, von jeder Art derselben, wie von jeder ihrer Eigenschaft den Begriff möglichst festzustellen, und so den Uebelstand hintanzuhalten, welcher aus einer falschen, verwechselnden Bezeichnung der Lagerstätten entspringt.

Aus diesem Grunde wird auch als eine eigene Art von Lagerstätten, die der „plattenförmigen Erzausscheidungen und Anhäufungen" aufgestellt und eingeführt, die bisher bald als Gänge, bald als Lager, bald als ganz räthselhafte Vorkommnisse figurirten. Ebenso werden auch alle jene Erscheinungen vorzugsweise hervorgehoben, welche auf das Auftreten der nutzbaren Minerallagerstätten, auf deren Adel und Erzführung Bezug haben, um so möglichst viele Anhaltspunkte in vorkommenden Fällen dem practischen Bergmanne an die Hand zu geben.

Dieser in jeder Beziehung verdienstvollen Arbeit ist am Schlusse eine tabellarische Uebersicht des Vorkommens und der besonderen Lagerstätten der nutzbaren Mineralien, mit besonderer Berücksichtigung des Bergbaue des österreichischen Kaiserstaates, beigefügt.

F. v. V. **Prof. Dr. C. L. Th. Liebe.** Die färbenden Mineralien der Diabase des Voigtlands und Frankenwalds. Gera 1869.

Der Verfasser, welcher sich die Untersuchung der färbenden Mineralien der Grünsteine, insbesondere der jüngeren Diabase zur Aufgabe machte, benennt das eine von den grünen Mineralien, welches zur Färbung der jüngeren Diabase am wesentlichsten beiträgt, nach seinen Eigenschaften mit dem Namen „Diabasgrünerz". Es ist augenscheinlich ein erstes Zersetzungsproduct der Augitmineralien und in die Familie der Chlorite gehörig.

Das Vorkommen ist hauptsächlich als färbendes Mineral in den Kalk- und grünen Titaneisendiabasen daselbst auch auf Hohl- und Blasenräumen, und auf Klüften ausgeschieden. Spaltungsstücke von asbestartigen Bündeln dieses Minerals deuten auf das monokline System.

Als färbendes Mineral der schwarzen Titaneisendiabase, welches sich im Voigtlande und im Frankenwald unmittelbar im Hangenden der Graptolithenformation finden, erklärt der Verfasser den Epichlorit (Rammelsb.). Schliesslich wird noch der Pikrolith als färbendes Mineral angeführt, welcher wohl nicht wesentlich zur Färbung des ganzen Gesteines beiträgt, immerhin aber häufig auftritt, und gewissen sehr hellfarbigen Diabaspartien ein bleich-grünliches Ansehen mit verleiht.

F. v. V. **E. Vogelsang** und **E. Geissler**. Ueber die Natur der Flüssigkeitseinschlüsse in gewissen Mineralien. Pogg. Ann. Bd. CXXVII. 1 Taf. Sep.-Abdr.

Seitdem durch die mikroskopischen Untersuchungen der Felsarten ausser Zweifel gestellt wurde, dass Flüssigkeitseinschlüsse bei Mineralien, namentlich im Quarz, der älteren krystallinischen Gesteine, eine allgemein verbreitete Erscheinung sei, schien eine nähere materielle Kenntniss derselben von um so höherer Bedeutung. War auch nur in einzelnen Fällen Hoffnung gegeben über die chemische Natur der Flüssigkeiten Aufschluss zu erhalten, so liess sich doch erwarten, dass nach dem analogen physikalischen Verhalten auch für andere Vorkommnisse bestimmte Schlussfolgerungen gewonnen werden können. Brewster machte bereits darauf aufmerksam, dass zwei verschiedene Arten von Flüssigkeiten zu unterscheiden seien, welche er in den Höhlungen des brasilianischen Topases unvermischt vereinigt fand, von denen sich die eine durch ihr grosses Ausdehnungsvermögen und niedrigen Brechungsexponenten auszeichnet, während die andere ihrem Verhalten nach den wässerigen Lösungen ziemlich nahe kommt. Auf Grund dieser Beobachtungen wurde später von Simmler die Vermuthung ausgesprochen, dass in gewissen Fällen eine in den Mineralien enthaltene Flüssigkeit für flüssige Kohlensäure angesehen werden kann, eine Vermuthung, welche durch die von den Verfassern angestellten und in dieser Arbeit ausführlich beschriebenen analytischen Versuche ihre volle Bestätigung fand. — Es wurden im ganzen sechs Mineral-Vorkommnisse auf die chemische Natur ihrer Flüssigkeits-Einschlüsse untersucht und zwar: 1. Bergkrystall von unbekanntem Fundort — wahrscheinlich Madagaskar, 2. Topas von Brasilien, diese beiden mit Einschlüssen von flüssiger Kohlensäure, 3. Bergkrystall aus dem Maderaner Thal, 4. Amethyst von Schemnitz in Ungarn, 5. Bergkrystall von Poretta bei Bologna und 7. Quarz aus dem Granit von Johann-Georgenstadt in Sachsen, letztere vier sämmtlich mit Einschlüssen von Wasser und Kohlensäure.

F. v. V. G. Rose. Ueber die regelmässigen Verwachsungen der verschiedenen Glimmerarten untereinander, sowie mit Pennin und Eisenglanz. Sep.-Abdr. aus den Monatsber. der königl. Akad. zu Berlin 1. Taf. 1869.

Die vorliegenden werthvollen Untersuchungen über die regelmässigen Verwachsungen des Glimmers entstanden in Folge der interessanten Beobachtungen von Reusch über die Schlagfigur des Glimmers, wobei gezeigt wurde, dass die Spalten der Schlagfigur stets den Seitenflächen des Glimmers parallel gehen. Nach Senarmont ist bei dem optisch zweiaxigen Glimmer die optische Axenebene theils der langen, theils der kurzen Diagonale des rhombischen Prismas parallel, wodurch zwei Abtheilungen bei dem zweiaxigen Glimmer gebildet werden, so dass im ersteren Fall die Spalte der Schlaglinie senkrecht auf der optischen Axenebene steht, im zweiten Fall hingegen ihr parallel ist. Die Schlagfigur gibt sonach ein Mittel an die Hand zu bestimmen, welcher der beiden Abtheilungen Senarmonts ein Glimmer angehört. — Der Verfasser hat nun folgende regelmässige Verwachsungen beobachtet: 1. Regelmässige Verwachsung von zweiaxigem Glimmer erster Art mit einaxigem Glimmer, Glimmer des Oranitcs vom Capellenberge bei Schönberg im sächsischen Vogtlande und Glimmer von Alstead in New-Hampshire. 2. Zweiaxiger Glimmer erster Art und Lepidolith, Glimmer des Granites von Schaitansk bei Mursinsk im Ural. 3. Zweiaxiger Glimmer zweiter Art und einaxiger Glimmer von South Burgess in Canada. 4. Einaxiger Glimmer und Pennin, Magnet Cove im Staate Arkansas der Ver. Staaten. 5. Endlich zweiaxiger Glimmer erster Art und Eisenglanz, sehr ausgezeichnet an mehreren Orten in Pensylvanien, wie zu Pembury, New-Providence etc.

Am Schlusse folgen noch einzelne Bestimmungen über den Lithionglimmer, die den Zusammenhang zwischen der optischen Eigenschaft und dem Verhalten vor dem Löthrohre darthun.

F. v. V. Prof. Dr. Göppert. Ueber algenartige Einschlüsse in Diamanten und über Bildung derselben. Aus den Abhandl. für Naturwissensch. und Medicin d. schles. Gesellsch. für vaterländ. Cultur. 1 Taf. Breslau. 1868. Sep.-Abdr. Gesch. d. Verf.

Die Natur der in Diamanten vorkommenden Einschlüsse, welche nicht nur rundlichen und parenchymatösen Pflanzenzellen entsprechen, sondern sich auch nicht unpassend mit Algen und Pilzen vergleichen lassen, war es insbesondere, welche den Verfasser bewog sich in einer, im Jahre 1864 von der holländischen Gesellschaft der Wissenschaften in Haarlem, mit dem doppelten Preise gekrönten Schrift: „Ueber die Einschlüsse im Diamant", für den neptunischen Ursprung des Diamantes zu erklären, ohne es jedoch unternommen zu haben, für jene damals schon den organischen Ursprung nachzuweisen, oder mit einem systematischen Namen zu bezeichnen. Sie verdienen dies um so mehr, als Urthonschiefer und Greisse, die Lagerstätten der Diamante, in neuester Zeit zu wiederholten Malen als Fundorte organischer Reste genannt worden. Der Verfasser erinnert an das vielbesprochene Eozoon canadense, an die organischen Theilchen, welche H. Rose im Rauchtopas nachwies, an die Oldhamia radiata und O. antiqua von Forbes und endlich an das Vorkommen des Stickstoffes und organischer Stoffe in vielen Mineralien, wofür namentlich von Delesse der Nachweis geliefert wurde. — In jüngster Zeit gelangte in die Hände des Verfassers ein Rauten-Diamant, in welchem derselbe die für die Bildung auf nassem Wege ganz besonders sprechenden Dendriten fand, wie sie im Chalcedon, Jaspis und anderen in oder durch Wasser gebildeten Mineralien häufig wahrgenommen werden. Von weit grösserem Interesse waren jedoch zwei Diamant-Krystalle mit grün gefärbten Einschlüssen aus dem königl. mineralogischen Museum zu Berlin. Der eine von 265 Milligr. Gewicht enthielt eine sehr grosse Zahl von runden, gleichmässig grün gefärbten Körnchen, welche unwillkürlich an eine Alge, so eine *Palmellacea*, wie *Protococcus pluvialis* erinnern, dass sie in Gestalt auf ein Haar gleichen. Der zweite 346 Milgr. schwere Krystall enthält eine andere Algenform von gleicher grüner Färbung, aber länglichen, in die Breite gezogenen Körnchen, die oft kettenartig an einander hängen, häufig auch einzeln oder gepaart vorkommen. — Unter den bekannten Algen erinnert sie am meisten an *Palmogloea macroeca*. — Der Verfasser bezeichnet diese beiden beschriebenen algenartigen Gebilde mit systematischen Namen, und zwar die 1. Form als *Protococcus adamantinus*, die 2. Form als *Palmoglyphus*, ebenfalls mit dem Speciesnamen *adamantinus*.

F. v. V. G. vom Rath. Ueber den Meteoriten von **Krähenberg, gefallen am 5. Mai 1869.** Pogg. Ann. XIII. Sep.-Abdr.

Im Gegensatze zu dem Steinregen von Pultusk am 30. Jänner 1868, und jenem von Aerns bei Hessle in Schweden am 1. Jänner 1869, fiel am 5. Mai dieses Jahres gegen 6 Uhr Abends in der Nähe des Dorfes Krähenberg, in der bayrischen Pfalz, nur ein einziger Stein vom Himmel herab.

Eine besondere Merkwürdigkeit dieses zu der häufigsten Abtheilung der Steinmeteoriten — den Chondriten G. Rose's — gehörenden Meteoriten von Krähenberg ist die Oberflächenbeschaffenheit seiner gewölbten Seite, die eine grosse Anzahl von furchenähnlichen Löchern besitzt, die vielfach zu Rinnen verlängert oder aneinander gereiht sind. Auf den lichten Bruchflächen des Krähenberger Steines gewahrt man feine, schwarze nach allen Richtungen ziehende Linien, welche wohl nur Spalten zu sein scheinen, deren Bildung beim Eintritt des Meteors in die Erdatmosphäre erfolgte und die mit der schmelzenden Substanz der Rinde erfüllt werden. Ausser diesen Schmelzadern befinden sich noch gangförmige Partien von Nickeleisen in diesem Stein, wie auch Eisenspiegel analog jenen der Steine von Pultusk. Obwohl die Masse des Krähenberger Steins auf dem Bruche sehr ähnlich jener der Pultusker-Meteoriten ist, so bietet sie doch in Bezug auf die erkennbaren Gemengtheile einige Verschiedenheiten dar. Die relative Menge des Nickeleisens ist eine viel geringere, als bei Pultusk, hingegen die Legirung nickelreicher, die in dieser Hinsicht den entsprechenden Verbindungen der Meteoriten von Kakova, Insel Oesel und anderen an die Seite zu stellen ist. In reichlicherer Menge, als Nickeleisen ist Magnetkies, in unregelmässig gestalteten, spröngelben Körnern vorhanden. Die dunklen Kugeln, eines der wesentlichsten Kennzeichen der Chondrite, sind bei Krähenberg im Vergleich zu Pultusk ausserst deutlich und zahlreich. Olivin und Chromeisen treten gleichfalls als Gemengtheile in der sphärolithischen, aus weissen und grauen Körnern gebildeten Grundmasse auf. Zu erwähnen bleiben noch einzelne rothe Körnchen, deren Substanz einem dem *Caput mortuum* ähnlichen Zersetzungsproduct des Schwefeleisens entsprechen dürfte.

F. v. V. **Prof. Dr. A. E. Reuss.** Ueber hemimorphe Barytkrystalle. Aus d. Sitzber. d. kais. Akad. d. Wissensch. I. Abth. April-Heft. Jahrg. 1869. Sep.-Abdr.

Obwohl Rossenberg schon vor mehreren Jahren eine Schilderung ganz eigenthümlich gebildeter Barytkrystalle gab, die in gewisser Beziehung an Hemimorphismus erinnern, so ist doch bisher von echtem Hemimorphismus an Barytkrystallen kein Fall beobachtet oder beschrieben worden.

Der Verfasser hatte nun Gelegenheit denselben an einigen Barytkrystallen von Dufton in England wirklich zu beobachten. Die Krystalle dieses Fundortes erreichen mitunter eine sehr bedeutende Grösse und zeigen eine bald säulenförmige bald tafelförmige Ausbildung. Unter den säulenförmigen Krystallen sind solche mit beiden Polenden ausgebildet ziemlich häufig, jedoch zeigt das zweite Ende gewöhnlich eine sehr unvollkommene und unregelmässige Entwicklung, ohne dass aber der hemimorphe Charakter verkannt werden kann. Während das eine Polende des Krystalles die Flächen zweier Brachydomen nebst der Fläche eines Makrodoma aufweist, zeigt das entgegengesetzte Polende die für den Baryt überhaupt seltenen basischen Endflächen, an welche sich beinahe nur Flächen der makrodiagonalen Zone anschliessen.

C. E. **Prof. Schenk.** Beiträge zur Flora der Vorwelt III. die fossilen **Pflanzen** der Wernsdörfer Schichten in den Nordkarpathen. Palaeontogr. **Bd. XIX, 7 Taf. Sep.-Abdr.**

Die in dieser Abhandlung besprochenen Pflanzenreste wurden von Director Hohenegger in der Umgebung Teschens zu den Fundorten Grodzonka, Lippowetz, Mistrowitz, Grodischt, Wernsdorf aus einem schwarzen bituminösen Mergel mit Sphärosideritnüsschen gesammelt, von ihm Wernsdorfer Schichten genannt, nach dessen Tode der paläontologischen Sammlung in München einverleibt und von hier aus dem Verfasser zur Bestimmung übergeben. Die Untersuchung der gesammelten Thierreste, welche Professor Zittel unternahm, bestätigt, dass die Wernsdorfer Schichten, eine Mergelbildung, jünger als das ältere Neocom und älter als der Gault sind. Zu diesem Resultate gelangte der Verfasser dieser Abhandlung bei Bestimmung der Pflanzenreste. Er fand nämlich 17 Arten Gymnospermen, worunter die Cycadeen am zahlreichsten vertreten sind, eine Art Alge und eine von den Monocotylen, während die angiospermen Dicotylen gänzlich fehlen. Die vorgefundene Alge, *Chondrites furcillatus* Roem., liefert einen Beitrag zu der Bestätigung, dass die Wernsdorfer Schichten eine marine Bildung sind und zugleich erinnert sie an die jüngere Kreide. Die vorgefundenen Farne *Lonchopteris recentior*, *Baiera cretosa*, *Cycadopteris Dunkeri* dagegen mahnen an Wealden, an die rhätische Formation und Liasbildung, an den Oolith Oberitaliens und weissen Jura, und die gefundenen Cycadeen lassen den jurassischen Typus hervortreten. Die vorkommenden Coniferen zeigen eine grössere Mannigfaltigkeit als in der Neocomflora und stehen der jüngeren Kreide näher. Diese Vegetation weist auf ein tropisches Clima hin.

Am Schlusse der Abhandlung finden wir eine allgemeine Betrachtung des Verfassers über Entstehung und Umwandlung der Pflanzenarten der Vorwelt nach Darwin's Lehre, und er kommt zu dem Schlusse, dass die untergegangene Pflanzenwelt bei Bildung von Varietäten und Racen denselben Gesetzen unterlag, wie die heutige, d. h. in jeder folgenden Periode sehen wir morphologisch und physiologisch höher entwickelte Arten, sofern die äusseren Einflüsse der Existenz der Formen nicht hinderlich, also ihr Fortkommen gestattet war, und die Arten in ihrer Umwandlung fortschreiten konnten, bei einer gänzlichen Umgestaltung der äusseren Einflüsse dagegen musste die Vegetation untergehen oder doch in ihrer Formentwicklung zurückschreiten.

K. P. A. Strzelecki. Notizen über das Bergöl in Galizien. (Oesterr. Zeitschr. für Berg- und Hüttenwesen 1869, Nr. 32).

Neben recht schätzenswerthen Bemerkungen über die physikalischen Eigenschaften der verschiedenen, in Galizien auftretenden Varietäten des Bergöls gibt der Verfasser einige Notizen über das geologische Vorkommen dieses für den Nationalwohlstand des Landes so wichtigen Naturproductes, welches, wie bekannt, der Zone der eocänen und allgemeinen Karpathen-Sandsteine (hier „jüngere tertiäre Formation" genannt) angehört. In dieser Formation treten verschiedenartige bituminöse Schiefer auf, welche das Petroleum enthalten, und zwar in umso grösserer Menge, je feiner, dunkler und milder die Schiefer sind. In Hinsicht auf die Mächtigkeit beobachtete der Verfasser einen innigen Zusammenhang zwischen dieser und der Oelmenge, indem bei gleicher Qualität und Lagerung die mächtigere Schichte stets die grössere Menge liefert, und erst eine mindestens eine Klafter mächtige Schichte die Gewinnung zu lohnen pflegt. Als ebenso wichtig wie die Qualität und Mächtigkeit der Schieferlage wird endlich auch deren Lagerung bezeichnet, indem senkrecht stehende, entblösste Schichten stets wenig Hoffnung auf grössere Oelmengen gewähren. Nur mächtige, bituminöse, nachliegende Schieferschichten, von allen Seiten wasserdicht geschlossen, insbesondere wenn sie mit Sandsteinschichten wechsellagern und zahlreiche Sprünge und Klüfte besitzen bilden nach dem Verfasser ein für den Abbau hoffnungreiches Gestein.

Was die in dieser Arbeit enthaltenen rein geologischen Bemerkungen betrifft, so können wir nicht umhin, unser Bedauern auszudrücken, dass derartige Arbeiten noch immer mit gänzlicher Nichtberücksichtigung der vorliegenden geologischen Literatur geschrieben werden; wäre diese dem Verfasser auch nur oberflächlich bekannt gewesen, so würden Irrthümer, wie z. B. die Anschauung, dass die galizische Salzformation älter sei als der Karpathensandstein, wohl nicht Platz gefunden haben.

F. v. V. Dr. Otto Fröliх. Das Granitgebiet von Eibenstock im Erzgebirge. (Neues Jahrb. III. Heft. 1869).

Schon früher wurde bereits von den Geologen eine Trennung des in der Gegend von Eibenstock und Johanngeorgenstadt auftretenden Granites in eine grob- und feinkörnige Varietät vorgenommen. Der petrographische Charakter nöthigte aber den Verfasser, welcher sich mit einer geologischen Detailuntersuchung des sächsischen Theiles des grossen erzgebirgischen Granitgebiets von Eibenstock im verflossenen Jahre beschäftigte, ausser den beiden genannten Varietäten noch den grobkörnig-porphyrartigen, den feinkörnig porphyrartigen und den mittelkörnigen Granit zu unterscheiden. Absolut vorherrschend treten durchgängig die grobkörnigen Varietäten auf. Von den wenigen Einlagerungen fremdartiger Gesteine, die sich an manchen Orten vorfinden, sind nur die Schollen schiefriger Gesteine — man kennt im Ganzen deren sechs — von einiger Ausdehnung und Wichtigkeit; letzteres sowohl in technischer — wegen der Zinnerzführung — als auch in wissenschaftlicher Beziehung.

Die Resultate der Beobachtungen des Verfassers stimmen im Wesentlichen mit jenen überein, welche Jokély auf Grund seiner Untersuchungen im böhmischen Theile des Eibenstocker Granitgebiets seinerzeit veröffentlichte. (Siehe Jahrb. d. geolog. Reichsanst. 1857.)

C. E. **Francesco Molon**. Sulla flora terziaria delle prealpi venete. Memorie della società italiana di scienze naturali. Tomo II. Nr. 8. Milano 1867.

Der Verfasser stellt in vorliegender Abhandlung die gesammelten und einer Bestimmung unterworfenen Pflanzenreste der venetianischen Voralpen zusammen. Nachdem derselbe vorerst einen Ueberblick über diese Formation mit den betreffenden Leitfossilien mittheilt, lässt er sich in eine vergleichende Betrachtung mit jener der übrigen Länder ein. Die gesammelten Pflanzen gehören den Pilzen, Algen, Rhizocarpen, Calamarien der Cryptogamen mit 128 Arten, den Gymnospermen mit 14 Arten, 14 Familien der Monocotylen mit 124 Arten, 11 Familien der Apetalen der Dicotylen mit 171 Arten, 15 Familien der Gamopetalen mit 81 Arten und 33 Familien der Polypetalen mit 371 Arten an. Eine vergleichung mit der Tertiärflora anderer Orte und mit der heutigen Flora beschliesst die Abhandlung.

T. F. A. v. **Koenen**. Ueber die Tertiärversteinerungen **von Kiew, Budzak** und Trakteinirow. (Separat-Abdruck a. d. Zeitschrift der deutschen geol. Gesellschaft 1869, pag. 587).

Der Verfasser veröffentlicht hier die Resultate einer Untersuchung von Fossilien, welche ihm von Herrn Theofilaktow in Kiew aus den oben erwähnten Localitäten zur Untersuchung zugeschickt wurden. Es ist dies zum grösseren Theile dasselbe Material, welches vor einigen Jahren auch mir vorgelegen und worüber ich in den Verhandlungen der Reichsanstalt (1867, pag. 192) eine Mittheilung machte. Gleich mir konnte der Verfasser unter den vorliegenden Stücken nur Tertiärarten, durchaus aber keine Kreidearten sehen, und auch in Bezug auf die nähere Stellung der Schichten stimmen seine Resultate, trotz der abweichenden Bestimmung einiger Formen so ziemlich mit den meinigen überein, indem er geneigt ist den ganzen Schichtencomplex als dem Grobkalke angehörig zu betrachten. (Ich liess l. c. ob Grobkalk, ob Sables moyens, unentschieden, neigte mich aber mehr zu letzterer Ansicht.)

F. v. V. W. **Ritter v. Haidinger**. „Der Meteorit von Goalpara in Assam nebst Bemerkungen über die Rotation der Meteoriten in ihrem Zuge". Aus dem LIX. Bd. d. Sitzb. d. kais. Akad. d. Wissensch. II. Abth. April-Heft, Jahrg. 1869. Mit 2 Taf. und 2 Holzschn.

Unter verschiedenen von Herrn H. L. Houghton in Goalpara in Assam erworbenen Geräthen befand sich auch ein Meteorstein, welchen derselbe der Asiatic Society of Bengal nach Calcutta zuschickte. In die Lage gekommen zu sein, hier Näheres über diesen Meteor mitzutheilen, verdankt der hochverdiente Verfasser Herrn Dr. Ferd. Stoliczka, welcher ausser einem Bruchstück von 9½ Loth Gewicht (derzeit im k. k. Hof-Mineralien-Cabinet) noch ein sorgfältig ausgeführtes Gypsmodell des ganzen Goalpara Meteorsteines — der 5 Pfund, 13 Unzen, 2½ Grains wog — übersandte. Die Lage von Goalpara in Assam ist am südlichen Ufer des Burhampooter, unter 90° 40' 5. L. von Greenw. und 26° 10' n. Br. Grosse Eigenthümlichkeiten bietet die Gestalt und Oberfläche dieses Meteors dem Beobachter dar. Die eine Seite — Brustseite — ist ziemlich vollständig kegelförmig, die andere — Rückenseite — mehr flach, jedoch beide voll von Schmelzgruben von sehr verschiedener Beschaffenheit. Beide Flächen sind noch, und zwar vorzüglich von den Rändern her, mit zahlreichen feinen Streifen bedeckt, welche auf der Rückseite nicht den hin und wieder flechwerk- oder netzartigen Charakter der Schmelzoberfläche der Brustseite zeigen, sondern viel gleichförmiger unter einander entwickelt sind. Die Rotation stellt sich auf der Rückenseite im Gegensatze zu der Richtung auf der Brustseite von der Rechten zur Linken, oder entgegengesetzt den Zeigern einer Uhr dar. — Dünne Schnitte des Meteorsteines von Goalpara, zum Behufe mikroskopischer Untersuchungen, wurden bereits von Dr. Tschermak angefertigt und in denselben zwei verschiedene Mineralgemenge, nebst den Eisentheilen erkannt.

K. k. Prof. Dr. A. E. Reuss. Zur fossilen Fauna der Oligocän-Schichten von Gaas. (Sitzb. d. kais. Akad. d. Wissensch. LIX. Bd. 1. Abtheil. März-Heft).

Die Untersuchung des dem Verfasser vorliegenden Materiales aus den Tertiär-Schichten von Gaas bei Dax in Südfrankreich, welches theils aus einer Sendung von Prof. Sandberger, theils aus den Vorräthen des k. k. Hof-Mineralien-Cabinetes stammte, führte zur Bestimmung von 72 Arten (40 Foraminiferen, 21 Bryozoen und 11 Ostracoden), von denen 36 neu sind. Bei Vergleichung der 36 schon bekannten Arten findet man vorerst, dass 25 derselben im Miocän wiederkehren; dieser Uebereinstimmung wird jedoch eine geringe Bedeutung beigelegt, da von denselben 9 Arten auch im deutschen Oligocän auftreten, ein grösser Theil der Arten eine sehr weite verticale Verbreitung besitzt, und diese Species mit anderen vergesellschaftet sind, die bisher noch nie im Miocän, sondern nur im Oligocän angetroffen worden sind. Sieht man von den zahlreichen fraglichen Formen ab, so findet man bei den Schichten von Gaas eine nicht zu überraschende Uebereinstimmung mit dem Oligocän, und zwar hat Gaas mit dem Oberoligocän 15 Arten (13 Foraminiferen, 1 Bryozoe und 1 Ostracode), mit dem Septarienthon 9 Species (6 Foraminiferen und 3 Bryozoen) und mit dem Unteroligocän nur eine Foraminiferen-Art (Amphistegina cummularia Reuss) gemeinschaftlich. Dadurch verräth die Fauna von Gaas die grösste Verwandtschaft mit dem deutschen Oberoligocän; auch die Uebereinstimmung mehrerer Foraminiferen-Arten mit solchen von Oberberg dürfte hiedurch erklärt werden, sowie auch die Fauna von Gaas von 21 Bryozoen-Arten 6, mithin 30 Perc. mit den vicentinischen Oligocän-Schichten (deren Foraminiferen noch keiner näheren Prüfung unterzogen worden) gemein hat.

Nach den allgemeinen Resultaten giebt der Verfasser eine tabellarische Zusammenstellung sämmtlicher Species mit Angabe ihrer Fundstellen, eine systematische Aufzählung aller beobachteten Arten, und die Beschreibung der neuen Arten mit deren Abbildung auf 6 Tafeln.

Th. Fuchs. Dr. W. Waagen. Die Formenreihe des *Ammonites subradiatus*. Versuch einer paläontologischen Monographie. (Boencke's geognpal. Beiträge Band II. Heft II. München 1869).

Unter diesem anspruchslosen Titel veröffentlicht der Verfasser eine Arbeit, welche in den Kreisen Derjenigen, welche der neuen Bewegung im Reiche der Naturgeschichte mit Theilnahme folgen, wohl allenthalben das grösste Interesse hervorrufen wird. Denn zum erstenmal wird hier bei völliger Beherrschung aller einschlägigen Wissenszweige, bei klarer selbstbewusster Uebersicht der gesammten Sachlage, der Versuch gemacht, bisher nur als theoretische Probleme discutirte Ansichten durch faktische Anwendung auf einen bestimmten Fall ins praktische Leben einzuführen.

„Paläontologie ist nicht die Wissenschaft, deren Zweck die Kenntniss der fossilen Organismen ist, sondern sie ist die Wissenschaft, welche die Veränderungen zu untersuchen hat, welche organische Formen im Laufe der Zeiten erlitten, welche den Gang festzustellen hat, den die Entwickelung des organischen Lebens auf Erden genommen, sie ist mit einem Worte keine descriptive, sie ist eine historische Wissenschaft".

So ungefähr lautet das wissenschaftliche Glaubensbekenntniss des Verfassers, und von der Richtigkeit desselben durchdrungen, sucht er dasselbe ohne Umschweife an einem concreten Fall zur Anwendung zu bringen.

Muss ein derartiges Unternehmen nun schon an und für sich das grösste Interesse erwecken, so wird dasselbe hier noch bedeutend gesteigert durch den Umstand, dass dasselbe sich eine Thiergruppe zum Gegenstande genommen, welche nicht nur in geologischer Beziehung zu den wichtigsten gehört, sondern auch in Bezug auf Systematik gerade jetzt eine brennende Tagesfrage bildet.

In wie weit es dem Verfasser geglückt, seiner weitgehenden Aufgabe Herr zu werden, in wie weit es ihm gelungen Bleibendes zu schaffen, darüber ein Urtheil zu fällen, muss wohl der Zukunft überlassen bleiben, auch würde es wohl weit führen auf alle die Fragen näher eingehen zu wollen, welche der Verfasser im Verlaufe seiner Arbeit berührt, doch kann ich trotzdem nicht umhin wenigstens zwei Punkte herauszuheben.

Der eine ist derjenige, bei welchem die praktische Anwendung der Ansichten des Verfassers am prägnantesten zum Ausdrucke kommt, und welcher zugleich vollkommen originell das eigenste geistige Eigenthum des Verfassers bildet. Es ist dies die von ihm vorgeschlagene Schreibweise des Namens einer bestimmten Form.

Gleich mehreren anderen Forschern ist nämlich der Verfasser bei seinen Bestrebungen, die innerhalb einer von ihm auserwählten Formengruppe sich kundgebenden Abänderungen bis ins feinste Detail zu verfolgen, zu der Wahrnehmung gekommen, wie unzureichend bei einer derartigen Behandlung des Stoffes, die bisher beinahe ausschliesslich übliche binäre Nomenclatur sei, und wie die Anwendung dreier Namen zur nicht zu umgehenden Nothwendigkeit werde. Anstatt jedoch, wie dies bisher in ähnlicher Lage gethan wurde, die drei Namen n e b e n einander zu schreiben, wählt der Verfasser folgende Ausdrucksweise: Er setzt hinter den Genusnamen u n t e r e i n e m W u r z e l z e i c h e n den Namen der Stammart und darüber die Bezeichnung der feineren Abänderung, oder wie er es nennt der „Mutation", so dass ein vollständig ausgeschriebener Name, oder wie der Verfasser sagt „die genetische Formel" folgendes Aussehen erhält, z. B.

bifrons var. d'Orb.
Ammonites / subradiatus Sow.

; *subradiatus Sow.* ist die Bezeichnung der Stammart (Collectiv-Art), *bifrons var. d'Orb* die feinere Abänderung (Mutation).

Was bei dieser Darstellungsweise vorzüglich angenehm berührt, ist der Eindruck von Bestimmtheit und Festigkeit, welchen sie hervorbringt und einen wohlthuenden Gegensatz zu der Willkürlichkeit der bisherigen ökonomischen Bezeichnungen und zu dem Gefühl von Verschwommenheit bildet, welches das Nebeneinanderschreiben der drei Namen erzeugt. In letzterem Falle liegt nämlich die Versuchung gar so nahe den drei Namen einen vierten und fünften anzuhängen, und wie ein klosser Name sein will, läuft fortwährend Gefahr sich in eine förmliche Diagnose zu verlieren.

Der zweite Punkt, welchen ich hervorheben möchte, bildet die Vorschläge, welche der Verfasser in Betreff der Auflösung des Genus *Ammonites* in einzelne Untergattungen macht. Die Gesichtspunkte, von welchen er hiebei ausgeht, sind grösstentheils dieselben, welche Prof. Suess zuerst in seiner Arbeit über Ammoniten aufstellte: Länge der Wohnkammer, Form der Mundöffnung und Beschaffenheit und Vorhandensein von *Aptychus* oder *Anaptychus* oder Fehlen eines derartigen Organes, welch letzteres Merkmal hier namentlich mehr Berücksichtigung findet, als bisher. Zu diesen fügt der Verfasser die Sculptur als ein ebenfalls wichtiges Merkmal, während der Lobenzeichnung nur untergeordneter Werth beigelegt wird, und die allgemeine Gestalt bei Abgrenzung der Gattungen als fast ganz werthlos erscheint.

Die Genera, **welche der Verfasser nach diesen Charakteren unterscheidet,** sind folgende:

1) *Harpoceras,* Falciferen, Insignes, Cunniculaten, Trinoderinsten.

2) *Oppelia,* Flexuosen, welche sich mit *Amm. subradiatus* von den Falciferen abzweigen, Trinodosaten-Formenreihe des *Amm. psiloditerus (Amm. Erato, elimatus, Gracianus* u. s. w.).

3) *Oekotraustes,* den Oppelien analoge Formen mit geknickter Wohnkammer (*Amm. genicularis, dentatus, macrotus* u. s. w.).

4) *Aegoceras* Waagen, welches im Muschelkalk mit *Amm. incultus* Beyrich beginnt und *Amm. planorbis, angulatus* und die ganze Duch'sche Gruppe der Capricornier umfasst.

5) *Arietites* Waagen, die Arieten.

6) *Amaltheus* Montfort, dessen ältester Vertreter *Amm. megaludiscus* Beyrich im Muschelkalk sein dürfte und wohin aus dem Lias und Jura unter anderem

37 *

Amm. Gerhardianus, cryptus, margaritanus, similabrus, Tractici, pustulatus, Lamberti, alternans gehören.

1) *Stephanoceras*, die Planulaten, Coronaten, Macrocephalen und Ornaten. Diese Gattung zerfällt in folgende Untergattungen:
a) *Stephanoceras* im engeren Sinn, die Coronaten und Macrocephalen.
b) *Perisphinctes*, die Planulaten.
c) *Cosmoceras*, die Ornaten.

Die von Waagen untersuchten Arten gehören den Gattungen *Oppelia* und *Oecotraustes* an und bilden die Formenreihen des *Oppelia subradiata* und des *Oecotraustes genicularis*; es sind nach dem Alter und der Abstammung geordnet: *Opp. subradiata* Sow., *fusca* Quenst., *aspidoides* Opp., *subdiscus* d'Orb., *biflexuosa* d'Orb., *latilobata* Waag. n. sp., *subcostaria* Opp. und *Numereiensis* Waagen n. sp; ferner *Oecotr. genicularis* Waag. n. sp., *serrigerus* Waag. n. sp., *conjungens* K. Mayer und *Bomgieri* d'Orb. Endlich werden die Stammkern dreier weiterer Collectivarten beschrieben, welche sich von der Formenreihe der *Opp. subradiata* abzweigen, *Opp. flectur* Waag. n. sp. und *Opp. subtrilobata* Waag. n. sp., an welche sich beziehungsweise die Flexuosen des oberen Jura und die Tenuilobaten anschliessen, und *Opp. superba* Waag. n. sp., zu deren Formenreihe nur noch *Opp. bicostata* Stahl gehört.

Wie man auch über die neuen in der vorliegenden Arbeit entwickelten Ansichten und Ideen denken mag, eine Thatsache ist jedenfalls hier auf's neue constatirt, die man bei der Wichtigkeit des Gegenstandes nicht oft und nicht eindringlich genug wiederholen kann. Sie zeigt wie unbegründet die von so vielen Seiten aufgetauchte Befürchtung sei, dass die praktische Anwendung der Mutationstheorie zu leichtfertiger, oberflächlicher Beobachtung, zur Bildung chaotischer, polymorpher Formengruppen, mit einem Worte, dass sie zu einer schleuderischen Behandlung des Gegenstandes führen müsse; sie zeigt von neuem wie im graden Gegentheil gerade diese Theorie es sei, welche zur genauesten Beobachtung auffordert, zur Erfassung der feinsten Unterschiede nöthigt, da ja sie es ist, welche auch den kleinsten Unterschieden Sinn gibt, den geringsten Abweichungen Bedeutung verleiht.

Wir aber können nur wünschen, dass diesem ersten Versuche recht bald ein weiterer nachfolgen möge.

Dr. M. N. Dr. K. A. Zittel. Geologische Betrachtungen aus den Centralappenninen. In Beneke's geologisch-paläontologischen Beiträgen, Bd. II, Heft II. München 1869.

Während die geologische Kenntniss der Alpen und Karpathen in den letzten Decennien bedeutende Fortschritte gemacht hat, gehört ein weiteres wichtiges, dem alpinen Typus angehöriges Gebiet, die Apenninen zu den am wenigsten erforschten Gebieten Europas, und namentlich der in Mittel- und Unteritalien gelegene Theil derselben ist noch so ziemlich *Terra incognita*. Die vorliegende interessante Arbeit lehrt uns ein der Wissenschaft noch fast unerschlossenes Gebiet, die römischen oder Central-Apenninen kennen, über welche bisher nur ein paar kleine Aufsätze von Spada und Orsini aus ziemlich früher Zeit veröffentlicht waren.

Der Bau der Centralkette des Apennin ist ein ziemlich einfacher, krystallinische Massengesteine und paläozoische Schichten fehlen ganz, und die ältesten auftretenden Gebilde scheinen dem unteren Lias anzugehören. Den tektonischen Verhältnissen ist ein erster Abschnitt gewidmet, in welchem namentlich genaue Durchschnitte durch Monte Nerone und Monte Catria enthalten sind, in deren interessante Details jedoch einzugehen hier nicht möglich ist.

Ein zweiter Abschnitt enthält die Gliederung der Jura- und Kreideformation und eine Besprechung der in ihnen enthaltenen Versteinerungen. Der untere Lias ist zwar mächtig aber sehr arm an Fossilien; dagegen enthalten die oberen Theile des Lias und der untere Dogger eine reiche Fauna, und namentlich die Liasbrachiopoden zeigen eine wahre Fülle ausgezeichneter Formen, unter welchen sich auch *Tereb. Erbaensis* Süss und die beiden Leitfossilien der „grauen Kalke" Südtirols, *Tereb. Renierii Catullo* (*T. fimbrioformis* Schaur.) und *T. Rotzoana* Schaur. befinden. Auf Grund dieser letzteren Thatsache stellt Zittel die grauen Kalke und, was besonders wichtig ist, das Lager der Pflanzen von Rozzo in den Lias.

Der untere Dogger ist durch gelbe, sandige Kalke und Mergel mit Arten aus den Zonen des *Amm. opalinus, Murchisonae, Soverbyi* und *Sauzei* vertreten, von höheren Gliedern des Doggers oder von den unteren Schichten des Malm dagegen ist nirgends eine Spur zu finden. An einigen Stellen fehlen auch die unteren Doggerschichten, und es liegen dann unmittelbar auf dem Lias Schiefer mit *Aptychus*, *Beyrichi*, *laevis* u. s. w.

Die lithonische Stufe wird durch einen 3—6 Meter mächtigen grünlichen Kalk repräsentirt, in dessen oberer Hälfte eine ziemlich dünne Bank eine ausserordentlich reiche Cephalopodenfauna enthält, welche mit derjenigen der unteren Abtheilung der lithonischen Stufe in den Karpathen, der Rogozniker Breccia ausserordentliche Uebereinstimmung zeigt, indem von 45 Arten der Apenninen 29 sich dort wiederfinden. Eine noch etwas grössere Zahl (31) haben die Apenninen mit den Diphya-Kalken der Südalpen gemein, wo allerdings diese Formen der älteren Horizonten mit jüngeren Stramberger Typen zusammen vorkommen, so dass eine Zutheilung der ganzen Masse der südalpinen Diphyakalke im Untertithon etwas bedenklich erscheint.

Die Kreideformation ist sehr mächtig entwickelt, aber sehr arm an Thier- und Pflanzenresten. Dem Neocom gehören massige, plumpe Felsenkalke an mit wenigen Ammoniten und *Terebratula Euganensis*; darüber folgen Fucoiden-Schiefer und gänzlich versteinerungsleere, rosenrothe Kalke, und als oberstes Glied erscheint jener in Italien und Südtirol so verbreitete erdige, dünnschichtige, rothe Kalk mit zahlreichen Feuersteinen, welcher unter dem Namen „Scaglia" bekannt ist. Die etwas reichere Ausbeute, welche dieses Glied in Mittelitalien bot, gestattet dasselbe mit voller Sicherheit der Senon-Kreide einzureihen.

Dies ist in kurzen Zügen der Inhalt der vorliegenden Abhandlung, welche für jeden, welchem die Alpengeologie am Herzen liegt, vom höchsten Interesse sein muss, da nicht nur ein neues Gebiet erschlossen ist, sondern auch aus den dort gesammelten Erfahrungen eine Menge von Schlüssen gezogen sind, welche für die Stratigraphie der schon bekannten alpinen Gegenden sowie für die Gliederung der betreffenden Formationen und die Paläontologie von grosser Wichtigkeit sind.

Ausserdem wurde die Bibliothek durch folgende Bücher und Karten bereichert:

a) Einzelwerke und Separatabdrücke:

Maxwell Reid. David. Outline of an adress delivered before the Wisconsin state agricultural society. Sept. 27° 1860. Madison. 1861.

Capanema G. S. Apontamentos geologicos (Ao correr da penna) Rio de Janeiro 1869.

Cutter Carles A. The new Catalogue of Harvard college library. Sep. aus der North American review. January 1869.

Eichwald. Lethaea rossica. XII Livr. Stuttgart 1869.

Giordano. Notice sur la Constitution géologique du mont Cervin. 1 Taf. Sep. aus den Archives des sciences de la Bibl. univ. Mars 1869. Gesch. d. Herrn Verf.

Haidinger Ritt. v. W. On the Phenomena of Light, Heat, and Sound accompanying the fall of Meteorites. (Sep. a. d. Proceedings of the Royal Society 1869. Nr. 107. Gesch. des Verf.)

Haughton Sam. On some elementary Principles in Animal Mechanics. (Sep. a. d. Proceed. of the Royal Society Nr. 91.)

Königsberg. Geologische Karte der Provinz Preussen, auf Kosten der Provinz im Auftrage der k. Phys. Oek. Gesellschaft aufgenommen von Dr. G. Berendt. Sect. 2 Memel — und Sect. 7 Lablau.

Lartet E. and **Christy H.** Reliquiae Aquitanicae, edited bei Th. Rupert Jones. Part VIII et IX. London 1869.

Lea Isaac. Observations on the genus Unio. Vol. XII mit 26 Taf. Philadelphia.

— Kleinere Abhandlungen und Notizen. Separat aus den Proceedings of the Academy of natural sciences of Philadelphia und zwar: 12 Neue Unioniden aus Südamerika. — Noten über einige Mineralien der Feldspathfamilie. — Zwei neue Species des Genus Lithasia. — Fünf neue Species des Genus Unio. — Zwei neue Mineralien von Chester Co. Penn — Fünf neue Species Unioniden und eine Paludina aus den vereinigten Staaten. — Neun Species Unioniden von dem Nicaragua-See in Central-Amerika. Sechszehn neue Species des Genus Unio aus den vereinigten Staaten. — Noten über einige eigenthümliche Formen ehemischer Unio-Arten. — Vier neue Species exotischer Unioniden. 26 neue Species Melaniden aus den vereinigten Staaten. — Sieben neue Species Unio aus Nord-Carolina. — Zwei neue Species Unioniden von Equador. — Unioniden aus der unteren Kreideformation von New-Jersey.

Ludwig Rudolph. Versuch einer Statistik des Grossherzogthums Hessen. Beigabe zum Notizblatt des Ver. für Erdkunde und verwandte Wissensch. etc. Darmstadt 1869.

Madison. Statistics exhibiting the history, climate, and productions of the state of Wisconsin, prepared by the board of immigration and published by order of the legislature 1869.

De Pourtales L. F. Assist. U. S. Coast survey. Contributions to the Fauna of the Gulf Stream at great depths. (Sep. aus dem Bulletin of the Museum of comparative Zoology Cambridge. 1868.)

Prag. Tafeln zur Statistik und Forstwissenschaft des Königreiches Böhmen, auf Grundlage amtlicher Quellen und Erhebungen der Delegaten bearbeitet und herausgegeben durch das von der k. k. patr. ökon. Gesellschaft constituirte Centralcomité für die land- und forstwirtschaftliche Statistik Böhmens. I. Band, 10. Heft. Kreis Pilsen. Prag 1869.

Presl Dr. M. A. F. Das Gesetz der Winde, abgeleitet aus dem Auftreten derselben über Nordwest-Europa. (Kleine Schriften der Naturforschenden Gesellschaft in Emden XIV.) Emden 1869.

Quenstedt F. A. Petrefactenkunde Deutschlands. Der ersten Abtheilung zweiter Band Brachiopoden. 3. Heft. Leipzig 1869.

„**Research**" Science and Revelation at one as to the cause and its continuity of the great secular Revolutions in the Earth's crust. Melbourne 1869.

Sars Michael. Memoires pour servir a la connaissance des Crinoides vivants. Christiania 1868.

Scudder Samuel H. Entomological correspondence of Thaddeus William Harris. Boston 1869. (Geschenk der Boston society of natural history.)

Senoner A. Notes conchyliologiques, tradaltes de l'italien par Arm. Thielens. Bruxelles.

Tchihatchef P. de Asie mineure e. c. Paléontologie. Appendice. Paris 1869.

Thielens Armand. Note sur le gîte fossilifère de Folx les caves (Brabant).

— Notice sur les Ibis falcinellus Temm. et Elanus melanopterus Leach. Mons 1869. (Sep. aus Bull. Soc. des Sciences, des arts et des lettres du Hainaut 3° Serie Tom III.)

b) Zeit- und Gesellschafts-Schriften:

Agram. (Zagreb) Rad Jugoslavensko Akademije znanosti i umjetnosti. Knjiga VIII, 1869.

Albany. Fiftieth und Fifty first annual report of the trustees of the New York State library 1868 und 1869.

— Twentieth annual report of the regents of the State of New York on the condition of the State Cabinet of natural history and the historical and antiquarian collection. 1868.

Augsburg. Zwanzigster Bericht des Naturhistorischen Vereines. 1869.

Bern. Mittheilungen der naturforschenden Gesellschaft aus dem Jahre 1868. Nr. 651—683. 1869.

Boston. Proceedings of the Boston society of natural history. 1868—69. Vol. XII, Bogen 1—17.

— Mémoirs read before the Boston society of natural history. Vol. I, Part IV. 1869.

Boston and Cambridge. Proceedings of the American Academy of arts and sciences. Vol. VII, S. 345—536. 1867—68.

Cambridge. Reports to the Board of Overseers of Harvard College on the condition, needs and prospects of the University. 1867—68, 1869.
— Proceedings of the american association for the advancement of science. Sixteenth meeting, held at Burlington Vermont. August 1867.
— Annual report of the trustees of the Museum of comparative Zoology at Harvard College in Cambridge together with the report of the director. 1868. Boston 1869.

Christiania. Forhandlinger i Videnskabs Selskabet. Aar 1864. Christiania 1865.
— Norsk Meteorologisk Aarbog for 1867. Udgivet af det Norske. Meteorologiske Institut, 1868.

Constantinopel. Gazette medicale d'Orient 1869. Jänn-July.

Darmstadt. Geologische Spezialkarte des Grossherzogthumes Hessen. Herausgegeben vom Mittelrheinischen geologischen Verein. Section Lanjenbach, aufgenommen von H. Tasche and W. C. J. Gutberlet nach deren Tode durchgesehen und mit Zusätzen vermehrt von Rudolph Ludwig. Darmstadt 1869.

Dublin. Journal of the Royal Geological Society of Ireland Vol II. part 1. 1867—68.

Edinburgh. Transactions of the geological society. Vol. I. part I et II. 1868.

Finsiedeln. Verhandlungen der Schweizerischen naturforschenden Gesellschaft am 24. — 26. August 1868. 52. Jahresversammlung. Jahresbericht 1868.

San Francisco. Proceedings of the California academy of sciences. Vol. IV, part I, 1868.

Königsberg. Schriften der k. Physik. Oekonom. Gesellschaft. Neunter Jahrg. 1868. Erste und zwelte Abtheilung.

Lille. Mémoires de la Société. Imp. des Sciences e. c. Année 1868. III— série, Vol. 6. Paris und Lille 1868.

London. The Journal of the Royal Geographical Society. Vol. 38, 1868.

Madison, Wis. Transactions of the Wisconsin state agricultural society prepared by J. W. Hoyt, secretary. Vol. VII, 1868.

Mailand. Memorie della societa italiana di scienze naturali. Tom. IV, Nr. 1. Corallarj fossili del terreno nummulitico delle Alpi Venete di Ant. Acchiardi. Nr. 2. Octona Licbenum Genera a Sancto Garovaglio. Nr. 3. Le Abitasioni iacustri e gli avanzi di umana industria in Lombardia. Helminzes di Camillo Marinoni. Milano 1869.

New York. American Journal of mining. Vol I—V. 1866—68.
— Annals of the Lyceum of Natural History. Vol. IX. Nr. 1—4. 1868.

Philadelphia. Proceedings of the American Philosophical Society. Vol. X. Nr. 79 et 80. 1868.
— Journal of the Academy of natural sciences. New series Vol. VI. Part. III. 1869.

Prag. Verhandlungen des Vereines zur Ermunterung des Gewerbsgeistes in Böhmen im Vereinsjahre 1868—69. Prag 1869.

Salem. Proceedings of the Essex Institution. Vol. V. Nr. 7, 8. 1867.
— **Namesh,** The American Naturalist, a popular illustrated magazine of natural history. Peabody academy of science. Vol. II. 1868.
— — Memoirs of the Peabody academy of science. Vol. I. Nr 1. Massachusetts 1869.

Washington. Annual report of the Board of regents of the Smithsonian Institution showing the operations, expenditures and condition of the Institution for the Year 1867. Washington 1868.
— Letters of the President of the national academy of sciences communicating, in obedience to law, a report of the operations of that society for the past year (Zwei Hefte für 1866 und 67).

Washington. Report of the commissioner of Agriculture for the Year 1867.
— Monthly reports of the Departement of Agriculture for the Year 1868. Edited by J. R. Dodge 1868.
— Annual report of the commissioner of patents for the Year 1868. Vol. I, II, III.

Zürich. Neue Denkschriften der allgemeinen Schweizerischen Gesellschaft für die gesammten Naturwissenschaften. Band XXIII. 1869. Mit 26 Tafeln.

Gegen portofreie Einsendung von 3 fl. Ö. W. (2 Thl. Preuss. Cour.) an die Direction der k. k. geol. Reichsanstalt, Wien, Bez. III., Rasumoffskigasse Nr. 3, erfolgt die Zusendung des Jahrganges 1869 der Verhandlungen portofrei unter Kreuzband in einzelnen Nummern unmittelbar nach dem Erscheinen.

Neu eintretende Pränumeranten erhalten die beiden ersten Jahrgänge (1867 und 1868) für den ermässigten Preis von je 2 fl. Ö. W. (1 Thl. 10 Sgr. Preuss. Cour.)

Die nächste Nummer der Verhandlungen erscheint am 30. September.

№ 12.  1869.

Verhandlungen der k. k. geologischen Reichsanstalt.

Bericht vom 30. September 1869.

Inhalt: Eingesendete Mittheilungen: Dr. Abdulah-Bey. Die Umgebung des See's Kütschüktschekmetché in Rumelien. Reiseberichte: F. Foetterle. Die geologischen Verhältnisse der Gegend zwischen Toplicz, Mehadia, Korulo und Potsok in der Romen-Banater Militärgrenze. Dr. U. Schloenbach. Die krystallinischen und die älteren, sedimentären Bildungen im Nordwesten der Alteds (Roman-Banater Militärgrenze). Dr. U. Schloenbach. Ueber Spaltenbildungen in den Kalken am Rande der Predazzo-Hochebene nördlich von Steyersdorf im Banat. D. Stur. Die Umgebungen von Cernia, Orsolavara, Toregova und Rusca. G. Stache. Die Klippen von Novoselice (?) Kemenczo) und Varalija (Pesthegy'a). H. Wolf. Die Gebirgsglieder westlich des Strmae-Knochau-Eperien. H. Wolf. Die Umgebung von Eperies. Dr. E. v. Mojsisovics. Die Umgebungen von Waldring und Fieberbrunn in Nordtirol. Einsendungen für das Museum: Telcher. Ueber das Vorkommen fossiler Farren im Hangenden der Kohlenflötze des Franz-Schachtes bei Möllnitz. Einsendungen für die Bibliothek und Literaturnotizen: G. v. Fischer-Ooster, E. Twins, M. Neufer, Dr. O. Laube, Th. Fuchs, Dr. J. Barbot, Dr. C. Fuhlrott, V. de Möller. Bücher-Verzeichniss.

Eingesendete Mittheilungen.

Dr. Abdulah-Bey. Die Umgebung des See's Kütschücktschekmetché in Rumelien. (Aus einem Schreiben an Director Fr. v. Hauer.)

Ich habe in letzterer Zeit mit Herrn Prof. Dr. F. v. Hochstetter einige interessante Excursionen nach Makriken, Saryken und Kütschücktschekmetché gemacht, und manches Neues gefunden, das ich in einer nächsten Sendung an die k. k. geol. Reichsanstalt mittheilen werde. Nachdem Hochstetter uns vorige Woche verlassen, habe ich dieser Tage eine Excursion um den See von Kütschücktschekmetché herum gemacht und zwar von Makriken nach Saryken, Jarim Burgas am Ende des Sees, dann nach Ali Beyken, Enmeriken, Kapadiken, Ekinos, Oltenitza und Kütschücktschekmetché. Die Petrefacten der sarmatischen Formation von Makriken, *Tapes gregaria* und *Mactra podolica*, reichen nur bis Saryken, wo stellenweise eine rothe Färbung der Kalkmasse getroffen wird. Bei Jarim Buras erreicht diese Formation ihr Ende. An letzterem Orte fand ich mehrere Höhlen, von denen ich aber nur zwei oberflächlich untersuchen konnte.

Der Eingang zur ersten ist 3—4 Meter über dem Niveau des See's erhaben, hat eine wenigstens 4 Meter hohe und 2 Meter breite Oeffnung und zeigt offenbare Spuren ehemaliger Wohnbarkeit. Die Höhle wird in ihrem Innern bedeutend höher und breiter, so dass sie eine Höhe von circa 8—10 Meter, eine Breite von 10 Meter und eine Tiefe von 30 Meter gibt.

Die Seitenwände sind stellenweise behauen, zeigen Nischen durch ausgehauene Bogen hergestellt — in den Wänden stellenweise viereckige

Löcher, welche auf eingefügt gewesene Balken schliessen lassen. Im Hintergrunde links sind 4 Stufen im Kalkstein ausgehauen, welche zu einem in Stein ausgehauenen Gemache führen. Am interessantesten ist eine Nische rechts im Vordergrunde nahe am Eingange, wo sich in einer in der Wand ausgehauenen Nische, die einen Bogen bildet, eine Art Areopag (oder Synedrion) befindet.

In der Mitte ein etwas erhabener Stuhl mit 2 Seitenlehnen, unterhalb ein zweiter Mittelsitz oder der Fussschemel des ersteren, zu beiden Seiten in einem leicht geschweiften Bogen 2 Reihen Sitze, wie von einem Amphitheater auf 4—5 Personen Raum, so dass circa 24—30 Personen ohne Mittelsitz darauf Platz finden konnten, an der linken Seite des Präsidentensitzes 2 Löcher.

Vor dieser Nische, die einem Gerichtssitze entspricht, befindet sich eine andere Nische mehr dem Eingang der Höhle zu, die weniger hoch, in der Mitte einen 70 Centimeter hohen Block an der Wand enthält. Ob Opferaltar? ob Gerichtsblock? ist nicht mit Gewissheit zu bestimmen. Vor dieser Nische eine dritte mit fensterartigen Seitennischen. Neben der grossen Nische (Areopag) eine andere, vor welcher 21 länglich viereckige Tröge in Stein ausgehauen sich befanden, von 10—20 Centimeter Tiefe.

Der Eingang in die untere Höhle ist um 2 Meter tiefer, als der obere und steht mit einem Seitengang mit der oberen in Verbindung.

Der untere Gang zieht in der Richtung von Süden nach Norden; die Seitenwände sind mit Stalaktiten überzogen. Die erste Gallerie von 1½—2 Meter Breite und 2—3 Meter Höhe eröffnet sich nach ungefähr 180 Schritten zu einer domartigen Höhlung von 10 Meter Höhe. Nach einer andern Galerie von 50 Schritten folgt noch eine höhere domartige Höhle; nach 100 Schritten findet sich inmitten des Ganges eine 2—3 Fuss dicke Stalaktitsäule, dann folgt in einem Gange, der sich nach Osten wendet, eine obere Seitengalerie, die ich nicht verfolgte, dann nach einer mindestens 15—20 Fuss hohen domartigen Höhle links unten ein Seitengang, der in eine kleine Höhlung zu führen scheint; nach 70 Schritten trifft man wieder eine starke Stalaktitsäule und ebenso nach 100 Schritten eine mächtige Stalaktitsäule. Die Gänge sind mit zerbröckelten Kalksteinmassen erfüllt, was das Vorwärtsdringen sehr erschwert — stellenweise ist der Weg schlammig, auch hört man fortwährend Tropfen fallen. Die Temperatur war empfindlich kalt und feucht. Da uns die mitgenommenen Lichter auszugehen drohten, musste ich das weitere Vorwärtsdringen diessmal aufgeben. Ich beabsichtigte ehemöglichst die Excursion zu wiederholen, und mich mit dem Nöthigen zu versehen, um die Ausmessungen vorzunehmen und wo möglich bis ans Ende zu dringen. Nach Angaben der Leute aus der Umgebung soll die Höhle zu einem See führen.

Einige 20 Fuss vom obern Eingang entfernt, kömmt aus dem Felsen am Weg eine Quelle hervor, die aber unterhalb der tiefen Gallerie ihren Lauf haben muss. Der Gang geht anfangs einige Meter abwärts, später aber kommen nur geringe Niveauveränderungen vor. Im Ganzen habe ich die untere Höhle auf circa 820 Schritte verfolgt; an der Decke befinden sich hie und da Inscriptionen, griechische Kreuze, verschiedene

Zeichen, ähnlich denen der Steinbruch-Arbeiter, was ich jedoch bei dieser ersten Exploration nicht näher beachten konnte.

Jedenfalls scheint die obere Höhle zu einem ehemaligen menschlichen Aufenthalte gedient zu haben, vielleicht zu mysteriösen Versammlungen.

Oberhalb der grösseren Höhle, ungefähr 4—6 Meter, kommt man von aussen über mächtige eine natürliche Mauer bildende Steinblöcke zu einer ganz in Stein gehauenen Warte und einige Meters unmittelbar darüber befindet sich ein ebenfalls aus dem Stein ausgehauener viereckiger Raum, in welchem drei sarkophagartige Aushöhlungen sich befinden, welche in eine gemeinschaftliche Höhle zu führen scheinen. Der Raum, in welchen diese führt, dürfte 1½—2 Meters tief sein. Wahrscheinlich dürfte diess nach Herkulesbad und die wallachische Grenze durchgeführt. Da ich keine Leitern hatte und uns die Lichter ausgegangen waren, konnte ich eine nähere Untersuchung nicht vornehmen.

Reiseberichte.

F. Foetterle. Die geologischen Verhältnisse der Gegend zwischen Toplitz, Mehadia, Kornia und Petnik in der Roman-Banater Militärgrenze.

Im Verfolge der Detailaufnahmen im südlichen Gebiete der Romanbanater Militärgrenze wurden dieselben seit dem letzten Berichte (Verhandlungen 1869, Nr. 10, S. 210) von Toplitz aus in nördlicher Richtung fortgesetzt und im Westen bis an die Linie Mohila lui Greku, Sirban, Belkovetz, Globukrajowa und Mehadika, im Norden bis Kornia und östlich bis nach Herkulesbad und die wallachische Grenze durchgeführt.

Wie in dem südlichen Theile, so herrschen auch in diesem Gebiete krystallinische Gesteine vor. Der grobkörnige, feldspathreiche Granit der Kerbalitza, der Mohila lui Greku und der Kulmia Ramnitza setzt in nördlicher Richtung über den Patru penne, Bradonald und Kulmia Jeseniza bis an den Belkovetz und den Globmik-Graben fort, wo sich demselben die miocenen Tertiärgebilde anlagern, während östlich daran sich die krystallinischen Schiefer meist aus Gneiss bestehend anlehnen und bis an die wallachische Grenze reichen. Nur im Cernathale oberhalb des Herculesbades beginnt ein von dem vorerwähnten abgesonderter Granitzug, der in das obere Cernathal fortsetzt und unmittelbar die Unterlage der hier auftretenden sedimentären Schichten bildet.

Wie in dem früheren Berichte bereits angedeutet wurde, treten in diesem Gebiete innerhalb der krystallinischen Gebilde zwei von einander getrennte Züge von secundären Schichtgesteinen auf, von welchen der westliche von ausgedehnten Porphyrdurchbrüchen, der östlichere von einzelnen, local sehr beschränkten Durchbrüchen eines dioritartigen mesozoischen Massengesteines begleitet ist. Der westliche dieser beiden Züge, der südlich vom Meeslob und Tou Mosuhi beginnt, streicht in einer durchschnittlichen Breite von etwa 800 Klafter in nahezu gerade nördlicher Richtung über den Certeg und Zenoletz durch das Bela-Rekathal bei Mehadia, bis er von den miocenen Tertiärgebilden nördlich von Mehadia bedeckt wird, unter welchen in den Gräben nur isolirte Partien noch hervortreten. Sowohl am östlichen wie am westlichen Rande dieses

Zuges treten ausgedehnte Porphyrmassen meist mit grauer und rother Grundmasse und rothem und weissem Feldspath, dann wenigem Quarze auf, wie am Strajutz bei Mehadia, dann am Rakitohreg und Strajitza zwischen Mehadia und Jablanitza. Sie werden von ausgedehnten Porphyrtuffgebilden begleitet, welche in oft sehr grobkörnige, sehr deutlich geschichtete Porphyrbreccien und Conglomerate übergehen. Diese bilden ihrerseits namentlich am Certeg und im Svedinl-Graben die Unterlage von rothen Schiefern und Sandsteinen, die sich jedoch sowohl in südlicher wie in nördlicher Richtung bald auskeilen. Wenn auch weder in diesem noch in den Breccien irgend welche Petrefacten bisher gefunden wurden, so dürfte es nach der Analogie der Gesteinsähnlichkeit kaum gefehlt sein, wenn man diese Gebilde der Dyas zurechnet. Am ausgedehntesten sind die den Porphyrbreccien und rothen Sandsteinen aufgelagerten mächtigen Quarzconglomerate und Sandsteine, welche mit schwarzen Schiefern wechsellagern und endlich von einem mächtigen Complex dieser schwarzen Schiefer umgeben sind. Diese letzteren sind namentlich im Thale der Bela Reka bei Mehadia sehr ausgebreitet, und enthalten undeutliche Reste von Zweischalern *(Pretines)* und von Belemniten; beide Glieder dürften demnach wohl schon dem Lias angehören.

Der östliche der erwähnten Züge, dessen Beginn an der Dupa pintra nördlich von Ornova bereits in dem früheren Berichte angedeutet wurde, setzt von Toplitz über Bärsa und Pecsenesk in das obere Cernathal fort. Das tiefste Glied in diesem Zuge bilden schwarze Schiefer, die aller Wahrscheinlichkeit nach mit den vorerwähnten, bei Mehadia auftretenden identisch sein werden, daher auch dem Lias angehören dürften. Sie sind namentlich östlich von Bärsa und südlich vom Herculesbad mächtig entwickelt. In den oberen Schichten werden sie mehr sandig, enthalten auch hier Belemniten, und es treten darin Lagen eines grauen mergeligen Kalkes auf, der den Fleckenmergeln des Lias sehr ähnlich ist. Darüber sind schwarzgraue, knollige, dünngeschichtete Kalke gelagert, welche von lichtgrauem, Belemniten führenden Hornsteinkalke bedeckt werden, zwischen welchem bei Bärsa und südlich von Toplitz rothe knollige Kalke mit jurassischen Ammoniten eingelagert sind. Diese Jurakalke sind an den letztgenannten beiden Punkten ziemlich mächtig entwickelt. Ueber den vorerwähnten dunkelgrauen Kalken sind im oberen Cernathale dünngeschichtete schiefrige Kalke, theils dunkelgrau, theils ganz weiss von krystallinischer Form in grosser Mächtigkeit und Ausdehnung gelagert; sie reichen nahezu auf die höchsten Punkte des Domogled und Serban, und nur hier und an den Gehängen des Cernathales verlieren sie ihre schiefrige Structur und werden mehr massig. Oestlich vom Domogled in dem Sattel zwischen der Padina Jereren und Valea Stpol wurden darin undeutliche Bivalven und eine *Nerinea* gefunden. Hier haben diese Kalke grosse Aehnlichkeit mit Stramberger Kalken.

Den Theil des Einganges bezeichneten Untersuchungsgebietes nördlich von Mehadia und Belkovetz nehmen ausschliesslich Tertiärgebilde ein, welche an der Begrenzung gegen die älteren Gesteine sowohl, wie im Innern des Beckens bis zu einer Höhe von etwa 350 Klaftern reichen. Es sind durchgehends miocene Schichten, analog denen des Wiener Beckens, bestehend aus einem fortwährenden Wechsel von mehr minder mächtigen Lagen von Conglomerat, Schotter, Sand und Sandstein, Tegel und schiefrigen Letten, ohne einer bestimmten Regelmässigkeit, obzwar es sich nicht verkennen lässt, dass die unterste Abtheilung vorwaltend aus Conglomerat (oft in Schotter übergehend) und aus Sand mit regelmässigen Lagen von concretionirtem Sandstein, die mittlere aus dunklem, schwarzgrauen Tegel und schiefrigem Letten und die oberste abermals aus Sand mit Sandsteinlagen und zahlreichen mächtigen Schotterbänken besteht. In der untersten Abtheilung treten Leithakalkartige Bildungen oft in mächtiger Entwicklung, mit Korallen, *Pectunculus polyodonta*, *Scutella* u. s. w., ferner fürnliche Schichten von Korallenbänken und von Pecten auf, wie in dem Valea Zalistji westlich von Jablanitza und bei Mehadika. An der Grenze der schiefrigen Letten und der oberen Sande und Schotter sind wieder *Cerithium pictum* und *rubiginosum*, *Mactra podolica* u. s. w. besonders in dem Zalistje-Graben und zwischen Mehadika und Kornia stark vertreten, so dass es unzweifelhaft ist, dass ein grosser Theil dieser Tertiärschichten der sarmatischen Stufe angehört. Sämmtliche Tertiärschichten zeigen ein ziemlich starkes bis zu 25 Grad und darüber gehendes Verflächen in den meisten Fällen nach Nordost, doch sind innerhalb derselben selbst bedeutende Schichtenstörungen nicht ungewöhnlich, wie östlich von Plagova. Häufige Vorkommen von meist wenig mächtiger, unreiner Braunkohle in den marinen Schichten gab Veranlassung zu häufigen Schürfungen auf Kohle in dieser Gegend.

An vielen Punkten, wie namentlich am Balkovetz und zwischen Plugova und Mehadia werden die Tertiärschichten von horizontal abgesetzten Diluvialgebilden überlagert, welche sich auch über die anderen älteren Gebilde dieser Gegend verbreiten und theils aus sehr grobem Schotter mit oft Kubikklafter grossen Geschieben theils aus gelbem Lehme bestehen. Dort wo die Tertiärschotter von diluvialen Schottern unmittelbar bedeckt werden, ist die Trennung beider oft schwierig, weil dann auch häufig die Aufschlüsse und Enthlössungen durch Abwaschungen undeutlich geworden sind.

Dr. E. Schloenbach. Die krystallinischen und die älteren sedimentären Bildungen im NW. der Almásch. (Romanbanater Militärgrenze).

Schon in meinem vorigen Berichte hatte ich hervorgehoben, dass die krystallischen Schieferzonen des die Almásch südöstlich begrenzenden Gebirges mit grosser Regelmässigkeit ein nordnordwestlich-südsüdöstliches Streichen mit der Fallrichtung gegen die Almásch einhalten, während eine gleiche Regelmässigkeit in Bezug auf das nordwestliche Gebirge nicht zu bemerken ist. Diese Beobachtung hat sich beim weiteren Verlauf der Arbeiten in den Umgebungen von Bosovich und Lapusschnik durchaus bestätigt. Im Allgemeinen herrscht zwar im südlichsten, zunächst an die Almásch angrenzenden Theile dieses nordwestlichen Gebietes noch die gleiche Streichungs- und Fallrichtung vor, wie jenseits des Almáscher Tertiärlandes, und ich kann daher — beiläufig gesagt — Kudernatsch's Ansicht, dass die Almásch eine Mulde des krystallinischen Schiefergebirges darstelle, in welcher sich die Tertiärschichten abgelagert haben, nicht beistimmen, sondern möchte dieselbe eher für ein Auswaschungsthal halten, welches ungefähr dem Streichen der krystallinischen Schiefer folgt. Weiter gegen NW. zu tritt aber bezüglich des Streichens und Fallens eine grössere Unregelmässigkeit ein, welche wohl mit dem Auftreten der dort mächtiger entwickelten krystallinischen Massengesteine im Zusammenhange steht.

Die glimmerreichen, Granaten führenden Gneissgesteine, welche ich in der Gegend nördlich von Pattasch und Alt-Borloven beschrieben habe, treten noch in das jetzt untersuchte Gebiet von Bosovich über, werden aber hier bald von hornblendereichen Schieferngesteinen, die manchmal thon- und chloritschieferartig werden, überlagert. Schon in der Nähe von Bosovich greifen dann aber die Tertiärgesteine des Almäscher Thales soweit nach Norden, dass hier jener glimmerreiche Gneiss bereits ganz von ihnen bedeckt wird, und nur noch die mächtig entwickelte, breite Zone jener ihr aufgelagerten jüngeren Schiefer sichtbar bleibt. Letztere stehen stets mit Serpentinen derart in Verbindung, dass diese schieferig werden und dann durch Serpentinschiefer ein fast unmerklicher Uebergang zu den anderen Schiefern gebildet wird. An einigen Punkten, namentlich im Lapuschnik-Thale, wurde das Hervortreten ähnlicher trachytischer Gesteine, wie ich sie im vorigen Berichte beschrieben, deutlich beobachtet, und in unmittelbarer Nähe eines solchen Vorkommens zeigten sich Erze, namentlich Bleiglanz führende Schwerspathgänge im Schiefer, die übrigens auch zunächst dem Serpentin öfter darin auftreten.

Diese deutlich krystallinischen Schiefer werden endlich von Gebilden der Steinkohlenformation überlagert, welche ebenfalls stets mit Serpentin in Verbindung stehen. Dieselben bestehen aus grünlichen und grauhräunlichen, von den eben beschriebenen oft nur durch ihre Petrefactenführung unterscheidbaren und daher äusserst schwierig abzugrenzenden Schiefern, Conglomeraten und Sandsteinen. Alle diese Gesteine enthalten charakteristische Pflanzen der Steinkohlenformation, unter denen sich namentlich schöne Annularien auszeichnen. Besonders bemerkenswerth durch das Vorkommen solcher schön erhaltener Pflanzenreste sind die Schiefer und schieferigen Sandsteine, welche am Abhang des Bezova-Hügels südwestlich von der Bosovich-Steyerdorfer Strasse unweit der Stelle entblösst sind, wo diese Strasse in die das westliche Grenzgebiet einnehmende Kalkzone eintritt. Auch hier haben die Schiefer ganz das Ansehen krystallinischer Gesteine und stehen deutlich unmittelbar mit Serpentin in Verbindung.

Von dem eben besprochenen Punkte aus gegen Norden sind die Aufschlüsse wegen den ausserordentlich ausgedehnten Urwäldern ungemein spärlich, und es ist mir in Folge dessen nicht gelungen zu constatiren, ob die dort auftretenden Schiefer, welche übrigens von den weiter östlich dem Gneiss aufgelagerten sich wohl schwerlich petrographisch unterscheiden lassen dürften, Pflanzen führen, und also als unmittelbare Fortsetzung jener Steinkohlenschiefer betrachtet werden müssen, oder nicht. Dagegen muss ich hervorheben, dass hier gegen Westen zu diese Schiefer deutlich ein südöstliches Einfallen zeigen. Noch weiter westlich, im Poniaska-Thal, werden sie unter gleichem Streichen und Einfallen von glimmerreichem Gneiss unterteuft, unter welchem dann Granitgneiss und endlich echter, ausgezeichneter Granit folgt. Auf letzterem erhebt sich dann jenseits der Grenze im Civilbanat die so mächtig entwickelte Zone der Kreidekalke, welche an dieser Stelle nur mit einem kleinen Zipfel in das Aufnahmsgebiet hereinreichen.

Während so im nördlichen Theile meines Terrains die krystallinischen Gebilde sich bis zur westlichen Grenze desselben erstrecken, greift im südlicheren Theile die Kalkzone viel weiter nach Osten vor, und lagert hier nächst dem Minischtbal unmittelbar auf den Serpentinen oder den anderen Gebilden der Steinkohlenformation. Verfolgt man nun von hier aus weiter in südlicher Richtung den Rand der Kalkfelsen, so bemerkt man bald, dass die Unterlage derselben wieder eine andere wird. Im Lapuschnik-Thale sieht man bereits die Kalke auf granitischem Gneiss ruhen, welcher ganz jenem nördlichen im Poniaska-Thale gleicht. Dieser tritt sodann mit deutlich gegen die Almasch einfallendem, glimmerschieferartigem Gneiss in Wechsellagerung, welcher letztere bald herrschend wird, um endlich — ganz wie im nördlichen Gebiete — vom Hornblendeschiefer und Serpentin überlagert zu werden. Auch hier scheint es, dass diese letzteren Gesteine, wie im Norden, als jüngstes Glied in der Reihe der krystallinischen Schiefer in der Synclinallinie liegen, die also weiter nordwestlich gelegen sein würde, als Kudernatsch annahm. Die in dem bisher genauer untersuchten Gebiete auftretenden Serpentine würden demzufolge zweierlei verschiedenen Hauptperioden angehören, indem die ersten, bereits im vorigen Bericht erwähnten wären als die glimmerreichen Gneisse, die zweiten, jünger als diese letzteren, jedenfalls bis in die Steinkohlenzeit hineinreichten.

Einen specielleren Bericht über die westliche Kalkzone behalte ich mir für die Zeit vor, wo ich dieselbe in ihrer ganzen Erstreckung durch mein Gebiet kennen gelernt haben werde.

Dr. C. Schloenbach. Ueber Spaltenbildungen in den Kalken am Rande der Predetter Hochebene nördlich von Steyerdorf im Banat.

In der zweiten Hälfte dieses Monats (August) hatte ich das Vergnügen, Herrn Sectionsrath Fr. Ritt. v. Hauer, dem sich nach Beendigung seiner Arbeiten in Nordungarn auch Herr Dr. M. Neumayr angeschlossen hatte, auf seiner Inspectionsreise in meinem Aufnahmsgebiete zu begrüssen. Leider vereitelte die Ungunst des Wetters mehrere der beabsichtigten gemeinschaftlichen Excursionen. Indessen wurde von Steyerdorf aus, als dem Endpunkte unserer Tour, unter der freundlichen Führung des Herrn Betriebs-Ingenieurs F. v. Lidl ein Ausflug zu den Aufschlüssen der in jeder Beziehung so merkwürdigen und sehenswerthen und an lacoobafilichen Heizen so reichen Anina-Oraviczaer Montanbahn unternommen, bei welchem wir einige Beobachtungen machen konnten, die der Veröffentlichung nicht ganz unwerth scheinen.

Die allgemeinen Verhältnisse der von NO. nach SW. streichenden Steyerdorfer Sattelbildung, welche von der genannten Eisenbahn durchschnitten und wenigstens in den jüngern, der Predetter Hochebene zunächstliegenden Schichten sehr schön aufgeschlossen wird, sind aus Kudernatsch's ausgezeichnetem Aufsatze über die Geologie des Banater Gebirgszuges (Sitzungsber. d. Wien. Akadem. vom Jahre 1857) bekannt. Ich brauche deshalb hier nur kurz daran zu erinnern, dass als älteste Gebilde, welche die anticlinale Axe dieser Sattelbildung einnehmen, rothe Sandsteine von bisher nicht genauer bestimmbarem Alter zum Aufbruch gekommen sind; dass diese von weissen Sandsteinen von sehr wechselndem Korn überlagert werden, in welchen die ersten Kohlenflötze liegen, und dass aber diesen dunkle Schieferthone folgen. Letztere bilden die Hauptlagerstätte der Steyerdorfer Kohlen und werden durch ihre Pflanzen-Einschlüsse als Aequivalente der kohlenführenden Grestener Schichten der Alpen charakterisirt. Durch schieferige Mergel mit einer wenig mannigfaltigen, aber eigenthümlichen Fauna, worunter sich namentlich eine kleine *Corbula* durch grosse Häufigkeit auszeichnet, wird diese Kohlenbildung von dem mächtigen, kieselreichen Complex des sogenannten „Concretionen-Kalks" (Kudern.) getrennt, in dessen unteren Lagen ich eine Anzahl von Petrefacten sammeln konnte, nach denen die Zurechnung dieser Partie zur Bathformation als ungefähres Aequivalent der alpinen Klausschichten ziemlich unzweifelhaft erscheint. Dagegen halte ich es für wahrscheinlich, dass die oberen petrefactenarmen Lagen dieses Complexes bereits einer jüngeren, als der Bathformation angehören. Auf den Concretionen-Kalk folgen nun unzweifelhaft oberjurassische Kalke, Kudernatsch's „Plattenkalke", — welche ausser Brachiopoden und semihastaten Belemniten auch Ammoniten aus den Gruppen der Planulaten, Flexuosen und Heterophyllen nicht selten einschliessen, und die ein ungefähres Aequivalent der Acanthicus-Schichten der Alpen bilden dürften. Diese Kalke, welche in ausgezeichneten, dicken, dunkelgraublauen Platten brechen, und ausser der Eisenbahnlinie auch in mehreren Steinbrüchen der Umgebungen von Steyerdorf-Anina aufgeschlossen sind, werden von petrefactenarmen Kalken selbst überlagert, welche in normalem Zustande von hellgraugelber Farbe und sehr wohl geschichtet sind und mit regelmässigen, 1—4 Zoll starken Hornsteinlagen wechsellagern; ausserdem kommen auch in den Kalkbänken selbst einzelne unregelmässig geformte Knollen von lichtem Hornstein hie und da vor. Kudernatsch bezeichnete diese Stufe daher ganz passend als „Kiesellager-Etage des weissen Jura". Die darin ziemlich spärlich sich findenden Petrefacten bestehen namentlich aus Belemniten, Echinidenstacheln und Crinoidenstielen, die sich bei ihrem schlechten Erhaltungszustande wohl kaum näher bestimmen lassen dürften. Die Mächtigkeit dieser Kiesellager-Etage ist eine ziemlich bedeutende; sie ist längs der ganzen Bahnstrecke vom Viaduct nächst Anina bis zu derjenigen Stelle aufgeschlossen, wo dieselbe aus ihrer nördlichen Richtung mit starker Krümmung gegen Westen nach der „Bosolup" genannten Gegend umbiegt. Hier wird sie von ebenfalls noch sehr wohl geschichteten, aber etwas dickbankigeren, gelblichen Kalken ohne regelmässige Hornsteinschichten überlagert, in denen nur noch vereinzelte Hornstein-Concretionen vorkommen. Diese Kalke, welche Rutschflächen von seltener Schönheit zeigen, führen Brachiopoden und Belemniten, und es steht zu hoffen, dass sich nach genauerer Untersuchung der ersteren vielleicht das Alter derselben mit einiger Sicherheit wird bestimmen lassen.

Die oben beschriebene Kiesellager-Etage ist es nun, welche von jenen Spalten durchsetzt wird, die den Hauptgegenstand dieses Berichtes bilden sollen. Die Lagerung der Schichten ist eine schwach gegen West geneigte, und durch diese Schichtung gehen die in den Eisenbahn-Einschnitten bis zu einer Höhe von mehr als 20 Fuss vortrefflich aufgeschlossenen Spalten ziemlich senkrecht hindurch. Ihr Querdurchmesser wechselt gewöhnlich zwischen $^1/_2$—2 oder 3 Fuss und erweitert sich in der Regel etwas gegen oben; an einer Stelle aber trafen wir eine solche Spalte, welche anscheinend fast mehrere Klafter Breite hatte. Seitliche Abzweigungen kommen vor, scheinen aber nicht eben häufig zu sein. Die **Ausfüllungsmasse** dieser Spalten ist eine verschiedene. In einigen ist es bräunlich grauer thoniger Mergel; häufiger aber sind es zwei andere Fälle. Ein feines Gerölle, welches aus Bohnerzkörnchen und theils eckigen, theils gerollten und dann nach Art der sogenannten Augensteine stark glänzenden Körpchen von Hornstein, Quarzit, Schiefer und Kalk besteht, ist nämlich entweder in einen bräunlichen, sandigen Bolus lose eingebettet, oder aber dasselbe Gemenge ist durch ein hell rothbraunes, anscheinend kalkig-dolomitisches Bindemittel fest mit einander zu einer Conglomerat-Breccie verkittet. — Von organischen Resten haben wir in allen diesen Gesteinen, welche ausserordentlich an die Bohnerze des fränkischen, schwäbischen und schweizerischen Jura erinnern, keine Spuren bemerkt, jedenfalls aber dürfte es der Mühe werth sein nach solchen etwas aufmerksamer nachzuforschen, als es uns bei dieser kurzen Excursion möglich war.

Ganz gleiche cementirte Gerölle, wie die oben beschriebenen, zeigte uns Herr Hüttenmeister Krautner zu Anina auch aus einer kürzlich von ihm in denselben Kalken nächst dem Anina-Tunnel entdeckten Höhle. In dieser Höhle hat derselbe überdies eine grössere Anzahl von Knochen des *Ursus spelaeus* und andere interessante Säugethierreste gesammelt und einen Bericht über dieselbe für unsere Verhandlungen demnächst einzusenden freundlichst zugesagt.

Dass bei Bildung jener Spaltenausfüllungen, Quellen, welche in den Spalten emporgestiegen sind, eine Hauptrolle gespielt haben dürften, erhellt namentlich daraus, dass in der Umgebung dieser Spalten der Kalk in sehr auffälliger Weise umgewandelt ist. Die regelmässige Schichtung sowohl, wie die so constante Hornsteinlagen sind gänzlich verschwunden und an die Stelle des dichten splittrigen Kalkes ist ein kieseliger Dolomit von braungelber Farbe, ja an manchen Stellen sogar eine ausgezeichnet zellige, dolomitische Rauchwacke getreten. Der Uebergang von diesen wohl vielfach zerklüfteten, aber keine Absonderung in regelmässige Bänke mehr zeigenden, veränderten Gesteinen zu den normalen Kalken ist ein sehr allmähliger. An vielen Stellen konnten wir den successiven Wiederbeginn der parallelen Schichtflächen des Kalkes zugleich mit dem Wiederauftreten der Hornsteinlagen und mit der Wiederherstellung der oben beschriebenen normalen Gesteinsbeschaffenheit des Kalkes dieser Etage auf das deutlichste verfolgen. Hierdurch wird die Annahme, dass etwa in Folge von Verwerfungen hier Schichten von verschiedenem Niveau an einander stossen — was man auf den ersten Blick bei der auffallenden Verschiedenheit der Gesteine sonst zu glauben geneigt sein möchte — aufs Entschiedenste widerlegt.

Uebrigens hat auch schon Kudernatsch die Dolomitisirung dieser oberjurassischen Kalke richtig beobachtet; auch er glaubt dieselbe ebenso wie das Vorkommen von Arragonit im Bereich derselben, auf heisse Quellen zurückführen zu sollen, „die nach Spalten heraufgedrungen sein mögen". Jene eigenthümlichen Bohnerzbildungen aber scheinen ihm eben so wie die Spalten selbst entgangen zu sein. Denn die sogenannten Rohnerze, von denen der ganze letzte Abschnitt seines Aufsatzes handelt, und die er als wahrscheinlich zum Gault gehörig bezeichnet, haben mit den oben beschriebenen nichts gemein.

Zum Schlusse dieses Berichtes ist es mir eine angenehme Pflicht, Herrn F. v. Lidl, der uns mit der freundlichsten Zuvorkommenheit in die höchst interessanten geologischen Verhältnisse der Umgebungen seines Wohnortes Steyerdorf eingeführt hat, hiermit verbindlichsten Dank auszusprechen.

D. Stur. Die Umgebungen von Cornia, Corniareva, Teregova und Slatina.

Die Section II hat bisher im südlichen Theile ihres Gebietes die Aufnahmsarbeiten durchgeführt, und zwar in den Umgebungen von Cornia, Corniareva, Teregova und Slatina (zwischen Karansebes und Mehadia).

Das untersuchte Gebiet zerfällt orographisch in drei Theile: in das Hochalpengebirge des Sarko und Baldoveny im Osten, in das Hochgebirge des Semenuik im Westen, und in das zwischen beiden situirte bewohnte Mittelland.

Das Alpengebiet in den unteren Theilen bewaldet, zu oberst mit spärlichen Weideflächen bedeckt, und das üppige Urwaldungen tragende Hochgebirge sind sehr einfach gebaut. Beide sind Gneissgebirge, in welchen ausser verschiedenartigen Gneissen hier und da auch Hornblendegesteine in sehr untergeordneter Weise, und körnige Kalke in 1—10 Klafter mächtigen Lagern äusserst selten auftreten. Die Lagerung dieser Gesteine in beiden Gneissgebieten ist eine fast horizontale, wobei die local sehr verschieden streichenden Schichten in der Regel nur geringe Fallwinkel abnehmen lassen.

Einen sehr complicirten Bau besitzt dagegen das zwischen den beiden Gneissgebieten situirte Mittelland. Dasselbe besteht aus Gebirgszügen, die lange, mitunter scharfe und schön geformte Bergrücken bilden, und den dazwischen liegenden erweiterten Thalmulden. Beide sind von S. in N. gedehnt. An der Zusammensetzung der Bergrücken des Mittellandes sind betheiligt: die Thonglimmerschiefer, grüne Schiefer, Gesteine der Steinkohlenformation und des Rothliegenden. Die Ausfüllungen der Mulden bilden theils Gesteine des Lias, theils Ablagerungen der Tertiärformation.

Nach den bisherigen Untersuchungen lässt sich die folgende Reihe der das Gebiet zusammensetzenden Formationen und Gesteine anführen:

Im Hochalpengebirge und Hochgebirge:
    Gneiss.

Im Mittelland:
    Thonglimmerschiefer.
    Grüner Schiefer mit Massen von Grünsteinen.
    Schiefer der Steinkohlenformation mit einem mächtigen Kalklager. Ueber dem letzteren eine Lage mit Crinoiden und Korallen, deren Hohlräume in dem entkalkten Sandsteine erhalten sind.
    Gesteine des Rothliegenden: rothe Schiefer, rothe Porphyrtuffe, körnige Grauwacken mit Einlagerungen von Melaphyrtuff, Quarzite und Quarzconglomerate.

Gesteine des Lias: Schiefer mit *Belemnites* sp., *Unicardium cardioides*, *Pecten liasinus*, *Avicula*, *Gervillia*, *Plicatula*; Sandsteine mit Hohlräumen von *Belemnites* und *Pecten*; thonige Conglomerate mit Kalkgeröllen; endlich röthliche Crinoiden-Kalke mit *Avicula inaequivalvis* und Melaphyre und Tuffe.

Tertiäre Ahlagerungen: zu unterst die der marinen Stufe angehörigen Leithakalke, und die im Liegenden davon auftretenden, marine Petrofacte führenden Sande und Tegel, die stellenweise durch kohlenführende Süsswasser-Ahlagerungen vertreten sind. Sehr mächtig entwickelte Ahlagerungen der sarmatischen Stufe: zu unterst pflanzenführende Schichten mit der Flora von Radobaj, dann Tegel oder Letten mit sarmatischen Bivalven: *Tapes gregaria*, *Mactra podolica*, *Ervilia podolica*, *Cardium obsoletum*, *Cardium plicatum*, *Modiola* sp., weiter aufwärts Sande mit *Cerithium pictum* und *C. rubiginosum*, kalkige Bänke mit den gleichen Gasteropoden und Bivalven, die hier gemischt miteinander auftreten, endlich gröbere Sande und Schotter ohne Petrefacte. Etwas geringer mächtig sind die Ahlagerungen der Congerien-Stufe: zu unterst dunkle schiefrige oder Gerölle enthaltende Tegel mit *Congeria Partschii*, bedeckt von Sand und Schotterlagen mit *Melanopsis Martiniana*, darüber grobe Schotter und Lehme, die dem Belvedere-Schotter entsprechen.

Die Diluvial-Terrassen sind erst jenseits der Wasserscheide bei Domasnia, hier aber ausgezeichnet schön entwickelt. Sie beginnen bei Ruska im Ruskathale und bei Teregova am Ausgange des Temes aus dem Hochgebirge, und sind ausserhalb der Thalengen von Armönisch, von Sadova abwärts sehr ausgebreitet, indem sie den grössten Theil des cultivirten Landes einnehmen.

Bei den Aufnahmen betheiligten sich bisher eifrigst die Herren Montan-Ingenieure: Adolf Hampel und Julius Posevitz. Ihrem Fleisse verdanke ich die selbstständig durchgeführte geologische Aufnahme der Umgebungen von Weidenthal und Wolfsberg.

G. Stache. Die Klippen von Novoselica (U. Kemencza) und Váralija (Podhoregja).

In dem geologisch so einförmigen Gebiet im Westen des Ungthales zwischen Berezna und Ungvár, welches abgesehen von der Diluvial-Lehm- und Lössdecke im Wesentlichen einerseits aus dunklen Andesiten, trachytischen Breccien und Tuffen und deren Zersetzungsproducten und andererseits aus den Sandsteinen, Mergeln und Schiefern der verschiedenen Glieder der früheren Karpathen-Sandsteingruppe (Ropianka- und Belowesser Schichten und Magura-Sandstein Paul's) besteht, erscheinen die genannten beiden kleinen Klippengebiete in der That wie höchst angenehm überraschende Oasen, obwohl sie in Bezug auf Mannigfaltigkeit der vertretenen Schichten und ihrer Faunen doch sehr hinter den penninischen Klippenbildungen zurückbleiben.

Die beiden kleinen Klippengebiete sind von einander getrennt durch einen von der südost-nordwestlichen Hauptrichtung des Andesitgebietes sich direct gegen Nord abzweigenden Strom, der die Klippenberge weit überragende Bergspitzen bildet und durch seine beiderseits weithin sich erstreckenden Schutt- und Geröllhalden die eigentlichen

Grenzen der Schichten des Klippenstriches gegen den festen Andesitkörper verdeckt.

Die Hauptstreichungsrichtung des ganzen Andesitzuges wird auch von dem Klippenstriche ziemlich genau eingehalten. Der südöstliche Theil desselben, die Gruppe von Novoselica streicht nahe zu SO.-NW., die nordwestliche Klippengruppe nimmt von Benjatina gegen Podhorogja eine fast ostwestliche Richtung an, die weiterhin wieder gegen NW. einlenkt. Gegen Ruske-Bistre zu verschwinden die Schichten des Klippenstriches gänzlich unter den Andesitschuttmassen, welche vom Gyil-Gebirge herabkommen und unter den dem Andesit direct angrenzen eocänen Belowezsaer Schichten.

Die in die Augen fallenden grösseren Klippenberge beider Gebiete bestehen der Hauptsache nach aus weissen und zum Theil auch aus rothen Crinoidenkalken, welche den gleichartig ausgebildeten Kalken der penninischen Klippen, die die obere Abtheilung des Dogger repräsentiren, entsprechen. Die rothen Crinoidenkalke sind sowohl bei Novoselica als bei Benjatina und Podborogja (Várallja) durch eine ziemlich reiche Brachiopodenfauna charakterisirt, welche mit der der rothen Klausschichten der penninischen Klippen wohl im Wesentlichen übereinstimmt, aber doch etwas reichhaltiger ausgebildet ist. Die tieferen weissen Crinoidenkalke sind gleich denen der penninischen Klippen arm an specifisch bestimmbaren organischen Resten. Nur bei Benjatina fanden sich in denselben deutliche Brachiopodenreste.

Ausser diesen Schichten wurden, wenn gleich in sehr untergeordnetem und sporadischem Vorkommen, so doch deutlich erkennbar sowohl tiefere Schichten (Lias und unterer Dogger) als auch oberjurassische Schichten (rothe Czorsztyner Knollenkalke und weisse, den weissen Diphyakalken von Paloeca ähnliche Kalke), beobachtet.

Gesteine, welche theils dem Lias, theils noch dem unteren Dogger zugehören dürften (zumeist hornsteinartige Fleckenmergel) treten in der Einsattlung zwischen den beiden grossen Crinoidenkalkklippen von Benjatina zu Tage und wurden auch nächst der kleinen Klippe von weissem Crinoidenkalk, welche im Graben östlich unter dem Sokolu Kamen bei Novoselica hervortaucht, angetroffen. Nur an dem ersteren Punkte jedoch führen sie Versteinerungen. Ausser einem *Arieten* und einer *Avicula cf. inaequivalvis* fanden sich etwas häufiger auch kleine Brachiopoden. Rothe, den Czorsztynern sehr ähnliche, Ammonitenreste (Fimbriaten und Heterophyllen) führende, knollige Kalke wurden auf der Südwestseite der grossen Klippe von Novoselica sowie an der nördlichen Flanke der Klippen von Benjatina beobachtet. Die Klippen beider Gebiete sind randlich, theils einseitig, theils mehrseitig von denselben rothen und grauen, oft gefleckten und geflammten Neocom-Mergeln umhüllt, welche auch im grossen Klippenzuge des Pennin das die Kalkklippen zunächst begrenzende, weichere Materiale sind. Wo diese Schichten fehlen, treten Salover Conglomerate und die damit in enger Verbindung stehenden eocänen Mergel und Sandsteinschiefer der Belowezsaer Gruppe oder Andesitschutt direct an den Klippenzug heran. Bei Várallya und Benjatina erscheinen theils mitten aus den umhüllenden Neocom-Mergeln, theils aus den angrenzenden eocänen Sandsteinen hervorragend, einzelne kleine Andesitdurchbrüche in unmittelbarster Nähe des Klippenstriches.

Die tektonischen Verhältnisse der Klippen sind hier fast noch weniger klar wie in den nordwestlichen Hauptklippengebieten, zumal in Bezug auf die Lagerung der verschiedenen Schichtenglieder gegen einander. Die Hauptmasse der Klippen, die weissen und rothen Crinoidenkalke, sind durchweg steil aufgerichtet (mit 45 Grad und darüber gegen Nord) wie in den Klippen von Várallya und Benjatina, oder sie stehen fast senkrecht wie bei Novoselica. Alles übrige liegt schollenartig ohne Regel am Rande jener Hauptklippen herum oder zwischen innen, und sollten so, **dass** überhaupt eine deutlich geschichtete Partie daran sichtbar ist.

Heinrich Wolf. Die Gehirgsglieder westlich der Strasse Kaschau-Eperies.

Nur der östlichste Fuss der grossen Gebirgsmassen der Zips tritt in die westlichen Flanken des Abaujer und Sároser Comitates in mein Aufnahmsgebiet herein, aus den Thälern des Hernád, des Svinka und des Tarczaflusses, deren rechte Ufer zumeist die Grenze dieser Gebirgsmassen gegen die jüngeren tertiären Ablagerungen bilden, welche zwischen diesen Gebirgsmassen und dem Eperies-Tokajer Trachytzuge liegen.

Als jüngstes Glied dieser Gebirgsgruppen, abgesehen von quartären Bildungen, Schotter und Löss, welche an den Thalsohlen verbreitet sind, gelten die Magura-Sandsteine zwischen Eperies und Somos-Ujfalu am rechten Tarcza-Ufer; als ältestes Glied die krystallinischen Schiefer (Hornblende und Glimmerschiefer) des Hernádthales zwischen Téhány und Mala Voska, welche von Graniten und Syeniten durchbrochen werden, in dem Tunnel von Téhány und an der Brücke von Kostelany am Hernád.

Von Mala Voska an aufwärts gegen Abos sind die Höhen von dolomitischen dunklen Kalken gekrönt. Die grössere Masse derselben liegt jedoch in dem vorjährigen Aufnahmsgebiete des Herrn Bergrathes Stur, der sie zur Trias rechnete. Ich muss seiner Auffassung mich anschliessen, obgleich ich nur die petrografische Aehnlichkeit dieser Gesteine hiefür anführen kann, und wenngleich dieselbe ebenso sehr für devonische Kalke und Dolomite spricht.

Solche Kalke und Dolomite treten auch noch ober Abos, bei Ruszka Poklées auf der linken Seite der Svinka auf und krönen einige Höhen.

Von Terebow am Hernádfluss bis gegen Ruszka Poklées an der Svinka treten jedoch unter diesen Kalken Quarzite und Sandsteine so wie buntfärbige, quarzige flasrige Schiefer hervor, welche auch noch im Tarczathale zwischen Somos-Ujfalu und Lemsány erscheinen; diese sind von Stur in ihrem westlicher liegenden grösseren Verbreitungsgebiete als Quarzite, Sandsteine und Schiefer des Rotbliegenden aufgefasst worden. Ihrem petrographischen Habitus nach kann ich sie nur mit Gesteinen unter den devonischen Kalken, den Quarziten und Lathonschiefern Mährens vergleichen.

Sehr schön sind diese Gesteine durch die jetzigen Eisenbahnbauten bei Abos, dem Uebergangspunkte der Eperies-Kaschauer Bahn aus dem Hernád- und Svinka- in das Tarczathal aufgeschlossen.

Bei Somos-Ujfalu ist der südlichste Punkt des Vorkommens der eocänen Sandsteine mit Pholadomyen und Blattabdrücken ähnlich jenen von dem bekannten Fundorte bei Radács, wovon durch Haszlinszky so schönes Material gesammelt wurde.

Diese Sandsteine sind die Träger der so zahlreichen Säuerlinge des Sároser Comitates, wovon Herr Dr. Czyzer in Bartfeld in unserem Jahrbuch eine so grosse Anzahl bekannt gab.

In meinem Aufnahmsgebiet liegt in diesem Gestein nur der Säuerling Borkut nächst dem Vilaczbade bei Eperies, der fast ausschliesslich nur in Eperies getrunken wird.

Ganz isolirt erhalten ist eine kleine Partie Bimsteintuff mit Obsidiankörnern an dem Rücken zwischen dem Csermelybach und dem Hernádthale, ungefähr in der Mitte des Weges zwischen Kaschau und Cavecsany, der hier vorüber führt. Dieser zu Sand zerfallende Tuff wird von den Kaschauer Hausfrauen allgemein als Reib- oder Scheuersand verwendet.

Von den quartären Bildungen ist der Löss und der darunterliegende Schotter, welcher in grossen Massen aus dem Hernádthale durch den Uebergang bei Abos in das Tarczathal und dessen Nebenthäler sich verbreitete, bemerkenswerth.

In diesem nördlichen Theil meines Aufnahmsgebietes, hatte mich unser Volontär, Herr Kolbay aus Eperies, aufs freundlichste unterstützt und begleitet.

2. Wolf. Die Umgebung von Eperies.

Die Arbeiten im Trachytgebiete, einschliesslich desjenigen in der Kartensection Eperies sind beendet. In meinem 4. Berichte konnte ich schon anzeigen, dass in dem südlichen Theile meines diesjährigen Aufnahmsgebietes, von Herlein-Rank angefangen, keine hyalinen Eruptivgesteine mehr vorkommen; auch in dem nun durchsuchten nördlichen Theile kommen diese Gesteine nicht vor.

Ausser Andesiten, welche die Hauptmasse der Kette bilden, kommen am westlichen Rande derselben von Brestow angefangen bis gegen Kerestfej Amphybol-Trachyte vor, die sich auch in den nördlichen Ausläufern der hohen Simonka gegen Hanusfalva und Panlovce hin wieder finden.

Ausserdem sind im Andesitgebiet zahlreiche Trümmerbreccien entwickelt, welche in schroffen Felsen sich leicht in dem sonst alles bedeckenden Walde, durch ihre senkrechten Abstürze zu erkennen geben. Diese Breccien sind namentlich am Ostrande der Kette von Kravjan gegen Czabocz und Jurkovola hin mächtig entwickelt und gehen allmälig in Conglomerate und Tuffe über.

Die Tuffe kommen am äusseren Rande der Trachytkette nur mehr sporadisch an die Oberfläche, da jüngere tertiäre Thone oder diluvialer Lehm sie meist verdecken.

Die jüngeren Thone an den Einbuchtungen in die Trachytmassen führen local entwickelt Lignitflötze von geringer Mächtigkeit und Qualität, so bei Keleczeny, bei Ujvaros, bei Hansko, ebenso auch Thoneisenstein.

Die unter den oberen Tuffschichten liegenden Thone (man sehe die Schichtreihe vom Rade Rank in meinem 4. Bericht) bezeichnen das Niveau der salzführenden Thone zu Sóvár bei Eperies. Mit 70—100 Klafter Tiefe sind diese Thonschichten vollständig durchfahren, und es erscheint dann ein Liegend-Conglomerat, welches älter ist als die Trachyteruption, da es keine Trachytgeschiebe enthält.

Aeltere Sedimente sind dann der Magurasandstein, welcher NO. von Eperies, bei Sengelov, Kokma, Kercstfej den Nordrand der Trachytkette besäumt, und von hier in südlicher Richtung über Hermanovecz und Zlatnik gegen Varrano zieht. Diese Sandsteine bedecken Klippen noch älterer Sedimente von dolomitischen Kalken und von Sandsteinen, von welchen nur eine südlich von Pavlovce in meinem Aufnahmsgebiete und in der Streichungslinie des Kalkzuges bei Homonna liegt, in welche auch die Klippe des Inocberges nördlich von Varrano fällt.

Ob die Klippe meines Gebietes der oberen Trias, oder nicht schon dem Lias angehöre, konnte an Ort und Stelle nicht entschieden werden.

Dr. Edm. v. Mojsisovics. Die Umgebungen von Waidring und Fieberbrunn (Pillersee) in Nordtirol.

Die erste Hälfte dieses Monates (August) beschäftigte mich das in mehrfacher Beziehung wichtige Grenzgebiet gegen Salzburg. Die Untersuchungen daselbst sind noch nicht völlig abgeschlossen worden, und ich beschränke mich daher in dem folgenden Berichte nur auf die bereits gewonnenen Resultate.

Die Gegend von Waidring bezeichnet den Uebergang vom nordtirolischen Charakter zum salzburgischen, sowohl was den Bau des Gebirges als auch was die Ausbildungsform der gebirgsbildend auftretenden Formationen anbelangt. Dieser Uebergang spiegelt sich bereits deutlich in dem physiognomischen Charakter der Gegend ab, und es kann der mit den Erscheinungsformen unserer Kalkalpen vertraute Reisende nicht leicht innerhalb derselben einen rascheren Wechsel im landschaftlichen Habitus des Gebirges wahrnehmen, als auf der kurzen Strecke von St. Johann (am SO. Fusse des Kaisergebirges) nach Waidring (am NW. Fusse der Loferer Steinberge). Der für die nordtirolischen Kalkalpen charakteristische Faltenbau und die damit in innigster Verbindung stehende steile Aufrichtung der Schichten, wie sie das Kaisergebirge noch in ausgezeichneter Entwicklung zeigt, erreichen im Osten des Kaisergebirges ganz plötzlich ein Ende. Die mächtigen Kalk- und Dolomit-Tafeln, aus denen das Fellhorn, die Kammerkirplatte, das Loferer Steingebirge, das Marchantgebirge aufgebaut sind, zeigen eine ausserordentlich flache Neigung, und Bruchlinien höherer und niederer Ordnung übernehmen im Gebirgsbau die Rolle, welche die Faltung in den typischen Nordtiroler Kalkalpen spielt. Daher rührt der physiognomische Unterschied dieser Gebirge. Dort langgezogene Rücken mit wilden Zacken und Gräten, hier das typische Hochplateau mit Karren und Rissen, wie am Steinernen Meer oder im Dachsteingebirge.

Nicht so plötzlich, wie der Uebergang in der Tektonik, zum Theil jedoch auch noch für die Erscheinungsform des Gebirges vom Belange, ist die Veränderung in der petrographischen Ausbildungsform einiger Hauptglieder der oberen Trias. Dieser unterliegt zunächst und hauptsächlich der Dachsteindolomit durch allmähliges Zurücktreten der dolomitischen Beschaffenheit in der oberen Hälfte desselben, sodann die norische Stufe in Folge des allmähligen Verschwindens der litoralen dunklen Einschaltungen.

Eine besondere Sorgfalt widmete ich der Ermittlung des gegenseitigen Verhaltens von rhätischer Stufe und Dachsteindolomit (Dachsteinkalk) in der Gegend von Waidring und Lofer. Ich darf es als satisam bekannt vorausselzen, dass ältere Beobachtungen in dieser Gegend zu dem für die Stellung des wahren Dachsteinkalkes durch längere Zeit als massgebend geltenden Ergebnisse geführt hatten, dass in Folge des Auskeilens der mergeligen Kössener Schichten der rhätische Korallenkalk (sogenannter Dachsteinkalk) sich mit dem Hauptdolomite zu den gewaltigen Massen des echten oder Salzburger Dachsteinkalkes verschmelze. Dieser Anschauungsweise entsprach auch die kartographische Darstellung des Gebietes.

Meine Beobachtungen führten zu gänzlich verschiedenen Resultaten.

Ich muss zuvörderst anführen, dass die Kössener Schichten im Osten der Kammerkirplatte nicht auskeilen; ich habe dieselben entlang der mauerförmig aufragenden und bereits aus der Thalsohle von Waidring continuirlich zu verfolgenden Masse von rhätischem Korallenkalk bis an die salzburgische Grenze, d. i. soweit allenthalben angetroffen als der Korallenkalk reicht. Diese Gruppe von rhätischen Gebilden bleibt bis dahin in der Höhe des Gebirges und reicht keineswegs unterhalb des Passes Strub in die Thalsohle herab. Die Kalk- und Dolomit-Bänke mit *Megalodus triqueter* und Lithodendren im Liegenden der rhätischen Stufe, welche als Hauptdolomit bezeichnet wurden, entsprechen genau den Gipfelmassen der Loferer Steinberge, welche ganz richtig als Dachsteinkalk angesehen wurden, und sind deren directe Fortsetzung. Jene Dolomite endlich, welche im S. und SW. der Loferer Steinberge als Hauptdolomit verzeichnet worden, haben mit dem wahren Haupt- oder Dachstein-Dolomite nichts gemein und worden im Westen des Pillersee's, wohin dieselben unmittelbar fortstreichen, als Unterer Keuper-Kalk oder Wetterstein-Kalk angesprochen.

Der rhätische Korallenkalk, welcher nicht überall die gleiche Mächtigkeit besitzt, ja sogar am Westfusse des Scheihelberges völlig zu verschwinden scheint, wird an einigen Punkten von blaugrauen Kalken mit Durchschnitten eines kleinen von *M. triqueter*, wie es scheint, verschiedenen *Megalodus* überlagert. Darüber folgen die grauen Kalke des untersten Lias, welche die berühmten rothen Liasmarmore des Kammerkirkogels tragen. Die rothen Hornsteinkalke, welche auf dem Kammerkirkogel und auf dem Scheibelberge den Lias überdecken, gaben keine sicheren Anhaltspunkte zur Altersbestimmung; petrographisch gleichen sie gewissen, im Salzkammergute seit jeher dem Dogger zugezählten Bildungen.

Ausserordentlich gross sind vorläufig noch die Schwierigkeiten, welche die Deutung der im Süden der Thaleinsenkung St. Johann-Pass Griesen auftretenden bisher sogenannten Grauwackengebilde verursacht. Hoffentlich wird es im Verlaufe der weiteren Untersuchungen gelingen, wenigstens einige Anhaltspunkte zu besserer Orientirung zu gewinnen. Ich kann im gegenwärtigen Augenblicke nur andeuten, dass ich die grossen in diesem Gebiete auftretenden Kalkmassen nicht für triadisch, sondern für paläozoisch halte. Die Stellung derselben zu den phylladischen Schiefern ist mir jedoch durchaus noch unklar. Ebenso wenig vermag ich mir noch darüber Rechenschaft zu geben, ob die mesozoischen Gebilde der Schieferzone in concordanter Weise auflagern oder nicht. Wenn ersteres der Fall sein sollte, wie es den Anschein hat, so sind tektonische Störungen vorhanden, deren Natur ich noch nicht kenne.

Innerhalb der dem bunten Sandsteine bisher zugerechneten Bildungen lassen sich ohne Schwierigkeit drei Gesteinsgruppen erkennen, deren kartographische Darstellung jedoch wegen Mangel an hinreichenden Aufschlüssen nicht durchführbar ist.

Die unterste Abtheilung besteht aus einem Wechsel dunkelrother Schiefer mit grauen, den älteren phylladischen sehr ähnlichen Schiefern; an ihrer Basis befindet sich ein schmaler Zug von Spatheisenstein-Ausbissen, auf welche demnächst Schurfbaue unternommen werden sollen. In der mittleren Gruppe walten hellrothe Sandsteine vor, welche vielleicht mit dem Grödener Sandsteine zu vergleichen sind. Im Schradlgraben nächst Rosenegg findet sich darin ein Gypsstock mit Spuren von Kochsalz. Die oberste Gruppe endlich erinnert ihrem petrographischen Habitus nach an die Seisser und Campiler Schichten.

Einsendungen für das Museum.

D. Stur. **Trinker** k. k. Bergrath und Berghauptmann in Laibach. Ueber das Vorkommen von fossilen Farren im Hangenden der Kohlenflötze des Franz-Stollens bei Möttnig.

Herr Bergrath Trinker sendet drei Stücke eines lichtgrauen Mergels mit darauf erhaltenen Resten eines fossilen Farren, welcher, soweit der Erhaltungszustand eine Bestimmung zulässt, sehr ähnlich und wohl ident ist mit der in der Flora des Monte Promina häufigen *Sphenopteris cocoenica* Ett. Die Blattsubstanz ist von Schwefelkies ersetzt und ist sowohl die Nervation, als auch der Rand der Blättchen nur auf einem kleinen Stückchen des Blattes deutlicher wahrnehmbar; doch stimmt auch der Habitus des Ganzen am besten zu der genannten Art.

Die Lagerungsverhältnisse der kohlenführenden Ablagerung zu Möttnig stimmen nach Herrn Bergrath Trinker's Mittheilung mit jenen von Sagor (und Savine) in sofern fast ganz überein, als die mehr oder minder bituminösen Mergel und die dazu gehörigen Gebilde an der Nordseite auf dem Gailthaler Schiefer aufruhen, während auf der Südseite eine Varietät des obertriassischen Dolomites das Liegende bildet.

Dies und einige in letzter Zeit aufgefundene auch in Sagor vorkommende Pflanzenabdrücke dürften wohl die Annahme rechtfertigen, dass zwischen beiden Kohlenflötzen, dem Möttniger und Sagorer, keine wesentliche Altersverschiedenheit obwalte, wie sehr auch, abgesehen von den localen Eigenthümlichkeiten der fossilen Flora, die Mächtigkeit der Flötze selbst und zum Theil auch die Beschaffenheit der Kohle Abweichungen wahrnehmen lassen.

Die eingesendeten Farrenabdrücke sind aus dem Hangenden der Kohlenflötze des Franz-Stollens beiläufig in demselben Horizont, auf dem sich in Sagor die pflanzenführenden Mergelschiefer finden.

Einsendungen für die Bibliothek und Literaturnotizen.

K. Paul. **G. v. Fischer-Ooster**. Die rhätische Stufe der Umgegend von Thun. (Mittheil. d. Berner Naturf.-Gesellsch. 1869. Nr. 687—698).

Diese beachtenswerthe Arbeit, in der wir wohl sicher eine sehr dankenswerthe Bereicherung unserer Kenntnisse über den Bau der westlichen Alpen begrüssen können, enthält die Aufzählung einer namhaften Reihe vorwiegend rhätischer Petrefacten, von zum Theil neuen Fundorten der Umgegend von Thun und eingehende Erörterungen über die Lagerungsverhältnisse der einzelnen Localitäten (Langeneckgrat, Oberbachalp, Keutigen, Spiessfluh, Glütschbad, Gurnigelkette). Von allgemeinerem Interesse ist wohl namentlich die Angabe von *Pteronia Archiaci Stopp., Pecten Valoniensis Defr.* und *Terebratula gregaria Suess* vom Seelibühl an der Gurnigelkette, da dieser Fundort im Revier des auf der geologischen Karte der Schweiz als eocän bezeichneten Flysches liegt; eine Thatsache, die nicht vereinzelt dasteht, indem aus den Freiburger Alpen von mehreren Stellen, die meistens im Gebiete des auf der geologischen Karte mit e³ und gelber Farbe bezeichneten Gurnigel-Sandsteins liegen — Stücke mit rhätischen Petrefacten vorliegen. Kann man wohl auch keineswegs aus solchen Vorkommnissen auf ein rhätisches Alter aller als Gurnigel-Sandstein bezeichneten Flysch-Schichten schliessen, so bieten sie doch einen neuen und beachtenswerthen Nachweis für die Thatsache, dass sicher innerhalb des den Nordrand der Alpen begleitenden Sandsteingürtels Zonen älterer Sandsteine auftreten und die Zusammenfassung der ganzen Flysch-Zone als eocän nur als provisorisch betrachtet werden kann.

Was den, der in Rede stehenden Arbeit beigefügten paläontologischen Theil betrifft, so ist es wohl nicht klar, warum in der Aufzählung rhätischer Petrefacten auch Arten erscheinen, die nach Angabe des Verfassers selbst in den Lias gehören, so z. B. belegt an bei *Pholadomya lagenalis Schafh.* S. 33. „Sie kommt auf Rimmistein allermal in Gesellschaft von *Ammonites oxynotus* vor, dessen Gestein sie hat" etc.

Eine neue Ammoniten-Art aus dem Gurnigel-Sandstein, die *Ammon. coronula* benannt und der Familie der Coronaten (?) angezählt wird, ist auf ein kleines und unvollständiges Exemplar basirt; ob sie wirklich, wie der Verfasser S. 16 angibt, der rhätischen Stufe angehöre, scheint doch nicht vollkommen sicher zu sein.

K. P. E. Tietze. Ueber die devonischen Schichten von Eberdorf unweit Neurode in der Grafschaft Glatz. (Inaug. Diss. Breslau 1869).

In dem ersten, den Lagerungsverhältnissen gewidmeten Abschnitte weist der Verfasser die Lagerung der paläozoischen Schichten der im Titel bezeichneten Gegend, welche aus devonischen Kalken, Culmschichten, Kohlenkalk und Rothliegendem bestehen, als eine muldenförmige nach, und bestreitet die bisherige Anschauung, dass der Gabbro der dortigen Gegend die Dislocationen der Kohlenflötze bedingt und Contactwirkungen an der Grenze des Kohlenschiefers hervorgebracht habe, mit zahlreichen Gründen, von denen der schlagendste wohl der ist, dass Gabbrogeschiebe in der Steinkohlengrube „Glück auf Carl" bei Eberdorf im Conglomerate der productiven Steinkohlenformation vorkommen, der Gabbro somit sicher älter sein muss, als diese letztere. Jünger als die Kohlenformation ist jedoch nach dem Verfasser der dichte Gabbrovarietät der Schlegeler Berge.

Die devonischen Schichten selbst zerfallen in zwei Hauptabtheilungen, eine tiefere versteinerungsärmere (Hauptkalk) und eine höhere von geringerer Mächtigkeit, die wieder in mehrere Etagen gegliedert ist. Sie beginnt mit einer Schieferlage mit *Posidonomya venusta*, darüber liegt eine Kalkbank, wieder eine Schieferlage, darauf die erste Bank des rothen Clymenienkalkes, hierauf schwarzer Goniatitenkalk, und endlich die zweite Bank rothen Clymenien-Kalkes, der, wie bei der ersten, nach oben zu in Nierenkalk übergeht. Ueber dieser liegen schwarze Schiefer mit Pflanzen, mit denen der Culm beginnt.

Nach den, dem Verfasser vorliegenden Versteinerungen, von denen 87 Arten aufgezählt werden, entspricht die obere Abtheilung sicher dem oberen Horizonte des Oberdevon, während der Hauptkalk als eine Ablagerung bezeichnet wird, deren Mittelpunkt ungefähr auf der Grenze der Stringocephalen- und *Rhynchonella cuboides* Schichten sich befindet. Der Verfasser steht in der Frage der Schichten-Parallelisirung nicht vollkommen auf dem Standpunkte der Zonen-Theorie, indem er S. 38 bemerkt: „Je mehr sich unsere Kenntnisse erweitern wird, umsomehr werden die in der Paläontologie und Geognosie bis jetzt noch bestehenden Grenzen in ihrer Schärfe sich verwischen müssen, und nur hie und da noch locale Geltung behalten können, die Hauptentwicklung jedoch und die Art und das Verhältniss des Zusammenvorkommens der Arten wird als Handhabe von Parallelen bestehen bleiben, wobei dann die Lagerung ausführlich zu Rathe gezogen werden muss".

K. P. B. Studer. Erläuterungen zur zweiten Ausgabe der geologischen Karte der Schweiz von B. Studer und A. Escher (Winterthur 1869).

Die Farbentafel der Karte zerfällt in zwei Abtheilungen: 1. der Sedimentbildungen, die von den jüngeren zu den älteren fortschreiten und 2. der Felsarten, die nach ihrer petrographischen Verwandtschaft, ohne Beziehung auf ihr Altersverhältniss, geordnet sind.

1. **Sedimentbildungen.** 1. **Jüngere Bildungen.** Firn und Gletscher, Dammerde, Torf, Schuttbalden, Löss und Lehm, Sand und Kies, erratische Bildung, quaternäre Kohlen.

2. **Jüngere Tertiärbildung**, die als Molassebildung bekannte Gebirgsmasse, welche dem Neogen Oesterreichs entspricht, und in eine obere Süsswassermolasse, eine Meeresmolasse und eine untere Süsswassermolasse zerfällt; mit der letzteren sind auf der Karte auch die Bildungen der tongrischen Stufe vereinigt.

3. **Flysch.** Unter dieser Benennung sind viele Schiefer und Sandstein-Complexe vereinigt, deren Zusammengehörigkeit von verschiedenen Seiten angegriffen wird, und von denen der Verfasser der Erläuterungen auch nicht behaupten will, dass sie gegen jeden Zweifel sichergestellt sei. Die in der Flyschzone aufgefundenen älteren Petrefacten sind nach dem Verfasser theils nur vereinzelte Fremdlinge, theils soll ihr Vorkommen, wie an den Voirons, am Mokeron, Guralgel, Iberg in Schwyz, und vielleicht auch in der Lombardie, bei Wien und in den Karpathen" durch eingeklemmte ältere Felslager erklärt werden können. Es dürfte wohl hier am Platze sein, zu betonen, dass mindestens innerhalb der in den letzten Jahren genauer studirten Karpathen-Sandsteinzone von einer derartigen Erklärung keine Rede sein kann; die auf weitschweifig Erstreckung bekannten Exogyren-Sandsteine des Waagthales, die Godula-Sandsteine der ungarisch-schlesischen Grenze etc., wird wohl niemand als „eingeklemmte ältere Felslager" oder als „Klippen" bezeichnen können.

4. **Nummulitenbildung.** Die Nummulitenführenden Lager der Alpen entsprechen in den obersten sandigen Lagen am Abfall der Diablerets, auf den Ralligstöcken, am Niederhorn und Pilatus dem Sandsteine von Beauchamp; in den dunkelgrauen oder eisenschüssigen Mergeln der Ostschweiz dem obern und untern Grobkalk. Die rothen Thone mit Bohnerzen enthalten Reste von Landthieren verschiedener geologischer Epochen, vorwiegend solche der oberen Eocänzeit (des Gypses von Montmartre); ihre Entstehung lässt sich hiernach vorzüglich in die mittlere Eocänzeit setzen, mag aber bis in die Quaternärzeit fortgedauert haben. Unentschieden bleibt das Alter der Fischschiefer von Matt und Attinghausen.

5. **Kreidebildungen.** Die verschiedenen Stufen der Kreide sind im Jura und in den Alpen durch zahlreiche Petrefacte bezeichnet, in besonderer Mächtigkeit tritt Urgonien und Neocom auf. Nach den neueren Untersuchungen scheint sich zu ergeben, dass in den westlichen Kalkalpen (Stockhorn- und Freiburger Gebirge) die rothen Kalksteine, die dem Flysch von den tieferen hellgrauen Kalksteinen trennen, hier wie in der Ostschweiz, die obere Kreide darstellen. Die grauen Kalksteine, welche die Hauptmasse der Kette bilden, haben Petrefacte geliefert, welche mit denen des Korallenkalks von Salève übereinstimmen, und vielleicht die lithowische Stufe bezeichnen.

6. **Jurabildungen.** Die wesentlichste Umänderung hat die Gebirge von Lauterbrunnen und Grindelwald betroffen; die auf dem Neocom des Faulhorns aufliegenden, schwarzgrauen quarzigen Thonschiefer (Eisenstein im Lande genannt), welche die Höhen der Scheidegg, Wengernalp und Schilthornkette bilden, wurden durch die Auffindung von *Trigonia costata* und *Ammon. Murchisonae* als Unter-Jura sichergestellt, während sie auf der ersten Ausgabe der Karte als Nummulitenbildung bezeichnet sind. Auch die geologische Darstellung der Chablais in der früheren Karte zeigt mit der, nach Herrn Favre gegebenen in der neuen Ausgabe beinahe gar keine Uebereinstimmung. Indess beruht die grosse Ausdehnung, die hier den Lias- und Jurabildungen gegeben ist, nicht auf sicherer paläontologischer Basis. Ebenso ist in der Ostschweiz die grosse Liaspartie, welche die Bukssalpen Gebiets von Unter-Engadin bildet, nach dem Verfasser nicht hinreichend paläontologisch begründet. Wesentliche Berichtigung verdankt die Darstellung der lombardischen Alpen Herrn Stoppani; in diesen fossilreichen Gebirgen kann das Alter der als Lias oder Jura bezeichneten Lagerfolgen als sicher begründet gelten.

7. **Triasbildungen.** In dem diessbezüglichen Abschnitte der Erläuterungen sind überall die Bildungen der rhätischen Stufe (Kössener Schichten) den Triasbildungen zugezählt. Solche sind an zahlreichen Punkten Savoyens und der Schweiz

nachgewiesen; ausser den paläontologisch sichergestellten Vorkommnissen stellt Favre in Savoyen alle Schichten mit Gyps und bunten Mergeln in die Trias.

K. Anthracitbildung. Die durch Pflanzenabdrücke sichergestellte Steinkohlenbildung begleitet auf beiden Seiten die Montblanc-Masse bis an die Rhone und ist auf der rechten Seite der Rhone noch deutlich charakterisirt am Südabfall der Dent-de-Morcles. Unsicherer dagegen ist die Deutung des Vorkommens am Abfall des Tödi und der zwei ausgedehnten Bezirke (auf dem Gebirge zwischen dem Veltlin und den Bergamasker Thälern, und am Südabfall der Granitmasse des Monte Castello), die nach der Karte des Herrn Stoppani als Anthracitbildung bezeichnet sind.

9. **Uebergangsgebirge.** Dieses ist nur in den Vogesen und im Schwarzwald als solches eingetragen, und gehört dem älteren Steinkohlengebirge an; erst in den letzten Jahren sind bei Belfort auch devonische Petrefacten gefunden worden.

Die folgenden Ausscheidungen der in Rede stehenden Karte sind, ohne Rücksicht auf Altersverschiedenheit, rein petrographisch; es sind:

... Sediment von unbekanntem Alter. 1. Graue Schiefer. 2. Grüne Schiefer. 3. Cassana-Schichten ...

III. Felsarten. 1. ... 2. Kalkstein, Marmor, Dolomit. 3. Gyps. 4. Serpentin und Gabbro. 5. Hornblende... ...gesteine. 6. Glimmerschiefer und Gneiss. 7. Granit. 8. Porphyr. 9. Jüngere Eruptiv-Geste... (Phonolith und Basalt).

K. P. **Dr. G. Laube.** Ueber einige ... fossile Echiniden von den Murray cliffs in Süd-Australien. (Sitzungsb. d. kais. ... Akad. d. Wissensch. LIX. Bd. 1. Abth. 2.)

Eine Anzahl Echiniden, welche das k. k. Hof-Mi... ...neralien-Cabinet von der im Titel angegebenen Localität besitzt, sind hier beschrieben ... und auf einer vortrefflich ausgeführten Tafel abgebildet. Es stимmt von ihnen ... ...keine einzige Art ... dem Typus des

eine wissenschaftliche Beschreibung ihrer geologischen Verhältnisse, sowie Erklärung ihrer Entstehung. Sehr werthvoll sind seine Beobachtungen über die Diluvial-Ablagerungen und die massenhaften Knochenfunde in diesen Höhlen, denen sie, wie auch den schönen Tropfsteinbildungen ihre Berühmtheit verdanken. Dieses, in populärer Weise gehaltene, für das Höhlenstudium sehr wichtige Werkchen, dem auch eine Beschreibung und Plan der neu entdeckten prachtvollen Dechen-Höhle hinzugefügt ist, sollte besonders jedem Besucher dieser Höhlen nicht unbekannt sein.

Dr. F. K. Valérien de Möller. Geologische Karte des westlichen Ural.

Die Karte, im Maassstab von $\frac{1}{840.000}$ umfasst einen langen aber schmalen Streifen des westlichen Ural mit den Städten Tcherdin, Ssolikamsk, Perm, Koangour, Krasnooufimsk, Birsk, Onfa und Sterlitamak.

Ausgeschieden sind die Formationen: Alluvium, Tertiär, Trias, Permisch, (überwiegend ausgebreitet), untere und obere Steinkohlenformation, Devon (unteres, mittleres und oberes), Silur, krystallinische Schiefer und Eruptivgesteine (Diorite, Hornblende-Porphyre und Serpentine), mit 14 Farben. Die typographische Ausführung ist vorzüglich.

Ausserdem wurde die Bibliothek durch folgende Bücher und Karten bereichert:

a) Einzelwerke und Separatabdrücke:

C. d'Ancona. Sulle Neritine fossili del terreni terziari superiori dell' Italia centrale. Pisa 1869.

Dr. F. Coppi. Catalogo dei Fossili miocenici e pliocenici del Modenese. Modena 1869.

J. Egelström, E. Nordenskiöld und L. Ekman. On the existence of rocks containing organic substances in the Fundamental Gneiss of Sweden, übersetzt aus den Mittheilungen der Schwedischen Akad. d. Wissensch. In Stockholm.

Lars Melmendin. Bidrag till Kannedomen om Swerges siluriska Ostracoder. Upsala 1869.

O. G. Linnarson. On some fossils found in the Eophyton Sandstone at Lugnås in Sweden, Stockholm 1869.

Dr. A. Manzoni. Briozoi fossili italiani, seconda contribuzione, aus dem LIX. Bd. d. Sitzb. der k. Akad. d. Wissensch. 1. Abth. April-Heft. Jahrg. 1869.

A. E. Nordenskiöld. Sketch of the geology of Spitzbergen, übersetzt aus den Abhandl. d. k. Schwed. Akad. d. Wissensch. Stockholm 1867.

b) Zeit- und Gesellschafts-Schriften:

Apt. Annales de la société littéraire, scientifique et artistique d'Apt (Vaucluse) quatrième Année 1866—1867.

Batavia und Gravenhage. Natuurkundig Tijdschrift voor Nederlandsch Indie. Deels XXVIII, XXIX und XXX. 1865—1868.

Berlin. Physikalische Abhandlungen der königl. Akadem. d. Wissensch. aus dem Jahre 1868.

— Mathematische Abhandlungen der königl. Akadem. d. Wissensch. aus dem Jahre 1868.

Danzig. Schriften der naturforschenden Gesellschaft, neue Folge, 2 Bd., 2. Heft 1869.

London. Dublin und Edinburgh. Journal of the Royal Geological Society of Ireland. Vol. II, part 1. 1867—68.

Lyon. Annales des sciences physiques et naturelles publiées par la Societé imper. d'Agriculture etc. Troisième Série. Tome XI. 1867.

Stockholm. Öfversigt af kongl. vetenskaps-Akademiens Förhandlingar, 22, 23, 24. und 25. Jahrgang 1865—68.

— Lefnadsteckningar öfver kongl. Svenska Vetenskaps Akademiens efter år 1854 aflidne. Ledamöter. B. 1. H. 1. 1869.

Stockholm. Kongliga Svenska Vetenska Vetenskaps-Akademiens Handlingar. Ng Följd. Band 5, 2. Heft, Band 6, 1. und 2. Heft, Band 7, 1. Heft. 1864—67.
— Kongliga Svenska Fregatten Eugenies Resa omkring Jorden under Befael af C. A. Virgin Aren 1851—1853. Zoologi. VI. Insekter.
Wien. Mittheilungen der k. k. geographischen Gesellschaft. Bd. X (alte Folge) und Bd. XII. (neue Folge Bd. II) 1869.
— Jahrbuch des österr. Alpenvereins, 5. Bd. 1869.

c) Vierteljahres- und Monats-Schriften.

Berlin. Monatsbericht der k. Preuss. Akadem. d. Wissensch. Juni 1869.
— Zeitschrift für das Berg-, Hütten- und Salinen-Wesen in dem preussischen Staate. XVII. Bd. 2. Lief. 1869.
Hannover. Mittheilungen des Gewerbe-Vereins. 1869. 3. Heft.
Heidelberg. Jahrbücher der Literatur 62. Jahrg. 6. Heft. Juni.
London. The geological Magazine or monthly Journal of Geology. September 1, 1869.
Le Mans. Bulletin de la Société d'Agriculture Sciences et Arts de la Sarthe, IIe Série, Tome XI, XX et Tome 6e la Collection.
Moscou. Bulletin de la société Impériale des naturalistes 1869. Nr. 4.
New Haven. The American Journal of Science and Arts. July 1869.
Prag. Centralblatt für die gesammte Landescultur. September 1869.
Wien. Sitzungsberichte der kais. Akademie der Wissenschaften. (Math.-naturw. Classe) Jahrg. 1869. Februar.
— Oesterreichische militärische Zeitschrift. Herausgegeben und redigirt von V. R. v. Streffleur. X. Jahrgang, III. Bd., 8. Heft. (August) 1869.
— Mittheilungen über Gegenstände d. Ingenieur- und Kriegswissensch. Herausg. vom k. k. Genie-Comité. Jahrg. 1869. 5—8. Heft.

(Gegen portofreie Einsendung von 3 fl. Ö. W. (2 Thl. Preuss. Cour.) an die Direction der k. k. geol. Reichsanstalt. Wien, Bez. III., Rasumoffskigasse Nr. 3, erfolgt die Zusendung des Jahrganges 1869 der Verhandlungen portofrei unter Kreuzband in einzelnen Nummern unmittelbar nach dem Erscheinen.

Neu eintretende Pränumeranten erhalten die beiden ersten Jahrgänge (1867 und 1868) für den ermässigten Preis von je 2 fl. Ö. W. (1 Thl. 10 Sgr. Preuss. Cour.)

Die nächste Nummer der Verhandlungen erscheint am 31. October.

№ 13. 1869.

Verhandlungen der k. k. geologischen Reichsanstalt.
Bericht vom 31. October 1869.

Inhalt: Eingesendete Mittheilungen: F. v. Hochstetter, Geologische Reisenotizen aus Thracien. M. Bader (Consul in Ismaila). Ueber die Mitternam des Sankansals. Mar. Hoenalt. Ueber den Ausbruch des Aetna am 26. September 1869. F. Sandberger. 1. Meletaschuppen in der septariesthen Giobe zu Florsheim am Main. 2. Culm mit Posidonomya Becheri in Spanien. A. de Zigno, Ueber die jurassischen Bildungen in den Venetianer Communen. C. L. Griesbach. Ueber das Alter des Wiener Sandsteins. F. Karrer. Ueber die Foraminiferenfauna in den Zetelhungen des Wiener Sandsteins bei Nussdorf. F. Simony. Gletscherschliffe im oberen Traunthal. Dr. E. v. Mojsisovics. Ueber dem Hallstätter Salzberg. F. Hazslinsky. Fossilien aus den Fischschiefern von Hanusfalva bei Eperies. Einsendungen für das Museum: Dr. Abdullah-Bey. Petrefacten, Pflanzen und Mineralien aus der europäischen Türkei. Dr. C. Le Neve Foster. Neues Schwefelvorkommen aus Piemont. Frau E. Goldschmidt. Opale von Czerwenitza bei Eperies. H. Walsch. Septerienbildungen von Buchberg bei Ulli (Steiermark). Prof. v. Coering. M. Endres. Suite von Hypokrystallen, Petrefacten und Conchylien aus der Umgebung des Mitternsee Von Seen. Einsendungen für die Bibliothek und Literaturnotizen: G. Menz, E. Raffeky, Niemtschik, H. Schmidt, F. Seeland, V. v. Zapkarovich, Hampl, C. A. M. Balling, R. Praefer (Ackerbau-Ministerium in Wien). Bücher-Verzeichniss.

Eingesendete Mittheilungen.

F. v. Hochstetter. Geologische Reisenotizen aus Thracien. (Aus einem Briefe an Herrn Dr. A. Doué).

Endlich komme ich dazu ein Lebenszeichen aus der Türkei zu geben. Sie werden sich nicht wenig wundern, dass ich Ihnen nach zweimonatlicher Abwesenheit von Wien noch von Philippopel schreibe, während sie mich wahrscheinlich längst inmitten der Bergwildnisse Obermösiens dachten; aber wir stehen erst vor dem Thore, das mit endlich in das gelobte Land geologischer Räthsel und Aufgaben bringen soll. Morgen reisen wir ab nach Bazardschik, Banya, Somakow, um von da aus gegen Üsküb, von Üsküb nach Sojewo durchzuarbeiten. Unsere bisherigen Reiseerlebnisse sind in Kürze folgende:

Am 1. August verliessen wir Stambul, so lange mussten wir auf dem entsetzlichen Pflaster von Pera uns foltern und braten lassen. Vom Thore der 7 Thürme war unser Auszug mit 25 Pferden und fast ebenso viel Menschen.

Ein neuntägiger Ritt bei 25—28° R. über baumlose Haiden und Steppen brachte uns über Jarim-Burgas, Tschadaldiche, Sarai, Vissa, Kirklisi nach Adrianopel; wir folgten also der Bergstrasse, während eine andere Partie der Küste bis Vitiori entlang zog und über Ljule Burgas, Baba Jeski nach Adrianopel ging. Von Adrianopel ging es dann dem Fundschaa entlang nach Jamboli und von Jamboli nach Burgas am schwarzen Meere. Hier trennte ich mich von der Directions-Brigade. Diese fuhr zurück nach Constantinopel, und von da nach Enos, kam das Maritza-Thal herauf wieder nach Adrianopel, und ist von Adrianopel vor 2 Tagen in

Philippopel eingetroffen. Ich selbst nahm meinen Weg dem Balkan entlang von Burgas über Aidas, Karnobat, Sliwna, Jenin und Eski Sara, dann Kisanlik und Kalifer nach Philippopel und kam hier am 25. August an; da ich 4 Tage vor den Anderen eintraf, so konnte ich noch einige Ausflüge in die Rhodopi machen, und morgen wollen wir zusammen weiter gegen Somakow. Durch diese Kreuz- und Querzüge in Thracien ist es mir möglich geworden, ein gutes Stück geologischer Karte fertig zu bringen, und glücklicher Weise ist die neue Scheda'sche Karte in den bis jetzt durchreisten Gegenden ziemlich richtig, so dass dieselbe wesentliche Dienste leistete und geologische Einzeichnungen möglich wurden. Dagegen zwischen Adrianopel und Philippopel, in den Rhodopi und am Balkan von Kalifer an westlich war gar Manches nachzutragen. Die grosse Stadt Karlowa, 3 Stunden westlich von Kalifer, liegt unmittelbar am südlichen Fuss des Balkans, nicht am Nordabhang; das grosse Längenthale der Göh, inzwischen der Sredna Gora, einem bis 2800 Fuss hohen Balkan-Vorgebirg nördlich der Maritza, und dem Balkan selbst fehlt ganz. Die Goriared Planina der Scheda'schen Karte ist der Käradscha Dagh und die Sredna Gora fehlt ganz. Im Maritza-Thal zwischen Adrianopel und Philippopel liegen 24—30 grosse Ortschaften, die auf den europäischen Karten ganz fehlen u. s. w.

Für die Geographie des Landes wäre in diesen Gegenden die reichste Ausbeute; aber leider kann ich die Lücken nur theilweise ausfüllen. Eine Ihrer Fragen betreffend bemerke ich, dass 2 Stunden nördlich von Adrianopel das Tundscha-Thal eng und felsig, zuerst eocänen Kalk und dann zu beiden Seiten hohes Gneiss- und Granit-Gebirge zeigt. Am rechten Ufer der Tundscha, Sron gegenüber, liegt ein bis 2800 Fuss hoher Granitstock, und erst nördlich davon wird das Tundscha-Thal offen und breit. Durch den ausgezeichneten Topographen, Herrn Bastendorf, der uns begleitete, sind alle unsere Reiserouten in die Karte gebracht, und durch Herrn Safransky gleichzeitig alle Höhenpunkte bestimmt. Wir werden ein überreiches Material mitbringen, um die Scheda'sche Karte zu corrigiren (und es wäre wohl gut, wenn Scheda mit weiteren Abdrücken seiner schönen Karte warten würde, bis er sie nach unseren Erfahrungen und Aufnahmen corrigiren kann). An geologischen Resultaten habe ich schon gar Manches. Ich habe den Zug der Kreide- und Nummulitenformation von Jarim Burgas bis Adrianopel verfolgen können und viele schöne Petrefacten gesammelt. In den alten Schiefern und Kalken bei Eski Sara kommen Crinoiden vor. Eine der Kalkzüge halte ich für Kohlenkalk. Dem steilen Südabfall des Balkan entspricht eine grosse Dislocationsspalte; der grosse Granit-Centralstock des einstigen Balkans ist in Folge der massenhaften Porphyr- und Trachyt-Eruptionen in die Tiefe gesunken, dadurch das Becken von Kisanlik gebildet, und auf den Spalten des gesunkenen Granitstocks quillt heisses Wasser hervor und bildet die zahlreichen Bäder am Fusse des Balkans. Den Tschipka-Balkan konnte ich wegen des sehr schlechten Wetters, das ich gerade im Gebirge traf, nicht überschreiten, sonst wäre ich nach Gabrowa und über Trawna zurück. Dagegen habe ich die Michlischlucht bei Kisanlik verfolgt, und tief im Gebirge zwischen 4000 Fuss hohen Bergen unmittelbar auf Gneiss aufliegend eine alte kohlenführende Formation entdeckt mit 3 Flötzen bester Schwarzkohle; leider fehlen Fossilien, und ich schwanke zwischen Steinkohlenformation und Lias. Auch in den Rhodopi liegen an den verschiedensten Punkten schöne, wahrscheinlich eocäne Kohlenflötze. Doch überall das werde ich horchten nach meiner Rückkehr. Ihre Angaben habe ich bis jetzt überall bewunderungswürdig richtig gefunden, und es ist mir immer die grösste Freude, wenn ich an einen Punkt komme, wo ich sicher bin, dass auch Ihr Hammer vor 30 Jahren gearbeitet hat. Ich schicke von hier die vierte Steinkiste nach Wien.

Aus einem zweiten Brief v. Hochstetter's theilt uns Dr. A. Boué nachträglich folgende auf die Besteigung des Vitosch bezügliche Zeilen mit:

„Ich bin von Samakov über den Vitosch nach Sofia gegangen. Vom Gipfel des Vitosch, mitten in einem Felsmeer von Syenitblöcken, im Anblick der Balkankette und der Rhodopi sende ich Ihnen einen herzlichen Gruss. Ich bin bis zu den Bären auf dem Gipfel zu Pferde gekommen, Vitosch, höchster Punkt, höher als mein Aneroid geht, Mittwoch 8. September 2 U. p. m. bei herrlichem Wetter".

Herr Dr. Boué schliesst dieser interessanten Mittheilung in der lebhaften Erinnerung an seine vor mehr als 30 Jahren unternommenen Reisen in der Türkei [1]) einige Bemerkungen bei. Er schreibt: „Der Vitosch ist für die Central-Türkei ein wahrer Rigi. Man hat im Osten den grossen Balkan, sowie den kleinen Balkan vor sich, im NO. die Gebirgsreihen des östlichen Bulgariens bis nach Serbien, im Norden die Gebirge OberMoesiens, im SO. den Rhodopus, Rilo Planina, Purim Dagh, im Süden die Macedonischen Gebirge als Fortsetzung des Rhodopus, in SO. die nur theilweise etwas niedrigeren Gebirgszüge auf der Nordgrenze von Macedonien und Ober-Moesien. Zu Füssen unter sich sieht man das grosse ovale Becken von Sofia, eine förmliche Ebene, westlich das kleinere, unregelmässige Becken von Radomër oder des oberen Strymon.

„Ich sehe schon im Geiste, wenn türkische Eisenbahnen bestehen werden, die Mitglieder der verschiedenen Alpen-Clubs, sowie ein Heer von Touristen zum Vitosch eilen. Wo auf der Welt gibt es solche mannigfaltigen Ansichten von einem einem einzigen leicht ersteigbaren Gipfel. Es wird ein Wirthshaus wie am Culm-Rigi erstehen, und die UnterStation wird in Radomër oder in der prächtigen Gegend von Sofia sein. Tempe ist romantisch schön, Videna in Macedonien ganz herrlich, aber die Aussicht vom Vitosch ist eine der grossartigsten, welche alles Bekannte überragt. Der Standpunkt hat nicht die Höhe des Montblancs, aber hier übersieht man Alles deutlicher, und welche Masse von verschiedenen Formationen, jede mit ihrer eignen Configuration, dazwischen kühne, trachytische und augitporphyrische Spitzen und Felsriffe. — Die Besteigung des Vitosch sehe ich als eines der wichtigsten Resultate der Reise Hochstetter's an".

K. Bader k. k. österr. Consul in Ismaila. Ueber die Bitterseen des Suezkanals. (Aus einem Schreiben an Se. Exc. C. Freih. v. Czoernig d. d. Ismaila 23. Juli 1869.)

Zwischen Serapeum und Chaloof befinden sich die Bitterseen, welche bestimmt sind, einen integrirenden Bestandtheil des Suezkanals

---

[1]) Recueil d'itinéraires dans la Turquie d'Europe etc. par Ami Boué. Vienne 1854.

zu bilden; es ist dies ein grosses ausgetrocknetes Bassin, getrennt vom rothen Meere durch das Plateau von Chalouf, und vom Timsahsee (bei Ismaila) durch das Plateau von Serapenm. Seit circa 3 Monaten werden dieselben mit dem Wasser des Mittelländischen Meeres angefüllt, und im Monat August wird auch das rothe Meer die Bitterseen alimentiren, so dass sie im Monat November bis zum Niveau des Meeresspiegels angefüllt sein werden. Die dazu nöthige Wassermenge beträgt 2 Milliarden Kubikmeter.

Die Bitterseen bestehen aus dem grossen und kleinen See. Der grosse See zeigt eine ellyptische Form, hat von NO. nach SW. 8 Kilometer Breite, und von SO. nach NW. 20 Kilometer Länge; seine grösste Tiefe ist 10 Meter unter dem Meeresspiegel, und die durchschnittliche Tiefe etwas mehr als 8 Meter; an seinem Ufer befinden sich 2 concentrische Muschelzonen, welche mit einer eventuellen Ebbe und Fluth correspondiren.

Sehr interessant ist hier das Phänomen der grossen Salzformation, welche wahrscheinlich Jahrhunderte dazu gebraucht hatte, um diesen grossen Salzblock von 13 Kilometer Länge und 6 Kilometer Breite zu bilden; er hat eine durchschnittliche Höhe von 2 Meter über den Boden des See's, und dessen äusserste Ufer erheben sich vertical über denselben. Die Dicke des Salzblocks ist unbekannt, es sind Sondirungen bis auf 8 Meter Tiefe vorgenommen worden und es wurde immer Salz vorgefunden. Nach der natürlichen Neigung des Bodens zu schliessen, scheint es, dass die Salzmasse im Centrum bis 20 Meter Tiefe hat.

Bricht man dieses Salz, so zeigt es unregelmässige übereinander liegende, kubische Krystalle, welche undurchsichtig sind und einen starken Geschmack haben.

Die Salzmasse besteht aus Schichten von verschiedener Dicke, welche beinahe parallel zu einander sind, und von einander durch dünne Erdschichten und kleine Gypsprismen getrennt sind.

An einer Stelle, wo Sondirungen auf $2^m\,46$ Tiefe gemacht wurden, zählt man von oben nach unten 42 Salzschichten von derselben Zusammensetzung, ihre Dicke variirt von 3 bis 18 Centimeter, die dazwischen liegenden Erdschichten sind gewöhnlich bloss einige Millimeter dick.

Nur in einer Tiefe von $1^m\,47$ von der Oberfläche begegnet man zwei starke über einander liegende Schichten, erstere von $0^m\,112$ Stärke bestehend aus pulverigem schwefelsauren Kalk und Thonerde, letztere $0^m\,07$ Dicke aus fast reinem, pulverigem, schwefelsaurem Kalk.

Die Bildung dieser Salzmasse rührt wahrscheinlich vom Wasser des rothen Meeres her, man erhält gewissermassen eine Sicherheit darüber, wenn man die vielen Muschelgattungen beobachtet, die in den Bitterseen gefunden werden. Dieselben stimmen mit denen des rothen Meeres überein, ebenso das Steingerölle.

Die Bitterseen bildeten wahrscheinlich früher einen Golf (von kleiner Tiefe) des rothen Meeres. Das Wasser dieses Meeres gelangte wahrscheinlich langsam, während den Aequinoctien, östlich von Chalouf in die Vertiefung der Bitterseen und concentrirte sich bis zu einem gewissen Grade unter dem Einflusse der grossen Hitze. Durch das Zurückziehen des Meeres sowie durch die Anfüllung des Kanals, welcher das Wasser hinführte mit Sand, wurde die Alimentirung der Bitterseen während einiger Zeit suspendirt, dann durch die grosse Hitze und die hier continuirlich herrschenden Winde ausgetrocknet. Auf diese Weise wurde die erste Salzschichte gebildet, diese blieb einige Zeit trocken und wurde dann durch den von den Winden herbeigeführten Erdstaub mit einer dünnen Erdschichte bedeckt.

Bei der folgenden Hochwasser-Periode im rothen Meere wurde den Bitterseen wieder Wasser zugeführt, dieses Wasser brachte auf dem Wege, welchen es passirte schwache Quantitäten von schwefelsaurem Kalk mit, die Austrocknung fand auf die oben beschriebene Weise statt, und es bildete sich die zweite Salzschichte.

Es ist wahrscheinlich, dass diese Salzschichten sich durch das periodische Wiederholen dieses Phänomens gebildet haben.

Bevor die Bitterseen angefüllt wurden, konnte man um den Salzblock und in der Nähe der Ufer eine kranzförmige Lage von Muscheln bemerken (ähnlich denen des rothen Meeres), ferne Steingerölle und an vielen Stellen eine grosse Feuchtigkeit.

Wenn man Serapeum (gegen Norden) verliess, um zu den Bitterseen zu gelangen, begegnete man erst sandiges Terrain, auf welchem sich mit Muscheln besetzte Dünen erheben. In einer Entfernung von $3^{1}/_{2}$ Kilometer vom Salzblocke hatte das Terrain eine starke braune Farbe von der hier befindlichen Thonerde herrührend.

Ein Kilometer weiter gegen Süden war das Terrain sehr weich und ebenfalls mit Muscheln bedeckt, bildete eine Art Gürtel um den Salzblock. Ferner waren kleinen ähnliche Hügel von Gypskrystallen zu bemerken.

Ein Kilometer vom Salzblock wurde das Terrain sumpfig und an einigen Stellen mit durchsichtigem Wasser (von kleiner Tiefe) bedeckt. Der Boden dieser Sümpfe war mit salzhaltigen Bestandtheilen von rosenrother Farbe bedeckt, diese Farbe rührte wahrscheinlich von organischen Substanzen her; diesen salzhaltigen Boden bedeckten wieder kleine prismatische Gypskrystalle.

Endlich in den vorhandenen Unebenheiten am Ufer des Salzblocks befand sich ein klares gesalzenes Wasser ähnlich wie in den Sümpfen; hier wurde eine merkwürdige Beobachtung gemacht. Obwohl dieses Wasser mit dem Salzblock in Contact war, so war es doch nicht ganz davon gesättigt, es konnte noch bei 14°, 10 Centigrad (sein damaliger Temperaturgrad) $33\cdot 9$ Gr. Salz per Liter auflösen. Dieses Wasser hatte einen sehr schwachen salzigen Geruch und nicht einen bittern sondern salzigen Geschmack, wodurch der Name Bittersee nicht gerechtfertigt zu sein scheint.

Mar. Grassi. Ueber den jüngsten Ausbruch des Aetna. (Aus einem Schreiben an Prof. v. Vivenot ddo. Aci-Reale, 26. September.)

„Ich erlaube mir Ihnen hiemit in gedrängter Kürze Bericht zu erstatten über den jüngsten, mit grosser Heftigkeit aufgetretenen, glücklicherweise nur kurzen und unschädlich gebliebenen Ausbruch des Aetna.

In der Nacht vom 25. auf den 26. September sprühten, als Vorboten der bevorstehenden Eruption einzelne Blitze aus dem Hauptkrater empor. Da dieses Phänomen jedoch von keinerlei Detonationen begleitet war, so gab es auch zu keinen Befürchtungen Anlass. Dennoch sollte sich schon am Morgen ein erhabenes Schauspiel vor unseren Blicken entrollen. Die Sonne stand bereits eine Stunde über dem Horizonte, als an einem der höchsten Punkte des kahlen Berggipfels, in der Nähe des obersten Kraters, an der Ostseite desselben eine schlanke Rauchsäule senkrecht emporstieg. Bald darauf wurden im ganzen Umkreise des Aetna, insbesondere in den höher gelegenen Ortschaften deutlich einige Erdstösse verspürt. Gleichzeitig wuchs die Rauchsäule zu immer colossaleren Dimensionen heran, und unter krachendem Getöse furchtbarer Explosionen öffnete sich ein riesiger Feuerschlund. Wenn auch dieser Ausbruch nicht jene überwältigende und angsterfüllende Wirkung auf die Gemüther hervorbrachte, wie sie in der Regel im Gefolge jener Eruptionen aufzutreten pflegen, wo das Dunkel der Nacht deren Schrecknisse vermehrt, so lag der Grund hievon keineswegs in der geringeren eruptiven Thätigkeit, sondern eben in der herrschenden Tageshelle. Immerhin war dieselbe bedeutend genug, um die das Ereigniss mit beklommenem Gemüthe verfolgenden Bevölkerungen von Aci-Reale, Taormina und Catania in Aufregung zu versetzen. Ich bin noch nicht in der Lage Ihnen die Umwälzungen, welche an der Ausbruchstelle selbst vor sich gegangen, in allen Einzelheiten zu beschreiben. Vorläufig nur so viel, dass die ausströmende Lava anfangs als einfach gaholig nach Süden und Osten zu verlanfender, weiter unten in drei Arme gespaltener Feuerstrom herabstürzte, und dass deren zwei äussere Arme sich im weiteren Verlaufe neuerdings zu einem einzigen mächtigen Strome vereinigten. Von der bedeutenden Fortbewegungsschnelligkeit der Lava zeugt der Umstand, dass dieselbe binnen drei Stunden sieben Meilen durchsetzte. Sie erreicht die Lava der Eruption von Zofferono vom Jahre 1852 und stürzt in das Valle del Bove, woselbst sie sich ansammelt. Nachmittag nahmen Erdstösse und Detonationen an Heftigkeit ab, und hörten allmälig gänzlich auf. Abends beobachtete man nur mehr einen einzigen Feuerstrom, welcher den Berg vom Scheitel bis zur Sohle durchschnitt. Die Lavamasse begann bereits zu erhärten und stille zu stehen; Rauch- und Feuersäulen waren verschwunden und der Aetna bot schon am Abend des 26. wieder das gewohnte Bild stiller Majestät."

Nachschrift. „Im Hinblick auf die Möglichkeit eines erneuten Erwachens der vulcanischen Thätigkeit, behielt ich obige Mittheilung zurück, und versuchte mich dem Schauplatze der Eruption zu nähern. Mit Ausnahme einiger rauchender Oeffnungen konnte ich jedoch im Verlaufe von drei Tagen nichts Neues wahrnehmen. (Colli di Dagala del Re, 29. Sep.)"

F. Sandberger. 1. Meletta-Schuppen in der Septarienthongrube zu Flörsheim am Main. 2. Calm mit Posidonomya Becheri Dronn in Spanien. (Aus einem Schreiben d. D. 17. October 1869 an Herrn Dir. F. v. Hauer).

„Nicht ohne Wichtigkeit für österreichische Tertiärbildungen ist es, dass ich selbst in der Septarien-Thongrube zu Flörsheim am Main (Nassau) die Meletta-Schuppen massenhaft in dem oberen Theile der Ablagerung, welcher hauptsächlich *Nucula Chastelii* Nyst. führt, gefunden habe. In derselben Region liegen einzelne colossale Septarien, tiefer die Bänke mit *Leda Deshayesiana*. Es ist also ganz unzweifelhaft, dass die Meletta-Schichten dem Septarien-Thon entsprechen, wie ich schon früher mittheilte".

„Auch eine zweite mir sehr interessante Neuigkeit will ich nicht unterlassen mitzutheilen: die Entdeckung der *Posidonomya Becheri Bronn* in Spanien. Einer meiner früheren Zuhörer, Herr Bergingenieur Wilkens aus Weinheim (Baden), schickte mir vor einigen Tagen eine Platte mit gut erhaltenen Exemplaren, welche er in der Provinz Huelva aufgefunden hatte, wo er seit Jahren wohnt. Das Gestein ist heller, als die meisten nassauischen Varietäten und am ähnlichsten jenem von Landshut in Schlesien. Seither war die unterste Kohlenformation (Culm) in Spanien noch nicht nachgewiesen. Die vorliegende Thatsache giebt wieder einen sehr schönen Beweis für die Beständigkeit der Entwickelung der paläozoischen Faunen".

A. de Zigno. Ueber die jurassischen Bildungen in den Sette Communi (Venetien). Aus einem Schreiben an Herrn Director Fr. R. v. Hauer d. d. Padua den 1ˢᵗ. October 1869.)

So eben bin ich von einer Excursion in die Sette Communi zurückgekehrt, wobei ich feststellen konnte, dass man den berühmten „*Calcare ammonitico*" in drei unmittelbar übereinander gelagerte aber durch verschiedenartige Ammoniten charakterisirte Gruppen eintheilen kann. In der obersten, welche oft weiss ist und sich unmittelbar unter den Schichten mit Neocom-Ammoniten, *Crioceras* und der ziemlich seltenen *Terebratula diphyoides* befindet, kommt der spanische und Stramberger *Metaporhinus* vor. Darunter wird der Kalk ziegelroth und enthält einen *Collyrites*, grosse Aptychen und die bekannten zahlreichen Ammoniten. Die unterste aus Rosenbrothem und gelblichem, sehr compactem Kalk zusammengesetzte Gruppe endlich enthält verschiedene Ammoniten, worunter ich den *Amm. Eudesianus* zu erkennen glaube. Unter diesen drei Gruppen kommen graue, gelbe und röthliche Schichten mit Pentacriniten, kleinen Terebrateln und *Stomechinus excavatus Desor* vor, welche ihrerseits einen 50 Meter mächtigen Schichtencomplex bedecken. Dieser letztere besteht aus einer Wechsellagerung von Schichten, welche Pflanzenstämme und Blätter führen, mit solchen, welche Avicules, Astarten und die Pflanzen von Rotzo enthalten. *Terebratula Rotzoana* findet sich in mehreren Horizonten sowohl über als unter den Pflanzen, am häufigsten aber mit *Ter. Renierii* unter den Pflanzen. In dem unteren Theile dieser ziemlich mächtigen Schichtengruppe kommen Chemnitzien-Schichten vor, aber ich habe keine Spur von den Posidonomyen-Schichten finden können, welche mir hier durch Schichten mit einer kleinen Astarte repräsentirt zu werden scheinen.

Unter dieser Gruppe folgen noch ungefähr 30 Meter weisse, fein oolithische Kalke, welche an der Basis auf einem dunkelrothen Kalk ruhen, dessen Mächtigkeit 3 Meter nicht übersteigt und der die ziemlich mächtige, durch meine *Gervillein Buchi* charakterisirte Schicht bedeckt, welche für uns, wie es scheint, einen ziemlich guten Horizont bilden wird.

Unter allen diesen Schichten befinden sich noch 40 Meter weisse, gelbliche und hellbraune Kalke, ehe man an den Dolomit der Basis der Sette Communi kommt. Da der Regen mich heimzukehren zwang, so konnte ich meine Beobachtungen nicht zu Ende führen, aber ich glaube fest, dass Valdassa der günstigste Punkt ist, um zu einer klaren Erkenntniss der stratigraphischen Verhältnisse unseres Terrains zu gelangen. Was die Eintheilung des *Calcare ammonitico* in drei Gruppen betrifft, so habe ich darüber keinen Zweifel mehr.

C. L. Griesbach. Bemerkungen über die Altersstellung des Wiener Sandsteins. (Aus einem Schreiben an Herrn Fr. R. v. Hauer d. d. D'Urban, Port Natal, Süd-Africa, Juli 16. 1869).

Endlich sind wir nach langem Hin- und Herirren an der letzten Station, von der aus wir noch mit unseren Freunden in Europa in Contact stehen, angekommen — wir sind in Port Natal. Schon oft wollte ich Ihnen von uns Nachricht geben, wusste aber, dass die geologische Reichsanstalt in dieser Jahreszeit immer entvölkert ist, und ersparte meine Mittheilung auf spätere Zeiten. Unsere Reise ging sehr gut von statten. Der Kapstadt widmeten wir volle drei Wochen, welche wir theils zu interessanten Ausflügen in die Umgebung der Stadt, theils für einen weiteren Ausflug in die Colonie verwendeten. — Da „Petermann", unser Expeditionsdampfer, noch immer nicht angekommen ist, so gingen wir mit dem königl. Postdampfer nach P. Natal, wo wir unter Arbeiten und Studien, wozu hier reichlich Gelegenheit geboten ist, die Ankunft des Schiffes erwarten.

Wie Sie sich vielleicht entsinnen werden, hatte ich Gründe mich nicht zu der Ansicht bekennen zu können, dass die Zone der Sandsteine am Nordrande der Alpen der Kreide angehört, wie dies von Vielen behauptet wird. Ich hegte den Wunsch, die Gründe für meine Meinung in einer Arbeit niederzulegen — woran mich aber meine schnelle Abreise aus Europa verhinderte. Erlauben Sie daher, diese Gründe hier in diesem Briefe, soweit ich es im Stande bin, zu entwickeln. Seit Sir R. Murchison die Ansicht aussprach, dass der ganze Complex des sogenannten Wiener Sandsteines, der in der That eine ununterbrochene Zone von petrographisch ziemlich gleichbleibenden Schichten am Nordrande der Kalkalpen von der Rhone bis nach Wien bildet, — der oberen Eocänformation angehöre, bemühte man sich in der Schweiz noch mehr Beweise für diese Ansicht aufzufinden, an denen es in der That auch nicht fehlte. Allerdings sind die Lagerungsverhältnisse nicht allzu klar, und auch der Petrefacten-Reichthum liesse noch manches zu wünschen übrig; doch genügen die Beobachtungen, die gemacht worden sind, vollkommen um meine Ansicht nicht als allzu gewagt erscheinen zu lassen. Bis heute erscheint jedoch der Wiener Sandstein noch immer als Kreide gezeichnet.

1. Welche Gründe hatte man den Sandstein zur Kreide zu rechnen? und welche Gründe liegen vor, die für das eocäne Alter des Sandsteines sprechen? dies sind die zwei Fragen, die hier zur Vergleichung kommen können.

I. In dem grossen Complexe von Schichten, die den Wiener Sandstein zusammensetzen, findet man namentlich in den schieferigen Bänken zwischen dem Sandsteine eine grosse Menge von Meeres-Algenresten, Fucoiden. Man kannte sie schon sehr lange, namentlich kommen sie häufig im Schweizer Flysche vor. Man wies darauf hin, dass dieselben Species in italienischen Gebieten in wirklichen Kreideschichten vorkämen; abgesehen davon, ist aber die Thatsache festgestellt, dass grosse Partien des Schweizer Flysches wirklich eocän sind (nummulitenführend), welche dieselben Species der Fucoiden enthalten. Ebenso treten dieselben Arten zwischen den Sandsteinbänken von Greifenstein auf, die entschieden, und wie schon lange bekannt, eocän sind. Desgleichen fand ich selbst Fucoiden in petrefactenführenden eocänem Sandsteine im Dichsgraben bei Laab (nahe bei Kalksburg), bei Hütteldorf und mehreren anderen Orten.

In einem Steingerölle am Fusse des Kahlenberges, im Graben gegen das Kahlenberger Dörfel zu, wurde ein „undeutliches Bruchstück" eines *Inoceramus* aufgefunden. Dieses, sowie ein später gefundenes, welche jetzt beide spurlos verschwunden sind, sollen nach der damaligen Beschreibung keine Bestimmung der Species zugelassen haben.

Abgesehen davon, dass man auch in wirklich eocänem Sandsteine von Greifenstein undeutliche Bruchstücke einer Muschel von austernartigem Gepräge findet, die möglicherweise dem *Inoceramus* vom Kahlenberge sehr ähnlich sehen, so ist das verschwundene Fossil auch nicht dazu angethan, das Alter einer über eine so ungeheure Fläche Landes verbreiteten Zone zu bestimmen.

Die wichtigsten Gründe für die Annahme des Kreidealters lieferten die Lagerungsverhältnisse. Es ist noch nicht so lange her, dass man in den geologischen Durchschnitten den Wiener Sandstein als unter dem Alpenkalk lagernd annahm. Später wurden aus ihm die Gresstener Schichten und Lunzer Schichten ausgeschieden. Mit einem Male sah man das, was früher eine Unterlagerung gewesen war, für eine Umkippung oder besser Ueberschiebung an. Doch von der Ansicht konnte man sich nicht trennen, dass es Partien im Sandsteine gebe, die unter „Neocom-Schichten" lägen. Ganz abgesehen davon, dass man dort eben auch die Lagerungsverhältnisse falsch anfasste, erweisen sich diese Neocom-Schichten in den meisten Fällen als nicht neocom. Man gewöhnte sich so die Fucoiden-Schichten für neocom anzusehen, dass man in Wahrheit gar keinen Anstand nahm, alle die Fucoiden Mergel im Sandsteine für Neocom-Aptychenzüge zu erklären. Nirgends zeigen sich diese Züge als neocom oder irgend mit Kreide verwandt. Sie bemerken übrigens selbst in Ihrer Abhandlung über die nordöstlichen Alpen, dass die Neocom-Fauna im Wiener Sandsteine noch nicht nachgewiesen ist. — Herr Wolf berichtete ebenfalls, dass die Aptychenzüge auf der Wiener Karte nicht bestehen, und dass es blosse Fucoiden-Mergel sind. Auch Mojsisovics und Schloenbach fanden zwischen Traunsee und Landachsee im eigentlichen Wiener Sandsteine keine Kreideschichten.

Die wirklichen Kreideschichten, die man inmitten des Gebietes des Wiener Sandsteines findet, und die ich in einer Arbeit (Klippen im Wiener Sandstein) etwas näher bezeichnete, sind aber durchaus keine Züge, sondern blosse Klippen, Schollen, die in keiner Weise das Alter des umliegenden Sandsteines bestimmen können. Solche Klippen sind nebst solchen, die dem Jura und dem Rhätischen angehören in der Nähe von Wien in dem von mir untersuchten Gebiete sehr häufig, und ich zweifle nicht, dass wir sie auch weiter westwärts, wie in den Karpathen finden können.

2. Die seit langer Zeit in der Schweiz anerkannte eocäne Flyschzone der Alpen, bricht plötzlich in Oesterreich ab, um sich als Oberkreide bis Wien zu ziehen. Nirgends in der Karte findet man jene thatsächlich

eocänen Sandstein-Schichten mit Fucoiden, als bloss bei Greifenstein, welches als ein ganz isolirter Punkt mitten im petrographisch wohl gleichen, aber sonst ungleich altrigen Sandsteine, sich sehr sonderbar ausnimmt. Sie werden sich erinnern, in Ihrer Abhandlung über die Eocän-Schichten von Oesterreich den eocänen Sandstein erwähnt und besprochen zu haben, der von Roitsham über Mattsee, Leeham bis über St. Pankraz bei Laufen einen mehrfach unterbrochenen Zug bildet. Auch Ehrlich und Lipold erwähnen dies Vorkommen in den Abhandlungen. Dort scheint die Sandstein-Partie eine grosse Verschiebung erlitten zu haben, da die Zone um ein gutes Stück nördlicher erscheint, als man es erwarten sollte. Nach Ihren Beobachtungen ist es ein röthlich braungefärbter Sandstein, der von Ost nach West streicht und in der Regel nach Süd einfällt. Nach dem sollen die Nummuliten-Sandsteine ein vom Sandstein des Tannberges „durch eine Mulde getrennter Höhenzug" sein, der gegen Nord, gegen den Trummer See zu, wo er die Schichtenköpfe darbietet, steil abfällt.

Im letzten Jahre entwickelten Mojsisovics und Schloenbach das Verhalten der Flyschzone zum Nordrande der Kalkalpen zwischen Traun- und Laudach-See bei Gmunden. Auch hier konnte man die horizontale Ueberschiebung eines Gebirgszuges über den andern sehen, wie dies Lipold in seinen fünf Durchschnitten anführt. Nirgends fanden diese beiden Geologen jedoch den sogenannten Wiener Sandstein, den man als Kreide ansieht. Vielmehr findet sich hier eine sehr schön entwickelte Zone von eocänem Sandsteine und eocänem Grünsandstein. Die Kreideschichten sind als bekannter Mergel im Gschliefgraben zwischen jenen und Liassehichten gelagert. Der Bericht schliesst (Verhandlungen 10, 1868) mit den Worten: „dass die gesammte Masse des sogenannten Wiener Sandsteins an dieser Stelle jüngeren Bildungen zugerechnet werden muss, als die eocänen Nummuliten-Grünsandsteine, und also dem Flysche der Schweizer Geologen entspricht; von einem etwa der Kreideformation angehörenden Gliede des Wiener Sandsteines haben wir hier keinerlei Anzeichen gefunden".

Um auf den von mir untersuchten Theil des Wiener Sandsteins zurückzukommen, so erlaube ich mir gleichfalls die Bemerkung, dass an dem Theile der Ostalpen der Wiener Sandstein durchaus einem höheren Niveau angehören muss, als man bisher annahm. Ueberall fehlen die Anzeichen eines Kreidesandsteines. Bei Greifenstein fand man eocäne Foraminiferen (Nummuliten), — im Kirlinger Thale fand im letzten Jahre Herr Nadeniczek Nummuliten. Ich selbst fand solche im Dichsgraben bei Laab im sogenannten Wiener Sandsteine. — Herr Karrer untersuchte vor einiger Zeit Foraminiferen, die aus einer mergeligen Zwischenschichte aus einem Steinbruche in Hütteldorf stammten, und veröffentlichte darüber eine Abhandlung in den Akad. Schriften (Ueber das Auftreten von Foraminiferen in den Schichten des älteren Wiener Sandsteines. Sitzungsb. d. kais. Akad. d. Wissensch. in Wien, LII. Bd. I. Abth.), worin er die meisten als neue Species der Kreide anführt, ohne sie jedoch mit Kreideschichten vereinigen zu können. Jetzt ist er vollkommen davon überzeugt, dass die meisten sehr schöne Oligocän-Formen sind; sie stimmen vollkommen mit Nikolschitzer-Formen überein, die Professor Reuss untersucht hatte. Schon vor mehreren Monaten schrieb mir Herr

Karrer über diesen Gegenstand, welchen Brief ich Ihnen zugleich übersende. Er bestätigt meine Ansicht und bildet einen wichtigen Fingerzeig zur Bestimmung des Alters dieses Sandsteines. Bei Neulengbach fand man eine Teredina, die Rolle untersuchte, und die nach seiner Untersuchung der eocänen Fauna angehört.

Viele Punkte bestimmen eine Linie, und die zahlreichen Beweise für das eocäne Alter des Sandsteines, die man längs der ganzen Zone sammeln kann, sind wohl im Stande, wenigstens bessere Anhaltspunkte zu liefern, als es das einzige Vorkommen eines „undeutlichen" und deshalb „unbestimmbaren" Inoceramenbruchstückes war. Alles zusammen — sprechen viel mehr Gründe für das Eocänalter des Wiener Sandsteines als für Kreidealter, — es ist offenbar nichts anders als eine Fortsetzung des Flyschzuges der Westalpen.

F. Karrer. Berichtigende Bemerkungen über das Alter der Foraminiferenfauna der Zwischenlagen des Wiener Sandsteines bei Hütteldorf. (Aus einem Schreiben an Herrn C. L. Griesbach ddo. Jänner 1869.)

Im Sommer des Jahres 1865 beschäftigte ich mich ernstlich mit der Aufsuchung mikroskopischer Thierreste im Wiener Sandstein. Nach vielen gescheiterten Versuchen gelang es mir endlich in dem Schlemmrückstande der mergligen Zwischenlagen, welche regelmässig sowohl die Sandsteinbänke als auch die Kalklagen des Wiener Sandsteines begleiten und zwar aus dem Steinbruch, welcher ausserhalb Hütteldorf auf der Strasse nach Mariabrunn zu liegt, Foraminiferen aufzufinden.

Ich habe der k. Akademie der Wissenschaften hierüber eine kleine Mittheilung gemacht und diese ist in den Sitzungsberichten derselben im LII. Band mit einer von Strohmayer trefflich gezeichneten Tafel [1]) auch wirklich erschienen.

Zu jener Zeit galt wohl so ziemlich allgemein die Ansicht, dass diese Partie des Wiener Sandsteines der Kreide angehöre, ja höchst wahrscheinlich sogar ältere Schichten derselben repräsentire.

Meine Arbeit war eine rein paläontologische, sie konnte sich mit der geologischen Frage, die im Hintergrunde schon auftauchte, nicht beschäftigen, da die aufgefundenen Reste einer wahrscheinlich einst sehr reichen Foraminiferenfauna doch zu geringfügig waren, um darauf einen etwas richtigeren Schluss aufbauen zu können. Auch war die namentlich in etwas grösserer Menge aufgefundene *Trochammina proteus sp. n.* mir eine so vollkommen neue Erscheinung, dass ich durchaus nicht daran denken konnte, irgend eine Parallele mit irgend einer anderen Etage ziehen zu können.

Unter diesen Umständen suchte ich wenigstens darzuthun, dass die aufgefundenen Gattungen Foraminiferen mit dem Charakter einer Kreideablagerung nicht in Widerspruch stehen, da sie durchaus, wenngleich auch zum Theil lebend und tertiär, doch alle in der Kreide, ja manche auch tiefer noch angetroffen werden.

---

[1]) Unter dem Titel: Ueber das Auftreten der Foraminiferen in den älteren Schichten des Wiener Sandsteins.

Anfangs des Jahres 1866 kam mir aber die Probe eines blauen Tegels aus Nicolschütz zu Gesicht, welche neben mehreren anderen Arten Foraminiferen in ansehnlichen Quantitäten ebenfalls eine *Trochammina*, und in grosser Menge *Cornuspira polygyra* Rss. enthielt. Professor Reuss berichtete über diese Fauna ausführlicher in Suess' „Untersuchungen über den Charakter der österreichischen Tertiärablagerungen." I. Ueber die Gliederung der tertiären Bildungen zwischen dem Manhart, der Donau und dem äusseren Saum des Hochgebirges[1]).

Prof. Reuss kommt nach näherer Besprechung dieser Foraminiferenfauna zu dem Schlusse, dass dieselbe weder mit der miocänen, noch mit der oberoligocänen Fauna eine Analogie verrathe, am meisten aber sich immerhin der mitteloligocänen nähere.

Am wahrscheinlichsten, sagt ferner Reuss, gehören daher nach den bisherigen Erfahrungen die Schichten von Nicolschütz der mitteloligocänen Etage an, wenn sie sich vielleicht auch nicht gerade dem typischen Septarienthone werden gleichstellen lassen.

So viel scheint mir nach Allem also gewiss, dass *Cornuspira Hörnesi* aus dem Hütteldorfer Steinbruche identisch mit *C. polygyra* Rss. aus dem Septarienthone von Offenbach, Pietzpuhl etc.[2]) sei, dass ferner *Trochammina planorboides* aus Nicolschütz sich ferner auch kaum von *Trochammina proteus* wird trennen lassen und wir hätten sonach eine Foraminiferen-Fauna aus dem Wiener Sandsteine gewonnen, welche in mindestens zwei und gerade den häufigsten Arten übereinstimmt mit Formen, die aus mitteloligocänen Schichten stammen.

Kann man daher auch nach dem Gesagten nicht mit aller Bestimmtheit über das Alter des Wiener Sandsteines geradezu sprechen, so bleibt die besprochene Thatsache doch jedenfalls bemerkenswerth, um so mehr als sich fortwährend die Anzeichen dafür mehren, dass man in dem Wiener Sandsteine es durchweg mit einer tertiären Bildung zu thun habe.

Prof. F. Simony. Gletscherschliffe im oberen Traunthale.

Gleich den meisten Theilen des Alpenlandes bietet auch das der nördlichen Kalkzone angehörige Traungebiet zahlreiche Erscheinungen dar, welche auf das einstige Vorhandensein mächtiger, alle Thäler erfüllender Gletscher hinweisen. Hauptsächlich sind es bald mehr, bald minder ausgedehnte Reste von Moränen und zerstreuter erratischer Schutt, nebst einzelnen, oft colossalen Findlingen, welche jene grossartige Gletscherentwicklung documentiren; ja die Art des Auftretens und die Beschaffenheit jener Massen scheinen auch hier, allem bisher Beobachteten nach, immer mehr die Annahme zu rechtfertigen, dass es nicht eine, sondern mehrere, möglicher Weise bis in und selbst hinter die Tertiärperiode zurückgehende sogenannte „Eiszeiten" gegeben habe, deren Erklärung allerdings weniger in tellurischen, als in cosmischen Verhältnissen (wir denken hier neben der wechselnden Excentricität der Erdbahn auch noch insbesondere an ein Fortschreiten unseres Sonnensystems

---

[1]) Suess, Sitzungsb. d. kais. Akademie d. Wissensch. Bd. 54. Juni-Heft 1866.
[2]) Reuss, Sitzungsb. d. kais. Akad. d. Wissensch. Bd. 43, p. 39, Taf. I, Fig. 1. Denkschr. d. kais. Akad. d. Wissensch. Bd XXV, p. 121.

durch Bahnstrecken im Waltraume von verschiedener, die solare Wärme periodisch schmälernder Beschaffenheit) wird gesucht werden müssen.

Viel seltener, als die erwähnten Moränenreste, treten dagegen Gletscherschliffe unzweifelhaften Characters auf, im Ganzen so spärlich, dass derjenige, welcher nur in solchen untrügliche Glacialspuren erkennt, hier ein einstiges Vorhandensein von Gletschern leicht in Zweifel ziehen könnte. Dennoch fehlen solche Gletscherschliffe selbst in den tiefer gelegenen Thaltheilen nicht gänzlich, ja hie und da fördert der Zufall einen solchen nun zu Tage. So wurde kürzlich am Hallstätter-See ein ganz ausgezeichneter Gletscherschliff durch Abgraben von altem Moränenschutt, welcher als vorzügliches Beschotterungsmaterial für Wege seine Verwendung findet, blossgelegt. Derselbe befindet sich beiläufig in einer Höhe von 100 Fuss über dem See (1600' M. H.) am sogenannten Hundsort, wenige Schritte südlich von dem höchsten Punkte des Weges (nicht der Soolenleitung), welcher längs dem westlichen Ufer von Hallstatt nach Gosaumühl führt. Schon in einiger Entfernung gewahrt man hart über dem Wege eine aus dem überwachsenen Waldboden hervorragende kahle Partie auffällig abgerundeter, dunkelgrauer, gewöhnlich von niederrieselndem Wasser befeuchteter Felsbänke. Tritt man ganz nahe an dieselben heran, so zeigt sich unterhalb des dunkelfärbigen Theiles eine bei 10☐ Fuss grosse, fast spiegelblank polirte und von zahlreichen, meist parallelen, zum Theile ziemlich tiefen Kritzen durchfurchte Fläche lichtgelblichen Marmors von so frischem Glanze, als wenn der schleifende oder polirende Gletscher eben erst abgeschmolzen wäre. Untersucht man die Kritzen genauer, so zeigt sich, dass dieselben in den angrenzenden, schon länger blossgelegten, daher auch dunkler gefärbten und mehr verwitterten Partien des Felsens sich unmittelbar fortsetzen. Die Kritzen liegen nicht horizontal, sondern steigen entsprechend der Gestaltung des umliegenden Terrains im Allgemeinen etwa 5—10 Grad gegen Nord an, wobei jedoch bemerkt werden muss, dass einzelne Streifen mehr, andere weniger geneigt sind, der erwähnte Parallellismus also nur für die Mehrzahl der Kritzen gilt; ein Umstand, der vollkommen genügt, den Gedanken abzuweisen, dass man es mit einer jener gestreiften Rutschflächen zu thun haben könnte, welche das Innere der Kalkmassen hie und da in grosser Zahl und Ausdehnung durchsetzen und auch häufig genug zu Tage liegen. Eben so wenig können aber auch die gleichlaufenden Kritzen etwa für Schichtungslinien angesehen werden, da sie die verschiedenfärbigen, mannigfach gewundenen Marmoradern des Gesteines geradlinig durchschneiden.

Durch weiteren Abraum des nächst anliegenden Moränenschuttes könnte diese charakteristische Schlifffläche gewiss noch ansehnlich vergrössert werden. Leider aber wird das frische Aussehen derselben in kurzer Zeit verloren gehen, da durch das häufig darüber rinnende Wasser das Gestein einer unvermeidlichen Erosion entgegengeht, die durch den baldigen Ansatz von Flechten und kleinen Moosen noch beschleunigt wird. Vor 25 Jahren hatte der Berichterstatter diesen Gletscherschliff bereits gekannt. Damals waren erst die angrenzenden höheren Partien desselben blossgelegt und noch von ähnlicher Frische, wie der jüngst abgedeckte unterste Theil. In dem kurzen Zeiträume eines Vierteljahrhunderts haben jedoch die eben erwähnten Einflüsse ausgereicht, um nicht nur die lichte Farbe des Gesteins in ein dunkles Grau zu verwandeln, sondern auch die früher glatte Oberfläche rauh zu nagen.

Anschliessend sei hier noch zweier anderer Gletscherschliffe gedacht, welche gleichfalls im heurigen Sommer von mir aufgefunden wurden. Der eine derselben liegt unmittelbar gegenüber von Hallstatt, hart am östlichen Ufer des Sees in der kleinen, nördlich vom Ettingbühel begrenzten Bucht, zwischen den zwei zum Pastorate und dem Gasthause zum grünen Baum gehörenden Holzhütten. Auch hier zeigen sich auf frisch entblösster, polirter Felsfläche zahlreiche gegen Nord ansteigende Kritzen, welche eine durch den nahen Ettingbühel gestaute Gletschermasse mit ihrem Schutte eingeschnitten hat.

Den dritten durch sein recentes Aussehen leicht erkennbaren Gletscherschliff kann jeder aufmerksamere Wanderer auf dem Wege wahrnehmen, welcher von Obertraun längs dem Westfusse des Koppen nach Aussee führt. Derselbe findet sich unfern der Obertrauner Koppenbrücke im ersten steilen Anstieg der Bergstrasse in einer Höhe von beiläufig 150 Fuss über dem Flusse. Die starke Abrundung einer etwas vorspringenden lichtfarbigen Felsstelle, die deutlichen in deren polirte Oberfläche geritzten Linien, endlich der daneben lagernde, zum Theil in die angrenzenden Vertiefungen förmlich eingepresste Moränenschutt lassen jeden Kundigen sogleich die wahre Natur dieser alten Gletschermarke erkennen.

Dr. Edm. v. Mojsisovics. Notizen über den Hallstätter Salzberg.

Als ich im Juni 1868 den Herrn General-Inspector des österreichischen Bergwesens, Ministerialrath Freih. v. Beust, auf den Hallstätter Salzberg begleitete, erlaubte ich mir die energische Weiterführung des unterhalb des Rudolfsthurmes angelegten, zur Zeit noch im Dachstein-Kalke stehenden Kaiser Franz Joseph Stollens dringlichst anzuempfehlen, indem ich, gestützt auf meine geologischen Erfahrungen in der Umgebung, vorauszusagen mich für berechtigt hielt, dass das Salzgebirge binnen Kurzem erreicht werden müsse, sobald nämlich als die Kalkscholle, welche den Rudolfsthurm trägt, durchfahren sein würde.

Im Verlaufe des heurigen Sommers ist die Richtigkeit dieser Anschauung durch die im Franz Joseph Stollen gemachten Aufschlüsse vollinhaltlich bestätiget worden. Als ich anfangs September d. J. in freundlicher Begleitung des Herrn Oberbergschaffers A. Hofinek den Stollen befuhr, fanden wir vom Stollenmundloch weg durch 84° Dachsteinkalk, sodann durch 12° die charakteristischen schwarzen Mergelkalke (Glanzschiefer), das unmittelbare Hangende der Anhydrit-Region; das Feldort selbst stand bereits in dunklem Anhydrit.

So wichtig und erfreulich in technischer Beziehung diese Aufschlüsse für die horizontale und verticale Ausbreitung des Abbaufeldes auch sind, so beabsichtige ich nicht näher darauf einzugehen. Dagegen möchte ich die Aufmerksamkeit meiner Fachgenossen auf die in diesem Profile vorhandene Lücke in der Reihenfolge der triadischen Schichtglieder lenken, indem auf die schwarzen Glanzschiefer (Reibenhaller Kalke) unmittelbar die Dachstein-Kalke folgen. Sowohl Zlambach-Schichten als Hallstätter Kalke, welche Glieder an anderen Punkten des Hallstätter

Salzberges typisch vorhanden sind, fehlen gänzlich. In die Discussion dieser von mir bereits durch anderweitige Beobachtungen unzweifelhaft festgestellten Thatsache werde ich bei späterer Gelegenheit einzugehen Veranlassung haben.

Nicht ohne Interesse als unmittelbarer Nachweis der von uns angenommenen, am Gosau-Vorderthal über die Rettengraben- und Sattel-Almen auf den Hallstätter Salzberg verlaufenden Bruchlinie ist ferner die von Herrn A. Hofinek aus den alten Stollenbeschreibungen entnommene Nachricht, dass die herrschende Gebirgsart in der in den Jahren 1600—1713 erbauten, seither verfallenen „Unserer Lieben Frau Kehr", welche direct der Bruchlinie zustrebte, anfangs „grauer Thon mit wenig Kern vermengt", später aber „Glimmerschiefer mit Thon und wenig Gyps vermischt" gewesen sei. Es kann kaum einem Zweifel unterliegen, dass unter „Glimmerschiefer u. s. w." hier nur die überTags in derselben Gegend anstehenden gypshältigen Werfener Schichten, welche bekanntlich sehr glimmerreich sind, gemeint sein konnten.

F. Hasslinsky. Fossilien aus den Fischschiefern bei Hanusfalva nächst Eperies. (Aus einem Schreiben an Herrn Dir. v. Hauer.)

„Ich möchte Sie auf einen Schichtencomplex aufmerksam machen, welcher zur näheren Altersbestimmung der Smilno-Schiefer beitragen kann, und sende beiliegend eine Probe aus diesen Schichten. Sie liegen nördlich vom Wege, der von Láda nach Hanusfalva führt, haben eine Mächtigkeit von vielen Klaftern, fallen ungefähr 40° nach SO., sind meist, stark bituminös und enthalten sechs Flötze einer blättrigen, unreinen nicht abbauwürdigen Mineralkohle. Besonders in der unteren Abtheilung enthalten diese Schichten höchst eisenreiche Sphärosiderite, eine Menge sehr gut erhaltene Fischschuppen und kaum bestimmbare Pflanzenreste. Ich stellte sie anfangs parallel den Smilno-Schiefern, doch scheinen sie mir gegenwärtig etwas jünger zu sein. An der angeführten Stelle liegen sie auf älteren sehr zerstörten Schichten des Karpathensandsteines, und über ihnen folgt Löss ohne der grauen Thonunterlage. Sie scheinen daher den Tegel des Eperieser Thales zu vertreten, der hier fehlt".

Die gesendeten Proben, ein brauner bituminöser Mergelschiefer, enthalten in grosser Zahl kleine organische Körper, welche Herr Prof. Reuss freundlichst untersuchte und als Deckel eines Gastropoden aus der Familie der Paludiniden etwa verwandt mit der Gattung *Nematura* erkannte.

Einsendungen für das Museum.

F. v. V. Dr. Abdullah-Bey. Petrefacten, Felsarten und Mineralien aus der Türkei.

In einer grösseren von Dr. Abdullah-Bey unserer Anstalt freundlichst zum Geschenk übermittelten geologischen Sammlung, welche aus einer reichen neuen Suite von Petrefacten aus den als devonisch betrachteten Schichten sowie von Cerithien-Schichten und von Eruptiv-Gesteinen aus der Umgebung von Constantinopel besteht, befinden sich auch einige Minerale. Unter diesen letzteren verdienen insbesondere einige Amethystkrystalle näher erwähnt zu werden. Dieselben stammen von Salonik und bestehen aus der Combination von ∞P und P und sind in der Richtung der Hauptaxe und einer Prismenfläche aneinander gewachsen, so, dass beide im Prisma geeint, in der Pyramide aber getrennt erscheinen, in einer Weise wie dies die Krystallindividuen der Schemnitzer Amethystdrusen so häufig aufweisen. Die Unvollkommenheiten der Krystallflächen, namentlich jene der Pyramiden, zeigen deutlich die während des Krystallaufbaues stattgehabten Störungen. Die Pyramidenflächen besitzen zahlreiche Furchen, Risse und Vertiefungen, während anderseits zahlreiche Sprünge die Krystallindividuen durchsetzen.

Dr. C. Le Neve Foster Scheelit von Domodossola in Piemont.

Ein schönes Exemplar des neuen Scheelitvorkommens in der Goldgrube von Val Toppa, eines kleinen Seiten-Thälchens des in das Ossola-Thal mündenden Marmazza-Thales, übergab Herr Le Neve Foster als Geschenk für die Sammlung der Anstalt an Herrn Director von Hauer bei Gelegenheit eines Vortrages, welchen derselbe während der letzten (43.) Naturforscher-Versammlung in Innsbruck in der Section für Geologie und Mineralogie hielt [1]).

Der etwa 2 Meter mächtige Gang, in welchem der Scheelit auftritt, besteht aus Quarz mit etwas Schwefelkies, Bleiglanz, Zinkblende, Kalkspath und fein vertheiltem, gediegenem Gold.

Die Scheelitmassen sind röthlichbraun, gewöhnlich von Quarz umschlossen. Sie zeigen oft gut ausgebildete Spaltungsflächen, aber keine deutliche Ausbildung in Krystallen. Zuweilen sind sie auch derb und eingesprengt. Von den piemontesischen Bergleuten wird der Scheelit „Marmo rosso" genannt und als gutes Anzeichen für die Goldführung angesehen. Bisher waren von italienischen Fundorten für Scheelit nur zwei, nämlich: Traversella bei Ivrea (Scheelit mit Magneteisenerz nach Dana) und Baveno (Scheelit im Granit nach Strüver) bekannt.

F. v. V. Frau Emilie Goldschmidt. Opale von Czerwenitza bei Eperies in Ungarn.

Zu den neuerlichen werthvollen Bereicherungen der mineralogischen Localsammlung unseres Museums gehört eine von Frau Emilie Goldschmidt uns gütigst als Geschenk gewidmete Suite von Opalen, welche aus den in ihrem Besitze befindlichen Opalgruben von Czerwenitza bei Eperies herstammen. Es befinden sich darunter schöne Exemplare von Edel-Opal, Milch-Opal, gemeinem Opal, Jaspopal, sowie stalaktitische, fein röhrenförmige Hyalit-Bildungen. Die Wichtigkeit der letzteren für die Erklärung der Opalbildung wurde bei Gelegenheit der Besprechung einer früheren Einsendung [2]) von verschiedenen Opal-Varietäten von demselben Fundort durch Hofrath von Haidinger bereits hervorgehoben. Stücke von dem auf Wasser schwimmenden Hydrophan, welchen Haidinger als das interessanteste Vorkommen jener früheren Suite specieller besprach und auf dessen Uebereinstimmung mit dem in den

---

[1]) Ein ausführlicher Bericht über die Thätigkeit dieser Section folgt in der am 15. November erscheinenden Nr. 14. unserer Verhandlungen.
[2]) Sitz. d. k. k. geol. Reichsanst. vom 10. März 1857, Jahrb. Bd. VIII. p. 176.

Knoten des Bambusrohres sich absetzenden „Tabaschir" er hinwies, finden sich in dieser neuen Sendung nicht wieder vor.

F. v. V. F. Weinek. Kugelförmige Septarien von Buchberg bei Cilli in Steiermark.

Herrn Weinek verdankt unsere Anstalt die Zusendung einiger grosser kugelförmiger Gesteinsbildungen aus Kalkmergel mit sehr interessanten Absonderungen von Calcit, Braun- und Bitterspath im Innern derselben. Diese Kugeln wurden bei dem Abteufen eines Wetterschachtes im Hangend-Mergel des Braunkohlen-Flötzes zu Buchberg bei Cilli angetroffen. Selbe sind als analoge Gebilde der sogenannten „Septarien" zu betrachten, jener Massen, welche in den tertiären Thonen von Hermsdorf und Lübars bei Berlin so häufig angetroffen werden, und in sphäroidischen — innen zerklüfteten — kalkigen Ausscheidungen von mehreren Fuss im Durchmesser bestehen. — Einige aus festerem, etwas quarzigem Kalkmergel zusammengesetzte Exemplare entbehren der schönen Einschlüsse; sie sind nur zum Theil von krystallinischem Calcit durchzogen.

F. v. V. & Freih. v. Czoernig. Gypskrystalle von Suez.

Seiner Excellenz Herrn K. Freih. v. Czoernig, welcher bereits zu wiederholten Malen das Museum unserer Anstalt durch eine Reihe von werthvollen Gegenständen bereicherte, verdanken wir neuerdings mehrere Gypskrystalldrusen, die aus der Ebene zwischen Chalouf und Suez stammen. Die durchwegs wasserhellen, kurzsäulenförmigen oder tafelartigen Krystalle erreichen mitunter eine Grösse von 3 Zoll und zeigen am häufigsten die Flächen: $\infty P\infty$, ∞P, $+$ und $-P$, nebst einigen anderen, darunter auch der gewöhnlichsten Combinationen. In der Richtung des blättrigen Bruches gewahrt man starkes Irisiren. Andere Gypskrystalle rühren von El-Ferdan her, woselbst sie in einer Tiefe von 1 Mm. in dem sandigen Boden gefunden werden.

Unter den übrigen noch eingesendeten Gegenständen befanden sich: Knochen, Haifischzähne, Bivalven und Gastropoden von Chalouf, nebst Geröllmassen, Gesteinsstücken und Proben des feinkörnigen Sandsteines, in welchem die angeführten Fossilien vorkommen. Ferner Gastropoden aus der Wüste, Muscheln, Austern und Gerölle aus den Bitterseen und endlich Muscheln aus dem rothen Meere.

Einsendungen für die Bibliothek und Literaturnotizen.

F. v. Vivenot. G. Rose. Ueber Darstellung krystallisirter Kieselsäure auf trockenem Wege. Auszug aus dem Monatsber. d. königl. Akad. d. Wissensch. zu Berlin. 3. Juni 1869.

Da krystallisirte Kieselsäure wie Quarz nicht nur als Gemengtheile von Gebirgsarten, sondern auch in Spalten anderer Gesteine eingedrungen, als Gesteinsgänge vorkommen, mithin sich früher in einem flüssigen Zustand befunden haben müssen, so schien sich voraussetzen zu lassen, dass auch eine Bildung des Quarzes durch Schmelzung oder auf trockenem Wege stattfinden könne. Dem Verfasser, welcher sich diesbezügliche Versuche zu seiner Aufgabe machte, gelang es wirklich Kieselsäure in der von Quarz verschiedenen Form als Tridymit darzustellen. Gestützt auf einen früheren Versuch, bei welchem gezeigt wurde, dass die bei dem Schmelzen der Silicate mit Phosphorsalz vor dem Löthrohr sich ausscheidende Kieselsäure krystallinisch und keine gewöhnliche amorphe Kieselsäure sei, hatte derselbe l'Phosphorsalz mit Adular in einem Biscuit-Tiegel geschmolzen. Nachdem die Masse gut geschmolzen war, wurde sie im Tiegel mit verdünnter Salzsäure begossen und warm gestellt, wodurch sie sich nach einiger Zeit unter Hinterlassung eines schön weissen, erdigen Rückstandes auflöste, welcher in seinen Eigenschaften übereinstimmte mit dem von G. v. Rath entdeckten Tridymit.

Unter dem Mikroskope betrachtet, kann man sehen, dass dieser Rückstand aus lauter sechsseitigen Tafeln besteht. Grössere Tafeln bildeten sich bei einem Versuche, wo statt des Adulars pulverförmige amorphe Kieselsäure genommen wurde. Die weiteren interessanten Untersuchungen ergaben, dass sich Tridymit nicht blos durch Ausscheidung aus einem flüssigen Mittel, sondern auch durch einfaches starkes Glühen, sowohl der amorphen, wie der rhomboedrischen Kieselsäure bildet. So wurde Granitit dem Feuer im Porzellan-Ofen ausgesetzt, wobei jedoch nur die Silicate des Granitites zu einem graulich schwarzen blasigen Glas schmolzen, während sich der Quarz in Tridymit umwandelte. Aus den vielfachen Versuchen, welche der Verfasser in dieser Richtung angestellt hatte, ergibt sich, dass die Darstellung der Kieselsäure in ihren drei heteromorphen Zuständen, nämlich als Quarz, Tridymit und Opal, auf trockenem Wege bis jetzt nur bei den beiden letzten Modificationen gelungen ist.

Am Schlusse fügt der Verfasser noch bei, dass der Tridymit in der Natur weit verbreiteter zu sein scheint, als dies nach den bisherigen Erfahrungen angenommen werden könnte. So ist der Opal von Kosemütz in Schlesien, jener von Hüttenberg in Kärnten, und der von Kaschau in Ungarn mit mikroskopischen Krystallen von Tridymit oft ganz erfüllt.

F. v. V. Dr. Em. Bořický. Zur Entwicklungs-Geschichte der in dem Schichten-Complex der silurischen Eisensteinlager Böhmens vorkommenden Minerale. Aus dem LIX. Bd. d. Sitzb. d. kais. Akad. d. Wiss. I. Abth. April-Heft, Jahrg. 1869.

Der Verfasser hält sich in der vorliegenden, an interessanten Daten reichen Arbeit an die durch Lipold für die natürlichen Glieder der Silurformation eingeführten Schichtenbezeichnungen.

Zuerst werden die in den Krušnahora-Schichten, sowohl eingewachsen, als auf den Kluftflächen sich vorfindenden Minerale in Betracht gezogen, wobei unter den ersteren, ausser einzelnen Brocken von schwarzgrauem Kieselschiefer und kleinen Pyritoëdern, noch kleine Barrandit-Kügelchen genannt werden. Die häufigsten Minerale der Kluftflächen sind Quarzkrystall-Drusen, seltener hingegen Pallandan und Pyrolusit nebst gelbbraunem Eisenocher.

An einigen Punkten, namentlich bei Třenic treten wasserhaltige Thonerde und Eisenoxyd-Thonerde-Phosphate auf, unter denen insbesondere der Wawellit die Wände der meisten Klüfte bedeckt. Aehnlichen Ursprunges unter den Phosphaten ist der Barrandit, welcher auch zur Bildung anderer daselbst vorkommender Phosphate das Material liefert. So wandelt sich dieser durch Verwitterung eines vornämlich aus Eisenoxyd, Phosphorsäure und Wasser bestehenden vom Verfasser „Picit" genannten Minerals — in Kakoxen um. Das letzte Umwandlungs-Product ist das Limonit, in dem die Kakoxen-Nadeln zerfallen. Ausser den genannten Phosphaten kommt auf den Třenicer Sandsteinen noch ein krystallinisch dichtes wasserhaltiges Thonerde-Phosphat vor, dessen chemische Analyse die Verschiedenheit von allen bisher bekannten Thonerde-Phosphaten constatirt, und welches der Verfasser mit dem Namen „Zepharovichit" belegt hat. — Von den den Komorauer Schichten angehörigen, eingewachsenen Mineralien möge nur des Apatits und Anthracits Erwähnung geschehen. Ersterer findet sich in den Diabas-Mandelsteinen in langen säulenförmigen Krystallen, begleitet von Pyrit, während letzterer den Rotheisensteinen angehört. Was die Minerale der Gänge und Klüfte betrifft, so werden solche nach Alterseinformationen behandelt, und zwar als pyritische Blei-Zinkformation, Siderit- Pyritformation u. s. w. Weiterhin werden die Kluftminerale der Rokycaner Schichten (die Kakoxen und Barranditkrusten) behandelt. Den Schluss bilden einige Mittheilungen über obersilurische Eisenstein- und Eisenerzlagerstätten.

F. v. V. Prof. R. Niemtschik. Ueber einige Mineralvorkommen in Steiermark. Mittheilungen des naturwissensch. Vereins für Steiermark. II. Bd. 1. Heft, S. 98.

1. **Brucit (Talkhydrat)** von Kraubat. Zu Gulsen bei Kraubat fand der Verfasser im September 1868 auf den Halden der aufgelassenen Chromeisenerz-

Bergbaue Knollen von Magnesit, in welchen sich einzelne mit Serpentin überrindete feste Kerne eines fraglichen Minerals befanden. An einigen Stücken zeigten sich kleine Drusenräume mit oberflächigen Krystallen, an welchen zwei Rhomboeder — eines in ordentlicher, eines in verkehrter Stellung — und zwei Endflächen wahrzunehmen waren. Nach den an Ort und Stelle beobachteten Eigenschaften nahm der Verfasser mit Gewissheit an, dass dieses fragliche Mineral Brucit sei, eine Annahme, welche durch die weiteren sorgfältigen Untersuchungen ihre volle Bestätigung erfuhr.

2. **Fluorit und Calcit vom Salzbach-Graben bei Gams** (Obersteiermark). In den Hohlräumen der am linken Ufer des Salzbaches in grosser Mächtigkeit zu Tage stehenden Guttensteiner Kalke trifft man zuweilen sehr nett ausgebildete Calcitdrusen, seltener hingegen Fluoritkrystalle an, welch letztere sich theils festsitzend auf den Kalksteinwänden, theils lose in der die Hohlräume erfüllenden lockeren Erde befinden. Die Fluorit-Krystalle bilden lichtviolett gefärbte Würfel, an denen nur selten Oktaeder-Flächen wahrzunehmen sind.

Die Krystall-, Bruch- und Spaltflächen der in den Hohlräumen des Kalkgesteines vorkommenden losen Krystalle sind matt, und zeigen zahlreiche seichte, mehr weniger regelmässige, durch natürliche Lösungsmittel hervorgerufene Vertiefungen. Den weiteren Inhalt dieser interessanten Arbeit bilden die fremdartigen Einschlüsse der Fluorit-Krystalle, und die an den Calcit-Krystallen beobachteten Zwillingsgestalten.

F. v. V. Alois R. Schmidt. Ueber den Erbstollen zu Bleiberg in Kärnten. Zeitschr. des Berg- und hüttenmännischen Vereines für Kärnten. Nr. 1. 1869.

Diese Arbeit, welche in der neu erschienenen, die Verbreitung der vielartigen Erfahrungen und Anschauungen auf dem Gebiete der heimatländischen Montanindustrie sich zur Aufgabe machenden Zeitschrift des berg- und hüttenmännischen Vereines für Kärnten enthalten ist, gibt uns ein Bild über den grossartigen zu Bleiberg Kreuth im Betriebe stehenden Erbstollen. Derselbe wurde im Jahre 1789 behufs Gewältigung der zufliessenden Grubenwässer angeschlagen, und beträgt gegenwärtig dessen gesammte Auffahrung 2052 Klafter. Wegen der bedeutenden Dimensionen — im festen Gestein: 9½ Fuss Höhe und 3½ Fuss Breite — und den bestehenden Löcherungen bei der Stollen noch immer hinreichende Wetter.

F. v. V. Dir. Ferd. Seeland. Die Mineralschätze Kärntens mit besonderer Berücksichtigung des Hüttenberger Erzberges. Zeitschr. des Berg- und hüttenmänn. Ver. für Kärnten. N. 1. 1869.

Die Mineralschätze Kärntens gehören vorwiegend der Urthonschiefer-, Trias- und Tertiärformation an, wovon es selbst wieder namentlich die Erstere ist, welche die reichsten Fundgruben seltener und nutzbarer Minerale beherbergt. So gehören dieser die interessanten Minerale der Sanalpe, die Sideritlager, Graphitlager, Goldgänge, Kupferz-Vorkommnisse und die schönen weissen Marmore an. Von der Triasformation bieten die Werfener Schichten Sandsteine, welche ein treffliches feuerfestes Material abgeben. Für Gestell und Mühlsteine liefern die Buntsandsteine des Ulrichsberges, von Krähwald u. s. w. dankbare Fundorte. — Die Hallstätter Schichten umfassen die reichen Bleiglanzlagerstätten, Galmei, Zinkspäthe, Blenden und hydraulischen Kalke.

Von grosser Wichtigkeit ist endlich die Tertiärformation mit ihrem Reichthum an Glanzkohle, Lignit und Torf. Nach diesen achtenswerthen Mittheilungen geht der Verfasser auf die Spatheisensteine des Hüttenberger Reviers im Besonderen über. Von den sechs Hauptlagern, welche sich im Hüttenberger Reviere mit conformer Lagerung zu dem sie einschliessenden Glimmerschiefer an die Sanalpe anlehnen, sind bis jetzt fünf als erzführend bekannt. Jedes dieser Lager wird in eingehender Weise behandelt.

F. v. V. V. Ritter v. Zepharovich. Die Krystallformen des Thiosinnamin und einiger Verbindungen desselben. Sep.-Abdr. aus dem LIX. Bd. d. Sitzungsb. d. kais. Akad. d. Wissensch. II. Abth. Jänner-Heft. Mit 3 Taf. und 3 Holzschn. Sep.-Abdr. Gesch. d. Verf.

Diese Arbeit, auf welche bereits durch den Anzeiger der Akademie aufmerksam gemacht wurde, enthält die Resultate der am Thiosinnamin und dessen Verbindungen vorgenommenen krystallographischen Messungen. Es ergab sich, dass das Thiosinnamin, Phenylthiosinnam und Thiosinnaminjodäthyl monoklin, das Dijodür und Dibromür triklin, das Jodochlorür hingegen rhombisch krystallisire.

F. v. V. V. Ritter v. Zepharovich. Krystallographische Mittheilungen aus dem chemischen Laboratorium der Universität zu Prag. Aus dem LIX. Bd. d. Sitzungsb. d. kais. Akad. d. Wissensch. II. Abth. Jänner-Heft. Mit 3 Taf. und 3 Holzschn. Sep.-Abdr. Gesch. d. Verf.

Die Substanzen deren Krystallformen bestimmt wurden, sind: salzsaures und schwefelsaures Raisabin, salzsaures und schwefelsaures Tyrosin, Ferridcyan-Silber-Ammoniak, Ferridcyan-Blei. Sie krystallisiren sämmtlich, das rhombische schwefelsaure Raisabin ausgenommen, im monoklinen System.

F. v. V. Johann Rumpf. Ueber den Hartit aus der Kohle von Oberdorf und den angrenzenden Gebieten von Voitsberg und Köflach in Steiermark. Aus dem LX. Bd. d. Sitzungsb. d. kais. Akad. d. Wissensch. II. Abth. Juni-Heft. Sep.-Abdr. Gesch. d. Verf.

Durch einige wohl ausgebildete, aus dem Kohlenlager von Oberdorf bei Voitsberg stammende Hartitkrystalle wurde der Verfasser in die Lage versetzt, die bisher noch unbestimmte Krystallform des Hartits zu ermitteln und die Reihe seiner physikalischen Eigenschaften zu vervollständigen. Typisch entwickelt sich an allen Hartitkrystallen das Makropinakoid = $P\infty$, nächst diesem das Brachypinakoid = $P\infty$ und die basische Endfläche. Die reinen, eine etwas höhere Härte als Talk besitzenden Krystalle, sind farblos und durchsichtig, während Verunreinigungen durch kohlige Bestandtheile Missfärbungen bedingen. — Das häufigste Vorkommen des Hartits in der holzartigen Braunkohle ist theils in krystallisch derben Massen, theils in eckigen, nahezu compacten Stücken; ausserdem erscheint er als Anflug.

Als Berichtigung möge hier noch angeschlossen werden, dass in Nr. 10 der Verh. S. 217 in der 21. Zeile von unten statt „Hartit" „Jaulingit" stehen soll.

K. P. Carl A. B. Salting. Die Eisenindustrie in Mähren und Osterr.-Schlesien. Geschichtlich, statistisch und mit besonderer Berücksichtigung des gegenwärtigen Betriebes dargestellt. (Prag 1869, Sep.-Abdr. aus dem berg- und hüttenmännischen Jahrbuche für 1869, Bd. XVIII). Gesch. des Verfassers.

Bei der wohl unbestrittenen und stets wachsenden nationalökonomischen Bedeutung der Eisenindustrie glauben wir speciell auf vorliegendes Werkchen aufmerksam machen zu sollen, welches eine Ergänzung der „Eisenindustrie Böhmens" (von demselben Verfasser) bildet, und in kurzer, übersichtlicher Weise die folgenden Capitel erörtert: Vorkommen und Gewinnung der Eisenerze, ihre Vorbereitung für den Schmelzprocess und ihre chemische Zusammensetzung, die zur Eisenerzeugung verwendeten Brennstoffe, Betriebskraft der Hütten, Construction und Grösse der Hochöfen, Wind- und Satzführung, Schmelzeffects, Statistische Tabelle der Eisenwerke Mährens und Schlesiens, Giesserei und Appreturwerkstätten, Frisch- und Puddlihüttenbetrieb, Zeugschmieden und Stahlerzeugung, Arbeiterstand, Arbeiterlöhne und Bruderladen. Es folgt endlich ein kurzer Rückblick, dem wir entnehmen, dass Mähren und Schlesien unter den Ländern der österreichisch-ungarischen Monarchie nach der Grösse der Production an Roh- und Gusseisen den fünften Platz einnehmen; es erzeugte z. B. im Jahre 1865 Ungarn 1,699.767 Ctr., Steiermark 1,161.951 Ctr., Böhmen 788.455 Ctr., Kärnten und Krain 621.872 Ctr., Mähren und Schlesien 585.059 Ctr. alle übrigen Länder Oesterreichs unter 100.000 Ctr.

K. P. k. k. Ackerbau-Ministerium. Die Mineralkohlen Oesterreichs. Eine Uebersicht des Vorkommens, der Erzeugungsmenge und der Absatzverhältnisse. (Wien 1870.)

Der erste Anlass zu dieser Zusammenstellung war durch einen Erlass des Ackerbau-Ministeriums vom 15. August 1868 gegeben, womit sämmtliche k. k. Berghauptmannschaften aufgefordert worden waren, von den verschiedenen, in ihrem Bezirke vorkommenden Mineralkohlen Musterstücke vorzulegen, und hiemit Auskünfte zu verbinden über: a. die Formation, in der die Kohle auftritt; b. die Mächtigkeit und Anzahl der bekannten Flötze; e. die bekannte Ausdehnung der Ablagerung; d. die Tiefe, bis zu welcher das Kohlenvorkommen constatirt ist, und bis zu welcher der Abbau geht; e. den Heizwerth; f. den Aschengehalt und sonstige, die Verwendbarkeit beeinflussende Eigenschaften; g. den Percentsatz der Hauptsorten, in welche die gewonnene Kohle zerfällt; h. die Grubenpreise der Hauptsorten; i. die Jahreserzeugung und die Angabe, wie weit dieselbe bei den vorhandenen Anschlüssen gesteigert werden könnte; k. die Entfernung von der nächsten Eisenbahnstation oder dem nächsten grösseren Absatzorte, sowie die durchschnittliche Centnerfracht dahin; l. den Absatz, mit der Angabe, welche Menge in der Nähe abgesetzt wird, dann bis in welche Entfernung, und an welche Hauptabsatzorte die Kohle gebracht wird.

Die in Folge dieser Aufforderung eingelangten Auskünfte zu einem umfassenden Ganzen zu vereinigen und der Oeffentlichkeit zu übergeben, mit dieser dankbaren Aufgabe wurde der k. k. Berggeschworne Herr B. Pfeiffer betraut, und entledigte sich derselben in der anerkennenswerthesten Weise, in dem das vorliegende Werk, auch abgesehen von dem reichen Inhalte, der aus dem oben angegebenen Materiale zu entnehmen ist, auch in Bezug auf Klarheit und Uebersichtlichkeit der Darstellung wohl wenig zu wünschen übrig lassen dürfte.

Sicher muss bei der hohen Bedeutung, welche die Mineralkohlen für die Industrie, die Verkehrsanstalten und die gesammte Volkswirthschaft im Staate besitzen, diese Publication des k. k. Ackerbau-Ministeriums als eine höchst dankenswerthe bezeichnet werden, indem einem Privaten diese Fülle von Daten wohl niemals zu Gebote gestanden wäre.

Anhangsweise sind der in Rede stehenden Zusammenstellung noch eine Reihe specieller über den Rahmen des oben angegebenen Erlasses hinausgehender Abhandlungen beigefügt, nämlich: die Steinkohlenbergbaue bei Kladno und Dusšbred von A. Pallausch; der Steinkohlenbergbau des W. Freiherrn v. Riese-Stallburg und des C. Frelh. v. Putesan bei Schlan, von A. Pallausch; Vorkommen von Schwarzkohle im Marburger Kreise, von F. Wolsek; der Braunkohlenzug Tüffer-Sagor in Unter-Steiermark vom geologischen und montan-industriellen Standpunkte, von J. Tuscany; die Braunkohlen-Bergbaue von Eibiswald und Wies in Beziehung der Lagerungsverhältnisse und Verwerthung der Kohle, von F. Kammerlander; die Briquette-Fabrication in Oesterreich, von F. Kappelwieser.

Ausserdem wurde die Bibliothek durch folgende Bücher und Karten bereichert:

a) Einzelwerke und Separatabdrücke:

R. Clafala. Descrizione della Nalica Gemellarei, nuova specie del cretaceo superiore del litoral di Termini-Imerese.

A. Erioni. Lettera sugli Ittio-Fito-Schisti Miocenici. (Estratta dal Messagiere Nr. 74, 18. Sett. 1869). Caltanissetta 1869.

Dr. Otto M. A. Rjelt. Gedächtnissrede auf Alexander v. Nordmann, gehalten am Jahres- und Festtage der finnischen Gesellschaft der Wissenschaften d. 29. April 1867. Helsingfors 1868.

Innsbruck. Festschrift zu Ehren der 43. Versammlung deutscher Naturforscher und Aerzte zu Innsbruck 1869. Herausgegeben von den Geschäftsführern Prof. Rembold, Prof. v. Barth. 1869.

Inhalt: 1. A. Kerner. Die Abhängigkeit der Pflanzengestalt von Klima und Boden. Ein Beitrag zur Lehre von der Entstehung und Verbreitung der Arten, gestützt auf die Verwandtschaftsverhältnisse, geographische Verbreitung und Geschichte der Cytisusarten aus dem Stamme Tubocytisus D. C.

2. C. Heller. Die Seen Tirols und ihre Fischfauna.

3. B. Pfaundler. Ueber die bei der Verbindung von Schwefelsäure mit Wasser frei werdenden Wärmemengen.

4. B. Pfaundler und M. Platter. Ueber die Wärme-Capacität des Wassers in der Nähe seines Dichtigkeitsmaximums.

5. D. Rembold. Calorimetrische Untersuchungen an Kranken und Gesunden.

Gabriel de Mortillet. Matériaux pour l'histoire primitive et philosophique de l'homme. Quatrième année, 1868. Paris.

A. E. Nordenskiöld. Sketch of the Geology of Spitzbergen

translated from the transactions of the royal Swedish Academy of Sciences. Stockholm 1867.

G. Dal Nie. Breve Guida allo studio dell' analisi chimica ad uso degli studenti degli istituti tecnici. Verona 1869.

F. A. de Varnhagen. Das wahre Guanahani des Columbus Uebersetzung von **. (Mit einer Karte). Wien 1869.

b) Zeit- und Gesellschafts-Schriften:

Apt. (Vaucluse) Annales de la société littéraire et artistique. Quatrième Année 1866—1867. (Avec onze planches).

Frankfurt a. M. Bericht über die Senkenbergische Gesellschaft von Juni 1868 bis Juni 1869.

Helsingfors. Öfversigt af Finska Vetenskaps-Societetens Förhandlingar. XI. 1868—69.
— Bidrag till Kännedom af Finlands Natur och Folk, utgifna af Finska Vetenskaps-Societeten. 13 and 14 liäftet. 1868—69. (2 Bände.)

Kolozsvár. (Klausenburg). Az Erdélyi Muzeum-Egylet évi tudósitása 1866 — 1867. Az igazgató választmány rendeletéből kiadja Finaly Henrik, egyleti titkár. 1868.

Leipzig. Walpers. Annales Botanices systematicae. Tomi septimi. Fasc. II. auctore Dr. C. Mueller, 1868.

Milano. Solenni adunanze del R. Istituto lombardo di Scienze e lettere. Adunanza del 7 agosto, 1868.
— Annuario del Reale Istituto Lombardo di scienze e lettere 1868.

Modena. Annuario della Società dei Naturalisti. Anno IV. 1869.

Moscou. Bulletin de la société impériale des naturalistes de Moscou. Année 1868. Nr. 4. (avec 6 planches) 1869.

Victoria. Mineral Statistics of Victoria for the year 1868. Melbourne 1869.

Wien. Jahrbücher der k. k. Central-Anstalt für Meteorologie und Erdmagnetismus, von Carl Jellinek und Carl Fritsch. Neue Folge, IV. Band. Jahrg. 1867. Der ganzen Reihe XII. Band. 1869.
— Die Temperatur-Verhältnisse der Jahre 1848—1863. An den Stationen des österreichischen Beobachtungsnetzes durch fünfzigjährige Mittel dargestellt von Dr. C. Jellinek (auf Kosten der k. k. Akadem. d. Wissensch. herausgegeben). Wien 1869.
— Kaiser-Ferdinands-Nordbahn. Protocoll über die Verhandlungen der am 31. Mai 1869 abgehaltenen XLIV. General-Versammlung 1869.
— Register zu den Bänden 51—60 der Sitzungsb. d. philos.-hist. Classe der kais. Akadem. d. Wissensch. VI. 1869.
— Almanach der kais. Akademie der Wissenschaften. Neunzehnter Jahrg. 1869.

Gegen portofreie Einsendung von 3 fl. Ö. W. (2 Thl. Preuss. Cour.) an die Direction der k. k. geol. Reichsanstalt, Wien, Bez. III., Hasenmoffskigasse Nr. 3, erfolgt die Zusendung des Jahrganges 1869 der Verhandlungen portofrei unter Kreuzband in einzelnen Nummern unmittelbar nach dem Erscheinen.

Neu eintretende Pränumeranten erhalten die beiden ersten Jahrgänge (1867 und 1868) für den ermässigten Preis von je 2 fl. Ö. W. (1 Thl. 10 Sgr. Preuss. Cour.)

Die nächste Nummer der Verhandlungen erscheint am 15. November.

Verlag der k. k. geologischen Reichsanstalt. — Druck der k. k. Hof- und Staatsdruckerei.

№ 14. 1869.

Verhandlungen der k. k. geologischen Reichsanstalt.
Bericht vom 13. November 1869.

Inhalt: Eingesendete Mittheilungen: A. de Zigno. Bemerkungen zu Professor Schenk's Referat über die *Flora fossilis formationis oolithicae*. C. Fallaux. Vorkommen von Amm. Bucnanus in den schlesischen Karpathen. M. Bader, Die Bitumina am Ober Crnaie. Dr. U. Schloenbach, Die Jahresversammlung der deutschen geologischen Gesellschaft in Heidelberg II. G. Stache. Die Section für Mineralogie, Geologie und Palaeontologie auf der 13. Versammlung deutscher Naturforscher und Aerzte in Innsbruck. Einsendungen für die Bibliothek und Literaturnotizen: F. Simony, Société de la Corse géologique de France, G. Tschermak, Dr. Fuhrott, E. Jarolimek, Jahrbuch der k. k. geologischen Reichsanstalt.

Eingesendete Mittheilungen.

A. de Zigno. Bemerkungen zu Prof. Schenk's Referat über die „Flora fossilis formationis oolithicae".

In Nr. 31 der in Leipzig erscheinenden „Botanischen Zeitung" fügt Herr Prof. Schenk, nachdem er sich in äusserst schmeichelhafter Weise über den ersten Band meiner Flora des Oolitha ausgesprochen hat, einige kritische Bemerkungen hinzu, welche näher in Betracht gezogen zu werden verdienen.

Obgleich ich immer bereit bin, die Bemerkungen von so competenten Gelehrten wie Herr Prof. Schenk dankbar aufzunehmen, so erlaube ich mir doch darauf hinzuweisen, dass die meisten von den Bedenken, welche er äussert, im Text des Werkes selbst, welchen Herr Prof. Schenk vielleicht nicht vollständig zu lesen Zeit gehabt hat, bereits discutirt waren.

Die fünf Lieferungen, welche diesen ersten Band bilden, sind zu verschiedenen Zeiten zwischen den Jahren 1856 — 1868 erschienen. Zwischen den beiden ersten und der dritten sind 8 Jahre verflossen, eine durch Umstände, welche ausserhalb meiner Einwirkung lagen, verursachte Verzögerung, welche indessen, wie ich glaube, dem Werke nicht nachtheilig gewesen ist, da ich während dieser Zeit grössere Materialien zusammenbringen und mir genauere Auskunft über einige Lagerstätten verschaffen konnte.

Die Bedenken Prof. Schenk's über die zur Familie der Lycopodiaceen gehörigen Formen hatte auch ich bereits geäussert, und man kann pag. 213 lesen, dass ich mit Ausnahme des *Lycopodites falcatus* L. H. die übrigen von den Autoren zu dieser Familie gerechneten Formen des Ooliths für ziemlich problematisch hielt. Hinsichtlich des *Lycopodites falcatus L. H.*, welchen Schenk geneigt wäre für eine Conifere zu halten, glaube ich, dass hier ein Versehen vorgegangen ist, dass er vom *Lycopodites uncifolius Phill.* sprechen wollte, über den ich bereits in meinem

Werke p. 212 gesagt habe, dass seine Ausschliessung aus der Familie der Lycopodiaceen durch die Herren Brongniart und Schenk bewiesen sei, welche ihn mit Recht zu den Coniferen stellen. Diese letztere Art ist die häufigste bei Scarborough.

Herr Prof. Schenk bemerkt mit Recht, dass die von Münster beschriebenen Exemplare von *Psilotites filiformis* und von *Isoetites crociformis* sehr schlecht erhalten sind, und eingezogen zu werden verdienten. In Bezug auf die erstere betont er deren Aehnlichkeit mit gewissen Entwickelungszuständen von *Arthrotaxites*. Dieselben Bemerkungen über den zweifelhaften Erhaltungszustand des *Psilotites filiformis* hatte ich in meiner Flora auch bereits gemacht; zur Beurtheilung der Verwandtschaft desselben mit den Arthrotaxiten genügt es aber die vergrösserten Zeichnungen des Stammes zu betrachten, um darin eine wirkliche Analogie mit den Stämmen der lebenden *Psilotum* zu erkennen.

Herr Prof. Schenk spricht auch die Ansicht aus, dass *Isoetites Murrayana* ein mit *Jeanpaulia* nahe verwandtes Farn-Fragment sei. Darauf habe ich zu erwidern, dass nicht ein einziges der zahlreichen Exemplare dieser Art, welche ich untersucht habe, die Nervatur der Jeanpaulien zeigt, und dass ihnen gänzlich die diesen eigenthümlichen, zu unregelmässig sechseckigen, verlängerten Maschen vereinigten secundären Nerveren fehlen.

Bezüglich der Algen macht Prof. Schenk sehr wichtige Bemerkungen über einige der Sternberg'schen Arten, deren Originale ich s. Z. nicht alle hatte vergleichen können, die aber längere Zeit nach dem Erscheinen der ersten Lieferungen meiner Flora an Ort und Stelle von anderen Beobachtern untersucht sind.

Bei meinem *Codites Kraatzianus* lässt die Oberfläche unter der Loupe die für dies Genus charakteristischen Granulationen erkennen, und die Art und Weise der Ramification ist ganz verschieden von derjenigen bei *Arthrotaxites*. S. meine Taf. 1, F. 3.

Hinsichtlich des *Chondrites Solenites Ung.*, welchen Braun seit 1844 in das Genus *Baiera* gestellt hatte, habe ich schon p. 26 meiner Flora die Gründe entwickelt, welche diese Vereinigung absolut nicht zulassen, und diese Gründe genügen auch als Antwort auf Schenk's Vorschlag, ihn mit *Jeanpaulia* zu vereinigen.

In Betreff des *Eucoelocladium tortuosum* acceptire ich unbedenklich die Bemerkung Prof. Schenk's, und werde dies in den Ergänzungs-Bemerkungen am Ende meines Werkes aussprechen.

Wegen der anderen Bemerkungen über die Algen von Solenhofen im Sternberg'schen Werke und über *Chondrites Targionii*, *furcatus* und *intricatus* aus den jurassischen Schichten von Tourans, welche ganz einigen Formen dieser Arten aus der Kreideformation gleichen, muss ich Herrn Prof. Schenk auf die allgemeinen Bemerkungen verweisen, welche vor dem Abschnitte über die Algen stehen, und worin er sehen wird, dass ich auf die zu den Algen gerechneten fossilen Formen sowohl in geologischer als paläontologischer Beziehung sehr wenig Werth lege.

Indem Herr Prof. Schenk *Xylomites irregularis* Goepp., *Calamites Lehmannianus* Goepp. und *Calam. Huerensis His.* in die rhätische Formation stellt, stimmt er ganz mit mir darin überein, dass sie von der Flora des Ooliths ausgeschlossen werden müssen. Siehe die Anmerkung zu

p. 221 meiner Flora, wo ich darauf aufmerksam mache, dass ich im Index alle diejenigen Arten mit einem Sternchen bezeichnet habe, welche nach dem Druck der ersten Lieferungen des Werkes als anderen Formationen angehörig erkannt worden sind; unter diesen befinden sich gerade jene von Prof. Schenk citirten.

Den *Rhizomorphites intertextus* meines Freundes Herrn Trevisan betrachtet Schenk als eine Bildung, welche durch das Eindringen kleiner Wurzeln in die Spalten des Gesteins und nachherige Bedeckung derselben durch Kalksubstanz entstanden sei. Wenn man bedenkt, dass man das lebende Genus *Rhizomorpha* wegen seiner Aehnlichkeit mit Wurzeln aufgestellt hat, und dass wegen dieser Aehnlichkeit Trevisan den *Fucoides intertextus* Sternb. dazu gestellt hat, so war es vielleicht kaum der Mühe werth sich mit dieser übrigens sehr problematischen Form zu beschäftigen.

Mein Genus *Trevisania* hat mit *Granularia Pomel* nichts gemein, wie die Betrachtung der vergrösserten Zeichnungen auf Taf. I, Fig. 4 b und Taf. II, Fig. 5 meiner Flora zeigt. Uebrigens hat Schimper in seinem Traité de paléontologie végétale I, p. 211—212 dieselben, so wie ich sie aufgefasst habe, beibehalten.

Bis hieher beschränken sich Prof. Schenk's Bemerkungen auf jenen Theil der Flora des Oolites, welcher vegetabilische Formen umfasst, die man in einer allgemeinen Arbeit nicht übergehen kann, die aber meiner Ansicht nach niemals eine grosse Wichtigkeit für die Geologie haben können.

Zu den höher organisirten Pflanzen übergehend, sagt Prof. Schenk, *Calamites Beani* sei der innere Steinkern von *Equisetites columnaris*. Man kann über diesen Steinkern, welcher keine sehr ausgesprochenen Merkmale besitzt, verschiedener Ansicht sein, und ich habe mich derjenigen Herrn Bunbury's angeschlossen, welcher mir die Zeichnung der Art verschafft hatte und der in der Lage gewesen war, in Herrn Dean's Sammlung mehrere Exemplare davon zu untersuchen. Indessen will ich nicht bestreiten, dass Herrn Prof. Schenk's Auffassung begründet sein mag.

Ueber *Calamites lateralis*, den Prof. Schenk wieder in das Genus *Equisetites* stellen will, wozu ihn Lindley und Hutton gerechnet hatten, hat er vielleicht nicht ganz durchgelesen, was ich über diese Frage auf Seite 47 meiner Flora gesagt habe. Wie kann man übrigens diese Exemplare, deren Quirle aus linearen, flachen, von einem mittleren Längsnerv durchzogenen Blättern zusammengesetzt sind, zu *Equisetum* stellen?

Herr Schenk stellt meine *Odontopteris Ungeri* zu meiner Gattung *Dichopteris* und meine *Odontopteris? Leckenbyi* zu *Pterophyllum*. Was die erste Art betrifft, so gestehe ich, dass ich selbst auf dem Punkte war, sie zu *Dichopteris* zu stellen. Aber ein Exemplar mit sehr markirten Nerven überzeugte mich von ihrer Analogie mit denjenigen von *Odontopteris*. S. Taf. XI, Fig. 3 a und vergl. diese Nervatur mit derjenigen von *Dichopteris Visianica* Taf. XIII, Fig. b und nicht mit derjenigen auf Taf. XII, Fig. a; denn bei dieser letzteren Figur hat sich der Zeichner versehen.

Hinsichtlich der *Odontopteris? Leckenbyi*, welche ich mit Zweifel und nur ganz provisorisch in dies Genus gestellt habe, muss Herr Prof. Schenk eine Verwechselung gemacht haben, denn diese Form hat sehr entschieden bipinnates Laub, was bei *Pterophyllum* nie vorkommt.

Schenk's Erklärung, dass *Cyclopteris Huttoni* im Wealdien nicht vorkomme, geht mich nicht an; ich habe Seite 103 geschrieben, dass diese Art bei Scarborough vorkommt und dass Dunker und Ettingshausen sie aus dem deutschen Wälderthon citiren; die Bemerkung trifft also die beiden genannten Herren.

Endlich zieht Herr Schenk *Cyclopteris gracilis* zu *Jeanpaulia* und *Cyclopteris minor* zu *Sagenopteris;* aber weder die eine noch die andere Art zeigen die mindesten Spuren von der gegitterten Nervatur, welche diese beiden Gattungen charakterisirt; im Gegentheil ist die Nervatur bei meinen beiden Arten gerade und fächerförmig, wie bei allen *Cyclopteris.*

Die Bemerkungen Prof. Schenk's hinsichtlich der allgemeinen Verwandtschaft der Flora des Ooliths mit den benachbarten Floren sind auch in meiner Einleitung auf Seite XIV bereits enthalten.

Schliesslich sei mir gestattet hinzuzufügen, dass Prof. Schenk, wenn er Zeit gehabt hätte den ganzen Text meines Werkes zu durchlesen, darin die meisten seiner ausgesprochenen Bedenken gelöst gefunden und zugleich bemerkt haben würde, dass wir über viele Punkte vollkommen einverstanden sind, was mir zur ganz besonderen Befriedigung gereicht.

(Corr. Fallaux.) **Vorkommen von A. Rouyanus in den schlesischen Karpathen.** Aus einem Schreiben an Herrn Dir. v. Hauer d. D. Teschen 5. Nov. 1869.

Der *Ammonites Rouyanus d' Orbigny*, welchen ich in den hangenden Aptienschichten und im obern Neocomien gefunden habe, veranlasst mich Sie auf die nahe Verwandtschaft dieser beiden Formationsglieder aufmerksam zu machen.

Seit dem Tode Hohenegger's war es im Interesse des erzh. Berghaues eine meiner Hauptsorgen, die Reihenfolge der im obern Neocomien und im Aptien vorkommenden Thoneisensteinbänke vom Liegenden gegen das Hangende festzustellen, was mir wegen der grossen Gebirgsstörungen und den sich nicht immer gleichbleibenden physikalischen Eigenschaften der Thoneisensteinbänke zwar nur nach langen Beobachtungen, aber endlich doch vollkommen gelungen ist. Die seit 2 Jahren vorgenommenen Schürfungen haben die Richtigkeit der beiden aufgestellten Flötzreihen ausser allen Zweifel gesetzt. Seitdem werden alle Versteinerungen genau mit der Flötz-Nummer, bei welchem sie gefunden werden, bezeichnet, und obwohl meine Sammlung im Augenblicke noch sehr bescheiden ist, so kann ich doch schon nachweisen, dass in dem das obere Neocomflötz Nr. 16 begleitenden Conglomerate der *Amm. Rouyanus* in Gesellschaft mit *Amm. strangulatus d' Orbigny, Belemnites bipartitus, dilatatus* und *conicus* vorkömmt; nur ist er hier klein, mit dem Durchmesser von 7 bis 10 Millm., hat aber deutliche Lobenzeichnung.

Kürzlich fand ich im Besitz des Aptienflötzes Nr. 33 denselben Ammoniten genau in der Grösse wie ihn d'Orbigny in seiner Paléontologie Française, Cephalopodes, Taf. 110, Fig. 3, 5 abgebildet hat, mit circa 30 Millm. Durchmesser.

Eine gründliche Erörterung der Frage, ob unser Aptienglied näher dem obern Neocomien als dem Albien steht, halte ich wegen Mangel an hinreichenden Beweismitteln noch für verfrüht, und habe mit diesen Zeilen nur Ihre Aufmerksamkeit auf zwei Formationsglieder zu lenken beabsichtigt, die hier an den Gehängen der Nordkarpathen in fast ganz gleichen petrographischen Eigenschaften auftreten, und schon desshalb zu einander zu gehören scheinen.

M. Bader. Die Bitterseen am Suez-Canale.

Als Ergänzung zu seiner in Nr. 13 unserer Verhandlungen abgedruckten Mittheilung über die Bitterseen sendet uns Herr k. und k. Consularagent M. Bader in Ismaila einen Detailplan der Bitterseen in dem Maassstabe von 1 zu 2000, auf welchem insbesondere Lage und Ausdehnung des Salzblockes im grossen See, der von dem Canale mitten durchschnitten wird, ersichtlich gemacht sind. Weiter liegt ein Gesammtplan des Canales sammt Längenprofil bei. Dieser höchst werthvollen Gabe fügt Herr Bader folgende weitere Notizen bei:

"Seit die Bitterseen angefüllt werden — sie sind bereits (das Schreiben datirt vom 28. Oct. l. J.) in gleichem Niveau mit dem Meere — ist bereits eine Salzschichte von 5. Meter aufgelöst. Dass diese Auflösung nicht so rasch vor sich geht als man anfangs erwartete, rührt wahrscheinlich von den dünnen Erdschichten her, welche die einzelnen Salzschichten von einander trennen. Mittelst einer Baggermaschine, welche in dieser Masse leicht in longitudinaler und transversaler Richtung baggern könnte, würde man die Auflösung beschleunigen, indem man den Zusammenhang der Masse auf diese Weise stören und zugleich den directen Contact des Wassers mit der Salzfläche vergrössern würde. Die Suez-Compagnie wird dies jedoch nicht thun, da die jetzige Tiefe (8 Meter Minimum) vollkommen hinreichend für die grössten Handelsschiffe ist. Jedenfalls wird es sehr interessant sein zu erfahren, welche Mächtigkeit die Salzmasse hatte, und ich werde nicht verfehlen Ihnen dieses Datum nach vollendeter Auflösung mitzutheilen".

Dr. U. Schloenbach. Die Jahressitzung der deutschen geologischen Gesellschaft zu Heidelberg.

Wie nach dem befriedigenden Ausfall der vorjährigen Jahressitzung in Hildesheim und nach der dort getroffenen Wahl des in so vielfacher Beziehung anziehenden Heidelberg zum diessjährigen Versammlungsorte zu erwarten stand, war die Theilnahme an der auf die Tage vom 13. bis 15. September d. J. angesetzten General-Versammlung der deutschen geologischen Gesellschaft eine sehr zahlreiche. Bereits am Vorabend des ersten Sitzungstages hatte sich in den Räumen des Heidelberger literarischen Museums eine grössere Anzahl von Mitgliedern, unter denen viele der ersten Koryphäen der geologischen Wissenschaft aus dem Norden und Süden Deutschlands nicht nur, sondern auch aus dem Auslande, namentlich aus der Schweiz und aus Frankreich sich befanden, zu gegenseitiger Begrüssung eingefunden, und im Laufe der nächsten Tage nahm deren Zahl durch neue Ankömmlinge noch immer zu.

Die Zeiteintheilung war in der Weise festgestellt, dass am 13. und 15. September Sitzungen gehalten und am 14. grössere Excursionen gemacht wurden; eine auf den 13. Nachmittags angesetzte Excursion in die allernächsten Umgebungen Heidelbergs selbst musste wegen der Ungunst des Wetters leider vor ihrer Beendigung abgebrochen werden.

Unter den mannigfaltigen Gegenständen, welche in den wie im Vorjahre unter dem Vorsitze des Herrn wirkl. Geheimrathes von Dechen abgehaltenen Sitzungen zum Vortrage gelangten, nahmen zunächst die Nachrichten und Berichte über die im Gebiete des norddeutschen Bundes im Gange befindlichen geologischen Aufnahmen und über die Herausgabe der geologischen Karten ein hervorragendes Interesse in Anspruch. Von den hierauf bezüglichen Vorträgen, aus denen auch hervorgehoben zu werden verdient, dass die Publication sämmtlicher Detail-Aufnahmen im Farbendruck im Massstabe von 1 : 25000 zu einem äusserst mässigen Verkaufspreise der einzelnen Blätter erfolgen wird, sind besonders jene der Herren Bergrath Hanchecorne von Berlin, Geheimrath F. Roemer von Breslau, Dr. Ewald und Prof. Beyrich von Berlin, Prof. Seebach von Göttingen, Dr. Eck von Berlin, Dr. Weiss von Bonn und Dr. Moesta von Marburg zu nennen, denen sich Prof. Platz aus Carlsruhe mit einem Bericht über die im Grossherzogthum Baden stattfindenden geologischen Aufnahmen anschloss. Weitere Beiträge zur specielleren Kenntniss der geologischen Verhältnisse einzelner Gegenden brachten die Vorträge von Dr. Schlüter aus Bonn, welcher über die höchst interessanten, besonders auf die Silur- und Kreideformation sowie auf die jüngsten Sedimentgebilde bezüglichen Ergebnisse seiner kürzlich unternommenen Reise nach Scandinavien berichtete; ferner von Dr. Brauns aus Braunschweig über die neuesten durch die Eisenbahnbauten im Braunschweigischen gewonnenen Aufschlüsse (Zeitschr. d. d. geol. Ges. XXI, p. 700) und von Dr. von Koenen über seine Beobachtungen in den Tertiärbildungen von Mitteldeutschland. Prof. Senft aus Eisenach erläuterte interessante Gesteinsbildungen in einer Höhle am Kyffhäuser, woran weitere Bemerkungen über ähnliche Erscheinungen aus anderen Gegenden angeknüpft wurden. In mineralogischer und petrographischer Beziehung waren die Vorträge der Herren Geheimrath G. Rose von Berlin, Prof. Daubrée von Paris, Prof. Reusch von Tübingen und Professor Knop von Carlsruhe von besonderem Interesse. Während Rose über die künstlich auf trockenem Wege bewirkte Umwandlung von Quarz in Tridymit (vgl. Monatsber. der Berl. Akad., Juni 1869, p. 449 ff.) und Daubrée über seine Untersuchungen der Meteoriten und über seine Versuche sprach solche künstlich nachzubilden, legte Knop die in dem bekannten sogenannten Urkalk des Kaiserstuhles eingesprengt vorkommenden Mineralien vor, welche er in ausgezeichnet schönen Exemplaren aus dem Gestein durch chemische Einwirkung isolirt hatte (Neues Jahrb. f. Mineral. 1869, p. 732) und Reusch erläuterte in ausführlicherem Vortrage die von ihm durch Combination von Tafeln einaxiger Glimmern hervorgebrachte, rechts oder links drehende Polarisationserscheinung, welche er in der Sitzung selbst zur Anschauung brachte. Speciell paläontologische Themate besprachen namentlich Prof. Quenstedt von Tübingen, welcher sein Werk „Schwabens Medusenhaupt" vorlegte und die interessanten Erscheinungen, welche das in derselben vorzugsweise beschriebene Prachtexemplar von acbangularen Pentacriniten erkennen lässt, in eingehender Weise erläuterte; ferner Prof. Beyrich, welcher die bemerkenswerthen Beziehungen der in neuester Zeit entdeckten und von Sars beschriebenen lebenden Crinoiden zu älteren fossilen Arten erörterte und endlich Geheimrath F. Roemer, welcher auf die eigenthümliche regelmässige Längseintheilung der Stiele bei gewissen paläozoischen Crinoideu aufmerksam machte.

Von Excursionen des 14. September, deren jede den ganzen Tag in Anspruch nahm, ging die eine, an der ich selbst mich betheiligte, unter Prof. Benecke's Führung nach Sinsheim an der Heilbronner Bahn. Dieselbe bot Gelegenheit an einer Reihe ausgezeichnet schöner Aufschlüsse die Schichtenfolge des Muschelkalks, der Lettenkohlengruppe und des Keupers, wie diese in den Umgebungen von Heidelberg sich darstellt und von Benecke in einem soeben erschienenen und an die Theilnehmer der Versammlung vertheilten Werkchen ausführlich beschrieben ist, zu studiren und die charakteristischen Petrefacten-Arten der einzelnen Horizonte an Ort und Stelle zu sammeln.

Die Theilnehmer der anderen von den Herren Prof. G. Leonhard und Dr. Cohn geführten Excursion lernten in den Umgebungen von Weinheim die interessanten krystallinischen Gesteine der Bergstrasse kennen.

Nach der Rückkehr von beiden Excursionen vereinigte eine von Herrn von Dechen gehaltene geistvolle Rede, in welcher namentlich Humboldt's Leistungen auf geologischem Gebiete hervorgehoben wurden, nebst den Mitgliedern der Gesellschaft einen grösseren Kreis von Zuhörern im grossen Saale des literarischen Museums zu einer würdigen Feier des hundertjährigen Geburtstages Alexander von Humboldt's, Mitbegründers der deutschen geologischen Gesellschaft.

Für die nächstjährige, um dieselbe Zeit stattfindende Sitzung wurde das für die österreichischen Geologen leichter zu erreichende Breslau als Versammlungsort gewählt.

Dr. G. Stache. Die Section für Mineralogie, Geologie und Paläontologie auf der 43. Versammlung deutscher Naturforscher und Aerzte in Innsbruck vom 18. bis 24. September 1869.

Die Einführung dieser Section hatte Prof. Dr. Chr. Schneller aus Innsbruck und das Secretariat derselben Prof. Lechleitner aus Innsbruck übernommen. Schon bei der ersten constituirenden Versammlung war die Anzahl der Fachgenossen und Freunde unserer Wissenschaft eine ziemlich bedeutende. Dieselbe nahm mit jeder der noch folgenden Sitzungen zu, so dass die Gesammtsumme derer, welche sich an den Sitzungen dieser Section betheiligten, wohl die Zahl der Präsenzliste, welche 67 Namen ausweist, überschritten haben dürfte.

Wien war durch die Mehrzahl der Mitglieder der k. k. geologischen Reichsanstalt und des Hof-Mineralien Cabinetes und die Directoren dieser beiden Institute die Herren F. v. Hauer und Dr. G. Tschermak vertreten.

Von hervorragenden und uns näher stehenden Fachgenossen und Freunden unserer Wissenschaft begrüssten wir daselbst die Herren Dr. Abdullah-Bey aus Constantinopel, Frhl. v. Czoernig aus Ischl, B. v. Cotta aus Freiberg, Dunker aus Halle, Prof. Escher v. der Linth aus Zürich, Prof. Fuchs aus Heidelberg, Prof. P. Gervais aus Paris, Herrn A. Geikie aus Edinburgh, Prof. Haushofer aus München, Charles Martins aus Montpellier, Prof. Hébert aus Paris, Prof. v. Klipstein aus Giessen, Prof. Lang aus Solothurn, Prof. M. Mühl aus Kassel, Salinen-Director A. Schloenbach aus Hannover, Dr. Petersen aus Frankfurt, Prof. Sandberger aus Würzburg, B. Studer aus Bern, Prof. Dr. Vogt aus Genf, Prof Zirkel aus Kiel, Prof. Zittel aus München.

Die Section hielt im Ganzen 4 Sitzungen, in welchen der Reihe nach die Herren Escher v. der Linth (Zürich), Franz v. Hauer (Wien), F. Sandberger (Würzburg) und Prof. Pichler (Innsbruck) den Vorsitz führten.

Das Interesse an den Sectionssitzungen wurde durch eine Reihe von Vorträgen und Mittheilungen aus den verschiedenen Zweigen der Geologie und ihrer Hilfswissenschaften rege gehalten.

Dr. Abdullah-Bey (Constantinopel) berichtete über die Reichhaltigkeit der von ihm während einer zweijährigen Durchforschung des Bosporus zusammengebrachten Sammlung von Petrefacten der dort so verbreiteten devonischen Formation.

Seine Liste vom Jahre 1867, welche 71 Arten nachweist, ist nun auf 280 unterscheidbare Arten und Varietäten angewachsen (ungerechnet 122 verschiedene unbestimmbare Formen). In Bezug auf das umgebende Gestein und die Erhaltungsweise der eingeschlossenen Versteinerungen wird hervorgehoben, dass die Localitäten am Marmora-Meer insbesondere Kartal und Pentek einerseits und die Localitäten des Bosporus Kandlidja (am linken Ufer des Bosporus) und Arnautkeu (am rechten Ufer) andererseits verschiedene Eigenthümlichkeiten der Ausbildung zeigen.

Jene finden sich in festerer Gesteinsmasse, sind weniger zerbrechlich und zeigen eine mehr minder bläuliche Färbung; diese letzteren zeigen die Mollusken als Steinkerne in ocherhaltiger Gesteinsmasse. In einer zweiten Sitzung gab Dr. Abdullah-Bey unter Vorlage von Belegstücken Nachricht von der Auffindung grosser Schwefellager bei Smyrna.

Prof. C. Fuchs aus Heidelberg wusste das Interesse der Versammlung für die Resultate seiner Untersuchung der metamorphischen Schiefer der Pyrenäen zu gewinnen. In der ganzen Ausdehnung der Pyrenäen treten die metamorphischen Schiefer in der Weise auf, dass sie dort, wo das alte Schiefergebirge mit dem Granit zusammentrifft, eine mehr oder weniger breite Zone zwischen dem unveränderten krystallinischen Thonschiefer und dem Granit bilden.

Die Umwandlung lässt sich durch die petrographische Untersuchung, sowie auf chemischem Wege nachweisen. Erstere zeigt, dass im unveränderten Thonschiefer zunächst kleine Punkte sichtbar werden, die sich nach und nach zu grösseren Knoten ausbilden und es entstehen damit verschiedene Arten von Frucht- und Knotenschiefern. Entsprechend der Zunahme der Knoten in Grösse und Zahl, wird die Zwischenmasse glimmerreicher, und es entwickeln sich verschiedene Uebergangsformen zu Glimmerschiefer und Gneiss. Auch im vollständig ausgebildeten Glimmerschiefer sind theilweise noch die Knoten vorhanden. Eine gewisse Analogie mit dieser zeigt die chemische Umwandlung. Kieselsäuregehalt und Alkalien-Menge nehmen überhand, je näher das Gestein dem Glimmerschiefer und Gneiss kommt; während andererseits die alkalischen Erden in gleichem Maasse weggeführt erscheinen. Ein grosser Theil des Thonerdegehaltes im Thonschiefer wird jedoch bei der Umwandlung als Thonerde-Silicat ausgeschieden und erscheint dann im Knotenschiefer und Glimmerschiefer in der Form von Knoten.

Herr Geikie aus Edinburgh, Director der geologischen Landesaufnahme für Schottland, legte Exemplare der neuesten geologischen Aufnahmskarten von Schottland vor, und gab dazu in englischer Sprache Erläuterungen über die Art und Weise der Aufnahme und Herausgabe dieser Karten. Die Grundlage für die geologische Originalaufnahme bilden Karten im Maassstabe von 1 : 10.000. Sämmtliche Karten werden auf den Maassstab 1 : 60.000 reducirt herausgegeben; überdies aber gelangen die Gegenden, in welcher sich Lagerstätten nutzbarer Mineralien finden, in dem grösseren Maassstabe der Originalaufnahme zur Veröffentlichung. Die Karten sind überdies begleitet von Horizontaldurchschnitten im Maassstabe von 1 : 10.000 und von Vertical-Durchschnitten von 1 zu 480. Jeder Karte des kleineren Maassstabes wird eine Beschreibung beigegeben. Die ganze Reihe der publicirten Karten und Schriften des schottischen Aufnahmsamtes wird schliesslich als Geschenk für die geologische Reichsanstalt in Wien in Aussicht gestellt.

Fr. v. Hauer gab Nachricht über Prof. v. Hochstetter's Reise in der europäischen Türkei[1]) und brachte Herrn Dr. G. Laube's Werk „die Fauna der Schichten von St. Cassian", dessen letzte Abtheilung (Cephalopoden) so eben erschienen war, zur Vorlage.

Prof. Hébert aus Paris legte der Section die erste Lieferung einer neuen von ihm selbst und Milne Edwards herausgegebenen Zeitschrift vor, welche unter dem Titel „Annales des sciences géologiques" eine Vervollständigung der nur einen botanischen und einen zoologischen Theil enthaltenden „Annales des sciences naturelles" bilden soll. Specieller referirt derselbe in französischer Sprache über einen Aufsatz dieser Lieferung, in dem er seine im Jahre 1865 gemachten Beobachtungen über die kohlenführenden Sandsteine von Helsingborg und Höganäs in Schweden mittheilt. Dieser kohlenreiche Sandstein gehört der dort mehr als 300 Meter mächtigen Zone der *Avicula contorta* an. Unter 19 Arten, welche er darin sammelte, finden sich 10 nur in der Zone der *Av. contorta* in Frankreich, Italien, Deutschland oder England, und nur 2 (*Ostrea Hisingeri Nils.* und *Mytilus psilonoti*?) in den Schichten des *Am. planorbis* in Frankreich und Deutschland, dagegen mit *Avicula contorta* zusammen bei Lavalette unweit Toulon und in Italien. Hébert knüpft hieran noch einige Bemerkungen über die durch die Entdeckung zahlreicher neuer Pflanzenreste neuerdings bekannt gewordenen Sandsteine von Stobharp bei Lund und die durch ihre reiche Flora schon länger wohlbekannten Sandsteine von Hör, welche allgemein als zur Zone des *Am. angulatus* gehörig betrachtet werden, und nach seiner Ansicht gleichaltrig mit den Sandsteinen von Höganäs sind oder aber deren Basis bilden dürften.

Die Analogie zwischen den Sandsteinen von Hör, der die Basis der Schichten mit *Avicula contorta* bildenden Arkose von Burgund und

---

[1]) Vergl. den Originalbrief Hochstetter's. Verh. Nr. 13, S. 266.

den Bonebed-Sandsteinen Frankens, führt ihn zu dem Schluss, dass in diesen verschiedenen Gegenden die marinen Schichten mit *Avicula contorta* erst auf sandige Bildungen gefolgt sind, welche eine nach Schenk näher mit der jurassischen als mit der unmittelbar unter dem Bonebed-Sandstein liegenden Keuperflora verwandte Flora enthalten.

Ferner gab Prof. Hébert eine kurze Uebersicht der Resultate seiner Untersuchungen der skandinavischen Kreideformation während der Jahre 1868 und 1869.

Es geht daraus hervor, dass die 100 Meter mächtige Ablagerung der Insel Moën nach ihren Versteinerungen der weissen Kreide von Meudon oder der Zone der *Belemnitella mucronata* entspricht und die älteste der vertretenen Ablagerungen der Kreideformation ist. Die Mucronaten-Kreide schliesst nach oben ganz wie bei Meudon mit einer harten, gelben, knollenführenden Bank, über welcher ein versteinerungsreiches Conglomerat mit zahlreichen Exemplaren des *Ananchytes* der Saltholm-Kalke und mit Hornsteinlagen folgt. Auch die dem Conglomerate aufliegenden festen Kalkbänke enthalten mächtige Hornsteinlagen, nähern sich im Uebrigen jedoch mehr dem „Limsteen", und erscheinen ihrer Lagerung nach hier jünger als der Faxökalk. Da jedoch auf Schonen (nach Johnstrup und Lundgreen) der ihnen äquivalente Saltholm-Kalk der Faxökreide aufliegt, so dürften beide Gebilde nur als verschiedene Facies derselben Schichten angesehen werden.

Die Mittheilungen des Prof. v. Klipstein (Giessen) bezogen sich auf die geologischen Verhältnisse der Campillberge und deren Umgebung, insbesondere auf die Gypsvorkommen in den zum Villnösspass führenden Schluchten.

Klipstein glaubt in den gypsführenden Schichten dieser Gegend ein Aequivalent der Anhydritgruppe der norddeutschen Muschelkalkformation gefunden zu haben, und sieht demnach hiermit nicht unwichtige Anhaltspunkte für die Auffindung von Steinsalz gegeben — eine Ansicht, die mit den bisherigen Untersuchungen unserer Alpengeologen nicht in Einklange steht.

Herr Bergschuldirector Kreischer aus Zwickau theilt seine an Dünnschliffen des Pegmatolith von Arendal gemachten und bereits (im Jahrb. für Mineral. etc.) veröffentlichten Beobachtungen mit. Die interessante Erscheinung, dass bei einem Dünnschliffe in der Richtung der basischen Spaltungsebene unter etwa 100facher Vergrösserung dieser Feldspath eine gitterförmige Zeichnung zeigt, wurde in der Folge auch an andern Feldspathen, z. B. in denen von Planen und Stolpen in Sachsen, beobachtet.

Die Erscheinung zeigte sich bis jetzt nur an krystallinischen Massen, nie an wirklichen Krystallen, so dass die Vermuthung Raum gewinnt, diese eigenthümliche Zusammensetzung könne die Ursache des Mangels äusserer Krystallform sein. Die Zeichnung wird hervorgebracht durch die Zusammensetzung aus mikroskopisch kleinen, zwillingsartig verwachsenen, stabförmigen Krystallindividuen, welche gruppenweise rechtwinklig in der Richtung der schiefen und horizontalen Axe gegeneinander gestellt sind und sich zum Theil decken.

Zur Erklärung der Erscheinung nimmt Herr Kreischer das Vorhandensein von dünnen in der Richtung der Basisebene liegende Lamellen an, welche aus jenen stabförmigen mikroskopischen Krystallindividuen bestehen. Die Lamellen sind abwechselnd um 90° gedreht, so dass, wenn in der einen Lamelle die Individuen in der Richtung der horizontalen Axe liegen, sie in der benachbarten in der Richtung der geneigten Axe sich befinden.

Herr Dr. C. Le Neve Foster sprach über ein neues interessantes Vorkommen von Scheelit[1]) in der Goldgrube der Val Toppa nächst Domodossola in Piemont und vertheilte eine Reihe hübscher Exemplare dieses Scheelits.

Eine Reihe werthvoller Mittheilungen hatte die Section Herrn Prof. Möhl aus Kassel zu verdanken. Die eine dieser Mittheilungen bezieht sich auf neu aufgefundene basaltische Gesteine im Habichtswalde. Wir entnehmen daraus, dass in dem grossen mitteldeutschen west-östlichen Gürtel basaltischer Gesteine die hessische Gruppe Separatrichtungen zeigt, die sich auf Einsenkungen und Spalten zurückführen lassen, welche im Wesentlichen zwei sich kreuzenden Zonen (einer SO-NWestlichen und einer SW-NOestlichen) angehören. Zur ersteren gehört Rhön, Knüll und Habichtswald mit dem Endpunkte Deiselberg, zur letzteren der von Forst (am Hardtrande) beginnende Vogelsberg, Knüll, Meissner mit dem Endpunkte Hohnhagen. Durch Untersuchung der Durchdringungen, Einschlüsse und Ueberlagerungen verschiedener Gebilde der Oligocänzeit ist das relative Alter der verschiedenen basaltischen, phonolitischen, dolerit- und anamesitischen Gesteine zu bestimmen. Unter diesen Gesteinen nun wurde der zwischen Rhön und Wegelsberg und noch im Vogelsberg, aber von da nicht weiter nördlich bekannte Trachydolerit, auch im Habichtswalde nachgewiesen.

Dieses Gestein gehört der letzten Eruption an, und ist auf Spalten der zweiten Richtung hervorgebrochen. Als Spaltengestein ist es von grob krystallinischer, an isolirten Kuppen von klein bis kryptokrystallinischer Beschaffenheit und oft blasig und schlackig wie in der Breitefirst zwischen Rhön und Vogelsberg. Die Verhältnisse des Auftretens, sowie die mikroskopischen und chemischen Vergleichungen, insbesondere gestützt auf die Beobachtungen in der Eube, dem charakteristischen alten Krater der Rhön führten zu dem Resultat, dass, abgesehen von den Schlacken und Tuffen, Phonolith das älteste, schwarzer augitisch porphyrartiger, stark polarisch magnetischer Basalt das folgende Erstarrungsproduct ist.

Diese beiden Hauptgesteine sind nordwestlich über die Rhön hinaus durch Basalte und Dolerite anderer Beschaffenheit ersetzt. In der Rhön sind zeitlich und räumlich getrennt: 1. saure Gesteine (Phonolith aus Sanidin, Nephelin, Augit etc. und Titanit bestehend) 2. basische Gesteine (Basalt aus vorwiegend Augit mit Labrador und Magneteisen) 3. aus dem, was in späterer Zeit randlich und weiter nördlich aus demselben Magma auf einmal als Basalt (aus Labrador, Augit, titanhaltigem Magneteisen und nebenbei aus Nephelin, Apatit etc. bestehend) hervorbrach 4. aus saueren Trachydoleriten, den Schluss der Eruptionen bildend.

Ein zweiter Vortrag von Prof. Möhl behandelte die geognostischen Verhältnisse der Pfalz, zu deren Erläuterung zugleich eine grosse, in

---

[1]) Vergl. Verh. Nr. 13, S. 300.

einer neuen Darstellungsmethode bearbeitete Wandkarte dieses Gebietes vorgelegt wurde. In einer dritten Mittheilung endlich behandelte derselbe eine interessante Umbildungs-Erscheinung von Anhydrit in Gyps in der Anhydritgruppe der mittleren Muschelkalkformation von Lamenden an der Diemel. In einem Gypsbruch der genannten Gegend, wo die Anhydritgruppe als Thon und Dolomit mit Gypsstöcken in verschiedener, zum Theil ansehnlicher Mächtigkeit entwickelt ist, bemerkt man noch vielfache Anhydritpatzen, um welche concentrisch-schalig der Gyps — je weiter vom Mittelpunkte, um so mehr dem Krystallinischen genähert — gelagert ist. Die durch Wasseraufnahme hervorgerufene Umbildung des Anhydrites in Gyps hatte bedeutende Aufquellungen und Undulationen der Lagerungsverhältnisse im Thondach und Hauptmuschelkalk zur Folge. Die Klüfte im Gyps sind mit weissem oder eisenschüssigem Fasergyps ausgefüllt, viele noch klaffende Spalten aber an den Kluftflächen mit sternförmigen Gypskrystallgruppen bedeckt, die oft ganz mit wasserhellen, an beiden Enden ausgebildeten Bergkrystallen überzogen sind. Eine Vergleichung des hangenden, wenig mächtigen mit dem liegenden mächtigeren Thone ergibt, dass letzterer reich an Sandkörnern ist, ersterer dieselben meistens entbehrt und die Bergkrystallbildung wohl einer Auslaugung der Kieselsäure im hangenden Thone zuzuschreiben ist.

Dr. E. v. Mojsisovics aus Wien sprach über das Verhältniss der karnischen Stufe der oberen alpinen Trias zur rhätischen Stufe. (Vergl. das Nähere, Verhandl. Nr. 12. Reisebericht über die Umgebungen von Waidring und Fischerbrunn in Nordtirol, Seite 277). Eine zweite Mittheilung desselben bezog sich auf einen neuentdeckten Fundort alpiner Muschelkalkcephalopoden auf der Westseite des Hallstätter Salzberges. Die reiche Cephalopodenfauna stammt aus rothen, den Hallstätter Kalken petrographisch sehr ähnlichen Kalken, über denen die Pötschenkalke des Salzkammergutes (bereits norische Stufe der oberen Trias) folgen. Speciellere Nachrichten über das reiche für das Museum der Reichsanstalt in diesen Schichten bereits gesammelte Material stehen für die nächste Zeit in Aussicht.

Des Herrn Ministerialraths Mohr Vortrag über die Beschaffenheit der Melaphyrgänge im Plauen'schen Grunde und seine Untersuchungen des Basaltganges an der Lochmühle im Ahrthale (am Rhein) gab durch die von dem Vortragenden daran geknüpften Schlüsse und Folgerungen Veranlassung zu einer lebhafteren Debatte, an welcher sich die Herren: Dr. v. Lasaulx aus Bonn, Dr. C. Vogt aus Genf, v. Klipstein aus Giessen, J. D. Datka aus Prag und F. Sandberger betheiligten.

Dr. A. Pichler machte auf ein Vorkommen von Steinkohle im Hauptdolomit (Mitteldolomit) an der Breitenlahn bei Pertisau am Achensee aufmerksam, welches namemenntlich dadurch bemerkenswerth erscheint, dass das Gestein Tröpfchen eines gelblichen Harzes und Schuppen von Ganoiden (wie bei Seefeld) enthält. Ausser im Hauptdolomit wurden durch Pichler bernsteinartige Harze auch in den oberen Cardita-Schichten und in der Gossauformation der Nordalpen Tirols nachgewiesen.

Herr Prof. F. Sandberger gab ein kurzgefasstes Resumé seiner in den Jahrgängen 1865—1869 des Leonhard'schen Jahrbuches veröffentlichten, an interessanten Daten so reichen Arbeiten über Erzgänge des Schwarzwaldes, besonders jene der Gegend von Wittichen und Wolfach. Derselbe legte überdies Schlicht's Abhandlung über Foraminiferen von Piotzpahl, sowie ein bemerkenswerthes Röstproduct von Drixlegg, Aurigpigment und Realgar, mit sehr schönen Krystallen von arseniger Säure vor.

Von Herrn Dir. G. Tschermak's Mittheilungen behandelte die eine den Unterschied zwischen dem Vorkommen der Kalisalze bei Stassfurt und dem von Kalusz, eine zweite mikroskopische Untersuchungen von Dünnschliffen zur Unterscheidung von Augit, Hornblende und Biotit[1]).

Prof. Dr. Zittel endlich erläuterte seine geologischen Beobachtungen in den Central-Apenninen an einem instructiven Profil.

Der speciell für die Mitglieder dieser Section für Mittwoch den 22. September in Aussicht genommene Besuch der Saline in Hall und des Haller Salzbergwerkes erfreute sich trotz der nicht sehr freundlichen Witterung einer ziemlich lebhaften Theilnahme. Eine kleine Gesellschaft von Geologen, welche an der Festfahrt über den Brenner nicht theilnahm, weil das Ziel ihrer Rückreise von Innsbruck sie über den Brenner nach Bozen führen sollte, hatte das herrliche Wetter am Sonntag den 19. benützt, um eine speciell geologische Excursion nach dem Haller Salzberg zu machen, wobei Dr. v. Mojsisovics den ortskundigen Führer machte. Es handelte sich um eine genauere Besichtigung des interessanten Profils Nr. 3[2]), welches von Mojsisovics in seiner Gliederung der oberen Triasbildungen der Alpen gibt.

Der Weg wurde vom Schloss Thauer durch den tief eingeschnittenen Thauerergraben auf die Thaurer Alm genommen. Auf diesem Wege durchquert man von unten nach oben Muschelkalk, Partnach-Schichten und Partnach-Dolomit.

Prof. Escher bestätigte auf eine Anfrage von Dr. M. die völlige Uebereinstimmung, namentlich der *Halobia Lommeli* führenden Kalkbank, der Partnach-Schichten mit den oft citirten Vorkommnissen des Triesner Kalms. Im Partnach-Dolomite wurden häufig Einlagerungen dunkler Mergel bemerkt, und die ganze Schichtfolge vom ersten Auftreten der dunklen schiefrigen Partnach-Mergel an bis auf die Thaurer Alm hinauf als ein zusammengehöriger Complex ungestört aufeinanderfolgender Ablagerungen erkannt.

Escher fand im Partnach-Dolomite die durch ihn aus der Lombardei bekannt gewordenen Riesenoolithe. Auf dem Wege von der Thaurer Alm zum Thürl sah man im Hangenden des Partnach-Dolomites Gypse und Salzmergel, sowie Rauchwacken, Ausläufer des Haller Salzstockes.

Am Thürl, d. i. am Südfusse des Wildangers, wurde der Wettersteinkalk erreicht. Erratische Blöcke wurden bis dahin reichend vorgefunden.

Auf dem Salzberge wurde die Gesellschaft von den Herren Bergverwalter Binna und Schichtmeister Heppner auf das Zuvorkommendste empfangen und in das interessante Bergwerk selbst eingeführt.

Dieselben hatten überdies einige schöne neue Schaustücke mit Petrefacten aus den Cardita-Schichten im Hangenden des Salzstockes

---

[1]) Vergl. Verh. dieses Heft S. 321.
[2]) Vergl. Jahrb. d. k. k. geol. Reichsanst. 1869, p. 140, Taf. IV.

und aus dem Wetterstein-Kalk des Wildangers zur Ansicht aufgestellt. Die Theilnehmer an dieser Excursion waren ausser dem genannten Führer die Herren Studer, Escher von der Linth, Hébert, A. Schloenbach, F. v. Hauer, F. v. Andrian, G. Stache, U. Schloenbach, M. Neumayr. Der Rückweg führte durch das schöne Hallthal, dessen geologischen Bau das Profil Nr. 1 der oben citirten Arbeit illustrirt.

Einsendungen für die Bibliothek und Literaturnotizen.

E. v. M. F. Simony. Ueber Urgesteinsablagerungen im obersten Traunthale. Mit 1 Tafel. Sep. Bd. LIX. Sitzb. d. kais. Akad. d. Wissensch. I. Abtheil. Mai-Heft. Jahrg. 1869. Gesch. d. Verf.

Schon seit Jahren weiss man von dem Vorkommen vereinzelter Geschiebe krystallinischer aus der Tauernkette stammender Gesteine, ohne dass man sich über die Art und Zeit des Transportes derselben befriedigende Rechenschaft geben konnte. Durch die vorliegende kleine Schrift erfahren wir, dass sowohl in der Koppenschlucht zwischen Obertraun und Kainisch, als auch im Kainischbach-Thale vorglaciale fluviatile Conglomeratbildungen sich vorfinden, welche neben Kalkgeröllschutt aus dem umliegenden Kalkgebirge auch Geröllstücke krystallinischer Felsarten in ansehnlicher Menge (am Mühlwerkstein bei Obertraun 35—40 Perc.) enthalten. Der Umstand, dass die grösseren Gerölle und namentlich die schweren granatführenden Amphibol-Gesteine nur in den oberen Ablagerungen des Wassergebietes der Traun (am Kainisch-Bache) zu finden sind, deutet darauf hin, dass die Strömung, welche die krystallinischen Gerölle in das Traungebiet brachte, ihren Weg aus dem südlich anliegenden Ennsthale über die Pässe „Stein" und Klachau durch das Becken von Mitterndorf und das Kainisch-Thal einschlug.

Ist die Annahme des fluviatilen Transportes richtig, so ergeben sich daraus für die Zeit desselben von den gegenwärtig bestehenden etwas abweichende hydrographische Verhältnisse. Da der Boden des Ennsthales an der Mündung der Pässe „Stein" und Klachau um 400—430 Fuss niedriger liegt als die Hochebene des Mitterndorfer Beckens und um 450—500 Fuss tiefer als die in das Traungebiet führenden Wasserscheidepunkte, so musste das Niveau des in das Traungebiet einfliessenden Gerinnes um mindestens 500 Fuss höher gewesen sein als der heutige Ennsspiegel. In der That erreichen auch im Ennsthale Kiesablagerungen, deren Bildung der gleichen Periode anzugehören scheint, die Höhe von 3000 Fuss.

Die Grösse und Schwere der in den in Rede stehenden Conglomeraten abgelagerten Gerölle lässt nach Analogie der heutzutage wahrnehmbaren transportirenden Kraft des Traunflusses darauf schliessen, dass der supponirte alte Fluss an Stromstärke die heutige Traun, in ihrem alpinen Laufe wenigstens, bedeutend übertroffen habe.

F. v. H. Lyon. Société de la Carte géologique de France. Assemblée générale du 4. Avril 1869. Discussion des Statuts.

Einem unter obigem Titel uns zugehenden Heftchen entnehmen wir die Nachricht von der Bildung einer neuen Gesellschaft, die sich die Anfertigung der geologischen Detailkarte von Frankreich zum Ziele setzt.

An der constituirenden Versammlung, welche am 4. April l. J. in Paris zusammentrat, nahmen 24 Geologen, grossentheils Namen von anerkannter Bedeutung in unserer Wissenschaft (darunter die Herren E. Collomb, Cotteau, Deslongchamps, Ebray, Falsan, L. Lartet, Lecoq, Marcou, Raulin u. a.) Antheil.

Aus dem Resumé der Verhandlungen geht hervor, dass ein grosser Theil der französischen Geologen von den durch Decret des Kaiser Napoleon vom 1. October 1868 angeordneten[1]) und der Leitung von É. de Beaumont anvertrauten Arbeiten zur Herausgabe der geologischen Karte von Frankreich keine günstigen Erwartungen hegt. Einerseits scheint man zu besorgen, dass die Bergbau-Ingenieure des Corps Imp. des mines, denen das Werk anvertraut wurde, zu

---

[1]) Verhandlungen 1868, S. 339.

sehr in dem Kreise der Anschauungen befangen, welche die Beaumont'sche Lehre zum Schaden der praktischen Geologie in dieser Körperschaft aufrecht erhalte, die Ergebnisse palaeontologischer Studien bei ihrer Arbeit nicht berücksichtigen werden, andererseits wünscht man, dass an dem nationalen Werke alle französischen Geologen mit ihren Erfahrungen und ihrer Thatkraft theilnehmen in die Lage gesetzt werden. Mit scharfen Worten wurde die Beaumont'sche Theorie vom Pentagonalnetz geisselt, und obgleich die Herren Lecoq und Benoît die officielle Arbeit in Schutz nahmen, und namentlich versicherten, die, wie es scheint ebenfalls aufgetauchte Besorgniss, man werde bei derselben die Autorrechte der Einzelnen nicht genügend respectiren, sei unbegründet, so einigten sich doch schliesslich die Anwesenden zur Bildung der Gesellschaft und setzten die Statuten für dieselbe fest. Der erste Paragraph derselben lautet: "Der Zweck der Gesellschaft ist die Anfertigung der geologischen Detailkarte von Frankreich. Um dieses Nationalwerk auszuführen, ruft sie alle Geologen und alle Freunde der Naturwissenschaften zur Mitwirkung auf".

Für den Maassstab der Karte wurde das Verhältniss von 1 zu 80000 festgesetzt.

Nebst der Karte sollen auch ein erläuternder Text und Abhandlungen veröffentlicht werden. Mitglied der Gesellschaft wird Jedermann, der mit den Statuten einverstanden sich erklärt und einen Jahresbeitrag von 20 Francs leistet.

Die Leitung der Gesellschaft besorgt ein Verwaltungsrath von 30 Personen. Der Sitz desselben wechselt; für das erste Jahr wurde dafür Lyon bestimmt.

Frankreich mit Inbegriff von Corsika und Algier wird vorläufig in 15 Regionen getheilt, in deren jeder ein "Comité regional" selbstständig fungirt und speciell die Ausführung des betreffenden Kartentheiles übernimmt. — Jedes Jahr findet zu Ostern eine Generalversammlung in Paris statt.

Dies die wesentlichsten Punkte der Organisation eines Unternehmens, dem wir im Interesse der Wissenschaft den günstigsten Fortgang und Erfolg wünschen müssen.

Bereits haben sich übrigens, wie wir aus einem gedruckten Sendschreiben vom 1. Juli l. J. entnehmen, sämmtliche Comités constituirt und bestehen aus zusammen 71 Personen.

F. v. V. G. Tschermak. Mikroskopische Unterscheidung der Mineralien aus der Augit-, Amphibol- und Biotit-Gruppe. Aus dem LIX. Bd. d. Sitzungsb. d. kais. Akad. d. Wissensch. 1. Abth. Mai-Heft, Jahrg. 1869. Mit 2 Taf., Sep.-Abdr. Gesch. d. Verf.

Die erfolgreiche Anwendung des polarisirten Lichtes zur Unterscheidung der in den Gesteinsarten auftretenden orthoklastischen und plagioklastischen Feldspathe, wie anderer Mineralien, bewog den Verfasser jene Mittel ausfindig zu machen, mit deren Hilfe auch eine Trennung der zur Augit- und Amphibolgruppe gehörigen Gattungen durchgeführt werden könne. Ausser Augit und Hornblende treten überdies in den Felsarten noch Diallag, Bronzit, Hypersthen und Bastit auf, welche gleichfalls erkannt und von den vorigen unterschieden werden sollen.

Ein entsprechendes Merkmal forderte auch der Biotit, da einer Verwechslung desselben mit Hornblende nicht immer vorzubeugen ist.

Die Methode, welche hiebei vom Verfasser zur Unterscheidung der angeführten Mineralien bei der mikroskopischen Untersuchung angewendet wurde, ist im Allgemeinen dieselbe, die man bei der optischen Untersuchung der Krystalle zur Geltung bringt. Die Resultate, welche aus den Untersuchungen hervorgingen, und durch welche der mikroskopischen Analyse der Felsarten ein wesentlicher Fortschritt zu Theil wird, sind folgende:

Bronzit. Bei der Prüfung mit einem Nicol erhält man keine merkliche Farbendifferenz. In jedem Längsschnitt ist ein optischer Hauptschnitt parallel dem Spaltungsprisma, der zweite dagegen senkrecht.

Hypersthen. Stärker dichromatisch als ersterer, auch durch die dunklere Färbung von Bronzit unterschieden.

Bastit. In auffallendem Lichte zeigen die Partikelchen einen metallartigen Schiller. Spaltflächen gehen im Nörrenberg'schen Apparat ein Kreuz, das sich bei Drehung in Hyperbeln theilt.

Diallag. Wird ein Dünnschliff unter gekreuzten Nicols betrachtet, so erscheinen die meisten Längsschnitte, welche dem einen oder dem anderen Nicol-Hauptschnitt parallel liegen, hell, dagegen Längsschnitte in anderen Lagen dunkel.

Was Angit und Hornblende betrifft, so sind sie in den meisten Fällen leicht von einander zu unterscheiden. Letztere ist gekennzeichnet durch die äussere Form an der meist dunkleren Färbung, sowie an den durch die vollkommene Spaltbarkeit bedingten parallelen Rissen.

Biotit. Blättchen parallel der Spaltebene geschnitten erscheinen braungelb und geben mit dem Nicol geprüft keine Farben-Schwankung. Die anderen Durchschnitte erscheinen bloss bräunlich und geben bei derselben Prüfung ungemein verschiedene Farbentöne.

Am Schlusse werden jene Felsarten angeführt, in welchen die Bestimmung der genannten Mineralien erfolgte.

Dr. Fuhlrott. Führer zur Dechenhöhle. (Iserlohn bei J. Büdecker). Gesch. d. Verlegers.

Die Anerkennung, welche dem Herrn Verfasser in Nr. 12 unserer Verhandlungen Seite 262 für seine Arbeit über „die Höhlen und Grotten in Rheinland-Westphalen" dargebracht wurde, gebührt ihm auch in vollem Maasse für das vorliegende Werkchen, welches den Zweck hat, speciell den Besuchern der Dechenhöhle, der neuen Tropfsteinhöhle in der Grüne, eine Schilderung und Erklärung dessen was sie in derselben finden zu bieten. Die Herausgabe dieses ansehend geschriebenen Werkchens erscheint um so zweckmässiger, als nach einer Mittheilung im Vorworte die Zahl der Gäste, welche die Höhle schon im ersten Jahre nach ihrer Entdeckung besuchten, mehrere Tausende betrug.

2. Jarolimek. Zur Kritik der v. Sparre'schen Theorie der Separation. Oesterr. Zeitschr. für Berg- und Hüttenwesen 1869, Nr. 42. Separat. Gesch. des Herrn Verf.

Bei Gelegenheit der Anzeige des v. Sparre'schen Werkes (Verh. 1869, p. 59) war die Erwartung ausgesprochen worden, eine energische Abwehr der in demselben enthaltenen Angriffe auf die Rittinger'sche Theorie der Aufbereitung werde sicher nicht ausbleiben. In der That veröffentlichte nun zunächst Herr k. k. Pochwerks-Inspector Egid Jarolimek eine Recension des Sparre'schen Werkes, und kömmt nun, nachdem Letzterer in einem eigenen Heftchen geantwortet hatte, nochmals auf den Gegenstand zurück. Ohne auf den Inhalt dieser Streitschriften des Näheren eingehen zu können, dürften wir es doch nicht unterlassen auf dieselben hier aufmerksam zu machen, und den wenn auch scharfen, doch vollkommen sachgemässen und objectiv gehaltenen Darlegungen Jarolimek's unsere vollste Anerkennung darzubringen.

Jahrbuch der k. k. geologischen Reichsanstalt. Jahrg. 1869. XIX. Bd. Nr. 3. Juli, August, September. (Mit Taf. IX—XIV.) Wien. Dieses Heft enthält:

I. Die Braunkohlenvorkommnisse im Gebiet der Herrschaft Budafa. Von D. Stur. (Mit Taf. X) Seite 341—354.

II. Beiträge zur Kenntniss fossiler Binnenfaunen. Von Dr. M. Neumayr. (Mit Taf. XI—XIV). Seite 355—384.

III. Bericht über die geologische Aufnahme der Umgegend von Schmöllnitz und Göllnitz. Von D. Stur. Seite 385—416.

IV. Die Amphiboltrachyte der Matra in Central-Ungarn. Von Dr. Joseph Szábó. Seite 417—426.

V. Arbeiten in dem chemischen Laboratorium der geologischen Reichsanstalt. Von Karl Ritter v. Hauer. Seite 427—434.

VI. Dr. W. B. Carpenter's vorläufiger Bericht über Schleppnetz-Untersuchungen in den nördlich von den britischen Inseln gelegenen Meeresregionen. Uebersetzt von Dr. E. Bunzel. Seite 435—464.

Die nächste Nummer der Verhandlungen erscheint am 23. November.

Verlag der k. k. geologischen Reichsanstalt. — Druck der k. k. Hof- und Staatsdruckerei.

№ 15.  1869.

Verhandlungen der k. k. geologischen Reichsanstalt.
Sitzung am 16. November 1869.
(Jahressitzung.)

Inhalt: Jahresbericht des Directors Dr. Franz Ritter v. Hauer. Eingesendete Mittheilungen: Ferd. Freih. v. Richthofen Geologische Untersuchungen in China. Dr. J. Moser, bayrischer in der Tarifsformation Kowarelans., K. Adler, K. k. Consul in Port Elisabeth. Diamanten in Südafrika. Vorträge: Dr. F. v. Hochstetter. Geologische Untersuchungen in Rumänien. Einsendungen für das Museum: L. Sint. Ammoniten Kalkbreccie aus der Lipto (Geschenk von Herrn Prof. Kittel in München). Einsendungen für die Bibliothek und Literaturnotizen: F. Foetterle, K. Helmhacker, R. Michler, J. O. Hermann, J. Grimm, C. Rechinger. Bücher-Verzeichniss.

Jahresbericht des Directors Fr. Ritter v. Hauer.

Meine hochverehrten Herren!

Mit dem gestrigen Tage schloss das zweite Decennium des Bestehens der k. k. geologischen Reichsanstalt, welche durch allerhöchste Entschliessung Sr. k. k. apost. Majestät Kaiser Franz Joseph des Ersten vom 15. November 1849 ins Leben gerufen wurde.

In keiner Weise wohl konnte aus ein anregenderer Festgruss zur Feier dieses Tages dargebracht werden, als durch die, wohl in ihrer Aller Hände bereits befindliche Schrift unseres Lehrers und Meisters W. R. v. Haidinger: „Das k. k. montanistische Museum und die Freunde der Naturwissenschaften in den Jahren 1840 bis 1850". Mit eingehender Genauigkeit und historischer Treue, in wohlwollender Anerkennung jedweden Verdienstes schildert dieselbe die lange Reihe von Arbeiten und Bestrebungen, als deren glänzenden Abschluss wir eben die Gründung unserer Anstalt ansehen dürfen.

Zu wie vielen Betrachtungen aber auch jedem von uns der reiche Inhalt dieser Schrift Veranlassung geben mag, in einem Gefühle werden wir nach Durchlesung derselben wohl Alle übereinstimmen, in dem Gefühle der Befriedigung über die unermesslichen Fortschritte, welche das wissenschaftliche Leben im ganzen Reiche und namentlich in der Residenzstadt seit dem Beginne jener Zeitperiode gemacht hat, auf welche die Schilderungen Haidinger's sich beziehen.

In diese Periode fallen die ersten Versuche zur Bildung eines naturwissenschaftlichen Vereinigungspunktes in Wien, der uns früher gänzlich gefehlt hatte. Die „Versammlungen der Freunde der Naturwissenschaften" von gar manchem der, ihrer isolirten Höhe sich erfreuenden Fachvertreter belächelt und sorgfältig gemieden, wo nicht gar bekämpft, von den damaligen Regierungsbehörden höchstens geduldet aber in keiner Weise gefördert, nahmen doch gar bald einen kräftigen Aufschwung und bilden den eigentlichen Ausgangspunkt für alle späteren Entwicklungen.

Unverkennbar übten sie auch einen fördernden Einfluss aus auf die Gründung der kaiserlichen Akademie der Wissenschaften, deren feierliche Eröffnung am 2. Februar 1848 stattfand[1]).

Welch ganz anderes Bild bieten uns dagegen die Verhältnisse heutzutage. In der Residenzstadt eine ganze Reihe von wissenschaftlichen Instituten und Gesellschaften, — theils von der Regierung selbst gegründet und aus Staatsmitteln erhalten, theils durch das Zusammenwirken der hervorragendsten Meister mit der grossen Zahl unabhängiger Freunde der Wissenschaft ins Leben gerufen — welche die Pflege der einzelnen Zweige der Naturwissenschaften zum Ziele haben. In allen bedeutenderen Kronlands-Hauptstädten selbstständige wissenschaftliche Gesellschaften, viele derselben ihre rege Thätigkeit durch Herausgabe periodischer Publicationen bekundend. Von Jahr zu Jahr lebhafter wird die Theilnahme, welche die Regierung sowohl als die Bevölkerung den Arbeiten und Bestrebungen der Männer der Wissenschaft entgegen bringt, und von Jahr zu Jahr seltener dagegen wird unter den letzteren jener Hochmuth, der in einer Selbstüberschätzung durch Missachtung aller nicht zünftigen Bestrebungen die eigene Würde zu wahren glaubt.

Was unsere specielle Aufgabe, die geologische Durchforschung des Landes betrifft, so wird auf dieselbe gegenwärtig eine Summe von Arbeitskraft verwendet, welche mit jener, die vor der Gründung der k. k. geologischen Reichsanstalt zu gleichem Zwecke in Thätigkeit gesetzt wurde, kaum weiter in Vergleichung gebracht werden kann.

Vor Allem möchte ich, wenn ich in dieser Beziehung die Ergebnisse der abgelaufenen Jahresperiode überblicke, mit freudiger Genugthuung die zahlreichen und wichtigen Arbeiten hervorheben, welche von, uns zwar durchwegs befreundeten und verbündeten, aber doch nicht dem engeren Kreise der k. k. geol. Reichsanstalt angehörigen Instituten oder einzelnen Personen geliefert worden.

Die Organisirung der königl. ung. geologischen Anstalt, über deren beginnende Thätigkeit ich bereits im vorigen Jahre zu berichten in der Lage war, hat seither weitere Fortschritte gemacht. Die Leitung der Anstalt ist in die bewährten Hände unseres Freundes Max

---

[1]) Die erste Versammlung der „Freunde der Naturwissenschaften" trat am 8. Nov. 1845 zusammen, der erste gedruckte Bericht über eine dieser Versammlungen (27. April 1846) wurde in der „Wiener Zeitung" vom 6. Mai 1846 veröffentlicht. Der erste Band der gesammelten Berichte erschien am 1. Februar 1847, der erste Band der Abhandlungen am 13. August desselben Jahres. Die kais. Akademie der Wissenschaften wurde mit Allerhöchster Entschliessung vom 30. Mai 1846 gegründet. Die ersten 40 Mitglieder wurden am 17. Mai 1847 ernannt. Die Eröffnungssitzung fand am 2. Februar 1848 statt, das erste Heft ihrer Sitzungsberichte erschien am 28. April 1848. Die Zusammenstellung dieser Daten aus Haidinger's Buch zeigt, dass die in einem von Littrow verfassten Commissionsberichte (Almanach der kais. Akademie d. Wissensch. 1859, S. 57) aufgestellte Behauptung: vor Gründung der Akademie, habe es in Oesterreich an allen scientifischen Mittelpunkten gefehlt, nicht einmal für Wien Geltung hat. Was mögen aber von derselben beispielsweise die Theilnehmer an den Arbeiten der königl. böhmischen Gesellschaft der Wissenschaft denken?

v. Haniken gelegt; er selbst besorgte im abgelaufenen Sommer, unterstützt von den Herren Johann Bökh und Anton Koch, die Detailaufnahme des Terrains der Specialkarte von Ungarn E. S. Umgebungen von Veszprim, während Herr Dr. K. Hoffmann und Herr B. Winkler jene der Umgebungen des Zsilthales in Siebenbürgen durchführten.

Einem getroffenen Uebereinkommen zu Folge erwarten wir die Zusendung von Copien der Aufnahmskarten, welche in diesem und dem verflossenen Jahre gewonnen wurden, sowie auch die der Aufnahmsberichte. Wenn von den letzteren bisher leider noch nichts in die Oeffentlichkeit gelangte, so tragen die Schuld an der Verzögerung keinesfalls die thätigen Theilnehmer an den Arbeiten selbst, welche ihre wissenschaftlichen Berichte über die Aufnahmen des Jahres 1868 bereits im vorigen Frühjahre an das königl. ung. Ministerium vorlegten. — Besonders förderlich für den so wünschenswerthen Einklang der ungarischen Aufnahmen mit unseren wird es sein, dass Herr Anton Koch den Winter zum Behufe von Studien überhaupt und insbesondere um die Bestimmung der bei den Aufnahmen gesammelten Fossilien in unserem Museum durchzuführen, in Wien zubringen wird.

In ein noch weiter vorgerücktes Stadium bereits sind die Arbeiten des aus Landesmitteln subventionirten Comités zur naturwissenschaftlichen Durchforschung von Böhmen getreten.

Was die geologische Section dieses Comités betrifft, so setzte sich dieselbe zum Ziele, auf Grundlage der bisherigen wissenschaftlichen Resultate, unter welchen namentlich auch die Aufnahmen der k. k. geologischen Reichsanstalt rühmend hervorgehoben werden, eine noch weiter ins Detail gehende Untersuchung der Gebirgsformationen Böhmens vorzunehmen und dabei insbesondere auch die für die Land- und Forstwirthschaft wichtigen Fragen über die Abhängigkeit des Gemeinenuntergrundes zum productiven Boden zu berücksichtigen. Die Hauptthätigkeit wurde in diesem Behufe seit dem Jahre 1864, in welchem die Arbeiten begonnen wurden, auf die Detailuntersuchung der böhmischen Kreideformation verwendet.

Der grösste Theil von 4 Sectionen der 10 Blätter umfassenden neuen geologischen Karte des Landes, welche herausgegeben werden soll, jene Theile des nördlichen Böhmens umfassend, in welchen die Kreideformation in grösserer Verbreitung entwickelt ist, wurde dabei bearbeitet und in dem eben erschienenen ersten Bande des „Archives für die naturwissenschaftliche Durchforschung von Böhmen" geben ausführliche, überaus lehrreiche Abhandlungen von den Herren Prof. J. Krejčí und Dr. A. Frič die Details der bisher erzielten Resultate.

Ohne auf den weiteren nicht minder werthvollen Inhalt dieser Druckschrift einzugehen [1]), möchte ich hier nur noch hervorheben, dass es gewiss als ein Zeichen weit vorgeschrittener wissenschaftlicher und industrieller Entwicklung betrachtet werden darf, wenn zuerst unter allen Kronländern der österr.-ung. Monarchie im Königreiche Böhmen das Verlangen nach geologischen Aufnahmen, noch detaillirter, als die unserer Anstalt es sein können, rege wird, und wenn gleichzeitig die Mittel aufgebracht werden dieses Verlangen zu befriedigen.

---

[1]) Dieselbe wird in Nr. 16. unserer Verhandlungen besprochen werden.

Wiederholt habe ich bei früheren Gelegenheiten hervorgehoben, dass, was das Detail der Ausführung betrifft, unsere geologischen Aufnahmen der Raschheit wegen, mit welcher sie durchgeführt werden müssen, mit jenen der in dieser Beziehung am weitesten vorgeschrittenen Staaten, namentlich aber Grossbritanniens, nicht in Parallele gestellt werden dürfen. Zur Detailaufnahme der gleichen Quadratfläche wird in Grossbritannien, wo doch so weit vollkommenere Vorarbeiten vorliegen, ein ungleich grösseres Mass von Arbeitskraft und Geldmitteln (von letzteren nach einer Berechnung Sella's 14 mal so viel) aufgewendet, wie bei uns. Dass es dabei nicht möglich ist hier die gleiche Genauigkeit zu erreichen, wie dort, ist wohl selbstverständlich. Aber in gleicher Weise wie bei der fortschreitenden Cultur der einzelnen Länder topographische Karten in stets grösserem Maassstabe und mit mehr und mehr Detail der Ausführung für die Bedürfnisse der Bewohner erforderlich werden, in gleicher Weise ist dies auch für geologische Karten, die je mehr specielle Angaben sie enthalten, um so grösseren directen practischen Nutzen bringen, der Fall.

Auch für das Erzherzogthum Oesterreich unter der Enns scheint es aber an der Zeit, wenigstens den Versuch der Bearbeitung einer ins grösste Detail gehenden geologischen Karte vorzunehmen.

Die von Seite des Vereines für Landeskunde von Niederösterreich in Herausgabe begriffene Administrativkarte in 111 Blättern in dem Maasse von 1 Zoll = 400 Klafter (1 : 28800) der Natur[1]) bietet eine ganz vorzügliche Grundlage für einen derartigen Versuch. Einer Anregung, die ich in dieser Beziehung gab, freudig Folge leistend, haben die Herren Theod. Fuchs und Felix Karrer zunächst die Bearbeitung der Section Nr. 65 (Wien) unternommen.

In gleicher Weise sollen dann nach Maassgabe der vorhandenen Kräfte und der Theilnahme, die wir für das Unternehmen gewinnen, nach und nach weitere Sectionen zur Bearbeitung kommen. Wir erlauben uns hiermit alle Fachmänner und Freunde unserer Wissenschaft im Lande zur Mitwirkung an dieser Arbeit einzuladen.

Auf unsere eigenen Verhältnisse zurückkommend muss ich vor Allem einige Worte der Erinnerung einem unserer treuesten Freunde widmen, der uns durch den Tod entrissen wurde. Herr Professor Rudolf Kner verschied nach längerer Krankheit am 27. October l. J., demnach sowie im vorigen Jahre unser unvergesslicher Freund Hörnes nur ganz kurze Zeit vor unser Jahressitzung. Geboren im Jahre 1810 zu Linz, vollendete Kner die medicinischen Studien zu Wien, war dann durch 6 Jahre als Practicant im k. k. Hof-Naturalien Cabinete thätig und wurde im Jahre 1841 zum Professor der Naturgeschichte an die k. k. Universität zu Lemberg, im Jahre 1849 zum Professor der Zoologie an die Wiener Hochschule berufen. Schon aus den früheren Abschnitten seines thätigen Lebens verdanken wir ihm wichtige Beiträge aus dem Gebiete unserer Fachwissenschaften, so insbesondere die ersten eingehenderen Mittheilungen über die Kreidefossilien von Ost-Galizien.

---

[1]) Vgl. Verh. 1869, p. 201.

Von weit höherer Bedeutung aber noch sind seine Arbeiten über fossile Fische, mit deren Studium er sich insbesondere nach dem Tode Heckel's als dessen würdiger Nachfolger mit grösstem Eifer und Erfolge beschäftigte. Die zahlreichen Monographien, die er in dieser Richtung meist in den Druckschriften der k. Akademie der Wissenschaften veröffentlichte, fanden die allgemeinste Anerkennung. Kner's Hinscheiden lässt eine wahre Lücke im Kreise unserer Fachgenossen, in welchem ihm ein treues Andenken für alle Zeit gesichert ist.

Was den Personalstand der Mitglieder der Anstalt betrifft, so sind in demselben im Laufe des Jahres wichtige Veränderungen eingetreten.

Ferdinand Freih. v. Andrian, durch seine Privatverhältnisse dazu veranlasst, trat aus dem Verbande derselben aus. Die vorzüglichen Dienste die er während eines Zeitraumes von mehr als 11 Jahren geleistet, fanden durch den ihm verliehenen Titel eines Bergrathes an allerhöchster Stelle eine gnädige Anerkennung. Wir selbst aber sind in der erfreulichen Lage zu constatiren, dass Freih. v. Andrian auch seither noch mit voller Thatkraft an unseren wissenschaftlichen Arbeiten Antheil nimmt. Wiederholt noch werde ich im Folgenden Gelegenheit haben auf seine Leistungen in dieser Beziehung zurückzukommen.

Durch die Vorrückung der Herren Dr. E. v. Mojsisovics und Dr. U. Schloenbach zu Hilfsgeologen, dann durch den Eintritt, in der Stellung von Practicanten der Herren Fr. v. Vivenot und Dr. M. Neumayr wurde das Personale der Anstalt auf den Normalstand ergänzt. Heute schon darf ich mit voller Beruhigung sagen, dass Dank dem Eifer und der Thätigkeit der Genannten die getroffene Wahl nicht leicht eine glücklichere sein konnte.

Noch endlich habe ich beizufügen, dass dem treuen und erprobten Cabinetsdiener der Anstalt Johann Sottner, bei Gelegenheit seiner von ihm selbst angesuchten Uebersetzung in den bleibenden Ruhestand von Sr. k. k. Apostolischen Majestät in allergnädigster Anerkennung seiner langen und vorzüglichen Dienstleistung das silberne Verdienstkreuz mit der Krone verliehen wurde.

So wie in früheren Jahren hatten wir uns auch in diesem einer lebhaften Theilnahme an unseren Arbeiten von Seite jüngerer Fachgenossen zu erfreuen, die sich uns zunächst zum Zwecke ihrer eigenen höheren Ausbildung anschlossen, mehrfach aber auch mit selbstständigen wissenschaftlichen Leistungen in die Oeffentlichkeit traten. Einberufen von dem k. k. Ackerbau-Ministerium verwendeten sich in dieser Weise an der Anstalt die Herren Rudolph Hayd und Rudolph Knapp, und einberufen von dem k. k. Finanz-Ministerium Herr Adolph Hampel. Ueberdies schlossen sich uns als freiwillige Theilnehmer an den geologischen Arbeiten theilweise während der ganzen Dauer des Jahres an die Herren K. Griesbach, Dr. Felix Krenz, Karl Etti, Julius Posevitz und Johann Kolbay.

Die geologischen Detail-Aufnahmen wurden in drei von einander getrennten Gebieten der österreichisch-ungarischen Monarchie durchgeführt. Zwei Sectionen vollendeten die Aufnahme der Roman-Banater Grenze, und zwar die erste die südliche, die zweite die nördliche Hälfte dieses Gebietes.

In der südlichen Hälfte untersuchten der Chefgeologe Herr Bergrath Foetterle, begleitet von Herrn R. Knapp und Herrn Dr. Urb. Schloenbach, denen sich während längerer Zeit Herr F. Freiherr v. Beust als Volontär angeschlossen hatte, zunächst gemeinschaftlich die an der Donau gelegenen Gebirgspartien zwischen Tissovitza und Orsova, dann wendete sich Ersterer nach Osten in das Gebiet des Cerna- und Belareka-Thales während Letzterer das Almás-Thal mit den dasselbe umgebenden Gebirgen bearbeitete. Grosse Schwierigkeiten bot die Untersuchung des bei 20 Quadratmeilen grossen Landestheiles zwischen der Donau, dem Cerna-Thale und der Almás. Dem Mittelgebirge mit Höhen von 2–3000 Fuss angehörig, ist derselbe mit Wald, grösstentheils Urwald, bedeckt, zeigt nur sehr wenig Entblössungen und ist gänzlich unbewohnt.

Der grösste Theil des ganzen untersuchten Gebietes besteht aus krystallinischen Schiefern, die nach petrographischen Merkmalen und den Lagerungsverhältnissen specieller gegliedert werden konnten. Sie werden von mehreren Granitmassiven unterbrochen und stehen vielfach mit Serpentinen in Verbindung, die namentlich im Süden viel grössere Verbreitung besitzen als die früheren Karten angeben, und zahlreiche Stücke von Chromerzen einschliessen. Diese Serpentine selbst sind aber wie Herr Dr. Schloenbach in seinem Gebiete nachweisen konnte, verschiedenen Alters, und die jüngsten derselben gehören der Steinkohlenformation an. Schmale aber weit fortsetzende von SW. nach NO. streichende Zonen von Schichtgesteinen sind den krystallinischen Gesteinen muldenförmig aufgelagert. In den östlicheren derselben ist nach den Untersuchungen von Foetterle die productive Steinkohlenformation sehr untergeordnet vertreten, während die Schichten des Rothliegenden sehr verbreitet sind und von Porphyren und Melaphyren begleitet werden. Sandsteine und schwarze Schiefer, die früher theilweise der Steinkohlenformation zugezählt worden waren (so namentlich bei Mehadia), gehören der Liasformation an, wogegen die mächtigen und ausgedehnten Kalkmassen am Kazan, dann im Cernathale theils dem Jura, theils der Kreide zufallen. In das von Herrn Dr. Schloenbach untersuchte Gebiet fällt der Ostrand der grösseren Partie von Sedimentgesteinen, welche das Civil-Banat in der Umgebung von Steyerdorf durchziehen. Dieser Ostrand besteht aus einem mächtigen Kalkgebirge, welches beinahe nur aus verschiedenen Gliedern der Kreideformation zusammengesetzt ist; östlich von demselben im Norden von Bozovics wurde ein isolirter, mächtiger Complex von Mergeln und Sandsteinen der Kreideformation entdeckt. Von besonderem Interesse erscheinen noch die Auffindung von trachytischen Gesteinen mit grossen Feldspath- und Hornblende-Krystallen im Gebiete des Krystallinischen — der Nachweis, dass das mit Tertiärgebilden erfüllte Becken der Almás als ein Answaschungs-, nicht aber als ein Muldenthal zu betrachten ist — die Entdeckung zahlreicher Petrefacten der marinen sowohl als der sarmatischen Stufe in den jüngeren Tertiärschichten der Umgebung von Mehadia und Orsova u. s. w.

Auch in der nördlichen Hälfte der Roman-Banater Grenze, deren Aufnahme Herr k. k. Bergrath D. Stur als Chefgeologe unter Mitwirkung von Herrn A. Hampel und Herrn J. Posevitz durchführte, bilden krystallinische Schiefer, und zwar meist Gneiss, dann Thonglimmerschiefer die Hauptmasse der Gebirge. Sehr bemerkenswerth ist hier die Einlagerung von Conglomeraten im Thonglimmerschiefer. Dieselben bestehen aus theils eckigen, theils vollkommen abgerundeten Bruchstücken von Gneiss und Hornblendegestein. Von jüngeren Gebilden sind namentlich Cerithien Schichten, sehr reich an Petrefacten, mächtig entwickelt.

Drei weitere Sectionen waren in den Karpathen im nördlichen Ungarn thätig. Die eine derselben, Herr Sectionsgeologe Wolf, an dessen Arbeiten durch längere Zeit die Herren Johann Kolbay und Max Gross theilnahmen, besorgte die Aufnahme des Blattes der Generalstabskarte Nr. 20, Umgebungen von Kaschau. In diesem Gebiet fällt ein grosser Theil des interessanten Eperies-Tokajer Trachytzuges, der aber, wie Herr Wolf ermittelte, nicht ein zusammenhängendes Ganzes bildet, sondern auf einer Querlinie zwischen Regete-Ruszka und Kis-Szalancz durch jungtertiäre Sedimente, welche Lignitflötzchen enthalten, vollständig unterbrochen erscheint. In den dem Trachytgebirge angelagerten jüngeren Sedimentgesteinen wurden sarmatische Schichten mit bezeichnenden Petrefacten nordwärts bis Zsadány in der Nähe von Kaschau verfolgt. Weiter nach Norden treten allmälig, von den Andesiten durchbrochen, immer ältere und ältere Schichten der Tertiärformation zu Tage.

Die Culturschichten mit Obsidianwerkzeugen u. s. w., welche Herr Wolf im vorigen Jahre an so vielen Punkten in der Umgebung von Ujhely beobachtet hatte, fehlen auch in seinem diesjährigen Aufnahmsgebiete nicht. Besonders schön und zahlreich fanden sie sich an den Gehängen des Schlossberges von Nagy-Szalánez.

Die zwei anderen Sectionen setzten die Aufnahme der nordungarischen Karpathen, ostwärts bis zum Meridian von Beregszász-Munkács, fort, und zwar in der Weise, dass Herr k. k. Bergrath Stache, unterstützt von den Herren Dr. M. Neumayr und Dr. F. Kreuz, die südliche Hälfte südwärts bis zur ungarischen Ebene, und Herr K. M. Paul die nördliche Hälfte bis zur ungarisch-galizischen Grenze bearbeiteten.

Als die wichtigsten Ergebnisse in wissenschaftlicher Beziehung aus dem südlichen Gebiete, in welches der nordwestliche Theil des grossen Vihorlat-Gutin-Trachytgebirges fällt, können hervorgehoben werden: die Ausscheidung und Begrenzung des auf den Karten bisher nicht verzeichneten kleinen, aus der Ebene emportauchenden, Andesitgebirges von Király-Helmecz südwestlich von Ungbvár; — die Trennung der isolirte Berggruppen bildenden bunten amphibolreichen Trachyte oder Normaltrachyte (Vinna, Patka-Helmecz, Munkács u. s. w.) von der altersverschiedenen Hauptmasse der dunklen Andesite; — die Vervollständigung und Berichtigung des Klippenzuges zwischen Perecseny, Uj-Kemencze und Várallya in Bezug auf die örtliche Lage und Zahl der Hauptklippen; — die Constatirung des Wiederaufflaurhens des im Klippengebiete der Árva vertretenen, im ganzen Peninischen Klippenzuge aber bisher nicht beobachteten Lias, dann die Auffindung von Vertretern der rothen Csorsztyner Kalke, und von neuen Petrefacten-Fundpunkten des mittleren Jura im Gebiete dieses Klippenzuges; — die Nachweisung und Abgrenzung der von Herrn K. Paul im vorigen Jahre aufgestellten Glieder des eocenen Karpathen-Sandsteines, Ropianka-Schichten, Belowesza-Schichten mit Inbegriff der Salower-Conglomerate und der den Smilno-Schiefern entsprechenden Meletta-Schichten, dann Magura-Sandstein in dem Gebirgszug zwischen Berezna und Pereéeny — endlich die Auffindung von jungtertiären pflanzenführenden Thonen in der Nähe von Ungvár.

Von hoher practischer Bedeutung dagegen erscheint die Auffindung eines bedeutenden Lagers von weissen rhyolitischen Sedimentärtuffen, die mit der „Porzellan-Erde" von Dubrinics vollkommen übereinstimmen. Die letztere wurde bekanntlich auch in der bestandenen kais. Porzellanfabrik in Wien als ein ganz vorzügliches Materiale erprobt. Das neue Lager entdeckte Herr Bergrath Stache in einer für den Verkehr noch günstiger gelegenen Gegend, im Borollo-Gebirge zwischen Hnukocz und Várnlya nordöstlich von Szobráncz.

Die von Herrn Paul untersuchte Gegend, nördlich vom Vihorlát-Trachytzuge, besteht zum grössten Theil aus tertiärem Karpathen-Sandsteine, in welchem auch hier im Zempliner und Ungher Comitate die Ausscheidung der oben erwähnten Glieder durchgeführt und somit ein klarerer Einblick in die tektonischen Verhältnisse dieser einförmigen Gebiete gewonnen wurde. In Herrn Paul's diesjähriges Aufnahmsgebiet fällt aber auch die östliche Hälfte des so interessanten Kalkgebirges von Homonna, dessen westliche Hälfte derselbe bereits im vorigen Jahre untersucht hatte.

Ueber den Keupermergeln sind in demselben in einer grösseren Anzahl von Bänken die rhätische und die Liasformation entwickelt. Bezüglich der letzteren ergibt sich eine auffallende Analogie mit den in anderen Beziehungen so wesentlich abweichenden Gesteinsreihen der Klippenzone, indem hier wie dort die Oberregion des unteren Lias (die Zone des *A. raricostatus*) die bedeutendste Entwicklung erreicht, während die tiefsten, wie die mittleren und oberen Etagen des Lias nur untergeordnet und local auftreten.

Eine sechste Aufnahms-Section endlich, bestehend aus Herrn Dr. E. v. Mojsisovics, dem Herr R. Heyd zugetheilt war, begann die Detailuntersuchung von Tirol und zwar in der nördlichsten Ecke des Landes in der Umgegend von Kufstein und Häring, dann im Kaisergebirge. Durch längere Zeit nahm hier Herr E. Favre aus Genf an den Arbeiten Antheil. Die ältesten Sediment-Gebilde, welche unmittelbar dem Thonglimmerschiefer der Centralkette anlagern, bestehend aus Barytführenden Kalkmassen, die mit rothen Kalk-Conglomeraten in Verbindung stehen, konnten, da sie unter dem Grödner Sandstein liegen, als paläozoisch ausgeschieden werden. In den über dem Grödner Sandstein folgenden Trias-Schichten fand Herr v. Mojsisovics seine in den letzten Jahren über die Gliederung der alpinen Trias gewonnenen Anschauungen im Allgemeinen vollständig bestätigt. Insbesondere constatirte aber auch er hier das Vorhandensein eines den Torer Schichten der Südalpen entsprechenden Niveaus von mergeligen littoralen Gebilden mit Petrefacten der Raibler und St. Cassianer Complexes zwischen dem Wettersteinkalk im Liegenden und dem Dachstein-Dolomit im Hangenden. Den letzteren betrachtet er als ein zweifelloses Aequivalent des typischen Dachsteinkalken im Salzkammergute. Bezüglich der jüngeren mesozoischen Formationen wäre noch als bemerkenswerth hervorzuheben, dass der Dogger in dem untersuchten Gebiete gänzlich zu fehlen scheint, indem allerorts auf die obersten Liasschichten unmittelbar dem Malm angehörige Gebilde folgen. Was die Tertiärschichten betrifft, welche die Braunkohlenflötze von Häring einschliessen, so wurde die unerfreuliche Beobachtung gemacht, dass dieselben einen noch weniger ausgedehnten Flächenraum einnehmen als die früheren Karten angeben. Glacialgebilde endlich sind in dem ganzen Gebiete sehr verbreitet, insbesondere erscheinen erratische Blöcke bis auf Höhen von 5000 Fuss über dem Meere.

Zahlreicher und ausgedehnter als in irgend einem der früheren Jahre waren die Ausflüge und Reisen, welche, abgesehen von den eigentlichen Aufnahmen, von den Mitgliedern der Anstalt theils in reinwissenschaftlichem Interesse, theils zur Lösung practischer Aufgaben unternommen wurden. Ich selbst führte im Frühjahre vor dem Besuche unserer verschiedenen Aufnahmsgebiete gemeinschaftlich mit Herrn Bergrath Foetterle eine Reihe von Untersuchungen an der unteren Donau in den Umgebungen von Bersászka und Swinitza durch, und von hier begaben wir uns gemeinschaftlich mit Herrn Bergrath Freih. v. Andrian nach Constantinopel. An diese Reise schlossen sich dann die weiteren höchst erfolgreichen Studien, welche Freiherr v. Andrian an den Gestaden des Bosphorus und in Mytilene, so wie jene, welche Bergrath Foetterle, einer Aufforderung des Herrn Bruno Oszman in Rustschuk folgend, in Bulgarien anstellte. Ueber die noch weit umfassenderen Untersuchungen, welche Herr Prof. v. Hochstetter im Gebiete der europäischen Türkei im Laufe des Sommers durchzuführen in der Lage war, wird uns derselbe freundlichst noch in der heutigen Sitzung eine Uebersicht mittheilen. — Die Gelegenheit des Besuches der allgemeinen Naturforscher-Versammlung in Innsbruck — einen ausführlichen Bericht über dieselbe enthält die letzte Nummer unserer Verhandlungen — benützten die meisten von uns zum Besuche geologisch-wichtiger Punkte am Hin- oder Rückwege. Im Salzkammergute wurde bei dieser Gelegenheit von Dr. v. Mojsisovics die neu entdeckte Fundstelle von alpinen Muschelkalk-Petrefacten in einem rothen, petrographisch dem Hallstätter Kalke sehr ähnlichen Kalksteine, im Gosauthale untersucht, während Dr. Schloenbach in Salzburg nach Fossilien, die Herr Prof. Abele daselbst entdeckt hatte, das Vorkommen von Gosaumergeln an der Basis der Conglomerate des Festungsberges constatiren konnte. Herr Wolf unternahm nach der Versammlung in Innsbruck eine Instructionsreise in die Phosphorit- und Brauneisenstein-Districte in der Lahn und weiter nach Würzburg, Giessen und München. — Bei der Versammlung der deutschen geologischen Gesellschaft in Heidelberg war unsere Anstalt durch die Herren Dr. Schloenbach und Neumayr vertreten. Später nahm letzterer einen längeren Aufenthalt in München, hauptsächlich um die neuen Funde aus den jurassischen Schichten der Karpathen mit den Materialien der ehemals Hohenegger'schen Sammlung zu vergleichen. — Herr F. v. Vivenot schloss sich Herrn Th. Fuchs auf einer Untersuchungsreise durch verschiedene Theile des Erzherzogthums Oesterreich an und sammelte bei dieser Gelegenheit werthvolle Suiten von Gebirgsarten und Petrefacten für unser Museum. — Noch im Spätherbste endlich unternahm Herr v. Mojsisovics einen Ausflug in den Bakonyer Wald und studierte daselbst in Begleitung des k. ung. Sectionsgeologen Herrn Johann Böckh die Triasgebilde der Umgegend von Veszprim, unter welchen insbesondere die von dem letzteren entdeckten und vorläufig als Hallstätter Kalk bezeichneten rothen, Cephalopoden führenden Kalksteine hohes Interesse erregen.

Hatten die im vorigen aufgezählten Unternehmungen zunächst wissenschaftliche Zwecke, so bieten uns die im Folgenden zu erwähnenden einen überaus erfreulichen Beweis, dass unsere Arbeiten und Erfahrungen für die Praxis mehr und mehr in Anspruch genommen und benützt werden.

In Erzherzogthume Oesterreich ob und unter der Enns nahmen die Herren Bergräthe Fr. Foetterle und D. Stur in Folge einer Aufforderung des Präsidiums des Gemeinderathes von Wien eine Detailuntersuchung der Bodenbeschaffenheit der für den neuen Centralfriedhof von Wien vorgeschlagenen Terrains vor und gaben umfassende Gutachten über die relative Tauglichkeit derselben zu dem gedachten Zwecke. Auf Ansuchen des Herrn Glaser untersuchte Stur ferner das Vorkommen der Weissende (Talkschiefer) bei Schaberthof in der Gegend von Edlitz, für die erste allgemeine österreichische Baugesellschaft erhob er die Verhältnisse des Vorkommens des Congerientegels bei Neusteinhof und Altmannsdorf, des Ziegellehms in der Gegend nördlich bei Mölk, und des hydraulischen Kalkes von Steinstall unweit Kirchberg, und im Interesse des Herrn Grosshändlers J. M. Pfeiffer besichtigte er das Vorkommen des hydraulischen Kalkes im Tradigistgraben. Herr H. Wolf führte über Aufforderung des Landesausschusses eine genaue Untersuchung der geologischen Verhältnisse in den Umgebungen der Jodquelle von Hall in Oberösterreich durch, und weiter untersuchte er die Schichtenfolge, die bei den Brunnenbohrungen in der Presshefefabrik des Herrn Max Springer in Rudolphsheim durchfahren worden, sowie für die erste österreichische Baugesellschaft das Vorkommen von Ziegellehm bei Laa und die Steinbrüche beim grünen Kreuz anwelt Nussdorf.

In Steyermark untersuchte Herr Dr. v. Mojsisovics im Auftrage des k. k. Finanz-Ministeriums die Umgebungen von Liezen und Mitterndorf in Bezug auf die Wahrscheinlichkeit des Vorkommens von bauwürdigen Steinsalzablagerungen. Herr Bergrath Fr. Foetterle nahm auf Ansuchen der Gratz-Köflacher Eisenbahn- und Kohlenbergbaugesellschaft eine Besichtigung und Schätzung der dortigen Kohlenwerke, so wie auf den Wunsch des Herrn Grafen F. v. Meran eine Besichtigung und Schätzung von dessen Kohlen- und Eisenworken in Köflach und Krems vor, und für die Neuberg-Mariazeller Gewerkschaft untersuchte er die Eisensteinvorkommen bei Neuberg und Mariazell. Herr K. Paul untersuchte für das Bankhaus Brandeis-Weikersheim in Wien die Eisenerzvorkommen bei Voran.

In Tirol führte Herr Bergrath Dr. G. Stache auf den Wunsch des Stadtmagistrates von Botzen die behufs einer zweckmässigen Wasserversorgung der Stadt erforderlichen geologischen Untersuchungen durch.

In Mähren besuchte Herr Bergrath Foetterle im Interesse der Franco-Oesterreichischen Bank Rossitz zur Schützung des dortigen Steinkohlenbergbaues, und bereiste Herr H. Wolf für dieselbe Bank die Eisensteinbergbaue im südwestlichen Theile von Mähren. Herr Bergrath Stur untersuchte über Aufforderung der k. k. Bezirkshauptmannschaft in Olmütz die Verhältnisse der wasserführenden Schichten am Ostgehänge des Tafelberges, um zu ermitteln ob durch den Bau eines dort projectirten Eiskellers für die Wassermenge der Kreuzbrunnen- und Greiner-Quelle ein Nachtheil entstehen könne; auf den Wunsch des Herrn Mor. Primavesi, Chef der Aktiengesellschaft für Zuckerfabrication in Olmütz, untersuchte er ferner die Wasserverhältnisse in der Umgegend von Hullein, und auf den Wunsch des Herrn Fl. Bienert die geologischen Verhältnisse der Umgegend von Hinter-Ehrensdorf bei Gewitsch.

In Böhmen besuchte Herr Bergrath Foetterle im Interesse des Herrn J. R. Eaton die demselben gehörigen Braunkohlenbergbaue bei Teplitz, Komotau und Falkenau, und für die Volksbank in Wien nahm er eine Untersuchung des Kupferbergbaues in Graslitz im Erzgebirge vor. Herr Wolf begab sich nach Teplitz, um die dortigen neuen Quellenaufschlüsse kennen zu lernen.

In Galizien begleitete Herr Bergrath Fr. Foetterle über Aufforderung des k. k. Finanzministers den Herrn k. k. Ministerialrath Freih. v. Beust nach Wieliczka zur näheren Untersuchung des im Monate November v. J. in dem Salzberghau stattgehabten Wassereinbruches; die Herren Bergrath G. Stache und K. v. Hauer machten im Interesse der Anglo-österreichischen Bank über das Vorkommen, die Mächtigkeit und chemische Zusammensetzung der Lagerstätten von Kalisalz in Kalusz eingehende Studien.

In Ungarn machte Herr Bergrath Stur auf den Wunsch des Herrn Stephan von Zichy umfassende Untersuchungen über das Vorkommen von Braunkohle in Budafa unweit Kanizsa, — Herr H. Wolf untersuchte auf den Wunsch des Herrn Grafen Stephan Keglevich die Eisensteinvorkommen auf dessen Gute Rakó in Tornaer Comitat, — über Aufforderung der Kaschauer Kohlenbaugesellschaft besuchte er ferner das Kohlenvorkommen bei Somody im selben Comitate, und über Aufforderung der Herren Müller in Kaschau und Schwarz in Forro jene von Galsécs im Borsoder Comitat und von Felső-Dobsa im Abaujer Comitate. In Gesellschaft des Herrn Verwalters Ivacskovics zu Diós-Györ endlich befuhr er die neu aufgeschlossenen Braunkohlenfelder der dortigen Gegend. Herr Bergrath Fr. Foetterle begab sich auf den Wunsch mehrerer Privaten aus Pest nach Teronye zur Untersuchung des dortigen Braunkohlenvorkommens, und auf den Wunsch einiger hiesiger Bankhäuser untersuchte er die Eisensteinvorkommen in der Zips. Herr K. M. Paul folgte einer Einladung des Herrn Stanick in Dohra (Zempliner Comitat) zur Untersuchung des dortigen Petroleum-Vorkommens, und einer Aufforderung des Herrn Ding in Brünn entsprechend besichtigte auch er das Braunkohlenvorkommen von Somody.

Im Auslande endlich untersuchte Herr Bergrath Foetterle über Aufforderung des Bankhauses J. Landau in Breslau den Steinkohlenbergbau zu Altwasser bei Waldenburg in Nieder-Schlesien, und Herr

11. **Wolf** über Aufforderung des Herrn Fr. **Wanick** in Brünn die Schwefelvorkommen zwischen Villa und Tufo in Calabrien.

Alle diese zahlreichen Unternehmungen wurden, wie schon erwähnt, zunächst für practische Zwecke, zur Beantwortung bestimmt gestellter einzelner Fragen ins Werk gesetzt; der Werth ihrer Ergebnisse bleibt aber nicht auf eine Beantwortung dieser Fragen beschränkt. Die meisten derselben lieferten Thatsachen von allgemeinem Interesse, welche in kürzeren Berichten oder ausführlicheren Abhandlungen in unseren Druckschriften niedergelegt werden.

So wie in früheren Jahren wurde auch in diesem unter der Leitung von Herrn Bergrath **Foetterle** eine Instructionsreise der an die Anstalt einberufenen k. k. Montan-Ingenieure, und zwar in die Bergbau- und Hüttenwerke der k. k. Staatseisenbahngesellschaft im Banate veranstaltet.

Mit innigstem Dankgefühle gedenken wir der kräftigen Unterstützung, welcher wir uns bei allen unseren Reiseunternehmungen, von Seite der öffentlichen Behörden und Institute sowohl, wie von Seite der Landesbewohner überhaupt zu erfreuen hatten. Zu ganz speciellem Danke aber fühlen wir uns verpflichtet an die grossen Verkehrsanstalten des Reiches, die Gesellschaften der k. k. a. p. **Kaiser Ferdinands-Nordbahn**, der k. k. priv. **Oesterreichischen Staatseisenbahn**, der k. k. priv. **Oesterreichischen Südbahn**, der k. k. priv. **Theiss-Eisenbahn**, der k. k. priv. **Elisabeth-Westbahn** und die k. k. priv. **Donau-Dampfschifffahrtsgesellschaft**, welche durch eine überaus liberale Gewährung von Freikarten an unsere Geologen unsere Arbeiten und Untersuchungen auf das Wirksamste förderten.

Ich kann diesen unseren Arbeiten im Felde und unseren Reisebewegungen gewidmeten Abschnitt meines Jahresberichtes nicht schliessen, ohne noch an die grossen Unternehmungen einiger uns innigst befreundeter Forscher und ehemaliger Theilnehmer an unseren Arbeiten, bezüglich deren uns Nachrichten vorliegen, zu erinnern.

Während uns beinahe jede Post neue Beweise von der unermüdlichen Thätigkeit bringt, mit welcher Herr Dr. Ferdinand **Stoliczka** an den unter **Oldham**'s Leitung stehenden Arbeiten des geologischen Aufnahms-Amtes in Indien theilnimmt, setzt Freiherr v. **Richthofen** unter noch viel schwierigeren Verhältnissen seine geologischen Untersuchungen im Innern des chinesischen Reiches fort. Wir selbst waren in der Lage, in Nr. 7 unserer Verhandlungen (vom 20. April l. J.) ein von Shanghai 26. Febr. 1869 datirtes Schreiben **Richthofen**'s mit einer Schilderung der Schichtgebirge am Yang-tse-kiang zu veröffentlichen; die letzte Nummer von **Petermann**'s geographischen Mittheilungen bringt uns neuere Nachrichten, ein Schreiben vom 7. Mai 1869 aus Chi-fu, in welchem sich insbesondere vorläufige Notizen über das Gebirgsland von Shantung, welches **Richthofen** näher kennen gelernt hatte, befinden, erst vorgestern endlich erhielt ich abermals eine ausführlichere Mittheilung **Richthofen**'s geschlossen zu Shanghai am 20. Sept. mit einer Uebersicht der wichtigsten Ergebnisse der ausgedehnten Landreisen, die derselbe im Laufe des Sommers, namentlich in den östlichen und nordöstlichen Provinzen von China durchgeführt hatte. Schon in dieser Nummer unserer Verhandlungen könnten wir dasselbe vollinhaltlich veröffentlichen.

Mit grosser Spannung sehen wir weiteren Nachrichten von Dr. Laube, der als Theilnehmer an der deutschen Nordpolarfahrt, auf der „Hansa" eingeschifft ist, entgegen. Unter den Schreiben, welche in der letzten Nummer der Petermann'schen Mittheilungen veröffentlicht sind — dieselben waren mit dem am 31. August nach Bremerhafen zurückgekehrten Dampfer „Bienenkorb" angelangt — befinden sich nur solche von Herrn Koldeway und den auf der „Germania" eingeschifften Personen. Die „Hansa" war vom „Bienenkorb" aus am 31. Juli im Eise festsitzend gesehen worden, des Eises wegen konnte man aber nicht zu ihr gelangen.

Von Herrn C. L. Griesbach endlich, der zusammen mit Herrn Gröger zu Anfang April unsere Anstalt und Wien verlassen hatte, um an einer von Hamburg aus organisirten Expedition nach dem Innern von Afrika und zwar namentlich in das Gebiet des Zambesi-Flusses theilzunehmen, erhielt ich die letzte Mittheilung von D'Urban (Port-Natal) vom 16. Juli. Von hier aus sollte die Expedition in das Innere des Landes angetreten werden. Auch von dieser Unternehmung erwarten wir mit Zuversicht die interessantesten Ergebnisse.

Die Oberaufsicht über unser Museum führte auch im abgelaufenen Jahre Herr k. k. Bergrath Stur. Ein wesentlicher Gewinn für die in demselben durchzuführenden so nothwendigen Arbeiten ist uns durch den Umstand erwachsen, dass Herr Fr. v. Vivenot zur speciellen Dienstleistung für diesen Zweig bestimmt werden konnte, und da er an den eigentlichen geologischen Aufnahms-Arbeiten nicht theilzunehmen hatte, auch den grössten Theil der Sommermonate hindurch seine Thätigkeit demselben widmete. Abgesehen von den zwar sehr wichtigen, aber weniger in die Augen fallenden Arbeiten zur besseren Ordnung der verschiedenen in den Schubladen aufbewahrten Sammlungen sind bezüglich der Schausammlungen unter Glas besonders hervorzuheben: die Aufstellung der fossilen Pflanzen von Bilin in zwei Wandschränken, nach der neuen Monographie von C. v. Ettingshausen, — eine Neu-Aufstellung unserer prachtvollen Sammlung der Tertiärpetrefacten des Wiener-Beckens, welche die meisten in dem grossen Hörnes'schen Werke beschriebenen Originalstücke enthält. Dieselbe war früher, wie es auch für die Bearbeitung in dem gedachten Werke am vortheilhaftesten erscheinen musste, nach dem zoologischen Systeme geordnet. Nun wurde sie, entsprechend der Anordnung aller übrigen Abtheilungen unserer Local-Petrefactensammlungen, in der Reihenfolge der verschiedenen geologischen Etagen nach einzelnen Fundorten aufgestellt. — Eine eben so eingreifende Aenderung wurde bezüglich unserer Localpetrefacten-Sammlung aus den nördlichen Karpathen hauptsächlich von Herrn Bergrath G. Stache durchgeführt. Erst die Detailaufnahme in denselben hatte die ganze Bedeutung der im nördlichen Sandsteingebiet fortstreichenden zwei Klippenzüge erkennen gelehrt. Die Petrefacten dieser zwei Züge wurden demgemäss von jenen der verschiedenen Localitäten der Central-Karpathen getrennt, und in abgesonderten Reihen zur Aufstellung gebracht. Das umfangreiche Materiale, welches in den letzten Jahren in den Nord-Karpathen überhaupt aufgesammelt worden war, kam dabei zur entsprechenden Verwerthung. — Noch ist endlich die Neuaufstellung der Gosaupetrefacten der nördlichen Alpen, und die zweckmässigere Bewahrung unseres schönen *Halitherium*-Skeletes von Hainburg, durch Einlassen desselben in Gyps, hervorzuheben.

Ueberaus werthvoll sind die Bereicherungen, welche im Laufe des Jahres unseren Sammlungen auf verschiedenen Wegen zukamen. Vor Allem habe ich hier einer wahrhaft grossartigen Gabe zu gedenken, welche wir in den letzten Tagen erst durch die Liberalität eines eifrigen Freundes unserer Wissenschaft, des Herrn Joseph Krutta erhielten. Mit Aufwendung bedeutender Geldmittel aquirirte derselbe unter gütiger Intervention des Herrn J. Barrande in Prag eine mit den Original-Bestimmungen des letzteren versehene überaus reichhaltige, über 700 Arten zählende Sammlung der Petrefacten des böhmischen Silurbeckens und übergab uns dieselbe als freies Geschenk. Diese Gabe ist uns um so werthvoller als wir von den durch Barrande's classische Arbeiten weltbekannt gewordenen Schätzen des gedachten Beckens bisher in unseren Sammlungen so gut wie Nichts besessen hatten, nunmehr aber in den Stand gesetzt sind durch ihre Aufstellung eine der empfindlichsten Lücken unseres Museums in wahrhaft glänzender Weise auszufüllen.

Auch im abgelaufenen Jahre waren wir in der erfreulichen Lage an einigen der interessantesten Fundpunkte von Fossilien Aufsammlungen in grösserem Maassstabe zu veranstalten, so insbesondere im Salzkammergute in den Umgebungen von Hallstatt, Aussee und im Gosanthale, dann in Böhmen in den Kreideschichten der Umgebungen von Böhmisch-Kamnitz, so ferner durch freundliche Vermittlung des Herrn J. Prorok in Stramberg und durch jene des Herrn L. Kamienski in den Klippenkalken der Umgebungen von Neumarkt in Galizien; überaus erfolgreich in gleicher Beziehung war ferner ein Ausflug, den Herr C. Freih. v. Ettingshausen nach Sagor unternahm und bei welchem er Aufsammlungen von fossilen Pflanzen für uns veranstaltete, deren Ergebniss er, zusammen mit den reichen bereits von früher her vorhandenen Materialien demnächst in einer besonderen Monographie zu bearbeiten gedenkt.

Dass bei Gelegenheit der geologischen Aufnahmen selbst allerorts lehrreiche Suiten von Gebirgsarten, Mineralien und Petrefacten aufgesammelt worden, ist selbstverständlich. Für Einsendungen solcher Suiten sind wir aber ferner noch zu besonderem Danke verpflichtet den Herren: Karl Freih. v. Schanroth in Coburg, Karl Freih. v. Czörnig in Ischl, Fr. Herbich in Kalan, F. Kanitz in Wien, O. Freih. v. Petrino in Czernowitz, J. M. Obermaier in Haag, Prof. K. A. Zittel in München, Dr. G. Laube in Wien, H. Sebütze in Waldenburg, A. Hofinek in Hallstatt, der k. k. Bergwerks-Direction in Pribram, Herrn G. Mayer in Reichenhall, der Frau Maria Schmelzer in Brünn, Herrn Fr. Melling in Eibiswald, Sr. k. Hoheit Herrn Wilhelm Herzog v. Württemberg, den Herren Hugo Pogatschnigg, Joh. Lbotsky in Wien, Dr. E. Weiss in Wien, J. Fanser in Pest, F. Seeland in Lölling, F. Pokorny in Verespatak, G. Ritt. v. Frauenfeld in Wien, dem Comité für die naturwissenschaftliche Durchforschung von Böhmen in Prag, den Herren J. Rachoy in Leoben, J. Trinker in Laibach, Consul M. Bader in Ismaila, E. Keller in Waag-Neustadtl, Director G. Tschermak in Wien, G. L. Neve Foster in London, F. Hazelinszki in Eperies, der Frau Emilie Goldschmid, den Herren Dr. Abdullah Bey in Constantinopel, Fr. Weluch in Klagenfurt, J. Bigoni in Losina, O. Brandt in Vlotho (Westphalen).

Auch wir waren bestrebt, so weit es in unseren Kräften stand, aus unseren Doubletten-Vorräthen, insbesondere an Lehranstalten, Sammlungen abzugeben. Den zahlreichen in dieser Beziehung an uns ergehenden Anforderungen in noch ausgedehnterem Masse zu entsprechen fehlt es nicht sowohl an Materialien, als vielmehr an der zur Auswahl und Ordnung der entsprechenden Gegenstände erforderlichen Zeit. Doch wurden im Laufe des Jahres mehr als 30 verschiedene Sammlungen abgesendet, darunter ausgezeichnete Suiten aus den Karpathen überhaupt, und aus den Umgebungen von Schemnitz insbesondere für die k. ung. geologische Anstalt in Pest, ferner Sammlungen der typischen Trachytvarietäten an die Bergakademien zu Freiberg und Pribram, an die Bergschule zu Waldenburg in Schlesien, an die k. k. Universität zu Krakau, an die Universitäten zu Kiel und Würzburg, an die naturhistorische Universität zu Frankfurt a. M., an das Polytechnicum in Kassel, an die Ober-Realschule in Ellbogen, und an Herrn Staatsrath Abich in Tiflis, — Sammlungen von Tertiärpetrefacten des Wiener-Beckens an die k. k. zoolog.-botan. Gesellschaft in Wien, an das Staats-Ober-Gymnasium in Neusohl, und an die Herren Otto Brandt in Vlotho, Karl Stoizner in Zvečevo, und Freih. v. Andrian in Wien. — Sammlungen alpiner und anderer Petrefacten an die Herren E. Arnaud in Apt, und F. Herbich in Balan, — einzelne Mineralien an das k. k. Hofmineralien-Cabinet in Wien, endlich kleinere Sammlungen von Mineralien, Gebirgsarten und Petrefacten an die k. k. Kriegsschule in Wien, die k. k. Divisionsschule in der F. J. Kaserne, an die landwirthschaftliche Schule in Grosten, an die k. k. Pionnierschule in Klosterneuburg, an die landwirthschaftliche Schule in Mödling, an die Gewerbeschule der Stadt Neuhaus in Böhmen, an die neu errichtete Gemeinde-Schule in Döbling, an das Theresianische Gymnasium in Wien, an die Waldmusschule in der Hinterbrühl u. s. w.

Die Arbeiten in unserem chemischen Laboratorium nahmen im Laufe des Jahres einen sehr erfreulichen Fortgang.

Neben dem Chef des Laboratoriums Herrn K. Ritt. v. Hauer waren hier als Volontäre die Herren Joseph Schöffl, Egmont Glaal und Richard Treville v. Combalrone, letzterer zu diesem Zwecke von dem k. ung. Finanz-Ministerium beurlaubt, thätig. Neuestens sind zu gleichem Zwecke eingetreten die Herren Dr. Eduard Tanber aus Pronsdorf-Schlesien und Herr Ottokar Pavel.

In wissenschaftlicher Beziehung sind hier insbesondere wieder die Analysen zusammenhängender Reihen von jüngeren Eruptivgesteinen hervorzuheben. Jenen der ungarisch-siebenbürgischen Gesteine aus der Trachytfamilie schliessen sich zahlreiche Untersuchungen analoger Gesteine, die Freih. v. Andrian an den Gestaden des Bosphorus und in Mytilene gesammelt hatte, an. Die Ergebnisse dieser Untersuchungen sollen im Laufe des Winters in unseren Sitzungen vorgelegt werden. Heute schon aber darf ich bemerken, dass sie ganz merkwürdige Analogien der letzterwähnten Gesteine mit jenen aus dem Karpathengebiethe erkennen lassen und somit eine ganz unerwartete Constanz des Charakters der im letztgenannten Gebiete unterschiedenen Typen, selbst in weit entlegenen Gegenden erweisen.

Unter den überaus zahlreichen Untersuchungen, welche für practische Zwecke von unserem Laboratorium verlangt wurden, sind solche von Mineralkohlen und von Eisensteinen am häufigsten. Was in dieser Beziehung gefordert wird, bezeichnet selbst einen erheblichen Fortschritt der Industrie. Während es sich in früheren Zeiten bei den Kohlen meist nur um Bestimmung des Aschen- und Wassergehaltes, dann der Brennkraft, und bei den Eisensteinen nur den Gehalt an Roheisen handelte, wurden im abgelaufenen Jahre wiederholt auch die Bestimmung des Gehaltes der Kohlen an Schwefel und schwefelsauren Salzen behufs der Beurtheilung ihrer Verwendbarkeit zum Bessemerprozess verlangt, und hatten wir von den eingesendeten Eisensteinen meist vollständige Analysen zu liefern, ein Beweis, dass ihre Verschmelzung und die weitere Verarbeitung des Roheisens nicht mehr auf rein empirische Versuche basirt, sondern mit Anwendung der Hilfsmittel, welche die Kenntniss der Chemie bietet, betrieben werden soll.

In dem unter der Leitung von Herrn k. k. Bergrath, A. Patera, stehenden hüttenmännisch-chemischen Laboratorium, dem Herr Max Ritt. v. Wolfskron das ganze Jahr über zugetheilt war, wurden abgesehen von zahlreichen Untersuchungen von Erzen, Kohlen, Salzen und Soolen auch einige grössere Versuchsreihen durchgeführt; so namentlich über die Gewinnung des Chromeisensteines aus dem Lebererz von St. Stephan und über die Beschickung für das Roh- und Cementationsschmelzen der Kupfererze von Kitzbüchl, Brixlegg, Jenbach und Klausen; endlich wurde der Schwefelhüttenprocess von Swoszowice einem eingehenden Studium unterzogen behufs einer Vergleichung der Resultate der bis jetzt dort gebräuchlichen Schwefeldestillation mit jenen einer Dampfaussaigerung.

Die Publication unserer Druckschriften, deren Redaction fortdauernd durch Herrn k. k. Bergrath Dr. G. Stache besorgt wird, nahm im Laufe des Jahres ihren regelmässigen Fortgang.

Von dem Jahrbuche erschienen das 4. Heft für 1868 und die 3 ersten Hefte für 1869 mit zusammen 19 Tafeln. Sie enthalten Abhandlungen von den Herren F. Freih. v. Andrian, Th. Fuchs, Egm. Glasel, K. L. Griesbach, Fr. v. Hauer, K. v. Hauer, F. Karrer, E. v. Mojsisovics, M. Neumayr, K. M. Paul, U. Schloenbach, D. Stur und H. Wolf in Wien, dann von den auswärtigen Freunden, den Herren A. Alth in Czernowitz, Carpenter in London, C. W. Gümbel in München, A. v. Kripp in Hall, G. Marks in Steyerdorf, A. Pichler in Innsbruck, J. Szabo in Pesth, V. v. Zepharovich in Prag und K. Zittel in München.

Von den Verhandlungen erschienen 4 Nummern für 1868 und 14 für 1869. Nebst Arbeiten von den sämmtlichen Mitgliedern der Anstalt enthalten dieselben Originalmittheilungen von den Herren Dr. Abdullah-Bey (in Constantinopel), H. Abich (Tiflis), A. Alth (Czernovitz), F. Freih. v. Andrian (Wien), Mor. Bader (Ismaila), Barbot de Marny

(St. Petersburg), C. Freih. v. Beust (Wien), E. Bunzel (Wien), J. Cocchi (Florenz), C. Freih. v. Czoernig (Görz), H. Doehen (Bonn), Eudes Deslongchamps (Caen), v. Eichwald (St. Petersburg), A. Fauser (Pesth), E. Favre (Genf), Th. Fuchs (Wien), E. Glasl (Wien), H. Göppert (Breslau), M. Gramski (Wien), M. Grassi (Acireale), K. Griesbach (Wien, derzeit im Port Natal), A. v. Groddek (Klausthal), C. W. Gümbel (München), F. Hazslinszky (Eperies), E. Hébert (Paris), O. Freih. v. Hingenau (Wien), G. Hinrichs (Jova City), F. v. Hochstetter (Wien), J. Hoffmann (P.-Ostrau), W. Hulosch (Trautmannsdorf), G. Jenzsch (Gotha), Rup. Jones (London), F. Karrer (Wien), E. Koller (Waag-Neustadtl), F. Krenz (Wien), G. Laube (Wien, derzeit bei der Nordpol-Expedition), A. Gf. Marschall (Wien), G. Mayr (Wien), G. Miko (Schemnitz), A. Mitterer (Häring), J. Niedzwieczki (Wien), J. Noth (Dukla), J. Nuchten (Wien), F. Oesterreicher (Pola), A. Pallausch (Hall), A. Patera (Wien), K. Peters (Gratz), Th. Petersen (Frankfurt), O. Freih. v. Petrino (Czernowitz), R. Pfeiffer (Wien), F. Pošepný (früher in Vercspatak, jetzt in Raibl), F. Freih. v. Richthofen (Shanghai), A. R. Rössler (Washington), F. Sandberger (Würzburg), C. J. Scholtze (Pesth), F. Simony (Wien), E. Staudigl (Prag), F. Stoliczka (Calcutta), E. Suess (Wien), A. de Zigno (Padua), F. Zirkel (Kiel), K. Zittel (München).

Die Bearbeitung des Schlussheftes des grossen und wichtigen Werkes unseres verewigten Freundes Dr. M. Hörnes über die fossilen Mollusken des Tertiärbeckens von Wien hat mit freundlichster Bereitwilligkeit Herr k. k. Prof. A. E. Reuss übernommen. Bereits befindet sich das Manuskript in der Druckerei, und wir hoffen noch im Laufe dieses Jahres dasselbe in die Oeffentlichkeit zu bringen.

Mit diesem Hefte schliesst zugleich der IV. Band der Abhandlungen der k. k. geologischen Reichsanstalt. Für den Inhalt eines V. Bandes, dessen Drucklegung mit Anfang des nächsten Jahres beginnen könnte, liegen uns bereits eine Reihe höchst werthvoller geologisch-paläontologischer Arbeiten, die Frucht der Thätigkeit der Mitglieder der Anstalt in den letzteren Jahren vor. Wir hoffen zuversichtlich, dass uns die hohe Regierung und die Reichsvertretung die wenig beträchtlichen Geldmittel, welche die Herausgabe dieses Bandes erfordern, nicht versagen werden.

Von unserer geologischen Uebersichtskarte der Gesammt-Monarchie sind im Laufe des Jahres zwei weitere Blätter, Nr. I (Titelblatt) und II (Böhmen) erschienen. Mit der Vollendung des Blattes Nr. III (Westkarpathen) das eben für den Farbendruck vorbereitet wird, ist die weitaus schwierigere Hälfte der ganzen Unternehmung zum Abschluss gebracht.

Auch die technische Ausführung der bereits in meinem letzten Jahresberichte erwähnten, von Herrn Bergrath Foetterle bearbeiteten Kohlenkarte der österreichisch-ungarischen Monarchie ist so weit vorgeschritten, dass ich in der Lage bin, heute das erste vollendete Exemplar in Farbendruck vorzulegen.

In das Preisverzeichniss der von der Anstalt zu beziehenden, aus freier Hand colorirten Karten konnten wir in Folge der Aufnahmen des Jahres 1868 neun weitere Blätter der Specialkarte von Ungarn aufnehmen, so dass die Gesammtzahl der Specialblätter gegenwärtig 151 und die der Generalblätter 45 beträgt.

Wie in früheren Jahren kann ich auch heute wieder im Anschlusse an den Bericht über unsere eigenen Publicationen an eine Reihe höchst werthvoller Arbeiten erinnern, welche in den Schriften der kaiserlichen Akademie erschienen, zum Theil, oder ganz und gar auf in unserem Museum aufbewahrte Sammlungen sich beziehen. Es gehören dahin insbesondere die Arbeiten von C. v. Ettingshausen über die Flora von Bilin (III Thl.), von Dr. G. Laube über die Fossilien von St. Cassian (IV. und V. Thl.), von Demselben über *Ammonites Aon* und dessen Verwandte, und von K. Peters über die Wirbelthierreste aus den Miocänschichten von Eibiswald.

Sind wir aber auch in erster Linie den hochverdienten Verfassern dieser Arbeiten und in zweiter Linie der kaiserlichen Akademie der Wissenschaften für das Zustandekommen dieser Publicationen zum besten Danke verpflichtet, so muss ich doch mit aller Entschiedenheit gegen den Ausspruch, den Herr Director v. Littrow als Berichterstatter einer akademischen Commission gethan[1]: „es bestehe die wissenschaftlich productive Thätigkeit der geologischen Reichsanstalt beinahe nur durch die Akademie", protestiren. Dieser Ausspruch besagt entweder, dass Herr v. Littrow und mit ihm die verehrten Mitglieder der Akademie, die den Bericht mitunterzeichneten, die in unseren oben angeführten Druckschriften niedergelegten Arbeiten für keine wissenschaftlichen halten, oder aber, was doch hier in Wien, am Sitze unserer Anstalt selbst, kaum glaublich erscheint, dass sie von diesen Arbeiten überhaupt keine Kenntniss haben. In jedem Falle scheint mir ihre Berechtigung über dieselben abzuurtheilen mehr als zweifelhaft, und muss ich gegen ihren Ausspruch in Rücksicht auf die ausgezeichneten Fachmänner im In- und Auslande, die für unsere Druckschriften fortlaufend Originalmittheilungen einsenden, Verwahrung einlegen.

Was die Vertheilung unserer Druckschriften betrifft, so wird dieselbe durch die folgende Tabelle ersichtlich gemacht:

Es wurden versendet:

	Jahrbuch.	Verhandlungen.
An Pränumeranten	45	161
An die Buchhandlungen Braumüller und Brockhaus	87	66
Frei oder im Tausche im Inlande	105	201
Ebenso im Auslande	214	245
	451	673

In der Verbindung des Schriftentausches stehen wir mit 53 Instituten, Gesellschaften oder Redactionen des Inlandes und 222 solchen des Auslandes. Davon neu hinzugetreten im Laufe des Jahres mit: dem Berg- und Hüttenmännischen Vereine für Kärnten in Klagenfurt, dem Vereine für Naturkunde in Annaberg, der Société des Sciences de l'Yonne in Auxerre, dem naturhistorischen Museum in Buenos Ayres, der Société médicale in Constantinopel, dem Vereine für Erdkunde

---

[1] Almanach der kais. Akademie der Wissensch. 1863, p. 70.

in Dresden, dem Vereine für Naturkunde in Gera, der Redaction der Gaea in Cöln, der Redaction der Zeitschrift „Nature" in London, der kurländischen Gesellschaft für Kunst und Literatur in Mitau, der Peabody Academy of Science in Salem und dem Department of agriculture in Washington.

Von den ans freier Hand colorirten General- und Specialkarten hatten wir im Laufe des Jahres 138 Blätter abzuliefern, und zwar an das geologische Cabinet der k. k. Universität in Wien 4 Blätter, an das k. k. Grenzregiments-Commando in Neu-Gradiska 1, an die k. k. Salinen-verwaltung in Bolochow 2, an das Commando der Officiers-Aspiranten-Schule in Hainburg 1, an das k. ung. Ministerium für Landwirthschaft, Industrie und Handel (für die k. ung. geologische Anstalt) 0, an die k. Berg-Akademie-Direction in Schemnitz 7, an das k. Josephs-Polytechnicum in Ofen 7, an die k. Berg-Akademie zu Freiberg 8, an die Bauunternehmung der Kaschau-Oderberger Eisenbahn 5, an den Landesausschuss von Istrien in Parenzo 6, an die Zuckerfabriks-Actiengesellschaft in Tlumacz 2, an die Actiengesellschaft für Bronnenbohrungen (Schulhof) 9, dann an die Kunsthandlung von Artaria 29, an die Buchhandlung von W. Braumüller 2, an jene von R. Lechner 1, von Lehmann und Wentzel 4, von Gerold 6, dann an die Herren J. Bökh in Pressburg 1, A. Burkli in Zürich 4, Graf Condonhove in Muttersdorf 1, K. Ezer in Mirbachan 4, Falk in Vöslau 2, A. Frommel in Prag 2, W. Gümbel in München 2, P. Hartnigg in Assling 2, G. Hoffmann in Pilsen 2, Hoppmann de Volbella in Dresden 1, M. W. Kolischer in Wien 1, O. Jansekowitsch in Klagenfurt 2, K. Neuwirth in Wien 1, Oesterlein in Schrambach 4, P. Schmidt in Aranyos-Maróth 1, G. Slabek in Pressburg 1, Professor Stefan in Wien 2 und K. Wallenfeld in Pest 2.

Der Zuwachs unserer Bibliothek betrug im Laufe des Jahres an Einzelwerken und Separatabdrücken 568 Bände und Hefte von 469 Autoren, dann von periodischen Publicationen 672 Bände und Hefte von 200 Gesellschaften und Corporationen, während sich die Kartensammlung um 65 Blätter aus 12 verschiedenen Werken vermehrte.

Was die Ordnung der Bibliothek betrifft, so vollendete Herr Wolf im Laufe des Jahres die Einreihung sämmtlicher Einzelwerke und Separatabdrücke und die Catalogirung derjenigen derselben, die sich auf Geologie, Mineralogie, Paleontologie und Geographie beziehen. Die Gesammtzahl dieser Separatwerke beträgt gegenwärtig, nach Ausscheidung jener Schulprogramme, Inaugural-Dissertationen u. s. w., welche keine auf unsere Fächer bezüglichen Mittheilungen enthalten, auf ungefähr 4800.

Auch aus dem abgelaufenen Jahre konnte ich Ihnen, meine Herren, eine lange Reihe von Erfolgen in wissenschaftlicher und practischer Richtung anführen, welche durch den Eifer und die Thatkraft der Mitglieder unserer Anstalt gewonnen wurden. Mit froher Hoffnung auf eine weitere Entwicklung der Thätigkeit unserer Anstalt treten wir heute in das fünfte Quinquennium des Bestehens derselben mit der Ueberzeugung, dass unsere Zeitgenossen und unsere Nachfolger uns die Anerkennung nicht versagen werden, dass wir mit unseren besten Kräften bestrebt waren, den grossen uns gewordenen Aufgaben gerecht zu werden.

Ueberblicken wir die Ergebnisse der zwanzig Jahre, die hinter uns liegen: Die geologische Uebersichtsaufnahme des gesammten österreichisch-ungarischen Staatsgebietes, und die Detailaufnahme, wenn man die weit grösseren Schwierigkeiten der Aufgabe in den bis jetzt durchforschten Gebieten einigermassen berücksichtigt, gewiss nahe zur Hälfte vollendet; — die wissenschaftlichen und practischen Ergebnisse der Untersuchungen theils auf Karten, theils in einer stattlichen Reihe von Druckschriften, die weit über die Grenzen des Reiches hinaus Eingang und Anerkennung gefunden haben, niedergelegt; — die geologischen, mineralogischen und paläontologischen Vorkommnisse des gesammten Reichsgebietes in früher ungeahnter Reichhaltigkeit in einem Museum vereinigt, welches den Vergleich mit keinem analogen Institute der anderen Culturstaaten zu scheuen braucht; — die chemische Untersuchung von Tausenden einzelner Mineralkörper, deren Beschaffenheit zu kennen theils von wissenschaftlichem, theils von practischem Interesse erschien, in unserem chemischen Laboratorium durchgeführt; — hauptsächlich im Austausche gegen unsere eigenen Druckschriften eine, namentlich was Gesellschaftsschriften betrifft, überaus reichhaltige Bibliothek geschaffen, die allen Freunden der Wissenschaft zugänglich gehalten wird; — endlich aber, und ich möchte diesen Punkt als den wichtigsten bezeichnen, das Studium unserer Fachwissenschaften in der Monarchie zu einer Blüthe gebracht, wie sich ihrer in gleichem Maasse nur wenige andere Wissenszweige erfreuen.

Mit berechtigtem Stolze dürfen wir auf die geachtete Stellung hinweisen, die unsere Anstalt dem Inlande wie dem Auslande gegenüber einnimmt.

Alle diese Erfolge aber wurden errungen in einer Zeitperiode, wie sie scheinbar ungünstiger einer friedlichen Entwicklung wissenschaftlicher Bestrebungen selbst in der an Wechselfällen aller Art so reichen Geschichte des österreichischen Kaiserstaates nur selten vorgekommen ist. Geben wir uns der Hoffnung hin, dass die neuen Bahnen, in denen sich gegenwärtig das Staatsleben bewegt, uns in friedlich geordnete Verhältnisse hinüberführen werden, und dass diese mit in erster Linie auch der weiteren Entwicklung aller wissenschaftlichen Bestrebungen zu Gute kommen werden.

Mit freudiger Dankbarkeit gedenken wir des Schutzes und der Unterstützung, insbesondere aber auch der freien Bewegung, welche die erleuchtete Regierung uns innerhalb unseres Wirkungskreises gewährt. Ganz entgegen manchen früheren Perioden in der Geschichte unserer Anstalt, bleibt uns in dieser Beziehung gegenwärtig nichts zu wünschen. Einen Wunsch dagegen kann ich heute nicht unterdrücken, dessen Realisirung für unsere Anstalt geradezu eine Lebensfrage wird. Möge es mir, oder sollte meiner Thätigkeit an der Spitze unserer Anstalt früher schon ein Ziel gesetzt sein, meinem Nachfolger an dieser Stelle gegönnt sein, heute über fünf Jahre eine eben so glänzende Versammlung wie diejenige ist, die mich hier umgibt, im eigenen Gebäude der k. k. geologischen Reichsanstalt willkommen zu heissen. Wiederholt schon und zu verschiedenen Zeiten haben mein Vorgänger im Amte sowohl wie ich selbst mit

Hinweisung auf die Gefahren und Nachtheile, welche die Unterbringung unserer ausgedehnten und in wissenschaftlicher Beziehung so hoch werthvollen Sammlungen in gemietheten Localitäten die unerwartet gehäudet werden können mit sich führt, Anträge und Bitten zur Gewinnung eines definitiv für die Anstalt bestimmten Gebäudes gestellt. Ich will und kann der Hoffnung nicht entsagen, dass unter den gegenwärtigen geänderten Verhältnissen unseres Staatslebens, in einer Zeit in welcher die Förderung der Pflege der Wissenschaft allseitig als eine der dringendsten Aufgaben anerkannt wird, unsere Wünsche in dieser Beziehung der Erfüllung näher stehen.

Eingesendete Mittheilungen.

F. Frh. v. Richthofen. Geologische Untersuchungen in China. (Aus einem Schreiben an Herrn v. Hauer ddo. Peking den 17. August 1869).

Nach einer neunmonatlichen, durch ausgedehnte Landreisen ausgefüllten Abwesenheit kam ich vor wenigen Wochen wieder hier an. Ich hatte das grosse Vergnügen Ihren so freundlichen Brief vom 19. April vorzufinden, der nebst dem Sitzungsbericht vom 20. April, in dem Sie meinen Brief vom 26. Februar abgedruckt haben, längst meiner wartete. Ich danke Ihnen für diese Beweise von Interesse an meinen gegenwärtigen Arbeiten. Es werden es Ihnen gewiss Viele mit mir danken, dass Sie das Organ der geologischen Reichsanstalt zu dem einzig bestehenden Mittel schneller Veröffentlichung geologischer Mittheilungen gemacht haben; besonders bei dem ephemeren Charakter brieflicher Reiseberichte ist dies nicht hoch genug zu schätzen.

Seit meinem letzten Briefe, vom 26. Februar, bin ich fast unablässig gereist, davon über 2000 englische Miles zu Lande. Dies ist zwar keine bedeutende Entfernung, aber ich konnte selten über 30 Miles am Tage machen und hatte oft an der kurzen Entfernung von 10 Miles vom frühen Morgen bis in die Nacht zu reisen. Von Shanghai ging ich zu Land nach der Provinz Shantung, deren gebirgigen Theil ich im März und April von Süd nach Nord und von West nach Ost durchstreifte. Nach kurzem Aufenthalt an dem Hafenplatz Chi-fu setzte ich nach Niu-chwang am Ausfluss des Liav-Flusses über, besuchte die Westküste von Liav-Tung, dann die SO.-Küste bis zur Grenze von Korea, reiste dieser entlang gegen Norden, und kam bei Mukden, der alten Hauptstadt der Mantschurei, wieder in die Ebene. Von dort wandte ich mich westlich, reiste entlang der Grenze der Mongolei, passirte die grosse Mauer bei Shan-hai-Kuan und fuhr entlang den Südabfällen der mongolischen Gebirge nach Peking. Seit meiner Ankunft habe ich auch die Gebirge in den Umgebungen dieser Stadt kennen gelernt.

Ich glaube das Glück gehabt zu haben, schon bei meiner ersten Reise am Yang-tse-kiang die Reihe der Sedimentformationen im östlichen und nordöstlichen China ungefähr richtig festgestellt zu haben. Manches ist in verschiedenen Theilen dieses grossen Landes verschieden entwickelt; Formationsglieder, die an einem Ort grosse Mächtigkeit besitzen, schrumpfen an anderen zusammen, und ganz neue treten hinzu; aber die Grundzüge der Gliederung bleiben gleich. Wollte man die

Formationsreihe von Peking mit der am unteren Yang-tse direct vergleichen, so würde man zwischen beiden Gegenden wenig Aehnlichkeit finden und kaum im Stande sein eine richtige Parallelisirung der Formationen durchzuführen. Ich vermag sie nur in ihren Grundzügen zu erkennen, da ich vom Yang-tse durch fast continuirliches Gebirge oder Hügelland bis hierher gekommen bin. Die Reise würde sich einer Tour von Siebenbürgen über die Karpathen und Alpen nach den Pyrenäen vergleichen lassen. Sie kommt ihrer Länge gleich, führt auch durch mehrere individualisirte Gebirgssysteme, bietet aber in geologischer Hinsicht weit weniger Schwierigkeiten als die europäische Reise. Pumpelly's Vermuthung, dass die Sedimentformationen in ganz China mit den steinkohlenführenden Schichten abschliessen, bewährt sich in den von mir bereisten Gegenden vollkommen; aber ihre Gliederung ist weit mannigfaltiger, als er voraussetzte, und ich erwarte, dass die gewonnene Erforschung von China wichtige Beiträge zur Kenntniss der paläozoischen und der noch tieferen Gebilde liefern wird.

Es geht hier wie mit der Erkenntniss des Baues der Alpen. Aehnlich dem „Alpenkalk" wurde auch für China nur eine grosse Kalksteinformation angenommen und ihr Alter, nach der Bestimmung der in Apotheken verkäuflichen Brachiopoden, in Ermangelung anderer Versteinerungen vorläufig als devonisch hingestellt. Jetzt löst sich diese Kalksteinformation in mehrere wohlgeschiedene und zum Theil leicht erkennbare, mehreren Formationen angehörige Glieder auf, und es zeigen sich die Ueberreste eines reichen thierischen Lebens. Wenn Sie bedenken, dass ich nur flüchtige Recognoscirungsreisen mache, und noch nicht einem Menschen, weder Europäer noch Chinesen, begegnet bin, der meine Aufmerksamkeit auf Versteinerungen oder interessante Aufschlüsse gerichtet hätte, sondern dass man hier Alles selbst entdecken muss, und dass ich doch schon eine ganze Anzahl versteinerungführender Localitäten gefunden habe (die einzigen von Bedeutung, welche bekannt sind), so werden Sie den Schluss gerechtfertigt finden, dass China die Kenntniss der ältesten Faunen zu bereichern verspricht. An der Grenze von Korea habe ich, ich kann fast sagen, Berge von Trilobiten gefunden, und dem in meinem vorigen Brief angeführten Fundort von Versteinerungen des Bergkalkes habe ich seitdem mehrere in der Provinz Shantung hinzufügen können.

Leider kann ich nicht so viel sammeln, als ich wünschte, sondern nur eben genug, um das Material für eine sichere Formationsbestimmung zusammen zu bekommen. Zunächst sind die Chinesen zum Sammeln gänzlich unbrauchbar; man muss jede Versteinerung selbst schlagen. Dann lässt es sich in unbekannten Ländern nicht vermeiden, dass man viele Zeit mit dem Durchwandern einförmiger Gegenden verliert, und oftmals dort am meisten eilen muss, wo sich die interessantesten Aufschlüsse bieten. Man hat zum Beispiel eben einen reichen Fundort von Versteinerungen gefunden, aber es ist noch ein ferner Wirthshaus auf schlechter Strasse vor Abend zu erreichen. Am nächsten Tag zurückzukehren, würde vielleicht einen zweistündigen Aufenthalt zum Sammeln gestatten; aber etwas weiterhin hat man einen Fluss zu passiren, und sollte es regnen, so würde er für mehrere Tage unpassirbar sein. Man eilt vorwärts, in der Hoffnung analoge Versteinerungen bald in besserer Lage zu finden, aber die Gelegenheit ist verloren und kommt nicht wieder. So kommt es, dass man fortdauernd durch Kleinigkeiten vom Sammeln, wie vom detaillirten Beobachten abgehalten wird. Alles, was ich thun kann, ist, gewisse Grundlinien festzustellen und künftigen Forschern Winke zu geben, auf welche Gegenden sie besonders ihre Aufmerksamkeit zu richten haben werden.

Die Provinz Shantung umfasst, ausser einem Theil der grossen Ebene, ein isolirtes Gebirgsland von der Ausdehnung der Schweiz. Der westliche Theil ist reich an Entblössungen einer Schichtenfolge von bedeutender Mächtigkeit. Die Aufschlüsse sind ungemein günstig, denn die Ablagerungen fanden, wie es scheint, continuirlich statt, und spätere Störungen haben sich hier wesentlich in einer Reihe grossartiger Verwerfungen geäussert, an denen die aus Gneiss bestehende Unterlage theilnimmt, aber die Schichten selbst haben selten eine Neigung von mehr als 12 Grad erhalten. Es entsteht auf diese Weise ein einfach gegliedertes Gebirgsbau, in welchem Plateaulandschaften vorwalten. Ihr innerer Bau ist durch verzweigte Systeme senkrecht eingeschnittener, bis 2000 Fuss tiefer enger Thäler aufgeschlossen. An den Wänden dieser Schluchten ziehen, über alle Unebenheiten hinweg, die Ausgehenden der härteren Schichten in ruhigen Linien von den Höhen nach der Thalsohle hinab. Da das Fallen nördlich ist, so kommt man in dieser Richtung in immer höhere Schichten. Oft lässt sich in dieser Weise die Schichtenfolge von dem Liegenden nach dem Hangenden für mehrere Meilen stetig verfolgen. Dennoch ist sie in keinem Profil vollständig nach dem Liegendsten und Hangendsten aufgeschlossen, und die Mächtigkeit ist deshalb schwer zu schätzen. Anscheinend sind alle Schichten parallel; aber wenn man die Schichtensysteme in gewissen Abständen betrachtet, so zeigen sie nicht mehr diesen Parallelismus. Das tiefste, dem Gneiss unmittelbar anlagernde Glied dieser Schichtenfolge ist:

1. Sandsteine und kalkig-kieselige Plattenschiefer.
2. Eine ausserordentlich wechselreiche Folge der verschiedensten Gesteine; darunter sind bemerkenswerth:

a) Rothe und gelbe Schieferthone mit glimmerigen Schichtenflächen. Sie bilden sanftes, fruchtbares Gelände, und machen selbst in Ebenen die Formation leicht kenntlich. Diese Schiefer setzen eine Reihe von Einlagerungen von 50 bis 1000 Fuss Mächtigkeit im unteren Theile der Formation zusammen.

b) Mürbe braune Sandsteine.

c) Hellklingende kieselige Kalke von lichten, besonders grünlichen Farben.

d) Helle Dolomite und Rauhwacke.

e) Klotzige, grünliche Kieselkalke, mit zerhackt aussehender Aussenfläche; voll von unregelmässigen Hornsteineinschlüssen.

f) Dunkle oolithische Kalke (ein sehr charakteristisches Gestein für die Formation) bilden theils dünne, theils sehr mächtige Einlagerungen; Oolithe von Mohnkern- bis Wallnussgrösse. Das Gestein findet eine bedeutende Anwendung für monumentale Bauten.

g) Narbiger Wellenkalk; Narben mit schiefriger, talkiger Substanz ausgefüllt; das Gestein ist oft den Virgloriakalken zum Verwechseln ähnlich.

h) Bunte Scheibenkalke; ein in verschiedenen Niveaus wiederkehrendes und trotz seiner eigenthümlichen Beschaffenheit über viele Breiten- und Längen-Grade verbreitetes Gestein. Flache, kreisrunde Kalkscheiben von 1 bis 6 Zoll Durchmesser sind durch Kalk fast cementirt. Einschlüsse und Bindemittel haben verschiedene Färbung, z. B. roth und braun, oder schwarz und gelb. Auf Bruchflächen sieht man die langgezogenen elliptischen Durchschnitte der Scheiben. Ausser dem Verschleifen zu kleinen Kugeln, findet dieses schöne Gestein keine technische Verwendung.

i) Kalke, die aus einem Wechsel von dünnen, kieseligen und kalkigen Lamellen bestehen.

k) Reine Kalke.

Die Kalksteine sind im oberen Theile dieser viele tausend Fuss mächtigen Formation weitaus überwiegend. Sollten einst in verschiedenen Gegenden Versteinerungen darin gefunden werden, so wird sie einer sehr detaillirten Gliederung fähig sein. Ich fasse die verschiedenen Schichten vorläufig in eine Formation desshalb zusammen, weil die Schieferthone (*a*) durch die unteren zwei Drittheile, die oolithischen Kalke (*f*) durch die oberen zwei Drittheile hindurchreichen und im mittleren Theile wechsellagern. Einige lithologische Besonderheiten, wie die Oolithe, machen die Formation leicht erkennbar. Ich kenne ihre Verbreitung über zwölf Breitengrade und zehn Längengrade, von Poyang-Sau bis zur Grenze von Korea und der Umgegend von Peking.

3. Eine mächtige Reihe von grauen Kalken, ohne Feuerstein-Einschlüsse und ohne deutliche Versteinerungen; sie sind mehrfach von mergeligen Zwischenschichten unterbrochen.

4. Steinkohle führende Schichten, dem vorigen Kalk conform aufgelagert, durch Dolomit und bunte Thone davon getrennt. Es herrschen Sandsteine und Schieferthone, zu unterst mit einigen Kalkschichten, die auch zwischen den Kohlenflötzen auftreten. In diesen Kalken sammelte ich an verschiedenen Orten eine reiche Fauna, besonders Brachiopoden, unter ihnen *Productus semireticulatus* und Spiriferen vorherrschend, Gastropoden (*Euomphalus*, *Macrocheilus*). Orthoceren und Fenestellen. Die Steinkohlenflötze lagern besonders im unteren Theile der Formation, meist in geringen Abständen von einander. Sie sind selten mehr als sechs Fuss mächtig. Die Kohle ist von wechselnder Beschaffenheit, zum Theile von vorzüglicher Güte. Sie wird an vielen Orten abgebaut, und gibt an diesen Anlass zu einer bedeutenden, wiewohl nur auf die nächste Umgegend beschränkten Industrie. Die Unvollkommenheit der Communicationsmittel verhindert die weitere Verfrachtung.

5. Rothe Sandsteine und Thone, die in einigen Gegenden mit Porphyren und porphyrischen Tuffen in unmittelbarer Verbindung stehen.

In dieser Schichtfolge sind 1. und 2. aus lithologischen und stratigraphischen Gründen mit I, II, III am Yang-tse zu parallelisiren. Granit und seine Störungen fehlen im westlichen Shantung. Es entsprechen die steinkohlenführenden Schichten (4) aus paläontologischen Gründen dem Kitan-Kalk (VIII, *a*, *b*, *c*) und dem Sangbu-Sandsteine (IX) am Yang-tse. In beiden Gegenden bilden porphyrische Tuffe und rothe Sandsteine das höchste Glied, und es scheint, dass die mächtigen Schichtencomplexe V, VI, VII am Yang-tse im Norden nur durch Kalksteine (4) vertreten sind.

Noch innerhalb der Provinz Shantung, in deren östlichem Theil, ändern sich die dargestellten Verhältnisse. Doch habe ich diese viel schwieriger zu verstehende Gegend zu wenig erforscht, um ein klares Bild von ihr geben zu können. Krystallinische Schiefer walten vor. Sie bilden mehrere bis 2500 Fuss anfragende Ketten, die man nach ihren starren und unwirthlichen Aussehen für die Kämme eines versunkenen Hochgebirges halten möchte. Ihre Gesteine sind eine Reihe verschiedenaltriger Gebilde, auf die ich hier nicht näher eingehen will. Gneiss und Granit sind die ältesten, und sie schliessen mit einem mächtigen Complexe sehr unreiner krystallinischer Kalke, welche wahrscheinlich die Kalksteine der unter 2) angeführten Formation repräsentiren. Sie verdanken diesen Metamorphismus dem Ausbruche von Granitporphyren und Syenitporphyren, die zu hohen Gebirgen mit kühnen, gezackten Kämmen aufgethürmt, und wahrscheinlich mit den Graniten des Yang-tse gleichaltrig sind.

Den Schlüssel für die Altersbestimmung eines Theils der genannten Schichten erhielt ich in Liao-tung. Die Mantschurei ist in drei Provinzen getheilt, deren südlichste Sching-king ist. Diese wiederum ist durch den Liao-Fluss in Liao-tung und Liao-hai geschieden (d. h. „östlich und westlich des Liao"). Beide Theile sind orographisch verschieden. Liao-tung besteht aus den Ausläufern des hohen Chang-pe-schan („Langes weisses oder Schnee-Gebirge"), welches Korea von der nordöstlichen Mantschurei trennt und auf 10.000 Fuss Höhe geschätzt wird. Die vorwaltende Streichrichtung aller Gebirgsglieder ist WSW.-ONO. Liao-hai hingegen gehört dem System des Kingan-Gebirges und der Mongolei an; gleich jener hohen Kette streichen die Ausläufer von SSW. nach NNO.

In Liao-tung nun erreicht das System 2) eine ungemein grosse Mächtigkeit. Es sind die oolithischen Kalke (f), welche den vorgenannten Reichthum von Trilobiten nebst Orthis-Arten und Lingula führen. Die Formen scheinen obersilurisch zu sein. Ohne dies vorläufig als entschieden hinstellen zu wollen, ist doch hiermit ein wichtiger Horizont in der Schichtenreihe des nordöstlichen China gewonnen. Nachdem ich früher das Niveau des Bergkalkes als das der unteren Steinkohle führenden Schichten festgestellt, und am Yang-tse auch einen Repräsentanten jener devonischen Kalke gefunden hatte, aus denen die in Apotheken verkäuflichen, aus dem südlichen und westlichen China stammenden Brachiopoden stammen, ist hier ein Anhalt für die Altersbestimmung der tiefsten der am Yang-tse vorkommenden Kalksteinformationen gegeben. An der Grenze von Korea waren die Bedingungen zur Entwickelung des organischen Lebens ungemein günstig, da sich hier die oolithischen Kalke in Buchten des Meeres zwischen Ausläufern des krystallinischen Gebirges und hohen Klippen alter Quarzite ablagerten. Die Schichten haben grösstentheils nachträglich nur geringe Aenderung erlitten, sind jedoch in ihrer Lagerung stellenweise bedeutend zerstört. Dennoch sind in Thaleinschnitten die Sedimentformationen gut aufgeschlossen. Ich will Sie nicht mit einer Beschreibung der Schichtenstörungen und eruptiven Zwischenvorfälle ermüden, welche sich in dieser Gegend manifestiren. Der Zweck brieflicher Mittheilungen von ausgedehnten Reisen muss ja zunächst der sein, die fortschreitende Erkenntniss desjenigen darzustellen, was in dem allgemeinen Baue und der geologischen Entwickelungsgeschichte das Bleibende und Gesetzmässige ist und den Grundbau für die fernere Erforschung bilden muss. Dahin gehört zunächst die Aufeinanderfolge und Altersbestimmung der Sedimentformationen und die Feststellung der Hauptphasen der eruptiven Thätigkeit und der Schichtenstörungen.

Die Schichtenreihe von Liao-tung ist weit schwieriger festzustellen als die von Shantung. Es sind zum Beispiel eine Reihe alter Sandsteine und Schieferthone, die wahrscheinlich noch tiefer hinabreichen als die in Shantung, in Quarzite und Thonschiefer verwandelt und bilden selbstständige Gebirgszüge. Die Trilobiten führende Schichtenreihe ist ein mächtiges Gebilde. Sie lagert ungleichförmig auf den gehobenen Quarziten. Es folgt dann, wie in Shantung, die Kalksteinformation 3), aber durch Schichtenstörungen von den vorhergehenden getrennt. Dahingegen lagern die steinkohlenführenden Schichten gleichmässig auf dem Kalk, und werden selbst wieder von porphyrischen Conglomeraten und mächtigen rothen Sandsteinen überlagert. Damit schliesst auch hier die Reihe der Formationen. Die Versteinerungen des Bergkalks habe ich östlich und nördlich von Shantung nicht mehr nachweisen können, aber die Kalksteine im unmittelbar Liegenden des Steinkohlensandsteines führen neben Goniatiten so viele Orthoceratiten (Alles unbestimmbar), dass der aus der Lagerung sich ergebende Wahrscheinlichkeits-Schluss eines nahezu gleichen Alters der tiefsten Steinkohle von Liao-tung, Shantung und dem unteren Yang-tsc hierin auch eine paläontologische Stütze findet.

Geht man von Mukden, der alten Hauptstadt der Mantschurei, entlang den südlichen Abfällen der Mongolei nach Peking (eine Erstreckung von 600 Miles), so nimmt die Intensität der eruptiven, und damit auch der metamorphischen Erscheinungen zu. Die Schichtenreihe bleibt im Wesentlichen dieselbe [nur schiebt sich eine mächtige Sandsteinformation zwischen die Kalksteine von 2) und 3)], aber man erkennt sie nur, wenn man sie Schritt für Schritt verfolgt. Die Trilobiten führende Formation 2) schwillt zu ausserordentlicher Mächtigkeit an und setzt verzweigte Gebirge allein zusammen. Oestlich von Peking fuhr ich 100 Miles an ihren Gehängen hin. Aber ihr Metamorphismus, der mit den Ausbrüchen granitischer Gesteine in Verbindung steht, nimmt mehr und mehr zu. Die Schlucht des in der Geschichte von China berühmten Engpasses von Nankau (7 Meilen nördlich von Peking) ist von steilen Mauern der krystallinisch gewordenen Kalksteine dieser Formation eingeschlossen. Sie werden von zahlreichen Gängen von Syenitporphyr durchsetzt, und in der Mitte des 9 Meilen langen Passes kommt man zu dem Granit, der den Metamorphismus veranlasst zu haben scheint. Der Marmor, welcher das ausgezeichnete Materiale der monumentalen Bauten von Peking geliefert hat, stammt aus dieser Formation. Oestlich von Peking ist ein grosses Kohlenfeld, wo die Steinkohlenschichten mit den liegenden Kalksteinen und hangenden rothen Sandsteinen noch ganz unverändert sind. Westlich von Peking aber ist die Steinkohle in Anthracit, der liegende Kalkstein in Marmor, der schwarze Schieferthon in Tafelschiefer verwandelt; die gesammte untere Kohlenformation hat am Metamorphismus theilgenommen. Es scheint aber hier, und wahrscheinlich auch an anderen

Orten, noch eine zweite, höhere Kohlenformation zu geben. Zu ihr gehört nach Pumpelly's Beschreibung das von mir nicht besuchte Kohlenfeld von Chaitung westlich von Peking.

Das Alter der chinesischen Steinkohlengebilde wird sich, wie ich hoffe, aus den von mir gesammelten thierischen und pflanzlichen Resten ermitteln lassen. Dass am unteren Yang-tse die tiefste Kohle das Alter des Bergkalkes hat, kann wohl mit einiger Sicherheit angenommen werden. Es folgen darauf mächtige Kalksteine, dann eine vorporphyrische und eine nachporphyrische Reihe kohlenführender Sandsteine. Im südlichen Shantung beginnt die Steinkohle in demselben Niveau; aber der mächtige Kalkstein schrumpft zu einzelnen Einlagerungen von 20 bis 100 Fuss zusammen, während er im nordwestlichen Shantung nur noch einzelne Fuss dicke Einlagerungen (mit der Fauna des Bergkalkes) zwischen den Kohlenflötzen bildet, im Norden und Osten aber ganz verschwindet. Hier fehlt dann auch die Bergkalk-Fauna. Sandstein, Schiefer und Thone, zum Theile reich an Thoneisenstein, sind hier die Gesteine, welche die Kohle begleiten, und es folgen darüber mächtige rothe Sandsteine. Es scheint, dass mehrere Kohlenflötze dieser letzteren angehören. Sie finden sich unter Verhältnissen, welche die Beobachtung erschweren.

Ich komme hier zu einer wichtigen Eigenthümlichkeit der chinesischen steinkohlenführenden Formation. Man hat aus der grossen Zahl von Localitäten an denen Kohle in China vorkommt, und aus ihrer grossen geographischen Verbreitung den Schluss gezogen, dass die chinesischen Kohlenfelder eine ausserordentliche Ausdehnung haben. Dieser Schluss ist theoretisch richtig, bedarf aber, wo es sich um practische Zwecke handelt, einer bedeutenden Einschränkung. Es ist ein glücklicher aber wohl auch mehr ein unglücklicher Umstand, dass die Steinkohlengebilde mit ihren überlagernden reichen Sandsteinen die letzte Sedimentformation in China bilden. Wird dadurch einerseits die Auffindung und der Abbau bestehender Kohlenfelder leicht, so hat doch andererseits jener Umstand die Folge gehabt, dass die Kohlenformation in dem bei weitem grössten Theil ihrer Erstreckung abgeschwemmt worden ist, und die bestehenden Kohlenfelder nur zerstreute, oft räumlich sehr beschränkte Ueberreste einer einst weit verbreitet gewesenen Formation sind. Sie hat sich in Winkeln der Gebirge erhalten, wo Züge von festeren Gesteinen einen seitlichen Schutz gewährten, oder dort, wo Kalksteine (Yang-tse und südliches Shantung) oder Porphyrconglomerat (Liau-tung und Chi-li), oder ein Eruptivgestein (östliches Chi-li), oder der Metamorphismus und die Führung der auflagernden Schichten (bei Peking) eine schützende Decke für die mürben Sandsteine und weichen Schieferthone gewährten. Dies wenigstens gilt für das östliche China, wo die Steinkohle an den Rändern der Gebirge gegen die Ebene oder das Meer auftritt. Man hat vermuthet, dass die Steinkohlenformation continuirlicher unter der Ebene fortsetzt. Dies ist nicht wahrscheinlich, denn ich könnte Ihnen eine Reihe von Thatsachen aufführen, welche darauf hindeuten, dass ganz China seit langen geologischen Perioden in fortschreitender, selten durch locale und unbedeutende Hebungen unterbrochener Senkung begriffen gewesen ist, die auch jetzt noch, trotz der ganz geringen recenten Hebung eines kleinen Küstengebirges im Norden, fortschreitet. Es ist daher wahrscheinlich, dass auch unter den Ablagerungen der Ebenen die

Steinkohlenformation keine continuirliche Decke bildet. Wären nicht diese unglücklichen Umstände vorhanden, so würde allerdings China das grösste Kohlengebiet aller Festländer besitzen. Uebrigens ist es wahrscheinlich, dass in den westlichen Provinzen, besonders Shansi, Kan-su und Sze-chuen, die Erosion weniger verwüstende Einwirkung auf die Steinkohlengebilde ausgeübt haben mag.

Ich habe mich im nordöstlichen China vergeblich nach Sedimentgebilden jüngeren Alters umgesehen. Während von Yang-tse die gehobenen „Taiung-Schichten" noch ein Zwischenglied unbekannten Alters bilden, und auch vom Südabfall der Gebirge von Shantung noch ähnliche gehobene Gebilde von grosser Mächtigkeit zu beobachten sind, habe ich in den Gegenden, welche den Golf von Pe-che-li begrenzen, nur an einer isolirten Stelle in Liau-hai gehobene vulcanische Tuffe gefunden, sonst aber sind Sand, Löss und Alluvionen die einzigen recenten Gebilde. Seit Ablagerung der rothen Sandsteine, welche die Steinkohle bedecken, war dieser Theil des Festlandes wesentlich ein Schauplatz der Zerstörung. Neubildung fand wesentlich in den verschlossenen Tiefen statt, welche jetzt vom Meer und den Alluvialebenen bedeckt sind. Selbst die vulcanische Lava hat nur schwache Spuren zurückgelassen. Aus den Alluvien der Ebenen des Liao in der Mantschurei ragen zahlreiche vulcanische Kegel auf, und entlang den Küsten des Golfs von Pe-che-li sind hie und da vulcanische Gesteine zerstreut. Wahrscheinlich gehören sie einem vulcanischen Gebiet an, dessen Haupt-Schauplatz im Golf von Pe-che-li vergraben ist."

Shanghai d. 20. September. — „Ich sende Ihnen meine etwas lang gewordene Darstellung, ohne Weiteres hinzuzufügen. Meine Reise von Peking hierher geschah auf dem gewöhnlichen Wege zu Wasser. Morgen will ich von hier noch einmal den Yang-tse hinauf fahren, bis zum l'oyang-See (450 Miles). Dort will ich die Schichtenreihe am Yang-tse einer Revision unterwerfen. Vielleicht werde ich auch die grossen Porzellanwerke von Kinto-cheng besuchen. Nachher werde ich mich wahrscheinlich den westlichen Provinzen zuwenden.

„Ich hoffe, dass meine Reisen die Herbeiführung einer geologischen Landesaufnahme von Seite der Regierung beschleunigen werden. Ich habe indess einen vorbereitenden Schritt erwirkt, nämlich die Errichtung meteorologischer Stationen entlang der Küste und an einigen Binnenplätzen. Sie soll im nächsten Jahre ins Werk gesetzt werden. Bei dem vollkommenen Mangel irgend welcher Kenntnisse über die Meteorologie von China ist dies von grosser Wichtigkeit.

„In Peking und Chi-fu habe ich viele angenehme Zeit mit den Mitgliedern der österreichischen Expedition verbracht. Jetzt sind die Herren in Japan."

Dr. J. Haast. Saurier in der Tertiärformation Neuseelands. (Aus einem Schreiben an Herrn Dir. v. Hauer ddo. Canterbury-Museum. 2. Sept. 1869.)

„Ihre werthe Zuschrift vom 16. Juni, welche mir mit letzter Post zukam, hat mich mit grosser Freude erfüllt, da dieselbe mir in Aussicht stellt, einen Theil von Duplicaten aus Ihren Vorräthen zu erhalten. Da indessen die Beendigung des Museumbaues sich in die Länge zieht, so dürfte dasselbe erst in dem ersten Monate des nächsten Jahres eröffnet werden.

Es dürfte Sie interessiren, zu hören, dass nach meinen Untersuchungen die Saurier Neu-Seelands (*Plesiosaurus*) in unserer Tertiärformation vorkommen. Dies mag schon paradox klingen, ist indessen vollständig richtig. Dieselben liegen über dem Braunkohlenletten mit *Fagus Ninnisianus* etc. Ich habe so eben eine Arbeit darüber vollendet, und werde nicht ermangeln Ihnen ein Exemplar, sobald dieselbe im Druck erschienen, zuzusenden.

Die merkwürdig reichen Goldfelder der Thames in der nördlichen Insel nur mit Siebenbürgen (in geologischer Beziehung) zu vergleichen, wo grossartige Vermögen in kurzer Zeit gemacht worden sind, haben die ganze Bevölkerung des Landes mit dem Goldfieber angesteckt; während der letzten 2 Monate bin ich damit beschäftigt gewesen, die jeden Augenblick angeblich entdeckten Goldfelder dieser Provinz zu untersuchen, da die Regierung einen Preis für deren Entdeckung ausgesetzt hatte. Ich wusste im Voraus, dass die ganze Sache meist auf Selbsttäuschung oder Betrug beruhe, und habe immer meine früheren Beobachtungen bestätigt gefunden."

N. Adler. k. k. österr. Consul in Port Elisabeth. **Diamanten in Südafrika.** (Aus einem Schreiben an Herrn Prof. v. Hochstetter ddo. Port Elisabeth 14. August 1869.)

Die Diamanten sind, wie Alles was hier vorkommt, ganz aussergewöhnlich; solche erstrecken sich über 1000 Meilen. Jede Post bringt Nachricht, dass an neuen Stellen Diamanten gefunden werden. Aber die Hauptstelle ist Likatlong am Kolong, einem Zufluss des Vaal nahe der Grenze des Oranje-Fluss-Freistaates.

Der Boden ist ein Kalkstein-Conglomerat; ein Freund von mir hat eine Stufe von dort mitgebracht, die ich Ihnen mit einem kleinen Diamant zuschicken werde, sobald die hiesige Natural-histor. Society solche gesehen hat.

Die Diamanten sind bis jetzt nur auf der Oberfläche gefunden, es sind Stücke von $\frac{1}{2}$—150 Karat. Die grossen waren:

30½ Karat in meinem Besitz, „first water", regelmässiges Octaeder; 46 Karat in London verkauft für £ 4000, ich habe ihn nicht gesehen; 80½ Karat jetzt in London, £ 16000 dafür geboten; endlich 150 Karat. — Dieser letzte Stein wurde gesprengt, ein Bruchstück von 23½ Kar. ist in meinem Besitz. Steine von 6—13 Kar. sind die gewöhnliche Grösse.

Herr Mauch ist jetzt auf einer Reise den Vaal-river entlang, und es heisst, er habe eine Diamant-Mine entdeckt, wo man Granaten, Topas und andere Steine einstweilen ausgegraben habe. Ich werde mir erlauben Ihnen nächstens nähere Mittheilungen zu machen.

Bei einer der letzten Posten empfing Dr. Rubidge den Theil Ihres Werkes, worin Sie der Geologie des Caps erwähnen und seinen Namen nennen. Dr. R. war höchst erfreut darüber. Sie haben ihm in den letzten Tagen seines Lebens noch eine grosse Freude gemacht. Er hatte den Vorsatz Ihnen zu schreiben, wie er mir sagte. Heute vor acht Tagen um 12 Uhr sprach ich ihn noch, um 1 Uhr war er eine Leiche. In einem plötzlichen Anfall von Wahnsinn nahm er sich das Leben mit Strychnin.

Für alle, die ihn kannten, ein grosser Verlust. Er war ein geschickter Arzt, treuer Freund und braver Mensch. In einer kleinen Gemeinde, wie die unsrige, fühlt man den Verlust doppelt, es ist sobald Niemand, der den gebildeten Gelehrten ersetzen kann.

Vorträge.

Prof. Dr. F. v. Hochstetter. Geologische Untersuchungen in Rumelien, aus Veranlassung der Vorarbeiten zum Baue der türkischen Eisenbahnen.

Einer freundlichen Einladung des Herrn Directors W. Pressel zu Folge, war ich in der glücklichen Lage, einen grossen Theil der Reise durch die europäische Türkei, welche Herr Pressel diesen Sommer zum Zwecke der Vorarbeiten zum Baue der türkischen Eisenbahnen unternahm, mitzumachen. Da die letzte Nummer der Verhandlungen der k. k. geologischen Reichsanstalt (Nr. 13) aus einem Schreiben, welches ich von Philippopel aus an unseren um die Kenntniss der Türkei so hoch verdienten Freund und Wissenschaftsgenossen Herrn Dr. A. Boué richtete, bereits eine kurze Skizze der ersten Hälfte meiner Reise bis Philippopel gebracht hat, so knüpfe ich heute bei unserer Abreise von Philippopel an.

Leider hatten meine Reisegefährten sich in Enos das Fieber geholt, so dass die weitere gemeinschaftliche Fortsetzung der Reise ganz gestört wurde. Wir gingen noch zusammen über Tatar-Bazardschik und Bania nach Samakov. Die weiteren Touren nach dem Rilo-Gebirge, auf den Gipfel des Vitosch, nach Dubnitza, Kostendil, Radomir, Sofia, und von da über Trn und das Wlasina-Gebirge nach Wranja machte ich meist allein. In Wranja erhielt ich am 1. October die Nachricht, dass Director Pressel von Usköl über Salonik nach Constantinopel abgereist sei, und da nun bei der vorgerückten Jahreszeit die Reise durch Bosnien zum Zwecke geologischer Untersuchungen, wie sie meine Aufgabe waren, nicht mehr gut durchführbar erschien, so entschloss ich mich zur Rückreise. Ich ging das Morawathal abwärts über Leskowatz nach Nisch, von da über Alexinatz nach Belgrad und kam Mitte October glücklich wieder in Wien an.

Als Reisekarte zur Orientirung konnten wir bereits die neue grosse Karte der europäischen Türkei und des Königreiches Griechenland in 13 Blättern (1 : 864.000) von Herrn Oberst v. Scheda benützen, und ich freue mich, es hier aussprechen zu können, dass diese schöne Karte, die mit derselben meisterhaften Technik ausgeführt ist, welche alle von Herrn v. Scheda herausgegebenen Kartenwerke auszeichnet, uns die wesentlichsten Dienste geleistet hat. Mir speciell war sie zum Zwecke geologischer Einzeichnungen geradezu unentbehrlich. Allein ich glaube nicht falsch aufgefasst zu werden, wenn ich bemerke, dass eine Karte, in verhältnissmässig so grossem Massstabe, von einem Lande, dessen Regierung noch keinerlei topographische Aufnahmen ausführen liess, nicht ohne Fehler sein kann. Das Material, welches zur Herausgabe einer solchen Karte gegenwärtig vorliegt, ist nur ein stückweises, und muss, so weit nicht für einzelne Gegenden französische oder russische Aufnahmen vorliegen, aus Reisewerken aller Art und in allen Sprachen zusammengesucht werden. Wir durften uns daher nicht wundern, dass die Karte, die wir in den östlichen Theilen von Rumolien ganz richtig fanden, mehr und mehr Mängel zeigte, je weiter wir westlich vorrückten, und uns endlich in den noch ganz unerforschten Balkangegenden westlich von Kisanlik, so wie im Vitoschgebiet fast ganz im Stiche liess. Nur wer selbst in dem Lande gereist ist, und während der Bereisung die Gelegenheit hatte, sämmtliche nennenswerthe Karten der Türkei zu Rathe zu ziehen, kann es glauben, dass es in Europa noch grosse und dazu dicht bevölkerte Gebiete gibt, mit ansehnlichen Gebirgen, mit fruchtbaren Ebenen und grossen Flüssen, die alle fast so unbekannt sind, wie das Innere von Afrika oder Australien. Es ist daher begreiflich, dass mit den Vorarbeiten zum Bau der türkischen Eisenbahnen nothwendig auch topographische Aufnahmen verbunden werden mussten, und ich wünsche und hoffe nur, dass das reiche topographische Materiale, welches während unserer Reise Herr von Bastendorff, der die ganze Reiseroute in Karte brachte, gesammelt hat, so wie die Detailaufnahmen der den einzelnen Ingenieurbrigaden beigegebenen Topographen, der Oeffentlichkeit nicht vorenthalten bleibe. In den Gegenden, welche ich im Monat September grösstentheils allein bereiste — das Vitoschgebiet zwischen Sofia, Samakov, Dubnitza, Kostendil und Radumir, so wie das Gebirge zwischen Trn und Wranja — war ich zum Zwecke geologischer Einzeichnungen genöthigt, wie seiner Zeit auf Neu-Seeland, gleichzeitig topographisch zu arbeiten, und ich habe über diese Gegenden topographische Skizzen mitgebracht, die später veröffentlicht werden sollen.

Es gereicht mir zum Vergnügen, es bei dieser Gelegenheit öffentlich aussprechen zu können, dass die türkische Regierung in Stambul den Zwecken dieses grossen Unternehmens in jeder Beziehung hilfreich entgegen kam, und uns mit den besten Empfehlungsschreiben und Befehlsschreiben versah. In Folge dessen hatten wir auch überall im Innern uns der vollen Unterstützung der türkischen Behörden zu erfreuen, und konnten unsere Arbeiten unbehindert und ungestört durchführen. Zu besonderem Danke aber fühle ich mich verpflichtet den Repräsentanten und Vertretern unserer Regierung, die uns mit Rath und That auf das kräftigste unterstützten, und deren aufopfernde Gastfreundschaft wir in einem Lande, dessen Wirthshäuser auch nicht den bescheidensten Ansprüchen auf Reinlichkeit und Comfort entsprechen, nicht hoch genug schätzen konnten.

Es sei mir gestattet, diesen Dank hier öffentlich auszusprechen, Sr. Excellenz dem Herrn Feldzeugmeister Baron v. Prokesch-Osten, Internuntius und ausserordentlichem Gesandten S. k. k. apostol. Majestät in Constantinopel, ferner den Herren Antoine de la Bidart von der k. k. Gesandtschaft in Constantinopel, G. W. Ritter von Camerloher, k. k. Viceconsul in Adrianopel, J. v. Hempfling, k. k. Consul in Philippopel, Herrn Luteroth, k. k. Consularagenten in Sofia, k. k. Hauptmann Emil Cukowić in Alexinatz und Herrn k. k. Generalconsul Benjamin v. Kállay in Belgrad.

Was die geologischen Resultate dieser Reise anbelangt, so muss ich mich für heute auf die allgemeinsten Bemerkungen beschränken. Ich kann dabei jedoch nicht genug hervorheben, von welchem Nutzen mir bei meiner Aufgabe die in Boué's berühmtem Werke „Turquie d' Europe", sowie in denen „Itineraires en Turquie" niedergelegten Beobachtungen waren, und ich bin ausserdem Herrn Dr. Boué noch für zahlreiche schriftliche Mittheilungen, sowie für eine Copie seiner geologischen Karte der europäischen Türkei in Manuscript zu grossem Danke verpflichtet.

Zum Zwecke einer leichteren Uebersicht sei es mir gestattet, die Länderstrecken, welche ich durch eigene Anschauung kennen gelernt habe, in die einzelnen Gebiete zu trennen, in die sie nach ihrer geologischen Zusammensetzung und nach der Terrainconfiguration naturgemäss zerfallen.

1. **Das Kreideplateau zwischen Rustschuk und Varna.** Am nördlichen Fusse des Balkan in der Gegend von Schumla und Razgrad und bis Rustschuk an der Donau bildet ein aus nahezu horizontal gelagerten Kalkmergeln, Grünsandsteinen und oolithischen Kalken bestehendes Schichtensystem charakteristische Tafelberge und ausgedehnte Plateau's bis zu 1200 Fuss Meereshöhe. Zahlreiche Cephalopodenreste (Belemniten, Ammoniten, Hamiten, Bakuliten u. s. w.), die man in den Steinbrüchen bei Schendeinschick in grosser Anzahl in einem vollkommen Pläsnermergeln ähnlichen Gestein in grosser Anzahl sammeln kann, beweisen, dass jenes Schichtensystem der Kreideformation angehört. Diese subbalkanische Kreide trägt, wie diess Peters noch von der Kreide der Dobradscha nachgewiesen hat, einen nordeuropäischen Charakter. Nächst diesen Schichten treten in der Umgegend von Varna noch ausgezeichnete Nummulitenkalke auf, die schon von Spratt (Quat. Journ. Geol. Soc. Vol. XIII) beschrieben wurden, während Ablagerungen der Sarmatischen Stufe nur ein sehr kleines Verbreitungsgebiet in der unmittelbaren Nähe von Varna selbst haben. Mit diesen Bemerkungen will ich gleichzeitig einige Angaben von Herrn Bergrath Foetterle, in dessen interessantem Bericht über die geologischen Verhältnisse in Bulgarien (Nr. 9 der Verhandlungen) berichtigen, wo der ganze Schichtencomplex längs der Bahn von Rustschuk nach Varna als zur Sarmatischen Stufe gehörig bezeichnet wurde.

2. **Die byzantinische Halbinsel zwischen dem schwarzen Meere, Bosporus und Marmora-Meere** besteht aus devonischen Schichten einer eocänen (Kalke von Jarim Burgas) und einer neogenen (Kalke von Makrikiöi) Kalksteinformation, bei Tschataldscha ragt überdiess aus diesen tertiären Schichten ein inselförmiger Bergzug von Phyllit hervor, während am Bosporus dioritische, trachytische andesitische Eruptivgesteine eine grosse Rolle spielen.

3. **Das untere Maritza-Becken oder das Becken von Adrianopel.** Der Saum bildet ein eocänes Kalkgebirge, das nördlich bei Sarai, Visa, Kirklisi u. s. w. unmittelbar auf Gneiss auflagert, während das von unzähligen Wasserrinnen durchfurchte Innere des Beckens von jungtertiären oder diluvialen Süsswasserschichten ausgefüllt ist. Nirgends südlich vom Balkan habe ich marine Neogenablagerungen beobachten können.

4. **Das Tundschagebiet.** Zwischen Adrianopel und Jamboli durchschneidet die Tundscha ein zu beiden Seiten weit ausgedehntes altkrystallinisches Massiv aus Gneiss und Granit bestehend mit Gipfelhöhen bis nahe an 3000', dass südwestlich bei Hermanli an der Maritza

zwischen Adrianopel und Philippopel mit den Urgebirgsmassen des Despoto Dagh oder der Rhodopi im Zusammenhang steht.

5. Das Eruptionsgebiet von Jamboli, Aidos und Burgos am schwarzen Meere, zwischen dem Tundscha-Massiv und der Balkankette ist charakterisirt durch eine grosse Anzahl doleritischer Kegelberge, die alle Eigenthümlichkeiten erloschener Vulkane an sich tragen und mit ausserordentlich ausgedehnten submarinen Tuffablagerungen, die Kreidefossilien enthalten, in Verbindung stehen.

6. Die Balkankette. Dem steilen Südabfall des Balkan entspricht eine Dislocationsspalte, die aus der Gegend nördlich von Burgas am schwarzen Meere sich ohne Unterbrechung bis in die Gegend von Pirot oder Scharkiöi nordwestlich von Sofia verfolgen lässt. Vom schwarzen Meere bis Sliwno sind es Glieder der Eocänformation und der Kreideformation, welche von Porphyren durchbrochen den Steilrand des Gebirges oder dessen südlichen Abfall bilden. Westlich von Sliwno bilden Granit und Gneiss, von Tschipka angefangen bis Karlowa Glimmerschiefer und Urthonschiefer und endlich am Nordrand des Beckens von Sofia triassische Sandsteine und Kalke den Südabhang des Gebirges. Zahlreiche warme Quellen, und ein fast ununterbrochener Zug der mannigfaltigsten Eruptivgesteine bezeichnen die Balkanhauptaxe. Die höchsten Höhen des Balkan (6—7000 Fuss) liegen in den Gebirgsketten nördlich von Sliwno bis nördlich von Sofia.

7. Die Mittelgebirgszüge: der Karadscha Dagh (höchster Gipfel 3500 Fuss) zwischen Eski Saara und Kisanlik und die Sredna Gora nördlich von Philippopel (höchste Gipfel circa 5000 Fuss) bestehen aus einem zwischen dem Balkan und den Rhodopi in die Tiefe gesunkenen centralen Granit- und Syenitstock des rumelischen Urgebirges, mit aufgelagerten mesozoischen Schichtensystemen.

8. Das obere Maritzabecken oder die Ebene von Philippopel und Bazardschik besteht ganz aus diluvialen und alluvialen Bildungen, die Syenitkuppen von Philippopel sind als hervorragende Spitzen des gesunkenen Urgebirgsstockes zu betrachten.

9. Die Rhodopi oder der Despoto Dagh zwischen der unteren Maritza östlich und der Struma (Strimon) westlich, mit Gipfelhöhen bis zu 9000 Fuss sind ein ausgedehnter Urgebirgsstock mit zahlreichen jüngeren Trachyteruptionen und localen eocänen und miocänen Süsswasserbildungen, zum Theil mit Braunkohlen, — in Meereshöhen von 2—3000 Fuss.

10. Das Vitoschgebiet. An dem colossalen Syenitstock des 7000 Fuss hohen Vitosch, mit seinen Ausläufern haben die 4 Hauptstromgebiete der europäischen Türkei, die Maritza, die Struma, der Isker und die Morawa (wenigstens durch ihren Nebenfluss, die Nischawa) ihren Knotenpunkt. Und hier im Herzen von Rumelien zeigt auch der Boden die mannigfaltigste geologische Zusammensetzung. Altkrystallinisches Gebirge mit Syenit- und Granitstöcken bildet die Unterlage einer in ihren ältesten Gliedern triassischen Schichtenreihe, die in mächtig entwickelten, vielleicht jurassischen Kalkmassen von alpinem Charakter gipfelt, und unterbrochen ist von Ablagerungen aus der Kreideperiode und jungtertiären Braunkohlenbecken. Ich habe während eines vierwöchentlichen Aufenthaltes in diesem Gebiet das Material sammeln können zu einer nahezu vollständigen topographischen und geologischen Karte.

11. Die kleinen Becken am Fusse des Balkan, wie das Becken von Jamboli und Sliwno, von Kisanlik, von Sofia, ferner die Becken des Vitoschgebietes, das von Dubnitza und von Radomir, waren in posttertiärer Zeit von Süsswasserseen erfüllt.

12. Das obere Morawagebiet. Zwischen Wranja südlich und Leskowatz nördlich durchbricht die Morawa hohe krystallinische Gebirgsketten (mit Gipfeln bis zu 6000 Fuss), die südöstlich im Zusammenhang stehen mit dem Urgebirgsmassiv der Rhodopi, und aus Gneiss, Glimmerschiefer und Urthonschiefer zusammengesetzt sind. Zahlreiche Rhyolith- und Trachyteruptionen, die zu grossen Stöcken anschwollen, in Verbindung mit mächtig entwickelten Tuffen, bilden ein weiteres Charakteristikum dieses Gebietes.

Im Ganzen also umfasst das Gebiet, welches ich durchreist habe, bei einer Länge von circa 80 deutschen Meilen vom Bosporus bis zur Morawa, und bei einer Breite von durchschnittlich 10 Meilen vom Balkan bis zu den Rhodopa einen Flächenraum von 800 deutschen Quadratmeilen. Ich hoffe, dass es mir möglich sein wird, dieses Gebiet auf Grundlage der Scheda'schen Karte, so wie unserer eigenen Aufnahmen und mit Zuhilfenahme der viel umfassenderen und heute noch die wichtigste Hilfsquelle bildenden Untersuchungen von Dr. A. Boué und Viquesnel so weit geologisch in Karte bringen zu können, dass damit eine erste geologische Uebersichts-Karte von Rumelien als Basis für weitere Detailstudien gewonnen wird.

Einsendungen für das Museum.

Dr. Stur. Graue, rothgefleckte Ammoniten-Kalkbreccie, angeblich von Koritnica. (Kurort in der Liptau, Rosenberg S.) Geschenk des Herrn Prof. Zittel in München.

Diese Breccie enthält unzählige Bruchstücke von offenbar liassischen Petrefacten, vorzüglich Cephalopoden. Die nur in Bruchstücken vorhandenen Petrefacte sprechen von einer namhaften Reichhaltigkeit der in der Breccie enthaltenen Fauna. Als sicher bestimmbar dürfte kaum eine Art dieser Fauna genannt werden, da fast durchwegs nur Jugendexemplare vorliegen: ein Belemnit, ein Ariet, *Ammonites conf. oxynotus*, *Ammonites Partschi Stur*, ein Fimbriate, *Amm. conf. raricostatus*, ein Heterophyllo und ein schlecht erhaltener Zweischaler. Nach diesen Daten dürfte man kaum Bestimmteres annehmen, als dass diese Breccie vielleicht den Hierlatzkalken angehören.

Was nun die Fundortsangabe anbelangt, muss ich bemerken, dass diese kaum ganz richtig sein dürfte. Höchst wahrscheinlich ist es, dass diese Breccie auf dem Wege vom Fusse des Staree über Törgallo, Slialčan, Mistrik — nach Koritnica gesammelt wurde. Nur auf der bezeichneten Strecke haben H. Wolf und ich liassische Kalke getroffen, und ich habe insbesondere bei Slinčan eine ähnliche Breccie beschrieben [1], die ich, da in derselben Spuren von Rhynchonellen und Spiriferinen vorkommen, ebenfalls fraglich zu Hierlatz-Schichten gestellt habe. Leider ist in der

---

[1] Jahrb. d. k. k. geol. Reichsanst. 1868, XVIII, p. 370—380.

That in der bezeichneten Gegend die Entwicklung des Lias sehr gedrängt-fragmentarisch, so dass man sichere Bestimmungen, wie auch die vorliegende Suite lehrt, zu machen nicht im Stande ist.

Einsendungen für die Bibliothek und Literaturnotizen.

E. v. M. *Ernest Favre*, Description des mollusques fossiles de la craie des environs de Lemberg en Galicie. Genève et Bale, 1869. (4r, 181) S. 13 Tafeln).

Mit lebhafter Freude und angetheilter Anerkennung begrüssen wir das Erscheinen einer Arbeit, welche unser vortrefflicher Freund in den Wintermonaten 1867–1868 in unserer Mitte durchgeführt hatte.

Das vorliegende Werk behandelt in eingehend monographischer Weise die Mollusken der Schichten mit *Belemnitella mucronata* der Umgebungen von Nagorzany und Lemberg; das Materiale hierzu lieferten die Sammlungen der k. k. geologischen Reichsanstalt und des k. k. Hof-Mineralien-Cabinetes. Von den 170 beschriebenen Arten entfallen auf die Cephalopoden 5 Geschlechter mit 18 Arten (3 neu), auf die Gastropoden 23 Geschlechter mit 76 Arten (33 neu), auf die Acephalen 25 Geschlechter mit 65 Arten (12 neu), endlich auf die Brachiopoden 8 Geschlechter mit 11 Arten. Nagorzany besitzt 109 Arten der Gesammtsumme, Lemberg 92; 51 Arten sind daher beiden Localitäten gemeinschaftlich; 64 Arten finden sich ausserhalb Galiziens in den unteren Schichten der *Belemnitella mucronata*, von diesen kommen 54 in Nagorzany und 34 in Lemberg vor. Die grösste Uebereinstimmung von aussergalizischen Vorkommnissen zeigen die Schichten von Haldem und Lemförde in Westphalen, welche 37 Arten (0·68 von 54) mit Nagorzany und 22 (0·65 von 34) mit Lemberg gemeinsam besitzen.

Die Schichten von Nagorzany und Lemberg, welche auch in petrographischer Beziehung etwas differiren, werden auf Grund der Vergleichungen mit den wichtigsten Vorkommnissen ausserhalb Galiziens als gleichzeitig erkannt, und die sich zeigenden Verschiedenheiten als Folge von Faciesunterschieden dargestellt. Nagorzany zeichnet sich namentlich durch seine Cephalopoden aus, welche sehr ansehnliche Dimensionen erreichen und sehr häufig auftreten. In Lemberg walten die Acephalen vor, und einige darunter erreichen bedeutende Grösse. Von den beiden Orten gemeinsamen Arten sind die Exemplare von Lemberg immer viel kleiner und schwächlicher als diejenigen von Nagorzany.

Das Studium dieser Fauna hat auch den Verfasser bekommen lassen, wie unbestimmt und unsicher die Grenzen sind, welche den oberen Theil von d'Orbigny's Sénonien-Stufe (wohin die galizischen Vorkommnisse zu stellen sind) von dessen Danien-Stufe trennen.

D. Stur. *Rudolf Helmhacker*, Ueber die geognostischen Verhältnisse und den Bergbau des Rosic-Zbejšow-Oslawaner-Steinkohlenbezirkes in Mähren. (Mit 1 Tafel). Berg- und Hüttenmännisches Jahrbuch XVIII. 1869.

Der geehrte Verfasser, dem wir eine namhafte Bereicherung unserer Sammlungen durch Suiten von Petrefacten aus der Rosic-Oslawaner Gegend verdanken, und von welchem eine ausführliche Abhandlung über die geologischen Verhältnisse der Rosicer Steinkohlen- und Permischen-Formation in unserem Jahrbuche abgedruckt ist (Jahrb. d. k. k. geol. Reichsanst. XVI, 1866, p. 447 mit einer Karte und einer Reihe in Holzschnitten ausgeführter Darstellungen) — hat sich in der vorliegenden Abhandlung vorzüglich den Verhältnissen des Bergbaues zu Rosic-Oslawan zugewendet. Seine Abhandlung zerfällt in vier Abschnitte. Der erste Abschnitt enthält eine gedrängte geologische Uebersicht; der zweite Abschnitt behandelt die Beschaffenheit der Flötze; der dritte Abschnitt ist der Eröffnung der Gruben und Anschliessung der Flötze gewidmet, und es wird hier in einer kurzen geschichtlichen Uebersicht gezeigt, dass die jetzigen Steinkohlengruben der Rosic-Oslawaner Gegend, anfangs und durch eine geraume Zeit, als Alaunschieferbergbau betrieben wurden, dass ferner im Jahre 1757 eine alte Bergfreiheit vom Jahre 1297 bestätigt wird, und erst im Jahre 1770 die Auffindung der Steinkohlen zu Oslawan angezeigt erscheint.

Im vierten Abschnitte endlich wird der Abbau der Flötze ausführlich beschrieben und auf der Tafel I dargestellt.

In der vorliegenden und citirten, ferner in einer dritten Abhandlung über die Mineralspecies, welche in der Rossic-Oslawaner Steinkohlenformation vorkommen (Jahrb. d. k. k. geol. Reichsanst. XVII, 1867, p. 195), hat der Verfasser ein, sowohl dem Geologen als auch dem Montanistiker willkommenes Bild über die früher fast gänzlich unbekannt gewesenen Verhältnisse zu Rossic-Oslawan entworfen, welches stets von der regen, nachahmungswerthen Thatkraft desselben zeugen wird.

D. St. **R. Richter** in Saalfeld in Thüringen. Die Myophorien des Thüringer Wellenkalks. (Zeitschr. d. d. geol. Gesellsch. 1869. Taf. VII).

Der Verfasser trennt das Genus *Myophoria* von dem älteren Genus *Schizodus* und von dem jüngeren Genus *Trigonia*. Er beschreibt 14 Arten des Genus *Myophoria* und zwar: *M. costata* Zenk sp. *M. acuticosta Hausenkampi* (T. VII, F. 1, 2, 3), *M. vulgaris* Schl., *M. elegans* Dunk., *M. simplex* Schl. (T. V, F. 4), *M. trigonoidea* Berg. (T. VII, F. 5, 6), *M. undata* Richter (T. VII, F. 7, 8), *M. laevigata* Alb., *M. cardissoides* Schl., *M. rotunda* Alb., *M. gibba* Richter (T. VII, F. 9, 10, 11), *M. plebeja* Gieb. (T. VII, F. 12, 13, 14), *M. ovata* Goldf. (T. VII, F. 15, 16, 17), *M. orbicularis* Goldf. (T. VII, F. 18, 19, 20). — Eine Untersuchung des Vorkommens ergibt zunächst, dass wenigstens in dem Wellenkalke der unmittelbar dem Fusse des Thüringer Waldes angelagert ist, die verticale Verbreitung mancher Arten des Genus *Myophoria* eine wesentlich grössere ist, als seither angenommen wurde. Als zweite Wahrnehmung wird weiters hervorgehoben, dass im Wellenkalke in zwei verschiedenen Horizonten, nämlich in der Trigonienbank und im Schaumkalk, die Myophorien-Fauna besonders mächtig entfaltet ist.

D. St. **R. Richter** in Saalfeld in Thüringen. Das Thüringische Schiefergebirge. (Zeitschr. d. d. geol. Gesellsch. 1869. T. V und VI).

Die Abhandlung enthält die Erläuterungen zu der beiliegenden „Geognostischen Karte des Thüringischen Schiefergebirges von Dr. Reinhard Richter 1857", die auf einem mit Terrain versehenen Blatte von 18" Breite und 12½" Höhe in Farbendruck ausgeführt ist. Die Karte gibt mittelst 28 verschiedenen farbigen Tönen die Verbreitung der verschiedenen Schicht- und Massengesteine an, welche das ziemlich complicirte Terrain zusammensetzen. Von Massengesteinen sind vorhanden: Feldspathporphyrit, Porphyrit, Hornblende- und Glimmerporphyrit, Granit, Granitit, Quarzporphyr und Grünstein. Schichtgesteine enthält das Thüringische Schiefergebirge aus folgenden Formationen: azoisch-cambrische, silurische, devonische, carbonische, dyadische, triadische (bunten Sandstein und Muschelkalk) diluviale und alluviale, in denen die jurassischen — Kreide — und Tertiärbildungen völlig fehlen. Reich an Fossilien sind insbesondere die oberdevonischen und die oberdevonischen Schichten, der Zechstein und der Wellenkalk.

J. G. Bornemann. Zur Kritik der mikroskopischen Entdeckungen des Herrn Bergrath Dr. Jenzsch (Sitzungsb. der Ges. Isis. 1869, S. 141. Sep. Gesch. d. Verf.)

Herr Bornemann hat die Präparate, auf Grund deren Herr Jenzsch die Entdeckung einer Flora und Fauna in Melaphyr- und Porphyrgesteinen gemacht zu haben glaubte, eine Entdeckung von der er bei der deutschen Naturforscher-Versammlung in Dresden (1868) so wie später an anderen Orten [1] Nachricht gab, noch während der gedachten Versammlung untersucht und gefunden, dass sich „unter allen angeblichen Thier- und Pflanzenresten, welche ihm Herr Jenzsch zeigte auch nicht das Geringste befand, was nicht auf natürliche Weise als eine anorganische Erscheinung und ein auf rein physikalischem Wege entstandenes Gebilde hätte gedeutet werden müssen".

Joh. Grimm. Berg- und Hüttenmännisches Jahrbuch der k. k. Bergakademien zu Příbram und Leoben und der königl. ungar. Bergakademie zu Schemnitz für das Studienjahr 1867—68. Prag. 1869.

---

[1] Auch in unseren Verhandlungen 1868, p. 417.

Nebst den Schulnachrichten und den in unseren Verhandlungen bereits besprochenen Abhandlungen von C. Balling (Verh. p. 304) und von Helmhacker (Verh. p. 357), haben wir aus dem sehr werthvollen Inhalte dieses Jahrbuches nach besonders hervorzuheben:

A. v. Miller-Hauenfels. Ueber eine rationellere Methode der Salzgewinnung in den Alpen. S. 168—172.

A. H. Beer. Abbau des 5 Klafter mächtigen Steinkohlenflötzes zu Biss bei Radnitz in Böhmen. S. 229—243.

A. Kahl. Der Chrombergbau bei Kraubath in Obersteier, S. 266—281.

Chemische Analysen, ausgeführt im Laboratorium des k. k. Probieramtes in Wien im Jahre 1868. Darunter von Mineralien, Siderit von Polsütmaya (anal. v. M. v. Lill) Siderit vom Lillschacht bei Pribram (A. Seifert), Alabandin von einem neuen Vorkommen in Nagyág (R. Zahn), strahlige Zinkblende vom Adalbertschacht bei Pribram (A. Seifert), dann grössere Reihen von Eisensteinen aus dem Bergbauen der Eisenwerke zu Reschitza und zu Diósgyőr. S. 313—354.

L. Brod. Chemische Analysen Pribramer Mineralien, ausgeführt zu Pribram, S. 357—363.

W. Mrázek. Mittheilungen aus dem chemisch-metallurgischen Laboratorium der k. k. Bergakademie zu Pribram. S. 364—401.

F. Fuchs. O. Boettger. Beitrag zur palaeontologischen und geologischen Kenntniss der Tertiärformation in Hessen. Mit 2 Tafeln. Offenbach am Main 1869. 4°. (Inaugural dissertation.) Gesch. d. Verf.

Der Verfasser, seit einer längeren Reihe von Jahren mit geologischen Studien in den Tertiärbildungen des Mainzer Beckens beschäftigt, veröffentlicht in vorliegender Arbeit die Resultate seiner Untersuchungen, soweit dieselben nicht bereits durch die Arbeiten anderer Autoren bekannt sind. Man findet darin eine Anzahl sehr detaillirter Profile, welche bisher gar nicht oder doch nur unvollkommen bekannt waren; ferner eine lange Reihe einzelner Localfaunen von neuen Fundorten, sowie ergänzende Beiträge zu den Faunen bereits bekannter Localitäten. Auf 2 Tafeln sind eine Anzahl zum grössten Theile neuer Fossilien abgebildet. Die einzelnen Mittheilungen, in gefälliger Form und übersichtlicher Zusammenstellung, können um so mehr als werthvolle Beiträge zur Kenntniss der so reich gegliederten Tertiärbildungen des Mainzer Beckens gelten, als wir, wie bereits Eingangs erwähnt, nur Neues enthalten.

Ausserdem wurde die Bibliothek durch folgende Bücher und Karten bereichert:

a) Einzelwerke und Separatabdrücke.

Wilhelm Ritt. v. Haidinger. Das k. k. montanistische Museum und die Freunde der Naturwissenschaften in Wien in den Jahren 1840—1850. Erinnerungen an die Vorarbeiten zur Gründung der k. k. geologischen Reichsanstalt. Wien 1869.

E. Trautschold. Rede zur Säcularfeier der Geburt Alexander's von Humboldt gehalten den 2/14 September 1869. (Sep. aus Bull. d. l. Soc. Imp. des naturalistes de Moscou 1869 Nr. 1).

b) Zeit- und Gesellschaftsschriften.

Genf. Mémoires de la Société de Physique et d'histoire naturelle. Tom XX. prém. Partie 1869.

Görlitz. Neues Lausitzisches Magazin. Im Auftrage der Oberlausitzischen Gesellschaft der Wissenschaften, herausgegeben von Dr. E. E. Struve, 46. Bd. 1. und 2. Abth. 1869.

Halle. Abhandlungen der naturforschenden Gesellschaft. Bd. XI. Heft 1. 1869.

Mons. Mémoires et publications de la société des sciences des arts et des lettres du Hainaut. III. Ser. Tom 3. 1869.

St. Petersburg. Annales de l'Observatoire physique central de Russie publiées par H. Wild. Année 1865. St. Petersburg 1869.

Stockholm. Öfversigt af kongl. Vetenskabs Akademiens Förhandlingar. Bd. 23—25. 1865—68.

Trier. Jahresbericht der Gesellschaft für nützliche Forschungen von 1865—68. 1869.
Verona. Memorie dell Accademia d'Agricoltura, commercio ed arti. Vol. XLIV 1866, XLV 1867, XLVI Fasc. I. 1867, Fasc. II 1868, Fasc. III 1869.
Enthält in Bd. 15: Giul. Baretta, Relazione descrittiva dei Fenomeni fisico-geologici in Montebaldo.
Wien. Mittheilungen aus dem Gebiete der Statistik. Herausgegeben von der k. k. statistischen Central-Commission. 16. Jahrg. 1. u. 2. Heft 1869.
— Tafeln zur Statistik der österreichisch-ungarischen Monarchie. Herausgegeben von der k. k. statistischen Central-Commission. Die Jahre 1860—1865 umfassend. IV. Heft. 1869.

Gegen portofreie Einsendung von 3 fl. Ö. W. (2 Thl. Preuss. Cour.) an die Direction der k. k. geol. Reichsanstalt, Wien, Bez. III., Rasumoffskigasse Nr. 3, erfolgt die Zusendung des Jahrganges 1869 der Verhandlungen portofrei unter Kreuzband in einzelnen Nummern unmittelbar nach dem Erscheinen.
Neu eintretende Pränumeranten erhalten die beiden ersten Jahrgänge (1867 und 1868) für den ermässigten Preis von je 2 fl. Ö. W. (1 Thl. 10 Sgr. Preuss. Cour.)

Die nächste Nummer der Verhandlungen erscheint am 14. December.

№ 16.   1869.

Verhandlungen der k. k. geologischen Reichsanstalt.
Sitzung am 7. December 1869.

Inhalt: Eingesendete Mittheilungen: A. Mösseler, Ueber die Geologie der Gegenden jenseits des Mississippi-Flusses. J. Krejčí, Offene Erklärung über Herrn Barrande's Colonien im Siluz-Becken von Böhmen. J. Barrande, Antwort auf Herrn Krejčí's obige Erklärung. W. Ritt. v. Haidinger. Briefliche Mittheilung Sr. kais. Hoheit des Herrn Erzherzogs Josef über eine neue arietische Brunnenbohrung bei Alcsúth in Ungarn. Prof. A. Kornhuber. 5. Knochenreste aus den Wohnsitzen Robert-Graben Gerinnes. E. Knochenreste aus der Fuchslochhöhle an der Drauhammel im Salzburgischen. Vorträge: Dr. J. Schmidt 1. Ueber den Vulcan von Santorin. 2. Vorlage einer Mondkarte — Ueber das Verschwinden des Mondkraters „Linné". C. Fruh. v. Havel, Ueber das Krystallsystem von Rodna in Siebenbürgen. Aristides Brezina, Ueber Krystallisation Sandsteins von Ahrweiler bei Wien. Dr. A. Hellas. Ueber die Tertiärbildungen von Lae an der Traya F. Posterie Fossilien aus der Gegend zwischen Plewna und Jablanitza am Nordgehänge des Balkan. Dr E. v. Mojslovics. Dr. K. v. Mojsisovics, 1. Porcellansten-Schien aus dem Salzkammergut. 2. Permfauna vom Haller Salzberg (Eisenerzwerke von der Salzbergverwaltung Hall in Tirol.) O. Sina. Fossilien aus dem Galizischen Schiefern von Haru in Oberkrain (Geschenk des Herrn Bergverhauptmann J. Trinker in Laibach). 5. Beste von Alephas primigenius von Puchaldorf bei Harwardorf (N.-Oesterreich). F. v. Vivenot. Sammeltbionde und Vesuviau von einer neuen Fundstelle in Kärnten (Geschenk des Herrn Bergrath Büttmenn in Wien). Einsendungen für die Bibliothek und Literatur-notizen: Geologische Section des Comité's für die naturwissenschaftl. Durchforschung von Böhmen (J. Krejčí, Dr. A. Fritsch, A. Slavík, K. Feistmantel), — O. G. Linnarsson, Dr. F Wibel, R. de Visiani, O. Heer, A. Reuss, F. Zirkel, K. Peters.

Eingesendete Mittheilungen.

A. S. Bössler. Allgemeine Bemerkungen über die Geologie der Gegenden jenseits des Mississippi-Flusses. (Schreiben an Herrn F. v. Hauer, ddo. Washington d. 6. November 1869.)

Es kann nicht Wunder nehmen, dass selbst die allgemeinen Züge der Geologie der Landstriche westlich vom Mississippi und Missouri und östlich und westlich von den Felsengebirgen anfänglich missverstanden wurden, — dass officielle Publicationen vollkommen irrige Angaben über dieselben verbreiteten, — dass Maclure die Gesammtausdehnung derselben als secundär bezeichnete, Marcou sie für triadisch erklärte, und die besten Forscher unserer Zeit darüber stritten, ob das Tertiäre, die Kreide- oder die Kohlenformation daselbst vorwaltet. — Durchkreuzt von nur wenig Handelslinien, belästigt von Banden feindlicher und verrätherischer Wilder, und weit abgelegen von allen Hülfsmitteln wissenschaftlicher Untersuchungen sammelten sich daselbst Thatsachen nur langsam an, und aus ihnen zogen die Forscher Folgerungen, welche die Färbung der eben herrschenden Theorien an sich trugen.

Gegenwärtig aber erfreut sich der Geologe etwas günstigerer Verhältnisse, und die Ergebnisse seiner Wanderungen und Untersuchungen zeigen, dass die weiten Gebiete, von denen wir sprechen, Aufgaben von tiefem und mannigfaltigem Interesse darbieten, indem sie nicht aus einer einzigen Alles gleichmässig erfüllenden ausgedehnten Formation bestehen, sondern durch eine Reihe von Ablagerungen gebildet werden, welche von der ältesten bis zur jüngsten geologischen Zeitperiode reichen und einen ebenso gigantischen Maassstab erkennen lassen, wie alle übrigen Naturerscheinungen des nordamerikanischen Continentes. Die Ablagerungen zeigen in allen Altersstufen sowohl Süsswasser- und marine als im Feuerfluss entstandene Gebilde, und die Sedimentgesteine sind erfüllt mit Fossilresten aus dem Pflanzen- und Thierreiche. Neuere Entdeckungen in den südlichen Theilen des Beckens enthüllten weite Landstriche, die in eben so reicher Menge Reste von Säugethieren und Reptilien führen, wie die so viele Bewunderung erregenden „Mauvaises terres" im Norden, und letztlich erst gelangte das Skelet eines ungehoueren Sauriers in das Museum der Akademie von Philadelphia, welches nach dem vorhandenen Theile der Wirbelsäule zu schliessen auf kaum weniger als 70 Fuss Länge geschätzt wird. — Das Hauptinteresse der Geologen wird sich fortan von den beschränkten Untersuchungsgebieten in Europa, welche bisher alle Geister beschäftigten, abwenden, um in diesen grossen Becken des Westens dem Grund der ausgedehnten Kreide- und Tertiärmeere neue Thatsachen und Schlussfolgerungen bezüglich des organischen Lebens auf dem Erdballe zu gewinnen.

Die zahlreichen Unterabtheilungen, in welche man diese Schichten nach dem Vorwalten gewisser in ihnen eingeschlossener Fossilien gesondert hat, bieten das höchste Interesse, doch kann ich in dieser Skizze auf eine ausführlichere Darstellung derselben nicht eingehen. Es sei hinreichend zu bemerken, dass die breiten Ebenen zwischen dem Mississippi-Fluss und dem Felsengebirge dem Forscher entlang seinem langen Wege an einer oder der anderen Stelle ausgedehnte Flächen bedeckt von Ablagerungen der Tertiär-, der Kreide-, der Jura-, der Trias- und der Kohlenformation zeigen, und wenn derselbe hinaufklettert auf die emporragenden Höhen an der Gebirgsseite, so kreuzt er in rascher Folge noch ältere Formationen, und findet der Reihe nach permische — Kohlen — silurische — und all die verschiedenen Schichten der eozoischen metamorphischen Gebilde. Ihre emporragenden Ränder zeigen, dass sie in eine steil geneigte oder senkrechte Lage gebracht wurden durch die Granite, Porphyre, Basalte und andere eruptive Felsarten der Haupt-Centralmasse der grossen Bergkette, welche sich aus der Nachbarschaft der Mündung des Mackenzie-Flusses im Norden bis zum Bassin des Golfes von Mexiko erstreckt.

Ueber die Bergkette hinweggelangt und in dem grossen Bassin, welches von hier bis zur Sierra Nevada reicht, angekommen, bemerkt man eine Wiederholung derselben Ablagerungen und gewinnt die Ueberzeugung, dass einstmals die zwei grossen Niederungen östlich und westlich von den Felsengebirgen ein einziges grosses Seebecken bildeten, in welchem die jüngsten gegenwärtig die Oberfläche zusammensetzenden Schichten allmählig abgelagert, seither aber durch Emporhebung des Systemes der Felsengebirge aus einander gerissen wurden.

Dieser Emporhebung verdanken wir das gegenwärtige System der Vertheilung der Flüsse und die weiten Felder, welche für den Ackerbau bereit liegen; insbesondere haben aber auch die Feuerwirkungen von unten die Bildung von Gängen an den Gehängen der Berge herbeigeführt, deren reiche Metallführung, jüngst erst entdeckt, reichen Lohn dem fleiseigen Arbeiter wie dem Capitalisten, und Wohlstand der ganzen Nation in Aussicht stellt.

J. Krejčí. Offene Erklärung über Herrn Barrande's Colonien im Silurbecken von Böhmen. (Aus einem Briefe an Herrn Fr. v. Hauer, dto. Prag den 16. October 1869.)[1]

„Meine ehemalige Betheiligung als Volontär an den Arbeiten der k. k. geologischen Reichsanstalt in Böhmen, sowie die Achtung vor den wissenschaftlichen Resultaten Barrande's legt mir die Pflicht auf zu erklären, dass ich in Folge eines erneuerten Studiums der Lagerungsverhältnisse der silurischen „Colonien" und der über dieselben von Barrande veröffentlichten „*Défenses*" meinen früheren Versuch, dieselben durch Discolationen zu erklären, als nicht haltbar erkenne.

Die überraschende Fülle von neuen geologischen Belegen, welche Barrande in seinen „*Défenses*" niederlegte, zeigt, dass die Erörterungen über die Colonien für die Wissenschaft nicht unfruchtbar waren, und es wird mir ohne Missdeutung erlaubt sein den Wunsch auszusprechen, dass die angekündigte Fortsetzung der „*Défenses*" die endgiltige Lösung der angeregten Frage in ihren letzten Details enthalten möge".

J. Barrande. Antwort auf Herrn Prof. J. Krejčí's obige Erklärung. (Brief an Herrn Krejčí, dto. Prag den 19. October 1869.)

Ich danke Ihnen für die freundliche Uebermittlung der Erklärung, welche Sie am 16. dieses Monats an Herrn Ritter v. Hauer mit der Bitte gerichtet haben, dieselbe in den Verhandlungen der k. k. geologischen Reichsanstalt zu veröffentlichen.

Diese Erklärung gibt Ihrer wissenschaftlichen Gewissenhaftigkeit ein ehrenvolles Zeugniss und bringt unsere Debatten über die Colonien zum Abschluss.

Ich beabsichtige in einigen Wochen die Beschreibung der „*Colonie d' Archiac*" zu veröffentlichen in Verbindung mit einer Special-Karte der Umgebungen von Hostoporz, und in der Folge nach und nach auch alle übrigen Beweismittel, welche ich vorbereitet habe, um die Darstellung der bemerkenswerthen Erscheinung der Colonien im Silur-Becken von Böhmen zu vervollständigen. So sind also die Wünsche, welche Sie in dieser Hinsicht aussprechen, in vollständigstem Einklang mit meinen Absichten.

In Bezug auf Herrn Lipold, zu dessen Entschuldigung Sie in Ihrem Brief vom 16. d. M. anführen, dass er Ihren Angaben gefolgt sei, und dass er eine verhältnissmässig nur kurze Zeit in dem silurischen Terrain verweilen konnte, hoffe ich, dass er das gute Beispiel, welches

---

[1] Mit grossem Vergnügen entspreche ich dem Wunsche der Herren J. Krejčí und J. Barrande, die nachfolgenden Schriftstücke, in deren ersterem Herr Krejčí seine früheren Anschauungen über die Barrande'schen Colonien vollständig zurücksieht, in unseren Verhandlungen zum Abdruck zu bringen. Stets sollen die Spalten derselben in unpartheiischer Weise der Vertretung jeder wissenschaftlich begründeten Ansicht offen stehen und gern ergreife ich diese Gelegenheit um zu erklären, dass in allen, auch von den Mitgliedern unserer Anstalt in unseren Druckschriften enthaltenen Arbeiten und Mittheilungen stets nur die individuellen Anschauungen der einzelnen Verfasser zum Ausdruck kommen. Eine so zu sagen „officielle" Lösung wissenschaftlicher Streitfragen kann ja überhaupt nicht gedacht werden.

Fr. v. Hauer.

Sie ihm so eben gegeben haben, nachahmen werde, und dass wir in gemeinsamem Vergessen alle Irrthümer der Vergangenheit werden begraben können, ohne auf ihren Ursprung zurückzugehen.

Mit Vergnügen ergreife ich diese Gelegenheit, um Ihnen meinen Dank und meinen Glückwunsch darzubringen zu der schönen und gediegenen Arbeit, welche Sie jüngst über das Kreide-Terrain von Böhmen unter Mitwirkung des Herrn Dr. A. Fritsch publicirt haben.

Ich hoffe, dass alle unsere vereinigten Arbeiten Böhmen einen hervorragenden Rang sichern werden unter den Ländern des österreichischen Kaiserstaates, welche Dank den einsichtsvollen Arbeiten der Reichsanstalt die Wissenschaft in fruchtbringendster Weise bereichern.

W. Ritt. v. Haidinger. Mittheilung Sr. kais. Hoheit des Herrn Erzherzog Joseph über neue Brunnenbohrungen bei Alcsuth in Ungarn. (Schreiben an Herrn F. v. Hauer ddo. 27. November 1869.)

Ich erhielt von Sr. kaiserlichen Hoheit, dem Durchl. Herrn Erzherzog Joseph, unserem wohlwollenden Gönner, aus Veranlassung der dem 16. November gewidmeten Denkschrift ein so freundlich anregendes Schreiben von Alcsuth am 21. November, dass es wohl meine Pflicht erheischt, Dir als Director der k. k. geologischen Reichsanstalt, Einiges aus demselben mitzutheilen.

Am 8. November war Sr. kaiserlichen Hoheit auf seiner Bereisung Siebenbürgens in Klausenburg das erfreuliche Telegramm zugekommen, dass bei einer artesischen Brunnenbohrung bei Alcsuth in der 73. Klafter aufsteigendes Wasser in einer wenig mächtigen Sandschichte gefunden wurde. Dasselbe hielt sich durch 6 Tage bei fortgesetzter Bohrung in einer blauen Thonschichte permanent mit 200 Eimern in 24 Stunden, seit dem 13. stieg die Menge in der 74. Klafter auf 300, und gestern (20. November) bereits auf 480 Eimer in 24 Stunden in der 75. Der Meissel arbeitet seither in einer äusserst harten Schichte, die, so weit aus dem wenigen herausgeschafften Material zu ersehen ist, den Cerithienschichten beizuzählen wäre. Das Wasser besitzt einen so eigenthümlichen Geruch, dass Sc. kaiserliche Hoheit bereits eine Probe an Herrn Prof. Than nach Pest sandte, und auch, je nach dem Ergebnisse der vorläufigen Analyse, die Anhersendung nach Wien freundlichst in Aussicht stellte, so wie auch Nachrichten über fernere Ergebnisse der Bohrung.

Prof. Kornhuber. Knochenreste aus den Wocheiner Bohnerz-Gruben Gorinsche.

Die eingesandten Knöchelchen gehören einem Nagethiere aus der Familie der *Myoxina*, Siebenschläfer, an. Das eine derselben ist die rechte Hälfte eines Unterkiefers, an welcher der entsprechende Nagezahn noch vollkommen gut erhalten ist und an seiner schmelzüberkleideten Aussenseite die vielen Rodentien eigenthümliche bräunliche Färbung zeigt. Die vier Alveolen in dieser Kieferhälfte für die Molarzähne entsprechen der Zahl nach dem Gebisse der Myoxinen, bei denen bekanntlich im Ober- und Unterkiefer jederseits vier Backenzähne sich finden.

Die drei vorderen dieser Molarzähne liegen gesondert der Sendung bei und passen genau in die drei vorderen Lücken. Ihre Kaufläche, welche flach und stark und abgerieben ist, zeigt Schmelzfalten, welche den Zahn der Breite nach mit ziemlich parallelen Wänden durchlaufen, in der Art, dass kürzere, nicht so weit nach aussen vordringende, mit ganz durchgehenden Leisten abwechseln. Dieser wesentliche Charakter unterscheidet das Subgenus *Glis A. Wagner* von den verwandten Formen, und da die Grössenverhältnisse der Knöchelchen einen Schluss auf *Myoxus Dryas Schreb.* nicht gestatten, so gehören sie unzweifelhaft der Species *Myoxus glis L.*, dem Billich oder Siebenschläfer, an. Das zweite Knöchelchen ist das rechtseitige Oberschenkelbein desselben Thieres. Ob man diese Knochenreste für wirklich fossil halten soll, lässt sich wohl weniger aus ihrer Beschaffenheit, als aus der Art ihres Vorkommens bestimmen. Die ziemlich vollkommene Erhaltung derselben leitet wohl zu der Annahme eines neueren Ursprungs, obschon wir auch aus diluvialen Schichten ähnliche Funde besitzen.

Die Annahme eines höheren Alters der fraglichen Reste wird auch durch den Umstand unterstützt, dass ganz ähnliche Formen weit in die Tertiärformation zurückreichen, wie beispielweise das schon von C u v i e r in seinen „Recherches sur les ossemens fossiles", tome III, auf Tafel LXVIII, Figur 5, 6 und 11 abgebildete Thier aus dem eocänen Gyps von Montmartre darthut.

Diese Reste wurden in Goriusch in 5 Klftr. saigerer Tiefe mitten unter den Bohnerzen, nach Angabe des Herrn L. v. P a n t z, Baron v. Zoi'schen Werksverwalter in Wochein-Feistritz, aufgefunden und an Herrn Berghauptmann T r i n k e r zur Bestimmung eingesendet.

Es wird genügen zu erinnern, dass aus den Bohnerz-Gruben wiederholt Funde von Knochenresten, insbesondere von *Ursus spelaeus* angegeben wurden[1]).

Prof. A. Kornhuber. K n o c h e n r e s t e a u s d e r F u s c h l e r h ö h l e a n d e r D r a c h e n w a n d i m S a l z b u r g i s c h e n.

Die in der Fuschlerhöhle an der Drachenwand im Salzburgischen aufgefundenen und dem Museum Carolino-Augustinum in Salzburg einverleibten Knochenreste[2]) stellen sich bei genauerer Untersuchung als Folgende heraus:

1. Ein vollständig erhaltener Oberarmknochen (*humerus*) der linken vorderen Extremität vom Dachse (*Meles taxus Schreb.*), wohl als recent anzunehmen.

2. Knochenbestandtheile vom Bären, und zwar

a) vom Schädel: ein Bruchstück des oberen Theiles des *Ossis occipitis* mit den angrenzenden Parietalknochen, den queren Geniekfortsatz und senkrecht auf diesen nach vorn den Kammfortsatz, sowie nach hinten den Nackenfortsatz zeigend; ferner der untere Theil des linken Schläfenbeins mit der unteren Hälfte des äusseren Gehörganges, dem Jochfortsatze und der Gelenkfläche für den Unterkiefer.

b) an Zähnen: die beiderseitigen Eckzähne des Oberkiefers, der Reisszahn, 1. Molar-Zahn, rechterseits vom Oberkiefer, der 2.

---
[1]) P e t e r s: im Jahrb. d. k. k. geol. Reichsanst. VII, 1856, p. 689.
[2]) Dieselben waren uns von Herrn Prof. A b e l freundlichst zur Untersuchung eingesendet worden.

Molar- (oder der erste auf den Reisszahn folgende Höcker-) Zahn im Oberkiefer linkerseits, und der letzte oder hinterste Molar- (Höcker-) Zahn im Unterkiefer rechterseits.
c) die erste Rippe von der linken Seite.
d) das untere Endstück des rechtseitigen Oberarmknochens mit der Ellbogengelenksfläche.
e) von der rechten Fusswurzel das Sprungbein *(Astragalus)* und das Fersenbein *(Calcaneus)*.

Die unter a) und d) angeführten Knochenstücke sind ziemlich verwittert oder calcinirt und daher leicht brüchig, während die übrigen Reste, namentlich die Fusswurzelknochen, noch compact und glänzend erscheinen. Die beträchtlichen Abreibungen an den Zähnen lassen auf ein bejahrtes Thier schliessen, die Dimensionen der einzelnen Knochen stimmen mit denen zweier Exemplare des *Ursus arctos L.*, welche aus der Arvaer Gespanschaft in Nord-Ungarn stammen, überein, Thiere, welche ihre Jugend durch kaum abgeriebene Zähne und noch nicht eingetretene Verwachsung der Epiphysen mit den Mittelstücken der Knochen constatiren.

Da nun der *Ursus spelaeus* unseren heutigen braunen Bären um $^1/_6$ bis $^1/_5$ an Grösse übertraf, so dürften die in Rede stehenden Bärenknochenreste, wenn sie sich, ihren Lagerungsverhältnissen in der Fuschlerhöhle entsprechend, als wirklich fossil herausstellen, nur von einem sehr kleinen Individuum des Höhlenbären herrühren.

Vorträge.

J. F. Jul. Schmidt, Director der Sina'schen Sternwarte zu Athen.
1. Ueber die vulcanischen Erscheinungen zu Santorin.

Der Vortragende hatte zweimal Gelegenheit an Ort und Stelle eingehende Beobachtungen über den interessanten Herd vulcanischer Thätigkeit zu machen. — 1866 im Februar und März, 1868 im Jänner. — Das erste Mal befand er sich daselbst als Mitglied der von der griechischen Regierung nach Santorin gesandten Commission und wurde in seinen Bestrebungen durch die kenntnissvolle Thätigkeit des Marineofficiers Palascs sehr unterstützt. Während der zweiten Expedition auf der k. k. österr. Corvette „Dalmat" fand er ausgezeichnete Mitarbeiter am Commandanten des Schiffes, Baron Wickede, und den Officieren.

Indem der Vortragende die Erscheinungen aus alten Zeiten kurz berührte und vorhergehend die Gestalt der alten Thera und Therasia, sowie deren Profile besprach, erzählte er die Expeditionsphänomene seit Jänner 1866, welche, im südlichen Hafen der Nea Kamméni beginnend, schon nach 2 Jahren ein grösseres Areal von Lava zu Tage gefördert hatten, als ehemals (1708—1711) in mehr als 5 Jahren die Ausbrüche zu liefern vermochten. Besonders wurde hervorgehoben die Art und Weise der langsamen Vergrösserung des neuen Vulcanes in der Zeit vom 1.—20. Februar 1866, als die aus der Tiefe aufquellenden Felsinseln sich vom Centrum aus aufwärts und zugleich radial nach Aussen bewegten, wobei dann hinsichtlich der Schwierigkeit der Darstellung darauf hingewiesen wird, dass die einstige strenge Schilderung dieser Hergänge durch genaue Zeichnungen erörtert werden muss.

Als mit dem 20. Februar die Periode der grossen Aschen- und Stein-Eruptionen begann, wurden die Beobachtungen über die inneren Bewegungen der Lavamassen unmöglich, weil nicht nur die Ausbrüche Alles tief mit Asche und Blöcken überdeckte, sondern ihr gefährlicher Charakter auch jede Annäherung verhinderte. Das Aufsteigen der zweiten Vulcanform am 13. Februar 1866, Aphroëssa genannt, deren späteres Verschwinden, das Auftauchen der Mai-Inseln von 1866 an einer Stelle, wo vormals die Seetiefe 100 Faden betrug, wurde hinsichtlich der Verschiedenheit der Entstehungsweise erörtert. Aphroëssa war ein selbstständiger, temporär thätiger Vulcankegel, der aus einer Seetiefe von 30 Faden anstieg, während namentlich nach den Untersuchungen von Reiss, Stübel und v. Fritsch die Mai-Inseln als die höchsten Punkte von unterseeischen Lavaströmen zu betrachten sind. Die Aphroëssa sammt der (nichterumpirenden) Reka von 1866 war 1868 schon in der mächtigen, überall hoch aufgethürmten Lavamasse verschwunden. Die Mai-Inseln wurden später theilweise unsichtbar, weil dieBewegung der submarinen Lavaströme sie wieder untertauchen liess. Viele Theile der Nea Kamméni und wenigstens die Südseite der Mikra Kamméni waren 1868 beträchtlich gesunken, doch scheint es, dass 1869 bereits Hebungen an verschiedenen Stellen nachweisbar wurden. Der neue Vulcan von 1866, Georgsberg genannt, hatte gegen Mitte 1868 sämmtliche Gipfelpunkte der älteren Kamménen an Höhe erreicht oder schon übertroffen und war im Sommer 1869 angeblich gegen 500 engl. Fuss hoch. Seine Ausbrüche waren noch sehr mächtig, und von nur geringen Pausen unterbrochen.

Es wurden 9 Abbildungen, z. Th. in Farben ausgeführt, vorgelegt, um die successiven Formänderungen deutlich anschaulich zu machen.

2. Die Topographie der Mondoberfläche.

Dr. J. Schmidt hatte seine wichtigen, den Mond betreffenden Arbeiten zum Gegenstand einer zweiten interessanten Mittheilung gewählt, wobei er 3 Sectionen der 6 Fuss im Durchmesser haltende Athener Mondkarte vorlegte. Ohne sich über die Berge des Mondes auszusprechen, erzählte er die Umstände, unter denen sehr wahrscheinlich das Verschwinden des Mondkraters „Linné" stattgefunden hat, indem er mit Hilfe von Zeichnungen klar zu machen suchte, wie durch Ausfüllung des Kraters der Schattenwurf nach und nach vermindert, und zuletzt die Unsichtbarkeit der Kratergestalt bemerkt wurde. Die genaue Darlegung des Sachverhaltes wurde übrigens schon 1867 in einem Sendschreiben an Herrn Hofrath Ritter v. Haidinger gegeben.

Die Möglichkeit, eine Arbeit von solchem Umfang, wie die Topographie des Mondes sowie viele andere Unternehmungen wissenschaftlicher Art, unter günstigen Verhältnissen durchzuführen, liegt in der hohen und grossmüthigen Protection des Freiherrn Simon v. Sina, eines Mannes, der, wie nur wenige, mit stets gleichbleibender Gesinnung, seine Munificenz der Förderung der Wissenschaft und der Kunst in grossartigster und edelster Weise zugewendet hat.

Const. Freih. v. Beust. Bemerkungen über das Erzvorkommen von Rodna in Siebenbürgen.

Bei einer, im Spätsommer d. J. über Veranlassung des ungarischen Finanzministers nach Nagybánya unternommenen Reise fand ich Gelegenheit, den Bergbau von Rodna im östlichsten Theile Siebenbürgens, wo die Grenzen dieses Landes mit denen der Bukowina und der Moldau nahe zusammenstossen, zu besuchen. Obwohl ich nur einen Tag dort verweilen und daher der Beobachtung des dortigen Erzvorkommens nur eine flüchtige Aufmerksamkeit widmen konnte, hat mir das letztere doch so überaus interessant geschienen, dass ich mich gedrungen fühle, zu tiefer eingehenden Studien an jenem altberühmten Bergorte aufzufordern.

Unzweifelhaft reichen die Anfänge des Bergbaues von Rodna mindestens bis in das 12. Jahrhundert zurück, denn es ist bekannt, dass der grosse Mongoleneinfall im Jahre 1240, welcher durch den Pass von Rodna erfolgte, daselbst schon eine ansehnliche Bevölkerung vorgefunden hat, welche damals in dem Vertheidigungskampfe an den Stufen der Kirche, von welcher noch erkennbare Baureste sind, vollständig zu Grunde gegangen sein soll, wie man aus der Auffindung massenhafter Menschenknochen und Schädel an diesem Orte gefolgert hat. Eine grössere Bevölkerung aber und eine ansehnliche Kirche im Jahre 1240 kann in einer so abgelegenen rauhen Gebirgsgegend nur in dem lebhaften Betriebe des Bergbaues ihren Grund gehabt haben.

Mit dieser Voraussetzung stimmen auch die zahlreichen Halden und Pingen überein, welche in grossem Umfange über das Gebirge verbreitet sind, sowie die vielen Ueberreste von Schlackenhalden, die man in den Thälern findet.

Dass der Bergbau in der Bedeutung, die er in alter Zeit offenbar gehabt haben muss, sich nicht hat behaupten können, mag nebst den oft wiederholten äusseren Störungen (alle späteren Tartaren-Einfälle bis in das vorige Jahrhundert hinab sind durch den Pass von Rodna erfolgt) auch in der Werthsverminderung der edlen Metalle seinen Grund gehabt haben; gegenwärtig ist das Ausbringen auf die Kleinigkeit von kaum 2 Pfund Gold, 300 Pfund Silber und 2000 Cent. Blei beschränkt. Dabei muss freilich bemerkt werden, dass die im Vergleich zu dem wenigen silberhaltigen Bleiglanz unverhältnissmässig überwiegende Ausfüllung der Erzlagerstätten an Zinkblende und Schwefelkies, welche beide in der grössten Schönheit und Massenhaftigkeit vorkommen, bis jetzt völlig unbeachtet geblieben ist.

Würde man diese beiden wichtigen Nebenproducte vollständig zur Ausnützung bringen, was unter den jetzigen Verhältnissen nicht schwierig sein kann, so lässt sich mit Grund annehmen, dass dadurch nicht allein das Ausbringen an silberhaltigem Bleiglanz bedeutend steigen sondern auch eine weit richtigere und vollkommenere Anschauung der Erzlagerstätten gewonnen werden würde, über die man bis jetzt eine deutliche Ansicht gar nicht hat gewinnen können, weil man, anstatt dieselben rein abzubauen, nur dem darin verstreuten Bleiglanz nachgegangen ist.

Was nun die Natur dieser Erzlagerstätten betrifft, so scheint mir dieselbe hierüber allerdings keine richtige Beurtheilung erfahren zu haben; sollten diejenigen Ansichten sich bestätigen, welche ich in Folge meiner wenigen Beobachtungen darüber fassen zu müssen geglaubt habe, so würde dies, wie mir scheint, nicht nur für den Bergbau von Rodna allein, sondern auch für manche ähnliche Vorkommnisse von Bedeutung werden können.

Die Gegend um Rodna besteht aus Glimmerschiefer mit Kalksteinlagern, in welchen an verschiedenen Stellen Trachytausbrüche auftreten. Die Erzlagerstätten waren früher als Lager im Glimmerschiefer bezeichnet worden, welche von einer trachytischen Breccie örtlich zerbrochen und in ihrer regelmässigen Continuität vielfach gestört seien. Ihre Ausfüllung besteht fast ausschliesslich in mächtigen Massen von reinem Schwefelkies und schwarzbrauner Zinkblende; die Pochgänge enthalten durchschnittlich 3—4 Perc. Bleiglanz, so dass man für die ganze Mächtigkeit der Lagerstätten in ihrer Gesammtheit schwerlich mehr als 2 Perc. Bleiglanz annehmen kann, indem gerade sehr mächtige Erzmittel wegen ihrer Armuth an Bleiglanz nicht selten unangegriffen bleiben.

Schon die genauere Besichtigung der auf den Halden liegenden Erzwände erweckte bei mir Zweifel an der lagerartigen Natur der Erzlagerstätten; man sieht nämlich nicht allein ziemlich häufig grosse Blendekrystalle aus der derben Erzmasse herausragend, welche mit einem regelmässigen Ueberzug von Kalkspath in sehr kleinen Krystallen bedeckt sind, sondern es zeigen sich auch deutliche Ansätze zu einer Art von Ringerzbildung. Beide Erscheinungen weisen offenbar auf eine gangartige Bildungsweise hin.

In den Gruben findet man nun freilich die Erzmassen in der Regel in der Form von Lagern, d. h. zwischen den Schichten des Glimmerschiefers und Kalksteins liegend, obwohl freilich mit sehr ungleicher Mächtigkeit, allein es zeigen sich auch Erscheinungen, welche den Gedanken an eine lagerartige Bildung vollständig ausschliessen. Man findet z. B. langgezogene Schollen von Kalkstein, der Schichtung ganz parallel aber ringsum von dem Erzgemenge umzogen und sogar schmale Erztrümmer quer durch die Schichten hindurchsetzend.

Kann es unter solchen Verhältnissen, wie scheint, keinem Zweifel unterliegen, dass die Erzbildung von Rodna neuer sein müsse als der Glimmerschiefer und Kalkstein, in welchem dieselbe unter der Form von Lagern erscheint, so gewinnt man dadurch doch noch keinerlei Andeutung über das absolute Alter derselben.

In dieser Beziehung nun gibt das Verhalten zu der Trachytbreccie einen sehr interessanten und beachtenswerthen Fingerzeig. Betrachtet man nämlich mit Aufmerksamkeit die in der Breccie eingeschlossenen sogenannten Bruchstücke der Erzmasse, so erkennt man deutlich, dass dieselben keineswegs Trümmer einer festen zertrochenen Masse sein können, sondern vielmehr die Ergebnisse einer, innerhalb der noch weichen Breccienmasse stattgefundenen Krystallisation sein müssen. Unter diesen angeblichen Bruchstücken nämlich erscheinen manche in Gestalt von Kugeln mit vollkommener Ringerzbildung, an der Oberfläche einen Kranz von Zinkblende, im Innern einen Kern von Kies und Quarz zeigend; andere sind drusige, langgezogene Trümmer, in deren Längenaxe noch eine Anzahl von allmälig verschwindenden Eruptpunkten („mouches" nach dem französischen Ausdruck) sich finden. Derartige Erscheinungen können unmöglich das Product der Zerbrechung einer starren Erzmasse sein, sondern deuten vielmehr entschieden auf eine krystallinische Thätigkeit innerhalb der noch weichen Breccienmasse hin. Ich kann und will deshalb die Möglichkeit nicht bestreiten, dass vielleicht auch wirkliche Erzbruchstücke in der Breccie vorkommen können, oder dass an manchen

Stellen die Erzlagerstätten von der Breccie oder den Trachytgängen durchsetzt oder abgeschnitten werden können; denn wenn man sich denkt, dass die Erzbildung in die Periode der Trachyteruptionen gefallen sei, so ist ja sehr leicht möglich, dass Erz- und Trachytbildungen abwechselnd erfolgt sein können; aber als Hauptergebniss scheint mir festzustehen, dass eben eine Connexität zwischen beiderlei Bildungen besteht. Diese Annahme dürfte noch darin eine Bestätigung finden, dass die Erze von Rodna goldhaltig sind, und dass dieses Erzvorkommen genau in der östlichen Verlängerung des, von W. nach O. sich erstreckenden Erzzuges von Nagybánya, Felsöbánya, Kapnik und Laposbánya in einer Gegend liegt, wo trachytische Anabrüche stattgefunden haben.

Sollte diese meine Ansicht sich bestätigen, so würden daraus nicht nur für den Bergbau von Rodna, sondern auch für manche ähnliche Erzvorkommnisse in anderen Ländern nicht unwichtige Folgerungen sich ergeben. Man würde in Rodna davon auszugehen haben, dass das Erzvorkommen an den Trachyt gebunden sei, und es daher nur ganz natürlich finden, wenn die angeblichen Lager im Glimmerschiefer vielleicht plötzlich ein Ende nehmen, um nach Befinden an ganz anderen Punkten und anderen Horizonten wieder zu erscheinen; für andere Bergwerks-Gegenden aber würde darin eine Andeutung liegen, dass scheinbare Erzlager in den ältesten, krystallinischen Gesteinen möglicherweise von ganz neuem Datum sein können und in Ansehung ihres Ursprunges vielleicht auf Gesteine zu beziehen sind, von denen sich in der Nähe kaum eine Spur findet. Ich gedenke in dieser Beziehung beispielsweise der Bleiglanz-Blende- und Kieslager im Glimmerschiefer des sächsischen Ober-Erzgebirges, welche ich bereits vor vielen Jahren mit dem Auftreten der rothen Porphyre aus der Zeit des Rothliegenden in Verbindung zu bringen gesucht habe, sowie der Bleiglanz- und Blendelager in dem Glimmerschiefer des Schneeberges und des Pfersch er Thales in Tirol, welche mir in dieselbe Periode zu fallen scheinen.

Zum Schlusse muss ich wiederholen, dass mit dem gegenwärtigen Vortrage nur eine Aufforderung zum genaueren Studium der so höchst interessanten Grubenverhältnisse von Rodna, keineswegs aber ein Abschluss derselben gegeben sein soll.

A. Breslau. Krystallisirter Sandstein von Sievring nächst Wien.

Deutlich krystallisirter Sandstein in grösseren Mengen war bisher nur in Fontainebleau, Frankreich, gefunden worden. Die Krystalle, aus dem oligocänen Sand stammend, zeigen ausschliesslich das verwendete steilere Rhomboeder 111 — 2R, und bilden Gruppen, die sich, wie es scheint, frei schwebend in der Mutterlauge gebildet haben.

Zwei andere Vorkommnisse, dieselbe Krystallgestalt darbietend, sind in gleicher Ausbildung, jedoch geringen Quantitäten, seither aufgefunden worden; das eine zu Langenricke bei Brilon in Westphalen auf der Sohle von Sandgruben und in Klüften des darunter lagernden devonischen Massenkalkes bis zu $^1/_2$ Zoll Grösse (Lottner, Zeitschrift der deutschen geol. Ges. XV. 242. 1863), ferner auf der Friedrichs-Bleierz-Grube in Tarnowitz, Oberschlesien mit tertiärem Sand in einer Kluft im Muschelkalk. (Lottner, ebendaselbst, XVIII, 441.) Von letzterem Fundorte sind nur wenige, in der Berliner Bergakademie befindliche Stücke bekannt.

Ein vierter, sehr reiches Vorkommen wurde vor Kurzem vom Herrn Custos Th. F u c h s auf einer geologischen Expedition entdeckt, und seither, Dank der freundlichen Liberalität des Pfarres von Sievring, des Herrn Leo K w i e t a v o n K w i e s t k o f s k y, für das Hofmineralienkabinet ausgebeutet.

Unmittelbar hinter der alten Kirche in Sievring erhebt sich ein mit Wein behauter Hügel, der an mehreren Stellen behufs Landgewinnung von Humus enthlösst wurde; eine dieser Gruben soll anfänglich einen lockeren, leicht zu gewinnenden Sand geliefert haben, bis er in grösserer Tiefe zu „scharf" geworden sei. Zur Zeit, als Herr F u c h s die Stelle besuchte, zeigten sich die langenden harten Bänke ungefähr 1½ Kftr. unregelmässig gesondert aus krystallisirtem Sandstein bestehend. Der liegende lose Sand, 9 Kftr. (1 Kftr. fein, 1 Kftr. gröber, 1 Kftr. wieder fein), licht grünlichgrau mit rostfarbigen Flecken, bald lose bald etwas gebunden, schloss Lagen von harten, oft kugelförmigen Knollen ein, die in ihrer Configuration (concentrische Halbkugeln auf der oberen und unteren Seite) den Lankasteinen nicht unähnlich sind.

Ueber das Geologische des Vorkommnisses theilt mir Herr F u c h s Folgendes mit:

Die Sandbildung, in welcher die Krystallisationen auftreten, gehört der marinen Stufe des Wiener Tertiär-Beckens an, und kann zunächst mit den bekannten Sandablagerungen von Neudorf an der March verglichen werden. Eine kleine Strecke unterhalb der Sandgrube mit dem krystallinischen Sandsteine befindet sich am Fusse des Hügels eine zweite kleine Sandgrube, in welcher die tieferen Lagen der Ablagerung aufgeschlossen sind. Es fanden sich hier folgende Conchylien: *Ostrea sp., Anomia costata, Pecten aduncus, Pecten Besseri, Arca cf. Turonica, Cardium cf. Turonicum.*

Weiter aufwärts auf dem Rücken des Hügels, also im Hangenden der krystallisirten Sandsteine, finden sich grobe Conglomerate von Wiener Sandstein mit untergeordneten Bänken eines sandigen Nulliporenkalkes, welcher zahlreiche Steinkerne von Fossilien enthält. Ich erwähne nur Folgende: *Pecten Besseri, Pectunculus pilosus, Cardium discrepans, C. multicostatum, C. Turonicum, C. papillosum, — Lucina Columbella, Diplodonta rotundata, Cardita Partschi, Turritella Archimedis, Monodonta angulata, Cerithium scabrum* und *C. Brausi, Bulla lignaria, Conus ventricosus* und *Dujardini, Pyrula rusticula.*

In der Sandgrube, in welcher die Krystallisationen auftreten, gelang es mir niemals, auch nur die Spur einer Versteinerung aufzufinden.

Hieran möchte ich noch eine Bemerkung über die wahrscheinliche Entstehungsart dieser immerhin seltenen Bildungen knüpfen. Während nämlich die Horizontalschichten durch ihren gleichmässigen Verlauf auch in den krystallisirten Partien andeuten, dass sie vorher schon gebildet waren, werden sie von letzteren vertical durchsetzt, stellenweise mehrere Klafter tief; dieser Umstand deutet darauf hin, dass in die fertig gebildeten Schichten Wasser gedrungen sind, und je nach der grösseren oder geringeren Schnelligkeit des Durchsickerns kleinere oder grössere Krystalle abgesetzt haben. Auch der Fall scheint mir nicht ausgeschlossen, dass die eindringenden Wässer in den vorhandenen Schichten, wenigstens theilweise, erst das Material zur Krystallbildung vorgefunden und aufgelöst oder mechanisch aufgenommen haben; die Bildung von ringsum ausgebildeten Krystall-Gruppen macht letztere Anschauung plausibel, während die Laukasteiu ähnlichen Concretionen mehr dem ersteren Vorgange entsprechen.

Was die Form betrifft, in welcher diese Bildungen auftreten, so ist sie die des steilen Rhomboeders $\{111\}$ — $-2R$, und ich hebe hervor, dass alle bis jetzt beobachteten krystallisirten Sandsteine (nicht zu verwechseln mit den Pseudomorphosen von Sandstein nach Calcit) immer und ausschliesslich diese Gestalt besitzen; ähnlich wie Calcit das Skalenoeder $\pi \{201\}$ — R^3 zeigt, wenn Chlorit in grosser Menge seiner Grundmasse beigemischt ist. Die Quarzkörner sind gegen die äussere, dem Calcit entsprechende Form durchaus nicht orientirt; ein Dünnschliff, den ich aus einem solchen Krystalle senkrecht gegen die morphologische Axe anfertigte, ergab Stellung und Umrisse der Quarzkörner als ganz variabel; ihre Stellung wurde an der Richtung des optischen Hauptschnittes im Polarisationsmikroskop erkannt. Die verbindende Calcitmasse ist trübe und kaum durchscheinend, selbst bei sehr geringer Dicke; eine Wirkung derselben auf das polarisirte Licht habe ich nicht beobachtet.

Die Grösse der Krystalle schwankt zwischen $1'''$—$1'$, bis zu Halbzoll-Länge sind dieselben vollkommen scharf ausgebildet; von da an lagern sich auf den beiden Flächen kleinere Krystalle ab, die Kanten und Ecken runden sich ab und die Gestalt geht allmälig in eine kugelige über; Verwachsungen mehrerer Individuen sind häufig, jedoch konnte ich hierbei keine Regelmässigkeit oder Gesetzmässigkeit beobachten.

Die Krystalle sind meist zu Gruppen vereinigt, die oft ein reizendes Ansehen darbieten; stellenweise ist die Decke der Höhle ganz mit denselben aus gekleidet; die grossen Krystalle fanden sich nur an einem herabgestürzten grösseren Blocke in geringer Quantität.

Schliesslich möchte ich noch auf eine Ansicht hinweisen, die bezüglich der Heidelberger Sandsteinpseudomorphosen von Blum[1]) aufgestellt und erst neuerdings von Klocke[2]) bestätigt wurde. Das betreffende Vorkommen besteht aus Buntsandstein in der Form von $\pi \{201\}$ = R^3, dem Skalenoeder, mit untergeordneten Flächen von $n \{011\}$ = $-\frac{1}{2}R$, dem verwendeten stumpferen Rhomboeder. Nach Blum's Hypothese war ursprünglich krystallisirter Calcit mit eingemengtem Quarzsande vorhanden. Nach Auslaugung des kohlensauren Kalkes wurde seine Stelle durch Sandstein ausgefüllt.

Dr. A. Koller. Geologisch-paläontologische Skizze der Tertiärbildungen in der Umgebung von Laa an der Thaya.

Herr Th. Fuchs, Custos am kais. Hof-Mineralienkabinet, legte die vorgenannte Abhandlung vor, und gab einen kurzen Ueberblick der darin

---

[1]) Blum, Jahrbuch für Mineralogie 1867, pag. 830 und 289.
[2]) Klocke, ebendas. 1869, 714.

enthaltenen neuen Beobachtungen. Diese Arbeit wird zugleich mit der nächsten Abtheilung der von den Herren F. Karrer und Th. Fuchs begonnenen „Geologischen Studien in den Tertiärbildungen des Wiener Beckens," in eine oder nächsten Hefte unseres Jahrbuches veröffentlicht werden.

F. Foetterle. Fossilien aus der Gegend zwischen Plewna und Jablanitza am nördlichen Gehänge des Balkan in Bulgarien.

Ich hatte in dem diesjährigen Juniberichte der Verhandlungen von 1869 Nr. 9. p. 187 von Orsova aus einen Bericht über eine von mir in der ersten Hälfte des Monates Juni von Rustschuk aus ausgeführte Reise in die Gegend von Plewna und Jablanitza in Bulgarien, sowie über die in dieser Gegend gefundenen geologischen Verhältnisse veröffentlicht und darin die Schlüsse über das geologische Alter der verschiedenen, dort vorgefundenen Formationsglieder bei dem gänzlichen Mangel aller Hilfsmittel nur auf den allgemeinen paläontologischen Charakter basirt, den mir die gefundenen Fossilien zu haben schienen.

Bei einer näheren Untersuchung der von dieser kurzen Reise mitgebrachten Fossilien hat es sich nun gezeigt, dass die damals gezogenen Schlüsse über das relative Alter der aufgeführten Formationsglieder vollkommen richtig waren, bis auf die Kalke bei Karagui südlich von Ütschändol, welche wohl der obersten Kreide und nicht dem Eocän angehören werden.

Bei dem Umstande, dass die Reise zu Pferde gemacht wurde und bei der mir überdies nur kurz bemessenen Zeit ist es wohl leicht erklärlich, dass unter dem von den einzelnen Fundorten von Petrefacten mitgebrachten Materiale nur Weniges vorhanden ist, was eine gute sichere Bestimmung zulässt.

Unter die besten und reichsten Fundorte, die ich hier antraf zählen wohl die Neocommergel in der Gegend von Jablanitza, welche in dem mitgebrachten Materiale durch einen *Belemnites subfusiformis* Rasp., durch den *Ammonites Matheroni* d'Orb., *Ammonites Jeannoti* d'Orb., *Amm. cryptoceras* d'Orb., *Amm. Grasianus* d'Orb. und *Crioceras Duvalii* Lév. hinreichend gekennzeichnet sind.

Aus dem über dem Neocomschiefer lagernden Caprotinenkalk zwischen Mahalo Jablanitza, Marka Brasnitza und Pesternja mit seinem karstartigen Charakter liessen die Durchschnitte von Caprotinen keine nähere Bestimmung zu, ebensowenig wie die Orbituliten in dem darauf folgenden, gewissen Typen unserer Karpathen-Sandsteine ganz analogen Sandsteine mit seinen hieroglyphenartigen Zeichnungen und Wülsten.

Der auf diesem Sandstein lagernde, weisse, körnige Kalk zwischen Ütschändol und Beklesch, in dem das Thal von Karagui mit fast senkrechten Wänden eingeschnitten ist, und der in westlicher Fortsetzung bis an den Widfluss reicht, wurde in meinem citirten Berichte als Eocänkalk bezeichnet, weil ich die in einer Schichte vorkommenden, zahlreichen Durchschnitte für Nummuliten-Durchschnitte hielt. Eine nähere Untersuchung dieser Stücke lässt jedoch diese Bestimmung als sehr zweifelhaft erscheinen; es dürften dieselben vorwiegend Bryozoen-Durchschnitte sein, und der Kalk scheint daher den obersten Kreideschichten anzugehören; sicherer sprechen für diese Annahme die, wenn auch nicht specifisch zu bestimmenden Reste von Exogyren, Rudisten, einer Ananchyten-, einer Belemniten- und einer Rhynchonella-Art. Die Eocenschichten scheinen daher hier nur durch Sandsteine repräsentirt zu sein, welche zahlreiche Steinkerne von Zweischalern enthalten. Diese Sandsteine kommen in Üschbündel als Bausteine in Verwendung.

In den miocänen Tertiärtegeln, welche in dem Thale von Plewna und an der Widbrücke entblösst sind, scheinen zahlreiche Fossilien vorzukommen, die von den Fossilien aus dem Tegel von Baden kaum zu unterscheiden sind und in der Güte ihres Erhaltungszustandes diese noch übertreffen. Ich hatte von denselben mitgebracht: *Conus Dujardini C. Nof, Rostellaria pes pelecani, Ancillaria glandiformis, Pleurotoma asperulata, Turritella vindobonensis, Cypraea pyrum, Cassis texta. Arca dilurii, Venus multilamella, Dentalium elephantinum, Flabellum cuneatum* und *Turbinella duodecim costata*.

Diese Tegel sind überdies noch durch eine grosse Anzahl von Foraminiferen ausgezeichnet.

Die Leithakalke von Plewna zeichnen sich durch einen grossen Reichthum von Korallen aus, obzwar ihnen auch andere Fossilien, wie *Pectunculus* u. s. w., nicht mangeln. Dieselben sind jedoch wegen der innigen Verbindung mit dem dichten Korallenkalke schwer zu präpariren und kaum zu bestimmen.

Die Sarmatische Stufe, welche in Bulgarien eine so bedeutende Verbreitung zu besitzen scheint, und bis an die Ufer des schwarzen Meeres reicht, ist in den Stücken, die Herr F. v. Hauer und ich von Varna unmittelbar vom Anstehenden am Bahnhofe abgeschlagen und mitgebracht haben, durch die leitenden Fossilien, wie *Tapes gregaria, Mactra podolica, Cardium obsoletum, Bulla Lajonkairiana* u. s. w. sowie durch eine *Helix*-Art, die hier ziemlich zahlreich auftritt, zur Genüge charakterisirt.

Dr. Edm. v. Mojsisovics. Ueber cephalopodenführenden Muschelkalk im Gosauthale.

Der ziemlich mächtige Complex von rothen Kalk- und Marmor-Bänken, welcher die nördlichen und westlichen Fussgestelle des Hochplassen umgürtet und die Gipfel des Schichling-Kogel, Sobreyer Kogel, Salz-Kogel sowie auch zum Theil des Plankenstein bildet, galt bisher seiner ausserordentlich grossen petrographischen Aehnlichkeit halber als Hallstätter Kalk. Fortgesetzte Nachforschungen nach Fossilien haben jedoch im Laufe dieses Sommers zur Entdeckung zweier reicher Fundstellen von Versteinerungen geführt, so dass nunmehr die Irrigkeit der auf lediglich petrographische Kennzeichen hin gemachten Formationsbestimmung, an der Hand einer der schönsten und reichsten Suiten von Muschelkalk-Cephalopoden, auf das überzeugendste nachgewiesen werden kann.

Die beiden Fundstellen befinden sich in der Nähe (westlich) der Schreyer Alm. Von bekannten Arten enthalten die mitgebrachten Suiten:

Arcestes Studeri Hau. sp.   *Aegoceras incultum Beyr. sp.*
    — Gerardi Blauf. sp.   *Amaltheus megalodiscus Beyr. sp.*
Ammonites Thuilleri Opp. (= Amm.   *Phylloceras sphaerophyllum*
    binodosus Hrn. ex parte = Amm.   *Hau. sp.*
    binodosus Beyr.)

Neu sind folgende Arten:

Nautilus Tintoretti Moj*s*.
„ *Palladii* Moj*s*.
Orthoceras Campanile Moj*s*.
Aulococeras secundum Moj*s*.
„ *Obeliscus* Moj*s*.
Atractites sp.
Arcestes cf. Everesti Opp. sp.

Arcestes cf. brachyphyllus Beyr. sp.
„ *Bramantei* Moj*s*.
Aegoceras Palmai Moj*s*.
Amaltheus Sansovinii Moj*s*.
Phylloceras Sandalinum Moj*s*.
Ammonites Gondola Moj*s*.

Von den neuen Arten kommen zwei, nämlich *Nautilus Tintoretti* und *Orthoc. Campanile*, auch im Muschelkalk von Reutte vor, wie eine von Prof. Dr. Zittel zur Vergleichung freundlichst überlassene Suite lehrt.

Am häufigsten unter allen Arten tritt *Arcestes Studeri* auf; die Gesammtsumme der auf der Schreyer Alm gesammelten Cephalopodenschalen beträgt beiläufig 300, wovon 231 allein auf *Arcestes Studeri* entfallen. Erwägt man, dass auch an den übrigen bekannt gewordenen Fundorten alpiner Muschelkalk-Cephalopoden diese Art mit der grössten Individuenzahl vertreten ist, so dürfte es gerecht erscheinen, die petrographisch so verschiedenartig entwickelten Schichten künftighin unter der systematischen Bezeichnung: **Schichten (oder Zone) des *Arcestes Studeri*** zusammenzufassen.

Die übrigen Arten sind durch je 1—10 Exemplare vertreten.

Neben Cephalopoden kommen in sehr geringer Invidnenzahl noch Brachiopoden vor, welche aber nicht den gewöhnlichen Muschelkalk-Arten entsprechen, sondern nach Dr. U. Schloenbach's Urtheil neuen Arten angehören dürften.

Der Vortragende überreichte zum Schlusse eine „Beiträge zur Kenntniss der Cephalopoden-Fauna des alpinen Muschelkalkes (Zone des *Arcestes Studeri*)" betitelte Arbeit, welche sowohl die neuen Erfunde von der Schreyer Alm als auch die Vorkommnisse der übrigen in den österreichischen Alpen gelegenen Fundstellen zum Gegenstande hat. Dieselbe dürfte noch im vierten Hefte unseres Jahrbuches für das Jahr 1869 zur Publication gelangen.

Einsendungen für das Museum.

Dr. Edm. v. Mojsisovics. Petrefacten-Suiten aus dem Salzkammergute.

Zur Fortsetzung der in den Vorjahren [1]) begonnenen Aufsammlung von Petrefacten an den wichtigsten Fundpunkten wurden auch während des verflossenen Sommers durch unsere bereits tüchtig geschulten Sammler in Goisern und Hallstatt theils einige neu aufgefundene, theils einige schon bekannte, aber, wie die Erfahrung lehrt, noch immer nicht erschöpfend durchsuchte Localitäten in umfassendem Maassstabe, unter strenger Sonderung der Fossile nach dem Lager, ausgebeutet.

Es sind dies, dem Alter nach geordnet, die folgenden:

---

[1]) Verhandl. 1868, p. 15, 405—406.

A) Jura.
1. Zone der *Oppelia tenuilobata*, Zlambachgraben nächst S. Agatha.
2. Zone des *Stephanoceras macrocephalum*, Brielgraben (Gosanthal).
3. Zone des *Amaltheus margaritatus* (Schichten mit *Harpoceras Boscense Reyn(es* sp.), übereinstimmend mit dem Fundorte am Plassen[1]), neu aufgefundener Fundpunkt am Nordfusse des Somerau-Kogels.
4. Obere Region des unteren Lias (Hierlatz-Schichten), Hierlatz-Berg bei Hallstatt.

B) Trias.
1. Schichtgruppe des *Trachyceras Aonoides*, Raschberg und Röthelstein, mit einer nicht unerheblichen Anzahl neuer oder seltener Vorkommnisse.
2. Schichtgruppe des *Arcestes Metternichi*, Taubenstein (Gosanthal), Somerau-Kogel, Leisling (Fuss des Raschberg), Rossmoos, Hütteneck, Sandling. An letzterem Orte wurde eine besonders reiche Ausbeute in den bekannten Gastropoden-Schichten gemacht, welche in unserem Museum bisher nur sehr dürftig vertreten waren. Ausserdem wurde daselbst ein weiterer bisher mit den Schichten des *Amm. subbullatus* vermengter Horizont erkannt und genügend ausgebeutet.
3. Zlambach-Schichten; *a)* in den obersten Korallen führenden Mergeln zwei neu entdeckte Fundstellen in der Nähe des Hallstätter Salzberges, ferner Zlambach-Graben und Fischerwiese bei Aussee; *b)* und *c)* in der mittleren und unteren Abtheilung, Stambach-Graben und Zlambach-Graben.
4. Zone des *Arcestes Studeri*, neuerdings entdeckte Fundpunkte in der Nähe der Schreyer Alm im Gosanthale (Vgl. hierüber S. 374).

E. v. M. **Salzbergsverwaltung Hall in Tirol.** Petrefacten vom Haller Salzberg.

Wir sind den Herren Verwalter Dionn und Schichtmeister Heppner, welche jederzeit bereit sind, das Interesse der Wissenschaft zu fördern, zu ganz besonderem Danke verpflichtet für die Ueberlassung eines mit vollständigem Mundrande versehenen Exemplares von *Amm. floridus Wulf.* sp. aus dem Mitterberger oolithischen Sandsteine und eines *Hinnites* ähnlichen Zweischalers aus dem Wettersteinkalke im Norden des Issthales.

Bei dieser Gelegenheit sei noch erwähnt, dass in Folge der von den genannten Herren eingeleiteten Aufsammlungen von Petrefacten im Gebiete des Haller Salzberges ein zweiter[2]) Fundpunkt für *Halobia rugosa Gümb.* innerhalb der Cardita-Schichten vom Berg Angerl im Verlaufe des letzten Sommers entdeckt worden ist.

D. Stur. **J. Trinker:** Fossilien der Gailthaler Schiefer von Sava (Reichenberg) bei Assling in Oberkrain.

Durch die freundliche Güte des Herrn Berghauptmann Trinker erhielten wir kürzlich von Sava zwei Stücke von Gailthaler Schiefer mit Stein-

---
[1]) Verhandl. 1868, p. 10—13.
[2]) Vgl. v. Mojsisovics, Gliederung der oberen Triasbildungen. Jahrb. d. g. Reichsanst. 1869, p. 140.

kernen mehrerer Arten von Brachiopoden, die auf einen grossen Reichthum den Schiefern an Fossilien schliessen lassen. Die Steinkerne dürften folgenden Arten angehören: *Productus semibrusculus* Mart. sp. *Orthis crenistria* Kon. und *Spirifer bisulcatus* Sow. sp. Es ist um so erfreulicher für uns zu wissen, dass unser langjähriger Freund Herr P. Hartnigg in der bezeichneten Gegend gegenwärtig stationirt ist, als in derselben ausser den dem Culm entsprechenden Gailthaler Schiefern, nach in unserem Museum aufbewahrten Funden auch noch Schichten der productiven Steinkohlenformation und Sotzka-Schichten vorkommen, die Gegend daher zu sehr lohnenden Untersuchungen reichliche Gelegenheit bietet.

D. Stur: Reste von *Elephas primigenius* in Pethelsdorf bei Mattersdorf. (N. Oesterreich.)

Durch die Vermittlung des Herrn Custos Th. Fuchs erhielten wir Reste von *Elephas primigenius*, und zwar zwei grosse Backenzähne und einen Extremitätsknochen, die in Pethelsdorf, eine Stunde von Mattersdorf, im Orte, in einer Sandgrube am Abhange eines Hügels, von der Oberfläche gerechnet ungefähr in 2 Klafter Tiefe, aufgefunden wurden.

F. v. Vivenot. Mineralien aus Kärnthen.

Herr Bergrath Karl Göttmann hatte die Güte für die mineralogischen Local-Suiten unserer Anstalt einige sehr interessante Mineralien zu übergeben, welche von einer bisher noch nicht bekannten Localität aus Kärnthen und zwar von Waldenstein bei St. Leonhard stammen.

Besonders hervorzuheben mag werden das Vorkommen von Samnetblende und jenes von Vesurian. Erstere bildet ausgezeichnet sammtartige Ueberzüge auf Spatheisenstein, während letzteres Mineral sich in strahligen Partien in krystallinisch körnigem Kalk eingewachsen findet.

Einsendungen für die Bibliothek und Literaturnotizen.

Dr. U. Schloenbach. Comité für die naturwissenschaftliche Durchforschung von Böhmen. Arbeiten der geologischen Section. 400 S. Lex.-Oct., 5 chromolith. Ansichten und Tafeln, 2 Karten, 95 Holzschn. (Archiv der naturw. Landesdurchforsch. von Böhmen, I. Bd., II. Abth.) Prag 1869. Gesch. d. Comités.

Seit der Gründung des „Comités für die naturwissenschaftliche Durchforschung von Böhmen" waren bisher in den Jahren 1864—1868 nur von Zeit zu Zeit kurze vorläufige Berichte über die Thätigkeit der einzelnen Sectionen in die Oeffentlichkeit gelangt, über deren interessanten Inhalt wiederholt in diesen Blättern referirt worden ist. Eine ausführlichere und zugleich streng wissenschaftliche Rechenschaft legt das gesammte Comité jetzt zum ersten Male durch die Herausgabe des I. Bandes eines „Archivs für die naturwissenschaftliche Landesdurchforschung von Böhmen" ab, in welchem successive die Ergebnisse der Arbeiten der wissenschaftlichen Publicum dargelegt werden sollen. Als Separatabdruck aus diesem ersten Bande liegen heute die „Arbeiten der geologischen Section", welche die zweite Abtheilung bilden, in Form eines stattlichen und ausserordentlich schön ausgestatteten Bandes vor mir, und es gereicht mir, der ich einen grossen Theil des bearbeiteten Gebietes aus eigener Anschauung kenne, zu besonderer Befriedigung hier constatiren zu können, dass hinter jener vortheilhaften äussern Ausstattung, der wissenschaftliche Werth und die Reichhaltigkeit des Inhaltes keineswegs zurückbleibt. Es würde viel zu weit führen, wenn ich auf die zahlreichen interessanten und neuen Beobachtungen und die daraus geschöpften

Resultate näher eingehen wollte, und ich muss mich daher leider darauf beschränken, nur ganz kurz den Inhalt der einzelnen Aufsätze anzudeuten, aus denen diese geologische Abtheilung besteht, indem ich allen Geologen ein genaueres Studium des lehrreichen Buches auf das Wärmste anempfehle. Die darin enthaltenen Abhandlungen sind folgende:

1. Prof. J. Krejči. **Allgemeine Vorbemerkungen.** Unter diesem Titel gibt der Verfasser eine Uebersicht über die Verbreitung und die Lagerungsverhältnisse sämmtlicher in Böhmen auftretenden Formationen, wobei namentlich die vorsilurischen, die Jura- und die jungtertiären Braunkohlen-Bildungen ausführlichere Berücksichtigung finden. So werden unter Anderen aus den im nördlichsten Theile des Gebietes bei Kuss auftretenden Juraschichten 24 von Dr. Fritsch gesammelte und von Prof. Geinitz bestimmte Petrefacten-Arten angeführt.

2. Prof. J. Krejči und Dr. A. Fritsch. **Studien im Gebiete der böhmischen Kreideformation.** a) Allgemeine und orographische Verhältnisse, sowie Gliederung der böhmischen Kreideformation, von Prof. J. Krejči. In dieser Abhandlung wird zunächst die allgemeine Gliederung angestellt, nämlich von unten nach oben: 1. Perucer Schichten, 2. Koryeaner Sch., 3. Weissenberger Sch., 4. Malnicer Sch., 5. Iser Sch., 6. Teplitzer Sch., 7. Priesener Sch., 8. Chlomeker Sch., und diese dann in ihrer Verbreitung I. Durch das Leitmeritzer Mittelgebirge, II. südlich von der Eger und Elbe, III. zwischen dem Leitmeritzer Mittelgebirge und dem Iserthale sowie bei Hockenbach, IV. östlich vom Iserthale bis nach Mähren und V. in den Umgebungen von Politz und Braunau in zahlreichen lehrreichen Profilen verfolgt und nachgewiesen.

Hierauf folgt zum Schluss eine Erläuterung der im Gebiete der böhmischen Kreideformation vorkommenden Hebungs- und Bruchlinien und ein kritischer Vergleich der Resultate dieser Abhandlung mit den bisherigen Auffassungen. b) Paläontologische Untersuchungen der einzelnen Schichten in der böhmischen Kreideformation, von Dr. A. Fritsch. Als Beginn der unter diesem Titel angekündigten Reihe von Arbeiten liefert der Verfasser hier eine Beschreibung der sehr seltenen, aber nicht uninteressanten Süsswasser-Fauna der tiefsten Perucer Schichten und gibt dann eine ausführliche Darstellung der Entwicklung der Koryeaner Schichten durch das ganze Gebiet nebst Aufzählung aller an den 92 Localitäten aufgefundenen Petrefacten-Arten, wobei er nach Gesteins-Beschaffenheit und Petrefacten-Führung namentlich eine sandige Facies (Typus: Tyssa), eine kalkige (Typus: Koryean), eine conglomeratische (Typus Mezholes) und eine mergelig-kalkige (Typus: Kollu) unterscheidet.

3. Dr. A. Fritsch und Alfr. Slavík. **Paläont.-geolog. Notizen**, betreffend einige Fundorte in dem Gebiete der metamorphischen, tertiären und quaternären Formationen. a) Urher Eozoon bohemicum Fr. aus den körnigen Kalksteinen von Raspenau bei Friedland in Böhmen, von Dr. Ant. Fritsch. Nach gewissenhafter Zusammenstellung der in der Literatur vorhandenen Nachrichten über das Vorkommen des Eozoon in Böhmen beschreibt Dr. Fritsch in durchaus objectiver Weise das von ihm entdeckte Vorkommen von Raspenau, wobei er zuerst genau darstellt, was sich am rohen oder präparirten Stücken mit blossem Auge, dann was sich mit der Loupe, und endlich was sich unter dem Mikroskope beobachten lässt. Die Vergleichung von Präparaten der lebenden Gattungen *Carpenteria* und *Polytrema* bietet auffallende Analogien mit dem böhmischen Eozoon und so kommt der Verfasser zu dem Schlussresultat, „dass die Deutung des Eozoon als ein thierisches Wesen auf ganz ungezwungenen und natürlichen Vergleichen mit Thatsachen beruhe". Als Anhang folgt b) eine interessante mineralogisch-chemische Untersuchung des Raspenauer Eozoon, von Prof. Dr. Rob. Hofmann. — c) Petrefacten aus dem körnigen Kalke von Paukrac bei Gabel, von Dr. A. Fritsch. Schon in einem früheren vorläufigen Berichte war die Auffindung von Petrefacten in diesen bisher für zu vielfach gehaltenen Kalken angekündigt; diese allerdings ziemlich mangelhaft erhaltenen und sehr spärlichen Versteinerungen werden nun hier abgebildet und beschrieben; es sind Crinoiden-Stiele und ein an *Bellerophon* erinnerndes Fossil. — d) Neuer Beitrag zur Kenntniss der tertiären Süsswasser-Kalkschichten von Tuchořic, von Alfr. Slavík. Ein längerer Aufenthalt an diesem interessanten Fundorte hat dem Verfasser Gelegenheit zur Auffindung einer Anzahl theils ganz neuer, theils für diesen Fundort neuer Petrefacten-Arten gegeben, die er hier beschreibt und abbildet, und die zum Theile neue Anhalts-

punkte zur Vergleichung dieser Süsswasserkalke mit dem Landschnecken-Kalke von Hochheim und dem Litorinellen-Kalke des Mainzer Beckens gewähren. Unter 58 von Thnhorle bekannten Mollusken-Arten sind 20 mit solchen des Landschnecken-Kalks und 12 mit solchen des Litorinellen-Kalkes übereinstimmend. e) Notiz über eine Heuschrecke aus der Braunkohle von Freudenhain, von Dr. A. Fritsch. Dieselbe steht dem lebenden *Decticus verrucivorus* nahe und wird als *Decticus umbrosus* abgebildet. f) Die Alluvialbildungen von Byšic, Lysá und Chrudim, von A. Slavik. Ueber dem Torfe von Byšic finden sich zwei Schichten, die eine mit Süsswasser, die andere mit Landschnecken, in ausserordentlicher Anhäufung; darüber folgt eine Lage, in der heidnische Arten gemengt vorkommen. Bemerkenswerth ist, dass von den gefundenen Arten viele heutzutage in jener Gegend nicht mehr vorkommen.

4. K. Feistmantel. Die Steinkohlenbecken in der Umgebung von Radnic. Nach einer genauen topographischen Beschreibung der einzelnen in der Umgebung von Radnic abgelagerten Steinkohlenbecken folgen zwei der Darstellung der stratigraphischen und der petrographischen Ausbildung der dortigen Kohlenbildungen gewidmete Capitel, wonach dieselben in eine obere und untere Kohleführende und eine Reste-führende aus Sandsteinen und Conglomeraten bestehende Gruppe sich unterscheiden lassen. Hierauf beschreibt der Verfasser die einzelnen Kohlenvorkommnisse des Gebietes im Detail, gibt dann ein kritisches Verzeichniss aller bisher in den Radnicer Kohlenbildungen aufgefundenen organischen Reste (3 Arachniden, 165 Pflanzen und 1 Fossil — *Bacillarites problematicus* Feistm. — von zweifelhafter systematischer Stellung), wendet sich hierauf zu einer detaillirten Darstellung der Störungen in der Lagerung, welche jene Kohlenbecken erkennen lassen, und schliesst endlich mit allgemeinen Betrachtungen über das Material und die Vorgänge, durch welche die Entstehung der Radnicer Kohlenbildungen bedingt wurde, wobei er sich im Wesentlichen ganz der namentlich von Göppert vertretenen Theorie der Kohlenbildung anschliesst.

Dr. U. Schl. J. G. O. Linnarsson. On some Fossils found in the Eophyton Sandstone at Lugnas in Sweden. Translated from the Öfversigt af Kongl. Vetensk. Akadem. Förhandl., March 10, 1869. Stockholm 1869. 16. S. 30., 3 Tafeln. (Gesch. d. Verf.)

Das cambrische System in Westgotland (Schweden) besteht zu unterst unmittelbar über dem Urgneiss — aus Sandstein und Alaunschiefer, wovon der erstere bereits seit längerer Zeit unter dem Namen Fucoiden-Sandstein bekannt ist. In diesem Fucoiden-Sandsteine kannte man lange Zeit keine anderen organischen Reste, als Seetange; dann wurden Bohrlöcher von Anneliden darin entdeckt und vor 2 Jahren fand der Verfasser eine *Lingula* und kurz darauf machten Professor Torell und Dr. Wallin die Auffindung einer verhältnissmässig hochorganisirten Pflanze, des *Eophyton Linnaeanum* bekannt. Hierdurch angeregt, beschäftigt sich Linnarsson eingehender mit diesen ältesten fossilführenden Schichten und gibt nun hier eine detaillirte Beschreibung der Lagerungsverhältnisse und Gliederung dieser Bildung, indem er gleichzeitig die darin vorkommenden Petrefacten (*Arenicolites spiralis* Tor. Lingula *monilifera*, *Eoph. linnaeanum*, *Torelli*, *Rhysophycus dispar*.) beschreibt.

Dr. E. Bunsel Dr. Wibel. Die Veränderungen der Knochen bei langer Lagerung im Erdboden und die Bestimmung ihrer Lagerungszeit durch die chemische Analyse etc. Hamburg 1869. (Schulprogramm.) Gesch. d. Verf.

Der Verfasser macht in vorliegender Abhandlung den Versuch, aus der chemischen Beschaffenheit fossiler Knochen das relative Alter derselben zu bestimmen. Er wählte hiezu solche Fossilreste, welche eine sogenannte spontane Umwandlung d. h. ohne Petrification erlitten hatten, wie solche in den quartären und alluvialen Bildungen vorkommen. Bei seinen chemischen Analysen gelangte derselbe zu mehreren interessanten Schlussfolgerungen, welche wir nachstehend in Kürze anführen wollen:

1. Der ganze Process der spontanen Knochenumwandlung ist bloss eine Zersetzung und Auflösung, es treten weder neue Stoffe hinzu, noch bilden sich neue chemische Verbindungen. 2. Die Hauptveränderung besteht in der Abnahme der organischen Substanzen und in der Verringerung des Verhältnisses zwischen Calciumcarbonat und Calciumphosphat. 3. Der Knorpel verwandelt sich in eine stick-

stoffärmere Substanz. 4. Die Zersetzungsgrade fossiler Knochen hängen von der Lagerstätte ab, ob letztere nämlich eine petrificirende oder nicht petrificirende, mit oder ohne Lufteintritt ist. 5. Zur Altersbestimmung der Knochen ist die Kenntniss der Lagerstätte, dann die der organischen, der Stickstoff- und Kreidequotienten erforderlich. Unter dem organischen Quotienten versteht der Verfasser das Verhältniss der organischen Masse zum Calciumphosphat, unter dem Stickstoffquotienten das Verhältniss des Stickstoffquantums zur Gesammtmasse organischer Substanz, und unter dem Kreidequotienten das des Calciumcarbonats zum Calciumphosphat. Je kleiner nun einer der Quotienten ist, desto älter soll im Allgemeinen der betreffende Knochen sein.

Wir begrüssen die vorliegende Arbeit als einen schätzbaren Beitrag zur Lösung dieser für die Chemiker und Geologen höchst interessante Frage.

A. Senoner. **Roberto de Visiani.** Di due nuovi generi di piante fossili. Padova 1869. (Nuovo Giornale botanico italiano I. 1869.)

In dieser kleinen Notiz gibt Herr Prof. Visiani eine kurze Beschreibung zweier neuer Pflanzenfossilien von Chiavon (an der sogenannten Bostizza), wo auch die grossartigen, vollständigen fossilen Palmen gefunden wurden.

Eine dieser Pflanzen bildet das Blatt einer Agave, nach Form und Tracht zu jenen Arten gehörig, die ganze und unbewehrte Blätter haben. Zwei Exemplare dieser Pflanze besitzt Prof. Visiani; auf einem jeden finden sich zwei Blattabdrücke, die eine lanzettförmige Form haben, mit glattem Rand, auf seiner, aber nicht scharfer Spitze, weil diese vielleicht abgebrochen ist, mit Spuren einer früheren fleischigen Textur, welche man aus der Vertiefung entnehmen kann, welche sich an der breiten und runden Basis zeigt, an welcher sie vereinigt waren. — Der ganzen Länge nach zeigen sich auf den Blattflächen zahlreiche, leicht erhabene parallele Streifen oder Nerven. Die Maximal-Länge der Blätter beträgt 1m. 12cm., die Breite an der Basis 14cm., in der Mitte 8cm.

Auf diese Charactere basirt Visiani ein neues Genus aus der Familie der Asphodelen, und wegen Aehnlichkeit mit den lebenden Agaven beschreibt er das Vorkommen als: *Agavites priscus* Vis.

Das andere Fossil ist nicht allein ein Abdruck, es trägt auch ausgezeichnete Spuren der früheren Substanz. Dasselbe ist ein 1.74m. hoher cylindrischer Stamm, 7—8cm. dick, ungleichförmig, runzelig, ohne sichtbare Spuren von Blattkerben, obwohl am Gipfel desselben eine Gruppe von 25 und mehr dicht dachig gestellten Blättern erhalten ist. Diese sind fleischig, linear-lanzettförmig, an der Basis 14—20mm. breit, höchstens 35cm. lang, es fehlt aber die obere Hälfte derselben; sie sind unten etwas ausgehöhlt, darüber ihre Flächen sind bedeckt von kaum sichtbaren Streifen oder Linien, der Rand ist mit spitzigen, fast dreieckigen Dornen versehen. Die grosse Aehnlichkeit dieses Fossils mit einigen lebenden Arten von Aloe, namentlich mit *Aloe arborescens Mill.* vom Cap der guten Hoffnung hat Visiani bewogen dasselbe als *Aloites italica* Vis. zu beschreiben.

Dr. M. N. **Dr. G. Berendt.** Geologie des kurischen Haffes und seiner Umgebung. Zugleich als Erläuterung der Section 2, 3 und 4 der geologischen Karte von Preussen[1]). Königsberg 1869, 110 Seiten Text (4) und 6 Tafeln. Gesch. d. Verf.

Es sind bis jetzt verhältnissmässig noch sehr wenige geologische Beschreibungen ausgedehnter Diluvial- und Alluvial-Terrains vorhanden, und um so erwünschter ist es, die Aufgabe gelöst zu sehen, welche sich der Verfasser gesetzt hat, die Ebenen-Bildungen in der nordöstlichsten Ecke Deutschlands zu bearbeiten.

Den Anfang bildet eine oro-hydrographische Skizze der zu schildernden Gegend, nämlich des kurischen Haffes, der Nehrung, welche dieses von der Ostsee trennt, des Memel-Delta und des Memeler Plateau's. Hierauf folgt eine genaue Beschreibung der verschiedenen Süsswasser-, Salzwasser- und Flugbildungen welche in jüngeres und älteres Alluvium, in oberes und unteres Diluvium getheilt werden.

Von besonderem Interesse ist der letzte Abschnitt „Versuch einer Geogenie"; der erste Theil desselben behandelt die verschiedenen Niveauschwankungen der Nehrung während der Alluvialzeit, während welcher eine zweimalige Hebung und eine zweimalige Senkung stattgefunden hat. Gegenwärtig steht dem

---

[1]) Ueber die betreffenden Karten s. Verb. 1868, Nr. 11. pag. 264.

Anscheine nach die Nehrung am Schluss der zweiten Senkungsperiode, und nach einigen verwandten Beobachtungen wäre schon seit einigen Jahrhunderten eine dritte Hebung eingetreten.

Die zweite Hälfte der „Geogenie" beschäftigt sich mit den äusserst merkwürdigen Erscheinungen der Wanderung der Dünen, welche, wie sie vom Winde aufgeworfen sind, auch der herrschenden Windrichtung entsprechend fortwährend verschoben werden. In Folge dieser Wanderung wurde schon manches Nehrungsdorf vom Sande verschüttet und auch die Bewohner aller noch bestehenden Dörfer der Haffseite gehen dem unvermeidlichen Schicksal entgegen, ihre Wohnstätten in verhältnissmässig kurzer Zeit von der Düne begraben zu sehen. Schliesslich wird der ganze Dünenkamm ins Haff gesetzt, und dieses fast ganz von Sand erfüllt werden, ein Ereigniss, welches nach den auf ziemlich sicherer Grundlage angestellten Berechnungen in etwa einem halben Jahrtausend vollends eingetreten sein dürfte.

Die beigefügten chromo-lithographischen Tafeln, Karten u. s. w. geben ein vortreffliches Bild, erstere von den landschaftlichen Charakter der Gegend, letztere von den Veränderungen der Küstenbildung, dem Vorrücken der Dünen u. s. w.

Dr. M. N. **E. Dumortier.** Etudes paléontologiques sur les terrains jurassiques du bassin du Rhône. Tom III. Paris 1869. 350 Seiten Text (8) und 45 Petrefactentafeln.

Der neue Band dieser interessanten Monographie, über deren Anfang schon früher in diesen Verhandlungen berichtet wurde, behandelt den mittleren Lias des Rhonebeckens; derselbe besteht aus ziemlich einförmigen Mergeln in einer Mächtigkeit von stellenweise 80—90 Meter, welchen nur an der Basis einige härtere Kalkbänke eingelagert sind. Merkwürdiger Weise scheinen mehrere der Fossilien hier ein etwas anderes Lager einzunehmen, als im schwäbischen Jura und in den meisten bisher untersuchten ausseralpinen Gegenden, so dass die von Oppel aufgestellten Zonen in diesem Falle nicht anwendbar erschienen. Dumortier theilt den mittleren Lias in zwei Zonen, die des *Belemnites clavatus* und die des *Pecten aequivalvis* ein, welche wieder in mehrere Niveaus zerfallen.

Wie in Württemberg liegt ganz an der Basis des mittlereren Lias *Amm. armatus*, findet sich aber in Gesellschaft des sonst viel höher vorkommenden *Amm. margaritatus*, welcher im Rhonebecken durch den ganzen mittleren Lias durchgeht, und mehrerer anderer Arten (*Amm. Henleyi* u. s. w.), welche gewöhnlich erst in den Zonen des *Amm. ibex* und *Davoei* aufzutreten pflegen, und welche hier in einer Bank mit den Formen der Zone des *Amm. Jamesoni* vorkommen.

Der nächste höhere Horizont (Niveau des *Bel. paxillosus* enthält ein Gemenge von Fossilien aller Schichten des mittleren Lias mit Ausnahme der obersten Lage (Zone des *Amm. spinatus*), während die nun folgenden mächtigen Mergel arm an charakteristischen Versteinerungen sind; nur *Amm. margaritatus* scheint hier häufig zu sein. Die oberste Stelle nimmt in Uebereinstimmung mit anderen Gegenden *Amm. spinatus*, begleitet von *Amm margaritatus* ein.

Diese Beobachtungen bieten ein sehr grosses theoretisches Interesse, indem sie ein gewisses Variiren der verticalen Verbreitung der Cephalopoden in geographisch entfernt liegenden Gegenden, allerdings innerhalb ziemlich enger Grenzen constatiren. Auf eine zweite nicht minder interessante Thatsache macht der Verfasser aufmerksam indem er (pag. 99) nachweist, dass in dem von ihm untersuchten Gebiet die Ammoniten eine viel geringere verticale Verbreitung haben und sich fester an ein bestimmtes Niveau halten als die niedriger organisirten Mollusken.

Der paläontologische Theil enthält eine beträchtliche Zahl neuer Arten und eine Menge werthvoller Notizen über schon bekannte Formen.

G. St **Dr. A. E. Reuss.** Ueber tertiäre Bryozoen von Kischenew in Bessarabien. (2 lith. Taf.) Sep.-Abdr. LX. Bd. d. Sitzungsb. d. kais. Akad. d. Wissensch. I. Abth. Oct.-Heft. Jahrg. 1869. (Sitz. 17. Juni 1869). Gesch. d. Verf.

In den Schichten der sarmatischen Stufe spielen nach den bisherigen Beobachtungen Bryozoen fast immer nur eine sehr untergeordnete Rolle und fehlen an vielen Orten fast gänzlich. Sie fanden deshalb bisher nur sehr geringe Berücksichtigung. Prof. Reuss hatte nun durch Herrn Prof. E. Suess ein der genannten Stufe zugehöriges, kalkiges Gestein von Kischenew in Bessarabien zur Untersuchung erhalten, welches sich hinlänglich reich an bestimmbaren Bryozoenresten zeigte und das Material für die interessante kleine Arbeit lieferte. Die unterirtige Kalkstein von unregelmässig oolithischem Aussehen besteht vorwiegend aus kleineren und grösseren Conchylien und ihren Bruchstücken, sowie aus Bryozoenfragmenten. Die vorwiegende Menge der Conchylienschalen ist fast unbeschädigt, daher wohl an Ort und Stelle in ruhigem Wasser zu Boden gesunken, und durch aus seiner Lösung ausgeschiedenes Kalkcarbonat zu Gestein verkittet worden. Aus einer Reihe von etwa 12 häufigeren Schalthier-Formen, darunter *Trochus poliolitus* Deb., *Melania Escheri* Brngn., *Cardium protractum* Eichw. hebt Prof. Reuss besonders das Auftreten einer kleinen, Patella-artigen Schnecke hervor, welche er mit dem als *Nerita pygmaea*[1]) von Stoliczka beschriebenen Gastropoden aus dem Cerithien-Tegel von Viziokova bei Radkersburg in Steiermark identificirt.

Neben den Mollusken nahmen in dem Gestein von Kischenew vorwiegend die zahlreich eingestreuten Bruchstücke von Bryozoen die Aufmerksamkeit des Verfassers in Anspruch. Unter diesen ist durch Häufigkeit und Veränderlichkeit ihrer Formen *Hemiechara variabilis* n. sp. die zumeist in die Augen fallende Art. Seltener aber meist geringerem Formenwechsel unterworfen ist *Biustopora corrugata* n. sp. — Eine nur untergeordnete Rolle spielen die seltenen und kleineren Fragmente von *Lepralia vermiculosa* n. sp. und von *Tubulipora congesta* Rss., einer Art, welche von demselben Verfasser bereits aus dem Wiener Tertiärbecken[2]) beschrieben wurde.

Dr. F. Kreutz. **Ferd. Zirkel.** Untersuchungen über die mikroskopische Zusammensetzung und Structur der Basaltgesteine. Bonn 1870.

Dieses neue und an interessanten und wichtigen Resultaten reiche Werk ist das Ergebniss von jahrelanger, mit eben so viel Scharfsinn als bewundernswerther Ausdauer geleisteter Arbeit. Mit strenger Gewissenhaftigkeit finden wir in der reichen Fülle des Beobachteten das sicher Erwiesene von dem nur Wahrscheinlichen oder zu vermuthenden getrennt.

Naturgemäss führt die Reichhaltigkeit des untersuchten Materiales und die grosse Summe von Beobachtungen auch zu einer entsprechenden Fülle von sicheren Resultaten. In dieser Hinsicht basirt die vorliegende Arbeit auf einer so breiten und festen Grundlage, wie sich bisher wohl keine Specialarbeit aus dem Gebiete der mikroskopischen Petrographie zu rühmen vermag. Die vorliegenden Betrachtungen über die Basaltgesteine wurden an der Untersuchung von nicht weniger als 315 Dünnschliffen geknüpft. Wir theilen von dem reichen Inhalte einige der interessantesten Resultate mit.

Zunächst erfahren wir, dass die unter dem Namen Basalt zusammengefassten Gesteine in drei grosse, verschiedene Gruppen zerfallen, bei welchen die Hauptgemengtheile abweichende Combinationen darstellen, je nachdem der den stets vorhandenen Augit begleitende Hauptgemengtheil triklinier Feldspath, Leucit oder Nephelin ist. Die unter einander ganz abweichend beschaffenen Gruppen, welche nach den für die mikroskopische Petrographie leitenden Grundsätzen eigentlich eben so viele besondere Gesteine ausmachen müssten, sind also: 1. Feldspathbasalte, 2. Leucitbasalte, 3. Nephelinbasalte. Dieser Eintheilung ordnen sich auch sämmtliche basaltische Laven unter, welche also in 1. Feldspathbasaltlaven, 2. Leucitbasaltlaven, 3. Nephelinbasaltlaven zerfallen. Es kommt vor, dass neben den völlig vorwaltenden einen Gemengtheile auch zurücktretende Mengen des anderen auftreten. Aus einer Reihe von Angaben stellt sich heraus, dass die abgesonderten Basalttypen auch eine geographische Absonderung besitzen. Kein Typus des Gemenges und der Mikrostructur kommt bei einer Basaltlave vor, welcher sich bei irgend einem Basalte nicht vorfinden würde, wodurch sich im Allgemeinen die Unterschiede zwischen basaltischen Laven und Basalten verwischen, doch können dieselben local auftreten. Jede exacte Deutung der Mineralbestandtheile aus der chemischen Analyse der Basalte ist illusorisch. Der den Labradorn übersteigende Kieselsäuregehalt, welchen die meisten Analysen des unlöslichen Theiles der Basalte ergeben, führt zur Annahme eines kieselsäurereicheren Feldspathes in demselben. Zu dieser

---

[1]) Stoliczka i. d. Verh. d. zool.-botan. Gesellsch. in Wien 1862. XII. p. 537. Taf. 17, Fig. 2.
[2]) Reuss foss. Polyp. d. Wiener Tertiärbeckens, p. 49, Taf. VII, Fig. 2.

Amnhau führt schon das Ergebniss der Untersuchung Zirkel's, dass die im gepulverten Basalte enthaltenen triklinen Feldspathe nach langer und intensiver Einwirkung der Säure weder an Quantität verlieren, noch ihre Beschaffenheit ändern. Der Feldspath der darauf von Zirkel untersuchten Basalte ist also jedenfalls kieselsäurereicher wie Labrador, und dürfte wohl Oligoklas oder sogenannter Andesin (?) sein. Aus dem Vorhandensein einer glasigen Masse zwischen den Gemengtheilen des Basaltes und den nie fehlenden Glaseinschlüssen in denselben erhellt unzweifelhaft, dass auch die gewöhnlichen Basalte, wie die basaltischen gefloßenen Laven aus geschmolzener Masse erstarrt sind. Basalt und basaltische Laven unterscheiden sich petrographisch nur durch die gewöhnliche Compactheit der ersteren und Porosität der letzteren. Mikroskopische Hohlräume der Basaltgemengtheile enthalten flüssige Kohlensäure, weshalb man auf einen ungeheueren Druck während der Ausscheidung der Krystalle schliessen muss. Da auch Gemengtheile oberflächlicher Lavaströme flüssige Kohlensäure einschliessen, so müssen sich dieselben schon in grossen Tiefen gebildet haben, und als feste Körper auf die Oberfläche heraufgebracht worden sein.

Der Gruppirung der Basaltgesteine und den allgemeinen Betrachtungen schickt Zirkel eine auch für die Kenntniss der betreffenden Minerale sehr wichtige Beschreibung der Gemengtheile der Basaltgesteine und ihrer Mikrostructur voraus. Raum und Zweck dieser Schrift erlauben mir nicht näher auf dieselbe einzugehen, und ich muss mich darauf beschränken, die Gemengtheile aufzuführen und nur hin und wieder Einzelnes aus dem reichen Schatze der in dem Werke niedergelegten neuen Beobachtungen zu erwähnen. Augit zeigt häufig einen zonenförmigen Bau; enthält unter anderem auch Einschlüsse flüssiger Kohlensäure mit beweglichem Bläschen; bei 30—32° C. wurde das letzte der Libelle condensirt und kehrte beim Erkalten wieder zurück. Die Augite einiger Basalte enthalten sechsseitige feine Apatitnadeln eingeschlossen. Trikliner Feldspath besitzt auch Einschlüsse flüssiger Kohlensäure. Reichliches Vorhandensein von Sanidin in Basalten ist unwahrscheinlich. Nephelin enthält Flüssigkeitseinschlüsse, vermuthlich liquide Kohlensäure; er tritt in kurzen säulenförmigen Krystallen auf, während der Apatit wahrscheinlich nur lange dünne Stäbchen bildet. Leucit-Olivin enthält Einschlüsse liquider Kohlensäure; die kleinen isolirten Olivine können nur als directe Ausscheidungen aus dem basaltischen Magma aufgefasst werden. Magneteisen und verwandte Hornblende erscheint ungemein selten; dunkler Magnesiaglimmer ziemlich häufig. Melilith kommt auch in nicht mit Vulcanen zusammenhängenden Leucit- und Nephelingesteinen vor, in Feldspathgesteinen wurde er nicht vorgefunden. Hauyn wurde mit einer einzigen Ausnahme nur in geflossenen Laven wahrgenommen, während der Nosean in phonolitischen Gesteinen sehr häufig vorkommt.

Als Anhang sind dem Werke einige Bemerkungen „Über Metaphyr" beigegeben. Aus der Beschreibung einzelner Beispiele resultirt, dass sich die hauptsächlichsten Verhältnisse der Mikrostructur der Basaltgesteine auch bei ihren Vorläufern, den älteren Melaphyren vorfinden.

C. St. **Karl F. Peters.** Zur Kenntniss der Wirbelthiere aus dem Miocänschichten von Eibiswald in Steiermark. III. *Rhinoceros*, *Anchitherium*. Mit 3 lithogr. Tafeln. Sep. Abdr. aus dem XXX. Bd. der Denkschriften d. mathem.-naturw. Cl. d. k. Akad. d. Wissensch. (Vorgelegt in der Sitzung am 15. April 1869.) Gesch. d. Verf.

Der Verfasser stellt sich in dieser dritten Abtheilung seiner ausgezeichneten Bearbeitung der interessanten Wirbelthier-Fauna von Eibiswald zunächst die Aufgabe, auf Grundlage des gehobenen neuen Materials und einer kritischen Sichtung der älteren Funde, welche bisher aus den älteren Schichtengruppen der marinen und sarmatischen Stufe bekannt wurden, das Verhältniss der beiden Gattungen *Rhinoceros* und *Acerotherium* aufzuklären, und ihre Beziehungen zu den Repräsentanten der jüngeren in den Schichten der Congerienstufe aufwärts vorzutragenden Landfauna festzustellen. Er gelangt durch seine Untersuchungen zu der Ansicht, dass alle fossilen Rhinoceros-Reste dermalen noch in eine grosse Sippe zusammenzufassen sind, da die Unterschiede zwischen tridactylem und tetradactylem Typus (*Acerotherium*) nicht scharf und durchgreifend genug sind, um eine strenge generische Trennung zu rechtfertigen. Gegenüber der früher vielfach in Anwendung gekommenen Zusammenfassung von Zahn- und Knochentheilen von weiten Räumen und aus Ablagerungen von problematischer Gleichzeitigkeit betont er die Nothwendigkeit strenger Localisirung für die Darstellung solcher Faunen und geht demgemäss auch bei der Bearbeitung des Eibiswalder Materiales vor. Wichtig ist der Nachweis, dass mit Ausnahme der alten Miocänschichten von Ober-Italien, die in Gesellschaft des *Anthracotherium magnum* zur Rhinocerosähre von tetradactylem Typus geliefert haben, alle bisher näher bekannt gewordenen Stufen und Eiszeitschichten der europäischen Miocänformation beide Rhinocerostypen enthalten.

Wie für Sansan und die Mehrzahl der mitteleocänen Ablagerungen Frankreichs und der Schweiz, für die von Kaup untersuchte Mittelrheingegend und für Georgensmünd, gilt dies auch für die österreichische Miocänformation. „Ueberall mögen wohl — sagt Peters — in den zahlreichen Niederungen tridactyle Nashörner, an den Gebirgsrändern tetradactyle Formen gelebt haben. In den Meeresgründen der Eibiswald-Steieregger Braunkohlenbildung herrschte ein grosses Nashorn mit glatten Zähnen; sporadisch erscheint ein kleineres, dessen Zähne einen ausgezeichneten Emailwulst (Bourrelet) und dessen Unterkiefer die *Acerotherium*-Form haben".

Das erstere stimmt mit der Beschreibung und Abbildung, die Duvernay von *Rh. Sansaniensis Lart.* gab; das zweite acerotheriumartige Thier beschreibt Peters als neue Art unter dem Namen *Rhinoceros austriacus*. Anschliessend an die genaue anatomische Untersuchung und Beschreibung der einzelnen erhaltenen Kieferstücke, Knochentheile und Zähne dieser beiden Rhinoceroiden gibt er eine von werthvollen kritischen Bemerkungen begleitete, kurzgedrängte Uebersicht der in österreichischen Miocänablagerungen bisher gefundenen Rhinocerosreste.

Den Schluss bildet die Beschreibung der in Eibiswald gefundenen Reste von *Anchitherium austriacum* (nr. sp.), eines Thieres, dessen Reste zur richtigen Auffassung des geologischen Alters einzelner österreichischer Miocängebilde bereits gute Dienste geleistet haben. Dass von der Benützung eines in der Eibiswalder Kohle eingebetteten, völlig durchweichten Schädels nebst reichlichen Zahnfragmenten auch einige trefflich erhaltene Zähne für die Sammlung gerettet sind, ist das Verdienst des Herrn Melling. Es liegen zum Theil Keimzähne vor, da das Thier, wie schon Melling erkannte, in der zweiten Dentition begriffen war.

„Reste dieses Dickhäuters wurden schon früher aus der Kohle von Turnau bei Aflenz in Steiermark und von Leiding bei Pitten bekannt, und fehlen auch nicht in den älteren marinen und in den sarmatischen Ablagerungen der inneren Beckenräume. Das kleine Thier, welches an die herrschenden Typen der alten Tertiärfauna so sehr erinnert, hat die Festlandpartien unserer Breiten demnach durch lange Zeiträume bewohnt."

Gegen portofreie Einsendung von 3 fl. Ö. W. (2 Thl. Preuss. Cour.) an die Direction der k. k. geol. Reichsanstalt, Wien, Bez. III., Rasumoffskigasse Nr. 3, erfolgt die Zusendung des Jahrganges 1869 der Verhandlungen portofrei unter Kreuzband in einzelnen Nummern unmittelbar nach dem Erscheinen.

Neu eintretende Pränumeranten erhalten die beiden ersten Jahrgänge (1867 und 1868) für den ermässigten Preis von je 2 fl. Ö. W. (1 Thl. 10 Sgr. Preuss. Cour.)

Die nächste Nummer der Verhandlungen erscheint am 28. December.

Verlag der k. k. geologischen Reichsanstalt. — Druck der k. k. Hof- und Staatsdruckerei.

№ 17. 1869.

Verhandlungen der k. k. geologischen Reichsanstalt.

Sitzung am 21. December 1869.

Inhalt: Auszeichnungen. W. Ritter v. Haidinger, F. v. Hochstetter. Eingesendete Mittheilungen: J. Barrande. Bemerkungen über die Benennung der Schichtgruppen des böhmischen Silurbeckens. Dr. K. v. Majnistovics. Ueber die ältesten Ablagerungen des Unter-Innthales mit Bezug auf deren Kohlenführung. Vortrag: T. Fuchs. Geologische Beiträge zur Kenntniss des Wiener Beckens. 1. Austern in anomalischen Bildungen. 2. Neuartiges Vorkommen von Congerien-Schichten. 3. Braunkohlengruben in Gaudernsdorf und Kothaustadt. Dr. E. v. Mojsisovics, Ueber die cephale Gruppe in den Triasbildungen des Bakonyer Waldes. Dr. M. Neumayr, Die Cephalopoden der Oolithe von Balin. F. v. Vivenot. Beiträge zur mineralogischen Topographie von Oesterreich. Einsendungen für das Museum: A. Hofinek. Fossilien der Warasser Schichte bei Holleisen. D. Stur. 1. Oryct-Pflanzen von Radoitz, eingesendet von Herrn E. Ritter. 2. Tertiär Petrefacten aus dem Wiener Becken übergeben von Herrn T. Fuchs. 3. Pflanzenreste von Laurenzbeg. Einsendungen für die Bibliothek und Literaturnotizen: O. Negri und F. Spreafico, J. Kudel, A. Pris. L. Schlosobeck, G. C. Laube, H. Burmeister, M. Dubees, P. de Tehlharchet, R. v. Williamson-Roehm, G. Neumayer, J. Gottlieb, G. Tachermak, H. Abich, W. v. Haidinger, V. v. Lang, Pitachetny, G. Unger, G. Tachermak, Marnoi, Archiv für die naturw. Durchforschung Böhmens. — Bücher-Verzeichniss.

Auszeichnungen.

Herr k. k. Hofrath W. Ritter v. Haidinger erhielt vom Herrn k. k. Staatsrath Ritter v. Braun das folgende Schreiben:

„Seine Majestät der Kaiser haben das von Euer Hochwohlgeboren überreichte Werk: „das k. k. montanistische Museum und die Freunde der Naturwissenschaften in Wien in den Jahren 1840 bis 1850" mit Dank entgegen zu nehmen und an Allerhöchst Ihre Privatbibliothek abgeben zu lassen, geruht".

Herr k. k. Prof. Dr. Ferdinand Ritter v. Hochstetter wurde, wie uns Herr Hofrath v. Haidinger aus einem von Sir R. J. Murchison erhaltenen Schreiben mittheilt in der letzten Sitzung der Royal Geographical Society in London zum Ehrenmitglied dieser Gesellschaft ernannt.

Eingesendete Mittheilungen.

J. Barrande. Bemerkungen über die Benennung der Schichtgruppen des böhmischen Silurbeckens.

Meine Beobachtungen in Böhmen sind nicht vorwiegend paläontologisch gewesen, sondern ich habe fortwährend und in gleicher Weise sowohl die Stratigraphie als die Paläontologie im Auge gehabt. Kein Gebiet zeigt besser als das böhmische Silurbecken, wie sehr die gleichzeitige Anwendung dieser beiden Beobachtungs-Richtungen zur Vermeidung der schwersten Irrthümer unumgänglich nothwendig ist.

Auf dem rein paläontologischen Standpunkte stehend, hat Corda noch im Jahre 1847, d. h. ein Jahr nach Veröffentlichung meiner Classification der böhmischen Silurformation, behauptet, dass alle silurischen Trilobiten Böhmens gleichalterig seien. Andererseits haben Zippe, Mayer und andere vom stratigraphischen und mineralogischen Standpunkte aus die Schiefer meiner obersten Etage *H*, mit den Schiefern meiner Etage *D* und mit denen der Etage *C* in einen und denselben Horizont gestellt. Dieser Irrthum ist weder in der ersteren allgemeinen, von Herrn Ritt. von Haidinger herausgegebenen Uebersichtskarte des österreichischen Kaiserstaates, noch in der 1858 von Justus Perthes in Gotha herausgegebenen, von Herrn Bergrath Foetterle bearbeiteten, geologischen Karte von Böhmen berichtigt.

Ebenso haben die Herren Krejčí und Lipold, indem sie von den paläontologischen Beobachtungen abstrahirend, sich lediglich auf die mineralogischen und stratigraphischen Erscheinungen stützten, überall die Schiefer meiner Etage *H* mit denen meiner Bande *g* 2 verwechselt. In gleicher Weise haben sie die rothen Kalkmassen meiner Bande *g* 1, von den rothen Kalkmassen meiner Bande *f* 2 nicht zu unterscheiden vermocht. Dagegen bin ich in Folge meiner gleichzeitig auf die Geologie und auf die Stratigraphie gestützten Studien in der Lage gewesen, diesen Irrthümern zu entgehen und sie zu berichtigen. Ich bedaure aufrichtig, dass die ausschliesslich auf die locale Beschaffenheit der Gesteine gerichtete Aufmerksamkeit, die Bearbeiter der geologischen Karte der Reichsanstalt zu anderen Irrthümern geführt hat, welche auf die verschiedenen, bei den Unterabtheilungen meines Terrains angewendeten und kürzlich von Herrn Ritt. von Hauer angenommenen Schichtbezeichnungen von Einfluss gewesen sind.

In der unteren Abtheilung hat Herr Lipold in meiner Bande *d* 1 drei Unterabtheilungen unter den Namen Kroušabora-, Komorau'er und Rokitzan'er Schichten aufgestellt. Während es indessen leicht ist, meine Bande *d* 1 fast im ganzen Umkreise des Beckens zu erkennen, würde es unmöglich sein, ebenso die drei vorgeschlagenen Unterabtheilungen zu verfolgen, weil sie blos local sind und keine eigenthümliche Fauna besitzen, vermittelst deren man sie unterscheiden könnte.

Der Name „Brda - Schichten" ist an die Stelle derjenigen des Drabov-Berges gesetzt, welche meine Quarzite der Bande *d* 2 repräsentiren. Der Berg Drabov ist reich an Petrefacten und zeigt die Quarzite eben so gut entwickelt, wie der Berg Brda, auf welchem man Mühe haben würde, auch nur eine einzige Petrefacten-Art zu sammeln.

Die Schichten von Vinice, Zahořan und Königshof sind ganz correct nach den Hauptlocalitäten benannt, welche ich 1852 in meiner Description des Trilobites, vol. I. angegeben habe. Alle diese typischen Localitäten liegen in der unmittelbaren Nachbarschaft von Beraun, so dass, wenn man diesen drei Formationen einen gemeinschaftlichen Namen geben wollte, der Name „Berauner Schichten" der passendste gewesen wäre, statt dessen hat man den Namen „Schichten von Hostomitz" gewählt, obwohl die Umgebungen dieses letzteren Ortes keine einzige petrefactenführende Localität zeigen, die sich mit jenen der Umgebungen von Beraun vergleichen liesse. Dieser Uebelstand wird nicht etwa durch eine grössere oder besser aufgeschlossene Entwickelung der fraglichen Schiefer ausgeglichen, da dieselben in den Umgebungen von Hostomitz fast überall verdeckt sind.

Der Name Kossover Schichten ist einigen starken Quarzit-Bänken gegeben, welche sich in der Oberregion meiner Bande d 5 zwischen Beraun und Königshof finden. Im übrigen Gebiete des Beckens finden sich diese kieselreichen Gesteins-Bänke nicht mehr, sondern man sieht vielmehr in diesem Horizonte eine häufige Wechsellagerung von dünnen Quarzitschichten mit den grauen Schiefern von Königshof. Uebrigens ist diese oberste Lage von d 5 ganz frei von Petrefacten und es finden sich ähnliche Gesteine überdies mehrfach in d 5. Der Name „Kossover Schichten" ist also überflüssig.

Die Namen „Littener- und Kuchelbader Schichten" sind Formationen gegeben worden, welche meine Etage E zusammensetzen sollen. Nun zeigt aber meine im Jahre 1852 in meiner geologischen Skizze und in dem dieselben begleitenden idealen Durchschnitte genauer beschriebene Etage E zwei verschiedene Formationen, nämlich 1. die untere Bande e 1, sehr mächtig und aus einer mehrmaligen Wechsellagerung von Graptolithen-Schiefern mit Trapp-Ergüssen zusammengesetzt; 2. die obere Bande e 2, viel weniger mächtig und aus zusammenhängenden Kalkschichten bestehend. Diese beiden Bauden contrastiren zunächst gänzlich in petrographischer Beziehung, dann aber noch viel mehr in paläontologischer, wie die folgenden Beispiele zeigen:

	Bande e 1	Bande e 2
Artenzahl der Trilobiten	13	81
„ „ Cephalopoden	149	665
„ „ Pteropoden	5	11

Bezüglich der stratigraphischen Entwickelung von e 1 würden die Höhen, welche sich auf eine Erstreckung von 1200 Metern der Moldau entlang ziehen und in deren Mitte Kuchelbad auf diesem Schichten-Complex liegt, die typische Localität darstellen. Wenn man dagegen den paläontologischen Reichthum in Betracht zieht, so bildet Butowitz, welches den grössten Theil der Petrefacten dieses Horizontes geliefert hat und auch eine schöne stratigraphische Entwickelung zeigt, den Typus für die Bande e 1.

Ich bedauere, dass man statt dieser beiden Namen zum Typus der Bande e 1 die Localität Litten gewählt, welche drei wesentliche Nachtheile besitzt. 1. Die Gesteine sind grossentheils unter dem Dorfe oder unter den Gärten unsichtbar; 2. es ist fast unmöglich dort auch nur eine Petrefact zu entdecken; 3. die Ausdehnung der Bande e 1 in übergreifender Lagerung über das südwestliche Ende der Colonien, welche sich bis Litten erstrecken, kann leicht die Verwechselung dieser beiden sehr verschiedenen Horizonte herbeiführen. Diese Verwechselung ist in der That leider von Seiten der Herren Krejčí und Lipold geschehen, wie ich in dem Postscriptum meiner „Défense des colonies III, 1865" gezeigt habe.

Die Graptolithenschiefer und die Trappe, welche in viel grossartigerer Weise bei Kuchelbad als bei Litten vorherrschen, gehören gleichfalls derselben Bande e 1 an. Daraus folgt, dass diese Bande in der angenommenen Nomenclatur zweimal repräsentirt ist, während in Wirklichkeit kein Name existirt, welcher eine in geeigneter Weise die durch ihren Petrefacten-Reichthum wichtigste Bande im ganzen Silurbecken — e 2 — charakterisirende Localität bezeichnet. Die wahren typischen

Localitäten für e 2 sind die Umgebungen von Lochkov und Koněl, wo die Kalke, welche die grösste Zahl der Petrefacten geliefert haben, gut aufgeschlossen sind. Dann kommen Dudnian unterhalb Karlstein, Dvoreta bei Prag und Dlouha Hora bei Beraun.

Meine Bande f 1 ist unberücksichtigt geblieben. Sie ist nur an drei Localitäten sichtbar, hat aber eine eigene Fauna.

Die Bande f 2 ist nach dem Typus Konieprus gut benannt.

Die „Braniker Schichten" sind als Typus meiner Etage G bezeichnet. Leider kommt an dieser Localität, wie ich 1865 in meiner Défense III gezeigt habe, nur die Bande g 1 vor. Die drei Banden g 1, g 2, g 3 sind dagegen bei Hlubočep auf beiden Seiten des Thales sehr gut entwickelt und aufgeschlossen. S. Déf. III. Dies ist der erste Typus, den man für die Gesammtheit der Etage G annehmen könnte. Eine fast eben so typische Localität findet sich im Thale unter Chotec.

Als Typus meiner Etage H hat man die Localität Hlubočep bezeichnet. Allerdings existirt ein Fetzen dieser Etage bei diesem Dorfe, aber die Petrefacten sind dort ausserordentlich selten. Die wirkliche typische Localität für diese Etage ist Hostin, wo man zugleich alle drei Banden h 1, h 2 und h 3 über einander in schönster Entwickelung beobachtet; fast alle Fossilien dieses Horizontes stammen ebenfalls von diesem Fundorte nebst dem in der Nähe befindlichen von Srbsko.

Es ist zu bedauern, dass auf diese Weise verschiedene Namen von Localitäten, welche als typische bezeichnet sind, ohne eine genügende Kenntniss der wahren stratigraphischen und paläontologischen Merkmale angenommen sind, welche die verticalen Unterabtheilungen meines Terrains charakterisiren. Ich bin überzeugt, dass Herr Ritter von Hauer, welcher eben so wie ich den Werth wissenschaftlicher Exactheit zu schätzen weiss, meine Bemerkungen mit derselben Freundlichkeit aufnehmen wird, welche mich bei Abfassung derselben beseelt hat. Er wird gleich mir bedauern, dass mir die Veranlassung zur Darlegung dieser Bemerkungen nicht zu einem günstigeren Zeitpunkte geboten wurde. Die schöne kaiserliche Devise: „Viribus unitis" ist ja auch diejenige der geologischen Reichsanstalt, und diese gibt ja der Mitwirkung jedes gewissenhaften Beobachters in liberalster Weise Raum.

Dr. Edm. v. Mojsisovics. Über die alttertiären Ablagerungen des Unter-Innthales mit Bezug auf deren Kohlenführung. (Aus einem auf Wunsch des Herrn General-Inspectors Minist. R. Freih. v. Beust lediglich zur Beantwortung practischer Fragen verfassten Berichte.)

Die bei den diesjährigen Aufnahmen im Gebiete der VI. Section (Umgebungen von Kufstein und Kitzbühel) über das Vorkommen tertiärer Binnenbildungen vom Alter der Häringer Schichten gemachten Beobachtungen haben die in den nachfolgenden Zeilen mitgetheilten Thatsachen erkennen lassen.

Auf dem rechten Innufer zwischen Wörgl und Kufstein finden sich theils in engen Spalten, theils in grösseren buchtförmigen Ausbölungen des älteren triadischen Kalkgebirges eine Reihe von isolirt auftretenden Süsswasserbildungen, an deren Basis sich an einigen Orten mehr oder minder mächtige Kohlenflötze zeigen. Die meisten dieser Vorkommnisse sind sowohl nach ihrer horizontalen Erstreckung als auch nach der Mächtigkeit der Kohle so unbedeutend, dass an einen Abbau nicht entfernt gedacht werden kann. Das einzige grössere abbauwürdige Vorkommen ist dasjenige von Häring, welches bereits bergbaumässig ausgebeutet wird.

Aus den durch den Abbau gewonnenen Aufschlüssen ergibt sich, dass das Kohlenvorkommen von Häring in einer gegen die Tiefe zu allmählig sich verengenden Schlucht der triadischen Kalksteine sich befindet, deren Grenzen nur gegen Norden zu bisher noch nicht bekannt geworden sind.

Für die Beurtheilung der Bildungsverhältnisse und dadurch mittelbar auch des Vorkommens der Kohle von Häring gibt die Beschaffenheit des unmittelbaren Liegenden des Kohlenflötzes nicht unwichtige Anhaltspunkte. Wo immer man in den Gruben von Häring das Liegende aufgeschlossen sieht, findet man, dass dasselbe aus einem Conglomerate besteht, dessen Bestandtheile das umliegende triadische Kalkgebirge geliefert hat. Über Tags und in den oberen Teufen des Bergbaues ist das Conglomerat kleinkörnig, in den unteren Teufen besteht es aus grossen, abgerollten Kalkblöcken. — Die längs des Gehänges des alten triadischen Kalkgebirges sowohl gegen Westen wie gegen Osten niedergestossenen Bohrlöcher haben zwar stellenweise schwache Kohlenschmitzen durchfahren; aber keine der über die Beschaffenheit der durchsunkenen Schichten vorhandenen Aufschreibungen erwähnt des Vorkommens des Liegend-Conglomerates. Ebensowenig zeigen die Aufschlüsse der Tagegegend auch nur eine Spur desselben. Da nun das Vorkommen bedeutenderer abbauwürdiger Kohlenflötze an das Vorhandensein des Liegend-Conglomerates gebunden scheint, da ferner die Bestandtheile des Conglomerates nach der Grösse in solcher Weise gesondert sind, dass die schweren grossen Steine räumlich von dem kleineren leichteren Grus getrennt auftreten, so scheint die Ansicht einige Berechtigung zu haben, nach welcher in die Bucht von Häring ein Gerinne mündete, welches nächst der Mündungsstelle die schweren Steine, entfernter den leichteren Grus absetzte und welches in späterer Zeit, nach Ablagerung des Conglomerates, das Material zur Kohlenbildung in die kleine Bucht von Häring verfrachtete.

Die Aufschlüsse über Tags haben an keiner anderen Stelle analoge Vorkommen erkennen lassen. Im Osten von Schwoich, im Bereich der grossen Krafft'schen Cementsteinbrüche sieht man die hangenden marinen Mergel direct, ohne dass Binnenbildungen dazwischen lägen, auf älteren Kalken aufruhen. Die ganze Breite des Innthales von Häring bis zu dem Dolomitrücken des Angerberges nehmen jüngere marine Mergel, Schiefer und Sandsteine ein. Die Vertheilung der Schichten ist eine derartige, dass auf dem linken Innufer längs dem Gehänge des Angerberges nur die obersten, jüngsten Schichten des mächtigen marinen, über der Häringer Binnenbildung folgenden Complexes zu Tage treten.

Es geben sonach die vorhandenen Aufschlüsse nur geringe Hoffnung, ein ausgedehntes abbauwürdiges Kohlenfeld in dem untersuchten Gebiete aufzufinden. Was sich für die Erweiterung des Häringer Abbaugebietes, resp. für die Ermittlung der Kohlengrenze empfiehlt, ist die Verfolgung des Flötzes in nördlicher Richtung.

Im Untersuchungs-Terrain der Section wurden ausserhalb der Gegend von Häring nur noch an einer Stelle Gussteine angetroffen, welche das Vorkommen von Kohle des Häringer Niveau[1]) in unmittelbarer Nähe möglich erscheinen lassen. Diese Stelle befindet sich, ebenso wie Häring, am rechten Innufer, in der nächsten Nähe von Wörgl, am bewaldeten Gehänge des triadischen Randgebirges; es wurde daselbst der sogenannte Häringer Stinkstein, welcher in Häring das Kohlenflötz überlagert und noch zu den Binnenbildungen gehört, beobachtet. Der Mangel ausgedehnter Entblössungen liess jedoch leider eine nähere Untersuchung nicht zu. Es würde sich immerhin lohnen, durch Schurfarbeiten sich eine bessere Information über dieses Vorkommen zu verschaffen.

Ueber die in Westen des Meridians von Wörgl folgende und nach den vorliegenden Karten bis Voldöp reichende Fortsetzung des Gebietes der tertiären Formation kann ich vorläufig aus eigener Anschauung noch nicht berichten; dieselbe dürfte jedoch voraussichtlich im nächsten Sommer zur Aufnahme gelangen.

Auch in Bezug auf die an mich gerichtete Anfrage, ob nicht noch höher thalaufwärts im Innthale möglicherweise die Schichten des Häringer Complexes aufzufinden wären, sehe ich mich gänzlich ausser Stande eine bestimmte Antwort, sei es in bejahendem, sei es in verneinendem Sinne, zu geben. Doch möge es mir gestattet sein, einer blossen Vermuthung Ausdruck zu geben, welche sich zunächst auf das topische Erscheinen der Häringer Tertiärbildungen und die ausgedehnte Bedeckung derselben durch diluvialen Glacialschotter stützt. Das von den Häringer Schichten gebildete Terrain stellt sich als ein vom übrigen Innthal durch mehr weniger steile Abhänge abgegrenztes, wohl markirtes Mittelgebirge (Plateau) dar, welches allenthalben durch mächtige glaciale Schottermassen verdeckt wird und nur längs neuerer Wassereinrisse oder in Folge von Entwaldung entstandener Bergschlipfe das anstehende Gestein entblösst zeigt. Das Innthal, auf der Strecke bis Innsbruck aufwärts, weist ausser dem bekannten bis Voldöp bei Rattenberg reichenden Plateau der Häringer Schichten nur noch nächst Hall eine topisch und physiognomisch homologe Gegend auf, das Mittelgebirge von Gnadenwald. Ich habe bisher keinerlei Gelegenheit gehabt, dasselbe näher zu untersuchen; die vorhandenen älteren Karten gehen ausschliesslich Diluvialschotter an. Die Gehänge sind dicht bewaldet, Aufschlüsse sind daher nur spärlich. Allem Anscheine nach sind jedoch ausreichende Aufschlüsse gar nicht vorhanden, um zu erkennen, ob die ganze Masse des Plateaus nur aus Schotter besteht, oder, was a priori wahrscheinlicher erscheint, ob nicht unter der oberflächlichen Schotterdecke festes anstehendes Gestein vorhanden ist. Ich verhehle mir nicht, dass es die Analogie zu weit treiben hiesse, wenn man sich berechtiget halten wollte anzunehmen, dass das Grundgebirge in diesem Falle ebenso wie in der Häringer Gegend alttertiäre Schichten sein müssten. Indessen scheint mir namentlich im Hinblick auf den hohen nationalökonomischen Werth von Kohlen in dem daran so armen Alpenlande eine eingehendere Untersuchung, zu welcher bei dem Mangel an Aufschlüssen wirkliche Schürfungen oder Bohrungen vorgenommen werden müssten, immerhin in hohem Grade wünschenswerth.

---

[1]) Einem davon verschiedenen Niveau scheinen die zahlreichen Kohlenschmitzen anzugehören, welche in den tertiären Bildungen der Gegend von Sebi, Walchsee und Kössen vorkommen und bereits zu vielen ephemeren Unternehmungen Anlass gegeben haben.

Vorträge.

T. Fuchs. Geologische Beiträge zur Kenntniss des Wiener Beckens.

Der Vortragende macht Mittheilung über zwei neue Fundorte im Wiener Becken, an welchen sich in sarmatischen Bildungen Austern in grosser Menge finden. Es ist dieses Vorkommen desshalb von Interesse, weil das Vorkommen von Austern in den sarmatischen Ablagerungen des Wiener Beckens bisher zu den grössten Seltenheiten gehörte und überhaupt als etwas Abnormes betrachtet wurde. Ferner berichtet er über ein neuartiges Vorkommen von Congerienschichten bei Gumpoldskirchen. Es sind dies harte Conglomerate, welche in bedeutender Höhe auf dem Rücken des Gebirges vorkommen und die Congerienfauna von Tihany und Radmanest führen.

Eine Reihe fernerer Mittheilungen behandelt eine Anzahl von Brunnengrabungen, welche im Verlaufe des verflossenen Jahres in Wien und Umgebung vorgenommen wurden.

Besonders hervorgehoben wurde ein artesischer Brunnen im Gaudenzdorfer Bräuhause, 38 Klftr. tief, vom Mechaniker J. Poek gebohrt, der sich durch die grosse Quantität und starke Steigkraft des erbohrten Wassers auszeichnet. Das Wasser stieg in versuchsweise aufgesetzten Röhren mit grosser Gewalt 7 Klftr. hoch empor. Aus einem Abflusse 9 Fuss vom Boden gemessen, betrug die Wasserquantität per Tag 24.000 Eimer. Gegenwärtig befindet sich der Abfluss 3 Klftr. ober dem Boden und beträgt die Wasserquantität per Tag 20.000 Eimer. Ein Brunnenschacht von Herrn Řezníček, in der Ziegelfabrik der „ersten Maschinenziegelfabrik - Aktiengesellschaft" zu Rothneusiedel gegraben, ergab ferner in paläontologisch - stratigraphischer Beziehung höchst interessante Resultate. Es wurde nämlich bei einer Tiefe von 40 Klftr. eine Reihe verschiedener Congerienschichten durchfahren und noch mehrere Klafter tief in die sarmatische Stufe vorgedrungen. In den Congerienschichten fand sich von oben nach unten folgende Reihenfolge der Conchylien:

1. *Congeria subglobosa* und *C. spathulata. Melanopsis Vindobonensis* nov. sp. — Schichten von Brunn. 2. *Congeria Čijžeki. Cardium apertum.* 3. *Cardium Carnuntinum* (?) 4. *Congeria Partschi* und *C. triangularis. Card. apertum.* 5. *Congeria triangularis.* Hierauf folgte das sarmatische.

Es stimmt diese Reihenfolge sehr gut überein mit den Beobachtungen, welche man bisher an der Oberfläche des Terrains über das Ausgehende dieser Schichten gemacht hatte.

Die ausführlichere Abhandlung über die hier kurz angedeuteten interessanten, neuen Untersuchungen, welche Herr Fuchs übergab, werden im 1. Hefte des XX. Bandes unseres Jahrbuches (1870) zur Veröffentlichung gelangen.

Dr. E. v. Mojsisovics. Ueber die oenische Gruppe in den Triasbildungen des Bakonyer Waldes.

Der Vortragende gibt Nachricht von den durch Herrn J. Böckh bei den Detailaufnahmen der Umgebungen von Veszprém und Vörösberény entdeckten cephalopodenreichen Schichten, welche er noch im

Laufe des letzten Herbstes unter freundlicher Führung des Herrn Böckh an Ort und Stelle studirte, und deren Fauna er nach Untersuchung des von Herrn Böckh ihm zur Bestimmung übergebenen Materials als der oenischen Gruppe der norischen Stufe angehörig erkannte.

Die muthmasslich ältere Abtheilung dieser Schichten, hydraulische Mergel in Wechsellagerung mit bituminösen Dolomiten und Kalken, wird vorzüglich durch *Trachyceras Attila Moja. nov. sp.* charakterisirt.

Das andere Vorkommen, röthlich graue, hornsteinführende Kalke, erweist sich als ein Aequivalent jener alpinen Kalksteinbildungen, welche in den Südalpen von v. Richthofen „Buchensteiner Kalke" und in den Nordalpen von dem Vortragenden provisorisch „Pötschen Kalke" genannt worden sind. Die häufigsten Versteinerungen sind: *Arcestes Tridentinus Moja., Arcestes pannonicus Moja. nov. sp., Ammonites Arpadis Moja. nov. sp., Halobia Lommeli Wissm.* Selten findet sich das die hydraulischen Mergel auszeichnende *Trachyceras Attila*, welches ebenfalls als Seltenheit auch aus den nordalpinen Pötschenkalken vorliegt.

Arcestes Tridentinus, das häufigste Fossil der oenischen Kalke des Bakonyer Waldes, sowie der Buchensteiner- und Pötschenkalke, wurde zuerst [1]) bekannt aus den südalpinen oenischen Porphyrtuffen mit *Trach. doleriticum* und *Trach. Archelaus*, in welchen er jedoch nur sehr selten auftritt. Im Bakonyer Walde folgen stellenweise über den Kalken mit *Arcestes Tridentinus* grüne Tuffe.

Der Vortragende überreicht zur Publication im Jahrbuche eine kleine „Beiträge zur Kenntniss der Cephalopoden-Fauna der oenischen Gruppe" betitelte Abhandlung, in welcher die neuen Arten beschrieben werden.

Dr. M. Neumayr. Die Cephalopoden der Oolithe von Balin.

Seit mehreren Monaten mit dem Studium der Cephalopoden aus den Oolithen von Balin bei Krakau beschäftigt, bin ich mit dieser Arbeit so weit gediehen, dass ich hier in kurzen Zügen ein Gesammtbild dieses Theiles der Fauna geben kann, welcher ebenso grosses paläontologisches Interesse durch seinen Formenreichthum hat, als er für die noch nicht ganz erledigte Frage der Altersbestimmung der Baliner Oolithe von Wichtigkeit ist.

Bei der Untersuchung der sehr reichen Materialien, welche sich in dem Museum der geologischen Reichsanstalt, dem Hof-Mineraliencabinet, der paläontologischen Sammlung in München und der Sammlung des Herrn Bergdirector Fallaux befinden, konnte ich 60 verschiedene Arten unterscheiden, welche mit Ausnahme von 11 auch noch an anderen Localitäten vorkommen. In der folgenden Liste ist das Niveau, in welchem sie sich anderwärts gewöhnlich findet, hinter jeder Art mit folgenden Abkürzungen angegeben:

Park. = Zone des *Stephanoceras Parkinsoni.*
fer. = Zone des *Stephanoceras ferrugineum (Fullers earth).*
asp. = Zone der *Oppelia aspidoides.*
macr. = Zone des *Stephanoceras macrocephalum.*

---

[1]) v. Mojsisovics, Gliederung der oberen Triasbildungen der östlichen Alpen. Jahrb. d. geol. Reichsanst. 1869, p. 137.

anc. — Zone des *Perisphinctes anceps*.
athl. — Zone des *Aspidoceras athleta*.
Lamb. — Zone des *Amaltheus Lamberti*.

Die Arten sind folgende:

Belemnites Beyrichi Oppel. asp.
„ *Calloviensis* Oppel. anc.
„ *subhastatus* Zieten. macr.
„ *hastatus* Blainv. athl. und höhere Schichten.
Belemnites Bravicusis Zeuschner.
„ *Waageni* nov. sp.
Nautilus subtruncatus Morr. und Lyc. asp.
Nautilus calloviensis Oppel. anc.
Rhynchotheutis Suessi nov. sp.
Amaltheus Lamberti Sow. Lamb.
„ *funiferus* Phill. macr.
Harpoceras discus Sow. asp.
„ *hecticum* Reinecke. macr.
„ *punctatum* Stahl. anc.
„ *Brighti* Pratt. athl.
„ *lunula* Zieten. anc.
„ *Krakoviense* nov. sp.
Oppelia aspidoides Oppel. asp.
„ *lalelobata* Waag.
„ cf. *biflexuosa* d'Orb. asp.
„ *subcostaria* Opp. macr.
„ nov. sp. aff. *psilodisco* Schlönb.
Oecotraustes conjungens Mayer. macr.
Oecotraustes serrigerus Waagen. asp.
Stephanoceras coronatum Brug. anc.
„ *Julii* d'Orb. fer? asp?
„ *contrarium* d'Orb. fer? asp?
Stephanoceras cf. *bifurcatum* Zieten Park.

Stephanoceras Herveyi Sow. macr.
„ *tumidum* Rein. macr.
„ *macrocephalum* Schloth. macr.
Stephanoceras sublaeve Sow. macr.
„ *microstoma* d'Orb. macr.
Stephanoceras Bombur Oppel. macr.
Cosmoceras ornatum Schloth. athl.
„ *Jason* Rein. anc.
„ *Duncani* Sow. anc? athl?
Cosmoceras Torricellii Opp. macr.
„ cf. *Keppleri* Opp. macr.
Perisphin. procerus Seeb. fer. asp.
Perisphinctes Moorei Opp. asp.
„ *funatus* Opp. macr.
„ *aurigerus* Opp. fer. asp.
„ *curvicosta* Opp. anc.
„ *sulciferus* Opp. athl.
„ *Orion* Opp. athl.
„ *Könighi* Sow. macr.
„ *Wagneri* Opp. asp.
„ *patina* nov. sp. macr.
„ *eurypytchus* nov. sp. athl.
Perisphinctes evolutus nov. sp.
„ *furcula* nov. sp.
„ *bracteatus* nov. sp.
„ *subcontractus* Morr. und Lyc. asp.
Perisphinctes anceps Rein. anc.
Aspidoceras athleta Phill. athl.
„ *annulare* Rein. athl.
„ *Fuchsi* nov. sp.
Ancyloceras calloviense Morr. macr.

Aus dieser Aufzählung geht hervor, dass die *Macrocephalus*- und *Aspidoides*-Schichten am stärksten, nächst diesen die *Anceps*- und *Athleta*-Schichten vertreten sind, und dass die Cephalopodenfauna von Balin vollständig der des Gross-Ooliths über der *Fullers earth* und des Callovien Frankreichs und Englands oder dem oberen Theil der Dentalienthone, den *Macrocephalus*-Ooliths und Ornatenthonen Württembergs entspricht; der stets ein wenig über den Ornatenthonen liegende *Amaltheus Lamberti* hat sich noch gefunden; von jüngeren Arten ist keine Spur vorhanden.

Von Arten, welche allenfalls als Repräsentanten eines tieferen Niveaus gedeutet werden könnten, als die eben genannten sind, kann ich nur ein Exemplar, ein Bruchstück eines Ammoniten, welcher dem *Steph. bifurcatum* Zieten der Parkinsoni-Schichten sehr nahe steht, anführen; doch ist die Uebereinstimmung keine vollständige, und es kann vielleicht das betreffende Stück mit noch mehr Wahrscheinlichkeit für eine innere Windung einer Art aus der Gruppe des *Cosmoceras callosicuse, Gowerianum* u. s. w. erklärt werden, welche in der Jugend kaum von *Stephanoc. bifurcatum. subfurcatum* u. s. w. zu unterscheiden sind.

Das hier erhaltene Resultat stimmt ganz mit dem von Fallaux und Waagen publicirten Ergebniss der Untersuchung der Cephalopoden überein, weicht dagegen nicht unwesentlich von den von Laube aus dem Studium der Echinodermen, Bivalven und Gastropoden gezogenen Schlüssen ab; den Grund dieser Differenz hoffe ich bald in einer grösseren paläontologischen Arbeit zu erörtern, in welcher auch die Beschreibung der neuen und die Feststellung der noch zweifelhaften Arten folgen soll.

Franz v. Vivenot. Beitrag zur mineralogischen Topographie von Oesterreich.

Die ausgedehnten mineralogischen Local-Suiten der k. k. geologischen Reichsanstalt enthalten eine grössere Anzahl von Mineral-Vorkommnissen, welche, da dieselben zum grössten Theil erst in der nachfolgenden Zeit bekannt wurden, in dem umfassenden Werke: „Mineralogisches Lexicon für das Kaiserthum Oesterreich, von Professor Dr. Victor Ritter von Zepharovich" noch nicht aufgenommen werden konnten.

Jene neueren Vorkommnisse nun stellte der Vortragende in derselben Anordnung, welche das oben erwähnte Werk einhält, zusammen. Diese Arbeit wird noch in dem letzten Hefte des Jahrbuches 1869 veröffentlicht werden.

Einsendungen für das Museum.

E. v. M. **Anton Hoflack, k. k. Oberbergschaffer**, Fossilien der Werfener-Schichten:

Die bisher fast gar nicht ausgebeuteten Werfener-Schichten, welche in der Nähe des Hallstätter Salzberges nächst der Bruchlinie zu Tage treten, lieferten Dank den eifrigen Bemühungen des Herrn Hoflnek an zwei Stellen eine grössere Anzahl von Versteinerungen, welche derselbe uns freundlichst widmete. An einer dieser Stellen liessen sich beim Aufsammeln drei verschiedene übereinander folgende Lager von Fossilien unterscheiden und wurden daher strenge auseinandergehalten.

D. Stur. 1. Versteinerungen aus der Dyasformation der Umgegend von Rossitz.

Herr Hugo Rittler, Directions-Mitglied der Segengottes und Gegentrum-Grube bei Rossitz, sendet uns aus dem neuen Schachte eine Suite von Versteinerungen, die derselbe aus den verquerten Schichten der Dyasformation, bei der Abteufung dieses Schachtes aufgesammelt hat. Es sind Pflanzenreste, insbesondere Stücke von wahrhaft riesigen Exemplaren des *Calamites gigas* und Fischreste. Herr Rittler beabsichtigt auch bei der weiteren Verfolgung der gegenwärtig unterbrochenen Arbeit des Abteufens, zu beobachten und zu sammeln, — und das Gesammelte nach und nach unserem Museum zuzuwenden, überdies ist er im Begriff einen detaillirten Durchschnitt, welcher die Beschaffenheit und Petrefactenführung der verquerten Schichten illustrirt, zu entwerfen. Die uns in Aussicht gestellten Beiträge zur genaueren Kenntniss der Schichtenreihe von Rossitz sowie die schon erfolgten Zusendungen sind Zeichen des Interesses für unserer Anstalt, die uns verpflichten, Herrn Rittler unseren besonderen Dank auszusprechen.

2. Suiten von Petrefacten und Gesteinsarten aus dem Wiener Becken. Gesammelt von Herrn Custos Th. Fuchs.

Herr Fuchs übergab als Geschenk für unser Museum vier Laden mit sehr werthvollen Suiten von Petrefacten und Gesteinsarten, welche die Grundlage und die Beweise zu seinen Ausführungen und Studien über das Wiener-Becken lieferten. Diese Suiten, an die von Hörnes und Cižek vor Jahren gesammelten angereiht, werden unsere Sammlung des Wiener-Beckens sehr wesentlich vervollständigen.

3. Stur. Neue Beiträge zur Flora von Szwoszowice¹).

Von einer Excursion nach Szwoszowice haben die Herren Karl Ritter v. Hauer und C. M. Paul vier Stücke des schwefelführenden Gesteines mit Pflanzenresten als Geschenk für unser Museum mitgebracht. Drei Stücke davon gehören der früher schon von da bekannt gewesenen *Castanea Kubinyi Kov.* Das vierte Stück enthält einen neuen Beitrag zu dieser Flora, indem es ein zwar nicht vollständig, doch hinreichend erhaltenes Blatt des bisher von da nicht bekannt gewesenen *Platanus aceroides Goepp.* darstellt.

Einsendungen für die Bibliothek und Literaturnotizen.

Fr. v. H. **Gaetano Negri ed Emilio Spreafico.** Saggio sulla Geologia dei dintorni di Varese e di Lugano. 22 S. mit 3 Tafeln. (Mem. del R. Ist. Lombardo di Scienze e Lettere. Vol. XI, II della Ser. III, Milano 1869.)

Die Verfasser setzten sich bei ihrer Arbeit hauptsächlich zum Ziel, in die Kenntniss der älteren unter der Trias folgenden Gebilde, die theils den Massen-, theils den krystallinischen Schiefer-Gesteinen angehören, eine grössere Klarheit zu bringen, schicken der genaueren Schilderung der letzteren aber doch auch eine kürzere Darstellung der jüngeren Schichtgesteine voraus. Die Reihenfolge der Formationen, deren Anordnung und Vertheilung durch eine Karte und Durchschnitte ersichtlich gemacht sind, ist die folgende.

1. Glacialgebilde, die zu sehr bedeutender Entwicklung gelangen.
2. Kreide, repräsentirt durch die Fucoidenmergel.
3. Majolica, die als Vertreter des Neocom und der oberen Juraformation betrachtet wird.
4. Rother Ammonitenkalk, der dem oberen und mittleren Lias angehört.
5. Kalkstein von Saltrio mit *Gryphaea arcuata* = Unterer Lias.
6. Infralias (entsprechend unserer rhätischen Formation), der in zwei Glieder zerfällt. Das obere besteht aus theils dolomitischen, theils mergeligen Kalken, das untere aus feinen, dunkel gefärbten bituminösen Schiefern. Hieher zählen die Verfasser insbesondere auch die bekannten Schiefer von Besano.

---

¹) D. Stur: Flora der Süsswasserquarze der Congerien- und Cerithien-Schichten. Jahrb. d. k. k. geol. Reichsanst. 1869, XVII, p. 126.

7. *Dolomia media*. Ein reiner Dolomit, meist nur mit den von Stoppani beschriebenen Gastrochaenen und Echinospongien[1]), dem übrigens auch der Dolomit des Mt. Salvatore angehört. Er fällt der oberen Trias zu[2]).

8. Mit Ausschluss der tieferen Triasglieder folgt nun unmittelbar die „Porphyrformation", der sowohl die rothen Sandsteine, wie die auf das Innigste mit denselben verbundenen Porphyre angehören. Als eine blosse Varietät der rothen Porphyre betrachten die Verfasser die von L. v. Buch als schwarze Porphyre und später meist als Melaphyr bezeichneten Gesteine vom Luganer See und suchen mit den Ergebnissen einer Reihe von Analysen, welche Herr G. Gargantini Piatti durchführte, nachzuweisen, dass die einen wie die anderen in chemischer Beziehung derselben Gesteinsgruppe und zwar in die Reihe der kieselreichen, sauren Gesteine gehören. Bezüglich der Lagerungsverhältnisse und der stratigraphischen Verhältnisse der Porphyre sowohl wie der Porphyrformation überhaupt schliessen sich die Verfasser vollständig den neueren Ansichten von E. Suess an; sie stellen die Porphyrgesteine in das Rothliegende.

9. Unter den Porphyren folgt eine mächtige Masse von Glimmerschiefern, oder vielmehr Thonglimmerschiefern, die petrographisch von der Hauptmasse der krystallinischen Schiefer der Centralmassen verschieden sind. In der Zone dieser Schiefer nun regelmässig eingelagert beobachteten die Verfasser eine etwa 100 Meter mächtige Bank eines Conglomerates, welches nur Quarz- und Urgebirgsfragmente umschliesst, und sich hierdurch schon als verschieden und älter wie die vorwaltend aus Porphyrfragmenten bestehenden Conglomerate der Porphyrformation erweist, und welches in grosser Zahl Ueberreste von Pflanzen der Steinkohlenformation führt. Zwar ist eine Speciesbestimmung der einzelnen Arten, da in dem groben Gestein feinere Abdrücke sich nicht erhalten konnten, nicht möglich, aber bestimmt lassen sich die verbreitetsten Genera der Steinkohlenflora: Sigillarien, Stigmarien, Lepidodendren, Calamiten u. s. w. wieder erkennen.

Mit einer Darstellung der Geschichte der Bildung der Formationen der bezeichneten Gegend schliessen die Verfasser ihre höchst interessante Abhandlung.

Dr. U. Schl. J. Ewald. Geologische Karte der Provinz Sachsen von Magdeburg bis zum Harz. Blatt I. Braunschweig. — Geschenk des königl. preussischen Ministeriums für Handel, Gewerbe und öffentliche Arbeiten.

Mit diesem vierten Blatte, dessen südwestlicher und nordöstlicher Theil dem Herzogthum Braunschweig, nordwestlicher dem vormaligen Königreich Hannover, südöstlicher der preussischen Provinz Sachsen angehört, liegt die in einer längeren Reihe von Jahren aufopferndster, sorgfältigster und gewissenhaftester Thätigkeit ausgearbeitete geologische Karte der Provinz Sachsen von Magdeburg bis zum Harz, deren übrige Sectionen bereits früher in diesen Blättern (Vorh. 1868, Nr. 11, p. 244) angezeigt worden sind, vollendet vor uns. Indem wir uns eine eingehendere Besprechung bis zu dem wohl bald zu erhoffenden Erscheinen der Erläuterungen zu dieser Karte vorbehalten, können wir es uns doch nicht versagen, schon jetzt hervorzuheben, dass dieses Blatt in Bezug auf die Reichhaltigkeit der darin enthaltenen, detaillirtesten Angaben und auf die trotzdem gewahrte ausserordentliche Uebersichtlichkeit und Klarheit hinter den früheren Blättern dieses in dieser Hinsicht unter den Arbeiten ähnlicher Art wohl unübertroffenen Kartenwerkes durchaus nicht zurücksteht. In den palaeozoischen Bildungen (braune und rothe Farbe) sind auf dieser Section 8 verschiedene Formationsglieder, in den triadischen und rhätischen (violett und grau) 13, in den jurassischen und Wealden-Bildungen (blau) 9, in den Kreidebildungen (grün) 10, in den tertiären (dunkel-

---

[1]) Die Verfasser behalten diese Namen bei, ohne der späteren Untersuchungen von Reuss, Gümbel u. s. w. zu gedenken.

[2]) Die Verfasser sagen, der Dolomit des Mt. Salvatore sei früher für Muschelkalk gehalten worden; erst die Untersuchung der Fauna durch Stoppani habe die Uebereinstimmung derselben mit jener der oberen Trias nachgewiesen. Ich darf dagegen wohl daran erinnern, dass dieser Nachweis, wie auch Stoppani in seiner betreffenden Arbeit (Atti della Soc. Ital. d. scienze naturali, 1860, Vol. II) anerkannte, zuerst in meinen Abhandlungen in den Sitzungsberichten d. kais. Akad. d. Wiss. Bd. XV, S. 407 und Bd. XXIV, S. 149 geliefert wurde.

gelb) &, in den diluvialen und alluvialen (lichtgelb und weiss) 4 Unterscheidungen durch verschiedene Farbentöne und Schraffirungen ersichtlich gemacht.

Der westliche Theil der Karte, die Gegend zwischen Braunschweig, Wolfenbüttel, Schöningen, Helmstedt und Fallersleben ist von Herrn Kammerrath A. v. Strombeck, der östliche, daran anschliessend bis Versfelde, Calvörde, Neehausen, Hötensleben, von Herrn Dr. J. Ewald selbst bearbeitet.

Die technische Ausführung in Schwarz- und Farbendruck (Berliner lithogr. Institut) ist wie bei den früheren Blättern vortrefflich.

Dr. U. Schl. **Dr. Antonin Fric.** O vrstvách kůry zemské a skamenělých tvorech v nich obsažených. (Ueber die Schichten der Erdrinde und die darin enthaltenen versteinerten Geschöpfe. Prag 1869. 232 S. 16°, 122 in d. Text gedr. Holzschn.) Gesch. d. Verf.

Von der „Matice česká", einem Vereine zur Herausgabe billiger belehrender Bücher in czechischer Sprache, veröffentlicht, hat dies kleine, in einer Auflage von 17000 Exemplaren zum Preise von 16 kr. ö. W. verbreitete Büchlein den Hauptzweck, die czechische Landbevölkerung über die Genesis und den Bau des Bodens, welchen sie bewohnt, zu belehren und auf das Vorkommen und die Bedeutung der Gesteine und der darin sich findenden Versteinerungen aufmerksam zu machen. Die sämmtlich originalen Holzschnitte geben daher in etwa 470 Abbildungen eine gute Vorstellung von den für die Formationen Böhmens wichtigsten Petrefacten, und sollen die Landbewohner anregen, auf solche Gegenstände, an denen ja der Boden Böhmens so überaus reich ist, zu achten, dieselben zu sammeln und so der wissenschaftlichen Benützung und Bearbeitung zuzuführen. Es sind deshalb die in dieser Beziehung wichtigsten Formationen, die silurische und die Kreide-Formation, sowohl im Texte wie in den bildlichen Darstellungen ausführlicher behandelt, als die im Lande gar nicht oder weniger vertretenen. Auch gar manche praktische Winke, wie die wiederholte Warnung vor dem vergeblichen Suchen nach Kohlen in der Kreideformation, auf welches schon namhafte Summen ganz erfolglos verwendet sind, werden die Leser wohl beherzigen.

G. St. **Dr. C. Schloenbach.** Beitrag zur Altersbestimmung des Grünsandes von Rothenfelde unweit Osnabrück (Hannover). 36 S. 8°, 2 Taf. (Sep. aus d. „Neuen Jahrb. f. Min. etc." 1869, 7. Heft, p. 808). Gesch. d. Verf.

Unter den in nordwestlichen Deutschland in der Kreideformation auftretenden verschiedenen Grünsand-Vorkommnissen war dasjenige, welches in der Gegend der Saline und des Solbades Rothenfelde an der westphälisch-hannoverischen Grenze mitten im Gebiete des Pläners an mehreren Fundorten bekannt ist, und in Bezug auf die Erklärung seiner stratigraphischen Verhältnisse eigenthümliche Schwierigkeit zu bieten scheint, wiederholt Gegenstand von Controversen über die Frage seiner genaueren Altersbestimmung gewesen. Der Verfasser des vorliegenden Aufsatzes stellt nun zunächst alle die auf die petrographischen und stratigraphischen Verhältnisse dieser bemerkenswerthen Gesteine bekannt gewordenen Daten und die von ihm selbst gemachten Beobachtungen zusammen, und wendet sich dann, da wegen der Mangelhaftigkeit der Aufschlüsse sich hieraus keine entscheidenden Resultate ableiten lassen, zu einer eingehenderen paläontologischen Untersuchung der in seinem eigenen Besitze befindlichen organischen Einschlüsse dieser Schicht. Dabei wird er zu dem auf die Feststellung von 25 bestimmbaren Petrefacten-Arten gegründeten Schlusse geführt, dass der Grünsand von Rothenfelde nicht, wie das einige Geologen wollten, dem unteren cenomanen Pläner, noch, wie andere meinten, der Belemniten-führenden jüngeren Senon-Kreide zugerechnet werden müsse, sondern ziemlich sicher als eine dem norddeutschen Scaphiten-Pläner (Zone des *Scaphites Geinitzi* und *Spondylus spinosus*) äquivalente Bildung, nur eigenthümlicher, durch locale Einflüsse bedingter, ungewöhnlicher Facies darstelle. Unter den beschriebenen Petrefacten-Arten sind besonders einige Seeigel, *Infulaster major* n. sp. und *Hemiaster Toucasanus* Orb., sodass das häufige Vorkommen von *Janira quinquecostata* — sonst in diesen Schichten in Norddeutschland sehr selten, — bemerkenswerth.

G. St. **Dr. G. C. Laube.** Die Fauna der Schichten von St. Cassian. Ein Beitrag zur Paläontologie der alpinen Trias. IV. Abth. Gastropoden. II. Hälfte. Mit 7 Tafeln. — V. Abth. Cephalopoden. Schluss. Mit 8 Tafeln. Sep. Abdr. aus d. XXX. Bd. d. Denkschr. d. kais. Akad. d. Wiss. in Wien.

Mit diesen beiden Abtheilungen hat der Verfasser den Schluss seiner bekannten umfangreichen Arbeit über die interessante Fauna der Schichten von St. Cassian geliefert. In der zweiten Hälfte der Abtheilung der Gastropoden sind die Gattungen *Cerithium* in 11 Arten, *Loxema* (2), *Fossarus* (4), *Fossariopsis* Lbe. (2), *Turritella* (3), *Capulus* (4), *Neritopsis* (2), *Phasianella* (4), *Turbo* (11), *Porkygyrus* (3), *Rotella* (1), *Delphinula* (6), *Delphinulopsis* Lbe. (5), *Trochus* (14), *Monodonta* (7), *Trosiotropis* Lbe. (2), *Emarginula* (1), *Dentalium* (3), *Patelloides* (1), *Patella* endlich in 2 Arten, also im Ganzen 68 Arten beschrieben und abgebildet. Die in der V. Abtheilung behandelte Cephalopodenfauna zeigt folgende Gruppirung. Die neue hier zu den Nautiliden? gestellte Gattung *Rhynchidia* Lbe. ist durch 1 Art, *Nautilus* durch 3 und *Orthoceras* durch 3 Arten vertreten. Die Familie der *Ammonitidae* ist in 4 Unterabtheilungen (Zünfte) gruppirt. Es werden beschrieben: 2 Arten des Genus *Bactrites*, 1 Art des Geschlechtes *Ceratites*, 4 Arten von *Clydonites*, — ferner die Genera: *Trachyceras* Lbe. mit 11 Arten, *Ammonites* Brug. mit 12 Arten, *Arcestes* Suess mit 6 Arten und *Phylloceras* Suess mit 1 Art. Im Ganzen besteht die beschriebene Cephalopodenfauna von St. Cassian demnach aus 44 Arten. Den Schluss der ganzen Arbeit bildet eine Uebersicht der verschiedenen in Betracht kommenden Fundstellen und ihrer stratigraphischen Verhältnisse.

Dr. M. N. Dr. Hermann Burmeister. Anales del museo publico de Buenos-Aires, 1864—1866. 5 Hefte (4) mit 360 Seiten Text und 20 Taf. (Gesch. d. Verf.

Diese sehr interessante und sehr schön ausgestattete Publication, welche in zwanglosen Heften erscheint, ist bestimmt, die naturhistorischen Schätze, welche im Museo publico in Buenos-Aires seit langen Jahren angehäuft sind, zu veröffentlichen. Vor allem sind es die prachtvollen Säugethierreste aus den Pampasthonen, welche die Aufmerksamkeit fesseln, und von welchen viele neue Formen hier beschrieben werden, während zur Kenntniss der schon bekannten eine Menge der werthvollsten Beiträge geliefert werden. Wohl wenige Paläontologen haben noch ein solches Material zu ihren Studien zur Verfügung gehabt, aber man kann es auch sagen, dass die Art der Bearbeitung ganz ihres Stoffes würdig ist, und dass die deutsche Wissenschaft mit Stolz auf die Leistungen dieses Pioniers im fernen Lande blicken kann.

Dr. M. N. Delesse. Études sur le metamorphisme des roches. Ouvrage couronné par l'academie. Paris 1869. Bei Savy. 95 S. Text (8). Gesch. d. Verf.

Die Lehre vom Metamorphismus bildet entschieden eines der interessantesten Capitel der Petrographie, aber gleichzeitig gibt es auch in der genannten Wissenschaft kein strittigeres Gebiet, und in keinem gilt das „tot capita, tot sensus" mehr als hier. In der vorliegenden und in zwei früher erschienenen [1]) mit ihr in Zusammenhang stehenden Arbeiten gibt der Verfasser eine Zusammenstellung seiner Beobachtungen und Ansichten über diesen Gegenstand, ein Verfahren, welches gewiss geeignet ist, neben dem vielen Neuen, was im Einzelnen geboten ist, manche Controverse zu lösen, manches untergelaufene Missverständniss zu klären.

Der Verfasser unterscheidet einen speciellen, den Contact-Metamorphismus, und einen allgemeinen, welcher in grösserem Maasstabe sich vollzogen hat, und diesem letzteren allein ist die vorliegende Arbeit gewidmet. Die Veränderungen, welchen die Gesteine unterliegen, werden im Einzelnen für die verschiedenen Gruppen derselben der Reihe nach besprochen, und diese Uebersicht enthält viele neue Beobachtungen, welche von Interesse sind. Der wichtigste Schluss, welchen der Verfasser aus diesen Discussionen zieht, ist der, dass die „plutonischen" Felsarten nicht die Ursache, sondern das Product des Metamorphismus sind, dass ist nur diejenigen Gesteine sind, in welchen die Umänderung am weitesten vorgeschritten ist, ein Resultat, welches allerdings mit anderen Untersuchungen, z. B. mit denen von Fickensher über die Lausnauer Schiefer und den hieraus gezogenen Folgerungen nicht ganz im Einklang steht.

---

1) Annales des mines. 1857, p. 89 und Bulletin de la soc. géol. 1858, p. 728.

Dr. M. N. P. de Tchihatchef, Préface de la nouvelle **édition de l'Asie centrale** de Humboldt. Geschenk des Verfassers.

Mit grosser Befriedigung wird die gesammte wissenschaftliche Welt das Erscheinen einer neuen Auflage eines der grössten Meisterwerke des verewigten Nestors der deutschen Wissenschaft, des Werkes über Central-Asien begrüssen. Schon lange ist diese wichtige Arbeit im Buchhandel vergriffen und Humboldt selbst schon ging mit dem Gedanken um, eine neue Ausgabe desselben zu veranstalten, wie aus einem hier abgedruckten Briefe Humboldt's aus dem Jahre 1851 hervorgeht.

Dass der berühmte Verfasser des grossen Werkes über Kleinasien, Herr Tchihatchef, an der Spitze des Unternehmens steht, so wie dass Herr Kiepert die Bearbeitung des kartographischen Theiles übernommen hat, gibt volle Bürgschaft, dass die Ausführung des neuen Unternehmens des grossen Verfassers würdig sein wird.

Der Text der ersten Auflage wird in der zweiten, die in der Verlagshandlung des Herrn Guérin in Paris erscheint, ohne Aenderung reproducirt werden, und die Zusätze und Berichtigungen, welche nach dem jetzigen Stande unserer Kenntnisse von Central-Asien nöthig sind, werden den Inhalt eines eigenen Supplementbandes bilden.

Dr. M. N. P. de Tchihatchef. Asie mineure, description physique de cette contrée. Paléontologie. 4. partie. Appendice. 1869. 165 Seiten Text und 2 Quarttafeln. Geschenk des Verfassers.

Mit dem vorliegenden Hefte ist Herrn v. Tchihatchef's „Asie mineure", ein Werk, welches denselben durch 20 Jahre beschäftigte, zum gänzlichen Abschlusse gebracht. Wir können hier nicht wiederholen, was über den hohen Werth dieses mit einem seltenen Aufwande von geistigen und materiellen Mitteln durchgeführten Unternehmens wiederholt in unseren Druckschriften gesagt wurde.

Dasselbe umfasst 8 Bände, und zwar: Géographie physique comparée 1 Bd. — Climatologie 1 Bd. — Botanique 2 Bde. — Geologie 3 Bde. — und Paléontologie 1 Bd.

Der kürzlich erschienene Anhang enthält erstlich eine von Verneuil verfasste Beschreibung der von Tchihatchef und Abdullah-Bey an den Ufern des Bosphorus gesammelten Devonversteinerungen. Die Zahl der aufgezählten Arten beläuft sich auf 79, von welchen fast die Hälfte der Classe der Brachiopoden angehört. Die in der unmittelbaren Nähe des Bosphorus gesammelten Arten scheinen sämmtlich dem unteren Devon anzugehören, während eine am Antitaurus gesammelte Suite einem etwas höheren Horizont entnommen zu sein scheint.

Auf den beiden beigegebenen Tafeln sind mehrere neue oder weniger bekannte Arten abgebildet, welche den folgenden Gattungen angehören: *Homalonotus* (2), *Cryphaeus* (1), *Orthoceras* (1), *Trochoceras* (1), *Pterinea* (2), *Pleurodictyum* (1), *Spirifer* (3), *Hemithyris* (1), *Rhynchonella* (1), *Orthis* (3), *Chaetetes* (1).

Weiter bringt der Anhang alphabetische Register zu den drei Bänden über Geologie und dem Bande über Paläontologie, und zwar ein Verzeichniss der angeführten Autoren, dann Register der organischen Reste und der Mineralien, welche im Texte beschrieben oder namhaft gemacht sind.

Dr. M. N. R. v. Willemoes-Suhm. Ueber *Coelacanthus* und einige verwandte Gattungen. Separatabdruck aus Palaeontographica 1869. Bd. XVII. 16 Seiten Text und 2 Tafeln. Geschenk des Verfassers.

Der vorliegenden Abhandlung liegt die Untersuchung einer Reihe von *Coelacanthus*-Resten aus dem Kupferschiefer und aus den Schiefern von Solenhofen und Cirin zu Grunde, unter welchen sich mehrere Münster'sche und Wagner'sche Originale befinden, und die den folgenden Arten angehören: *Coelacanthus macrocephalus* (neu), *C. Rasskae* Münster, *C. (Undina) minutus* Wagner, *C. penicillatus* Münster und *C. major* Wagner. Bei der Untersuchung dieser Exemplare stellte sich als wichtigstes Resultat die vollkommene generische Uebereinstimmung der *Coelacanthus* aus dem Kupferschiefer mit den aus den *Undina* abgetrennten Formen des lithographischen Schiefers heraus, indem bei den neu untersuchten Stücken von *C. macrocephalus* und *Rasskae* sich genau dieselbe merkwürdige tiefe Spaltung der Brustflosse, die Verknöcherung der Schwimmblase und die Einlenkung der unpaarigen Flossen auf Gabelplatten beobachten liessen, welche bisher nur bei den jüngeren Arten bekannt waren, und deren generische Abtrennung veranlasst hatten.

Den Schluss der interessanten Arbeit bildet eine Revision der übrigen, nicht in Naturexemplaren vorliegenden Gattungen der Coelacanthiden, in welcher der Verfasser das Genus *Graphiurus* Kner aus den Raibler Schiefern mit *Coelacanthus* vereinigt, und die Unhaltbarkeit von *Macropoma* Agass. wahrscheinlich macht, so wie eine Uebersicht über das geologische Vorkommen aller bisher bekannten Coelacanthiden.

F. v. V. **Dr. Georg Neumayer.** Bericht über das Niederfallen eines Meteorsteines bei Krähenberg, Kanton Homburg, Pfalz. Aus d. Sitzungsber. d. kais. Akad. d. Wissensch. LX. Bd. Juli-Heft. 2. Abth. Jahrg. 1869. Mit 6 Holzschnitten.

Bei dem kleinen Dörfchen Krähenberg, welches in jenem Theil der Pfalz gelegen ist, der unter dem Namen „Sickinger Höhe" bekannt ist, fiel am Abend des 5. Mai ein Meteorit vom Himmel herab, der 31½" Mund wog, und etwa 2 Fuss tief in den Boden eingedrungen war. Die Schallerscheinungen, welche die Ankunft des Meteores verkündeten, waren äusserst intensiv. Einem furchtbaren, Kanonendonner ähnlichen Knall folgte, bei völlig wolkenlosem Himmel, ein „Geknatter", wie von Musketenfeuer herrührend, sodann ein Getöse, mit jenem vergleichbar, welches der aus einer Locomotive ausströmende Dampf verursacht. Den Schluss der Schalleffecte endlich bildete ein fürchterlicher Schlag. Eine Lichterscheinung wurde weder in Krähenberg, noch in irgend einem der benachbarten Orte wahrgenommen. Die Höhe, von welcher der Stein zur Erde fiel, wird auf 8164 Meter oder 1·1 geogr. Meile geschätzt.

F. v. V. **Dr. J. Gottlieb.** Analyse der beiden Johannisbrunnen nächst Straden bei Gleichenberg in Steiermark. Aus den Sitzungsber. d. kais. Akad. d. Wissensch. LX. Bd. Juli-Heft. 2. Abth.

Vor ungefähr 3 Jahren wurde in grosser Nähe des alten Johannisbrunnens eine zweite Mineralquelle erbohrt, deren Zufluss gleichfalls reichlich, klar, perlend und von grösseren Kohlensäureblasen begleitet ist. Der Verfasser unterzog sowohl den alten, als auch den neuen Johannisbrunnen einer Analyse, wobei sich folgende Resultate herausstellten: Beide Quellen enthalten dieselben Bestandtheile in zwar nahezu gleichen, aber nicht völlig übereinstimmenden Gewichtsmengen. Die qualitative Analyse erwies das Vorhandensein von: Kali, Natron, Lithion, Baryt, Kalk, Bittererde, Eisenoxydul, phosphorsaurer Thonerde, Chlor, Jod, Salpetersäure, Schwefelsäure, Kohlensäure und Kieselsäure. Die Temperatur des alten Johannisbrunnens beträgt 9·68° R., jene des neuen Johannisbrunnens 9·75° R. — Beide Quellen stehen sich somit hinsichtlich ihrer diätetischen und Heilwirkungen sehr nahe.

F. v. V. **Dr. J. Gottlieb.** Analyse der Hauptquelle im st. l. Curorte Neuhaus bei Cilli in Steiermark. Aus dem LX. Bd. d. Sitzungsber. d. kais. Akad. d. Wissensch. Juli-Heft. 2. Abth. 1869.

Das Wasser der berühmten Therme zu Neuhaus sammelt sich aus drei verschiedenen Quellen im Badebassin, wovon man die eine, am meisten Wasser liefernde, als Hauptquelle, die beiden anderen als die Nebenquellen bezeichnet. Die Gehalte der beiden Nebenquellen an fixen Bestandtheilen, verglichen mit jenem der Hauptquelle, ergaben nach der Untersuchung des Verfassers keine merkliche Differenz. Die qualitative Analyse der Hauptquelle constatirte die Anwesenheit von: Kohlensäure, Schwefelsäure, Chlor, Kieselsäure, Phosphorsäure, Kali, Natron, Kalk, Bittererde, Thonerde und Eisenoxydul. Die Temperatur der Hauptquelle beträgt übereinstimmend mit jener der stärker fliessenden Nebenquelle 29·3° R. Das specifische Gewicht des Wassers wurde in zwei Versuchen der Ziffer 1·00029 entsprechend gefunden.

F. v. V. **Dr. G. Tschermak.** Ueber einen Feldspath aus dem Nárödal und über das Mischungsgesetz der plagioklastischen Feldspathe. Aus dem LX. Bd. d. Sitzungsber. d. kais. Akad. d. Wissensch. Juli-Heft. I. Abth. Jahrg. 1869.

In einer vor vier Jahren in den Sitzungsberichten der Akademie erschienenen Arbeit über die Feldspathgruppe wurde vom Verfasser gezeigt, dass die Feld-

Nr. 17 Sitzung am 21. December. Tschermak, Abich. v. Haidinger. Lang. 401

spathe Gemische aus isomorphen Verbindungen seien, welche in dem Albit und Anorthit fast rein auftreten. Eine neue Bestätigung für die Richtigkeit dieser Theorie, nach welcher es keinen hornfelsen Labradorit gibt, liefert die in vorliegender Arbeit mitgetheilten Untersuchungen, welche der Verfasser an einem von Narödal in Norwegen herstammenden Plagioklas anstellte, und welcher dadurch als fast alleiniger Bestandtheil eines Gesteins auftritt. — Der Narödaler Plagioklas ist übrigens auch in mineralogischer Hinsicht von Interesse und muss als ein zwischen dem Labradorit und Anorthit stehender Feldspath, als ein Bytownit bezeichnet werden.

F. v. V. **Hermann Abich.** Die Fulguriten im Andesit des kleinen Ararat, nebst Bemerkungen über örtliche Einflüsse bei der Bildung elektrischer Gewitter. (Aus einem Schreiben aus Tiflis an Herrn k. k. Hofrath W. Ritter v. Haidinger.) (Sitzungsb. d. kais. Akad. d. Wissensch. LX. Bd. Juli-Heft. I. Abth. Jahrg. 1869.)

Bei der wiederholten Besteigung des kleinen Ararat hatte der Verfasser Gelegenheit, sehr eigenthümliche, physikalisch-lithologische Verhältnisse zu entdecken, die vor Allem den untrüglichsten Beweis von der Häufigkeit der Gewitter in dieser Region geben. Das Haupt- und Grundgestein, welches den eigentlichen Bau des kleinen Ararat vermittelt, ist ein trachytgrauer, herabfallender Andesit, an welchem sehr oft dunklere Streifen wahrgenommen werden können, ähnlich jenen, die das Abtreifen brennender Pechfackeln bei nächtlicher Besteigung des Vourkugels auf den schlackigen Trümmermassen hervorbringt. Die vergleiche Beschaffenheit dieser dunkleren Stellen merkt zugleich die Wirkung des Blitzes kenntlich, dessen Verlauf jedesmal eine mit dunkelgrüner Glasschlacke ausgekleidete, das Gestein durchsetzende rauhe Röhre vom Durchmesser dicker Federspulen anzeigt. Aus den weiteren wertvollen, in diesem Schreiben enthaltenen Beobachtungen des Verfassers geht hervor, dass mit der Annäherung gegen den Gipfel des Berges die Häufigkeit dieses Phänomens eine so grosse wird, dass Gesteinsmodificationen hervorgerufen werden, die man billig mit dem Namen Fulgurit-Andesit bezeichnen könnte.

F. v. V. **W. Ritter v. Haidinger.** Mittheilungen von Herrn kais. russ. Staatsrath Hermann Abich in Tiflis. Aus dem LX. Bd. d. Sitzungsber. d. kais. Akad. d. Wissensch. Juli-Heft. I. Abth. Jahrg. 1869.

Im Nachhang zu dem oben citirten Schreiben über die Fulguriten der höchsten Andesit-Felsspitzen des kleinen Ararat erinnert der Verfasser an einige ähnliche Beobachtungen Arago's und Humboldt's. Humboldt fand beispielsweise die Oberfläche des Felsens El Frayle auf dem Vulcan Toluca in einer Ausdehnung von 18 Quadrat-Decimeter überglast.

F. v. V. **Kaiserliche Akademie der Wissenschaften in Wien. Anzeiger. Jahrg. 1869. Nr. I.** Aus der Sitzung d. mathem.-naturw. Classe am 11. November.

1. V. v. Lang. Ueber die Geschwindigkeit des Lichtes im Quarze. Der Quarz zeichnet sich vor den übrigen einaxigen Körpern dadurch aus, dass er in der Länge seiner Axe doppelt brechende Eigenschaften zeigt. Der Verfasser zeigte bereits früher, dass es im Quarze keine ordentliche Welle mehr gibt, und die ausserordentliche sich nach einem anderen Gesetze ändert, als dies bei den gewöhnlichen einaxigen Krystallen der Fall ist. Diese theoretischen Ergebnisse finden nun durch die Beobachtungen ihre vollste Bestätigung.

2. Björkeler. L. Ueber die Dispersion der optischen Axen. Es wird in dieser Arbeit der Beweis geliefert, dass durch die Cauch y'sche Dispersions-Formel $\frac{n}{v} = A + B \frac{1}{\lambda^2}$ der wahre, so wie der scheinbare Winkel der optischen Axen gerade wie der Brechungsexponent und der Drehungswinkel der Polarisationsebene als Function der Wellenlänge λ dargestellt werden kann.

Nr. II. Aus der Sitzung der mathem.-naturw. Classe am 18. Nov.

1. F. Unger. Anthracitlager in Kärnthen. Die in diesen Schichten bisher gefundenen Farn-Arten stimmen vollständig mit jenen der Steinkohlenformation überein. Zwei bis jetzt noch nicht beschriebene Farn-Stämme werden vom Verfasser besonders ins Auge gefasst und geben

ihm Gelegenheit, sich gegen die Ansicht auszusprechen, dass die Stigmarien die Wurzeln der Sigillarien seien.

2. C. Tscherak. Ueber ein neues Salz von Hallstatt.

Dieses neue Salz rührt vom Christina-Stollen in Hallstatt her, wo es bläulich-grüne Lagen bildet, und mit Steinsalz, Anhydrit und einem verwitterten, aus Natriumsulphat bestehenden Gemenge zusammen vorkommt. Die Krystallform desselben ist monoklin. Die chemische Zusammensetzung entspricht der Formel: $MgSO_4 . Na_2SO_4 . 4H_2O$. Der Verfasser schlägt vor, es nach dessen Finder „Simonyit" zu nennen.

3. F. Posepny. Mikroskopische **Untersuchung des Predazzites und Pencatites.**

Diese beiden Vorkommnisse sind dem Kalksteine ähnlich, und werden bei Predazzo als Umwandlungsproduct des Triaskalkes an der Grenze des Monzonites gefunden. Man erklärte dieselben früher für selbstständige Mineralarten, und hielt sie für chemische Verbindungen von Calciumcarbonat und Magnesiumhydrat. Die vorgenommene mikroskopische Prüfung an Dünnschliffen stellte jedoch heraus, dass zwei Mineralien mit Sicherheit unterschieden werden können, wovon das eine Calcit, das andere Brucit sei.

T. F. Dr. A. Manzoni. Della fauna marina di due lembi **miocenici dall'alta Italia.** (Sitzungsber. Wiener Akad. 1869.)

Der Verfasser berichtet in dieser Arbeit über zwei neue Miocänlocalitäten in Ober-Italien. Die eine davon, „Sogliano al Rubicone" wurde von ihm selbst, die zweite, „Bassano" jedoch von Prof. Suess untersucht und angedeutet. Beide Localitäten gehören dem sogenannten „Tortonien" der Italiener an, welches behufig dem Tegel von Vöslau im Wiener Becken entspricht. Bei Sogliano kommen auch flyschführende Schichten vor, welche in grosser Menge *Cerithium lignitarum, rubiginosum, Moravicum, Neritina zebrina, Paludina* und *Melanopsis* führen, und demnach den kohlenführenden Schichten aus dem Horizonte von Grund und Nieder-kreuzstetten entsprechen dürften. Im Ganzen werden von Sogliano 20 Conchylien und 3 Korallen, aus Bassano 19 Conchylien angeführt. Auf 3 Tafeln sind eine Anzahl neuer Arten abgebildet. Die interessanteste darunter ist eine in Bassano in grosser Menge vorkommende *Terebella*, welche durch nichts von der durch Deshayes aus den Sables inf. des Pariser Beckens beschriebenen *T. setifera* Desh. unterschieden ist.

Archiv für die naturwissenschaftliche Landesdurchforschung von Böhmen, herausgegeben von den beiden Comite's für die Landesdurchforschung unter der Redaction von Prof. Dr. Karl Kořistka und Prof. J. Krejčí. Erster Band. Prag 1869. (Gesch. d. Comite's.)

Bereits in der vorigen Nummer unserer Verhandlungen, S. 377, wurde der reiche Inhalt der geologischen Abtheilung dieser werthvollen Druckschrift des Näheren besprochen. Weiter enthält dieselbe eine „Topographische Abtheilung", verfasst von Prof. Kořistka. Die bisher durchgeführten Arbeiten beziehen sich auf das Terrain der zweiten Section des zu vollendenden aus zehn Blättern bestehenden, neuen Karte des Landes. Diese Section wird zum grössten Theile durch das böhmische Mittelgebirge, dann das nordböhmische Sandstein- und Schiefergebirge gebildet. Ein erster Abschnitt enthält die Beschreibung des Terrains, ein zweiter das Verzeichniss der Höhenmessungen, 3666 an der Zahl. Beigegeben ist die auf dieses sehr bedeutende Material gestützte Höhenschichtenkarte mit Schichtenlinien in Abständen von 25 zu 25 Meter für die tieferen Landestheile unter 1200 Fuss Seehöhe, und in Abständen von 50 zu 50 Meter für die höher liegenden Gebiete. — Die „botanische Abtheilung" enthält einen Prodromus der Flora von Böhmen von Dr. Ladislaus Čelakowský, — die „zoologische Abtheilung" ein Verzeichniss der Käfer Böhmens von Em. Lokaj, eine Monographie der Land- und Süsswassermollusken des Landes von Alfr. Slavík, ein Verzeichniss der Spinnen des nördlichen Böhmens von Em. Bartz. — Die „chemische Abtheilung" enthält eine Reihe wichtiger Analysen von Prof. E. Hoffmann, und zwar: der Koprolithen und der sie umschliessenden Brandschiefer der Permformation, der Koprolithen und der sie enthaltenden Pläner der Kreideformation, verschiedener Diatomaceenablagerungen, der dolomitischen Kalksteine von Cicynov, — des Phonolites von Marienberg bei Aussig, — des Trachytes vom Tep-

begraben — und von zur Erzeugung von Cement geeigneten Gesteinen, die in Böhmen vorkommen.

Ausserdem wurde die Bibliothek durch folgende Bücher und Karten bereichert:

a) Einzelwerke und Separatabdrücke.

Aradas Andrea. Elogio accademico del Prof. Carlo Gemmellaro (Letto all' accademia Gioenia di scienze naturali nella seduta straordinaria del dì 2 Decembre 1868, Catania 1869).
Coppi Dr. Fr. Cenni su alcuni fossili cristallizzati. Sep. Abdr. a. d. Annuario der Società dei Naturalisti. Modena. Anno III.
Delesse. Notice sur les travaux scientifiques de M. Delesse. Paris 1869.
Fuchs A. und **Hönig**, Reden, gehalten bei der feierlichen Inauguration des für das Studienjahr 1869/70 gewählten Rectors des k. k. polytechnischen Institutes Dr. Adalbert Fuchs am 14. October. Wien 1869.
Hirsch Dr. R. Idria. Montanistisches Reisebild. Wien 1868.
Meissner C. F. Denkschrift auf Carl Friedr. Phil. v. Martius. München 1869.
Richter Dr. R. Der Brakteatenfreund zu Arnsgereuth (Weihnachtsausgabe für arme Schulkinder). Saalfeld 1869.
Sciuto-Patti Carmelo. Relazione del Lavori Scientifici trattati dell'Accademia Gioenia nell'anno XLI, XLII e XLIII (Adunanza Generale di Giugno 1866, 1867 und 1868). Catania 1869.
Thielens A. Petites observations sur quelques plantes critiques (Deuxième supplément). Extrait du Bulletin de la société royale de Botanique de Belgique tom. VIII. 1869. Gesch. d. Verf.
Titcomb Rev. J. H. On the common Origin of the American Races with those of the Old World. Victoria Institute or philosophical Society of Great Britain. Ordinary Meeting Mai 18. 1868. (Reprinted from the Journal of Transactions.)
Vermanani de Villeneuve G. Economia agricola. Memorie di Giuseppe Vermanani de Villeneuve. Milano.
Vogel August. Über die Entwickelung der Agriculturchemie. Festrede, gehalten i. d. öffentl. Sitz. d. k. bayer. Akad. d. Wissensch. am 24. Juli 1869. München 1869.

b) Zeit- und Gesellschaftsschriften.

Berlin. Zeitschrift der deutschen geolog. Gesellschaft. XXI. Band, 2. Heft (Februar, März und April 1869) mit Taf. V—VII, 3. Heft (Mai, Juni und Juli 1869) mit Taf. VIII—XIX.
— Monatsberichte der königl. preuss. Akademie der Wissenschaften. Juli, August, September-October. 1869. (3 Hefte.)
— Mittheilungen aus dem naturwissenschaftlichen Vereine von Neu-Vorpommern und Rügen. Redigirt von Prof. Frölh. v. Feilitsch, Prof. Limpricht und Dr. Marsson in Greifswald. Erster Jahrgang (mit 3 Steindrucktafeln), 1869.
Bologna. Rendiconto delle sessioni dell'Accademia delle scienze dell'Istituto di Bologna. Anno Accademico 1868—1869.
— Memorie dell'Accademia delle scienze dell'Istituto di Bologna. Serie II. Tomo VIII. Fasc. 4. 1869.
Breslau. Abhandlungen der schlesischen Gesellschaft für vaterländische Cultur. Philos.-histor. Abth. 1868, Heft II, und 1869 (1. Heft). Abtheilung für Naturwissenschaften und Medicin. 1868/69. (1. Heft.), 46. Jahresbericht. Generalbericht für 1868. Breslau 1869.
Catania. Atti dell'Accademia Gioenia di scienze naturali. Serie Terza, Tomo II. 1868, und Serie Terza, Tomo XLIII, 1868.
Calcutta. Report of the Meteorological Reporter to the Government of Bengal for the year 1868—69 with a meteorological abstract for the year 1868—1869.

Calcutta. Asiatic Society of Bengal. 1.) Proceedings. Nr. II und III. February, March, 1869. 2.) Proceedings; edited by the Honorary Secretaries. Nr. V - Nr. VII (Mai-Juli), 1869 (3 Hefte). 3.) Journal edited by the secretarys. New Series. Vol. XXIX. Nr. CLIII. Part. I. Nr. II. 1869. — Edited by the Honorary secretaries. New series. Vol. XXXVIII. Nr. CLIV. u. CLV. Part. II. Nr. 2 u. Nr. 3. 1869.

Constantinople. Gazette Médicale D'Orient. Publié par la Société Impériale de Médecine. XII. année Nr. 10, 11 und 12. 1868. XIII. année Nr. 1—5. 1869.

Dresden. Sitzungsberichte der naturwissenschaftlichen Gesellschaft. Isis. Jahrg. 1869. Nr. 7—9. Juli, August, September.

Dorpat. Archiv für die Naturkunde Liv-, Ehst- und Kurlands. Herausgegeben von der Dorpater Naturforscher-Gesellschaft als Filialverein der livländischen gemeinnützigen und ökonomischen Societät. Erste Serie. Mineralogische Wissenschaften nebst Chemie, Physik und Erdbeschreibung. Vierter Band (2 Karten u. 1 Tafel). 1868.

Dublin. The Journal of the Royal Dublin Society Nr. XXXVIII. Dublin a. London. 1869.

Edinburgh. Geological Survey of Scotland. Descriptive Catalogue of the Maps, Sections, and Memoirs published and in preparation. Edinburgh 1869.

St. Gallen. Bericht über die Thätigkeit der St. Gallischen naturwissenschaftlichen Gesellschaft während des Vereinsjahres 1867—1868. 1868.

Giessen. Dreizehnter Bericht der Oberhessischen Gesellschaft für Natur- und Heilkunde. 1869.

Gotha. Mittheilungen aus Justus Perthes' geographischer Anstalt etc. von Dr. A. Petermann. 1869. VII, VIII, IX, X u. XI.

Gratz. Mittheilungen des naturwissenschaftlichen Vereines für Steiermark. II. Band. 1. Heft (mit 2 lithograph. Tafeln und 6 Figuren). 1869.

Hannover. Mittheilungen des Gewerbevereins für Hannover. Neue Folge. 1869. Heft 4.

Heidelberg. Jahrbücher der Literatur unter Mitwirkung der vier Facultäten. 62. Jahrg. 6, 7, 8, 9. u. 10. Heft (Mai—October). 1869.

Klagenfurt. Zeitschrift des berg- und hüttenmännischen Vereines für Kärnthen. Redaction Hanns Höfer. 1869. Nr. 1 und 2.

Köln u. Leipzig. Gaea. Natur und Leben. V. Jahrg. 7., 8. u. 9. Heft. 1868.

Leipzig. Annalen der Physik und Chemie. Herausgegeben von J. C. Poggendorf. Bd. CXXXVI. Stück 1, 1869, Nr. 1.
— Journal für praktische Chemie von O. L. Erdmann und G. Werther. Nr. 13. 1869.

Le Mans. Bulletin de la Société d'agriculture, sciences et arts de la Sarthe. II. série — Tome XI. oder XX. Tome de la Collection (1869—1870). Troisième trimestre. 1869.

London. The geological Magazine. Nr. 66. Vol. VI. Nr. 12. December 1. 1869.
— The Quarterly Journal of the Geological Society. Vol. XXV, Part. 3. Nr. 99. August 1. 1869. Part. 4. Nr. 100. November 1. 1869.
— List of the geological Society of London. November 1. 1869.
— Royal Geographical Society. Proceedings Vol. XIII. Nr. III. Nr. IV. 1869. (Adress at the anniversary Meeting 24. May 1869).
— Linnean society. 1.) Journal — Botany. Vol. X. Nr. 48. Vol. XI. Nr. 49, 50 u. 51. (3 Hefte) und Vol. XII. (Musci austro-americani, von Wilh. Mitten). — Zoology Vol. X. Nr. 43—46. (4 Hefte.)
2.) Proceedings Session 1868 — 69. Novemb. 1868 -- May 1869. Seite 1 bis 134. 3.) List 1868. 4.) Transactions. Vol. XXVI. Part. 2 u. 3.

London. The Academy, a monthly Record of Literature, Learning, Science, and Art. (Second Edition) Nr. 1. Saturday 9. October 1869. — Published by John Murray, Albemarle Street; and Printed by William Clowes and Sons. Duke Street, Stamford Street.

Lwów (Lemberg). Rolnik czasopismo dla gospodarzy wiejskich. Tom V. zeszyt 4—6. 3 Hefte). 1869.

Manchester. L. Memoirs of the literary and philosophical society of Manchester. Third Series. III. Vol. London u. Paris. 1868.
— 2.) Proceedings of the Literary and Philosophical Society. Vol V (1865—6) 1866. Vol. VI (1866—7) 1867. Vol. VII. Session (1867—8) 1868.

Mannheim. 35. Jahresbericht des Mannheimer Vereins für Naturkunde, erstattet in der Generalversammlung vom 20. Febr. 1869, von Dr. E. Weber. 1869.

Mailand. Reale Istituto Lombardo di Scienze e Lettere.
1.) Rendiconti. Serie II. Vol. I. Fasc. XI. — Fasc. XX e ultimo. 1868. (4 Giugno — 17 Decembre 1868) und Vol. II, Fasc. I — Fasc. X (7 Gennajo — 13 Maggio 1869). (20 Hefte.) Vol. II, Fasc. XI—XVI (3 Giugno — 7 Agosto 1869). (6 Hefte.) 1869.
2.) Memorie. Classe di Lettere e scienze morali e politiche. Vol. XI. II. della serie III, Fasc. I, 1868 und Fasc. II, 1869. Classe di scienze matematiche e naturali, Vol. XI, II. della Serie III, Fasc. II, 1869.
— Atti della società italiana di scienze naturali. Vol. XII, Fasc. I — Fogli 1—15, 1869.
— Atti della Fondazione scientifica Cagnola. Vol. V, Part I, che abbraccia il triennio 1867—1869.

Moscau. Bulletin de la société Impériale des Naturalistes. Tome XLII. Année 1869. Nr. 1. Nr. III,

München. Abhandlungen der mathem.-physik. Classe der königl. bayer. Akademie der Wissenschaften. 10. Band, 2. Abthl. (In der Reihe der Denkschriften der XXXVII. Bd.) München 1868.

Neuchatel. Bulletin de la société des sciences naturelles Tome VIII. (Deuxième cahier.) 1869.

New Haven. The American Journal of science and arts. Vol. XLVIII. Nr. 143. September 1869.

Ofen. Magnetisch-meteorologische Beobachtungen der königl. ungarischen Akademie von Dr. Guido Schenzl. August 1869.

Paris. Annales des Mines. Sixième série, Tome XV. 2 u. 8° Livr. de 1869. — Tome XVI. 4° Livr. de 1869.
— Journal de Conchyliologie. (Crosse et Fischer) 3° série Tome IX. Nr. 3 u. Nr. 4. 1869.
— Bulletin de la société géologique de France. T. XXV. 2° série, f. 68—64. Schluss des Bandes mit Umschlag. 1867 a 1868 u. T. XXVI. 1869. Nr. 2. Feuilles 7—12. — (9 Novembre 1868.) 1868 a 1869. Juin 1869.
— Société de l'industrie minérale. 1.) Bulletin Tome XIV. II° Livr. (Octobre, Novembre, Décembre). 1869. 2.) Atlas Pl. XIV—XXIII.

Passau. Siebenter und achter Jahresbericht des naturhistorischen Vereines über die Jahre 1865 bis 1868.

Prag. Centralblatt für die gesammte Landescultur. Herausgegeben von der k. k. patriotisch-ökonomischen Gesellschaft in Böhmen. XX. Jahrg. — Der neuen Folge, I. Jahrg., 10. Heft (October), 11. Heft (November) und 12. Heft (December) 1869.
— Lotos. Zeitschr. f. Naturwissenschaften. XIX. Jahrg. November 1869.

Rom. Atti dell'Accademia Pontificia de nuovi Lincei. Anno XXI. Sessione I—II, III—IV and V, VI. (5. Januar — 7. Juni) 1868 (4 Hefte). Roma 1868.

Stuttgart. Neues Jahrbuch für Mineral., Geol. u. Paläont. etc. Jahrg. 1869. 6. Heft (Mit Taf. VIII), 7. Heft (Mit Taf. IX u. X).

Toulouse. Mémoires de l'académie impériale des sciences, inscriptions et belles-lettres. Sept. série. T. I. 1869.

Venedig. Atti del Reale Istituto Veneto, dal Novembre 1868, all' Ottobre 1869. Tomo XIV, Serie III. (Dispensa nona e decima).
— Atti dell'Ateneo Veneto. Ser. II. Vol. V. Punt. Quarta. Sept. 1869.

Wien. Kaiserliche Akademie der Wissenschaften.
1.) Denkschriften. Philosoph. hist. Classe. 16. Band. Mit einer Karte.
2.) Sitzungsberichte. Math.-naturw. Classe. I. Abth. LIX. Bd. II., III., IV. u. V. Heft (Februar, März, April u. Mai). LX. Bd. I. u. II. Heft. Juni u. Juli. 1869. II. Abth. LIX. Bd. III. Heft (März), IV. u. V. Heft (April, Mai) 1869.

LX. Bd. I. u. II. Heft (Juni u. Juli) 1868. Philos.-hist. Classe. LXI. Bd. Heft II u. III. Jahrg. 1869 (Februar, März). LXII. Bd. I.—IV. Heft (April—Juli) 1869.
— **Wien.** Mittheilungen aus dem Gebiete der Statistik. Herausgegeben von der k. k. statistischen Central-Commission. III. u. IV. Heft. 1869.
— Oesterreichische militärische Zeitschrift von V. R. v. Streffleur. Mit den Mittheilungen aus der Abtheilung für Kriegswissenschaften des k. k. Militär-Casino's zu Wien. X. Jahrg. IV. Bd. IX. Heft (September). (Mit 4 Holzschnitten, und X. Heft (October). (Mit 3 Tafeln). 1869.
— Zeitschrift des Wiener Ingenieur- und Architekten-Vereins. XXI. Jahrg. 1869. VIII. u. IX. Heft.
— **Zürich.** Vierteljahresschrift der naturforschenden Gesellschaft in Zürich. 12. Jahrg. 1.—4. Heft. 1867, und 13. Jahrg. 1—4. Heft. 1868 (4 Hefte).

c. **Wochenschriften:**

(Als Bestätigung für die Jahrgänge von 1869.)

Brünn. Mittheilungen der k. k. mährischen Gesellschaft für Ackerbau, Natur- und Landeskunde.
Gratz. Der steirische Landbote. Organ für Landes- und Landescultur-Interessen. Herausgegeben von der steiermärkischen Landwirthschafts-Gesellschaft.
Klagenfurt. Mittheilungen über Gegenstände der Land-, Forst- und Hauswirthschaft. 25. Jahrgang. Herausgegeben von der k. k. kärnth. Landwirthschafts-Gesellschaft.
Köln. Der Berggeist. Zeitung für Berg-, Hüttenwesen und Industrie. 13. Jahrgang. Im Verlag von Wilhelm Hassel in Köln.
Leipzig. Berg- und Hüttenmännische Zeitung, redigirt von Bruno Kerl und Friedrich Wimmer. 27. Jahrgang. Im Verlag von Arthur Felix in Leipzig.
New-York. American Journal of Mining, Engineering, Geology, Mineralogy, Metallurgy, Chemistry etc. Volume VI. Western et Company, Proprietors. Rossie W. Raymond, Editor.
Ofen. (Buda). Bányászati és kohászati Lapok. I évi folyam. Felelös szerkesztö és kiadó-tulajdonos Péch Antal.
London. Nature a weekly illustred Journal of Science. Published by Macmillan e Comp., at the Piece 9, Southampton, Street Strand.
Rostock. Landwirthschaftliche Annalen des mecklenburgischen patriotischen Vereines. Neueste Folge, 7. Jahrg. Verlag von D. C. Hinstorff in Rostock.
Prag. Centralblatt für die gesammte Landescultur. 19. Jahrg. Herausgegeben von der k. k. patriotisch-ökonomischen Gesellsch. im Königreiche Böhmen.
Skalic. Obzor, Novini pro hospodárstvo, remeslo a domácí Život Ročník VI. Odoovědny reduktor a vydavatel Daniel Lichard.
Wien. Anzeiger der k. k. Akademie der Wissenschaften. Jahrgang 1868. Herausgegeben von der k. k. Akademie der Wissenschaften.
— Oesterreichische Zeitschrift für Berg- und Hüttenwesen. 18. Jahrgang. Verlag von G. J. Manz in Wien. Redigirt von Otto Freiherr v. Hingenau.
— Verhandlungen und Mittheilungen des niederösterreichischen Gewerbe-Vereines. 29. Jahrgang. Verlag des niederöstert. Gewerbe-Vereines.
— Oesterr. Zeitschrift für praktische Heilkunde. Herausgegeben vom Doctoren-Collegium der Wiener medicinischen Facultät.
— Wiener landwirthschaftliche Zeitung. Illustrirte Zeitung für die gesammte Landwirthschaft. Jahrgang 1869. Herausgegeben von der k. k. Landwirthschafts-Gesellschaft in Wien.
— Reichsgesetzblatt für das Kaiserthum Oesterreich. Jahrgang 1868.

№ 18.  1869.

Verhandlungen der k. k. geologischen Reichsanstalt.
Schluss-Nummer.

Inhalt: Verzeichniss der Abonnenten für das Jahr 1869. — Index nach den Autoren alphabetisch geordnet.

Verzeichniss der Abonnenten für das Jahr 1869.

Agram, k. Berghauptmannschaft.
Ambroż Ferdinand, Swoszowice.
Andrian Cäcilie Baronin v., Wien.
Auer Anton, Bergmeister, Strachitz bei Manth.
Barbot de Marny, St. Petersburg.
Barrande Joachim, Prag.
Benecke Dr. E. W., Heidelberg.
Bérenger J. A., Wien.
Herszaszka, K. Klein'sche Kohlenwerks-Verwaltung.
Heust Ferdinand Freih. v., Wien.
Busquet J., Apotheker, Maastricht.
Boué Dr. Ami, Wien.
Brandt Otto, Vlotho an der Weser, Westphalen.
Bunzel Dr. E., Wien.
Cermak Joseph, k. k. Hüttenadjunct, Pribram.
Chotieschau, Direction der Mantauer Gewerkschaft, Chotieschau.
Curti Dr. Alexander, Wien.
Czoernig Sr. Exc. Karl Freih. v., Wien.
Dadlez Carl, k. k. Bergmeister, Dürrenberg bei Hallein.
Delgado J. F. N., Lissabon.
Douglass Sholto, Thüringen bei Bludenz, Vorarlberg.
Drasche H., Wien.
Drautich Wilhelm, Uroschan, Mähren.
Dreger Friedrich v., Wien.
Eperies, Evang. Collegium.
Eser Karl, Bergverwalter, Miroschau, Böhmen.
Favre E., Genf.
Feistmantel Karl, Hüttendirector, Neuhütten bei Beraun.
Ferientsik Johann, Hüttendirector, Jekelsdorf bei Göllnitz.
Franzl Johann, Wien.
Fritsch Karl v. Dr., Frankfurt a. M.
Fuchs Theodor, Custos am Hof-Mineralien-Cabinete, Wien.

Funke E., Freiburg in Breisgau, Baden.
Gesell Alexander, Pressburg.
Gold Franz, Wien.
Gotthard J. Georg, Igló, Ungarn.
Graz, St. Ober-Realschule.
Grotrian Hermann, Kammerrath, Braunschweig.
Grotrian E., Salinen-Inspector, Braunschweig.
Grünbach, Bergverwaltung, Oesterreich.
Günther Dr., Generalstabsarzt, Dresden.
Gürtler Julius, Göllnitz, Ungarn.
Hafner Franz, k. k. Steuer-Controlor, Schlanders, Tirol.
Hall, k. k. Salinenverwaltung.
Hallstatt, k. k. Salinenverwaltung.
Hammerschmied Dr. Johann, Wien.
Hankesz Franz, Schichtmeister, Hodritsch bei Schemnitz.
Hart bei Gloggnitz, Bergverwaltung.
Hauer Rudolph Ritter von, Crakova, Banat.
Herbich Franz, Balan, Siebenbürgen.
Hilber A. N., Vorstand des naturwissenschaftlichen Museums, Passau.
Hochstetter Dr. Ferdinand Ritt. v., Professor am k. k. Polytechnikum, Wien.
Höfer Hanns, Professor an der Bergschule zu Klagenfurt.
Hoffmann Joseph, k. k. Montan-Expectant.
Hofinek Anton, k. k. Oberbergschaffer, Hallstatt.
Hron von Leuchtenberg A., pens. Hauptmann, Linz.
Idria, k. k. Bergamt.
Innsbruck, k. k. Gymnasium.
Ivackovics Mathias, k. Bergverwalter, Diósgyőr, Ungarn.
Jachno Dr. J., Sokolniki, Galizien.
Johannesthal, Berg- und Hüttenwerk.
Karrer Felix, Wien.
Keller Emil, Vág-Ujhely, Ungarn.
Kirinyi Ludwig, Brád, Ungarn.
Klein Wilhelm, Wien.
Koenen Dr. A. v., Marburg, Nassau.
Krensky v., k. pr. Bergrath, Rosdzin in Preuss.-Schlesien.
Knaebel Ludwig, Wien.
Laibach, k. k. Berghauptmannschaft.
Lang Victor v., k. k. Professor, Wien.
Lehner Ferdinand, Bergdirector, Katzendorf bei Teplitz.
Lehner G. A., Hammer- und Walzwerks-Director, Paulenstein, Ungarn.
Lemberg, k. k. Berghauptmannschaft.
Lill v. Lilienbach Max, Wien.
Loriol P. de, Frontenex bei Genf.
Mages Franz, Eisenerz, Steiermark.
Marmaros-Sziget, k. ung. Berg-, Forst- und Güter-Direction, Ungarn.
Mednyánszky Dionys Baron v., Schemnitz, Ungarn.
Meltzen, Bergrath, Königshütte, Ober-Schlesien, Preussen.
Merian Peter, Basel.
Mladek Anton, Polnisch-Ostrau, Schlesien.

Motesiczky Rosine v., Morovan bei Pistyan.
Müller Franz, k. k. Bergrath, Bochnia, Galizien.
Münichsdorfer Friedrich, Verweser, Heft, Kärnten.
Myrbach Ritter v., k. k. Landespräsident, Czernowitz.
Naumann Karl, Professor, Leipzig.
Nentvich Dr. Karl Max, Professor, Ofen.
Nuchten Josef, Wien.
Obermayer Albert v., k. k. Artillerie-Oberlieutenant, Wien.
Ofen, Bibliothek der k. Josefs-Polytechnikums.
Olmütz, k. k. Berghauptmannschaft.
Oser Dr. Johann, Mariabrunn bei Wien.
Ostrau, Fürst Salm'scher Bergbau.
Ottmer E. J., Braunschweig.
Padiaur Wenzel, Bergmeister, Adamsthal.
Palkovics Georg, Pesth.
Pallausch Alois, k. k. Berggeschworner, Hall, Tirol.
Pank Franz, Schichtmeister, Thomasroith.
Peters Dr. Karl, Professor, Graz.
Petrino Otto Freiherr v., Sadogora, Galizien.
Pilsen, Fürst Thurn-Taxische Bergbau-Inspection.
Pošepný Franz, Raibl.
Posselt Cajetan, k. k. Gymnasial-Director, Böhmisch-Leipa.
Příbram, k. k. Bergoberamt.
„   k. k. Berg-Akademie.
Purgold Alfred, Teplitz.
Reichenbach Reinhold, Freih. v., Wien.
Reisleb Ladislaus, Bergbeamter, Leoben.
Rezntsek Anton, Abt, Zircz.
Rittler Hugo, Rossitz, Mähren.
Römer Dr. Ferdinand, Professor, Breslau.
Roha B., Ober-Bergverwalter, Steierdorf.
Rose Gustav, geb. Regierungsrath, Berlin.
Rowland Wilhelm, Oberforstmeister, Árva-Váralya, Ungarn.
Rücker A., Bergverwalter in Mies.
Saárosy Franz, k. Werksverwalter, Aranyidka, Ungarn.
Sadebek Dr., Professor, Berlin.
Sagor, Gewerkschaft am Savestrom.
Salm Sr. Durchlaucht Hugo, Fürst zu, Wien.
Sava Victor, Ruard'sche Gewerkschaft, Oberkrain.
Schaumburg-Lippe Prinz zu, Bergamt, Schwadowitz, Böhmen.
Schemnitz, k. Oberstkammergrafenamt.
Schloenbach Albert, Ober-Salinen-Inspector, Salzgitter, Hannover.
Schmidt F., Sišskahei, Laibach.
Schrempf Joseph, k. k. Bergschaffer, Pernek bei Ischl.
Schwarz v. Mohrenstern Gustav, Wien.
Sederl Joseph, Wien.
Seeland F., Lölling, Kärnthen.
Simony Friedrich, k. k. Professor, Wien.
Sommaruga Dr. Erwin Freiherr v., Wien.
Steinamanger. Obergymnasium.

Steierdorf, Oberverwaltung der k. k. pr. Staatseisenbahn-Gesellschaft.
Stokber Eduard, k. k. Werks-Director.
Suess Eduard, k. k. Professor, Wien.
Szaiff Johann, k. k. Gymnasial-Director, Waitzen, Ungarn.
Szilniczky Jacob, Werksdirector, Eisenbach bei Schemnitz.
Szvörenyi Joseph, Gymnasial-Director, Erlau.
Teschen, k. k. kath. Gymnasium.
Tichy Josef, k. k. Oberst, Prag.
Toth Johann, Schichtmeister, Falkenau, Böhmen.
Uznanski Adam Ritter v., Poronin, Galizien.
Vukasović Živko, Gymnasial-Director, Essegg, Slavonien.
Waagen Dr. W., München.
Wala J., k. k. Bergrath, Kladno, Böhmen.
Wallmann Josef, k. k. Bergmeister, Pernek bei Ischl.
Walter Bruno, Berg- und Hüttenverweser, Borsabánya, Marmaros.
Waniek Fr., Maschinenfabriksbesitzer, Brünn.
Weiser Dr. M. E., Marienthal.
Wien, k. k. Schotten-Gymnasium.
Wilczek Heinrich, Reichsgraf, k. k. Kämmerer, **Wien**.
Wozniakowski Joseph, Gays.
Würzburg, Mineralien-Cabinet.
Zampari Francesco, Neapel.
Zehenter Dr. Gustav, k. Montanarzt, Kremnitz.
Zepharovich Victor, Ritter v., k. k. Oberbergrath und Professor, **Prag**.
Zichy Karl, Graf, Cziffer, Ungarn.
Zigno Achilles Freih. v., Padua.
Zirkel Dr. F., Professor, Kiel.
Zittel Dr. Karl, Conservator des paläontol. Museums, München.

Inhalts-Verzeichniss.

(Nach den Autoren alphabetisch geordnet.)

Anmerkung: Das Inhaltsverzeichniss zu den einzelnen Jahrgängen der Verhandlungen erscheint stets nur in der Form eines Personen-Registers. Bei jedem der unter der Rubrik eines Namens citirten Gegenstände ist ausser der Seitenzahl und der Nummer der Verhandlungen auch noch durch besondere Buchstaben ersichtlich gemacht, in welcher von den in unseren Verhandlungen gemachten Abtheilungen derselbe aufgeführt wurde. Es bedeutet demnach im Folgenden: GRA. Das Vorkommen in der Abtheilung: Vorgänge an der geologischen Reichsanstalt, — † Todesanzeigen, — Ml. Eingesendete Mittheilungen, — AB. Reiseberichte aus den Aufnahmsgebieten, — V. In den Sitzungen gehaltene Vorträge, — Mu. Einsendungen für das Museum, — L. Literatur-Referate und Notizen.

A.

	Seite
Abdulah-Bey. Die Umgebung des Sees Kütschük-tschekmetsché in Rumelien. Ml. Nr. 10	263
Abdulah-Bey. Petrefacten, Felsarten und Mineralkohlen a. d. Türkei. Mu. Nr. 13	299
Abich H. Die armenisch-georgischen Trachyte Ml. Nr. 11	232
„ Die Fulguriten im Andesit des kleinen Ararat. L. Nr. 17	401
Ackerbau-Ministerium. Die Mineralkohlen Oesterreichs. L. Nr. 13	304
Adler. N. Diamanten in Südafrika. Ml. Nr. 15	351
Agardo. Club Alpino-Italiano. L. Nr. 9	201
Alth A. Phosphorithkugeln aus Russisch-Podolien. V. Nr. 1	10
Andrian F. Freih. v. Reisenotizen vom Bosphorus u. Mytilene. Ml. 11	235

B.

Bach H. Die Eiszeit. Beitrag zur Kenntniss der geol. Verh. in Ober-Schwaben. L. Nr. 8	214
Bachmann J. Quelques remarques sur une note d. M. Renevier. L. Nr. 9	201
Bader H. Ueber die Bitterseen des Suez-Canales. Ml. Nr. 13	287
„ Karte der Bitterseen am Suez-Canal. Ml. Nr. 14	311
Balling C. Die Eisenindustrie in Mähren u. Oest.-Schlesien. L. Nr. 13	304
Harber J. Chemische Analyse der Jodquelle zu Roy. L. Nr. 11	249
Barbot de Marny N. Die Lagerstätte der Phosphatkugeln des Dnestrufers bei Ladawa. Ml. Nr. 8	156
Barrande J. Silurische Fauna aus der Umgebung von Hof in Baiern. L. Nr. 2	39
„ Wiederverscheinung der Gattung Arethusina. L. Nr. 2	40
„ Antwort auf Herrn Krejči's Erklärung über die Colonien. Ml. Nr. 16	362
Barrande J. Bemerkungen über die Benennung der Schichtgruppen des böhm. Silurbeckens. Ml. Nr. 17	385
Bauinl. Erdbeben auf Rhodus u. Simi. Ml Nr. 9	185
Benecke Dr. E. W. Einige Muschelkalkablagerungen der Alpen. L. Nr. 1	13
Berendt G. Geologie des kurischen Haffes. L. Nr. 16	380

Seite

Beust C. Freiherr v. Ueber das Erzvorkommen von Rodna in Siebenbürgen V. Nr. 16 367
Bigsby J. Thesaurus siluricus. The Flora and Fauna of the Silurian Period. L. Nr. 8 173
Boettger O. Beitrag zur paläontologischen und geologischen Kenntniss der Tertiärformation in Hessen. L. Nr. 15 349
Bornemann J. G. Zur Kritik der mikroskopischen Entdeckungen des Herrn Dr. Jenzsch. L. Nr. 15 348
Bořický E. Mineralogische Notizen: 1. Perimorphosen einer asphaltähnlichen Substanz nach Calcit. 2. Chalkosin von Svkov. L. Nr. 5 119
Bořický E. Zur Entwicklungsgeschichte der in dem Schichtencomplexe der silurischen Eisensteinlager Böhmens vorkommenden Minerale. L. Nr. 13 302
Boué Dr. A. Ueber Vulcanismus und Plutonismus und submarine brennende Vulcane. L. Nr. 3 57
Boué Dr. A. Ueber Nothwendigkeit einer Reform des bergmännischen Unterrichtes. L. Nr. 3 60
Boué Dr. A. Ueber die Erdbeben vom Jahre 1868 in der Mitte Ungarns. L. Nr. 4 71
„ Ueber das gefärbte Seewasser und dessen Phosphorescenz. L. Nr. 4 . . 77
Brezina A. Krystallisirter Sandstein von Sievring bei Wien. V. Nr. 16 . . . 370
Bunzel Dr. E. Ueber den marinen Tegel vom Porzteich bei Vöslabrunn. V. Nr. 5 81
Burmeister Dr. H. Anales del museo publico de Buenos-Aires. L. Nr. 12 . . 399

C.

Coerbi J. 1. Eainekalk in der Maremma. 2. Fossilien aus dem Arnothal. Ml. Nr. 6 . 10⁴
Comité f. d. naturw. Durchforschung Böhmens. Petrefactenversendung aus den Pläner-Schichten des Weissen-Berges bei Prag. Mu. Nr. 7 149
Comité f. d. naturw. Durchf. Böhmens. Arbeiten der geologischen Section. L. Nr. 16 377
Comité etc. Archiv f. d. naturwissenschaftl. Durchforschung Böhmens. L. Nr. 17 402
Cook H. Geology of New-Jersey. L. Nr. 11 249
Cotta B. v. Ueber den geologischen Bau des Altai-Gebirges. L. Nr. 4 70
Credner H. Die Gliederung der eozoischen Formationsgruppe Nordamerika's. L. Nr. 5 112
Cžoernig C. Frh. v. Petrefacte vom Mokattam-Gebirge und aus der Nähe der Pyramiden von Gizeh. Mi. Nr. 3 44
Cžoernig C. Frh. v. Sals aus dem grossen Bitter-see im Suez-Canal. Mu. Nr. 10 211
„ Gypskrystalle von Suez. Mu. Nr. 13 301

D.

Dames W. Devonische Ablagerungen der Umgebung von Freiberg (Niederschles.) L. Nr. 3 55
Dechen Dr. H. Geologische Karte von Deutschland, 2. Auflage der geol. Karte von Mitteleuropa. Ml. Nr. 1 2
Dechen Dr. H. Geologische Uebersichtskarte von Deutschland, Frankreich, England und den angrenzenden Ländern. L. Nr. 9 199
Delesse et de Lapparent. Revue de géologie pour les années 1866 et 1867. L. Nr. 8 173
Delesse M. Etudes sur le métamorphisme de roches. L. Nr. 17 398
Desmoulins Ch. Quelques reflexions sur la doctrine scientifique dite Darwinisme. L. Nr. 8 174
Dewalque Dr. G. Geologische Beschreibung von Belgien (Prodrôme). L. Nr. 2 39
Ditscheiner. Ueber die Dispersion der optischen Axen. L. Nr. 17 401
Dollfuss A. u. E. de Monserrat. Geol. Reise in den Republiken von Guatemala und Salvador (franz.) L. Nr. 4 71
Dumortier E. Etudes paléontologiques sur les terrains jurassiques du bassin du Rhône. III. L. Nr. 16 381

E.

Eichwald E. Dr. v. Ueber die Phosphatkugeln der Kreideschichten Süd-Russlands. Ml. Nr. 6 136

Eichwald Dr. v. Lethaea rossica ou Paléontologie de la Russie. L. Nr. 10 . . **223**
Ettingshausen C. v. Die fossile Flora des Tertiärbeckens von Bilin. L. Nr. 5 . . **113**
Eudes-Deslongchamps E. Teleosaurier im Jura des Departement Calvados in der Normandie. Ml. Nr. 7 . . . . **142**
Ewald J. Geol. Karte d. Provinz Sachsen von Magdeburg bis zum Harz. Blatt Braunschweig. L. Nr. 17 . . . . **396**

F.

Fallaux C. Vorkommen des Amm. Bouyanus in den schlesischen Karpathen. Ml. Nr. 14 . . . . **310**
Fauser J. Fauserit von Hedritsch bei Schemnitz. Mu. Nr. 5 . . . . **85**
„ Berichtigung über den angeblichen Fauserit von Hedritsch. Ml. Nr. 6 . **117**
Favre E. Die Sammlung Delessert. Ml. Nr. 2 . . . . **44**
„ Ueber einige Gletscher des Kaukasus und den Gletscher von Devdoros. L. Nr. 3 . . . . **59**
Favre E. Description des mollusques fossiles de la craie des environs de Lemberg en Galicie. L. Nr. 13 . . . . **357**
Feistmantel K. Die Steinkohlenbecken in der Umgebung von Radnitz. L. Nr. 16 . . . . **379**
Fischer H. Kritische mikroskopisch-mineralogische Studien. L. Nr. 8 . . . **192**
Fischer-Ooster C. v. Die rhätische Stufe der Umgegend von Thun. L. Nr. 13 **273**
Foetterle F. Lagerungsverhältnisse der Tertiärschichten zwischen Wieliczka und Bochnia. V. Nr. 2 . . . . **29**
Foetterle F. Stand der Wassergewältigung in Wieliczka. V. Nr. 2 . . . . . **31**
„ Geol. Detailkarte der Umgebung von Torna und Szendrö. V. Nr. 7 **147**
„ Die geologischen Verhältnisse der Gegend zwischen Nikopoli, Plewna und Jablanitza in Bulgarien. AB. Nr. 8 . . . . **187**
Foetterle F. Die Gegend zwischen Tiscovitza, Orsova, der Tilfa-Fraziniului und Topletz i. d. Roman-Banater Militärgrenze. AB. Nr. 10 . . . . **210**
Foetterle F. Die geologischen Verhältnisse der Gegend zwischen Topletz, Mehadia, Kornia und Petnik i. d. Roman-Banater Militärgrenze. AB. Nr. 12 . **265**
Foetterle F. Petrefacten aus der Gegend zwischen Plewna und Jablanitza in Bulgarien. V. Nr. 16 . . . . **373**
Franzenfeld G. E. v. Mineralien von Bleiberg in Kärnthen. Mu. Nr. 5 . . . **115**
Frič. A. Ueber die Schichten der Erdrinde und die darin enthaltenen versteinerten Geschöpfe (czechisch). L. Nr. 17 . . . . **397**
Fritsch A. u. Stawik. Paläont.-geologische Notizen betreffend einige Fundorte in dem Gebiete der metamorphischen, tertiären und quaternären Formationen. L. Nr. 16 . . . . **378**
Fuchs Th. Der Steinbruch im marinen Conglomerate von Kalksburg und seine Fauna. V. Nr. 2 . . . . **19**
Fuchs Th. Ueber Eocän-Conchylien a. d. Gouvernement in Süd-Russland. L. Nr. 4 **77**
„ Eocän-Conchylien a. d. Gouvernement Cherson in Süd-Russland. L. Nr. 8 **176**
„ „ „ „ „ „ „ „ L. Nr. 13 **282**
Fuchs. Geologische Beiträge zur Kenntniss des Wiener Beckens. V. Nr. 17 . **391**
Fuhlrott C. Die Höhlen und Grotten im Rheinland-Westphalen, nebst Beschreibung und Plan der neuentdeckten Dechenhöhle. L. Nr. 12 . . . . . . **252**
Fuhlrott C. Führer zur Dechenhöhle. L. Nr. 14 . . . . **329**

G.

Gaea. Natur und Leben. L. Nr. 6 . . . . **120**
Geinitz Dr. H. B. Fossile Fischschuppen am dem Plänerkalke von Strehlen L. Nr. 1 . . . . **14**
Geinitz Dr. H. B. Fossile Pflanzenreste aus der Dyas von Val Trompia. L. Nr. 9 . . . . **199**
Geol. Reichsanstalt. Jahrg. 1868, Bd. XVIII, Heft 4 und Verhandlungen. Jahrg. 1868. L. Nr. 2 . . . . **41**
Geol. Reichsanstalt. Jahrg. 1869, Bd. XIX, Heft 1 L. Nr. 8 . . . . **181**
„ „ „ „ Bd. XIX. Heft 2. L. Nr. 10 . . . . . **215**
„ „ „ „ „ „ „ „ „ 11 . . . . . **232**

	Seite
Hilléron. Lettre au Prof. Studer. L. Nr. 2	201
Gintl W. Ueber Bestimmung des Schwefelgehaltes im Koblelsen. L. Nr. 6	118
Glasl E. Chemische Zusammensetzung der Phosphoritkugeln aus Kreideschichten in Russisch-Podolien. V. Nr. 3	51
Glasl E. Phosphorit aus den Kreideschichten von Chudlhovcs am Donau (Galizien). V. Nr. 4	62
Glasl E. Analyse einer antiken Bronzelegirung. V. Nr. 4	63
Göppert H. Bemerkungen zu C. v. Ettingshausen's fossiler Flora des mährisch-schlesischen Dachschiefers. Ml. Nr. 2	141
Göppert H. Ueber eigenartige Einschlüsse in Diamanten und über Bildung derselben. L. Nr. 11	252
Goldschmidt Frau E. Opale von Czerwenitza bei Eperies in Ungarn, Mn. Nr. 13	300
Gosselet M. J. u. Malaise M. C. Beobachtungen über das Silurterrain der Ardennes. L. Nr. 5	95
Gosselet M. Observations géologiques faites en Italie. L. Nr. 8	178
Gottlieb Dr. J. Analysen, 1. der beiden Johannisbrunnen nächst Straden bei Gleichenberg, 2. der Hauptquelle von Neuhaus bei Cilli (Steiermark). L. Nr. 17	400
Gramski M. Ueber das Vorkommen reicher Schwefelantimonlager in der Moldau. Ml. Nr. 10	202
Grassi M. Ausbruch des Aetna vom 30. November und 11. December 1868. Ml. Nr. 6	142
Grassi Mar. Ueber den jüngsten Ausbruch des Aetna 24. September 1869. Ml. Nr. 13	262
Griesbach K. Geologische Verhältnisse im Gebiete des k. k. Thiergartens bei Wien. V. Nr. 2	33
Griesbach K. L. Die Erdbeben in den Jahren 1867 u. 1868. L. Nr. 6	119
Griesbach C. L. Die Klippen im Wiener Sandstein. Ml. Nr. 8	181
" Ueber die Altersstellung des Wiener Sandsteins. Ml. Nr. 12	222
Grimm J. Die Lagerstätten der nutzbaren Mineralien. L. Nr. 11	251
" Berg- und Hüttenmännisches Jahrbuch der Bergakademien Leoben, Pribram und Schemnitz (1867—1868). L. Nr. 15	330
Groddeck A. v. Herrn Gericke's Untersuchungen über den Gangthonschiefer des nordwestlichen Oberharzes. Ml. Nr. 3	79
Gümbel C. W. Foraminiferen und Ostracoden in den St. Cassian- und Raibler Schichten. Ml. Nr. 2	41
Gümbel C. W. Versteinerungen der Procän- oder Kreideformation von Regensburg (l. d. Sammlung des geol.-mineralog. Vereins in Regensburg). L. Nr. 3	55
Gümbel C. W. Versteinerungen der Procän- oder Kreideformation von Regensburg (l. d. Sammlung des geol.-mineralog. Vereins in Regensburg). L. Nr. 11	249
Gümbel C. W. Beiträge zur Foraminiferenfauna der nordalpinen Eocänschichte. L. Nr. 11	248

H.

Haast J. Saurier in der Tertiärformation Neuseelands. Ml. Nr. 15	330
Haidinger W. Ritter v. Licht, Wärme und Schall bei Meteoritenfällen. L. Nr. 1	18
" Nachrichten über Meteoriten und die neueren Arbeiten von Schlaparelli und D. Bruck. L. Nr. 4	76
Haidinger W. Ritter v. Meteoritenfall am 22. Mai 1868. L. Nr. 2	24
" Der Meteorit von Goalpara in Assam nebst Bemerkungen über die Rotation der Meteoriten in ihrem Zuge. L. Nr. 11	255
Haidinger W. Ritter v. Mittheilung Seiner kaiserl. Hoheit des Erzherzogs Joseph über eine Brunnenbohrung bei Alcsuth in Ungarn. L. Nr. 15	354
Haidinger W. R. v. Mittheilungen von Herrn Ahlak in Tiflis. L. Nr. 17	411
Handelsministerium in Wien. Bericht über die Weltausstellung zu Paris im Jahre 1867. L. Nr. 10	226
Haudiken M. v. Geologische Karte von Derogh und Tokod. L. Nr. 5	97

Inhalts-Verzeichniss.

Seite

Hazslinszky F. Fossilien aus den Fischschiefern bei Hanusfalva oberhalb Eperies. Mi. Nr. 11 220
Hauenschild P. Mikroskopische Untersuchung des Preilauthes und Pennatites. L. Nr. 17 102
Hauer K. v. Ungarische Eruptivgesteine. — Trachyte von Fernezely, Tarzal Vrh und Dubnik. V. Nr. 1 10
Hauer K. v. Trachyte von Tarzal Vrh, Csonkaságy, Legenye. V. Nr. 3 . . . 50
"   Die Trachyte von Tokaj. V. Nr. 7 141
Hauer F. v. Vorgänge a. d. Anstalt. Einberufungen durch das Finanzministerium. GRA. Nr. 1 1
Hauer F. v. Vorg. a. d. Anst. Einberufungen durch d. Ackerbauminist. GRA, Nr. 2 21
"   "   "   "   A. b. Entschliessung d. Ministerialerlässe. " 3 43
"   "   "   "   Leonhard Lichtner v. Monte Cristallo. † Nr. 3 . . 44
"   "   "   "   Aufnahme von Vojouthren. GRA. Nr. 5 . . . 78
"   "   "   "   Personalien. — Plan f. d. Sommeraufnahmen. GRA. Nr. 7 199
Hauer F. v. Vorg. a. d. Anst. zur Erinnerung an Hermann v. Meyer, † Nr. 7 . . 130
"   "   "   "   T. A. Catullo, † " 7 . . 131
"   Aufnahmen der ung. geol. Anstalt in Pest. — Laube's Abreise m. d. Nordpol-Expedition. GRA. Nr. 8 155
Hauer F. v. Kohlenvorkommen von Berzaszka. — Fundstelle der Ammoniten von Swinitza. AB. Nr. 8 167
Hauer F. v. Reise nach Constantinopel der Herren Hauer, Foetterle und v. Andrian. — Hochstetter's geol. Untersuchungen in der Türkei. GRA. Nr. 2 . 181
Hauer F. v. 43. Versammlung deutscher Naturforscher und Aerzte. LL. Versammlung der ung. Aerzte und Naturforscher. GRA. Nr. 10 217
Hauer F. v. Ordensverleihung an den Amtsdiener Sutinez. GRA. Nr. 11 231
"   Jahresbericht. GRA. Nr. 15 323
Hauer F. v. Auszeichnungen an W. R. v. Haidinger und F. v. Hochstetter. GRA. Nr. 17 345
Heer O. Ueber die neuesten Entdeckungen im hohen Norden. L. Nr. 11 125
Helmhacker R. Ueber die geognostischen Verhältnisse u. d. Bergbau des Rosic-Zbejšov-Oslavaner Steinkohlenwerkes. L. Nr. 12 157
Hinrich's G. Charakteristischer Unterschied zwischen Steinkohlen und anderen Erdkohlen. Mi. Nr. 4 63
Hochstetter F. v. Die Erdbebenfluth im pacifischen Ocean vom 13. bis 16. Aug. 1868. I. Nr. 3 45
Hochstetter F. v. Die Erdbebenfluth im pacifischen Ocean vom 13. bis 16. Aug. 1868 (I u. II) L. Nr. 6 120
Hochstetter F. v. Geologische Reisenotizen aus Thrazien. Mi. Nr. 13 285
"   Geologische Untersuchungen in Rumelien, aus Veranlassung der Vorarbeiten zum Baue der türkischen Eisenbahnen. V. Nr. 15 . . . 312
Hofmann C. Das geol. Alter der am Ofener Schwabenberge sich verbreitenden Süsswasserablagerungen. L. Nr. 5 97
Hofmann J. Steinkohlenvorkommen bei Karvin. V. Nr. 2 34
Holler A. Tertiärbildung der Umgebung von Laa an der Thaya. V. Nr. 16 . . . 373
Hotinek A. Petrefacte aus dem Salzbergbau von Hallstatt. Mu. Nr. 1 13
"   Fossilien der Werfener Schichten bei Hallstadt. Mu. Nr. 17 . . . 391
Hulesch W. Brunnenbohrung in Trautmannsdorf. Mi. Nr. 7 142

J.

Januard A. Beiträge zur geologischen Karte der Schweiz. (Der Walliser und Neuenburger Jura). Inaug. L. Nr. 6 116
Jachno Dr. Skamieliny mirkooiakie. — Versteinerungen aus Miebocin. L. Nr. 10 228
Jarolimek E. Zur Kritik der Sparre'schen Theorie der Separation. L. Nr. 14 . . 272
Jones R. Reisewerkzeuge von Perigord. Mi. Nr. 1 2

K.

Karrer F. Miocäne Foraminiferenfauna von Kostej im Banat. L. Nr. 1 17
"   Foraminiferen im Hernalser Tegel von Fünfhaus. Mi. Nr. 8 152

Karrer F. Ueber das Alter der Foraminiferenfauna der Zwischenlagen des Wiener Sandsteines bei Hütteldorf. Ml. Nr. 13 293
Karsten G. Beiträge zur Landeskunde der Herzogthümer Schleswig und Holstein. L. Nr. 8 174
Keller E. Das Gebiet am Fusse des Inovec-Berges. Ml. Nr. 11 234
Kenngott A. Ueber die Zusammensetzung des Ilvayts. L. Nr. 3 177
Klinder. Photographien von Bausteinen aus der Umgebung von Odessa. Mu. Nr. 7 149
Kobell v. Speciestria von Pfitsch. L. Nr. 1 17
Koenen A. v. Ueber die Tertiärversteinerung von Kiew, Budzak und Traktomirow. L. Nr. 11 255
Koksoharow N. v. Materialien zur Mineralogie Russlands. L. Nr. 2 201
Kornhuber A. Knochenreste aus den Wocheiner Bohnerzgruben Gorjusche. Ml. Nr. 16 364
Kornhuber A. Knochenreste aus der Fuchslochhöhle an der Drachenwand im Salzburgischen. Ml. Nr. 16 365
Kováes J. Petrefactenfunde im Házsreger Becken. L. Nr. 5 90
Krejčí J. Offene Erklärung über Herrn Barrande's Colonien im Silurbecken von Böhmen. Ml. Nr. 16 363
Krejčí J. Allgemeine Vorbemerkung zu den Arbeiten der geologischen Section für Böhmen. L. Nr. 16 378
Krejčí u. Dr. A. Fritsch. Studien im Gebiete der böhmischen Kreideformation. L. Nr. 16 378
Kreutz F. Mikroskopische Untersuchung des amorphitführenden Andesites von Ober-Farnenczy. V. Nr. 3 42
Kreutz F. Mikroskopische Untersuchung der Vesuvlaven vom J. 1868. L. Nr. 1 23
" Tatry i wapienie ryfowe w Galicyi. Die Tatra- und die Klippenkalke in Galizien. L. Nr. 10 223
Kreutz F. Plutonische Gesteine der Umgebung von Krzeszowice bei Krakau. Ml. Nr. 5 157
Krutta J. Ein sibirischer Elephantenzahn. Mu. Nr. 8 172
Kunth A. Korallen des schlesischen Muschelkalkes. L. Nr. 7 160

L.

Lang V. v. Ueber die Geschwindigkeit des Lichtes im Quarze. L. Nr. 17 . . . 401
Laube Dr. G. Ueber Ammoniten Aon und dessen Verwandte. L. Nr. 3 . . 47 u. 120
" Neue fossile Echinodermen aus Süd-Australien. L. Nr. 4 72
" Ueber einige fossile Echiniden von den Murray cliffs in Süd-Australien. L. Nr. 8 178
Laube Dr. G. Die Echinoiden der österreichisch-ungarischen oberen Tertiärablagerungen. Ml. Nr. 9 183
Laube G. Tilas von Spitzbergen. Ml. Nr. 10 209
" Fossile Echiniden von den Murray cliffs in Süd-Australien. L. Nr. 12 . . 282
" Die Fauna der Schichten von St. Cassian. IV. Abth. Gastropoden II. und V. Abth. Cephalopoden. Schluss. L. Nr. 17 397
Le Neve Foster. Scheelit von Domodossola in Piemont. Mu. Nr. 13 . . . . . 3(?)
Lévy M. et Choulette J. Mémoire sur les filons de Pribram et de Mies. L. Nr. 9 202
Lhotsky B. Kreidepetrefacten von Königinhof, Königgrätz und Kuttenberg (Böhmen). Mu. Nr. 3 49
Liebe Th. Die färbenden Mineralien der Diabase des Voigtlands und Frankenwalds. L. Nr. 11 254
Lindström G. Neue obersilur. Korallen aus Gotland. L. Nr. 3 54
Linnarsson J. G. O. On same Fossils found in the Euphyton Sandstone at Lugnas in Sweden. L. Nr. 16 379
Lorlol P. de et Gilléron. Monographie paléontologique et stratigraphique de l'étage urgonien inférieur du Landeron. L. Nr. 8 179

M.

Maack G. A. Die bis jetzt bekannten fossilen Schildkröten und die im oberen Jura bei Kelheim und Hannover neu aufgefundenen Neuesten Arten. L. Nr. 10 227

Manzoni Dr. A. Italienische Pliocän-Bryozoen. L. Nr. 3 52
  „   Della fauna marina di due lembi mi corm'ei dall'alta Italia. L. Nr. 17 402
Marha G. Einige Notizen über das Banater Gebirge. Ml. Nr. 6 101
Marschall Graf August. Haline St. Nicolaus-Varangéville (Production von 1859
   bis 1868). Mn. Nr. 4 64
Mayer Ch. Synchronistische Tabelle der oberen Tertiärablagerungen (Frana.)
   L. Nr. 6 111
Mayer G. Petrefactenmelten von Reichenhall aus den Zlambachschichten. Mn. Nr. 2 38
Meiling F. Pflanzenreste aus den Braunkohlenschichten von Eibiswald. Mn. Nr. 3 43
Meneghini Anaria Spinelli sp. nov. L. Nr. 6 114
Merian B. Ueber angebliches Vorkommen der Cardita crassa. L. Nr. 2 . . . 41
Mikó B. Die Amphibol-Trachyte Dr. J. Szabó's. Ml. Nr. 10 208
Mitterer A. Ueber den Brand am Reichenberg bei Kufstein im J. 1858. Ml.
   Nr. 8 163
Möller V. da Geologische Karte des westlichen Ural. L. Nr. 12 243
Mojsisovics Dr. E. v. Ueber die Salzlagerstätten der Alpen. V. Nr. 2 37
   „   Gliederung der oberen Triasbildungen der Alpen. V. Nr. 4 . . . 85
   „   Salzvorkommen zwischen Lietzen und Aussee. AB. Nr. 8 186
   „   Das Gebiet von Thiersee, Kufstein, Walchsee und Kössen in Nord-
       Tirol. AB. Nr. 10 220
Mojsisovics Dr. E. v. Das Gebiet von Häring und das Kaisergebirge. AB. Nr. 11 243
   „   Die Umgebungen von Waidring u. Fieberbrunn (Pillersee), Nord-
       Tirol. AB. Nr. 12 277
Mojsisovics Dr. E. v. Notizen über den Hallstätter Salzberg. Ml. Nr. 13 . . . 292
   „   Ueber cephalopodenführenden Muschelkalk im Gosauthale. V. Nr. 16 374
   „   Petrefactensuiten aus dem Salzkammergut. Mn. Nr. 16 321
   „   Petrefacten vom Haller Salzberg. Mn. Nr. 16 372
   „   Ueber die alzertiären Ablagerungen des Unter Innthales mit
       Bezug auf Kohlenführung. Ml. Nr. 17 383
Mojsisovics Dr. E. v. Ueber die oenische Gruppe in den Triasbildungen des
   Bakonyer Waldes. V. Nr. 17 391
Molon F. Sulla flora uvularia delle prealpi venete (Il. Nr. 3.) L. Nr. 11 215

N.

Negri G. e. Spranfica E. Saggio sulla Geologia dei dintorni di Varese e di
   Logano. L. Nr. 17 395
Neumayer Dr. G. Meteoriteln bei Krähenberg (Homburg, Pfalz). L. Nr. 12 . 230
Neumayr Dr. M. Cephalopoden aus Haloblau-Schichten Judicariens. Mn. Nr. 1 13
   „   Petrographische Studien im oberen u. mittleren Lias Württemb. L. Nr. 4 76
   „   Ueber Dogger und Malm im pennsinschen Klippensee. V. Nr. 4 . 87
   „   Ueber jungtertiäre Süsswasserablagerungen in Dalmatien und Croatien.
       V. Nr. 6 104
Neumayr Dr. M. Reste von Ursus spelaeus in der Höhle des Magurabergen bei
   Zakopane (Galizien). V. Nr. 7 147
Neumayr Beiträge zur Kenntniss tertiärer Binnenfaunen. I. Dalmatinische Süss-
   wassermergel. 2. Congerien-Schichten in Croatien und West-Slavonien. Ml.
   Nr. 9 181
Neumayr Dr. M. Das Sandsteingebiet im öst. Theil des Ungvárer Comitates
   (Nordungarn). AB. Nr. 10 216
Neumayr Dr. M. Die Cephalopoden der Oolithe von Balin. V. Nr. 17 . . . 392
Niedzwieski J. Ueber neuentgedeckte Süsswasserbildungen. V. Nr. 3 . . . 42
Niemtschik R. Ueber einige Mineralvorkommen in Steiermark I. L. Nr. 10 . 227
   „   „   „   „   „   „   „   „   II. L. „ 13 . . . 303
Noth J. Mineralquelle im Naphtabrunnen von Bóbrka (Galizien). Ml Nr. 7 . . 149
Nuchten J. Zu den Vorträgen der Herren Foetterle (über Wieliczka) und Sama
   (über bergmännischen Unterricht). V. Nr. 1 7
Nuchten J. Die Braunkohlenablagerung bei Reichenberg an der Save in Süd-
   steiermark. V. Nr. 3 46

O.

Oesterreicher T. Sondirungen im adriatischen Meere. Mi. Nr. 7 137
Ooster W. A. u. Fischer-Ooster C. Protraea helvetica. I. Fossile Fauna der rothen Kalke bei Wimmis. v. Ooster. II. Geognostische Beschreibung der Umgebung von Wimmis. v. Fischer-Ooster. L. Nr. 5 95

P.

Pallausch A. Kreideformation im Prager Kreis westl. v. d. Moldau. Mi. Nr. 1 . . 4
Paris. Annales des mines. L. Nr. 9 201
Paul C. M. Ueber die Gliederung des Karpathensandsteins. V. Nr. 2 37
, Die Umgebung von Homonna (Nordungarn). AB. Nr. 10 215
, Die nördlichen Theile des Zempliner und Ungher Comitates. AB. Nr. 11 . 241
Peters A. Untersuchung von Kupferkies-, Bleiglanz- und Arsenkies-Proben von Hálmágy. (Zaránder C.) Mi. Nr. 1 3
Payer J. Die südlichen Ortsler Alpen. L. Nr. 7 154
Peters K. F. Zur Kenntniss der Wirbelthierreste a. d. Miocänschichten von Eibiswald etc. (I. u. II.) L. Nr. 5 60
, Ueber die Verwandtschaft der Chelydropsis von Eibiswald mit Platychelys aus dem Jura. V. Nr. 4 145
Peters K. F. Thierreste von Eibiswald. Mu. Nr. 4 112
, Schichten der sarmatischen Stufe bei Kirchbach südöstl. von Graz. Mi. Nr. 11 239
, Zur Kenntniss der Wirbelthiere a. d. Miocänschichten von Eibiswald. III. Rhinoceros, u. Amphicyon. L. Nr. 16 385
Petersen Dr. Th. Mineralogische Untersuchungen. Apatit in Diabas u. Hyperit, Pcollit von Neufundland, Epigenit. Mi. Nr. 2 22
Petersen Dr. Th. Zur Ermittlung der Phosphorsäure in den Gesteinen. — Polygyrit, ein neues Mineral. Mi. Nr. 3 80
Petersen Dr. Th. Chromspinell, Magneteisen, Rothkupfererz. L. Nr. 5 91
, Ueber die Beziehung des Diabases zu den in der Lahn- und Dillgegend vorkommenden Eisenerzen. Mi. Nr. 11 236
Petrino O. v. Das Vorkommen des Phosphorits bei Usele a. Chudikowen am unteren Dniester. Mi. Nr. 5 101
Petrino O. v. Neue Petrefactenfunde am Dniester. — Graptolithen. Mu. Nr. 8 . 173
Pett. Arbeiten der ung. geol. Gesellschaft. L. Nr. 6 121
Pfaiffer R. Das Steinkohlenvorkommen bei Orlau und Dombrau. V. Nr. 5 . . . 81
, Die Mineralkohlen Oesterreichs (im Auftrage des k. k. Ackerbauministeriums zusammengestellt). L. Nr. 13 301
Pichler A. Beiträge zur Geognosie und Mineralogie Tirols. Mi. Nr. 6 101
Pirona G. A. Ueber ein neues Hippuritengeschlecht (Ital.) L. Nr. 6 117
Pogatschnik H. Nummulitenmarmor von Maglien in Dalmatien. Mu. Nr. 4 . . 68
Pošepny Fr. Anhydrit im Steinsalz von Vizakna in Siebenbürgen. Mi. Nr. 7 . . 110
, Gesteine aus dem Verespataker Bergreviere. Mu. Nr. 7 148
Prälls O. Das Granitgebiet von Eibenstock im Erzgebirge. L. Nr. 11 251
Pšihram, Bergwerksdirection. Mineraliensuchstücke von neuen Anbrüchen. Mu. Nr. 2 38

R.

Rachoy J. Fossilreste a. d. Tertiärschichten von Lechen. Mu. Nr. 8 173
Rath G. v. 1. Ueber den Trydymit. 2. Ueber die chem. Zusammensetzung des Laacher Sanidin's. L. Nr. 4 71
Rath G. v. Mineralogische Mittheilungen. Fortsetzung VII. L. Nr. 9 199
, Ueber den Meteoriten von Krähenberg vom 5. Mai 1869. L. Nr. 11 . 253
Renevier. Geol. Beobachtungen über die Alpen der Central-Schweiz. L. Nr. 5 95
Reusch E. Ueber die Körnerprobe an zweiachsigen Glimmer. L. Nr. 6 117
Reuss A. E. Ueber hemimorphe Barythkrystalle. L. Nr. 11 253
, Zur fossilen Fauna der Oligocänschichten von Gaas. L. Nr. 11 256
, Ueber tertiäre Bryozoen von Kischenau in Bessarabien. L. Nr. 16 . . 381
Richter R. Die Myophorien des Thüringer Wellenkalkes. L. Nr. 15 358

	Seite
Richthofen Frch. v. Schichtgebirge am Yang-tao-kiang. Mi. Nr. 7	131
„ Geol. Untersuchungen in China. Mi. Nr. 15	343
Ritter H. Dyas-Pflanzen von Hosslitz. Mu. Nr. 17	304
Hoensik, Jahrbuch der Gelehrtengesellschaft zu Krakau l. Nr. 8	120
Römer F. Graptolithen bei Wilkenberg unweit Schönau im Kaisbachthale. L. Nr. 4	75
„ Mastodonsaurus Jaegeri von Odrowaaz (Polu. Mittelgeb.) L. Nr. 4	76
Rössler A. R. Kupfererze etc. in Texas. Mi. Nr. 1	3
„ Ueber die Geologie der Gegend jenseits des Mississippi. Mi. Nr. 16	341
Rose G. Ueber die im Kalkspath vorkommenden hohlen Kanäle. L. Nr. 8	177
„ Ueber die regelmässigen Verwachsungen der verschiedenen Glimmerarten untereinander sowie mit Pennin und Eisenglanz. L. Nr. 11	252
Rose G. Ueber Darstellung krystallisirter Kieselsäure auf trockenem Wege. L. Nr. 13	301
Rosen Friedr. Bar. v. Ueber die Natur der Stromatoporen und die Erhaltung der Hartfaser der Neozoien im fossilen Zustande. L. Nr. 4	73
Ross Browne. Ueber die Mineralschätze der Territorien der Rocky-Mountains. L. Nr. 4	73
Roth J. Auszug aus Silvestri's „Vulcanische Phänomene des Aetna 1863—1866." L. Nr. 6	130
Rumpf J. Mineralogische Notizen. 1. Kalkspath von Sulz. 2. Ueber Harz aus den Kohlenrevieren von Vollsberg, Köflach etc. L. Nr. 10	227
Rumpf J. Ueber den Harzit aus der Kohle von Oberdorf etc. L. Nr. 13	304

S.

Sandberger Dr. F. Skleroklas von Hall in Tirol. Mi. Nr. 2	21
„ Ueber das Aequivalent des oberen Muschelkalkes in den Südalpen. L. Nr. 6	119
Sandberger Dr. F. Ueber die geol. Verhältnisse der Quellen bei Kissingen. L. Nr. 9	200
Sandberger Dr. F. 1. Meletta-Schuppen i. d. Septarienthongrube zu Flörsheim am Main. 2. Culm in Spanien. Mi. Nr. 13	291
Santiago de Chile, Annalen der Universität. L. Nr. 6	117
Schenk Dr. A. Die Pflanzenreste des Muschelkalkes von Recoaro. L. Nr. 1	16
Schenk Prof. Beiträge zur Flora der Vorwelt III. Die fossilen Pflanzen der Wernsdorfer Schichten in den Nordkarpathen. L. Nr. 11	253
Schloenbach Dr. U. 1. Brachiopoden aus den Eocänschichten des Bakonyer Waldes. — 2. Ueber eine neue Septaria aus dem neogenen Tegel von Baden. V. Nr. 2	37
Schloenbach Dr. U. Neue jurassische Fauna aus dem kroatischen Karst. V. Nr. 4	86
Schloenbach Dr. U. Kreidepetrefacten aus der Gegend von Königinhof, Königgrätz u. Kuttenberg in Böhmen. Mu. Nr. 4	69
Schloenbach Dr. U. Vorträge der nach den Aufnahmsarbeiten der IV. Sect. im Sommer 1868 revidirten Detailkarte des böhmischen Kreidebezirkes. V. Nr. 7	143
Schloenbach Dr. U. Brachialapparat von Terebratula vulgaris. Mi. Nr. 8	184
„ Die Umgebungen von Pritzlak, Mehadika, Pattasch und Prigor im Roman-Banater Grenzregiment. AB. Nr. 10	212
Schloenbach Dr. U. Die krystallinischen und die älteren sedimentären Bildungen im NW. der Almasch. AB. Nr. 12	267
Schloenbach Dr. U. Ueber Spaltenbildungen in den Kalken am Rande der Predotter Hochebene nördl. von Sielerdorf (Banat). AB. Nr. 12	269
Schloenbach Dr. U. Die Jahresitzung der deutschen geologischen Gesellschaft in Heidelberg. Mi. Nr. 14	311
Schloenbach Dr. U. Beitrag zur Altersbestimmung des Geliesandes von Rothenfelde unweit Osnabrück. L. Nr. 17	397
Schlüter Cl. Echinodermen d. oberen Kreide. L. Nr. 7	150
Schmelzer Frau M. Vesuvlaven. Mu. Nr. 3	53
Schmidt J. Ueber Santorin. V. Nr. 16	346
„ Topographie des Mondes. V. Nr. 16	347

	Seite
Schmidt R. Ueber den Erbstollen zu Bleiberg in Kärnten. L. Nr. 13	303
Schneider A. Encyclopädie zur Landeskenntniss Galiziens. L. Nr. 2	41
Schütze H. Fossile Pflanzen- und Thierreste aus d. Steinkohlenform. d. Umgegend von Waldenburg. Mu. Nr. 6	112
Schultze C. J. Pseudomorphosen von Brauneisenstein nach Schwefelkies a. d. Umgebung von Osnabrück. Ml. Nr. 11	233
Seeland M. F. Petrefacten der karnischen Stufe vom Obir. Mu. Nr. 6	112
„ Die Mineralschätze Kärntens mit besonderer Berücksichtigung des Hüttenberger Erzberges. L. Nr. 13	303
Sella Quintino. Die Studien über die Mineralogie Italiens von G. Struever (Pyrit von Piemont u. Elba). L. Nr. 3	56
Simony F. Gletscherschliffe im oberen Traunthal. Ml. Nr. 13	296
„ Ueber Urgesteinsablagerungen im obersten Traunthal. L. Nr. 14	320
Société de la Carte géologique de France von Lyon: Assemblée générale. Discussion des Statuts. L. Nr. 14	320
Sparre J. v. Zur Theorie der Separation. L. Nr. 3	59
Stache Dr. G. Geologische Aufnahmskarten des grossen Klippenzuges der Pieniny. V. Nr. 5	87
Stache Dr. G. Geologische Verhältnisse der Umgebung von Unghvár. AB. Nr. 11	240
„ Die Klippen von Novoselica a. Várallja. AB. Nr. 12	273
„ Die Section für Mineralogie, Geologie u. Paläontologie auf d. 41. Versamml. deutscher Naturforscher und Aerzte in Innsbruck. Ml. Nr. 14	313
Staudigl E. Erratische Blöcke in Prag. Ml. Nr. 1	2
Stele C. A. Das Vorkommen von phosphorsaurem Kalk in der Lahn- u. Dillgegend. L. Nr. 1	69
Steudel A. Ueber die erratischen Blöcke Oberschwabens 1). L. Nr. 7	151
„ Ueber die erratischen Blöcke Oberschwabens 2). L. Nr. 9	199
Stoliczka Dr. F. Cephalopoden- und Gastropoden-Fauna der südindischen Kreide-Ablagerungen. L. Nr. 1	15
Stoliczka Dr. F. On Jurassic Deposits in the North-west Himalaya. L. Nr. 8	174
Struever G. Neues Zwillingsgesetz des Anorthit. L. Nr. 3	56
„ Ueber den Sellait, ein neues Mineral. L. Nr. 3	56
„ Studi Sulla Mineralogia Italiana. Pirite del Piemonte e dell' Elba. L. Nr. 10	227
Strzelbicki A. Notizen über das Bergöl in Galizien. L. Nr. 11	254
Studer R. Erläuterungen zur zweiten Ausgabe der geol. Karte der Schweiz. L. Nr. 12	280
Stur. D. Ueber Phosphorit aus den Kreideschichten von Chudikovce am Dniester (Galizien). V. Nr. 4	66
Stur D. Die Braunkohlen-Vorkommnisse im Gebiete der Herrschaft Radafa im Zalaer Comitate in Ungarn. AB. Nr. 9	185
Stur D. Die Umgebungen von Cornia, Corniareva, Teregova und Slatina. AB. Nr. 12	272
Stur D. Das Vorkommen von fossilen Farren im Hangenden der Kohlenflötze des Franz-Stollens bei Möttnig. Mu. Nr. 12	279
Stur D. Ammonitenkalkbreccie von Koritnica 1. d. Liptau (Ungarn). Mu. Nr. 15	356
„ Fossilien aus den Gailthaler Schiefern von Sava Oberkrain). Mu. Nr. 16	376
„ Reste von Elephas primigenius v. Peibelsdorf (Nied.-Oesterr.) Mu. Nr. 16	377
„ 1.) Dyas-Pflanzen von Rossitz. 2.) Tertiär-Petrefacta a. d. Wiener Becken. 3.) Pflanzenreste von Sacsanowice. Mu. Nr. 17	395
Suess E. Ueber bergmännischen Unterricht. V. Nr. 2	23
„ Ueber das Nothliegende in Val Trompia. L. Nr. 3	57
„ Programm eines geologischen Ausfluges. Ml. Nr. 3	79
„ Ueber das Nothliegende im Val Trompia. L. Nr. 8	175
„ Ueber die Lage des Salzgebirges bei Wieliczka. L. Nr. 8	175
Szabó J. Die Amphibolitrachyte der Matra in Central-Ungarn. Ml. Nr. 11	231

T.

Tchihatchef P. de. Kleinasien. (Asie mineure Géologie. Vol. II. u. III.) L. Nr. 3	54
„ Préface de la nouvelle édition de l'Asie centrale de Humboldt. L. Nr. 17	349

Tchihatchef P. de. Asie mineure. Paléontologie. 4 partie. Appendice. L. Nr. 17 399
Tietze E. Ueber die devonischen Schichten von Ebersdorf unweit Neurode i. d.
  Grafschaft Glatz. L. Nr. 11 260
Touia T. Ueber einige Fossilien des Kohlenkalkes von Bolivia. L. Nr. 9 . . . 200
Trautschold H. Die Laterne des Diogenes von Archaeocidaris rossicus. L. Nr. 5 85
Trinker J. Fossile Farren im Hangenden der Kohlenflötze des Franz-Stollens
  bei Möttnig. AB. Nr. 12 279
Trinker J. Fossilien aus den Gailthaler Schiefern von Sava (Oberkrain). Mz.
  Nr. 16 375
Tschermak G. Ueber Damourit als Umwandlungsproduct. L. Nr. 6 118
  „   Die Porphyrgesteine Oesterreichs aus der mittl. geol. Epoche. L. Nr. 10 223
  „   Mikroskopische Unterscheidung der Mineralien aus der Augit-Amphi-
  bol- und Biotit-Gruppe. L. Nr. 14 321
Tschermak G. Ueber einen Feldspath a. d. Národal und über das Mischungs-
  gesetz der plagioklastischen Feldspäthe. L. Nr. 17 400
Tschermak G. Ueber ein neues Salz von Hallstatt. L. Nr. 17 402

U.

Ullik Fr. Mineralogisch-chemische Untersuchungen (Coelestin vom Greiner.) L.
  Nr. 3 55
Unger F. Geologie der europäischen Waldbäume I. Laubhölzer. L. Nr. 8 . . . 178
  „   Die fossile Flora von Radoboj in ihrer Gesammtheit und nach ihrem Ver-
  hältnisse zur Entwicklung der Vegetation der Tertiärzeit. L. Nr. 11 . . . 250
Unger F. Anthracitlager in Kärnthen. L. Nr. 17 401

V.

Verein für Landeskunde von Niederösterreich. Administrativkarte.
  L. Nr. 9 201
Visiani B. de. Di due nuovi genere di piante fossili, Agavites prima und Alottes
  italica. L. Nr. 16 380
Vivenot F. v. Mineralien aus Kärnten (Sammtbirade u. Vesuvian.) Mz. Nr. 16 377
  „   Beiträge zur mineralogischen Topographie von Oesterreich u. Ungarn.
  L. Nr. 17 396
Vogelsang H. u. Geissler H. Ueber die Natur der Flüssigkeitseinschlüsse in
  gewissen Mineralien. L. Nr. 11 251

W.

Waagen W. Die Formenreihe des Ammonites subradiatus. Versuch einer paläon-
  tologischen Monographie. L. Nr. 11 256
Wankel Dr. H. Ueber die Slauper Höhle L. Nr. 6 110
Websky. Ueber Epistilbit und die mit ihm vorkommenden Zeolithe aus dem
  Mandelstein vom Finkenhübel bei Glatz in Schlesien. L. Nr. 5 93
Weinek F. Kugelförmige Septarien von Buchberg bei Cilli (Steiermark). Mz.
  Nr. 15 301
Weiss Dr. E. Gesteine vom Marshag-Hill bei Aden und Sande von der Grenze
  der arabischen Wüste. V. Nr. 5 93
Wibel Dr. Die Veränderungen der Knochen bei langer Lagerung im Erdboden und
  die Bestimmung ihrer Lagerungszeit durch die chemische Analyse. L. Nr. 16 379
Willemoes-Suhm R. v. Ueber Coelacanthus und einige verwandte Gattungen.
  L. Nr. 17 389
Wolf H. Geologische Karte der Gegend von Tokaj u. S. A. Ujhely. V. Nr. 2 . . 31
  „   Die Grundenderungen der Staatseisenbahngesellschaft im Donauthale bei
  Wien. V. Nr. 5 82
Wolf H. Die Brunnenbohrung in der Presshefefabrik von M. Springer in Rudolphs-
  heim. V. Nr. 5 84
Wolf. H. Ueber die Eisensteinvorkommen im südwestlichen Theile von Mähren.
  V. Nr. 6 106
Wolf H. Die geol. Verhältnisse des Badeortes Hall. AB. Nr. 8 169
  „   Das Schwefelvorkommen zwischen Alta-Villa und Tufo bei Neapel. AB.
  Nr. 9 195

	Seite
Wolf H. Das Kohlenvorkommen bei Somodi und das Eisensteinvorkommen bei Rákó im Tornaer Comitate. AB. Nr. 10	217
Wolf H. Das Eperies-Tokajer Gebirge zwischen Skaros und Hoelein. AB. Nr. 11	245
„ Die Gebirgsglieder westlich der Strasse Kaschau-Eperies. AB. Nr. 12	275
„ Die Umgebung von Eperies. AB. Nr. 12	276
Würtemberg Herzog Wilhelm v. Gletscherschliff auf Quarzit vom Lake superior N. Am. Mn. Nr. 4	68

Z.

Zepharovich V. v. Krystallographische Mittheilungen aus dem chemischen Laboratorien zu Olmütz und Prag. L. Nr. 3	57
Zepharovich V. v. Krystallformen des Phenyl- Thiosinnamin. L. Nr. 4	77
„ Die Krystallformen des Thiosinnamin und einiger Verbindungen desselben. L. Nr. 13	303
Zepharovich V. v. Krystallographische Mittheilungen. L. Nr. 13	304
Zigno A. de. Die jurassischen Bildungen L d. Sette-Communi. Ml. Nr. 13	291
„ Bemerkungen zu Prof. Schenk's Referat über die „flora fossilis formationis oolithicae." Ml. Nr. 14	307
Zirkel F. Mikroskopische Untersuchungen der Basalte. — Auffindung des Salzlagers von Segeberg. Ml. Nr. 3	41
Zirkel F. Die Leucitgesteine im Erzgebirge. L. Nr. 10	226
„ Untersuchungen über die mikroskopische Zusammensetzung und Structur der Basaltgesteine. L. Nr. 16	342
Zittel K. Geologische Betrachtungen aus den Central-Apenninen. L. Nr. 11	258

Gegen portofreie Einsendung von 3 fl. Ö. W. (2 Thl. Preuss. Cour.) an die Direction der k. k. geol. Reichsanstalt, Wien, Bez. III., Rasumoffskigasse Nr. 3, erfolgt die Zusendung des Jahrganges 1870 der Verhandlungen portofrei unter Kreuzband in einzelnen Nummern unmittelbar nach dem Erscheinen.

Neu eintretende Pränumeranten erhalten die drei früheren Jahrgänge (1867, 1868 und 1869) für den ermässigten Preis von je 2 fl. Ö. W. (1 Thl. 10 Sgr. Preuss. Cour.)

Unsere geehrten Abonnenten werden ergebenst ersucht, die Pränumeration für den Jahrgang 1870 der Verhandlungen möglichst rechtzeitig anzumelden.

Die erste Nummer des Jahrganges 1870 erscheint am 12. Jänner.

www.ingramcontent.com/pod-product-compliance
Lightning Source LLC
Chambersburg PA
CBHW051741300426
44115CB00007B/656